KB081402

삼황오제는 조선의 황제

삼황오제는 조선의 황제

정암 지음

자유문고

인사말

민족의 영산 지리산 기슭에 자리 잡은 대화엄사는 신라 진흥왕 5년(544)에 해동 화엄종의 조사인 연기조사(緣起祖師)가 창건한 유구한 역사와 전통을 간직한 대가람이다.

조선 정조 때 구례군에서 간행된 『봉성지(鳳城誌)』에는 화엄사의 연혁에 관해 다음과 같이 기록하고 있다.

양 무제 대동(大同) 10년(544)에 신라 진흥왕이 창건하였다.
신라 선덕여왕 때에 자장(慈藏)대사가 사리탑을 세웠다.
신라 진덕여왕 때에 원효(元曉)대사가 해회당(海會堂)에서 설강(設講)하였다.
신라 문무왕 때에 국사 의상(義湘)이 왕명을 받들어 석판(石板)에 화엄경을 새기고 이 절에 머물렀다.
신라 경덕왕 때에 칙령으로 거듭 새롭게 중창했는데, 그때에는 큰 절(大寺)이 8곳이고 소속 81암자가 있었다.
신라 헌강왕 때에 도선(道詵) 국사가 계승하여 중창하고 수도하였다.
조선 인조 때에 각성(覺性, 벽암)대사를 팔도도총섭으로 삼아 남한산성을 쌓게 하고 공사를 마치자 '보은원조대선사(報恩圓照大禪師)'라는 호를 하사하여 절 앞에 비석이 있다.

이뿐만이 아니라 조선 인조 14년(1636) 화엄사에서 편찬된 판본 『대화엄사 사적(事蹟)』에는 화엄사 창건 유래를 비롯하여 창건주 연기(緣起, 아도화상), 자장, 원효, 의상, 도선 등 찬란한 업적을 남긴 신라 고승들의 행적을 통해 당시 화엄사의 위상과 중창 불사 등을 자세하게 밝히고 있다.

그럼에도 불구하고 1978년에 신라 경덕왕 13년(754)에 제작된 화엄경 필사본인 『신라 백지묵서화엄경』이 발견되어 국보 제196호로 지정되자, 학계에서는 필사본 화엄경의 조성기인 발문(跋文)에 사경(寫經)의 발원자인 연기법사(緣起法師)를 창건주 연기조사와 동일인으로 간주하고 화엄사 창건 연대를 진흥왕 5년(544)에서 경덕왕 13년(754)으로 200여 년 끌어내려 극심한 혼란을 야기하고 있다.

그러나 경덕왕 13년에 황룡사에서 왕이 당시 화엄종의 대덕인 법해(法海)대사에게 청하여 수개월에 걸쳐 강연하는 성대한 화엄법회가 있었다는 사실은 이미 『삼국유사』에 기록되어 있고, 사경 조성기의 시기와 내용이 정확하게 일치한다.

당시 화엄사는 8사(寺) 81암자가 어우러져 화엄불국세계를 이루던 시기였으며 필사본 화엄경은 이때 황룡사에서 제작된 것이 분명하다. 따라서 조성기에 나오는 연기법사(緣起法師)는 동명이인일 뿐 화엄사 창건주는 아니다. 이런 사실을 인지하고 있던 중에 화엄사의 주지 소임을 맡게 되면서 화엄사상과 화엄사의 정신을 드러내어 널리 선양하겠노라고 다짐하였다.

그러던 차에 마침 정암 스님이 이미 30여 년 전부터 유구한 화엄사의 역사를 밝히겠다는 원력을 세우고 국내외의 역사서는 물론이고 대장경에 이르기까지 경전을 두루 넘나들며 화엄사와 관련된 사료를 폭넓게 수집하고 깊이 있게 연구하여 이를 종합하여 단행본으로 엮어 출간한다는 소식을 듣고 반가운 마음에 기꺼이 수희동참(隨喜同參)하여 그간의 노고에 조금이나마 보답하고자 한다.

물론 학술적인 분야는 장차 학계 전문가의 검토를 거쳐 진위 여부를 가려 화엄사의 홍보자료로 활용을 검토하고자 하니 강호 제현(諸賢)의 많은 관심과 성원을 기대한다.

화엄사 주지, 문화재청 문화재 위원

비구 덕문 합장

서문

현재 한국사는 조선시대의 사대주의 정책과 설상가상으로 일본 강점기의 식민사관으로 인해 심각하게 축소 왜곡되어 있는 것이 사실이다. 식민사관에 길들여진 강단 사학계는 오히려 중국 정사와 경전에서 고조선의 실체를 명확하게 밝히고 있음에도 불구하고, 단군조선을 고려시대에 창작된 신화에 불과한 것이라고 하며 청동기 또는 철기시대 운운하며 소설을 쓰고 있다.

또한 재야에서는 조선 상고사의 체계조차도 올바로 정립하지 못하면서 단편적인 자료를 근거로 도읍지와 국경도 구분하지 못하고, 고조선이 강성대국이었다는 전제하에 무분별하게 고조선 도읍지가 대륙에 있었다는 주장을 하고 있다. 고조선 영토가 광대했던 것은 사실이지만 고조선 도읍지 아사달은 한반도에 있었다.

현행 한국사는 역사 체계가 불분명하여 마치 얼굴 없는 유령을 그려놓은 것이나 다름없다. 단군조선 천여 년은 역사가 아닌 신화로 취급하고, 기자조선은 한국과 중국 정사와 경전에 빠짐없이 기록되어 있음에도 불구하고 근거가 희박하다는 이유로 삭제되고, 오히려 도적에 불과한 연(燕)나라 사람 위만(衛滿)이 찬탈하여 다스린 위만조선으로부터 우리의 실제 역사가 시작된다고 서술하고 있다. 현실이 이렇다 보니 최근 중국의 시진핑(習近平) 주석이 미국 트럼프와의 정상회담에서 '한국은 실제로 중국의 일부였다.'는 망언이 나오기까지 하였다.

나라의 기강을 바로세우는 일에 왜곡된 역사를 바로 세워 민족정기와 정체성을 확립하는 일보다 중요한 것은 없다. 이러한 취지에서 검증된 자료를 토대로 한국사의 체계를 요약해서 정리해 보기로 한다.

『사기』 삼황본기에 이런 말이 있다.

> 태호 복희씨는 목덕(木德)의 왕으로 봄철의 정령(政令)을 주시(注視)한다. 그러므로 『주역』에 '제왕이 동방에서 나온다.'고 하였으며, 『예기』 월령(月令)과 『여씨춘추』 맹춘기(孟春紀)에 봄의 천제(天帝)는 태호 복희씨이다.' 한 것이 이것이다. -『사기』

여기에 정령(政令)이란 천하를 다스리는 황제가 매달 시행하는 하늘에 지내는 제사의식이고, 봄철의 정령을 주시한다는 것은 봄을 다스리는 천제(天帝)가 복희씨라는 말이다.

『주역(周易)』에 이런 말이 있다.

> 제왕은 진(震)에서 나온다. 만물이 진에서 나오니, 진은 동방이다.
> 〔帝出乎震, 萬物出乎震 震東方也〕 - 설괘전(設卦傳) 제5장

만물이 동방에서 나오고, 하늘로부터 오행(五行)의 덕을 부여받아 천하를 다스리는 성스런 황제는 모두 동방에서 나오는데, 삼황오제 중의 첫 번째 황제인 복희씨 역시 동방에서 출생하여 천하를 다스리는 천자가 되었다는 말이다. 또 복희씨가 인간 세상을 떠나서도 천제(天帝)가 되어 봄철의 기후를 다스린다는 사실은 월령과 맹춘기에 수록되

어 있다. 또한 중국 정사인 『진서』 지리지에 소호와 전욱의 도읍지는 궁상(窮桑)이라고 하였으며, 『제왕세기』에는 황제·소호·전욱의 도읍지는 궁상(窮桑)이라고 하였다.

소호(少昊)는 처음 궁상(窮桑)에 도읍했다가 곡부(曲阜)로 천도했다. 전욱(顓頊)은 처음 궁상(窮桑)에 도읍했다가 상구(商丘)로 옮겼다. -『진서(晉書)』 지리지(地理志)

황제(黃帝)는 궁상(窮桑)에서 제위에 등극하여 후에 곡부(曲阜)로 옮겼다. 소호(少昊)는 궁상(窮桑)에 도읍하고 제위에 등극하여 후에 곡부(曲阜)로 옮겼다. 전욱(顓頊)은 처음 궁상(窮桑)에 도읍하고 후에 상구(商丘)로 옮겼다. -『제왕세기』

월령과 맹춘기에 복희·신농·황제·소호·전욱 등 오제(五帝)가 등장하는데, 봄철 기후는 복희씨가 다스리고, 여름은 신농씨가 다스리며, 중앙은 토덕(土德)으로 황제 헌원씨가 조율하고, 가을은 소호씨가 다스리고, 겨울은 전욱씨가 맡아 다스리는 천제(天帝)라고 하였다. 그리하여 후대에도 천하를 다스리는 황제는 해마다 매달 해당 천제와 보좌하는 신(神)에게 친히 제사하도록 규정하고 있다.

여기에서 이미 삼황오제의 신분이 드러나 있다.

봄의 천제(天帝)는 태호(大皞) 복희씨이며, 보좌하는 신(神)은 구망(句芒)이다. 여름의 천제는 염제(炎帝) 신농씨이고, 보좌하는 신은 축융(祝融)이다. 중앙의 천제는 황제(黃帝) 헌원씨이며, 보좌하는 신은 후토(后土)이다.

가을의 천제는 소호(少皞) 금천씨이며, 보좌하는 신은 욕수(蓐收)이다. 겨울의 천제는 전욱(顓頊) 고양씨이며, 그를 보좌하는 신은 현명(玄冥)이다. -『예기(禮記)』 월령

이 다섯 천제는 단군 이전 상고시대의 황제이며, 모두 동방에서 천명을 받고 계절이 바뀌듯이 차례대로 인간 세상에 나와 천하를 다스리며 인류문명을 개척하다가, 세상을 떠난 후에도 다시 천신이 되어 사계절의 기후를 주재한다는 것이다. 보좌하는 오방 신(五方神) 역시 오제의 자손으로 상공(上公)에 등용되어 보좌하였다.

그리하여 『춘추좌전』에서 오방 신을 찬양하기를, 살아서는 상공에 봉해지고 죽어서도 관직을 잃지 않고 귀한 신이 되고 오사(五祀)에 배향되어 거룩하게 받든다고 하였다. 오제(五帝)는 인간의 혈통이 아니라 본래 목성·화성·토성·금성·수성 등 오성(五星)의 별신이라고 하였다.

무엇을 오성(五星)이라 이르는가?

동방(東方)은 목성(木星)으로 그 천제(天帝)는 태호(大皞) 복희씨이며, 보좌하는 신(神)은 구망(句芒)이다.

남방(南方)은 화성(火星)으로 그 천제는 염제(炎帝) 신농씨이고, 보좌하는 신은 주명(朱明)이다.

중앙은 토성(土星)으로 그 천제는 황제(黃帝) 헌원씨이며, 보좌하

는 신은 후토(後土)이다.
서방은 금성(金星)으로 그 천제는 소호(少昊) 금천씨이며, 보좌하는 신은 욕수(蓐收)이다.
북방은 수성(水星)으로 그 천제는 전욱(顓頊) 고양씨이며, 그를 보좌하는 신은 현명(玄冥)이다. -『회남자(淮南子)』 천문훈

우주 만물을 구성하는 원소가 되는 목(木)·화(火)·토(土)·금(金)·수(水)가 상생과 상극의 작용을 일으켜 만물을 생성시키는 것을 오행(五行)이라고 하며, 오행을 주재하는 천제를 오제(五帝)라고 한다. 이와 같이 목성·화성·토성·금성·수성 등의 별신이 인간 세상을 구제하기 위하여 지상에 내려와 천하를 다스리며 인류문명을 개척하다가 다시 본래의 천제로 돌아가 오행과 사계절을 다스리는 것이다.

이리하여『예기』월령에, 천하를 다스리는 천자는 매달 사계절을 다스리는 천제인 오제(五帝)와 보좌하는 오방 신에게 제사하도록 규정하고 있다.『삼국사기』에 따르면, 고구려 시조 주몽은 전욱 고양씨의 후손이기 때문에 성을 고(高)씨라고 하였고, 수로왕과 김알지는 소호 금천씨의 후손이라고 한다.

또한 도교 경전에서도 역시 천명을 받은 천신이 지상에 내려와 천하를 개벽할 때에는 반드시 해 뜨는 구역인 궁상(窮桑, 동방)에 출현하여 인간 세상을 구제한다고 하였다. 여기에 동방이나 궁상은 우주에서 처음 해가 뜨는 구역의 지명으로 태양 속 삼족오(三足烏)가 사는 곳으로 지상낙원 에덴동산이다. 그런 신성한 곳이기 때문에 사계절을 다스리는 오제(五帝)를 비롯하여 단군조선과 기자조선, 그리고 신라 천년에

이르기까지 역대 제왕의 궁전이 있었던 곳이다. 그렇다면 상고시대 천하를 다스리며 인류문명을 개척하였던 오제(五帝)는 모두 본국이 동방, 즉 조선이라는 사실을 알 수 있다.

고조선은 단군조선, 기자조선, 위만조선으로 구분된다.

단군은 아사달에 도읍을 정하고 건국하여 천여 년을 다스리다가 은(殷)나라 무정 왕(武丁王) 때에 장당경(藏唐京, 구월산)에 은거하였다. 주 무왕이 은나라의 태사인 기자(箕子)를 조선(朝鮮)에 봉하여 다시 아사달에 도읍을 정하고 건국하여 자손이 대를 이어 928년을 다스리다가 제41대 준왕에 이르러 연(燕)나라 사람 위만(衛滿)에게 나라를 빼앗기고 다시 마한(馬韓) 왕이 되었다.

위만조선은 당시 한나라와 접경지대인 요동군 험독현에 있는 왕험성(王險城)에 도읍을 정하고 손자 우거(右渠)에 이르기까지 88년간 존속하다가 한 무제가 정벌하였다.

『후한서』에 고조선 중심지에 관해 다음과 같이 말하였다.

> 옛날 요(堯)임금이 희중(羲仲)에게 명하여 우이(嵎夷)에 살도록 하였으니 양곡(暘谷)이라고 한다. 대개 해가 뜨는 곳이다. … 찬양한다. 우이(嵎夷)에 도읍을 정하니 곧 양곡(暘谷)이라 한다.
>
> –『후한서』 동이전(東夷傳)

이는 『상서』 요전에 나오는 구절을 인용하여 단군·기자·신라로 이어지는 세 왕조의 도읍지가 우이(嵎夷)라는 사실을 밝힌 것이다.

또한 송나라 태종의 칙명으로 편찬된 『태평어람』에 조선은 동이(東夷)라고 하였으니, 동이열전은 조선열전과 같은 것이다.

희중(羲仲)에게 나누어 명하여 우이(嵎夷)에 살게 하니, 이곳을 양곡(暘谷)이라고도 한다. 떠오르는 해를 경건히 맞이하여 봄 농사를 고르게 다스리도록 하였다. -『상서』 요전(堯典)

동해와 태산(泰山) 사이가 청주(青州)이다. 우이(嵎夷)의 치수가 다스려지고 나니, 이에 유수(濰水)와 치수(淄水)의 옛 물길로 인도하였다. -『상서』 우공(禹貢)

우이(嵎夷)는 지금의 조선 땅이다. 공안국의 전(傳)에 동해 위의 땅을 우이(嵎夷)라고 칭한다고 했다. 『사기정의』에 청주(青州)는 동방 경계의 바다 위의 삼신산에 있으므로 표(表)라고 하여 동표(東表)의 땅이라고 한다. 『우공추지(禹貢錐指)』에는 『후한서』 동이전에 의거하여 우이(嵎夷)를 조선 땅이라고 하였다.
대개 조선은 옛날 청주(青州)에 속하였으며, 산동성 등주부(登州府)와 더불어 바다를 사이에 두고 서로 대하고 있으니 공안국의 전(傳)과 정확히 부합된다. -『상서지리금석(尙書地理今釋)』

우공(禹貢) 편에 하우씨가 홍수를 다스릴 때 천하를 구주(九州)로 나누었는데, 우이(嵎夷)는 구주 중에 청주(青州)에 속한다고 하였고, 청주의 강역에 관해 '동해로부터 태산(太山) 사이가 청주이다'고 하였다. 태산은 현재 중국 산동성에 있는 산으로 오악 중의 동악(東嶽)이다. 『사기』 오제본기에는 우이(嵎夷)가 욱이(郁夷)로 표기되고, 하본기(夏本紀)에는 우이(堣夷)로 표기되어 있다. 이것은 우이라는 지명이 본래 한자어가 아니라 신라 국호인 서라벌과 같이 조선 고유의 언어를 한자로 음역한 것으로 보인다.

『한서』 지리지 첫머리에서 다음과 같이 말하였다.

> 옛날에 황제(黃帝)가 배와 수레를 만들어 통행하지 못하는 곳을 건너 천하를 두루 다니면서 사방 만 리로 제정하여 강역을 그어 구주(九州)로 나누니, 백 리의 나라 1만 구역을 얻었다.

황제 헌원씨가 천하를 다스릴 때 처음 사방 만 리로 제정하여 산천의 형세를 따라 강역을 그어 구주(九州)로 나누었고, 요순시대에 하우씨가 구주를 나누어 홍수를 다스릴 때에도 이를 계승하였으니, 단군조선의 강역인 청주 역시 사방 만 리의 광대한 영토였다는 사실이 드러난다.

우공 편은 요순시대의 사관이 기록한 실록을 공자가 산정(刪定)한 지리지이기 때문에 『사기』 하본기와 『한서』 지리지에도 같은 내용이 수록되어 저명한 석학들의 자세한 주석이 덧붙여져 있다.

우이(嵎夷)는 조선이며, 구주 중에 청주는 단군조선의 강역이고 도읍지는 바로 해 돋는 구역인 우이(嵎夷)이며, 희중(羲仲)은 동방을 다스리는 임금이라고 하였다. 따라서 요전의 우이(嵎夷)는 단군조선 도읍지로 이곳을 삼국유사에는 신시(神市) 또는 아사달이라고 하였으며, 우공 편의 청주는 단군조선 강역의 치수에 관한 기록이다.

또한 요순시대에 간행된 『산해경』에 조선에 관한 기록이 두 번 나오는데, 곽박(郭璞, 276~324)의 주석에 단군과 기자 두 왕조의 도읍지는 훗날 낙랑군에 속한 25현(縣) 중의 관청소재지인 조선현(朝鮮縣)이라고 하였다. 조선은 원래 우이(嵎夷)와 같이 단군조선 도읍지의 지명인데, 이곳이 나라의 신성구역이기 때문에 국호로도 사용한 것이다. 『후한서』 동이전 서론의 문맥을 보면, 동이(東夷)·동방(東方)·구이(九夷)·우이(嵎夷)·양곡(暘谷) 등은 다 우주에서 해가 처음 떠오르는 구역의 지명이고 도읍지라는 사실을 알 수 있다.

『산해경』에 해 뜨는 양곡(湯谷, 우이)에 열 개의 태양이 대기하는 신목(神木)인 부상(扶桑)이 있다고 하였는데, 이것을 궁상(窮桑) 또는 공상(空桑)이라고도 한다. 따라서 삼황오제가 천하를 다스리던 시대의 도읍지 궁상과 우이는 같은 곳이라는 사실을 알 수 있다.

바로 여기에 시대를 초월하여 삼황오제를 비롯하여 단군·기자·신라로 이어지는 역대 왕조의 궁궐이 있어 조선의 역사를 동이전이라 하고, 여기에서 퍼져나간 민족을 동이족이라고 하는 것이다.

그렇다면 인류문명의 발상지이고 한국사의 중심에 있는 우이(嵎夷)는 현재 어느 지역을 가리키는 것일까?

내 들으니 바다 위에 금오(金鼇) 셋이 있어
금오는 머리에 높고 높은 삼신산을 이고 있다네.
산 위에는 진주궁전 보석대궐 황금전각이 있고
산 아래는 천리만리 넓은 물결이라네.
그 곁에 한 점 계림(鷄林)이 푸른데

오산(鼇山)의 빼어난 정기 기특한 인재 낳았도다.
12세에 배를 타고 바다를 건너와 문장으로 중국을 감동시키고
18세에 과거시험에 나아가 한 화살 쏘아 과녁을 깨쳤다네.
-『삼국사기』 열전 최치원

신라 진성여왕 11년(897) 여름 6월에 왕이 태자 요(嶢)에게 왕위를 넘겨주었다. 이에 당나라에 사신을 보내 표문으로 아뢰기를, "신 아무는 삼가 아룁니다. 〔우이(嵎夷)에〕 살면서 희중(羲仲)의 관직에 있는 것이 신의 본분이 아니고, 연릉(延陵)의 절개를 지키는 것이 저의 좋은 방도인가 합니다." 하였다. -『삼국사기』

① 계림(鷄林) 땅은 오산(鼇山)의 곁에 있는데
② 예로부터 유·불·선 3교(敎)에 기특한 인재가 많았다.
③ 가련하게도 희중(羲仲)이 직분에 소홀하지 않아
④ 다시 불일(佛日)을 맞이하여 공과 색을 분변하였다.
- 최치원이 지은 「지증대사 비문」

①에, 『삼국사기』에서도 역시 계림이 오산(鼇山) 인근에 있으며 신선세계로 동해 위에 있다는 삼신산에 관해 경전을 인용하며 실제의 모습을 신비롭게 묘사하고 있다. 신라의 대문호인 고운 최치원 선생은 오산(鼇山)의 정기를 받아 탄생하였기 때문이다.

계림은 신라 도읍지의 명승지로 신라 초기에 김알지가 출현한 곳이며, 천연적으로 닭이 홰를 치고 있는 형상의 산이다.

오산은 금오산(金鼇山)이라고도 하는데, 삼신산을 머리에 이고 있다는 신화 속의 큰 자라 형상을 하고 있는 산이다.

이는 천연적인 산천의 형상을 응용하여 한국사의 중심에 있는 신라 도읍지의 위치를 분명하게 밝히고, 아울러 계림과 오산은 이곳이 신라 도읍지라는 사실을 입증하는 고고학적인 물증이 된다.

②는 최치원이 지은 난랑비 서문에, 한민족 고유의 종교인 풍류(風流)는 유·불·선 삼교(三敎)를 포함한다는 구절과 통하는 것으로, 이곳이 삼교의 발상지이고 이상향인 천하의 대 명당이기 때문에 뛰어난 인재가 많이 배출되었다는 뜻이다.

③은 『상서』 요전에, '희중(羲仲)에게 나누어 명하여 우이(嵎夷)에 살게 하니 양곡(暘谷)이라고 한다.'는 구절을 인용한 것이다. 신라는 우이(嵎夷)에 도읍했기 때문에 역대 신라왕은 희중(羲仲)의 관직에 해당한다는 말이다. 신라 진성여왕 양위표(讓位表)에, '우이(嵎夷)에 살면서 희중(羲仲)의 관직에 있는 것이 신의 본분이 아니고' 라는 구절에서도 이러한 사실이 확인된다. 우이(嵎夷)는 구주 중에 청주(青州)에 속해 있고 단군과 기자의 도읍지이기도 하다.

④는 불일(佛日)이란, 인간의 정신세계를 밝혀주는 태양과도 같다는 뜻으로 헌강왕은 희중이고, 지증대사를 불일에 비유한 것이다. 타고르의 '동방의 등불'은 동방에서 성인이 출현하여 천하를 태평성대로 이끌었던 시대를 뜻한다. 내용을 보면 신라 도읍지는 신선세계인 삼신산에 있었다는 사실이 뚜렷이 드러나 있다.

이제 계림과 오산이 있는 곳을 찾으면 신라 도읍지인 우이(嵎夷)의 현재 위치가 분명하게 드러난다.

오산(鼇山)은 구례현(求禮縣)의 남쪽 15리에 있다.
산 정상에 바위 하나가 있고 바위에 빈틈이 있는데 그 깊이를 헤아릴 수 없다. 세상에 전하기를, 고승 도선(道詵)이 일찍이 이 산에 살면서 천하의 지리(地理)를 그렸다고 한다.
-『신증동국여지승람』 구례현, 산천

오산의 현재 위치에 대하여 '오산(鼇山)은 구례현의 남쪽 15리에 있다.'고 하였다. 삼신산의 하나로 방장산(方丈山)이라 불리는 지리산의 서남단, 구례군 일대에 선명하게 모습을 드러내고 있는 섬진강 남쪽에 자라 형상의 오산과 지리산 서쪽 끝자락에 닭 형상의 계림은 이곳이 신라 도읍지라는 사실을 뒷받침하는 고고학적인 물증(物證)이 된다. 한국사의 중심에 신라 도읍지가 있고, 이곳은 본래 지상낙원 에덴동산이기 때문에 삼황오제를 비롯하여 단군·기자·신라로 이어지는 역대 왕조의 도읍지였다.

이와 같이 요순시대에 하우씨가 구획한 구주 중에 청주(青州)는 단군조선의 강역이고, 우이(嵎夷)는 단군과 기자의 도읍지이며, 이곳이 바로 신라 도읍지라는 사실을 알고『후한서』동이전과『태평어람』동이(東夷) 편을 보면, 새삼 고조선의 역사 자료가 풍부하다는 사실을 깨닫게 될 것이다.

그런데 여진족으로 고려에 귀화한 이성계는 결국 고려를 멸망시키고 조선건국 직후부터 사대주의와 우민화 정책의 일환으로 기존의 역사서를 개간하면서 단군을 국조로 규정하여 삼황오제와의 관계를 단절시키고, 고조선 도읍지는 평양으로, 신라 도읍지는 삼신산과 관련이 없는 경주로, 본래 신라 도읍지는 백제 구차례현(仇次禮縣, 구례)이라고 치밀하게 날조하여 한국사는 물론이고 인류문명의 발상지인 동방의 역사를 초토화시켜버렸다. 이것이 본서에서 거론하고자 하는 논점의 요지이다.

동방은 본래 유·불·선 삼교(三敎)의 발상지이고 이상향이기 때문에 조선의 상고사에 관해서는 중국 정사와 경전에도 풍부하게 수록되어 있다. 그럼에도 불구하고 학계에서는 이런 사실도 깨닫지 못한 채, 과거 위정자들이 정치적인 목적으로 날조한 식민사관을 이씨 조선이 멸망한 지 1세기가 훌쩍 지나도록 그대로 답습하고 있다.

대한민국 정부수립 이후 70여 년 동안 매년 정부에서 여러 국책 역사연구기관에 매년 투자한 금액이 얼마이며 결과물은 무엇인가?

실로 유명무실한 연구기관에서 식민사관에 길들여진 학자들이 교권을 장악하고 매년 천문학적인 국민의 혈세를 탕진하면서도 아직까지 날조된 식민사관을 그대로 답습하여 미래를 짊어지고 나갈 학생들에게 억지로 주입시키는 망국적인 행태는 시급히 척결되어야 한다.

요즘에는 인터넷의 등장으로 국내외 모든 나라가 다투어 고전의 데이터베이스를 구축하고 풍부한 자료를 제공하고 있어 우선 역사 체계를 바로 세우고 나서, 대국을 마친 바둑을 다시 복기(復碁)하여 분석하듯이 진행한다면 머지않은 장래에 찬란했던 한국사의 실체가 드러나게 될 것이다.

대화엄사 비구 淨巖 識

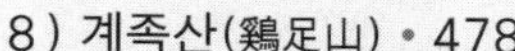

제1장 삼황오제의 국적과 한국 상고사의 체계

I. 인류문명의 개척자 삼황오제는 동방의 황제

공자는 『상서(尙書)』를 지을 때 요전(堯典)을 첫머리에 두었고, 사마천은 『사기(史記)』를 지을 때 황제(黃帝)를 첫머리에 두었다. 그러나 당나라 시대에 와서 사마정(司馬貞, 656~720)은 이를 못마땅하게 여겨, "고금의 제왕과 신하의 치적은 위로는 천지개벽으로부터, 아래로는 당대에 까지 한 국가의 머리부터 꼬리까지 역사를 다 기록하였다 할 것이다. 지금 삼황(三皇)을 빠뜨리고, 오제(五帝)로써 머리로 삼았으니, 운운" 하며 『사기』의 첫머리에 삼황본기(三皇本紀)를 보충하였다. 지금 한국사 역시 이와 마찬가지로 어찌 보면 얼굴 없는 유령을 그려놓은 것이나 다름없다.

복희씨가 처음 팔괘(八卦)를 긋고, 서계(書契, 한자)를 만들어 노끈에 매듭을 만들어 기억하던 정사를 대신했고, 신농씨가 쟁기와 보습을 만들며 의술과 약을 만들고, 황제씨가 방패와 창을 사용하며 배와 수레를 만들었으며 달력과 산수를 만들며 음률을 제정하였으니, 이들을 삼황(三皇)이라고 한다. 지극한 덕(德)이 있는 성인의 치세이니 무위(無爲)의 다스림이다.

소호(少昊)·전욱(顓頊)·제곡(帝嚳)·제요(帝堯)·제순(帝舜)을 오제(五帝)라고 한다.[1]

–『동몽선습(童蒙先習)』

『동몽선습』은 조선시대까지도 8세가 되면 서당에 입학하여 천자문과 함께 처음 학습하던 교재이니, 요즘 초등학교 1학년 교과서와 같은 것이다. 그런데도 현대인들에게는 다소 생소하기까지 한 삼황오제에 관해 일목요연하게 정리하여 가르치고 있다. 인류문명은 이미 삼황오제 시대에 두루 갖추어졌기 때문에 근본을 바로 세우지 못하고서는 올바른 학문을 성취하기 어렵기 때문이다.

또한 한국사에서 보면 수로왕과 김알지의 선조는 소호씨라고 하였고, 고구려 시조 주몽의 선조는 전욱씨라고 하였다. 따라서 삼황오제를 이해하지 못하고서는 인류문명의 근원과 상고사를 올바로 이해하기 어렵다.

중국 정사인『삼국지(三國志)』동이전 첫머리에, '『상서』우공(禹貢)

1 伏羲氏始畫八卦 造書契 以代結繩之政 神農氏作耒耜 製醫藥 黃帝氏用干戈作舟車 造曆算 制音律 是爲三皇 至德之世 無爲而治 少昊 顓頊 帝嚳 帝堯帝舜 是爲五帝 –『동몽선습(童蒙先習)』

에 이르기를, 동쪽으로는 바다에까지 닿았고, 서쪽으로는 유사(流沙) 지역에까지 미치었다.' 라는 내용으로 시작된다.

> 동쪽으로는 동해에까지 닿았고, 서쪽으로는 유사(流沙) 지역에까지 미치었으며, 북쪽과 남쪽의 끝까지 이르렀다.[2] 그리하여 그 성교(聲教)가 사해(四海)[3]에 다 미치자, 우(禹)에게 현규(玄圭)를 하사하고 치수사업이 성공하였음을 포고하였다.[4]

요순시대에 대홍수가 범람하여 하우씨가 치수사업을 하였던 구주(九州) 범위를 밝히는 내용이다. 구주의 동북방 끝은 청주(青州)이고, 청주는 단군조선의 영토이며 청주에 속한 우이(嵎夷)는 단군의 도읍지 아사달이기기 때문에 동이전의 서두에서 그렇게 시작한 것이다. 서쪽 끝은 서역과의 접경인 유사(流沙) 지역에 이르기까지 치수를 마쳤다.

> 옛날 상고시대에 용문산(龍門山)은 열리지 않았고, 여량산(呂梁山)도 개발되지 않아서 황하는 맹문산(孟門山)에 막혀[5] 크게 넘쳐흐르

---

2 요임금이 천하를 다스릴 때에 그 땅이 남으로는 교지(交趾)에 이르고, 북으로는 유도(幽都)에 이르고, 동서로는 해가 뜨는 곳에서 해가 지는 곳까지 이르렀다. 堯有天下 其地南至交趾 北至幽都 東西至日所出入 -『설원(說苑)』 반질(反質)

3 구이(九夷, 조선) 팔적(八狄) 칠융(七戎) 육만(六蠻)을 사해(四海)라고 부른다. 九夷 八狄 七戎 六蠻 謂之四海 -『이아(爾雅)』 석지(釋地)

4 東漸于海 西被于流沙 朔南暨 聲教訖于四海 禹錫玄圭 告厥成功 -『상서(尙書)』 우공(禹貢)

5 두 화산(華山)은 본래 하나의 산이었다. 황하가 화산에 당도하면 황하 물이

고 역류하여 구릉이나 비옥한 들이나 평원이나 높은 언덕의 구분 없이 모두 물에 잠겨 휩쓸었으니, 이름하여 대홍수라고 한다. 우(禹)는 이에 황하를 소통시키고 여러 강을 결단하며 팽려(彭蠡)에 제방을 쌓아 동토(東土)를 마르게 하여 편안히 살 수 있게 된 곳이 1천 8백 나라였으니, 이것이 우(禹)의 공덕이다. 백성들을 위하여 몸소 부지런히 일하여 하우씨보다 고생한 이가 없었다.[6]

–『여씨춘추』 애류(愛類)

옛날 우(禹)가 홍수를 막을 때, 사이(四夷)와 구주(九州)의 이름난 하천 3백 곳과 3천 곳의 하천 지류, 작은 것은 헤아릴 수 없이 많은 강물을 소통하게 하였다. 우(禹)는 친히 스스로 가래를 잡고 공구를 들고 다니면서 천하의 하천을 정비하였다. 이 때문에 장딴

굽이굽이 돌아 흐르니, 황하의 신(神)인 거령(巨靈)이 손으로 화산의 정상부위를 쪼개서 열고, 발로는 산의 아래를 밟고 분리하고 중간을 분리하여 양쪽에 두어 황하의 흐름이 편리하게 하였다. 지금도 화산 위에 손자국이 보이며 바위에 손바닥 형상이 갖추어져 있고, 다리 자국이 수양산(首陽山) 아래에 있는데 지금도 여전히 있다. 그러므로 장형(張衡)이 지은 서경부(西京賦)에 일컫기를, "거령(巨靈)이 힘차게 높은 곳은 손바닥으로 밀고 발바닥으로 멀리 밀어서 하수를 흐르게 하였다."고 한 것이 이것이다. 二華之山 本一山也 當河河水過之而曲行 河神巨靈 以手擘開其上 以足蹈離其下 中分爲兩 以利河流 今觀手跡於華嶽上 指掌之形具在 脚跡在首陽山下 至今猶存 故張衡作西京賦所稱 巨靈贔屭 高掌遠蹠 以流河曲 是也. –『수신기(搜神記)』 제13권

6 昔上古龍門未開 呂梁未發 河出孟門 大溢逆流 無有丘陵沃衍 平原高阜 盡皆滅之 名曰鴻水 禹於是疏河決江 爲彭蠡之障 乾東土 所活者千八百國 此禹之功也 勤勞爲民 無苦乎禹者矣 –『여씨춘추』 愛類

지와 정강이에는 털이 닳아 없어지고, 소나기에 목욕하고 거센 바람에 머리를 빗으면서 만국에 은택을 베풀었다. 우는 큰 성인이면서도 천하를 위해 힘써 노력하였던 것이 이와 같다.[7]
-『장자』 잡편 제33 天下

단순히 생각하면 우(禹)는 중국의 관리이기 때문에 중국만의 홍수를 다스렸던 것으로 이해하기 쉽지만 사실은 그렇지 않다.『상서』 우공(禹貢)편은 요순시대의 지리지로 구주(九州) 중에 동쪽 끝의 청주(青州)는 단군조선의 강역에 해당하고, 우이(嵎夷)는 바로 단군조선 도읍지 아사달을 가리키는 것이니 이웃나라 이야기가 아니다. 삼황오제 시절에는 중국과 조선이 대치하는 관계가 아니라, 사해일가(四海一家)라고 하여 천자를 중심으로 사해가 한 가족처럼 다스려져 태평성대를 누렸으며 그 중심에 동이족이 있었다.

그러므로『중용(中庸)』에, "지금 천하의 수레가 같은 규격이고, 문서는 같은 문자를 쓰고, 행동에 윤리가 같게 되었다."라고 한 것이고, 우(禹)가 홍수를 다스릴 때 국경의 구분 없이 사해 안을 구주(九州)로 나누어 치수사업을 하였던 것이다.

천하에 도가 행해지던 삼황오제 시대에는 사해일가가 되어 태평성대를 누리다가 주(周)나라 말기 춘추 전국시대에 이르러서는 도가 쇠락하여 바야흐로 천하는 약육강식의 시대가 전개되었다. 그렇다면 상고시

---

7 昔者禹之湮洪水 決江河而通四夷九州也 名川三百 支川三千 小者無數 禹親自操槖耜而九雜天下之川 腓無胈 脛無毛 沐甚雨 櫛疾風 置萬國 禹大聖也 而形勞天下也如此 -『장자』 잡편(雜篇) 제33 天下

대 천하를 다스리며 인류문명을 개척하였던 삼황오제가 어찌 중국의 선조라고 단정 지을 수 있겠는가.

우선 중국의 역사서와 경전에 나타난 삼황오제 관련 문헌을 보기로 하자. 삼황(三皇)에 관해서는 몇 가지 이설(異說)이 있다.

『사기』 : 삼황본기(三皇本紀) 복희, 여와, 신농
『함문가(含文嘉)』 : 수인(燧人), 복희, 신농
『상서대전』 : 수인(遂人), 복희, 신농
『백호통의』 : 복희, 신농, 축융
『제왕세기』 : 복희, 신농, 황제(黃帝)

그러나 삼황(三皇)에 포함되려면 천하를 다스리는 천자가 되었어야 하는데, 여와는 비록 천자의 지위에 올랐으나 목덕(木德)으로 복희씨를 보좌하여 연장선상에 있고, 축융은 신농씨를 보좌하였다. 그러므로 복희, 신농, 황제(黃帝)가 삼황이라는 설이 타당하다. 근세에 와서 삼황오제에 대한 연구가 미진하여 삼황오제는 '중국 고대의 전설적 제왕'이라고 규정짓고 있으나 『예기』 월령(月令)에, 오제(五帝)는 본래 천신이었기 때문에 인간 세상을 떠나서도 본래의 자리로 돌아가 사계절의 기후를 다스리는 천제(天帝)가 되었으므로 오제와 보좌하는 신(神)의 신분이 분명하게 드러나 있다.

따라서 삼황오제는 천명을 받고 인간 세상에 출현하여 천하를 다스린 제왕이지 중국만을 다스린 황제가 아니기 때문에 '중국 고대의 전설적 제왕'이라는 수식어는 그릇된 역사인식이다.

1. 복희

태호(太皞) 포희씨(庖犧氏)[8]는 성이 풍(風)씨이다. 수인씨(燧人氏)를 대신해 천하의 왕이 되었다. 어머니는 화서(華胥)인데 뇌택(雷澤)에서 대인(大人)의 발자국을 밟고[9] 성기(成紀)에서 포희씨를 낳았다. 〔뇌택은 연못 이름으로 순(舜)이 고기잡이하던 지역이고, 그 성기(成紀) 역시 지명이다.〕 뱀의 몸에 사람의 머리로 성인의 덕을 지니고 있었다.

하늘을 우러러 일월성신을 관찰하고, 구부려 지형의 법칙을 관찰하고, 널리 새와 짐승의 무늬를 관찰하고, 각종 식물과 가까이는 자신의 몸에서 취하고, 멀리는 사물에서 상을 취하여, 비로소 8괘(八卦)를 그렸다. 신명(神明)의 덕을 통함으로써, 이로써 만물의 성정(性情)을 분류하고 서계(書契, 한자)를 만들어 결승(結繩)[10]

---

8 복희씨는 한자 표기가 일정하지 않아서 문헌에 따라 복희(伏羲), 복희(宓犧), 복희(伏戲), 복희(伏犧), 복희(虙戲), 포희(庖犧), 포희(包犧), 포희(包羲), 포희(炮犧) 등으로 표기된다. 상고시대에는 帝王을 '氏'라 하였다. 신농씨, 소호씨 등도 같은 류이다.

9 『효경구명결(孝經鉤命訣)』에, '화서(華胥)의 신모(神母)가 발자국을 밟고 괴이하게도 복희씨를 낳았다. 주(注)에서, 발자국은 〔동방의 신(神)인〕 영위앙(靈威仰)의 발자국이다. 발자국을 밟고 잉태하여 낳았으므로 기괴하다고 한 것이다.' 하였다. 孝經鉤命訣曰 華胥履跡怪生皇犧 注跡靈威仰之跡也 履跡而生 以爲奇怪也

10 상고시대 문자가 없던 시절에 노끈으로 매듭을 맺어서 기억의 편리를 꾀하고 또 서로 뜻을 통하던 것을 말한다.

의 정치를 대신하였다.

이에 비로소 장가들고 시집가는 제도가 있었으니 한 쌍의 사슴가죽으로써 예물로 삼았다. 그물을 엮어서 이로써 사냥하고 고기 잡는 것을 가르쳤으므로 복희씨(宓羲氏)라고도 한다.

짐승을 길러서 부엌에서 익혀서 먹는 법을 가르치고, 용의 상서로움이 있어서, 용으로써 벼슬 이름에 붙여 용사(龍師)라고 불렀다. 35줄의 거문고를 만들고, 목덕(木德)의 왕으로 봄철의 정령(政令)을 주시(注視)한다. 그러므로 『주역(周易)』에, '제왕이 동방에서 나왔다.'고 하였으며, 『예기』 월령(月令)과 『여씨춘추』 맹춘기(孟春紀)에 '봄의 제왕은 태호 복희씨이다.' 한 것이 이것이다. 〔방위는 동방(東方)에 있고, 일월의 형상이 유난히 밝았으므로 태호(太皡)라고 부르며, 호(皡)는 밝음이다.〕 진(陳)에 도읍을 정하고, 동쪽으로 태산에 올라 봉선(封禪)하고, 110년간 다스리다 붕어하였다. 그 후예가 춘추시대에도 있었으니, 임(任)·숙(宿)·수구(須勾)·전유(顓臾)[11] 등이 모두 풍성(風姓)의 후손이다.[12] -『사기(史記)』 삼황본기

---

11 任은 지금의 任城縣이다. 顓臾는 태산 남쪽과 武陽縣 동북쪽에 있고, 須句는 東平 須昌縣 서북쪽에 있다. 네 나라의 封地가 濟水에 가깝기 때문에 대대로 濟水에 제사를 지냈다. 任 今任城縣也 顓臾 在泰山南武陽縣東北 須句 在東平須昌縣西北 四國封近於濟 故世祀之 -『춘추좌전』 魯僖公 21년(B.C.639) 주(注)

12 太皡庖犧氏風姓 代燧人氏繼天而王 母曰華胥 履大人跡於雷澤 而生庖犧於成紀 蛇身人首〔雷澤 澤名 卽舜所漁之地 其成紀 亦地名〕有聖德 仰則觀象於天 俯則觀法於地 旁觀鳥獸之文 與地之宜 近取諸身 遠取諸物 始畫八卦 以通神明之德 以類萬物之情 造書契 以代結繩之政 於是始制嫁娶 以儷皮爲禮 結網罟以敎佃漁 故曰宓羲氏 養犧牲 以庖犧有龍瑞 以龍紀官 號曰龍師 作二十五絃之

제왕 태호 포희씨(庖犧氏)는 성이 풍(風)씨이다. 뱀의 몸에 사람의 머리로 성인의 덕을 지니고 있었다. 수인씨(燧人氏)가 몰락하자 포희씨가 그의 대를 이어 천하의 왕이 되었다.
목덕(木德)의 으뜸으로 여러 제왕보다 먼저 포희씨가 동방에서 출생하였고, 아직 인(因)한 바가 없었기 때문에 방위는 동방에 있고 봄을 주재한다. 일월성신이 청명하였으므로 태호(太昊)라고 부른다.[13]
진(陳)에 도읍을 정하고, 처음 장가들고 시집가는 의례를 제정하고, 가축을 길러 고기를 주방에 채우게 하였으므로 포희씨(庖犧氏)라고 부른다. 이리하여 희황(羲皇)이라 하는데 후세에 발음이 와전되어 복희(伏羲), 혹은 복희(宓犧)라고도 한다.
『시함신무(詩含神霧)』에, 화서(華胥)에서 대인(大人)의 발자국을 밟고 복희(伏羲)를 낳았다고 하였다. 『춘추좌전』에, 복희씨는 용(龍)자로 관직 이름을 삼았다고 했다.[14] – 『제왕세기(帝王世紀)』

춘황(春皇)은 포희(庖羲, 복희)의 별호이다. 그 나라의 도읍지에

瑟 木德王 注春令 故易稱帝出乎震 月令孟春 其帝太皞是也〔按位在東方 像日之明 故稱太皞 皞明也〕都於陳 東封太山 立一百一十年崩 其後裔當春秋時有任宿須勾顓臾皆風姓之胤也

13 이와 동일한 내용이 『태평어람(太平御覽)』 皇王部三 太昊庖犧氏 조에 보인다.

14 太昊帝庖犧氏 風姓也 蛇身人首 有聖德 燧人氏沒 庖犧氏代之 繼天而王 首德於木 爲百王先 帝出於震 未有所因 故位在東方 主春 象日之明 是稱太昊 都陳 制嫁娶之禮 取犧牲以充庖廚 故號庖犧氏 是爲犧皇 後世音謬 謂之伏犧 故或謂之宓犧 詩含神霧曰 華胥履大人跡而生伏犧 左傳曰 伏犧氏以龍紀官.

화서주(華胥洲)가 있는데, 신모(神母)가 그곳에서 노닐다가 푸른 무지개가 신모를 휘감더니 오랜 시간이 흘러서야 사라졌다. 곧 임신한 것을 깨닫고 12년이 지나서 복희씨를 낳았는데, 두상이 길쭉하고 눈은 길게 찢어졌으며, 거북의 치아와 용의 입술에, 눈썹 사이에 백호(白毫)가 있으며, 수염은 길어서 땅까지 닿았다. 어떤 이가 말하기를, 목성(木星)이 12년에 한 번 하늘을 일주하므로, 지금이 천시(天時)에 부합된다고 하였다.[15]

–『습유기(拾遺記)』 1권

옛날 포희씨(包犧氏, 복희)가 천하에 왕이었을 때, 위로 하늘의 일월성신을 관찰하고 아래로 땅의 법을 관찰하고, 새와 짐승의 무늬와 천지의 마땅함을 관찰하며, 가까이는 자신에게서 취하고 멀리는 만물에서 취하여 이에 비로소 팔괘(八卦)를 만들었다. 신명(神明)의 덕으로써 만물의 성정(性情)을 분류하고, 줄을 엮어 그물을 만들어 사냥하고 고기를 잡은 것은 대개 이괘(離卦)에서 취한 것이다.[16] –『주역(周易)』 계사전 하(繫辭傳下)

서남쪽에 파국(巴國)이 있다. 〔지금의 삼파(三巴)[17]가 이것이다.〕

---

15 春皇者 庖犧之別號 所都之國 有華胥之洲 神母遊其上 有青虹繞神母 久而方滅 卽覺有娠, 歷十二年而生庖犧 長頭脩目 龜齒龍唇 眉有白毫 鬚垂委地 或人曰 歲星十二年一周天 今葉以天時.

16 古者包犧氏之王天下也 仰則觀象於天 俯則觀法於地 觀鳥獸之文 與地之宜 近取諸身 遠取諸物 於是始作八卦 以通神明之德 以類萬物之情 作結繩而爲罔罟 以佃以漁 蓋取諸離.

태호(太皞)[18]는 함조(咸鳥)를 낳고, 함조는 승리(乘釐)를 낳고, 승리는 후조(後照)를 낳았는데, 후조가 처음으로 파인(巴人)이 되었다.〔그들의 시조가 되었다.〕[19] - 『산해경(山海經)』 제18 해내경

부혁(傅奕)은 말하기를, '개벽(開闢) 이래로 지금의 무덕 4년(621년) 신사(辛巳)까지 2백76만 1천1백8년이 지났다'는 주장에 대해 말씀드리겠습니다.
포희씨(庖犧氏)는 무릇 30대 동안 2만 2백97년을 다스렸습니다. 소호씨(少昊氏)에서 한나라 고조(高祖)까지가 3천2백1년이니, 포희씨에서 한나라 고조까지의 29대를 모두 합산하더라도 2만 3천4백98년에 불과한데, 도대체 어떤 것에 근거해서 처음 개벽한 무렵에서 무덕 4년까지가 갑자기 2백76만여 년으로 늘어났습니까?
『제계보(帝系譜)』에 보면, 천지가 처음 일어난 무렵에 형상이 마치 계란과 같았는데[20], 반고(盤古)가 그 가운데에서 생겨나 9만여 년을

---

17 파동(巴東) 파(巴) 파서(巴西)를 말한다.

18 맹춘(孟春, 정월)의 달은 그 제왕은 태호(太皞) 복희씨이고, 그를 보좌하는 신은 구망(句芒)이다. 孟春之月 其帝太皞 其神句芒 - 『여씨춘추(呂氏春秋)』 맹춘기(孟春紀)

19 西南有巴國〔今三巴是〕太皞生咸鳥 咸鳥生乘釐 乘釐生後照 後照是始爲巴人〔爲之始祖〕

20 혼돈(混沌)의 형상은 계란과 같은데, 반고(盤古)가 혼돈 속에서 생겨났다. 생겨난 후 1만 8천 년에 맑은 것은 올라가고, 탁한 것은 내려앉아 하늘과 땅으로 구분되었다. 또 1만 8천 년 후인 섭제(攝提)의 해에 원기는 비로소 열렸다. 반고의 머리와 사지는 오악(五岳)이 되고 혈액은 바다가 되고 두 눈은 해와

지나고서야, 그 다음으로 삼황(三皇) 및 수인씨(燧人氏)가 비로소 2만 2백97년을 다스렸습니다.

제(齊)나라 비서(秘書)인 양분(楊玢)의 『사목(史目)』에 따르면, 복희씨(伏犧氏)의 원년은 갑인년(甲寅年)인데, 개황 원년 신축(辛丑, 581)년까지가 6만 1천6백8년이라 하니, 총괄하여 말하면 17만 1천9백5년이나, 여기서 말하는 것과 비교해 보면 아주 현격하게 차이가 납니다. 따라서 연대기를 다시 교감하여 짧게 수정하여 정할 것을 요청합니다. 정사(正史)의 기록을 보면, 복희씨가 처음 팔괘(八卦)를 그리고, 진(陳)에서 갑자력(甲子歷)을 제정하고 서계(書契)를 만들었기에 세년(世年)이 있게 된 것으로, 포희씨 이전에는 기력(紀曆)이란 것이 본래 없었는데, 무엇에 근거하여 늘리고 줄이게 되었습니까?[21] -『파사론(破邪論)』 하권

달이 되었다. 반고가 죽고 나서 삼황(三皇)이 차례로 일어났다. 混沌形狀如鷄子 盤古生於混沌裏 生後一萬八千歲 上淸下濁分天地. 又萬八千歲之後 攝提之歲 元氣始 元氣肇始 頭爲五岳膏爲海 眼爲日月盤古死 爰有三皇次第作 -『제왕운기(帝王韻紀)』 상권

21 奕云, 自開闢已來至今 武德四年辛巳 積二百七十六萬 一千一百八歲者. 對曰 汝云 庖犧氏 凡三十世 治二萬二百九十七年 少昊至漢高 有三千二百一年 從庖犧至漢高 二十九代 計之不過二萬三千四百九十八年 何因爰初 開闢迄之 武德四年 頓有二百七十六萬餘歲耶 勘帝系譜云 天地初起 狀如鷄子 槃古在其中 經九萬年 次三皇及燧人氏 治二萬二百九十七年 案齊祕書 楊玢史目云 伏羲元年甲寅 至開皇元年辛丑 有六萬一千六百八年 摠而言之 一十七萬一千九百五年 校此而論 太懸殊矣 請勘年紀 定其脩短也 撿正史所載 伏羲氏 始畫八卦 陳甲子 造書契 乃有世年 庖犧已前 本無紀曆 進退何依

2. 여와

여와씨(女媧氏) 역시 성이 풍(風)씨로 뱀의 몸에 사람의 머리로 신성한 덕이 있어 복희씨의 대를 이어 즉위하여 호를 여희씨(女希氏)라고 하였다. 고치고 새로 지은 것 없이 오직 생황(笙簧)만을 만들었다. 〔『예기(禮記)』 명당위(明堂位)에서 계본(系本)까지 다 이르기를, 여와씨가 생황을 만들었다고 한다.〕 그러므로 『주역(周易)』에 싣지 않았고 오운(五運)도 잇지 않았다. 한 결 같이 말하기를 여와씨 또한 목덕(木德)의 왕이라 한다. 대개 복희씨의 뒤로 이미 수 세대가 경과하였다. 금·목(金木)의 세대가 순환하고 돌고 돌아 다시 시작하였다. 특별히 여와를 들어서 그 공덕으로써 높여서 삼황에 채워, 그러므로 목덕(木德)의 왕이라 한다.

그 말년에 해당하여서는 제후 공공(共工)씨가 있어 형벌을 맡아 다스렸고, 강성함으로써 패자가 되었으나 왕 노릇은 하지 않았다. 수덕(水德)으로써 목덕(木德)의 시대를 계승하려고 마침내 축융과 더불어 싸웠으나 이기지 못하자, 분노하여 이에 머리로 부주산(不周山)을 들이받자 산이 무너졌다. 하늘을 받치는 기둥이 꺾이고 땅을 붙드는 밧줄이 이지러지니[22] 여와가 이에 오색 돌을 다듬어 창천(蒼天)을 보수하고, 금오(金鼇)의 다리를 잘라 사방의 기둥을

---

22 옛날 공공(共工)과 전욱(顓頊)이 제위를 다투다 노하여 부주산(不周山)에 부딪히니 하늘을 받치는 기둥이 꺾이고 땅을 붙드는 줄이 끊어져 하늘이 서북쪽으로 기울어지고 일월성신이 옮겨졌다. 昔者共工與顓頊爭爲帝 怒而觸不周之山 天柱折 地維絶 天傾西北 故日月星辰移焉. – 『회남자』 천문훈(天文訓)

세우고 갈대를 태운 재로 넘치는 물을 그치게 하여 기주(冀州)를 구제하였다. 이에 대지가 평평해지고 하늘이 안정되었으며, 옛 문물과 제도를 고치지 않았다.[23] - 『사기(史記)』 삼황본기

먼 옛날 하늘을 받치는 사방 끝의 네 기둥이 허물어지니, 구주(九州)의 땅은 갈라지며 하늘은 모두 덮지를 못하고, 땅은 두루 싣지를 못하였다. 불길은 세차게 타면서 번져 꺼지지 않았고, 홍수는 끝없이 퍼져 나가면서 그치지를 않았으며, 맹수들은 양민을 마구 잡아먹으며, 사나운 날짐승도 노약자에게 덤벼들었다.
이에 여와(女媧)는 오색(五色)의 돌을 다듬어 창천(蒼天)[24]을 보수하고, 금오(金鼇)의 다리를 잘라서 네 기둥을 세우고, 흑룡(黑龍)을 죽여서 기주(冀州)의 땅을 구제하고, 갈대를 쌓아 태운 재로 홍수를 그치게 하였다.[25] 이렇게 해서 창천은 보수되었고, 사방의 끝은

---

23 女媧氏亦風姓 蛇身人首 有神聖之德 代宓犧立 號曰女希氏 無革造 惟作笙簧〔按禮明堂位及系本 皆云女媧作簧〕故易不載 不承五運 一曰女媧亦木德王 蓋宓犧之後 已經數世 金木輪環 周而復始 特擧女媧 以其功高而充三皇 故木王也 當其末年也 諸侯有共工氏 任智刑 以强霸而不王 以水承木 乃與祝融戰 不勝而怒 乃頭觸不周山崩 天柱折 地維缺 女媧乃鍊五色石以補天 斷鼇足以立四極 聚蘆灰以止滔水 以濟冀州 於是地平天成 不改舊物

24 하늘에 구야(九野)가 있는데, 중앙은 균천(鈞天), 동방은 창천(蒼天), 동북은 변천(變天), 북방은 현천(玄天), 서북방은 유천(幽天), 서방은 호천(顥天), 서남방은 주천(朱天), 남방은 염천(炎天), 동남방은 양천(陽天)이다. - 『회남자』 천문훈(天文訓). 봄은 창천(蒼天), 여름은 호천(昊天), 가을은 민천(旻天), 겨울은 상천(上天)이다. 春爲蒼天 夏爲昊天 秋爲旻天 冬爲上天 - 『이아(爾雅)』 석천(釋天).

25 『회남자』를 지은 회남왕(淮南王) 유안(劉安)이 도술(道術)에 뛰어났는데, 그가

정비되었으며, 홍수는 마르게 되었고 기주(冀州)의 땅은 평온하게 되었다.[26] –『회남자(淮南子)』 남명훈(覽冥訓)

숙사(淑士)라는 이름의 나라가 있는데, 전욱(顓頊)의 자손이다. 〔역시 고양씨(高陽氏)에서 나왔다는 말〕 열 명의 신(神)이 있는데, 이름을 여와(女媧)의 창자라고 한다. 〔혹은 여와의 오장육부라고도 한다.〕 변화하여 신이 되었는데, 율광(栗廣)의 들에 거처한다. 〔여와(女媧)는 상고시대 신녀(神女)로 제왕이 되었다. 사람 얼굴에 뱀의 몸으로 하루에 70번 변화한다. 그 창자가 변화하여 이 신이 된 것이다. 율광(栗廣)은 들의 이름〕 길을 횡단하여 거처한다.[27]〔길을 가로지르고 있다는 말이다.〕[28] –『산해경』 제16 대황서경(大荒西經)

달을 그리고 그 주위에 갈대를 태운 재로 둥근 달무리를 그리면서 한쪽 면을 터놓으니 하늘의 달무리도 역시 이지러졌다고 한다. 태양은 불의 정수이고, 달은 태음(太陰)으로 물의 정수이다. 여와는 물의 근원을 다스려 홍수를 그치게 한 것이다.

26 往古之時 四极廢 九州裂 天不兼覆 地不周載 火爁炎而不滅 水浩洋而不息 猛獸食顓民 鷙鳥攫老弱 于是女媧 煉五色石以補蒼天 斷鰲足以立四极 殺黑龍以濟冀州 積蘆灰以止淫水 蒼天補 四极正 淫水涸冀州平

27 여와(女媧)는 몸이 있는데, 누가 만든 것일까? 〔전하는 말에, 여와는 사람의 머리에 뱀의 몸을 하고 있으며, 하루에 70번 변화한다고 한다. 그 몸이 이와 같은데, 과연 누가 그를 만들어 그렇게 도모한 것인가?〕 女媧有體 孰制匠之〔傳言 女媧人頭蛇身 一日七十化 其體如此 誰所製匠而圖之乎〕 –『초사(楚辭)』 天問. 괄호 안은 후한시대 왕일(王逸)의 주석.

28 有國名曰 淑士 顓頊之子〔言亦出自高陽氏也〕 有神十人 名曰 女媧之腸〔或作女媧之腹〕 化爲神 處栗廣之野〔女媧 古神女而帝者 人面蛇身 一日中七十變

겨울에 우레와 번개가 치고 여름에 서리와 눈이 내린다고 하여도 그러나 추위와 더위의 형세는 바뀌지 않는다. 이처럼 작은 변화는 대세를 방해하기에는 부족하다. 황제(黃帝)가 음양(陰陽, 남여)을 생성하고 상병(上騈)이 이목구비를 생성하고 상림(桑林)[29]이 팔과 다리를 생성하니 이것이 여와(女媧)가 하루에 70번 변화하였던 까닭이다.[30] –『회남자』 설림훈(說林訓)

『풍속통의(風俗通義)』에, 속설에 천지가 개벽했을 때 아직 인민(人民)이 살지 않았었는데, 여와(女媧)[31]가 황토를 빚어서 사람을 만들었다고 한다. 열심히 만들어도 다 만들 겨를이 없자, 이에 동아줄을 진흙 속에 넣고 당겨서 들어 세우니 사람이 되었다. 그러므로 부귀한 자는 황토로 만든 사람이고, 가난하고 천하거나 평범하고 변변하지 못한 자는 동아줄에 진흙을 묻혀 만든 사람이다.[32]
–『태평어람(太平御覽)』 황왕부(皇王部) 3

其腹化爲此神 栗廣, 野名〕 橫道而處〔言斷道也〕

29 고유(高誘)의 주(注)에, '황제(黃帝)는 옛 천신으로 처음 사람을 만들 때 음양을 화생(化生)하였다. 상병(上騈)과 상림(桑林)은 다 신(神)의 이름이다.' 하였다. 高誘注云 黃帝 古天神也 始造人之時 化生陰陽 上騈 桑林皆神名

30 冬有雷電 夏有霜雪 然而寒暑之勢不易 小變不足以妨大節 黃帝生陰陽 上騈生耳目 桑林生臂手 此女媧所以七十化也

31 성경에 나오는 여호와는 여와(女媧)의 음역이다.

32 風俗通曰 俗說天地開辟 未有人民 女媧摶黃土作人 劇務 力不暇供 乃引繩於絚泥中于擧以爲人 故富貴者黃土人也 貧賤凡庸者絚人也 –『태평어람(太平御覽)』 皇王部三 女媧氏

3. 신농

여와씨가 몰락하고 신농씨(神農氏)가 일어났다. 염제 신농씨는 성이 강(姜)씨로 어머니는 여등(女登)이며, 유교씨(有蟜氏)의 딸로 소전(少典)의 왕비가 되었는데, 신룡(神龍)과 감응하여 염제(炎帝)를 낳았다. 사람의 몸에 소의 머리이며 강수(姜水)에서 성장하였으므로 인하여 성씨로 삼았다. 〔『국어(國語)』에, '염제(炎帝)와 황제(黃帝)는 모두 소전(少典)의 아들로 그 모국이라고 하였으며, 그 어머니 또한 다 유교씨의 딸이다.' 하였다. 여러 전적과 『고사고(古史考)』를 의거하면, '염제의 뒤로 무릇 8대 5백여 년이 지나 헌원씨의 시대이니, 어찌하여 염제와 황제가 형과 아우로 같은 어머니라는 말인가?' 하였다.

황보밀은 소전(少典)이 유교씨 제후의 국호라고 하였는데, 그렇다면 강(姜)과 희(姬)씨의 두 제왕이 같이 소전씨에서 나온 것이다. 황제의 어머니는 또 이 신농씨의 어머니 후대의 여자로 같은 지역인 이 유교씨의 딸이다.〕 화덕(火德)의 왕이므로 염제(炎帝)라고 하며 화(火)로써 관직 이름을 삼았다.

나무를 깎아 쟁기 날을 만들고, 나무를 휘어 굽정이를 만들어 쟁기와 농기구를 만인이 농사일에 사용하도록 가르쳤다. 처음 농사일을 가르쳤으므로 신농씨(神農氏)라고 부른다.

이에 사제(蜡祭)[33]를 지내고 붉은 채찍으로 초목을 내리쳐서 비로소 백 가지 초목을 맛보아 비로소 의약(醫藥)이 있게 되었다.

---

33 납일(臘日, 연말)에 지내는 군신(群神)에게 지내는 제사.

또 오현(五絃)의 거문고를 만들었으며, 사람들에게 낮에 시장을 열어 교역하고 돌아가도록 가르치니 각기 얻고자 하는 물건이 그곳에 있었다. 마침내 8괘(八卦)에 64효(爻)를 추가하였다. 처음 도읍지는 진(陣)이었고, 후에 곡부(曲阜)에 살았다. 〔지금 회양(淮陽)에 신농정(神農井)이 있다. 또 『춘추좌전』에 노(魯)나라에 대정씨(大庭氏, 신농)의 창고가 있다는 것이 이것이다.[34]〕

즉위한 지 120년에 붕어하니 장사(長沙)에 장사지냈다. 신농은 본래 열산(烈山)에서 일어났으므로 『춘추좌전』에, '열산씨(烈山氏)의 아들 주(柱)'라 하였고[35] 또한 여산씨(厲山氏)라고 하였으니 『예기』에, 여산씨의 천하가 이것이다.[36]〔정현(鄭玄, 127~200)은 '여산(厲山)은 신농이 일어난 곳으로 또한 열산(烈山)이 있다.'고 하였다.〕

신농은 분수씨(奔水氏)의 딸인 청요(聽訞)를 맞아들여 왕비로 삼아 제왕 퇴(魋)를 낳았고, 퇴는 제왕 승(承)을 낳고, 승은 제왕 명(明)

---

34 노(魯) 소공(昭公) 18년, 여름 5월 임오일에 송(宋)·위(衛)·진(陳)·정(鄭)에서 화재가 발생했다고 통고하였다.〔재신(梓愼)이 대정씨(大庭氏)의 창고에 올라가 바라보았다. 夏五月壬午에 宋衛陳鄭災來告〔梓愼 登大庭氏之庫以望之〕 - 『춘추좌전(春秋左傳)』

35 직(稷)은 농사를 담당한다. 열산씨(烈山氏)의 아들을 주(柱)라 하는데, 직(稷)으로 삼아서 하(夏)나라 이전부터 제사지냈다. 稷田正也 有烈山氏之子曰 柱爲稷, 自夏以上祀之 - 『춘추좌전』 소공(昭公) 29년

36 이리하여 여산씨(厲山氏)가 천하를 다스릴 때 그 아들을 농(農)이라고 했는데, 능히 백곡을 번식시켰다. 是故厲山氏之有天下也 其子曰農 能殖百穀 - 『예기(禮記)』 제23 제법(祭法)

을, 명은 제왕 직(直)을 낳고, 직은 제왕 리(氂)를 낳고, 리는 제왕 애(哀)를 낳고, 애는 제왕 극(克)을 낳고, 극은 제왕 유망(楡罔)을 낳았으니[37] 무릇 8대에 530년이다.

그리하여 헌원씨에 이르러 흥성하였다.[38] -『사기(史記)』 삼황본기

---

37 염제(炎帝)의 아내이고 적수(赤水)의 자식인 청요(聽訞)는 염거(炎居)를 낳고, 염거는 절병(節並)을 낳고, 절병은 희기(戲器)를 낳고, 희기는 축융(祝融)을 낳았다.〔축융은 고신씨(高辛氏)의 불을 관장하는 관직〕 축융은 강수(江水)에 살면서 공공(共工)을 낳고, 공공은 술기(術器)를 낳았다. 炎帝之妻赤水之子 聽訞生炎居 炎居生節並 節並生戲器 戲器生祝融 祝融高辛氏 火正號 祝融降處江水 生共工 共工生術器『산해경』 제18 해내경(海內經). 황제(黃帝)가 적수(赤水)의 북쪽에서 놀다가 곤륜구(崑崙丘)에 올라 남쪽을 바라보았는데, 돌아가다가 그의 현주(玄珠)를 잃어버렸다. 黃帝遊乎赤水之北 登乎崑崙之丘 而南望, 還歸 遺其玄珠 -『장자(莊子)』 外篇 天地

38 女媧氏沒 神農氏作 炎帝神農氏 姜姓 母曰女登 有蟜氏之女 爲少典妃 感神龍而生炎帝 人身牛首 長於姜水 因以爲姓〔按國語 炎帝黃帝 皆少典之子其母 又皆有蟜氏之女 據諸子及古史考 炎帝之後 凡八代 五百餘年 軒轅氏代之 豈炎帝黃帝 是昆弟而同母氏乎 皇甫謐以爲少典 有媧氏諸侯國號 然則姜姬二帝 同出少典氏 黃帝之母 又是神農母氏之後代女 所同是有媧氏之女也〕火德王 故曰炎帝 以火名官 斲木爲耜 揉木爲耒 耒耨之用 以教萬人 始教耕 故號神農氏 於是作蜡祭 以赭鞭鞭草木 始嘗百草 始有醫藥 又作五弦之瑟 教人日中爲市 交易而退 各得其所 遂重八卦爲六十四爻 初都陳 後居曲阜〔按今淮陽有神農井 又左傳 魯有大庭氏之庫是也〕立一百二十年崩 葬長沙 神農本起列山 故左氏稱列山氏之子 曰柱 亦曰厲山氏 禮曰厲山氏之有天下是也〔鄭玄云 厲山神農所起 亦曰有列〕神農納奔水氏之女 曰聽訞 爲妃 生帝魋 魋生帝承 承生帝明 明生帝直 直生帝氂 氂生帝哀 哀生帝克 克生帝楡罔 凡八代 五百三十年 而軒轅氏興焉

신농씨는 강(姜)씨 성이다. 어머니 임사(姙姒)는 유교씨(有喬氏)의 딸로 이름은 여등(女登)이며 소전(少典)의 왕비가 되었는데, 화양(華陽)에서 노닐다가 신룡(神龍)의 머리가 출몰하더니 여등이 감응하여 상양(常羊)에서 염제(炎帝)를 낳았다.[39] 사람 몸에 소머리로 강수(姜水)에서 성장하였으므로 이로 인하여 성씨가 되었다. 성스런 덕이 있어 화(火)로써 목(木)을 이었다. 방위는 남방에 있고 여름을 주재하므로 염제(炎帝)라고 한다.

진(陳)에 도읍하고 다섯줄의 거문고를 만들었다. 120년을 재위하다가 붕어하였다. 무릇 8대를 전하였으니, 제승(帝承), 제임(帝臨), 제명(帝明), 제직(帝直), 제래(帝來), 제쇠(帝衰), 제유망(帝楡罔)[40]

---

39 신룡(神龍)의 머리가 항상 출몰하더니 임사(姙姒)가 감응하여 적제(赤帝)인 괴외(魁隗)를 낳으니 그를 염제(炎帝)라 하며 세상에서 신농(神農)이라 부른다. 복희씨의 대를 이어 제위에 올랐다. 有神龍首出常 感姙姒 生赤帝魁隗 身號炎帝 世號神農 代伏羲氏 -『잠부론(潛夫論)』 오덕지(五德志)

40 황제가 치우의 난폭함을 토벌할 때 위력으로 금지시키지 못하였으니, 치우는 바람을 부르고 비를 부르며 연기를 불어내고 안개를 뿜어내니 여러 장수가 크게 혼미하였다. 황제가 태산의 언덕에 돌아가 쉬면서 날이 저물어 근심하면서 잠이 들었다. 꿈에 서왕모가 사자를 보냈는데, 검은 여우 가죽 갖옷을 입고 부신(符信)을 황제에게 주면서 말했다. "태일(太一)이 앞에 있고 천일(天一)이 뒤에 있으니 터득하는 자가 승리하고 싸우면 바로 이기게 됩니다." 하였다. 부신의 너비는 3촌(寸)이며 길이는 1척이며 옥처럼 푸른빛이 나며 붉은 피로 문장이 되었다. 부신을 패용하는 것을 마치니 서왕모는 이에 한 부인에게 명하였는데, 부인은 사람 머리에 새 몸이었다. 황제에게 말하기를 "나는 구천현녀(九天玄女)입니다." 하였다. 황제에게 삼궁오의(三宮五意) 음양의 전략, 태일(太一)의 둔갑술과 육임보두(六壬步斗)의 술법, 음부(陰符)의 기교, 영보오부오

에 이르기까지 합하여 510년이다. 유망은 공상(空桑)에 살았다. 『고사고(古史考)』에, 염제는 화덕에 부응하였으므로 관직을 설치함에 모두 화(火)로써 이름을 삼았다고 하였다.[41] -『제왕세기』

포희씨가 몰락하자 신농씨(神農氏)가 나무를 깎아 보습을 만들고 나무를 휘어 쟁기를 만들어 가래와 농기구의 편리함을 천하에 가르친 것은 대개 익(益)괘에서 취한 것이다. 한낮에 시장을 열어 천하의 백성이 오게 하여 천하의 재화를 모아 교역하고 돌아가 각각 제 살 곳을 얻게 한 것은 대개 서합(噬嗑)괘에서 취한 것이다.[42]
-『주역(周易)』 계사전 하(繫辭傳下)

승(靈寶五符五勝)의 문장을 주었다. 드디어 황제는 치우(蚩尤)를 중기(中冀)에서 이기며 판천(阪泉)에서 유망(楡罔)을 죽이고 신농의 후예를 제거하니 천하를 크게 평정하고 상곡(上谷)의 탁록(涿鹿)으로 천도했다. 黃帝討蚩尤之暴 威所未禁 而蚩尤幻變多方 徵風召雨 吹煙噴霧 師衆大迷 帝歸息太山之阿 昏然憂寢 王母遣使者 被玄狐之裘 以符授帝曰 太一在前 天一在後 得之者勝 戰則克矣 符廣三寸 長一尺 靑瑩如玉 丹血爲文 佩符旣畢 王母乃命一婦人 人首鳥身 謂帝曰 我九天玄女也 授帝以三宮五意陰陽之略 太一遁甲六壬步斗之術 陰符之機 靈寶五符五勝之文 遂克蚩尤於中冀 剪神農之後 誅楡罔於阪泉 天下大定 都于上谷之涿鹿 -『태평광기(太平廣記)』 서왕모

41 神農氏 姜姓也 母曰妊姒 有蟜氏之女 名女登 爲少典妃 游於華陽 有神龍首感女登 於常羊 生炎帝 人身牛首 長於姜水 因以氏焉 有聖德 以火承木 位在南方 主夏 故謂之炎帝 都於陳 作五弦之琴 在位百二十年而崩 凡八世 帝承 帝臨 帝明 帝直 帝來 帝裒 帝楡罔 至楡岡 合五百一十年 楡罔居空桑 古史考 炎帝有火應 故置官師 皆以火爲名

42 包犧氏沒 神農氏作 斲木爲耜 揉木爲耒 耒耨之利 以敎天下 蓋取諸益 日中爲市 致天下之民 聚天下之貨 交易而退 各得其所 蓋取諸噬嗑

염제(炎帝)가 처음으로 백성들에게 쟁기로 경작하는 법을 가르쳤다. 몸소 논밭에 나가서 부지런히 농사일을 하니 백 가지 곡식이 언덕에 무성하게 자랐다. 성스런 덕이 감응하여 드러나지 않은 곳이 없었다. 신기한 지초(芝草)는 그 기이한 빛깔을 드러내고 영묘한 싹은 여린 새순이 움터 올랐다. 육지에는 붉은 연꽃에 덮개 같은 잎이 나란히 나서 향기로운 이슬방울이 굴러 아래로 흘러 연못을 이루었으니, 이로 인하여 용(龍)을 기르는 환룡포(豢龍圃)가 되었다. 자줏빛 초원이 거리에 만연하고 상서로운 구름이 뭉게뭉게 피어오른다. 둥글게 단(壇)을 쌓고 조일단(朝日壇)에서 제사를 지내고 옥으로 섬돌을 장식하여 야광주처럼 빛난다. 구천(九天)의 음악을 연주하니 온갖 새와 짐승이 무리지어 춤추고 여덟 가지 악기 소리가 화합하니 초목과 돌까지도 윤택하였다. 이때에 흘러가는 구름에서 진액이 내리니 이것을 하장(霞漿)이라고 하는데, 복용하면 도를 얻어 천인(天人)보다 뒤에 늙는다.[43]

－『습유기(拾遺記)』

옛날에 백성들이 연한 풀잎을 먹고 물을 마시며 나무 열매를 따 먹으며, 우렁이나 벌레의 살을 먹고 살 때, 많은 사람이 질병에 걸리고 중독되며 장기가 손상되는 일이 많았다.

---

43 炎帝始敎民耒耜 躬勤畎畝之事 百穀滋阜 聖德所感 無不著焉 神芝發其異色 靈苗擢其嘉穎 陸地丹蕖 駢生如蓋 香露滴瀝 下流成池 因爲豢龍之圃 朱草蔓衍於街衢 卿雲蔚藹於叢薄 築圓丘以祀朝日 飾瑤階以揖夜光 奏九天之和樂 百獸率舞 八音克諧 木石潤澤 時有流雲灑液 是謂霞漿 服之得道 後天而老

이에 신농씨가 비로소 백성들에게 오곡을 파종하게 하였으니 토지의 건조함과 습함 비옥함과 메마름 구릉과 습지에 서로 마땅한지를 살피고, 백가지 초목의 자양분과 맛을, 샘물의 달고 쓴 것을 맛본 후에 백성들로 하여금 먹어도 되는 것과 먹을 수 없는 것을 알게 하니, 이때에 신농씨는 하루에 70차례나 중독되기도 하였다.[44]
–『회남자(淮南子)』 수무훈(脩務訓)

신농(神農)이 가르쳐 이르기를, "남자가 그해에 경작하지 않는 자가 있으면 천하에 굶주림을 당하게 되고, 여자가 그해에 길쌈하지 않는 자가 있으면 천하에서 그 추위를 받게 될 것이다." 하였다. 그러므로 남편이 몸소 밭 갈고 아내가 몸소 베를 짜면 백성에게 이로운 결과를 보게 된다.[45] –『여씨춘추』 애류(愛類)

옛날 신농(神農)이 천하를 다스릴 때에, 정신은 가슴속에서 달아나지 않고 지혜는 온 누리에서 벗어나지 않았다. 그 어질고 정성스러운 마음을 품고 있으니, 단비가 때에 맞게 내리고 오곡은 번식하여, 봄에 나서 여름에 자라고 가을에 거두고 겨울에 저장하니, 매달 절기를 살피고 연말이면 공덕으로 나라에 세금을 헌납하고 시기에

---

44 古者 民茹草飮水 采樹木之實 食蠃蠬之肉 時多疾病毒傷之害 於是神農乃始教民播種五穀 相土地宜 燥濕肥墝高下 嘗百草之滋味 水泉之甘苦 令民知所辟就 當此之時 一日而遇七十毒

45 神農之教曰 士有當年而不耕者 則天下或受其饑矣 女有當年而不績者 則天下或受其寒矣 故身親耕 妻親績 所以見致民利也

맞게 골짜기의 명당에 제사하였다.

명당(明堂)의 제도는 하늘을 상징하는 지붕은 있으나 아래는 사방의 한계가 없고 비바람이 스며들지 않게 하여 추위나 더위에도 손상되지 않으며, 오랜 세월이 흘러도 비바람이 들어오지 못하게 지었다. 상공(相公)으로 하여금 백성을 기르게 하니 그 백성들이 순박하고 신중하며 단정하고 정성스러웠으며, 분쟁이 없고 재물에 만족하며 애쓰지 않고도 공(功)을 이루었다. 천지에 갖추어진 자원으로 인하여 백성들과 즐거움을 함께 나누었다.

이리하여 사나운 귀신도 해치지 못하였다.

형법(刑法)은 갖추어 놓았으나 쓸 필요가 없게 되었으니, 사법성(司法省)은 번거롭지 않고 교화는 신(神)과 같았다. 그 땅은 남으로는 교지(交阯)에 이르고, 북으로는 유도(幽都)에 이르고, 동으로는 양곡(暘谷, 동방)에 이르고, 서쪽으로는 삼위(三危)에 이르렀으니, 천자의 명을 듣고 따르지 않는 나라가 없었다. 이 시절에 형법은 너그럽고 형벌은 완화되었으니, 감옥은 텅 비어 천하가 한 풍속이었으며 간사한 마음을 품는 자가 없었다.[46]

–『회남자(淮南子)』 주술훈(主術訓)

---

46 昔者神農之治天下也 神不馳於胸中 智不出於四域 懷其仁誠之心 甘雨時降 五穀蕃植 春生夏長 秋收冬藏 月省時考 歲終獻功 以時嘗谷 祀於明堂 明堂之制 有蓋而無四方 風雨不能襲 寒暑不能傷 遷延而入之 養民以公 其民樸重端慤 不紛爭而財足 不勞形而功成 因天地之資而與之和同 是故威厲而不殺 刑錯而不用 法省而不煩 故其化如神 其地南至交阯 北至幽都 東至暘穀 西至三危 莫不聽從 當此之時 法寬刑緩 囹圄空虛 而天下一俗 莫懷奸心

4. 황제

황제(黃帝)는 〔어머니인 부보(附寶)가 기(祁) 땅 들판에서 번개가 크게 치며 북두칠성의 첫 번째 별인 추성(樞星)을 휘감는 것을 보고는 감응하여 잉태한 뒤 24개월이 지나 수구(壽丘)에서 황제를 낳았다.〕 소전(少典)의 아들로 성은 공손(公孫)이며 이름은 헌원(軒轅)이라 한다. 태어나면서부터 신령스러웠는데, 태어난 지 얼마 되지 않아서 말을 했고, 어릴 때는 영리했으며, 장성해서는 성실하고 영민했고, 성인이 되어서는 총명했다.

헌원 때는 신농씨(神農氏)가 쇠약해져 제후들이 서로 침탈하고 백성들을 못살게 굴었으나 신농씨는 정벌할 수 없었다. 이에 헌원은 창과 방패의 사용법을 익혀서 조공하지 않는 자들을 정벌하니 제후들이 모두 와서 복종했다. 그러나 치우(蚩尤)는 너무 포악해 정벌할 수 없었다. 염제(炎帝)가 제후들을 침략하려 하자 제후들이 모두 헌원에게 귀의했다.

헌원은 덕을 닦고 군대를 떨치는 한편, 오기(五氣)를 다스리고 오곡을 심는 등 인민을 어루만졌다. 사방의 땅을 헤아리고 곰과 범 등 사나운 짐승을 훈련시켜 염제와 판천 들에서 싸웠다.[47] 세

---

47 염제 참로(參盧)를 유망(楡罔)이라고 하는데, 공상(空桑)에 살았다. 炎帝參盧是曰楡罔 居空桑 - 『로사(路史)』 염제기(炎帝紀)下. 『제왕세기』에, 신농씨는 '무릇 8대를 전하였으니, 제승, 제임, 제명, 제직, 제래, 제쇠, 제유망(帝楡罔)에 이르기까지 합하여 510년이다. 유망은 공상(空桑)에 살았다.'고 하였으니 황제(黃帝)와 전투하던 시기는 신농씨 시대의 마지막 제왕인 유망(楡罔)이고, 당시 도읍지는 공상(空桑)이었다.

번을 싸운 뒤에야 그 뜻을 이루었다. 치우가 난을 일으켜 황제의 명을 듣지 않자, 이에 황제는 제후들의 군사를 징발해 탁록(涿鹿)의 들에서 치우와 싸워 마침내 치우를 잡아 죽였다.[48] 그러자 제후들이 모두 헌원을 천자로 받들어 신농씨를 대신하게 했으니, 이가 황제이다. 천하에 따르지 않는 자는 황제가 정벌해 평정하고는 떠났다. 산을 개간해 길을 통하게 하느라 편하게 지낸 적이 없었다.

동쪽으로 바다에 이르러 환산(丸山)에 오르고 대종(岱宗, 태산)에 미치었다. 서쪽으로 공동(空桐)에 이르러 계두산(鷄頭山)에 올랐다. 남쪽으로 장강에 이르러 웅이산(熊耳山)과 상산(湘山)에 올랐다. 북쪽으로 훈육(葷粥)을 내쫓고 부산(釜山)에서 부절을 확인해 탁록 언덕에 도읍을 정했지만 무상처(無常處)로 옮기고 왕래하며 군대의 병영을 지어 지켰다.

관직 이름은 모두 구름 운(雲)자를 넣어 정했고, 군대도 운사(雲師)라 했다. 좌우 대감을 두어 만국을 감독하게 했다. 만국이 화평해졌으나 귀신과 산천에 제사 지내는 봉선(封禪)은 더 많아졌다. 보정(寶鼎)과 시간을 계산하는 신책(神策)을 얻었다. 풍후(風后), 역목(力牧), 상선(常先), 대홍(大鴻)을 천거해 인민을 다스렸다. 하늘과 땅의 법칙을 따르고 음양을 예측했다. 삶과 죽음, 존망의 이치를

---

48 『귀장계서경(歸藏啓筮經)』에 '치우(蚩尤)는 양수(羊水)로부터 나왔는데, 8개의 팔뚝과 8개의 발에 우두머리가 되어 구뇨(九淖)에서 즉위하여 공상(空桑)을 치니, 황제(黃帝)가 청구(青丘)에서 치우를 죽였다.' 하였다. 蚩尤出自羊水 八肱八趾疏首 登九淖以伐空桑 黃帝殺之于青丘. 공안국은, '구려(九黎)의 군장을 치우(蚩尤)라고 부르는 것이 이것이다.'고 하였다. 孔安國曰 九黎君號蚩尤是也

살폈다. 때에 맞게 갖은 곡식과 풀과 나무를 심고, 금수와 곤충을 길들였다. 해와 달, 별과 물, 흙과 돌, 금속과 옥을 두루 살폈다. 몸과 마음을 다 하고, 잘 듣고 보았으며, 물과 불 그리고 재물을 아꼈다. 토덕(土德)의 상서로운 징조가 있었기 때문에 황제(黃帝)라 불렀다. 황제에게는 25명의 아들이 있었고, 그 중 성(姓)을 얻은 자는 14명이었다.

황제는 헌원구(軒轅丘)에 살면서 서릉(西陵)의 딸을 왕비로 맞이했으니 이가 누조(嫘祖)이다. 누조는 황제의 정비로서 두 아들을 낳았는데, 그 후손 모두가 천하를 얻었다.

첫째는 현효(玄囂)[49], 즉 청양(青陽)으로서 청양은 강수(江水)에 봉해졌다. 둘째는 창의(昌意)로서 약수(若水)에 봉해졌다. 창의는 촉산씨(蜀山氏)의 딸을 왕비로 얻었는데 창복(昌僕)이라 한다. 고양(高陽)을 낳았는데, 고양은 성스러운 덕이 있었다.

황제가 세상을 떠나자 교산(橋山)에 장사지냈다. 그 손자인 창의의 아들 고양(高陽)이 제위에 오르니 바로 제왕 전욱(顓頊)이다.[50]

---

49 원효(元囂)라고도 한다.

50 黃帝者〔母曰附寶之祁野 見大電繞北斗樞星 感而懷孕 二十四月而生黃帝於壽丘〕少典之子 姓公孫 名曰軒轅 生而神靈 弱而能言 幼而徇齊 長而敦敏 成而聰明 軒轅之時 神農氏世衰 諸侯相侵伐 暴虐百姓 而神農氏弗能征 於是軒轅乃習用干戈 以征不享 諸侯咸來賓從 而蚩尤最爲暴, 莫能伐 炎帝欲侵陵諸侯 諸侯咸歸軒轅 軒轅乃修德振兵 治五氣 蓺五種 撫萬民 度四方 教熊羆貔貅貙虎以與炎帝戰於阪泉之野 三戰 然後得其志 蚩尤作亂 不用帝命 於是黃帝乃徵師諸侯 與蚩尤戰於涿鹿之野 遂禽殺蚩尤 而諸侯咸尊軒轅爲天子 代神農氏 是爲黃帝 天下有不順者 黃帝從而征之 平者去之 披山通道 未嘗寧居 東至于海

-『사기(史記)』 오제본기

황제는 유웅씨(有熊氏) 소전(少典)의 아들로 성이 희(姬)씨이다. 어머니는 부보(附寶)인데 그 선조는 곧 염제(炎帝) 어머니 가문으로 유교씨(有蟜氏)의 딸이며, 후세에 소전씨와 혼인하였다.
그러므로『국어(國語)』에 아울러 부르는 것이다. 신농씨 말기에 소전씨가 또 부보(附寶)를 취하였는데, 번개가 크게 치며 북두칠성의 첫 번째 별인 추성(樞星)을 휘감으며 성 밖의 들판을 비추는 것을 보고 부보가 감응하여 25개월 동안 잉태하다가 수구(壽丘)에서 황제를 낳아 희수(姬水)에서 성장하였다. 용안(龍顔)에 성인의 덕이 있어 유웅국(有熊國)에서 즉위하여 헌원구(軒轅丘)에 살았으므로 이로 인하여 이름이 되었고 또 이로써 호를 삼은 것이다.
신농씨와 판천(阪泉)의 들에서 세 번 싸워 이겼다. 그의 사관인 창힐(蒼頡)은 또 새 발자국의 형상을 취하여 비로소 문자를 만들었으니 사관(史官)이 지은 것이다.

登丸山 及岱宗 西至于空桐 登雞頭 南至于江 登熊湘 北逐葷粥 合符釜山 而邑于涿鹿之阿 遷徙往來無常處 以師兵爲營衛 官名皆以雲命爲雲師 置左右大監 監于萬國 萬國和 而鬼神山川封禪與爲多焉 獲寶鼎 迎日推筴 擧風后 力牧 常先大鴻 以治民 順天地之紀 幽明之占 死生之說 存亡之難 時播百穀草木 淳化鳥獸蟲蛾 旁羅日月星辰水波 土石金玉 勞勤心力耳目 節用水火材物 有土德之瑞 故號黃帝。黃帝二十五子 其得姓者十四人 黃帝居軒轅之丘 而娶於西陵之女 是爲嫘祖 嫘祖爲黃帝正妃 生二子 其後皆有天下 其一曰玄囂 是爲青陽 青陽降居江水 其二曰昌意 降居若水 昌意娶蜀山氏女 曰昌僕 生高陽 高陽有聖德焉 黃帝崩 葬橋山 其孫昌意之子高陽立 是爲帝顓頊也

대체로 이로부터 비로소 그 언행을 간책(簡策)에 기록하여 보관하였으니 이름을 서계(書契)라고 한다. 황제는 또한 제홍씨(帝鴻氏)[51]

---

51 황제(黃帝) 유웅씨의 호는 헌원이고, 또한 제홍(帝鴻)이라고도 한다. 黃帝有熊氏號軒轅 亦曰帝鴻 -『금루자(金樓子)』 흥왕(興王).

옛날 제홍씨(帝鴻氏)에게 불초한 자손이 있었는데〔제홍은 황제(黃帝)이다.〕 의로운 사람을 가로막고 적을 숨겨주며, 음흉한 짓을 행하기 좋아하니 천하에서 혼돈(渾沌)이라 했다. 昔帝鴻氏有不才子〔帝鴻 黃帝也〕掩義隱賊 好行凶慝 天下謂之渾沌 -『사기』 오제본기. 『춘추좌씨전』 노 문공(魯文公) 18년 조에 같은 기록이 있는데, 두예(杜預)의 주(注)에 제홍씨는 황제(黃帝)이고 불초한 자손은 환두(驩兜)를 이른다고 했다.

『산해경』에, 백민(白民)의 나라가 있는데, 제준(帝俊)이 제홍〔帝鴻, 黃帝〕을 낳고, 제홍이 백민(白民)을 낳았다. 백민은 소성(銷姓)이며, 기장을 주식으로 하고 네 종류 조수인 호랑이, 표범, 곰, 말곰 등을 부린다.〔또 승황(乘黃)이라는 짐승이 있는데, 승황을 타면 장수를 누린다.〕 有白民之國 帝俊生帝鴻 帝鴻生白民 白民銷姓 黍食 使四鳥 虎豹熊羆〔又有乘黃獸, 乘之以致壽考也〕-『산해경』 제14 대황동경.

백민국(白民國)은 용어(龍魚)의 북쪽에 있는데, 몸은 희고 머리는 풀어헤쳤다.〔그 사람들의 몸과 사는 동천(洞天)이 희다는 말〕 승황(乘黃)이 있는데, 그 모양이 여우와 같고 그 등 위에 뿔이 있다.〔『일주서(逸周書)』에, 백민국의 승황은 여우와 흡사하고 등에 두 뿔이 있는데, 바로 비황(飛黃)이다. 『회남자』에, '천하에 도가 있으면 비황이 마구간에 엎드려 있다.'고 한다.〕 승황을 타면 2천년을 산다. 숙신국(肅愼國)은 백민(白民)의 북쪽에 있다. 이름을 웅상(雄常) 【혹은 낙상(雒常)】이라고 하는데, 선대의 삼황오제가 여기에서 취하였다.〔그 풍속에 (천자의) 의복이 없어 중국 성제(聖帝)가 즉위할 때면 이 나무에 가죽이 생겨 취하여 의복을 만들어 입었다.〕 白民之國 在龍魚北 白身被髮〔言其人體洞白〕有乘黃 其狀如狐 其背上有角〔周書曰 白民乘黃 似狐 背上有兩角 卽飛黃也 淮南子曰 天下有道 飛黃伏皀〕乘之壽二千歲. 肅愼之國 在白民北

혹은 귀장씨(歸藏氏) 혹은 제헌(帝軒)이라고도 부른다.

보배 솥(寶鼎)을 얻어 봉선(封禪)하고, 경운(景雲)의 상서가 있었으므로 구름 운(雲)자로 관직 이름을 지어 운사(雲師)라고 하였다.

토덕(土德)의 왕으로 100년 동안 재위하였으니 나이는 110세였다.

황제(黃帝)는 궁상(窮桑)[52]에서 제위에 등극하여 후에 곡부(曲阜)로 옮겼다. 전욱(顓頊)은 처음 궁상(窮桑)에 도읍하고 상구(商丘)로 옮겼다. 또 대정씨(大庭氏, 신농)의 고국(故國)이라고 한다.

또 상구는 상(商)나라 엄(奄)의 땅이다.

『산해경』에 "헌원(軒轅)의 나라는 궁상산(窮桑山)의 근처에 있어 서쪽을 향해 쏘는 것을 두려워한다."는 것은 이것이다.[53]

名曰雄〔或作雒〕常 先八代帝 于此取之〔其俗無衣服 中國有聖帝代立者 則此木生皮可衣也〕 - 『산해경』 제7 해외서경. 대황(大荒) 가운데에 불함산(不咸山)이 있고 숙신씨 나라가 있다. 大荒之中 有山名曰不咸 有肅愼氏之國 - 『산해경』 제17 대황북경.

백민(白民)의 〔특산품은〕 승황(乘黃)인데, 승황은 여우와 흡사하며 그 등에 두 개의 뿔이 있다.〔백민(白民) 역시 동남의 이(夷)이다.〕 白民乘黃 乘黃者似狐 其背有兩角〔白民 亦東南夷〕 - 『일주서(逸周書)』 왕회해(王會解), 괄호 안은 공조(孔晁)의 주(注).

52 궁상은 해 뜨는 곳에 열 개의 태양이 대기하는 신목(神木)이다. 이 뽕나무를 부상(扶桑), 공상(空桑), 부상(榑桑)이라고도 하며 해 뜨는 구역의 지명으로도 사용되어 본문에 궁상은 황제와 전욱의 도읍지라고 하였다.

53 黃帝 有熊氏少典之子 姬姓也 母曰附寶 其先卽炎帝母家有蟜氏之女 世與少典氏婚 故國語兼稱焉 及神農氏之末 少典氏又取附寶 見大電光繞北斗樞星 照郊野 感附寶 孕二十五月 生黃帝於壽丘 長於姬水 龍顔有聖德 受國於有熊 居軒轅之丘 故因以爲名 又以爲號 與神農氏戰于阪泉之野 三戰而克之 其史倉頡 又取

-『제왕세기』

헌원(軒轅)의 나라가 이곳 궁산(窮山) 부근에 있다. 〔그 나라는 궁산(窮山)의 남쪽 주변에 있다.〕 그들은 단명한 사람도 8백세이다. 여자국(女子國)이 북쪽에 있다. 사람 얼굴에 뱀의 몸뚱이로 꼬리가 머리 위로 교차한다. 궁산(窮山)이 그 북쪽에 있어 감히 서쪽을 향해 쏘지 않고 헌원구(軒轅丘)를 경외한다. 〔황제의 위엄과 신령함을 경외하여 감히 서쪽을 향해 쏘지 않는다는 말〕 헌원의 궁전은 북쪽에 있고 그 헌원구는 방형으로 네 가지 뱀이 서로 얽혀 있다. 〔구불구불 감기고 얽힌 모양〕 이 옥야(沃野)의 모든 난새(鸞鳥)가 저절로 노래하고 봉황새가 저절로 춤춘다. 봉황의 알은 주민들이 먹으며 감로(甘露)는 주민들이 마신다.

이곳에서는 원하는 것은 저절로 이루어진다. 〔재미가 있지 않은 것이 없고, 소원이 저절로 이루어진다는 말이다. 이곳을 옥야(沃野)라고 한다.〕 온갖 동물이 무리지어 서로 어울려 살고 네 가지 뱀이 북쪽에 있다. 그 사람들은 양손으로 알을 붙들고 먹으며, 양쪽에서 새가 앞에서 인도하며 산다. 용어(龍魚)가 언덕에 사는데 그 북쪽에 있고, 형상이 살쾡이와 같다. 〔혹은 용어는 살쾡이와

像鳥跡 始作文字 史官之作 蓋自此始 記其言行 策而藏之 名曰書契 黃帝亦號帝鴻氏 或曰歸藏氏 或曰帝軒 得寶鼎興封禪 有景雲之瑞 故以雲紀官 爲雲師 以土德王 在位百年而崩 年百一十歲 黃帝自窮桑登帝位 後徙曲阜 顓頊始都窮桑 徙商邱 又爲大庭氏之故國 又是商奄之地 山海經云 此地窮桑之際 西射之畏是也

흡사하고 뿔이 하나다.〕 하나는 하(鰕)인데 신성(神聖)이 이것을 타고 여러 하늘을 돌아다닌다. 하나는 별어(鱉魚)로 옥야의 북쪽에 있고 별어는 잉어와 같다.[54]

–『산해경(山海經)』 제7 해외서경

황제가 낮잠을 자다가 꿈속에서 화서씨(華胥氏)의 나라를 유람하였다. 화서씨의 나라는 엄주(弇州)의 서쪽, 대주(臺州)의 북쪽에 있는데, 이곳 제(齊)[55]나라에서 몇 천만 리나 되는지 알지 못한다. 그곳은 배나 수레 또는 걸어서 갈 수도 없고 신선들만이 노닐 뿐이었다. 그 나라는 우두머리도 없고 자연스러울 뿐이다. 그 백성들은 좋아하고 즐기려는 욕심도 없이 자연 그대로일 뿐, 삶을 즐거워하는 것도 알지 못하고 죽음을 싫어하는 것도 알지 못한다.

그러므로 일찍 죽는 일도 없고, 자기를 친애하는 것도 모르고 사물에 소원(疎遠)할 줄도 모르기 때문에 사랑과 미워함이 없다. 배반도 알지 못하고 향하여 순종하는 것도 알지 못하기 때문에

---

54 軒轅之國 在此窮山之際〔其國在山南邊也〕其不壽者八百歲 在女子國北 人面蛇身 尾交首上 窮山在其北 不敢西射 畏軒轅之丘〔言敬畏黃帝威靈故 不敢向西而射也〕在軒轅國北 其丘方 四蛇相繞 此諸夭之野 鸞鳥自歌 鳳鳥自舞 鳳皇卵 民食之 甘露 民飮之 所欲自從也〔言滋味無不有 所願得自在 此謂沃野也〕百獸相與群居 在四蛇北 其人兩手操卵食之 兩鳥居前導之 龍魚陵居在其北 狀如狸〔或曰 龍魚 似狸一角〕一曰鰕 卽有神聖乘此 以行九野 一曰 鱉魚在夭野北 其爲魚也如鯉.

55 제(齊)나라는 영주(營州)이다. 齊曰營州 –『이아(爾雅)』 석지(釋地). 동방을 청주(靑州)라고 하며 제(齊)나라이다. 東方爲靑州 齊也 –『여씨춘추』 유시(有始).

이롭고 해로운 것이 없다. 전혀 사랑하거나 애석해하는 것도 없고, 전혀 두려워하거나 꺼리는 것도 없다. 물에 들어가도 빠지지 않고 불에 들어가도 타지 않으며, 몸을 베거나 때리더라도 다치거나 통증이 없고, 찌르고 긁어도 아프거나 간지러움이 없다. 공중에 올라가도 실지를 밟는 것과 같고 허공에서 잠자는 것이 침상에 처하는 것과 같다. 안개와 구름도 그 시야를 가리지 못하고, 천둥과 벼락도 그 청력을 어지럽게 하지 못한다. 아름다움과 흉함도 그의 마음을 어지럽히지 아니하고, 산골짜기도 그의 걸음을 더디게 하지 못하여 신통력으로 갈 뿐이다.

황제는 이미 잠에서 깨어 기쁜 듯이 스스로 터득하고 천로(天老)와 역목(力牧)과 태산계(太山稽)를 불러놓고 말하기를, "짐이 3달 동안 한가로이 지내면서 심신을 재계하고 몸을 수양하고 만물을 다스리는 도리를 생각해 보았으나 그 방법을 얻지 못하고 피곤하여 잠이 들었더니 이와 같은 꿈을 꾸게 되었다. 이제 지극한 도는 정(情)으로써 구할 수 없다는 것을 알았다. 짐은 그것을 알았고 짐은 그것을 터득하였다. 그러나 그대들에게 알려줄 수는 없는 것이오." 하였다. 또 28년은 천하가 크게 다스려져 거의 화서씨의 나라와 같아지게 되었다. 그리하여 황제는 승하하시니 백성들이 칭송하여 2백여 년을 그칠 줄을 몰랐다.[56] -『열자(列子)』 황제(黃帝)

---

56 晝寢而夢 遊於華胥氏之國 華胥氏之國在弇州之西 台州之北 不知斯齊國幾千萬里 蓋非舟車足力之所及 神游而已 其國無師長 自然而已 其民無嗜慾 自然而已 不知樂生 不知惡死 故無夭殤 不知親己 不知踈物 故無愛憎 不知背逆 不知向順 故無利害 都無所愛惜 都無所畏忌 入水不溺 入火不熱 斫撻無傷痛 指擿無

황제(黃帝)가 수산(首山)에서 청동(青銅)을 채굴하여 형산(荊山) 아래에서 솥을 주조하다가 이미 이루어지자 용이 긴 수염을 늘어트리며 하늘에서 내려와 황제를 맞이하였다. 황제가 등에 올라타자 신하들과 후궁이 따라서 올라탄 자가 70여 명이었다. 용은 이에 하늘로 올라가니, 남은 소신(小臣)과 올라타지 못한 자들이 모두 용의 수염을 붙잡았으나 용의 수염이 뽑혀 떨어지고 황제의 활도 떨어졌다. 백성들이 황제가 위로 승천한 것을 우러러보며 그 활과 수염을 안고 통곡하였다. 그리하여 후세에 이곳을 정호(鼎湖)라 하고 그 활을 오호(烏號)라고 하였다.[57] – 『사기』 봉선서(封禪書)

다음에는 뱀의 몸에 소의 머리를 한 성인이다. 〔『육예론(六藝論)』에 '태호 제왕 포희씨(太昊庖犧氏)의 성씨는 풍(風)이다. 뱀의 몸에 사람의 머리를 하였으며 성스러운 덕이 있었다. 수인씨가 몰락하고 복희씨가 나왔으니, 그의 세대에 59성씨가 있었다. 희황(羲皇)이 처음 순서대로 법도(法度)를 제작하였으며, 다 목덕(木德)의 왕이다. 시집가고 장가가는 예법을 제정하였으며, 용마의 도록을 얻었

痟癢 乘空如履實 寢虛若處床 雲霧不硋其視 雷霆不亂其聽 美惡不滑其心 山谷不躓其步 神行而已 黃帝旣寤 怡然自得 召天老 力牧 太山稽 告之曰 朕閒居三月 齋心服形 思有以養身治物之道 弗獲其術 疲而睡 所夢若此 今知至道不可以情求矣 朕知之矣 朕得之矣 而不能以告若矣 又二十有八年 天下大治 幾若華胥氏之國 而帝登假 百姓號之 二百餘年不輟

57 黃帝采首山銅 鑄鼎於荊山下 鼎旣成 有龍垂胡髯下迎黃帝 黃帝上騎 群臣後宮從上者七十餘人 龍乃上去 餘小臣不得上 乃悉持龍髯 龍髯拔墮 墮黃帝之弓 百姓仰望黃帝旣上天 乃抱其弓與胡髯號 故後世因名其處曰鼎湖 其弓曰烏號

기에 용(龍)자로써 관직 명칭을 기록하니 용사(龍師)라고 하였다. 재위기간은 합하여 1만 1천12년이다.

염제(炎帝) 신농씨(神農氏)는 성씨가 강(姜)이다. 사람의 몸에 소의 머리를 하였으며 불(火)의 상서로움이 있었으며 화덕(火德)의 왕이다. 7대를 전하였으니, 합하여 5백 년이다' 하였다]

주형(珠衡)[58] 일각(日角)[59]의 황제〔『육예론(六藝論)』에 '황제 헌원씨(軒轅氏)는 성씨가 공손씨(公孫氏)이다. 25개월 만에 탄생하였는데 주형(珠衡)과 일각(日角)의 상호가 있었으며, 토덕(土德)으로 왕이 되어 천하를 다스렸다. 인월(寅月)을 한 해의 첫 달로 삼고 아들 25명을 낳았으며, 12성씨가 있었다. 무릇 13대를 합하여 1천72년을 다스렸다.

꿈에 천제의 부록(符籙)을 받았는데, 마침내 천로(天老)와 함께 하수(河水)를 순행하다가 하도(河圖)의 글을 얻었다. 말 먹이는 작은 동자에게 천하를 다스리는 법을 묻고 천사(天師)라고 일컬으며 두 번 절하고[60], 공동산(崆峒山)에서 광성자(廣成子) 장인(丈人)에게 도를 물었다[61]'고 하였다. 『제왕세기(帝王世紀)』에 '3황(皇)의 세대는 합하여 2만 2백97년이다' 하였다.〕

처음으로 8괘(卦)를 그리고 팔순괘(八純卦)를 거듭하여 그렸다.

---

58 눈두덩이 뼈 가운데에 구슬을 늘어놓은 것과 같은 골상(骨相)으로 성현의 상호이다.

59 정수리에 육계(肉髻)처럼 둥글게 뼈가 솟아오른 상호이다. 고려 태조 왕건도 일각(日角)의 상호가 있었다고 한다.

60 『장자(莊子)』 잡편 제24. 서무귀(徐無鬼) 참조.

61 『장자(莊子)』 외편 제11 재유(在宥) 참조.

〔『하도괄지상(河圖括地象)』에 '복희씨(宓羲氏)가 우러러 하늘의 상(象)을 관찰하고, 구부려 땅의 법을 살펴 처음으로 8괘(卦)를 그리고 신명의 덕에 통하였다. 신농씨가 8괘를 거듭하여 64괘를 만들었다'고 하였다.〕 운관(雲官)과 조기(鳥紀)를 진설하였으며〔『육예론』에 '헌원 황제 때에 경운(景雲)의 상서로움이 있었기에 구름 운(雲)을 써서 관직을 설치하고, 소호(少昊)가 제왕일 때에 봉황새의 상서로움이 있었기에 새로써 관직 이름을 정하였다'고 하였다.〕 사냥하고 물고기 잡는 법을 가르쳐서 풍속을 제도하고, 가래와 쟁기를 만들어서 농사지어 백성들의 식량을 삼게 하였다. 〔『육예론』에 '복희씨가 그물을 만들어서 사냥하고 고기잡이를 하게 했으며, 잡은 짐승과 물고기로 부엌의 찬장을 채웠으므로 포희씨(庖犧氏)라고 한다. 신농씨는 나무를 깎아 보습을 만들고 나무를 휘어 쟁기를 만들어 비로소 천하에 오곡(五穀)을 심어 가꾸게 하였다. 그러므로 신농씨라고 부르며, 시장을 설치하였으니 신농씨가 세운 것이다.〕 철기를 주조하고, 소를 길들이고 말을 타며, 궁실을 짓고 천자의 의상(衣裳)을 드리우며, 절구와 공이를 만들고, 배와 노를 설치하며, 새의 발자국을 모방하여 문자를 만들고, 오묘한 도리에 통하여 예악(禮樂)의 체재를 갖추었다. 〔모두 황제(黃帝) 때 일이다. 『육예론』에 '황제를 보좌하는 관리에 일곱 명이 있었으니, 창힐(蒼頡)은 글자를 만들고, 대요(大撓)는 갑자력(甲子曆)을 만들었으며, 예수(隷首)는 산수(算數)를 만들고, 용성(容成)은 책력을 만들었으며, 기백(岐伯)은 의술을 만들고, 귀신구(鬼申區)는 점후(占候)를 만들었으며, 해중(奚仲)은 수레를 만들고 율관(律管)을

만들었으며 선단(墠壇)의 예(禮)를 일으켰다.〕[62]

–『변정론(辯正論)』 제1권

5. 소호

소호(少昊) 제왕의 이름은 지(摯)이고 자(字)는 청양(靑陽)이다. 성은 희(姬)씨이고 어머니는 여절(女節)이다. 황제(黃帝) 때에 큰 별이 마치 무지개처럼 화저(華渚)에 흘러내리더니 여절(女節)이 꿈결처럼 감응하여 〔궁상(窮桑)에서[63]〕 소호(少昊)를 낳았다. 이

---

62 次則 蛇軀牛首之聖〔六藝論云 太昊帝庖犧氏 姓風 蛇身人首 有聖德 燧人歿 宓羲皇生 其世有五十九姓 羲皇始序制作法度 皆以木德王也 制嫁娶之禮 受龍圖 以龍紀官 故曰龍師 在位合一萬一千一十二年 炎帝神農氏 姓姜 人身牛首 有火瑞卽以火德王 有七世合五百年也〕珠衡日角之皇〔六藝論云 軒皇姓公孫 二十五月 而生有珠衡日角之相 以土德王 天下建 寅月爲歲首 生子二十五人 有十二姓 凡十三世合治一千七十二年 夢受帝籙 遂與天老巡河 而受之得河圖書 師於牧馬小童拜 廣成丈人 於崆峒山 帝王世紀云 三皇之世 合二萬二百九十七年也〕始畫八卦而重八純〔河圖括地象曰 宓羲氏 仰觀象於天 俯察法於地 始畫八卦 以通神明之德 神農氏重八卦 爲六十四焉〕設雲官而陳鳥紀〔六藝論云 軒皇有景雲之瑞 用雲紀官 少昊帝 有鳳鳥之瑞 故以鳥名官焉〕敎畋漁 以濟俗 作耒耜 以資民〔六藝論云 宓羲氏 爲網罟 以畋以漁 取犧牲 以充庖廚故曰庖犧氏 神農斲木爲耜 楺木爲耒 始敎天下種穀 故號爲神農氏 立市神農所建也〕鑄器服牛乘馬 營宮室 垂衣裳 爲杵臼 置舟楫 摸鳥迹 以造文字 因化通而裁禮樂〔竝黃帝時也 六藝論云 黃帝佐官有七人 蒼頡造書字 大撓造甲子 隸首造算數 容成造曆 歧伯造醫方 鬼申區造占候 奚仲造車作律管興墠壇禮也〕

63 소호임금 금천씨는 궁상(窮桑) 또는 백제(白帝) 주선(朱宣)이라고 부른다. 황제의

분을 현효(玄囂)라고 하며 강수(江水)에 살았다. 성스런 덕이 있어 도읍지인 궁상(窮桑)에서 제위에 등극하여 곡부(曲阜)로 천도하였다. 그리하여 혹은 궁상의 제왕이라 부르며 금(金)으로써 토(土)를 이었다. 『하도(河圖)』에, 이른바 백제(白帝)인 주선(朱宣)을 낳았다 하였으니[64], 이리하여 소호(少昊)라 일컫고 금천씨(金天氏)라고 부른다. 방위는 서방에 있고 가을을 주재한다. 백 년 동안 재위하다가 붕어하였다. 소호는 궁상에 봉해졌다가 곡부(曲阜)에 도읍하였으므로, 혹은 궁상은 제왕의 땅이라고 한다. 소호씨는 궁상(窮桑)[65]에서 즉위하였으므로 『춘추좌전』에, '세상에서 잃지 않는 관직이 되고, 마침내 궁상을 구제하였다.'고 하였다. 제위에 올라 후에 노(魯)의 북쪽에 있는 곡부(曲阜)로 천도하였으니, 이곳을 주나라에서 노(魯)라고 한다.[66] - 『제왕세기(帝王世紀)』

아들로 희(姬)씨 성이다. 어머니는 여절(女節)인데, 황제 때에 큰 별이 마치 무지개처럼 화저(華渚)에 흘러내리더니 의식이 감응하여 궁상(窮桑)에서 소호를 낳았으니 이 분을 원효(元囂, 현효)라고 한다. 少昊帝金天氏 一號窮桑, 二曰白帝朱宣帝 黃帝之子 姬姓 母曰女節 黃帝時有 大星如虹 下流華渚 意感生少昊於窮桑, 是爲元囂 - 『금루자(金樓子)』 흥왕(興王)

64 『하도(河圖)』에, '큰 별이 마치 무지개처럼 화저(華渚)에 흘러내리더니 여절(女節)의 정기가 감응하여 백제(白帝) 주선(朱宣)을 낳았다(河圖曰 大星如虹 下流華渚 女節氣感 生白帝朱宣).'라고 하였다.

65 소호 금천씨가 궁상(窮桑)에 도읍하였는데, 그날 〔오색의 봉황이 날아들어〕 오색 광명이 번갈아 궁상을 비추었다. 少昊金天氏 邑於窮桑 日五色 互照窮桑 - 『시자(尸子)』 하권

66 少昊帝名摯 字青陽 姬姓也 母曰女節 黃帝時有大星如虹 下流華渚 女節夢接意感 生少昊 是爲玄囂 降居江水 有聖德 邑於窮桑 以登帝位 都曲阜 故或謂窮桑

오행(五行)을 맡아 다스리는 관원이 있으니 이를 오관(五官)이라 한다. 이 오관은 실로 나란히 성씨를 하사받아 살아서는 상공(上公)에 봉해지고, 사후에는 사직의 오사(五祀)에 배향되어 거룩하게 받드는 것이다. …

"사직의 오사(五祀)는 어느 제왕 때의 오관(五官)인가?" 하고 묻자 채묵(蔡墨)이 대답하기를, "소호씨(少皞氏)에게 네 자손이 있는데, 중(重), 해(該), 수(脩), 희(熙)이다. 실로 금(金), 목(木), 수(水)를 다스리는데 능숙하여 중(重)은 구망(勾芒)이 되고, 해(該)는 욕수(蓐收)가 되고, 수(修)와 희(熙)는 현명(玄冥)이 되어, 세상에서 잃지 않는 관직이 되어 마침내 궁상(窮桑)을 구제하였으니 이것이 그 중에 3사(三祀)이다.

전욱씨(顓頊氏)의 아들 려(犁)는 축융(祝融)이 되고, 공공씨(共工氏)의 아들 구룡(句龍)은 후토(后土)가 되니, 이것이 그 중에 2사(二祀)이다. 후토를 사(社)로 삼고, 직(稷)은 전지(田地)를 맡는다. 열산씨(烈山氏, 신농)의 아들 주(柱)를 직(稷)으로 삼아 하(夏)나라 때까지 제사하였으나, 주나라에서 선조인 기(棄)를 역시 직(稷)으로 삼아 상(商)나라 이래로 제사하였다."라고 했다.[67]

帝 以金承土 帝圖讖所謂白帝朱宣者也 故稱少昊 號金天氏 位在西方 主秋 在位百年而崩 少昊邑於窮桑都曲阜 故或謂之窮桑帝地 少昊氏自窮桑登位 故春秋傳曰 世不失職 遂濟窮桑 登帝位 在魯北 後徙曲阜 於周爲魯

67 有五行之官 是謂五官 實列受氏姓 封爲上公 祀爲貴神 社稷五祀, 是尊是奉 … 社稷五祀 誰氏之五官也 對曰 少皞氏有四叔 曰重 曰該 曰脩 曰熙 實能金木及水 使重爲句芒 該爲蓐收 脩及熙爲玄冥 世不失職 遂濟窮桑 此其三祀也 顓頊氏有子曰犁 爲祝融 共工氏有子曰句龍 爲后土 此其二祀也 后土爲社 稷田

-『춘추좌전』 소공(昭公) 29년

큰 별이 마치 무지개처럼 화저(華渚)에 흘러내리더니 여절(女節)이 꿈결처럼 감응하여 백제(白帝) 지(摯) 청양(青陽)을 낳았으니, 세상에서 소호(少皞)라 부른다. 황제(黃帝)의 대를 이어 곡부(曲阜)에 도읍을 정하고 금덕(金德)으로 제위에 올랐다. 그가 등극할 때 봉황이 궁전의 뜰에 날아들었으므로 새(鳥)로 관직 이름을 삼았으니 봉조씨(鳳鳥氏)는 역정(曆正)이고, 현조씨(玄鳥氏)는 춘분과 추분을 맡고, 백조씨(白鳥氏)는 하지와 동지를 맡고, 청조씨(青鳥氏)는 입춘에서 입하까지 맡고, 단조씨(丹鳥氏)는 입추에서 입동까지 맡는다. 축구씨(祝鳩氏)는 사도(司徒)이고, 저구씨(雎鳩氏)는 사마(司馬)이고, 시구씨(鳲鳩氏)는 사공(司空)이고, 상구씨(爽鳩氏)는 사구(司寇)이고, 골구씨(鶻鳩氏)는 사사(司事)이다.
5구(鳩)는 백성을 모으는 자이다. 5치(雉)는 다섯 공정(工正)이니, 사용하는 기구를 편리하게 만들고, 도량형(度量衡)을 바르게 하여 백성을 고르게 다스리는 자이다. 이리하여 문서로 작성하여 백관을 다스려 만민을 살피도록 하였다. 재능이 있는 아들 네 명이 있었으니, 중(重), 해(該), 수(脩), 희(熙)이다. 실로 금(金), 목(木), 수(水)를 능히 다스리니 중(重)을 구망(句芒)으로 삼고, 해(該)를 욕수(蓐收)로 삼고, 수(脩)와 희(熙)를 현명(玄冥)으로 삼았는데, 이것이 세상에서 잃지 않는 관직이 되었으니, 마침내 궁상(窮桑)을 구제하였다.[68] -『잠부론(潛夫論)』 오덕지(五德志)

正也 有烈山氏之子曰柱 爲稷自夏以上祀之 周棄亦爲稷 自商以來祀之

소호(少昊)는 금덕(金德)으로 왕이 되었다. 어머니 황아(皇娥)가 선궁(璇宮)[69]에 살고 있었는데, 밤에는 베를 짜고 낮에는 간혹 작은 뗏목을 타고 물가에서 놀았다. 그녀가 궁상(窮桑)[70]의 아득히 넓은 바닷가를[71] 지나가는데, 그때 용모가 수려한 신동(神童)이 나타나 자신은 백제(白帝)라고 하니, 곧 태백성(太白星, 금성)의 정령이다. 물가로 내려와 황아와 잔치를 벌이며 희롱하고 아름다운 그녀가 연주하는 음악을 즐기느라 돌아가는 것도 잊어버리곤 했다. 궁상(窮桑)은 서해의 물가에 있는데, 외로이 서 있는 뽕나무는 높이가 천 길이나 되고 잎은 붉고 오디는 자줏빛으로 만년에 한 번 열매를 맺는데, 먹으면 천인보다 뒤에 늙는다.

---

68 大星如虹 下流華渚 女節夢接 生白帝摯青陽 世號少皡 代黃帝氏 都于曲阜 其德金行 其立也, 鳳皇適至, 故紀於鳥。鳳鳥氏歷正也 玄鳥氏司分者也 伯趙氏司至者也 青鳥氏司啓者也 丹鳥氏司閉者也 祝鳩氏司徒也 鴡鳩氏司馬也 鳲鳩氏司空也 爽鳩氏司寇也 鶻鳩氏司事也 五鳩 鳩民者也 五雉爲五工正 利器用 正度量 夷民者也 是故作書契 百官以治 萬民以察 有才子四人 曰重 曰該 曰脩 曰熙 實能金木及水 故重爲勾芒 該爲蓐收 脩及熙爲玄冥 恪恭厥業 世不失職 遂濟窮桑

69 선궁(璇宮): 아름다운 옥(玉)으로 장식한 궁전. 곧 왕후(王后)의 궁전으로 황아는 황제(黃帝)의 왕비이고, 이곳이 황제의 도읍지라는 뜻이다.

70 소호(少昊)는 궁상에서 탄생하고 도읍했기 때문에 궁상씨(窮桑氏)라고 한다.

71 열렬하신 원성대왕은 덕이 순(舜)임금에 부합하여 큰 산기슭에 들어가는 시험을 거친 뒤에 이윽고 나라를 소유했도다. 우리 자손을 보호하고 백성의 부모가 되니 선도산(仙桃山) 들에 뿌리가 깊고, 궁상(窮桑)의 포구에 계파가 심원하도다. 烈烈英祖 德符命禹 納于大麓 奄有下土 保我子孫 爲民父母 根深桃野, 派遠桑浦 -「대숭복사 비명(大嵩福寺碑銘)」

백제와 황아가 바다에서 놀 때 계수나무 가지로 표식을 삼고, 훈화초(薰華草)[72]의 띠로 장식한 기(旌)를 만들고, 옥으로 비둘기를 조각하여 깃대 끝에 매달았다.

이 비둘기는 사계절의 기후를 알려주는 것으로 『춘추좌전』에 나오는 사지(司至)[73]가 이것이며, 요즘 상풍기(相風旗)도 여기서 비롯되었다. 백제는 황아 곁에 앉아 오동나무 동산의 재목으로 만든 거문고를 타고, 황아는 거문고에 기대어 청아한 음성으로 노래를 부른다.

하늘은 맑고 대지는 드넓고 아득하여
만상(萬象)이 개벽할 시기가 되니 다른 방소(方所)가 없도다.
창천(蒼天)[74]은 탕탕하고 바라보면 창창하여

---

72 훈화초(薰華草): 신선세계에 자라는 향기 나는 풀. 군자국이 그 북쪽에 있는데, 의관을 갖추고 칼을 차며 짐승을 먹는다. 두 가지 줄무늬의 호랑이를 좌우에 두고 부린다. 그 사람들은 사양하기를 좋아하여 다투지 않는다. 훈화초(薰華草)가 있는데, 아침에 싱싱하다 저녁에 시든다. 君子國在其北 衣冠帶劍 食獸使二文虎 在左右 其人好讓不爭 有薰華草 朝生夕死 –『산해경』 제9 海外東經. 지금 우리나라를 상징하는 꽃을 무궁화로 알려지고 있으나, 원래 군자국에 자라는 훈화초인데 후대에 무궁화로 와전된 것이다.

73 백조씨(伯趙氏)는 사지(司至)의 관직이다.〔백조(伯趙)는 백로(伯勞)인데, 하지에 날아와 울다가 동지에 그친다.〕 伯趙氏 司至者也〔司至者也 伯趙 伯勞也 以夏至鳴 冬至止〕 –『춘추좌전』 소공(昭公) 17년. 괄호 안은 주(注). 소호씨는 새 이름으로 관직 이름을 삼았다.

74 하늘에 구야(九野)가 있는데, 동방(東方)을 창천(蒼天)이라고 한다. 東方曰 蒼天 –『회남자』 천문훈

떼배 타고 물결 가벼이 출렁이니 태양 곁이 분명하고
여기가 그 어디인가 하니, 궁상(窮桑)에 이르렀네.[75]
마음은 화락함을 알면서도 기쁨은 다하지 못하였네.

세속에서 놀며 즐기는 곳을 뽕밭이라고 표현한다.
『시경(詩經)』 용풍(鄘風)에 '나와 궁상(窮桑)에서 만나기로 기약하였네.'[76]에서도 이런 의미로 쓰였다.
백제는 화답송을 부른다.

사방팔방 아득하여 그 끝을 알 수 없어
빛을 몰고 그림자를 좇다가 궁상(窮桑)의 물가에 이르렀네.
선궁(璇宮)의 밤은 고요하고 그녀는 창가에서 베를 짜고
오동나무 동산[77] 무늬 좋은 개오동나무는 천 길이나 곧게 자라니

---

75 황제(黃帝)는 궁상(窮桑)의 도읍지에서 제위에 올라 후에 곡부(曲阜)로 옮겼다. 黃帝自窮桑登帝位 後徙曲阜 -『帝王世紀』. 소호 금천씨는 황제(黃帝)의 아들로 궁상에서 탄생하고 궁상에 도읍하고 천하를 다스렸기 때문에 궁상씨(窮桑氏)라고도 한다.

76 나와 궁상(窮桑)에서 만나기로 기약하였고, 나에게 상궁(上宮)에서 요구하였고, 나를 기수(淇水) 강가에서 보내주었네. 期我乎桑中 要我乎上宮 送我乎淇之上矣 -『시경(詩經)』 용풍(鄘風) 상중(桑中)

77 『시경』에, '봉황이 우는구나, 저 높은 곤륜산에서. 오동나무가 자라는구나, 저 조양(朝陽)에서. 오동나무 무성하게 우거지니 봉황의 울음소리 화락하도다(鳳凰鳴矣 于彼高岡 梧桐生矣 于彼朝陽 菶菶萋萋 雝雝喈喈)'라고 하였다. -『詩經』 大雅 卷阿.

궁상(窮桑)이 있는 곳이 곤륜산이고, 이곳을 조양(朝陽)이라 하며, 이곳에 봉황이

베어다 거문고와 비파를 만들어야지.[78]
청아한 가락 멋들어지는데 이 즐거움의 끝은 어딘지
창망한 바닷가 포구에 와서 깃들여 살아야겠네.

이윽고 황아가 소호(少昊)를 낳으니 그를 궁상씨(窮桑氏) 또는 상구씨(桑丘氏)[79]라고 한다. 육국(六國) 시대에 음양서를 지은 상구자(桑丘子)가 그의 후손이다. 소호는 서방의 주인으로 금천씨(金天氏) 또는 금궁씨(金窮氏)라고도 한다. 당시에 다섯 마리의 봉황이 각

산다는 말이다. 또 『설문해자』에, '봉황은 신조(神鳥)이며, 동방의 군자국에서 나온다(鳳神鳥也 出於東方君子之國).'라고 하였다. 신라 도읍지를 군자국이라고 한다.

78 해 뜨는 양곡(暘谷)에 태양이 대기하는 나무인 거대한 뽕나무가 있는데, 이것을 부상(扶桑) 혹은 궁상(窮桑) 혹은 공상(空桑)이라고 하며, 함지(咸池)는 운행을 마친 태양을 목욕시키는 연못이다. 이곳에서 자라는 오동나무로 만든 거문고를 '공상(空桑)의 금슬(琴瑟)'이라고 하는데, 후세에도 왕실에서 토지 신께 제사 지낼 때에는 이 거문고를 쓴다고 한다. 또한 탕(湯)을 보좌하여 은나라를 일으킨 명재상 이윤(伊尹)은 공상에서 태어났다고 한다. 『산해경』에 "동차이경의 기점은 공상산(空桑山)이다.〔이 산에서 거문고와 비파의 재목이 난다. 『주례(周禮)』 춘관종백(春官宗伯) 대사악(大司樂)에, 지기(地祇, 사직)에 지내는 제사에는 '공상(空桑)의 금슬(琴瑟)과 함지(咸池)의 춤(空桑之琴瑟 咸池之舞)을 쓴다.' 東次二經之首 曰空桑之山〔此山出琴瑟材 見周禮也〕고 하였다.〕" - 『산해경(山海經)』 제4 東山經. 괄호 안은 곽박의 주석.

79 해 뜨는 양곡(暘谷)에 열 개의 해가 대기하는 부상(扶桑)이라는 거대한 뽕나무가 있는데, 이 나무를 궁상(窮桑) 또는 공상(空桑)이라고도 한다. 상구(桑丘) 역시 궁상이 있는 언덕으로 양곡(暘谷)을 뜻한다. 신라 도읍지에 양곡(暘谷)이 있기 때문에 신라를 상구(桑丘)라고도 한다.

방향 색에 따라 소호 궁전의 뜰에 모여들어 그를 봉조씨(鳳鳥氏)라고도 한다.

산에서 금(金)이 울고 땅에서 백금(白金)이 솟아나는데, 산세는 거북이나 뱀 같기도 하고 언뜻 보면 사람이나 귀신 형상 같기도 했다. 굽이치며 흐르는 물살은 용이나 봉황의 형상 같고, 구불구불한 산세도 꿈틀대는 용의 형세와 같아서 그러므로 용산(龍山), 거북이산(龜山), 봉수(鳳水)가 있다고 지목한다.[80] 이리하여 산수의 형세를 성씨로 삼아 말기에 용구씨(龍丘氏)가 반고의 예문지(藝文志)에 나오고, 사구씨(蛇丘氏)는 서왕모 신이전(神異傳)에 나온다.[81] -『습유기(拾遺記)』 1권

---

80 지금 구례군에 봉산(鳳山), 용산(龍山), 오산(鼇山) 등이 있다.

81 少昊以金德王 母曰皇娥 處璇宮而夜織 或乘桴木而晝遊 經歷窮桑滄茫之浦 時有神童 容貌絶俗 稱爲白帝之子 卽太白之精 降乎水際 與皇娥讌戲 奏女更娟之樂 遊漾忘歸 窮桑者 西海之濱 有孤桑之樹 直上千尋 葉紅椹紫 萬歲一實 食之後天而老 帝子與皇娥泛於海上 以桂枝爲表 結薰茅爲旌 刻玉爲鳩 置於表端 言鳩知四時之候 故春秋傳曰 司至是也 今之相風 此之遺像也 帝子與皇娥並坐 撫桐峰梓瑟 皇娥倚瑟而淸歌曰 天淸地曠浩茫茫 萬象迴薄化無方 浛(蒼)天蕩蕩望滄滄 乘桴輕漾著日傍 當其何所至窮桑 心知和樂悅未央 俗謂遊樂之處爲桑中也 詩中 衛(鄘)風云 期我乎桑中 蓋類此也 白帝子答歌 四維八埏眇難極 驅光逐影窮水域 璇宮夜靜當軒織 桐峰文梓千尋直 伐梓作器成琴瑟 淸歌流暢樂難極 滄湄海浦來棲息 及皇娥生少昊 號曰窮桑氏 亦曰桑丘氏 至六國時 桑丘子著陰陽書 卽其餘裔也 少昊以主西方 一號金天氏 亦曰金窮氏 時有五鳳 隨方之色 集於帝庭 因曰鳳鳥氏 金鳴於山 銀湧於地 或如龜蛇之類 乍似人鬼之形 有水屈曲亦如龍鳳之狀 有山盤紆亦如屈龍之勢 故有龍山龜山鳳水之目也 亦因以爲姓 末代爲龍丘氏 出班固藝文志 蛇丘氏 出西王母神異傳。

가을에 담자(郯子)가 노나라에 조회오자, 소공(昭公)이 그와 연회를 하였다. 소공이 묻기를, "소호씨(少皞氏)가 새(鳥)의 이름을 따서 관직의 이름을 붙였는데 무슨 이유에서인가?" 하니, 담자가 대답하기를, "그분은 나의 조상이기 때문에 내가 그 일을 알고 있다. 옛날에 황제씨(黃帝氏)는 구름을 가지고 계통을 세웠기 때문에 운사(雲師)라 하고 구름의 이름을 따서 관직의 이름을 지은 것이다. 염제씨(炎帝氏)는 화(火)로써 하고, 공공씨(共工氏)는 수(水)로써 하고, 태호씨(太昊氏)는 용(龍)으로써 하였기 때문에 용사(龍師)라 하고 용으로 관직이름을 삼은 것이다.
나의 고조 소호씨 지(摯)가 등극했을 때 마침 봉황새(鳳鳥)가 날아들었기 때문에 새로써 계통을 세워 조사(鳥師)라 하고 새의 이름을 따서 관직의 이름을 지은 것이다." 하였다.[82]

–『춘추좌전』 소공(昭公) 17년

6. 전욱

제왕 전욱 고양씨는 황제의 손자이고 창의의 아들이다. 고요한 연못과도 같이 생각이 깊어 지략이 있었고, 소통할 줄 알아 일을 잘 처리했다. 땅을 골라 작물을 기르고, 일월성신의 운행에 맞추어

---

82 秋郯子來朝 公與之宴 昭子問焉 曰少皞氏鳥名官 何故也 郯子曰 吾祖也 我知之 昔者黃帝氏以雲紀 故爲雲師而雲名 炎帝氏以火紀 故爲火師而火名 共工氏以水紀 故爲水師而水名 太皞氏以龍紀 故爲龍師而龍名 我高祖少皞 摯之立也 鳳鳥適至 故紀於鳥 爲鳥師而鳥名

계절을 정했다. 귀신에 의거해 예의를 제정하고, 기를 다스려 교화했으며, 정결하게 정성을 다해 제사를 드렸다. 북쪽으로는 유릉(幽陵), 남쪽으로는 교지(交趾), 서쪽으로는 유사(流沙), 동쪽으로는 반도산(蟠桃山)[83]에까지 이르렀다. 동식물과 (명산대천의) 크고 작은 신(神)들, 해와 달이 비치는 곳이라면 평정하여 복종하지 않은 것이 없었다.[84]

제왕 전욱은 궁선(窮蟬)이라는 아들을 낳았다. 전욱이 붕어하자 현효의 손자인 고신(高辛)이 즉위하니, 이가 제곡(帝嚳)이다.[85]

---

83 반목(蟠木): 『사기집해』 해외경(海外經)에, "동해 가운데에 산이 있는데, 이름이 도삭산(度索山)이다. 산 위에 거대한 복숭아나무가 있고, 삼천리에 서리어 있다. 동북쪽에 문이 있는데 이름이 귀문(鬼門)이며, 온갖 귀신이 모이는 곳이다. 천제가 신인을 시켜서 지키게 하니, 하나는 이름이 신도(神荼)이고, 하나는 이름이 울루(鬱壘)이니, 모든 귀신의 검열을 주관하고 거느린다. 만약 사람을 해치는 귀신은 갈대 새끼줄로 묶어서, 복숭아나무로 만든 활(桃弧)로 사살하여 호랑이 먹이로 던져 준다." 하였다 集解, 海外經曰 東海中有山焉 名曰度索 上有大桃樹 屈蟠三千里 東北有門 名曰鬼門 萬鬼所聚也 天帝使神人守之 一名神荼 一名鬱壘 主閱領萬鬼 若害人之鬼 以葦索縛之 射以桃弧 投虎食也

84 옛날 고양씨(高陽氏)의 재능이 있는 아들 여덟이 있었는데, 창서(蒼舒), 퇴애(隤敱), 도인(檮戭), 대림(大臨), 방강(尨降), 정견(庭堅), 중용(仲容), 숙달(叔達) 등 8인이다. 모두 성스러운 덕이 넓고 깊으며, 밝게 다스리고 돈독하고 정성스러우니 천하의 인민들이 팔개(八愷)라고 하였다. 요임금은 그들을 등용하지 못했으나, 순(舜)이 요임금의 신하가 되어 섭정할 때 팔개를 등용하여 후토(后土)를 맡게 하여 온갖 일을 기획하게 하니 시기와 순서를 어긴 것이 없었다. 昔高陽氏 有才子八人 蒼舒·隤敱·檮戭·大臨·尨降·庭堅·仲容·叔達 齊聖廣淵 明允篤誠 天下之民 謂之八愷 堯不能擧 舜臣堯 擧八愷 使主后土 以揆百事 莫不時序 -『춘추좌전』 문공(文公) 18년.

–『사기(史記)』 오제본기

옛날 포희씨는 성기(成紀)에서 탄생하여 천자가 되어 진(陳)에 도읍했다. 신농씨도 진(陳)에 도읍했으나 별도로 곡부(曲阜)에 경영하였다. 황제(黃帝)는 수구(壽丘)에서 탄생하여 탁록(涿鹿)에 도읍하였다. 소호(少昊)는 처음 궁상(窮桑)에 도읍했다가 곡부(曲阜)로 천도했다. 전욱(顓頊)은 처음 궁상(窮桑)에 도읍했다가 상구(商丘)로 옮겼다.[86] –『진서(晉書)』 지리지(地理志) 제4 상(上)

제왕 전욱(顓頊) 고양씨(高陽氏)는 황제의 손자이고, 창의(昌意)의 아들이며, 성은 희(姬)씨이다. 어머니는 경복(景仆)이며, 촉산씨(蜀山氏)의 딸로 창의의 정비(正妃)가 되어 여추(女樞)라고도 한다. 소호 금천씨 말기에 여추(女樞)가 약수(若水)에서 전욱을 낳았다.[87] 머리에 투구를 쓰고 성스런 덕이 있었다. 아버지 창의는 비록 황제의 적손이지만 덕이 미치지 못하여 약수(若水)에 봉해져 제후

---

85 帝顓頊高陽者 黃帝之孫而昌意之子也 靜淵以有謀 疏通而知事 養材以任地 載時 以象天 依鬼神以制義 治氣以敎化 絜誠以祭祀 北至于幽陵 南至于交阯 西至于流沙 東至于蟠木 動靜之物 大小之神 日月所照, 莫不砥屬 帝顓頊生子曰窮蟬 顓頊崩 而玄囂之孫高辛立 是爲帝嚳

86 昔庖犧氏生于成紀 而爲天子 都於陳 神農氏都陳 而別營于曲阜 黃帝生於壽丘 而都於涿鹿 少昊始自窮桑 而遷都曲阜 顓頊始自窮桑 而徙邑商丘

87 『하도(河圖)』에, '요광성(瑤光星)이 무지개처럼 달을 관통하더니 정백(正白)인 여추(女樞)가 감응하여 유방궁(幽房宮)에서 흑제(黑帝) 전욱(顓頊)을 낳았다. 河圖曰 瑤光之星 如蜺貫月 正白 感女樞幽房之宮 生黑帝顓頊. 하였다.

가 되었다. 전욱은 10세에 소호를 보좌하고, 20세에 제위에 올라 구려(九黎)의 난을 평정하여 수(水)로써 금(金)을 이었으니, 방위는 북방에 있고 겨울을 주재한다. 수(水)로써 관직 이름을 삼았다. 아들 중(重)을 남정(南正)에 임명하여 천문과 신(神)에 관한 일을 맡게 하고, 여(黎)는 화정(火正)에 임명하여 지리에 관한 일과 백성들의 일을 맡게 하였다. 이에 사람과 신(神)이 섞이지 않고 만물에 질서가 있었다.[88]

처음 궁상(窮桑)에 도읍을 정하였다가 후에 상구(商丘)로 옮겼다.[89] 비룡(飛龍)에게 명하여 팔풍(八風)[90]의 소리를 오영(五英)의 악곡을

---

88 소호씨(少皥氏)가 쇠락하자 구려(九黎)가 덕을 어지럽히니 백성과 귀신이 뒤섞이고 방물(方物, 조공)이 불가능하였다. 재앙을 당하여 황폐해지고 번져가서 그 기세가 다하여 없어지지 않았다. 마침내 전욱(顓頊)이 제위에 올라 남정(南正)에 중(重)을 등용하여 천문과 신(神)에 관한 일을 위임하고, 화정(火正)에는 여(黎)를 등용하여 지신(地神)과 백성에 관한 일을 위임하여 옛 질서를 회복하게 함으로써 사람과 귀신이 서로의 영역을 침해하는 일이 없게 되었다. 少皥氏之衰也 九黎亂德 民神雜擾 不可放(方)物 禍菑薦至 莫盡其氣 顓頊受之 乃命南正重司天以屬神, 命火正黎司地以屬民 使復舊常 無相侵瀆 -『사기(史記)』 역서(曆書). *사마천은 오제본기에서 소호 금천씨를 빼고 황제의 제위를 손자인 전욱이 계승한 것으로 서술하고, 여기서는 전욱이 소호의 제위를 계승한 것으로 서술하여 모순을 범하고 있다.

89 전욱씨는 도읍을 궁상(窮桑)으로부터 상구(商丘)로 옮겼으며, 상구는 주(周)에서 위(衛)라고 하였다. 顓頊氏自窮桑徙商丘 於周爲衛 -『태평어람』 황왕부4(皇王部四)

90 팔풍(八風)에 관해, '입춘에는 조풍(條風)을 시작으로 45일 간격으로, 춘분에는 명서풍(明庶風), 입하에는 청명풍(淸明風), 하지에는 경풍(景風), 입추에는 양풍

만들게 하여 상제께 제사하였다. 승분씨(勝墳氏)의 딸인 녹(娽)을 맞아들여 노동(老童)을 낳았다.[91] 재능 있는 아들 여덟 명이 있었으므로 세속에서 이들을 팔개(八凱)라고 부른다. 전욱은 재위한 지 78년이요, 나이 91세로 붕어하였다.[92] 전욱은 궁상에서 상구로 도읍을 옮겼으니, 이곳을 주나라에서 위(衛)라고 한다. 『춘추좌전』에 '위(衛)는 전욱(顓頊)의 옛터로 제구(帝丘)라고 한다.[93]'고 하였다.[94] -『제왕세기(帝王世紀)』

(凉風), 추분에는 창합풍(閶闔風), 입동에는 부주풍(不周風), 동지에는 광막풍(廣莫風)이 이른다.' 하였다. -『회남자(淮南子)』 천문훈(天文訓)

91 전욱은 노동(老童)을 낳고, 노동은 중(重)과 려(黎)를 낳았다. 〔『세본(世本)』에, '노동(老童)은 근수씨(根水氏)의 딸 교복(驕福)에게 장가들어 중(重)과 려(黎)를 낳았다.' 하였다.〕 전욱은 중(重)으로 하여금 위로 하늘에 헌상하게 하고 려(黎)로 하여금 아래로 지신(地神)을 맡아 다스리게 했다. 〔옛날에 사람과 신이 구별 없이 섞여 요란스러웠다. 전욱은 이에 중(重)을 남정(南正)에 등용하여 천신을 맡아 제사하게 하고, 려(黎)를 화정(火正)에 등용하여 백성과 지신을 맡게 하니, 중은 위로 천신을 맡고, 려는 아래로 지신을 맡게 되었다.〕 顓頊生老童 老童生重及黎〔世本云 老童娶于根水氏謂之驕福 產重及黎〕 帝令重獻上天令黎邛下地〔古者人神雜擾無別 顓頊乃命南正重司天以屬神 命火正黎司地以屬民 重寔上天 黎寔下地〕 -『산해경』 제16 대황서경. * 후에 요임금이 제정한 희씨(羲氏)와 화씨(和氏)의 관직은 중과 려의 자손이 계승한 것이다.

92 동북해의 밖 대황(大荒) 가운데 하수(河水) 사이의 부우산(附禺山)에 제왕 전욱과 9명의 왕비를 장사지냈다. 東北海之外 大荒之中 河水間 附禺之山 帝顓頊與九嬪葬焉 -『산해경』 제17 대황북경

93 소공(召公) 17년

94 帝顓頊 高陽氏 黃帝之孫 昌意之子 姬姓也 母曰景仆 蜀山氏女 爲昌意正妃謂之女樞 金天氏之末 生顓頊於若水 首戴干戈 有聖德 父昌意 雖黃帝之嫡

제왕 전욱은 약수(若水)에서 탄생하였으니, 실은 공상(空桑)에 거처하면서 이에 황제로 등극했다. 오직 하늘에 부합하여 정풍(正風)이 부니, 그 소리가 훈훈하고 쌀쌀하며 세차고 회오리치는 듯하였다. 전욱 황제는 그 소리를 좋아하여 이에 비룡(飛龍)으로 하여금 팔풍(八風)의 소리를 모방하여 작곡하게 하고 승운(承雲)이라 명명하여 이로써 상제께 제사하였다.[95] -『여씨춘추』 고악(古樂)

제왕 전욱 고양씨는 황제의 손자로 창의(昌義)의 아들이다. 어머니는 여추(女樞)이다. 금천씨(金天氏) 말기에 요광성(瑤光星)이 무지개처럼 해를 관통하더니 여추가 유방궁(幽房宮)에서 감응하여 오른쪽 겨드랑이에 아홉 가지 빛깔의 털이 있는 전욱을 낳았다. 수덕으로 금덕을 이었으며, 처음 궁상(窮桑)에 도읍을 정하였다가 후에 상구(商丘)로 옮겼다.[96] -『금루자(金樓子)』 흥왕(興王)

以德劣降居若水 爲諸侯 及顓頊生 十年而佐少昊 二十而登帝位 平九黎之亂 以水承金 位在北方 主冬 以水事紀官 命南正重司天 以屬神 火正黎司地 以屬民 於是民神不雜 萬物有序 始都窮桑 後徙商邱 命飛龍效八風之音 作樂五英 以祭上帝 納勝墳氏女㛗 生老童 有才子八人 號八凱 顓頊在位七十八年 年九十一歲而崩 顓頊氏 自窮桑徙商邱 於周爲衛 春秋傳曰 衛顓頊之虛也 謂之帝丘

95 帝顓頊生自若水 實處空桑 乃登爲帝 惟天之合 正風乃行 其音若熙熙凄凄鏘鏘 帝顓頊好其音 乃令飛龍作效八風之音 命之曰承雲 以祭上帝 -『여씨춘추』 중하기(仲夏紀) 고악(古樂)

96 帝顓頊高陽氏 黃帝之孫 昌意之子 母曰女樞 金天氏之末 瑤光之星貫日如虹 感女樞於幽房之宮 右脅有九色毛 生顓頊 以水承金 始都窮桑 徙商邱 -『금루자(金樓子)』 興王

제왕 전욱 고양씨는 황제의 손자로 창의(昌義)의 아들이다. 창의가 하수(河水)의 물가에 나갔는데, 우연히 검은 용이 검은 옥의 도록을 지고 나왔다. 당시 한 노인이 있어 창의에게 이르기를 "아들을 낳으면 수덕(水德)으로 제위를 계승하리라." 하였다. 10년이 지나 전욱을 낳았는데 손바닥에 마치 용과 같은 무늬가 있고 또한 옥도(玉圖)의 상이 있었다. 그날 밤 창의가 하늘을 우러러보니 북극성의 정령이 내려와 노인으로 변화한 것이었다.

전욱이 제위에 있을 때 기이하고 상서로운 하늘에서 내린 행운이 다 모이지 않은 것이 없었다. 정삭(正朔)을 하사받지 못한 자들도 산을 넘고 바다를 건너와 모두 이르렀다.

제왕이 곧 사방의 신령에게 예경하니 뭇 제후들은 홀(笏)을 들고 예를 갖추었으며, 조회에 온 제후들이 각기 무리지어 반열의 서열대로 늘어섰다. 문덕(文德)을 받은 이는 종과 경쇠(鐘磬)을 하사받았고, 무덕(武德)을 받은 이는 창과 방패를 하사받았다.

부금(浮金)의 종과 물에 잠겨도 밝게 빛나는 경쇠가 있어서 깃털로 그것을 건드리기만 해도 소리가 백 리에 진동하였다. 돌이 물 위에 뜨는 것이 부평초나 마름 같은 수초처럼 가벼운 것을 취하여 경쇠로 삼는데 갈거나 다듬지 않는다. 만국이 조회할 때 함영(含英)의 음악을 연주하니 그 음이 맑고 정밀하여 구름 사이에서 새의 깃털을 떨어뜨리고 고래들이 헤엄쳐 뛰어오르고 평온하던 바닷물이 물결쳤다. 예영검(曳影劍)이 있는데, 이 검은 공중으로 날아올라 칼집에서 나와 만약 사방에 적병이 있으면, 이 검이 곧 날아서 그 방향을 가리키면 곧 적군을 물리칠 수 있었다. 이 검을 쓰지 않을 때는 항상 갑 속에 넣어두었는데, 마치 용과 호랑이의 울음소리와 같았다.

명해(溟海) 북쪽에 발제국(勃鞮國)이 있는데, 사람들은 모두 새털옷을 입는다. 날개가 없어도 날아다니고, 해가 중천에 있어도 그림자가 없으며 수명은 천세이다. 흑하(黑河)의 수초를 먹고 살고 음산(陰山)의 계수나무 기름을 마신다. 바람을 타고 날고, 파도를 타고 중국에 이른다. 날씨가 따뜻해지면 새털 옷이 서서히 저절로 떨어진다. 전욱이 다시 무늬 있는 표범가죽으로 장식해 주었다. 그러자 검은 옥으로 된 고리를 바쳤는데, 그 색이 칠흑처럼 검었다. 또한 검은 망아지 천 필을 바쳤다. 전욱은 쇠로 만든 수레를 타고 달려 머나먼 절역(絶域)까지도 순행하였다. 그 사람들은 바람에 몸을 싣고 흑하(黑河)에 떠서 그 나라를 선회하였다.

암하(闇河)의 북쪽에 자줏빛 계수나무가 숲을 이루는데, 그 열매는 대추같이 생기고 선인들이 먹는다. 한종(韓終)은 불사약을 채취하고 4언 시를 지었는데, '암하(闇河)의 계수나무, 열매가 대추같이 크구나. 그것을 얻어서 먹으니 천인(天人)보다 뒤에 늙는구나.' 하였다.[97] -『습유기(拾遺記)』 1권

---

97 帝顓頊高陽氏 黃帝孫 昌意之子 昌意出河濱 遇黑龍負玄玉圖 時有一老叟謂昌意云 生子必葉水德而王 至十年 顓頊生 手有文如龍 亦有玉圖之像 其夜昌意仰視天 北辰下化爲老叟 及顓頊居位 奇祥衆祉 莫不總集 不稟正朔者 越山航海而皆至也 帝乃揖四方之靈 群后執珪以禮 百辟各有班序 受文德者 錫以鐘磬 受武德者 錫以干戈 有浮金之鐘 沉明之磬 以羽毛拂之 則聲振百里 石浮於水上如萍藻之輕 取以爲磬 不加磨琢 及朝萬國之時 及奏含英之樂 其音淸密 落雲間之羽 鯨鯢游湧 海水恬波 有曳影之劍 騰空而舒 若四方有兵 此劍則飛起指其方

황제(黃帝)의 왕비 뇌조(雷祖)가 창의(昌意)를 낳았다. 〔『세본(世本)』에, '황제가 서릉씨(西陵氏)의 여자에게 장가들었는데, 류조(纍祖, 뇌조)라고 하며 청양(青陽, 소호)과 창의(昌義)를 낳았다.'고 하였다.〕 창의는 약수(若水)[98]에 살다가 한류(韓流)를 낳았다. 〔『죽서기년』에 '창의가 약수에 살다가 제왕 건황(乾荒)을 낳았다.[99]'고 하였다. 건황은 곧 한류이며 한류가 제왕 전욱(顓頊)이다.〕[100]
-『산해경』 제18 해내경(海內經)

則剋伐 未用之時 常於匣里如龍虎之吟。溟海之北 有勃鞮之國 人皆衣羽毛 無翼而飛 日中無影 壽千歲 食以黑河水藻 飲以陰山桂脂 憑風而翔 乘波而至中國 氣暄羽毛之衣 稍稍自落 帝乃更以文豹爲飾 獻黑玉之環 色如淳漆。貢玄駒千匹 帝以駕鐵輪 騁勞殊鄉絶域 其人依風泛黑河以旋其國也 闇河之北 有紫桂成林 其實如棗 群仙餌焉 韓終採藥四言詩曰 闇河之桂 實大如棗 得而食之後天而老

98 대황 가운데에 형석산(衡石山) 구음산(九陰山) 형야산(洞野山)이 있다. 산 위에 붉은 나무가 있는데, 푸른 잎에 붉은 꽃이 피며 이름은 약목(若木)이라고 한다.〔곤륜산에 자라는데 서쪽 끝에 있으며, 그 꽃이 붉게 빛나며 아래로 땅을 비춘다.〕 大荒之中 有衡石山九陰山洞野之山 上有赤樹 青葉赤華 名曰若木〔生昆侖 西附西極 其華光赤 照下地也〕 -『산해경』 제17 大荒北經. 남해의 밖, 흑수(黑水)와 청수(青水) 사이에 나무가 있는데, 이름은 약목이라고 하며, 약수(若水)가 여기에서 나온다. 南海之外 黑水青水之間 有木 名曰若木 若水出焉 -『산해경』 제18 海內經

99 황제 헌원 77년, 창의(昌意)가 약수(若水)에 살면서 제왕 건황(乾荒)을 낳았다. 黃帝軒轅七十七年 昌意降居若水 產帝乾荒 -『죽서기년』

100 黃帝妻雷祖生昌意〔世本云 黃帝娶于西陵氏之子 謂之纍祖生青陽昌意也〕 昌意降處若水 生韓流〔竹書曰 昌意降居若水 產帝乾荒 荒卽韓流 韓流帝顓頊也〕

신농씨가 몰락하고 황제와 요·순이 나와 그 변해야 할 것을 통해 주어 백성들이 게으르지 않게 하고, 신묘하게 변화시켜 백성들로 하여금 마땅하게 행동하도록 하였다.
『역(易)』에 궁하면 변하고 변하면 통하고 통하면 오래 간다. 이로써 하늘이 저절로 도와 길하여 불리한 것이 없다. 황제와 요·순이 의상을 드리우고만 있어도 천하가 다스려졌으니 대개 건·곤(乾坤)괘에서 취한 것이다.[101] -『주역』 계사전 하(繫辭傳下)

황제(黃帝)로부터 순(舜)·우(禹)에 이르기까지 모두 같은 성씨이다.[102] 그러나 그 국호를 달리하여 밝은 덕행을 나타내었다. 그러므로 황제는 유웅(有熊)이라 하고, 제 전욱은 고양(高陽)이라 하고, 제곡(帝嚳)은 고신(高辛)이라 하고, 제요(帝堯)는 도당(陶唐)이라 하고, 제순(帝舜)은 유우(有虞)라 하고, 제우(帝禹)는 하후(夏后)라 하는데, 별도의 성씨는 사(姒)씨이다.[103] -『사기』 오제본기

『수미도경(須彌圖經)』에 보응성(寶應聲)보살이 복희씨로 화현하고, 길상(吉祥)보살이 여와씨로 화현하고, 유동(儒童)의 응신(應身)이 공자가 되고, 가섭(迦葉)의 화신이 이로(李老, 노자)가 되고,

---

101 神農氏沒 黃帝 堯舜氏作通其變 使民不倦 神而化之 使民宜之 易窮則變 變則通 通則久 是以自天祐之 吉无不利 黃帝堯舜垂衣裳 而天下治 蓋取諸乾坤

102 황제 이래로 하우(夏禹)에 이르기까지 호칭은 달라도 모두 황제의 후손이라는 말.

103 自黃帝至舜禹 皆同姓而異其國號 以章明德 故黃帝爲有熊 帝顓頊爲高陽 帝嚳爲高辛 帝堯爲陶唐 帝舜爲有虞 帝禹爲夏后 而別氏姓姒氏

묘덕(妙德)은 몸을 개사(開士)에게 의탁하고, 능유(能儒)는 잉태되어 태어나 나라의 스승이 되었다고 한다.
또 『열반경(涅槃經)』에 모든 경전과 전기와 논서와 기예의 문장들이 모두가 부처님 말씀이라고 하였다. 이로써 미루어 보면 삼황오제와 공자·노자·주공·장주도 모두 보살의 화신으로 거두어지고, 문자와 도서 및 시경과 예악도 한 결 같이 여러 부처님의 법장(法藏)에 섭수된다. 문장과 이치가 뚜렷하니 어찌 허망하다 하겠는가![104]

– 『광홍명집(廣弘明集)』 제12권 변혹편(辯惑篇)

다시 한국사에 수록된 삼황오제 관련 기록을 보기로 하자.

복희(伏羲)는 풍(風)씨 성으로 목덕(木德)[105]이며, 진(陳)에 도읍하고 호는 태호(太昊)이다. 어머니는 화서(華胥)이고, 원년은 신사(辛巳)이다. 상고시대 사람들은 그 어머니는 알고 아버지는 몰랐는데, 이때에 이르러 부부(夫婦)의 제도를 바로 세웠다.
또 팔괘(八卦)를 그리고, 서계(書契)를 만들었으며, 집을 짓고 거문고를 만들고, 소를 부리고 말을 타는 제도를 마련하였다.[106] 그의

---

104 須彌圖經云 寶應聲菩薩 化爲伏羲 吉祥菩薩 化作女媧 儒童 應作孔丘 迦葉化爲李老 妙德託身開士 能儒誕孕國師 又涅槃經云 所有經書 記論 伎藝 文章皆是佛說 以此而推 三皇五帝 孔·李·周·莊 皆是菩薩化身所收 文字圖書詩章禮樂 竝是諸佛法藏所攝 文理昭然 豈爲虛妄

105 원문에 복희를 水德이라 하고, 아래에 전욱은 木德으로 표기되어 있으나, 水와 木은 글자 모양이 비슷하여 서로 바뀐 것으로 이를 바로잡아 번역하였다.

106 소는 부리고 말은 타고 무거운 것도 먼 곳까지 이르게 하여 천하를 이롭게

여동생 여와씨(女媧氏)가 계승하고 오색의 돌을 다듬어 창천(蒼天)을 보수하였다. 아래로 무회씨(無懷氏)에 이르기까지 무릇 16대를 합하여 1,260년이다.

신농(神農)은 강(姜)씨 성이다. 화덕(火德)으로 노(魯)에 도읍하였으며 호는 염제(炎帝)이다. 어머니는 임사(妊巳)이고, 원년은 신사(辛巳)이다. 이때에 비로소 자귀와 도끼로 나무를 잘라 가래와 쟁기를 만들어 오곡을 파종하였다. 아래로 유망(榆罔)에 이르기까지 무릇 8대를 합하여 426년이다.

황제(黃帝)는 성이 공손(公孫)이며, 토덕(土德)이다. 탁록(涿鹿)에 도읍하다가 무상처(無常處)로 옮겼다. 이름은 헌원(軒轅)이고 호는 유웅씨(有熊氏)이며, 원년은 정해(丁亥)이다. 소전(小典)씨의 아들로 어머니는 부보(附寶)이다. 창힐(蒼頡)에게 명령하여 문자를 만들게 하고, 하늘로부터 부신(符信)을 받아 장수가 군대의 행렬, 정절(旌節)하는 비법을 터득하고, 창과 갑옷 활과 화살을 만들어 치우(蚩尤)를 멸하였다. 뒤에 성씨를 고쳐 희(姬)라고 하였으며, 백 년 동안 재위하였다.

소호(少昊)는 희(姬)씨 성이며, 금덕(金德)으로 곡부(曲阜)에 도읍했다. 이름은 지(摯)이고 자는 청양(靑陽)이며 호는 금천씨(金天氏), 원년은 정묘(丁卯)이다. 황제의 아들로 어머니는 여절(女節)이며 84년 동안 재위하였다.

전욱(顓頊)은 희(姬)씨 성이며, 수덕(水德)으로 위(衛)에 도읍하다가 고양(高陽)으로 옮겼으므로 호를 고양씨(高陽氏)라고 하며, 원년

하였다. 服牛乘馬 引重致遠 以利天下 -『주역』 계사 하(繫辭下)

은 신묘(辛卯)이다. 황제의 손자이고 창의(昌意)의 아들이며 어머니는 창복(昌僕)이다. 중(重)과 려(黎)에게 하늘과 땅의 신께 제사하게 하고, 팔풍(八風)을 본떠 음악을 작곡하게 하였다.
재능 있는 아들 여덟 명이 있어 팔개(八凱)라고 부르며, 78년 동안 재위하였다.[107] -『제왕운기(帝王韻紀)』 상권

대체로 옛날 성인이 예악(禮樂)으로 나라를 일으키고, 인(仁)과 의(義)로써 가르침을 베푸는 데 있어 괴력(怪力)이나 어지러운 신에 대해서는 말하지 않았다.[108] 그러나 제왕이 장차 일어날 때는 부명(符命)과 도록(圖籙)을 받게 되므로 반드시 보통 사람과는 다른 점이 있게 마련이다. 그런 뒤에라야 능히 큰 변화를 타서 제왕의 지위에 올라 대업(大業)을 이룰 수 있는 것이다.
그런 까닭에 하수(河水)에서 그림이 나오고, 낙수(洛水)에서 글이

---

107 伏羲風姓 水(木)德 都陳 號太昊 母華胥 元年辛巳 上古人 知其母 不知父 至此 正夫婦 又畫八卦 造書契 立屋 造琴 服牛乘馬 其妹女媧氏繼之 鍊石補天 下至無懷氏 凡十六代 合一千二百六十年 神農姜姓 火德 都魯 號炎帝 母任巳 元年辛巳 始爲斤斧耒耜 種五穀. 下至榆罔 凡八代 合四百二十六年 ○黃帝是姓公孫 土德 都涿鹿 遷無常處. 名軒轅 號有熊氏 元年丁亥 小典之子 母附寶 令蒼頡 造文字 受天符 置將帥隊伍旌節 制戈矛鎧甲弓矢 以滅蚩尤. 後改姓爲姬 在位一百年. ○小昊姬姓 金德 都曲阜 名摯 字青陽 號金天氏 元年丁卯 黃帝之子 母女節 在位八十四年. ○顓頊姬姓 木(水)德 都衛 遷高陽 號高陽氏 元年辛卯 黃帝之孫 昌意之子 母昌僕 作重黎 以司天地 效八風 作音樂 有才子八人 號八凱 在位七十八年.

108 『논어(論語)』 술이편(述而篇)에 “공자는 괴이한 힘이나 어지러운 귀신에 대해 말하지 않았다(子不語 怪力亂神).”고 하였다.

나옴으로써[109] 성인이 일어났던 것이다. 무지개가 신모(神母)의 몸을 두르더니 복희(伏羲)를 낳고, 용이 여등(女登)에게 교접하더니 염제(炎帝)를 낳았다. 황아(皇娥)가 궁상(窮桑)의 들에서 노는데 자칭 백제(白帝)라고 하는 신동(神童)이 와서 황아와 교접하여 소호(少昊)를 낳았다. … 그렇다면 삼국의 시조가 모두 신비스러운 데서 탄생했다고 하는 것이 무엇이 괴이할 것이 있겠는가!

-『삼국유사』 1권

신라의 박씨, 석씨는 모두 알에서 태어났고 김씨는 금궤(金櫃)에 들어가 하늘에서 내려왔다거나 혹은 금수레를 탔다고도 한다. 이는 너무 괴이해서 믿을 수 없으나, 세속에서는 서로 전하며 이것이 사실이라고 한다.[110]

-『삼국사기』 신라본기 경순왕

신라인들은 스스로 '소호 금천씨(少昊金天氏)의 후예이므로 성을

---

109 하도 낙서(河圖洛書): 주역(周易)에 "하수(河水)에서 도(圖)가 나오고, 낙수에서 서(書)가 나왔으니 성인이 이를 법칙으로 삼았다〔河出圖 洛出書 聖人則之〕." 라고 하였다〔계사전 상(繫辭傳上)〕. 하도(河圖)는 복희씨(伏羲氏) 때 하수(河水)에서 길이 8척이 넘는 용마(龍馬)가 등에 지고 나왔다는 그림으로서, 주역(周易)의 팔괘(八卦)의 근원이 된 것이고, 낙서(洛書)는 하우씨(夏禹氏)가 9년 치수(治水) 때 낙수(洛水)에서 나온 신령한 거북(神龜)의 등에 있었다는 글로서, 서경(書經)에 나오는 홍범구주(洪範九疇)의 근원이 되었다.

110 新羅朴氏昔氏皆自卵生 金氏從天入金櫃而降 或云乘金車 此尤詭怪 不可信 然世俗相傳 爲之實事

김(金)으로 한다.'라고 하였고, 김유신의 비문에 또한 '헌원(軒轅)의 후예요, 소호(少昊)의 자손이다.'라고 하였으니, 곧 남가야(南加耶)의 시조 김수로왕은 신라와 더불어 같은 성씨이다.[111]

-『삼국사기』 열전 김유신

신라 고사(古事)에 "하늘에서 황금궤짝이 내려왔으므로 성을 김씨(金氏)로 삼았다."고 하는데, 그 말이 괴이하여 믿을 수 없으나 내가 역사를 편찬함에 있어서 이 말이 전해 내려온 지 오래되니 부득이하게 이를 없앨 수가 없었다.

그리고 또한 듣건대, 신라 사람들은 스스로 소호 금천씨(小昊金天氏)의 후손이라 하여 김씨로 성을 삼았고, 〔신라 국자박사(國子博士) 설인선(薛因宣)이 지은 김유신의 비문과 박거물(朴居勿)이 지었고 요극일(姚克一)이 쓴 삼랑사비문(三郎寺碑文)에 보인다.〕 고구려는 또한 고양씨(高陽氏)[112]의 먼 후손이므로 고씨(高氏)로 성을 삼았다."고 한다. 〔『진서(晉書)』의 기록에 보인다.〕 옛 사서(史書)에는 '백제와 고구려가 모두 부여(扶餘)에서 나왔다.'고 한다.[113]

---

111 羅人自謂少昊金天氏之後 故姓金 庾信碑亦云 軒轅之裔 少昊之胤 則南加耶始祖首露 與新羅同姓也.

112 원문에 고신씨(高辛氏)로 표기되어 있으나 고양씨(高陽氏)의 오기이므로 바로잡아 번역하였다. 祖父和 高句驪之支庶 自云高陽氏之苗裔 故以高氏焉 -『진서(晉書)』 모용운 전(慕容雲傳). 고양씨는 전욱(顓頊)이고, 고신씨는 소호(少昊)의 손자로 전욱에 이어 제위를 계승한 제곡(帝嚳)이다.

113 新羅古事云 天降金樻 故姓金氏 其言可怪 而不可信 臣修史以其傳之舊 不得刪落其辭 然而又聞 新羅人 自以小昊金天氏之後, 故姓金氏〔見新羅國子博士

-『삼국사기』 백제본기 의자왕

광개토왕 17년(407) 봄 3월에 사신을 북연(北燕)에 보내 종족(宗族)으로서 예를 베푸니, 북연왕 운(雲)이 시어사(侍御史) 이발(李拔)을 보내 답례하였다. 모용운의 할아버지 고화(高和)는 고구려에서 갈라져 나간 무리로, 스스로 "고양씨(高陽氏)의 먼 후손이기 때문에 고(高)로써 성씨를 삼았다."고 하였다.[114]

-『삼국사기』 고구려본기 광개토왕

고(故) 전주대도독(全州大都督) 김공(金公)은 소호(少昊)의 먼 후손이다.[115]

- 최치원이 지은 「수 석가여래상번찬(繡釋迦如來像幡讚)」

대사의 법명은 이엄(利嚴)이고, 속성은 김씨이니, 그의 선조는 계림(鷄林)사람이다. 그 국사(國史)에서 상고해 보니 실로 성한왕(星漢王)의 후손이었으나, 먼 조상 때부터 점점 세도(世道)가 쇠락하였다. 사로(斯盧, 신라)가 여러 차례의 국난을 겪으면서 가세가 몰락하여 정처 없이 떠돌아다니다가 웅천(熊川)에 이르렀다.[116]

薛因宣撰 金庾信碑 及朴居勿撰 姚克一書 三郎寺碑文〕高句麗亦 以高辛(陽)氏之後 姓高氏〔見晉書載記〕古史曰 百濟與高句麗, 同出扶餘.

114 十七年 春三月 遣使北燕 且叙宗族 北燕王雲 遣侍御史李拔 報之 雲祖父高和句麗之支 自云 高陽氏之苗裔 故以高爲氏焉

115 故全州大都督 金公少昊玄裔

116 大師法諱利嚴 俗姓金氏 其先雞林人也 考其國史實星漢之苗 遠祖世道淩夷 斯盧多難

-「광조사 진철선사 비명(廣照寺 眞澈禪師碑銘)」

우리 신라 임금의 신령스러운 근원은 멀리 염제 신농씨[117]의 창성한 터전을 계승하여 궁전을 높이 세워 바야흐로 융성하였다.[118]

-「신라 문무왕릉비」

고구려 시조 고주몽은 전욱 고양씨의 후손이고, 수로왕과 김알지는 소호 금천씨의 후손이라고 하였다.

삼황오제의 태어난 고향과 처음 즉위한 도읍지를 살펴보면, 복희씨의 고향은 화서(華胥)인데, 『주역』에서 이곳을 동방이라고 하였다. 화서(華胥)씨의 나라는 황제 헌원이 꿈속에서 유람하였다는 이상향이다. 『습유기』에, '복희씨 나라의 도읍지에 화서주(華胥洲)가 있는데, 신모(神母)가 그곳에서 노닐 때 푸른 무지개가 신모를 감싸더니 복희씨를 낳았다.'고 하였다.

여와(女媧)는 복희씨의 여동생으로 복희씨의 법통을 계승하여 천하를 다스리는 황제(皇帝)가 되었다. 혹은 여와는 복희씨의 아내가 되어 자손을 낳아 인류의 조상이 되었다고 한다.

偶隨萍梗 流落熊川.

117 화관지후(火官之后): 삼황 중에 염제 신농씨를 말한다. '화덕(火德)의 왕이다. 그러므로 염제(炎帝)는 화(火)로써 관직 이름을 삼았다.〔火德王 故曰炎帝以火名官〕' -『사기』 삼황본기. 신라 도읍지는 염제 신농의 도읍지와 같은 곳이라는 말이다.

118 我新羅◯君靈源 自敻繼昌基 於火官之后 峻構方隆

> 옛날 우주가 열리기 시작하였을 때, 다만 복희씨와 여와(女媧) 오누이 두 사람만이 곤륜산(崑崙山)에 살았으며, 천하에는 아직 사람들이 살지 않았었다. 오누이가 의논하여 서로 부부가 되기로 하였으나 한편으로는 몹시 부끄러워했다. 그래서 형은 여동생과 함께 곤륜산에 올라가 기원하기를 "만약 하늘이 우리 두 사람이 부부가 되는 것을 허락하신다면 연기가 모두 한데 모이도록 해주시고, 만약 그렇지 못하다면 연기를 흩어지게 하십시오." 하였다. 이때 연기가 모두 한곳으로 모이니, 누이가 곧장 형에게로 나아갔다. 마침내 풀을 엮어서 부채를 만들고 그것으로 얼굴을 가리었다. 오늘날 아내를 맞이할 때 부채로 얼굴을 가리는 풍속은 그 일을 상징한 것이다.[119] -『독이지(獨異志)』 하권

복희씨와 여와씨가 태어나고 도읍하였던 곳이 곤륜산(崑崙山)이라는 사실이 분명하게 드러난다. 곤륜산은 서왕모가 사는 신선세계로 신라 도읍지에 있는 선도산(仙桃山)을 가리킨다.

「문무왕 비문」에 염제 신농씨의 도읍지는 신라 도읍지와 같은 곳이라고 하였다. 비문에 나오는 화관지후(火官之后)는 염제 신농씨를 말한다. 삼황본기에 '화덕(火德)의 왕이다. 그러므로 염제(炎帝)는 화(火)로써 관직 이름을 삼았다.'고 하였다. 『국어』에 '옛날 소전(少典)이

---

119 昔宇宙開初之時 只有女媧兄妹二人在崑崙山 而天下未有人民 議以爲夫妻 又自羞恥 兄卽與其妹上崑崙山 咒曰 天若遣我二人爲夫妻, 而煙悉合 若不使煙散 於是煙卽合 其妹卽來就兄 乃結草爲扇 以障其面 今時娶婦執扇 象其事也 -『독이지(獨異志)』 제3권 卷下

유교씨(有蟜氏)에게 장가들어 황제와 염제를 낳았다.'[120]고 하였으니 두 제왕의 모국이 같은 나라이다. 『제왕세기』에, 신농씨는 8대를 전하여 510년을 누렸는데, 마지막 제왕인 유망(榆罔)이 공상(空桑, 궁상)에 살았다고 하였다. 이로써 신농씨의 도읍지 역시 공상이라는 사실이 확인된다. 이 무렵 황제(黃帝)가 치우와 유망을 제거하고 천자의 지위에 올랐다.

『제왕세기』에 '황제(黃帝)는 궁상(窮桑)에서 제위에 등극하여 후에 곡부(曲阜)로 옮겼다.'고 하였다. 『습유기』에서도 황제의 왕비가 살던 곳이 궁상(窮桑)이고, 황제의 아들인 소호(少昊)가 궁상에서 탄생하고 도읍했기 때문에 궁상씨(窮桑氏)라고 한다고 했다.

『산해경』에서 말하였다.

> 서남쪽으로 4백 리를 가면 곤륜구(崑崙丘)인데, 이곳은 실로 유일한 천제가 사는 하계(下界, 지상)의 도읍지이다. 〔천제의 도읍이 지상에 있다. 『목천자전(穆天子傳)』에 '길일 신유(辛酉)에 천자는 곤륜구에 올라 황제(黃帝)의 궁전을 관람하였다.'고 하였다.〕 … 또 서쪽으로 480리를 가면 헌원구(軒轅丘)이다. 〔황제(黃帝)가 이 언덕에 살면서 서릉씨(西陵氏) 여인에게 장가들었으므로 이로 인하여 헌원구라고 부른다.〕[121]

---

120 昔少典娶于有蟜氏 生黃帝 炎帝 -『국어(國語)』 진어(晉語)

121 西南四百里曰 崑崙之丘 是實惟帝之下都〔天帝都邑之在下者也 穆天子傳曰 吉日辛酉 天子升于崑崙之丘 以觀黃帝之宮〕… 又西四百八十里 曰軒轅之丘〔黃帝居此丘 娶西陵氏女 因號軒轅丘〕-『산해경』 제2 西山經. *괄호 안은

황제는 헌원구에서 태어나 이곳에 궁전을 짓고 살면서 천하를 다스렸기 때문에 헌원이라 부른다. 주나라 목왕(穆王)이 여덟 필의 용마(龍馬)가 끄는 수레를 타고 순수하여 곤륜산에 가서 서왕모를 만나 함께 요지(瑤池)의 못가에서 성대한 연회를 벌이고 유람하느라 즐거움에 돌아올 것을 잊었다고 한다. 이때 목왕은 곤륜산 서남쪽 능선에 있는 황제의 궁전을 관람하였고, 또 곤륜산 서쪽 능선에 헌원이 태어나고 천하를 다스릴 때 살았던 헌원구가 있다는 것이다.

곤륜산은 본래 서왕모와 선인들이 사는 신령세계로 도교의 이상향이지만, 실제로는 지상에 중첩되어 있으며, 바로 이곳이 천신들이 우주를 다스리는 천신들의 도읍지이고, 또한 시대를 초월하여 천제가 정한 인간 세상의 도읍지라는 것이다. 황제는 천하를 다스리다가 도를 얻어 말년에 용을 타고 승천하여 오방(五方) 중의 중앙을 주재하는 천제가 되어 현재에도 곤륜산의 궁전에 살고 있다고 한다.

경전에 해와 달이 곤륜산에서 떠오른다고 하였으니, 헌원의 도읍지와 현재 사는 곳 역시 해 돋는 동방이라는 사실을 알 수 있다.

또 『습유기』에, '곤륜산(崑崙山)을 서역에서는 수미산(須彌山)이라고 한다.'[122] 하였고, 대장경에 수미산 정상에 지상천국인 도리천(忉利天)이 있다고 하였다. 또한 신라 도읍지에 도리천이 있다고 하였으니 곤륜산의 현재 위치가 분명하게 드러난다. 이리하여 후대에 와서도 박혁거세가 바로 그 땅에 도읍지를 삼아 나라를 세워 국호를 서라벌(徐羅伐) 또는 시라(尸羅)라고 정한 것이다.

곽박의 주석

122 昆侖山者 西方曰須弥山 －『습유기(拾遺記)』 10권, 昆侖山

대장경의 『대당서역기』에서도 "포희씨(庖犧, 복희)가 동방에서 처음 출생하고, 헌원(軒轅)이 천자의 의상을 비로소 드리운 것은 천하의 인민을 기르고 강역의 분야를 나누기 위한 까닭이었다.[123]" 라고 하였다. 신농은 조상이 헌원과 같기 때문에 최초의 도읍지 역시 황제와 같은 궁상으로 보는 것이 옳을 것이다. 황제의 도읍지는 헌원구(軒轅丘)이기 때문에 헌원이라 부르고, 소호의 도읍지는 궁상(窮桑)이기 때문에 궁상씨 또는 상구(桑丘)씨라고 부르고, 제위에 등극하여 곡부로 옮겼다.

전욱 역시 처음 궁상에 도읍하다가 후에 상구(商丘)로 옮겼다.[124] 『여씨춘추』에 '전욱은 약수(若水)에서 태어나 공상(空桑)에서 살다가 제위에 올랐다.'고 하였다.[125] 해 뜨는 양곡(暘谷)에 열 개의 태양이

---

123 庖犧出震之初 軒轅垂衣之始 所以司牧黎元 所以疆畫分野 -『대당서역기(大唐西域記)』 제1권

124 제왕 전욱 고양씨는 황제의 손자이고 창의의 아들로 어머니는 여추(女樞)이다. 금천씨 말기에 요광성(瑤光星)이 무지개처럼 달을 관통하더니 여추(女樞)가 유방궁(幽房宮)에서 감응하였는데, 오른쪽 옆구리에 아홉 빛깔의 털이 있는 전욱을 낳았다. 수(水)로써 금(金)을 이었으며, 처음 궁상(窮桑)에 도읍하였다가 후에 상구(商丘)로 옮겼다. 帝顓頊高陽氏 黃帝之孫 昌意之子 母曰女樞 金天氏之末 瑤光之星 貫日如虹 感女樞於幽房之宮 右脅有九色毛 生顓頊 以水承金 始都窮桑 徙商邱 -『금루자(金樓子)』 흥왕(興王)

125 제왕 전욱은 약수(若水)에서 태어나 공상(空桑)에서 살다가 제위(帝位)에 오르자 덕이 하늘과 합치되어 정풍(正風)이 이에 행해지니, 그 음이 화락하고 무성하며 맑고 청아하여, 제왕 전욱이 그 소리를 좋아하여 비룡(飛龍)으로 하여금 팔풍(八風)의 음을 본떠서 작곡하게 하여 그 음악을 승운(承雲)이라 하고 상제께 제사할 때 연주하였다. 帝顓頊 生自若水 實處空桑 乃登爲帝 惟天之合 正風乃

대기하는 부상(扶桑)이라는 거대한 뽕나무가 있는데, 이 나무를 궁상(窮桑) 또는 공상(空桑)이라고도 한다. 상구(桑丘) 역시 궁상이 있는 언덕으로 양곡(暘谷)을 뜻한다. 신라 도읍지에 양곡(暘谷)이 있기 때문에 신라를 상구(桑丘)라고도 한다.[126]

궁상은 본래 신선들이 사는 별유천지이지만 외딴 곳에 위치해 있어 천자의 지위에 오른 후로는 만국의 조회를 받기에는 적합하지 않기 때문에 대륙으로 도읍지를 옮겨 제2의 도읍지를 두고 두 곳을 오가며 천하를 다스렸던 것이다.[127] 주 목왕은 여덟 필의 용마(龍馬)가 끄는 수레를 타고 천하를 주유하고, 마침내는 신선세계인 곤륜산에 올라 서왕모와 연회를 즐겼듯이, 삼황오제는 인간의 부류가 아니라 본래 천신이었기 때문에 신통력이 자유 자재했던 것이다. 그렇다면 상고시대 천하를 다스리며 인류문명을 개척하였던 다섯 제왕의 도읍지가 모두 궁상으로 압축된다. 이리하여 『주역』에 제왕이 동방에서 나온다고 한 것이다. 조선시대 이익(李瀷, 1681~1763)이 지은 『성호사설』에

行 其音若熙熙淒淒鏘鏘 帝顓頊好其音 乃令飛龍 作效八風之音 命之曰承雲以祭上帝 -『여씨춘추(呂氏春秋)』 고악(古樂)

126 최치원이 지은 '화엄사 비로자나불과 문수·보현보살상(像)의 찬(讚) 및 서(序)'에, "와서는 계원(桂苑)의 행인(行人, 사신)이 되고 고국에 가서는 상구(桑丘, 신라)의 사자(使者)가 된 치원(致遠)은 명을 받고 말을 꺼내어 이를 찬양하노라(來爲桂苑行人 去作桑丘使者致遠 承命颺言而讚之)."고 하였다. -『대화엄사사적(大華嚴寺事蹟)』

127 황제가 순행할 때 용마(龍馬)가 끄는 수레를 타고 동쪽으로 태산에 오르고, 남쪽으로 제(齊)와 노(魯)를 지나니 모든 나라가 기뻐하였다. 黃帝出遊 駕龍乘馬 東上太山 南過齊魯 邦國咸喜 -『역림(易林)』 동인지(同人之)

이런 말이 있다.

『제왕세기』에, '전욱(顓頊)도 역시 궁상(窮桑)으로부터 상구(商丘)로 옮겼다.' 했는데, 두예(杜預)가 경솔하게 궁상이 노(魯)의 북쪽에 있다고 하니, 공영달(孔穎達)도 또 두예로 인하여 오류를 범하였다. 『후한서』 군국지(郡國志) 노국(魯國)의 주(注)에, '소호는 궁상(窮桑)에서 제위에 올랐다.'고 하였는데[128], 〔노(魯)의 북쪽은〕 공상(空桑)이 아니다. 이와 같이 고금에 범한 오류를 고증하여 여기에 아울러 기록한다.[129]

헌자(獻子)가 묻기를 "사직의 오사(五祀)는 어느 제왕 때의 오관(五官)인가?" 하니 채묵(蔡墨)이 대답하기를, "소호씨(少皞氏)에게 네 자손이 있는데, 중(重)·해(該)·수(脩)·희(熙)이다. 실로 금·목(金木)과 수(水)를 다스리는 데 능숙하여 중(重)은 구망(勾芒)이 되고, 해(該)는 욕수(蓐收)가 되고, 수(修)와 희(熙)는 현명(玄冥)이 되어

---

128 『후한서』 군국지 노(魯)나라 편의 주(注)에 『제왕세기』를 인용하여 '황제는 수구(壽丘)에서 탄생하였으니, 노(魯)의 동문(東門) 북쪽에 있고, 소호(少昊)는 궁상에서 제위에 올랐는데 궁상은 노(魯)의 북쪽에 있으며 후에 곡부로 옮겼다.' 하였다. 魯國: 〔帝王世記曰 黃帝生於壽丘 在魯東門之北 少昊自窮桑登帝位 窮桑在魯北 後徙曲阜〕 당(唐) 측천무후의 둘째 아들인 이현(李賢)이 장대안(張大安) 등과 함께 『후한서』에 주석(注)을 덧붙였다.

129 世紀 顓頊亦自窮桑遷商丘 而杜預遽以窮桑爲在魯北 孔穎達又因預而誤也 郡國志云 少昊自窮桑登帝位 非空桑也 因並錄此 以證古今之謬 –『성호사설(星湖僿說)』 30권 공상(空桑)

세상에서 잃지 않는 관직이 되어 마침내 궁상(窮桑)을 구제하였으니 이것이 그 3사(三祀)이다. 〔궁상(窮桑)은 소호씨의 호이다. 네 아들이 그 관직을 능히 다스리고 직책에 소홀하지 않았기 때문에 소호씨로 하여금 공덕을 성취하게 하였으므로 죽은 뒤에 모두 백성들의 제사를 받게 되었다. 궁상(窮桑) 땅은 노(魯)의 북쪽에 있다.〕[130] -『춘추경전집해(春秋經傳集解)』 제26권

상고사의 중심에 있는 궁상의 위치에 관해 진(晉)나라 두예(杜預, 222~284)가 『춘추경전집해』에서 '궁상(窮桑) 땅은 노(魯)의 북쪽에 있다.'고 주장하니, 후에 당나라 공영달(孔穎達, 574~648)도 역시 『춘추정의(春秋正義)』를 지으면서 두예의 집해를 그대로 인용하여 같은 오류를 범하였다는 지적이다.

이에 대한 논란은 여기에서 그치는 것이 아니다. 『사기』에 주 무왕이 폭군 주(紂)를 이기고 천자가 되어 제후를 봉하는 대목에 다음과 같은 주석이 있다.

무왕은 아우 주공(周公) 단(旦)을 곡부(曲阜)에 봉하니, 노(魯)나라이다. 〔『제왕세기』에, '염제(炎帝)는 진(陳)으로부터 노(魯)의 곡부

---

130 獻子曰 社稷五祀誰氏之五官也 對曰 少皞氏有四叔 曰重曰該曰脩曰熙 實能金木及水 使重爲句芒 該爲蓐收 脩及熙爲玄冥 世不失職 遂濟窮桑 此其三祀也〔窮桑少皞之號也 四子能治其官 使不失職濟成少皞之功 死皆爲民所祀 窮桑地在魯北〕 -『춘추경전집해』 魯昭公 29년(B.C.513). 괄호 안은 두예(杜預)의 주(注)

(曲阜)에 도읍을 경영하였고,[131] 황제(黃帝)는 궁상(窮桑)에서 제위에 오르고 후에 곡부로 천도하였다.

소호는 궁상의 도읍지에서 제위에 올라 곡부로 천도하였다. 전욱은 처음 궁상에 도읍하였다가 상구(商丘)로 천도하였는데 궁상은 노(魯)의 북쪽에 있다.'고 하였다. 혹은 궁상이 곧 곡부라고 한다. 또 이곳이 대정씨(大庭氏, 신농)의 고국이라고도 한다. 또 이곳은 상(商)나라의 엄(奄) 땅이다.

황보밀(皇甫謐)은, 황제(黃帝)는 '수구(壽丘)에서 탄생하였는데, 노(魯)의 궁성 동쪽 문의 북쪽에 있으며 헌원이 살던 언덕이다.' 라고 하였다. 『산해경』에, 이 지역은 궁상의 근처인데 서쪽을 향해 쏘지 않는다는 곳의 남쪽이 이곳이라고 하였다.〕[132]

-『사기정의(史記正義)』 4권, 주본기

『사기정의』는 당나라 때 장수절(張守節)이 지은 것인데, 앞에서 범한 오류를 그대로 답습하고 있다. 『한서』 지리지에, 노(魯)나라에 6개의 현(縣)이 있는데, 그 중에 노현(魯縣)은 〔주공(周公)의 아들〕

---

131 신농씨는 진(陳)에 도읍하였으나 별도로 곡부(曲阜)에서 경영하였다.〔神農氏都陳 而別營于曲阜〕 소호(少昊)는 처음 궁상(窮桑)으로부터 곡부로 천도하였고, 전욱(顓頊)은 처음 궁상(窮桑)으로부터 상구(商丘)로 천도하였다. -『진서(晉書)』 地理志 上

132 封弟周公旦於曲阜 曰魯〔帝王世紀云 炎帝自陳營都於魯曲阜 黃帝自窮桑登帝位 後徙曲阜 少昊邑於窮桑 以登帝位 都曲阜 顓頊始都窮桑 徙商丘 窮桑在魯北 或云窮桑卽曲阜也 又爲大庭氏之故國 又是商奄之地 皇甫謐云 黃帝生於壽丘 在魯城東門之北 居軒轅之丘 山海經云 此地窮桑之際 西射之南 是也.〕

백금(伯禽)을 봉한 곳[133]이라고 했을 뿐, 본문이나 주(注)에 이곳이 궁상이라는 설은 없다.

복희씨로부터 신농·헌원·소호·전욱에 이르기까지 오제(五帝)가 모두 궁상에서 탄생하고 즉위하여 천자의 지위에 오른 후에는 제왕에 따라 혹은 진(陳)으로, 혹은 상구로, 혹은 곡부로 도읍지를 옮겼다. 따라서 곡부 일대에 있는 오제(五帝)의 유적은 다 궁상에서 천도한 이후의 자취일 뿐이다.

『주역』에, 제왕은 동방에서 나오고 만물이 동방에서 나온다는 설은 바로 궁상을 가리키는 것이며, 공상(空桑)·궁상(窮桑)·부상(扶桑)은 같은 신목(神木)으로 신선세계인 삼신산의 해 뜨는 구역에 열 개의 태양이 대기하는 신령한 뽕나무이다. 궁상의 정확한 위치는 『상서』 요전에 나오는 해 뜨는 우이(嵎夷)와 같은 곳으로, 『후한서』 동이전에서 이곳이 바로 고조선 도읍지라는 사실을 밝히고 있다.

중국 정사인 『진서(晉書)』 지리지에, 소호와 전욱이 처음 궁상에서 즉위하여 곡부와 상구로 천도했다고 하여 분명하게 구분하고 있다. 또 『산해경』에, '동해의 밖 대학(大壑)은 소호(少昊)의 도읍지이다.'라고 하였다. 대학(大壑)이란 삼신산이 있는 곳의 바다를 뜻하는 것으로, 소호의 도읍지는 삼신산의 헤 뜨는 양곡(暘谷)에 있다는 말이다.

따라서 궁상이 바로 노나라 북쪽의 상구, 또는 곡부와 같은 곳이라는 주장은 명백한 오류이다. 사실 중국 입장에서 보면 만약 삼황오제의 본국인 궁상이 조선 땅이라고 밝혀지고 나면 중국은 뿌리 없는 민족으

---

133 魯國, 縣六 魯 伯禽所封

로 전락하기 때문에 민감한 사안임에 틀림없다. 해 뜨는 구역인 우이(嵎夷)는 신선세계로 삼신산 중의 하나인 지리산이며, 이곳이 신라 도읍지라는 사실은 『삼국사기』를 비롯하여 최치원이 지은 지증대사 비문, 신라 성덕대왕신종의 등에서 분명하게 밝히고 있다.

중국 양주(楊州) 단양군(丹陽郡)에 있는 광택사(光宅寺)는 황제(黃帝)의 행궁(行宮)이 있던 옛터라고 한다. 양(梁)나라 천감 6년(507)에 이곳에 절을 세우고 심약(沈約)이 비문을 지어 황제의 추모비를 세웠다.

팔방은 광활하고 구복(九服)[134]은 황망하여
신령한 성인이 어찌할 바를 몰라 그 상서를 다 드러낸다.
수구(壽丘)에 상서로운 구름이 일어나더니 추성(樞星)에 번개 빛이 감싼다. 주(周)나라 들판이 기름지고 비옥하니 오성(五星)이 방성(房星)에 드네.[135]
이로부터 아득하고 멀어서 이름만 남기고 거처는 없어지니
어찌 약수(若水)를 알 것이며, 어찌 궁상(窮桑)을 분별하겠는가.

---

134 천자의 도성 밖 5백 리를 전복(甸服)이라 하고, 전복의 밖 5백 리를 후복(侯服)이라 하고, 후복의 밖 5백 리를 수복(綏服)이라 하고, 수복의 밖 5백 리를 요복(要服)이라 하고, 요복의 밖 5백 리를 황복(荒服)이라 한다. 『사기』 하본기(夏本紀) 도성의 천리 사방을 국기(國畿)라 하고, 그 밖을 5백 리마다 9등급으로 구분하여 후복(侯服)·전복(甸服)·남복(男服)·채복(采服)·위복(衛服)·만복(蠻服)·이복(夷服)·진복(鎭服)·번복(蕃服)으로 나누었으니, 이를 구기(九畿) 또는 구복(九服)이라고 한다. -『주례(周禮)』 九服

135 5위(五緯)는 화·수·목·금·토의 다섯 항성을 말하고, 방(房)은 28수(二十八宿) 중의 하나로, 성제(星帝)를 말한다.

하늘에서 강림하신 우리 황제는 그 터전 예로부터 조짐이 보이니
세속을 위하여 천하를 두루 순행하며 교화하였네.
겹겹의 처마 잇닿은 궁전을 세우고 멀리 궁성은 높이 솟아있고
국토는 정토(淨土)이고, 땅은 곧 금강(金剛)이로다.
이 태극(太極, 태일)으로 인하여 온 누리를 누비고 다니니
어찌 한갓 삼계(三界) 뿐이며 어찌 시방(十方)에 그칠 것인가.
만고에 은혜를 적시니 백왕(百王)이 손을 내미네.[136]
-『광홍명집』 광택사찰 하명(光宅寺刹下銘)

궁상에 관해, 소호의 어머니 황아와 백제가 뱃놀이하며 사랑을 속삭이던 곳에 '궁상(窮桑)은 서해의 물가에 있는데, 외로이 서 있는 뽕나무는 높이가 천 길이나 되고 잎은 붉고 오디는 자줏빛으로 만년에 한번 열매를 맺는데 먹으면 천인(天人)처럼 되어 늙지 않는다.'고 하였고, 또 '떼배 타고 물결 가벼이 출렁이니 태양 곁이 분명하고, 여기가 그 어디인가 하니, 궁상(窮桑)에 이르렀네.'라고 하였다. 궁상은 신목(神木)으로 이것을 부상(扶桑) 또는 부상(榑桑)[137] 또는 공상(空桑) 또는 부목(扶木)이라고도 하며, 해 뜨는 동방을 뜻하는 대명사로도 쓰인다.

---

136 八紘悠闊 九服荒茫 靈聖底止 咸表厥祥 壽丘霴霴 電繞樞光 周原膴膴 五緯入房 自茲遐夐 名在處亡 安知若水 寧辨窮桑 自天攸縱 於惟我皇 卽基昔兆 爲世舟航 重簷累構 迥刹高驤 土爲淨國 地卽金剛 因斯大極 溥被翺翔 豈徒三界 寧止十方 濡足萬古 授手百王 -『광홍명집』 제16권 불덕편(佛德篇) 광택사찰 하명(光宅寺刹下銘)

137 양곡(暘谷)의 부상(榑桑)은 東方에 있다. 暘谷榑桑 在東方 -『회남자(淮南子)』 지형훈(墬形訓)

부상(扶桑)은 동해의 동쪽 언덕에 우뚝 서 있는 나무이다. 육지에서 그 언덕에 오르려면 1만 리를 가야 한다. 동쪽에 다시 푸른 바다가 있는데, 바다가 광대하여 동해와 동등하다. 물은 원래부터 짜거나 쓰지 않고, 바로 푸른빛을 띠며 맛이 향기롭고 감미롭다.
부상(扶桑)은 푸른 바다 가운데에 있는데, 지방은 만 리이다. 그 위에 있는 태제궁(太帝宮)은 태진 동왕부(太眞東王父)가 다스리는 곳이다. 그 지역에는 부상이 많아 숲을 이루는데, 잎은 뽕나무와 같고 또 나무에 오디가 열린다. 큰 나무는 수천 길이나 되고 굵기는 2천여 아름이다. 같은 뿌리에서 두 가지가 짝이 되어 나서 서로 의지하며 기대어 자라기 때문에 부상(扶桑)이라고 한다. 선인들이 그 오디를 먹으면 온몸에서 금빛이 나며 허공을 날아다닌다. 그 나무는 비록 거대하지만 그 잎사귀와 오디는 중국의 뽕나무와 같다. 다만 오디가 드문드문 열리고 붉은색이며 9천 년에 한번 열매가 열리는데, 맛이 절묘하여 달고 향기롭다.[138]

–『해내십주기(海內十洲記)』

부상(扶桑)[139]은 동쪽으로 5만 리에 방당산(磅礴山, 방장산)이 있고,

---

138 扶桑在東海之東岸岸直 陸行登岸一萬里 東複有碧海 海廣狹浩汚 與東海等 水既不咸苦 正作碧色 甘香味美 扶桑在碧海之中 地方萬里 上有太帝宮 太眞東王父所治處 地多林木 葉皆如桑 又有椹樹 長者數千丈 大二千餘圍 樹兩兩同根偶生 更相依倚 是以名爲扶桑 仙人食其椹 而一体皆作金光色, 飛翔空玄 其樹雖大 其葉椹故如中夏之桑也 但椹稀而色赤 九千歲一生實耳 味絶甘香美

139 성현(成俔, 1439~1504)이 지리산을 노래한 시에, '몸이 천왕봉 정상에 올라가니 뭇 봉우리가 못을 갈아 꽂은 듯하고, 손으로 은하수와 오성(五星)을 만질

그곳에 백 아름이나 되는 거대한 반도(蟠桃)나무가 있어 그 꽃은 검푸르고 1만 년에 한번 열매가 익는다.[140]

–『습유기(拾遺記)』주 목왕

『산해경』에는 소호의 도읍지와 해 뜨는 양곡(暘谷, 동방)에 관해 다음과 같이 밝히고 있다.

동해의 밖[141] 대학(大壑, 삼신산)[142]은〔『시함신무(詩含神霧)』에, '동

듯 지척이고, 하늘 바람이 차갑게 불어 머리털이 흩날린다. 부상(扶桑)과 약목(若木)은 어디쯤인가? 창명(滄溟) 만 리에 노을만 떠 있네. 고래 등 같은 파도가 어지럽게 서로 부딪치고 신기루 빛이 수면에 잠긴다.' 하였다. 身登最高頂 群岫如磨鐠 手捫星漢去尺五 天風吹髮寒鬖鬖 扶桑若木是何許 滄溟萬里浮晴嵐 鯨濤亂相激 蜃市光相涵 –『속동문선(續東文選)』제5권, 김종직의 '유두류록' 후기에 쓴다(題金季昷頭流錄後)

140 扶桑東五萬里 有磅磄山 上有桃樹百圍 其花青黑 萬歲一實

141 동해의 밖은 삼신산이 있는 우리나라를 뜻한다. 신라 최치원이 지은 '태사시중에게 올린 장문(上太師侍中狀)' 에 '동해(東海) 밖에 세 나라가 있었는데, 그 이름은 마한(馬韓)과 변한(卞韓)과 진한(辰韓)이다. 마한은 곧 고구려요, 변한은 곧 백제요, 진한은 곧 신라이다.' 하였다. 東海之外 有三國 其名馬韓卞韓辰韓 馬韓則高麗 卞韓則百濟 辰韓則新羅也 –『고운집(孤雲集)』1권

142 발해(渤海)에 삼신산이 있는데, 그곳을 대학(大壑) 또는 귀허(歸墟)라 부른다. 온 세상 팔방(八方)의 물과 은하수의 흐르는 물이 모두 그곳으로 흘러들지만 물은 불어나지도 않거니와 줄지도 않는다. 그 가운데에 다섯 개의 산이 있는데, 첫째는 대여(岱輿), 둘째는 원교(員嶠), 셋째는 방호(方壺=方丈), 넷째는 영주(瀛洲), 다섯째는 봉래(蓬萊)이다. –『열자(列子)』탕문(湯問). 이색(李穡)의 시에, '대학(大壑)은 이름하여 바다라고 하나니, 벼락이 쳐서 번갯불이 번쩍이

방의 바닥이 없는 구렁에 흘러든다.'는 것은 이 대학이다. 『초사(楚辭)』 원유(遠遊)에, '아래로 대학(大壑)을 내려다본다.[143]' 하였다.〕 소호(少昊)의 도읍지이다. 〔소호 금천씨는 제왕 지(摯)의 호이다.〕 소호가 전욱(顓頊)을 이곳에서 양육하고 그때의 거문고와 비파(琵琶)[144]를 남겨두었다. 〔그 대학에 거문고와 비파가 있다는 말이다.〕 감산(甘山)이라는 곳이 있어 감수(甘水)가 여기에서 나와 감연(甘淵)을 이룬다. 〔물이 모여 감연을 이룬다.〕[145]

-『산해경(山海經)』 제14 대황동경(大荒東經)

동남해의 밖 감수(甘水) 사이에 희화국(羲和國)이 있다. 희화(羲和)라는 여자가 있어 이제 막 감연(甘淵)에서 해를 목욕시키

면 보는 자가 놀란다. 금오(金鼇)의 머리 위에 삼신산(三神山)이 있다네.' 하였다. 大壑名曰海 春擊火生觀者愕 金鼇頭上有三山 -『목은시고(牧隱詩藁)』 26권 北風.

143 아래로 대학(大壑)을 내려다보니 깎아지른 벼랑에 아래는 바닥이 없구나. 降望大壑 下崢嶸而無地兮 -『초사』 원유(遠遊)

144 지기(地祇, 지신)에 지내는 제사에는 "영고(靈鼓)와 영도(靈鼗), 손죽(孫竹)의 피리, 공상(空桑)의 거문고, 함지(咸池)의 춤을, 하지(夏至)에 연못가운데 네모난 제단에서 연주하여 악무가 여덟 번 반복해서 완주하면 지신(地神)이 모두 와서 흠향하면 예(禮)를 갖춘 것이다." 靈鼓靈鼗 孫竹之管 空桑之琴瑟 咸池之舞 夏日至 於澤中之方丘奏之 若樂八變 則地示皆出 可得而禮矣. -『주례(主禮)』 춘관종백(春官宗伯) 대사악(大司樂)

145 東海之外大壑〔詩含神霧曰 東注無底之谷 謂此壑也 離騷(楚辭遠遊)曰 降望大壑〕 少昊之國〔少昊金天氏 帝摯之號也〕 少昊孺帝顓頊于此 棄其琴瑟〔言其壑中有琴瑟也〕 有甘山者 甘水出焉 生甘淵〔水積則成淵也〕

려 하고 있다. 〔희화(羲和)는 대체로 천지가 처음 생겼을 때에 일월을 주관하는 여신이다.[146] 그러므로 『귀장계서경(歸藏啓筮經)』에 '공상(空桑)[147]이 푸르고 팔방이 이미 열려 이에 희화가 있어 일월의 출입을 주관하는 일을 직책으로 하여 이로써 밤과 낮이 되었다.' 또 '저 위로 하늘을 보면 한 번 밝아지면 한 번 어두워지는데, 희화의 아들인 태양이 있어 양곡(暘谷)에서 나오는 것이다.'라고 하였다.

그래서 요(堯)는 이로 인하여 희씨(羲氏)와 화씨(和氏)[148]의 관직을 설립하고 사계절을 관장시켰다. 그 후세(後世, 단군)에 마침내 이곳에서 나라를 세우고[149] 일월의 모형을 만들어 관장하며, 감수(甘水)

---

146 여자가 있는데 달을 목욕시키는 중이다. 제준(帝俊)의 아내 상희(常羲)가 12개의 달을 낳아 여기에서 처음 달을 목욕시켰다. 有女子方浴月 帝俊妻常羲生月十有二 此始浴之 -『산해경』 제16 대황서경(大荒西經)

147 하(夏)나라 말기에 탕(湯)을 도와 상(商)나라를 일으킨 '이윤(伊尹)은 공상(空桑)에서 태어났다(伊尹生乎空桑)'고 한다.〔『열자』 천서(天瑞)〕. 『여씨춘추』 고악(古樂)에, '제왕 전욱은 약수(若水)에서 탄생하고 실로 공상(空桑)에서 거처하며 제위에 올랐다.(帝顓頊生自若水 實處空桑 乃登爲帝)' 하였다. 또 『제왕세기』에, 전욱이 처음 궁상(窮桑)에 도읍했다고 하였으니, 공상(空桑)·궁상(窮桑)·부상(扶桑)은 같은 신목(神木)으로 해 뜨는 우이(嵎夷)에 있다는 거대한 뽕나무이다.

148 요임금이 제정한 희중(羲仲)·희숙(羲叔)·화중(和仲)·화숙(和叔)의 관직. -『상서』 요전(堯典)

149 요임금이 희중(羲仲)에게 명하여 우이(嵎夷)에 살면서 동방을 다스리게 했는데, 그로부터 25년 후에 단군이 우이(嵎夷)에서 나라를 세우고 천지신령의 제사를 주재하였던 사실을 말한다.

에서 목욕도 시키고 운전하며 해가 양곡(暘谷)에서 떠서 우연(虞淵)으로 지는 것을 본떴으니, 〔희중(羲仲)은〕 이른바 세상에서 잃지 않는 관직이 되었다.[150] 희화(羲和)는 제준(帝俊)의 아내로 열 개의 해를 낳았다. 〔열 아들을 낳았다는 말은 각각 해에 이름이 있어 열 개의 해를 낳았다고 하는 것이다.〕[151]

–『산해경』 제15 대황남경(大荒南經)

아래에 양곡(湯谷)이 있다. 양곡의 위에 부상(扶桑)이 있는데 이곳은 열 개의 태양이 목욕하는 곳으로 흑치의 북쪽에 있다. 물 가운데에 큰 나무가 사는데 아홉 개의 태양이 아래 가지에 있고 한 개의 태양이 윗가지에 있다. 〔『장자(莊子)』에, 옛날에 열 개의 태양이 함께 떠서 초목이 타고 시들었다고 하였다.[152] 『회남자(淮南子)』에

---

150 『춘추좌전』 소공(昭公) 29년 조에, 사직(社稷)에 모시는 구망(勾芒)·축융(祝融)·후토(后土)·욕수(蓐收)·현명(玄冥) 등은 살아서는 상공(上公)에 봉해지고, 사후에는 사직의 오사(五祀)에 배향되어 세상에서 잃지 않는 관직이 되어 마침내 궁상(窮桑)을 구제하였다고 했다. 단군조선의 건국은 궁상(窮桑, 아사달)에 살면서 천자를 대신하여 천신과 지기(地祇)에 제사하는 것이 고유의 직책이라는 의미이다.

151 東南海之外 甘水之閒 有羲和國 有女子 名曰羲和 方日欲于甘淵〔羲和蓋天地始生 主日月者也 故啓筮曰 空桑之蒼蒼 八極之旣張 乃有夫羲和 是主日月 職出入爲晦明 又曰 瞻彼上天 一明一晦 有夫羲和之子 出于暘谷 故堯因此而羲和之官 以主四時 其後世遂爲此國 作日月之象而掌之 沐浴運轉之於甘水中 以效其出入暘谷虞淵也 所謂世不失職耳〕羲和者帝俊之妻 生十日.〔言生十子各以日名名之 言生十日〕

152 옛날 요임금이 순(舜)에게 물었다. "나는 종(宗)·회(膾)·서오(胥敖)를 정벌하려

도 역시 요(堯)는 이에 예(羿)에게 명령하여 열 개의 해를 쏘게 하니 아홉 개의 해에 삼족오가 다 죽었다.[153]

고 한다. 천자의 지위에 있으면서도 석연치 않는 것은 그 무엇 때문일까?" 순(舜)이 대답했다. "대저 그 세 나라는 쑥대밭 같은 곳에 있는 것과 같은데, 그들을 치려하시니 석연치 않은 것이지 다른 무엇이겠습니까. 예전에 열 개의 해가 나란히 떠올라 만물을 다 비추었습니다. 더구나 임금께서 덕으로 나아가는 것이 따사로운 햇볕과 같지 않겠습니까." 하였다. 昔者堯問於舜曰 我欲伐宗膾胥敖 南面而不釋然 其故何也 舜曰 夫三子者 猶存乎蓬艾之間 若不釋然 何哉 昔者十日並出 萬物皆照 而況德之進乎日者乎 -『장자(莊子)』 제물론(齊物論). 옛날 요(堯)임금 때 허유(許由)가 패택(沛澤)에 있었는데, 요임금이 허유에게 말하기를, "열 개의 태양이 함께 떠서 불길처럼 타는 것이 그치지 않으니, 노력해보지만 역시 다스려지지 않습니다. 부자(夫子)께서 천자가 되시면 천하는 잘 다스려진 것이니, 부자께서 천하를 맡아 다스려 주시기를 청합니다." 하니 허유는 사양하였다. 昔者堯朝許由於沛澤之中曰 十日出而焦火不息 不亦勞乎 夫子爲天子 而天下已治矣 請屬天下於夫子 許由辭. -『여씨춘추』 신행론(愼行論) 求人.

153 예(羿)는 착치(鑿齒)와 수화(壽華)의 들에서 싸워 예(羿)가 착치를 사살했다. 그곳은 곤륜산 동쪽에 있는데, 예는 활과 화살을 가지고, 착치는 방패와 창을 가졌다. 羿與鑿齒戰於壽華之野 羿射殺之 在崑崙墟東 羿持弓矢 鑿齒持盾 一曰戈 -『산해경』 해외남경.

요임금 때에 이르러 열 개의 해가 나란히 떠올라 오곡을 태우고 초목까지 말라죽이니 백성들은 먹을 것이 없게 되었다. 알유(猰貐)·착치(鑿齒)·구영(九嬰)·대풍(大風)·봉희(封豨)·수사(修蛇) 등도 모두 백성들을 해쳤다. 요(堯)는 이에 예(羿)로 하여금 착치를 주화(疇華)의 들에서 토벌하고, 구영은 흉수(凶水) 가에서 죽이고, 대풍은 청구(靑丘)의 늪에서 죽이고, 위로 열 개의 해를 쏘고, 아래로 알유를 죽이고, 수사를 동정호에서 처단하고, 상림(桑林)에서 봉희를 사로잡으니 천하의 백성이 모두 기뻐하여 요(堯)를 천자로 추대하였다. 이에

『초사』 천문(天問)에, '이른바 예(羿)는 어찌 태양 속 삼족오를 다 쏘아 깃털을 떨어뜨렸는가?'[154]라고 한 것이 이것이다.

천하에 넓거나 좁고 험하거나 평탄하고 멀고 가까움에 따라 비로소 도로와 마을이 있었다.

순(舜)임금이 섭정할 때 공공(共工)이 홍수를 일으켜 천하에 범람하여 공상(空桑)에까지 밀려드는데, 용문(龍門)은 아직 열리지 않고 여량(呂梁)도 아직 트지 않았으며, 장강과 회수(淮水)가 합류하며 흘러 사해(四海)가 온통 물에 잠겨 백성들은 모두 높은 구릉과 나무 위로 피했다. 순임금은 이에 우(禹)로 하여금 세 강과 다섯 호수를 소통시키고, 이궐(伊闕)을 열어 전수(瀍水)와 간수(澗水)의 흐름을 인도하여 운하를 준설하여 동해로 흘러 들어가게 하였다. 이리하여 홍수는 빠지고 구주(九州)는 다시 마르게 되었으므로 모든 백성들은 편안히 살 수 있게 되었다. 이런 까닭에 요와 순을 성인이라고 칭송하는 것이다. 堯之時 十日並出 焦禾稼 殺草木 而民無所食. 猰貐·鑿齒·九嬰·大風·封豨·修蛇 皆爲民害 堯乃使羿誅鑿齒于疇華之野 殺九嬰于凶水之上 繳大風於青丘之澤 上射十日 而下殺猰貐 斷修蛇於洞庭 禽封豨于桑林 萬民皆喜 置堯以爲天子. 於是天下廣狹 險易 遠近 始有道里 舜之時 共工振滔洪水 以薄空桑 龍門未開 呂梁未發 江淮通流 四海溟涬 民皆上丘陵 赴樹木 舜乃使禹疏三江五湖 開伊闕 導廛澗 平通溝陸 流注東海 鴻水漏 九州幹 萬民皆寧其性 是以稱堯舜以爲聖 －『회남자』 본경훈(本經訓)

154 * 원문에 이소(離騷)는 천문(天問)의 오기이므로 바로잡아 번역하였다. 『초사(楚辭)』 천문(天問)에, 예(羿)는 어찌 활로 태양을 다 쏘았으며, 삼족오(三足烏)는 어찌 깃털을 떨어트렸을까? 〔『회남자』 본경훈(本經訓)에, 요임금 때에 열 개의 해가 나란히 떠서 초목이 말라죽으니, 요임금은 예(羿)에게 명하여 열 개의 해를 쏘게 했다고 하였다. 그 중에 아홉 개의 해가 적중하여 태양 속 삼족오가 다 죽고 그 날개깃이 떨어졌다. 그러므로 그 중에 하나의 해가 남은 것이다.〕 羿焉畢日 烏焉解羽 〔淮南言 堯時十日並出 草木焦枯 堯命羿仰射十日 中其九日 日中九烏皆死 墮其羽翼 故留其一日也〕. 괄호 안은 왕일(王

『귀장정모경(歸藏鄭母經)』에, 옛날에 예(羿)가 활을 잘 쏘아 열 개의 해를 쏘니 과연 쏘아 맞추었다고 하였다. 급군(汲郡)의 『죽서기년(竹書紀年)』에, '하(夏)나라 윤갑(胤甲)이 즉위하여 서하(西河)에 살았는데, 열 개의 해가 함께 뜨는 괴이한 재앙이 있었다.'[155] 하였다. 이러한 자연의 이변은 예로부터 있었던 것이 분명하다. 전(傳)에, 하늘에 열 개의 해가 있고 해는 그 수가 열 개라고 하였으며, 아홉 개의 해가 아래 가지에 있고 한 개의 해가 윗가지에 있다고 한 것이 이것을 말한 것이다. 대황동경(大荒東經)에 또 이르기를, 한 개의 해가 막 도착하니 한 개의 해가 막 떠오른다고 했다.

천지에는 비록 열 개의 해가 있지만 순서에 따라 번갈아 나타나고 운행하며 비춘다는 사실은 분명하다. 그러나 이 경우에는 열 개의 해가 함께 떠오르니 천하의 요망한 재앙이라고 한 것이다. 그러므로 예(羿)는 천부적인 재능으로 요(堯)의 명령을 받들어 동천(洞天)에서 그 신령한 정성으로 하늘을 우러러 활의 시위를 당겨 아홉 개의 해를 떨어트려 재앙을 물리친 것이다.[156] 가령 거센 물결이나

逸)의 주(注).

155 제근(帝廑, 윤갑) 8년, 하늘에 열 개의 태양이 나란히 떠오르는 재앙이 있더니, 그해에 임금이 승하하였다. 帝廑八年 天有祆孽 十日竝出 其年陟 - 『죽서기년(竹書紀年)』 제근(帝廑)

156 제준(帝俊)은 예(羿)에게 동궁(彤弓)과 흰 화살을 하사하여 〔동궁은 붉은활이고 증(矰)은 화살인데, 돌화살촉에 흰 깃털이 달렸다. 외전(外傳)에, 흰 깃털의 화살은 바라보면 씀바귀 줄기와 같다.〕 하계(下界)의 나라를 바로잡게 하였다.〔예(羿)로 하여금 궁술의 도로써 우환을 제거하여 인간 세상을 도와 바로잡

뜨거운 불길을 이용한 기구를 사용하면 가능하여 지극한 정성이 감응하면 여름에 서리를 내리게도 하고 지는 해를 되돌리기도 하는 것이다.

그러고 보면 예(羿)가 밝은 해를 소멸시키고 태양의 삼족오를 죽이는 것도 어렵다고 할 것이 아닌 것이다. 만일 일상에서 찾는다면 곧 이치에 맞지 않는다고 하겠지만 그러나 현묘한 도리를 깊이 헤아려 보면 통하지 않는 것이 없는 것이다. 달관한 사람은 마땅히 그 현묘한 이치를 터득하고 은연중에 회통하여 본뜻을 그르치거나 막히는 것이 없어 기이한 말일지라도 버리는 일이 없는 것이다.〕[157]

게 하였다는 말〕 예(羿)는 이에 비로소 인간 세상의 백가지 재난을 제거하여 구휼하였다.〔착치(鑿齒)와 봉시(封豕) 등을 사살하였다는 말이다. 후에 유궁씨(有窮氏)가 예의 도를 흠모하여 이름을 본떠서 예(羿)라고 칭하였다.〕帝俊賜羿彤弓素矰〔彤弓朱弓矰矢名 以石白羽羽之 外傳曰 白羽之矰 望之如荼也〕以扶下國〔言令羿 以射道除患 扶助下國〕羿是始去恤 下地之百艱〔言射殺鑿齒封豕之屬也 有窮后慕羿慕射故效此名也〕-『산해경』 제18 해내경.

157 下有湯谷 湯谷上有扶桑 十日所浴 在黑齒北 居水中 有大木 九日居下枝 一日居上枝.〔莊周云 昔者十日並出 草木焦枯 淮南子亦云 堯乃令羿射十日中其九日 日中烏盡死 離騷(天問)所謂 羿焉畢日烏 焉落羽者也 歸藏鄭母經云 昔者羿善射 彈十日 果畢之 汲郡竹書曰 胤甲卽位居西河 有祆孽十日並出 明此自然之異有自來矣 傳曰 天有十日 日之數十此云 九日居下枝 一日居上枝 大荒經又云 一日方至 一日方出 明天地 雖有十日 自使以次第迭出運照 而今俱見爲天下妖災 故羿禀堯之命 洞其靈誠 仰天控弦 而九日潛退也 假令器用可以激水烈火 精感可以降霜回景 然則羿之鑠明離而斃陽烏 未足爲難也 若搜之常情 則無理矣 然推之以數 則無往不通 達觀之客 宜領其玄致 歸之冥會 則逸義無滯 奇言不廢矣〕

- 『산해경』 제9 해외동경(海外東經)

대황(大荒) 가운데에 산이 있는데, 이름은 얼요군저(孽搖頵羝)이다. 산 위에 부목(扶木)이 있는데 기둥이 3백 리이며 그 잎은 갓과 같다. 〔기둥은 나무 높이와 같고 잎은 갓과 흡사하다.〕 골짜기가 있어 온원곡(溫源谷)이라고 한다. 〔온원(溫源)은 곧 양곡(湯谷)이다.〕 양곡(湯谷) 위에 부목(扶木)이 있고〔부상(扶桑)이 위에 있다.〕 하나의 해가 막 도착하면 하나의 해가 막 출발하고〔교차하며 만나 서로 교대한다는 말〕 다 삼족오(三足烏)[158]를 싣고 있다. 〔태양 속에 삼족오(三足烏)가 있다.〕[159]

- 『산해경』 제14 대황동경(大荒東經)

근세 중국신화의 세계최고의 석학인 원가(袁珂)는 주(注)에서 다음과 같이 말하였다.

이 경(經)의 감연(甘淵)은 실제로 즉 대황남경의 희화가 해를 목욕시키는 감연에 해당하고 그 땅은 양곡의 부상(扶桑)이다.

해외동경에, 양곡 위에 부상이 있고 열 개의 태양을 목욕시키는

158 『춘추원명포(春秋元命包)』에 '양(陽)의 수는 1에서 일어나 3에서 이루기 때문에 태양 속에 세 발 까마귀가 있는 것이다.' 하였다. 春秋元命包曰 陽數起於一成於三 故日中有三足烏

159 大荒之中 有山名曰孽搖頵羝 上有扶木 柱三百里 其葉如芥〔柱猶起高也 葉似芥菜〕 有谷曰溫源谷〔溫源卽湯谷也〕 湯谷上有扶木〔扶桑在上〕 一日方至, 一日方出〔言交會相代也〕 皆載于烏〔中有三足烏〕

곳이라는 것이 바로 이것이다. 또한 곧 소호씨가 새의 이름으로 관직 이름을 정한 나라의 도읍지이다. 『시자(尸子)』 상권에, "소호 금천씨가 궁상(窮桑)에 도읍하였는데, 그날 〔오색(五色)의 봉황이 날아들어〕 오색 빛이 번갈아가며 궁상을 비추었다."고 한 것이 이것을 이른다. 즉 이른바 감연·양곡·부상·궁상(窮桑) 등은 대체로 동일한 지역이다.[160]

신선세계인 삼신산이 동해 위에 있고, 삼신산 중의 하나인 방장산(方丈山, 지리산)에 해 뜨는 구역인 양곡(暘谷)이 있는데, 여기에 열 개의 태양이 대기하는 신목(神木)인 궁상(窮桑)과 희화가 태양을 목욕시키는 감연(甘淵)이 있으며, 바로 여기가 소호 금천씨의 도읍지이다. 『제왕세기』에, 황제·소호·전욱으로 이어지는 세 왕조가 모두 궁상(窮桑)에 도읍했다고 하였다. 또한 양곡(暘谷)은 요임금이 희중(羲仲)을 살게 하여 동방을 다스리도록 했던 곳이고, 바로 여기에서 단군·기자·신라로 이어지는 세 왕조가 도읍한 곳이기도 하다.

그렇다면 삼황오제로부터 신라에 이르기까지 모든 왕조의 도읍지가 동일한 곳이며, 그곳이 바로 동방이고 신라 도읍지라는 사실이 드러난다. 『화엄경』에, '세간이나 출세간에서나 모든 선근(善根)은 다 가장 신성한 시라(尸羅, 신라) 땅에 의지하라'고 한 것이 이것이고, 『주역』에,

---

160 此經甘淵實當卽大荒南經 羲和浴日之甘淵 其地乃湯谷扶桑也 海外東經云 湯谷上有扶桑 十日所浴 卽此 亦卽少昊鳥國建都之地 尸子卷上云 少昊金天氏邑於窮桑 日五色 互照窮桑 謂此也 則所謂甘淵 湯谷 (扶桑) 窮桑 蓋一地也. -『산해경교주(山海經校註)』 제14, 대황동경 주(注).

'제왕이 동방에서 나온다.'고 하는 것이 바로 이것이다.

혼(魂)이여 돌아오라!
동방(東方)은 의탁할 곳 아니라오. 그곳의 대인(大人)들은 그 키가 천 길인데, 오직 혼만을 찾아 먹는다오. 〔동방의 대인국(大人國) 사람들은 그 키가 천 길인데, 주로 사람의 혼을 구하여 먹는다는 말이다.〕 10개의 태양은 교대로 떠오르는데, 쇠나 돌까지 녹일 만하다오. 〔동방에 부상(扶桑)이라는 나무가 있는데 열 개의 태양이 그 위에 나란히 있어 차례로 운행하며, 그 열기가 혹독하고 맹렬하여 금석처럼 견고하고 단단한 것까지도 녹여버린다는 말이다.〕 저들은 모두 이 일에 능숙하니, 혼이 그곳에 간다면 반드시 녹아버리리라.[161] –『초사장구(楚辭章句)』 초혼(招魂)

태양은 양곡(暘谷)[162]에서 뜨고 함지(咸池)에서 목욕한다. 부상(扶桑)나무를 떨치면 이를 신명(晨明)이라 하고, 부상(扶桑)에서 떠올라 여기에서 처음 운행이 시작되면 이를 비명(朏明)이라 한다. … 비천(悲泉)에 이르면, 여기에서 희화(羲和)는 운행을 멈추고,

161 魂兮歸來 東方不可以託些 長人千仞 惟魂是索些〔言東方有長人之國 其高千仞 主求人魂而食之也〕 十日代出 流金鑠石些〔言東方有扶桑之木 十日並在其上 以次更行 其熱酷烈 金石堅剛〕 彼皆習之 魂往必釋些. 초혼(招魂)편은 초나라 송옥(宋玉)이 지었고 괄호 안은 왕일(王逸)의 주석이다.

162 嵎夷·暘谷·湯谷은 해 뜨는 곳의 지명이고 甘淵·咸池는 태양을 목욕시키는 연못이고 扶桑·扶木은 태양이 대기하는 뽕나무이고 蒙谷·昧谷은 해가 지는 곳으로 각기 명칭이 다를 뿐 뜻은 같다.

여기에서 여섯 마리 용을(六螭) 쉬게 하는데, 이를 현거(縣車)라고 한다. 〔해를 실은 수레는 여섯 필의 용이 끌고 희화(羲和)가 용마를 부리어 몬다. 해가 여기에 이르러 우천(虞泉)에 다가가면 희화는 여기에 이르러 여섯 필의 교룡(六螭)이 끄는 수레는 돌아온다. 즉 육룡(六龍)이다.〕 우연(虞淵)에 이르면 이를 황혼(黃昏)이라고 하고, 몽곡(蒙谷)에 이르면 이를 정혼(定昏)이라고 한다. 해는 우연의 연못으로 들어간다.[163] – 『회남자(淮南子)』 3권, 천문훈(天文訓)

불교에서는 수행의 경지에 따라 5안(五眼)이 있다고 하는데, 즉 육안(肉眼)·천안(天眼)·혜안(慧眼)·법안(法眼)·불안(佛眼) 등이 그것이다. 일반적으로 대부분의 무신론자들은 육안으로 보이는 것이 세상의 전부라고 생각하지만, 불교에서는 나머지 천안·혜안·법안·불안이 열릴 때마다 불가사의한 새로운 세계가 펼쳐진다고 한다. 이와 같이 『산해경』에서 말하는 해 뜨는 곳에 대한 것이나 삼황오제의 출생에 관한 내용은 옛 성인이 혜안과 육안의 경계를 자유로이 넘나들며 밝힌 것으로 육안으로 다 확인할 수 있는 경계가 아니다.

우주에서 해가 처음 뜨는 곳 동방을 우이(嵎夷) 또는 양곡(暘谷)이라고도 한다. 이곳에 거대한 뽕나무가 있는데, 부상(扶桑) 또는 궁상(窮桑) 또는 공상(空桑)이라고도 하며 열 개의 태양이 대기하는 나무이다.

---

163 日出於暘谷 浴于咸池. 拂於扶桑 是謂晨明 登於扶桑 爰始將行 是謂朏明 … 至于悲泉 爰止羲和 爰息六螭 是謂縣車〔日乘車駕以六龍 羲和御之 日至此而薄于虞泉 羲和至此而回六螭 卽六龍也〕至于虞淵 是謂黃昏 至于蒙谷 是謂定昏 日入虞淵之汜. 괄호 안은 『태평어람』에 기록된 주(注).

여기에 희화라는 여신이 있어 운행을 마친 해를 감연에서 목욕시키고 일월의 출입을 주재하며, 태양 속에 세 발 까마귀, 즉 삼족오(三足烏)가 살고 있다. 이리하여 해 뜨는 곳을 부상(扶桑) 또는 궁상이라고도 하며 황제·소호·전욱의 도읍지는 바로 해 뜨는 양곡(暘谷)이라는 말이다.

해가 부상에서 떠오르면 희화는 여섯 마리의 용이 끄는 수레를 타고 해를 운행하다가 해가 지는 곳인 우연(虞淵)에 이르면 운행을 멈추고, 여기에서 여섯 마리 용을 쉬게 한다. 그리고 다시 양곡에 돌아와 운행을 마친 해를 함지(咸池, 감연)에서 목욕시키고 부상(扶桑)에 대기시킨다. 태양은 모두 열 개로 부상에서 대기하다가 교대로 운행한다.

한·중·일 삼국의 고분벽화에 그려진 태양 속의 삼족오(三足烏)와 달 속의 두꺼비, 그리고 곤륜산 서왕모는 시대와 국경을 초월한 동방숭배신앙의 전형으로 망자가 천상세계에 태어나기를 바라는 후손들의 염원이 담긴 것으로, 이러한 사실을 뒷받침하는 대표적인 유물이 된다. 이와 같이 중국의 조상으로 알려진 삼황오제는 본래 동방(=조선)의 제왕이었으며, 이웃나라 일본(日本)의 국호와 국기는 해 뜨는 동방을 뜻하고, 수도인 동경(東京)은 본래 신라 도읍지의 지명이며, 일본천황의 의상에 그려진 삼족오 역시 그들이 지향하는 이상향이 동방이라는 사실을 뒷받침한다.

곽박의 주석 중에 "그 후세(後世, 단군)에 마침내 이곳에서 나라를 세우고 일월의 모형을 만들어 관장하며, 감수(甘水)에서 목욕도 시키고 운전하며, 해가 양곡에서 떠서 우연으로 지는 것을 본떴으니 (희중은) 이른바 세상에서 없어지지 않는 관직이 되었다."라는 구절은 단군 조선 건국에 관한 기록이고 도읍지의 위치를 밝혀주는 귀중한 자료가 된다. 따라서 중국의 일부 학자가 주장하는 황제·소호·전욱의 도읍지인 궁상(窮桑)이 노나라 곡부 인근에 있다는 주장은 그릇된 것이다.

중국 정사인 『수서(隋書)』에 이런 말이 있다.

> 도교의 경전에 이르기를, 원시천존(元始天尊)이 있는데 태원(太元)보다 먼저 태어나서 자연의 기(氣)를 품성으로 하여 우주에 충만하니 그 궁극을 알 수 없다. 천지가 없어지느니 겁(劫)의 운수가 끝나느니 하는 말은 대략 불경(佛經)과 같다.
>
> 그리하여 원시천존의 본체는 언제나 존재하고 불멸하여 매양 천지가 처음 개벽하게 되면 혹은 옥경(玉京)[164]의 위에 있다 하고, 혹은 궁상(窮桑)의 들에 있으면서[165] 비밀스런 도(秘道)를 전해주는데, 이를 '개겁(開劫, 개벽)이라 하여 인간 세상을 구제한다.'고 하였다. 그러므로 그 개겁(開劫)은 한 차례만이 아니다. 그러므로 연강(延康)·적명(赤明)·용한(龍漢)·개황(開皇)이 있으니, 이것이 그 연호이다.[166] - 『수서(隋書)』 경적지(經籍志)

---

164 옥경(玉京): 도가(道家)에서 말하는 옥황상제의 궁성으로 백옥경(白玉京)이라고도 한다.

165 혹은 오방신(五方神)이 사는 정토에서 비밀한 도를 전해준다.(或在五方淨土 授以祕道)고 한다. - 『도교의추(道教義樞)』

166 道經者雲 有元始天尊 生於太元之先 稟自然之氣 沖虛凝遠 莫知其極 所以說天地淪壞 劫數終盡 略與佛經同 以爲天尊之體 常存不滅 每至天地初開 或在玉京之上 或在窮桑之野 授以祕道 謂之開劫度人 然其開劫非一度矣. 故有延康

복희씨 전기에서 주목해야 할 구절이 복희씨는 "목덕(木德)의 왕으로 봄철의 정령(政令)을 주시한다. 그러므로 『주역』에, '제왕이 동방에서 나온다.'고 하였으며, 『예기』 월령과 『여씨춘추』 맹춘기(孟春紀)에, 봄의 제왕은 태호 복희씨이다.'[167] 한 것이 이것이다."라는 구절이다.

동방이 어떤 곳인지는 『주역』에서 밝히고 있고, 복희씨에 관해서는 『예기』 월령과 『여씨춘추』 맹춘기를 살펴보라는 말이다.

『역(易)』은 태호 복희씨가 처음 8괘(卦)를 제작하고, 주 문왕이 계사(繫辭)를 지었으며, 주공(周公)이 효사(爻辭)를 붙이고, 공자가 십익(十翼)을 지어 현재의 『주역』이 완성된 것이다.

『주역』 설괘전에 이런 말이 있다.

① 천제가 진(震)에서 나온다. 만물이 진(震)에서 나오니 진(震)은 동방(東方)이다.
② 곤(坤)은 땅이니, 만물이 다 땅에서 기르는 것이다. 그러므로 곤(坤)에 일을 맡긴다고 한 것이다.
③ 간(艮)은 동북방의 괘(卦)이니, 만물을 이루어 끝마치고, 이루어짐이 시작되는 곳이다. 그러므로 간방(艮方)에서 이루어진다고

赤明 龍漢 開皇 是其年號

167 봄을 주재하는 천제(天帝)는 태호(大皞)이고 그 신(神)은 구망(句芒)이다. 孟春 仲春 季春之月, 其帝太皞 其神句芒 - 『예기(禮記)』 월령(月令), 『여씨춘추』 맹춘기(孟春紀). 『회남자』 시칙훈(時則訓)에 동일한 내용이 수록되어 있다.
* 동방의 구망(句芒)은 새의 몸에 사람 얼굴이며, 두 마리 푸른 용을 타고 다닌다. 東方句芒 鳥身人面 乘兩龍 - 『산해경』 제9, 海外東經

말한 것이다.[168]

–『주역(周易)』 설괘전(設卦傳) 제5장

①은, 『사기』 삼황본기에서 이 구절을 인용하여 복희씨가 출생한 곳이 동방이라고 밝히고 있다. 설괘전에서 말한 '천제가 동방에서 나온다.'는 구절은 복희씨에 국한되는 것이 아니라 삼황오제가 모두 포함된다.

②는 『화엄경』에, '모든 중생이나 초목 일체가 나서 성장할 적에 땅을 의지하듯이, 세간이나 출세간에서나 여러 선근(善根)은 가장 신성한 시라(尸羅, 신라도읍지) 땅에 의지하라.'[169]는 구절과 통한다.

③은 지리산 「화엄사 사적(事蹟)」에 화엄사의 위치를 밝히면서, '간좌곤향(艮坐坤向)이니, 뒤로는 노을 진 산봉우리를 기대고 굽어보면 구름 이는 시내를 진압한다.'[170]라고 하였으니, ②와 ③이 여기에 해당한다.

도교 경전에 천지가 개벽하게 되면 반드시 '궁상(窮桑, 동방)에서 부명(符命)을 받은 천인(天人)이 나와 인간 세상을 구제한다.'고 하였다. 『주역』에서도 역시 하늘로부터 오행(五行)의 덕을 부여받아 천하

---

168 帝出乎震 萬物出乎震 震東方也. 坤也者 地也 萬物皆致養焉 故曰 致役乎坤. 艮東北之卦也 萬物之所成終 而所成始也 故曰 成言乎艮.

169 如諸衆生及草木 一切生長咸依地 世及出世諸善根 皆依最勝尸羅地 –『40화엄경』 제17권, 입부사의해탈경계 보현행원품(入不思議解脫境界普賢行願品)

170 艮坐坤向 却倚霞岑 俯壓雲澗 –「大華嚴寺 事蹟」

를 다스리는 제왕은 모두 동방에서 나오는데, 그 중에 삼황오제 중의 대표적인 제왕인 복희씨 역시 동방에서 나왔다는 것이다. 아울러 만물이 동방에서 나온다고 하였으니 동방은 명실 공히 인류문명의 발상지가 된다.

삼황오제의 계통을 보면, 복희씨와 여와는 남매이고, 염제(炎帝)와 황제(黃帝)는 모두 소전(少典)의 아들이라고 하였으며, 그 어머니 또한 다 유교씨(有蟜氏)의 딸이다. 황제의 정비 누조는 현효(玄囂, 소호)와 창의(昌意)를 낳았는데, 소호(少昊)가 제위를 계승하고, 창의는 전욱을 낳아 전욱 고양씨가 제위를 계승하였다. 제곡(帝嚳) 고신씨(高辛氏)는 소호의 손자이며, 요(堯)는 제곡의 아들이고, 순(舜)은 전욱의 후손이며, 우(禹)도 역시 전욱의 손자이다. 이와 같이 황제(黃帝) 이래로 하우(夏禹)에 이르기까지 천하를 다스린 제왕이 호칭은 달라도 모두 황제의 후손이다.

『예기』 월령과 『여씨춘추』 맹춘기에, 천하를 다스리는 천자가 매달 시행해야 하는 정령(政令)을 구체적으로 규정하고 있다. 월령에 나오는 복희·신농·황제·소호·전욱 등의 오제(五帝)는 모두 단군 이전 상고시대의 제왕이며, 모두 동방에서 천명을 받고 인간 세상에 나와 천하를 다스리다가 세상을 떠난 후에도 천신이 되어 사계절을 주재하는데, 복희씨는 동방에 살면서 사계절 중에 봄을 담당한다는 것이다. 따라서 『주역』에 '제왕이 동방에서 나온다.'는 구절은 복희씨에 국한된 것이 아니라, 복희·신농·황제·소호·전욱 등이 모두 동방에서 출현하였다는 말이다. 도교 경전에 천지가 개벽할 때는 반드시 천명을 받은 제왕이 궁상(窮桑)에서 출현한다는 말 역시 같은 뜻이다.

복희씨의 치적 중에 문자 창제를 빼놓을 수 없는데, '서계(書契, 문자)를 만들어 결승(結繩)으로 하던 정치를 대신하니, 이로부터 문서와 서적이 생겼다.'고 하였다. 『주역』이 그렇듯이 복희씨가 창제한 문자는 지금까지도 동양권에서 공통으로 사용하는 한자의 기원이 된다.

태극기 의미

현재 사용하는 태극기에는 찬란했던 동방의 역사를 대변하고 있다. 태극기를 보면,[171] 중심의 원 안에 S자 형태의 태극선이 가르며 빨강과 파랑색은 음양(陰陽)을 표현한 것이고, 흰 바탕의 네 모서리에 주역의 8괘(八卦) 중에 건(乾)·곤(坤)·감(坎)·리(離) 4괘(卦)가 검은 빛깔로 배치되어 있다. 태극기에 사용된 파랑·빨강·흰 바탕·검정 등 네 가지 빛깔 역시 『주역』의 오방색(五方色)에서 나온 것으로 사계절을 주재하는 복희(봄)·신농(여름)·소호(가을)·전욱(겨울)을 상징한다.

우주를 경영하는 가장 높은 천신은 태극(太極)인데, 북극성에 사는 신으로 이를 태일(太一), 태을(太乙), 또는 호천상제(昊天上帝)라고도 부르며 그 아래에서 오성(五星)이 보좌한다.

『회남자』 천문훈 편에, 4계절의 기후를 주재하는 천제(天帝)를 밝히고 있는데, 봄은 복희, 여름은 신농, 중앙은 헌원, 가을은 소호, 겨울은 전욱이라고 하였다. 상고시대에 천하를 다스린 이들 오제(五帝)는

---

171 표지 날개 태극기 참조

본래 목성 화성 토성 금성 수성 등 오성(五星)의 정령으로 북극성인 태일의 명을 받들어 모두 동방(조선)에서 탄생하여 천하를 다스리다가 다시 본래의 자리로 돌아가 사계절을 다스리고 있다고 한다.

따라서 태극기는 복희씨가 창제한 『역(易)』을 응용하여 우주를 경영하는 태극과 그를 보좌하는 오제(五帝)가 모두 동방에 살며 우주를 다스리고 있다는 사실을 표현한 것이다.

태극(太極)이란 용어는 『주역』에 처음 나온다. 조선시대의 명필 추사 김정희는 태극에 관해 다음과 같이 말하였다.

> 태극(太極)은 곧 북극(北極)이다. 천지가 똑같이 극(極)으로 삼는 곳이 북극 말고는 따로 극이라 이를 곳이 없다. 『이아(爾雅)』에, '북극을 북신(北辰, 북극성)이라 한다.' 하였고, 『주역』 계사(繫辭)에, '역(易)에 태극이 있다.' 하였는데, 우번(虞翻)의 주석에, '태극은 태일(太一)이다.' 하였고, 『역위건착도(易緯乾鑿度)』의 정현(鄭玄) 주석에, '태일(太一)은 북극성 신(神)의 이름이다.' 하였다. 정현의 설에 비록 태일이 아래로 구궁(九宮)의 법을 행한다고 하였으나. 태극은 곧 태일이고, 태일은 곧 북극성이고, 북극성은 곧 북극인 것이다. 『주역』 계사전(繫辭傳)에, '역(易)에 태극이 있으니, 이것이 양의(兩儀, 음양)를 생성하고, 양의가 사상(四象, 사계절)을 생성하고, 사상이 팔괘(八卦)를 생성한다.' 하였다. 그렇다면 팔괘는 사시(四時)에 근본하고, 사시는 천지에 근본하며, 천지는 태극에 근본하는 것이므로 태극은 곧 북극인 것이다.[172]

---

172 太極北極也 天地所共之極 舍北極 別無所謂極也 爾雅曰 北極謂之北辰 易繫辭

–『완당전집(阮堂全集)』 1권

태극은 곧 도교에서 최고의 신으로 섬기는 태일(太一)이고, 태일은 곧 북극성에 사는 신(神)의 이름이라는 말이다. 또『태극도설(太極圖說)』에, '태극에서 음양이 생기고 음양에서 오행(五行)이 생긴다.'고 하였다. 오행(五行)이란 만물이 생성하는 5가지 원소인 목(木)·화(火)·토(土)·금(金)·수(水)이고, 오행마다 각기 방위, 계절, 빛깔, 맡아 다스리는 제왕, 보좌하는 천신(天神) 등이 다르다.

목(木) : 동방 봄 청제(青帝) 태호(太皞) 복희(伏羲) 구망(句芒)[173]
화(火) : 남방 여름 적제(赤帝) 염제(炎帝) 신농(神農) 축융(祝融)[174]
토(土) : 중앙 황제(黃帝) 황제(黃帝) 헌원(軒轅) 후토(后土)[175]
금(金) : 서방 가을 백제(白帝) 소호(少皞) 금천(金天) 욕수(蓐收)[176]

易有太極 虞注曰 太極太一也 鄭注乾鑿度日 太一者北辰之神名 鄭說 雖爲太一下行九宮之法 然太極卽太一 太一卽北辰 北辰卽北極 易繫辭曰 易有太極 是生兩儀 兩儀生四象 四象生八卦 然則八卦本乎四時 四時本於天地 天地本于太極 太極卽北極也 –『완당전집(阮堂全集)』 1권, 태극이 곧 북극이라는 변(太極卽北極辨)

173 구망은 소호씨의 아들로 이름은 중(重)이다.

174 축융은 전욱씨의 아들로 이름은 려(黎)이다.

175『예기(禮記)』 제법(祭法)에, "공공씨(共工氏)가 구주(九州)에 패왕(霸王)이 될 때, 그 아들의 구룡(勾龍)이 후토(後土)이며, 능히 구주(九州)를 잘 평정한 까닭에, 죽어서도 사(社)에 배향 되었다." 하였다. 혹은 후토부인(后土夫人)이라고도 부른다.

176 욕수는 소호씨의 아들로 이름은 해(該)이다.

수(水) : 북방 겨울 흑제(黑帝) 전욱(顓頊) 고양(高陽) 현명(玄冥)[177]

봄의 달에 그 날은 갑·을(甲乙)이다. 그 천제(天帝)는 태호(大皞) 복희씨이며, 보좌하는 신(神)은 구망(句芒)이다. 〔정령을 시행할 때〕 천자는 난로(鸞路)를 타며[178], 푸른 용(蒼龍)을 타고 푸른 기를 세우며, 푸른 옷을 입고 푸른 옥을 사용한다.
여름의 달에 그 날은 병·정(丙丁)이다. 그 천제는 염제(炎帝) 신농씨이고, 보좌하는 신은 축융(祝融)이다. 천자는 주로(朱路)를 타고 붉은 빛깔의 말을 타며 붉은 기(旗)를 세우고, 붉은 옥을 사용하며 붉은 옷을 입는다.
중앙은 토덕(土德)이며 그 날은 무·기(戊己)이다. 그 천제는 황제(黃帝) 헌원씨이며, 보좌하는 신은 후토(后土)이다. 천자는 대로(大路)를 타며, 노란 말을 타고 노란 깃발을 세우며, 의복은 노란 옷을 입고 노란 옥을 사용한다.
가을의 달에 그 날은 경·신(庚申)이다. 그 천제는 소호(少皞) 금천씨이며, 보좌하는 신은 후토(后土)이다. 천자는 융로(戎路)를 타고 흰 낙타를 타며 흰 기를 세우고, 의복은 흰 옷을 입고 흰 옥을

177 소호씨의 아들인 수(脩)와 희(熙)가 현명(玄冥)이 되었다.

178 월령(月令)에, '봄에는 난로(鸞路)를 타며, 여름에는 주로(朱路)를 타고, 가을에는 융로(戎路)를 타고, 겨울에는 현로(玄路)를 타고, 중앙은 대로(大路)를 탄다.'고 하였다. 이것은 오직 사계절을 상징하는 오방색 수레로써 등위를 분변하기 위한 것이 아니다. 月令云 春乘鸞路 夏乘朱路 秋乘戎路 冬乘玄路 中央乘大路 此惟以五色象四時, 非所以辨等威 -『여유당전서(與猶堂全書)』 논어 고금주(論語古今注) 8권 위령공 下

사용한다.

겨울의 달에 그 날은 임·계(壬癸)이다. 그 천제는 전욱(顓頊) 고양씨이며, 보좌하는 신은 현명(玄冥)이다. 천자는 현로(玄路)를 타고 검은 말을 타며 검은 기를 세우고, 검은 의복을 입으며 검은 옥을 사용한다.[179]

이상 -『예기(禮記)』 월령(月令)

소호씨에게 네 자손(四叔)이 있는데, 중(重)·해(該)·수(脩)·희(熙)이다. 실로 금(金)·목(木)·수(水)를 다스리는 데 능숙하여 중은 구망(勾芒)이 되고, 해는 욕수(蓐收)가 되고, 수와 희는 현명(玄冥)이 되니 세상에서 잃지 않는 관직이 되어 마침내 궁상(窮桑)을 구제하였다. 전욱씨의 아들 리(犁)는 축융이 되고, 공공씨의 아들 구룡(句龍)은 후토(后土)가 되었으니 이것이 나머지 두 사전(祀典)이다. 후토(后土)는 사직(社稷)이라 하니 전정(田正)이다.

열산씨(烈山氏, 신농)의 아들 주(柱)는 직(稷)이 되어 하(夏)나라 이전까지 제사하다가, 주(周)나라에서 기(棄)를 직(稷)으로 삼아 상(商)나라 이래로부터 제사하였다.[180]

---

179 孟春 仲春 季春之月 其日甲乙 其帝大皞 其神句芒 天子 乘鸞路 駕倉龍 載青旗 衣青衣 服倉玉. 孟夏 仲夏 季夏之月 其日丙丁 其帝炎帝 其神祝融 天子 乘朱路 駕赤騮 載赤旗 衣朱衣 服赤玉. 中央土 其日戊己 其帝黃帝 其神後土 天子 乘大路 駕黃騮 載黃旗 衣黃衣 服黃玉. 孟秋 仲秋 季秋之月 其日庚辛 其帝少皞 其神蓐收 天子 乘戎路 駕白駱 載白旗 衣白衣 服白玉. 孟冬 仲冬 季冬之月 其日壬癸 其帝顓頊 其神玄冥 天子 乘玄路 駕鐵驪 載玄旗 衣黑衣 服玄玉. -『예기(禮記)』 월령(月令)

-『춘추좌전』 소공(昭公) 29년

『주역』에, '제왕이 진(震, 동방)에서 나온다.'고 하였다. 동방은 목(木)이다. 복희씨가 처음 목덕(木德)의 왕으로 천하를 다스렸다는 말이다. 목(木)은 화(火)를 낳기 때문에 복희씨가 몰락하자 신농씨가 화덕(火德)으로 계승하였다. 화(火)는 토(土)를 낳기 때문에 신농씨가 몰락하자 황제가 토덕(土德)으로 계승하였다. 토(土)는 금(金)을 낳기 때문에 황제가 몰락하자 소호씨가 금덕(金德)으로써 계승하였다. 금(金)은 수(水)를 낳기 때문에 소호씨가 몰락하자 전욱씨가 수덕(水德)으로 계승하였다. 수(水)는 목(木)을 낳기 때문에 전욱씨가 몰락하자 제곡씨(帝嚳氏)가 목덕(木德)으로 계승하였다. 목(木)은 화(火)를 낳기 때문에 제곡씨가 몰락하자 제요씨(帝堯氏)가 화덕(火德)으로써 계승하였다. 화(火)는 토(土)를 낳기 때문에 제순씨(帝舜氏)가 토덕(土德)으로 계승하였다. … 복희를 태호씨라 하고, 염제를 신농씨라 하고, 황제를 헌원씨라 하고, 소호를 금천씨라 하고, 전욱을 고양씨라 하고, 제곡을 고신씨라 하고, 제요를 도당씨라 하고, 제순을 유우씨라 한다.[181]

---

180 少皞氏有四叔 曰重 曰該 曰脩 曰熙 實能金木及水 使重爲句芒 該爲蓐收 脩及熙爲玄冥 世不失職 遂濟窮桑 顓頊氏有子曰犁 爲祝融 共工氏有子曰句龍 爲后土 此其二祀也 后土爲社稷 田正也 有烈山氏之子曰柱爲稷 自夏以上祀之 周棄亦爲稷 自商以來祀之 -『春秋左傳』 소공(昭公) 29년

181 易曰, 帝出乎震 震者木也 言虙犧氏始以木德王天下也 木生火 故虙犧氏歿 神農氏以火德繼之 火生土 故神農氏歿 黃帝以土德繼之 土生金 故黃帝歿 少昊氏以金德繼之 金生水 故少昊氏歿 顓頊氏以水德繼之 水生木 故顓頊氏

-『독단(獨斷)』 하권

예조(禮曹)에서 판관 박연(朴堧)이 상서하여 아뢰었다.

"『예기(禮記)』월령(月令)과 『공자가어(孔子家語)』 등 서적에 보면, '구망(句芒)·욕수(蓐收)·현명(玄冥)은 소호씨(少皞氏)의 아들이요, 축융(祝融)은 전욱씨(顓頊氏)의 아들이요, 후토(后土)는 공공씨(共工氏)의 아들인 구룡(句龍)이며, 후직(后稷)은 주(周) 나라의 시조이오니, 이 여섯 분은 살아서는 상공(上公)이 되고 죽어서는 귀한 신(神)이 된 것이다.' 하였습니다. 그 기원이 상고시대 성현의 신(神)이니 마땅히 석전(釋奠)의 제사[182]와 같아야 합니다." 하였다.[183] -『조선왕조실록』 세종 12년(1430) 2월

이와 같이 상고시대에 하늘로부터 오행(五行)의 덕을 부여받아 지상에 내려와 천하를 다스리며 인류문명을 개척하였던 복희·신농·황제·소호·전욱 등이 인간 세상을 떠난 후에도 천신이 되어 사계절을 주재하고, 보좌하는 오방 신(五方神) 역시 본래 천신이었다는 사실을 알

歿 帝嚳氏以木德繼之 木生火 故帝嚳氏歿 帝堯氏以火德繼之 火生土 故帝舜氏以土德繼之 … 虙犧爲太昊氏 炎帝爲神農氏 黃帝爲軒轅氏 少昊爲金天氏 顓頊爲高陽氏 帝嚳爲高辛氏 帝堯爲陶唐氏 帝舜爲有虞氏

182 음력 2월과 8월의 첫 정일(丁日)에 문묘(文廟)에서 선성(先聖)·선사(先師)에게 지내는 큰 제사.

183 禮曹判官朴堧 上書以啓 … 月令 孔子家語等書 以爲句芒 蓐收 玄冥 則少皞氏之子也 祝融則顓頊氏之子也 后土則共工氏之子句龍也 后稷則周之始祖也 此六者生爲上公 死爲貴神 原其所自 上世聖賢之神 當如釋奠

수 있다. 이렇게 볼 때 『주역』에, '제왕이 동방에서 나온다.'는 구절은 복희씨에 국한된 것이 아니라, 하늘로부터 오행의 덕을 부여받아 천하를 다스리는 제왕은 모두 동방에서 나온다는 뜻이다.

『예기』 월령에, 천하를 다스리는 천자(天子, 황제)는 매달 해당 제왕과 보좌하는 신(神)께 제사하도록 규정하고 있다. 정령을 시행할 때 계절별로 해당 방위에 따라 왕궁의 사방 교외에서 시행한다.

가령 봄은 목덕(木德)이고 기후를 다스리는 천제(天帝)는 태호 복희씨이며 그를 보좌하는 신은 구망(句芒)이다. 빛깔은 파란색에 해당하기 때문에 파란 기(旗)를 세우며 파란 옷을 입고 파란 옥(玉)을 사용한다. 이와 똑같이 계절별로 해당 천제와 오행을 상징하는 빛깔에 맞게 파랑·빨강·황색·흰색·검정색 의복을 입고, 빛깔에 맞는 옥(玉)을 사용하며, 빛깔에 맞는 깃발을 세운다. 만일 혹시 봄에 하령(夏令)을 행하거나 여름에 추령(秋令)을 행하여, 그 정령이 그 계절에 어긋남이 있다면 아무 아무의 재앙을 가져오게 된다고 하였다.

이것은 대개 오행(五行)의 기운이 서로 응(應)하지 않아서 손상되고 재앙이 발생하는 것이다. 복희·신농·헌원·소호·전욱 등 오제(五帝)와 보좌하는 신은 모두 원래 천신이었고 인간 세상을 떠난 후에도 원래의 천신으로 돌아가 현재에도 사계절의 기후를 다스린다는 사실을 알 수 있다. 월령은 『예기』 뿐만이 아니라 진(秦)나라에서 간행된 『여씨춘추』에 같은 내용이 수록되어 있다.

전한 시대에 간행된 『회남자(淮南子)』에서는 이보다 한걸음 더 나아가 오제는 본래 오성(五星)의 별신이었다고 한다.

무엇을 오성(五星)이라 이르는가?

동방(東方)은 목성(木星)으로 그 천제(天帝)는 태호(大皥) 복희씨이며, 보좌하는 신(神)은 구망(句芒)이다. 컴퍼스와 직각자(規)를 잡고 봄을 다스리며, 그 신(神)을 세성(歲星)이라고 한다. 그 짐승은 창룡(蒼龍)이고, 그 음은 각(角)이며, 그 날은 갑·을(甲乙)이다.

남방(南方)은 화성(火星)으로 그 천제는 염제(炎帝) 신농씨이고, 보좌하는 신은 주명(朱明)이다. 저울대(衡)를 잡고 여름을 다스리며, 그 신을 형혹성(熒惑星)이라고 한다. 그 짐승은 주작(朱雀)이고, 그 음은 치(徵)이며, 그 날은 병·정(丙丁)이다.

중앙은 토성(土星)으로 그 천제는 황제(黃帝) 헌원씨이며, 보좌하는 신은 후토(后土)이다. 먹줄(繩)을 잡고 사방을 제어(制御)하며, 그 신을 진성(鎭星)이라고 한다. 그 짐승은 황룡(黃龍)이고, 그 음은 궁(宮)이며, 그 날은 무·기(戊己)이다.

서방은 금성(金星)으로 그 천제는 소호(少昊) 금천씨이며, 보좌하는 신은 욕수(蓐收)이다. 직각자(矩)를 잡고 가을을 다스리며, 그 신을 태백성(太白星)이라고 한다. 그 짐승은 백호(白虎)이고, 그 음은 상(商)이며, 그 날은 경·신(庚辛)이다.

북방은 수성(水星)으로 그 천제는 전욱(顓頊) 고양씨이며, 보좌하는 신은 현명(玄冥)이다. 저울(權)을 잡고 겨울을 다스리며, 그 신을 진성(辰星)이라고 한다. 그 짐승은 현무(玄武)이고, 그 음은 우(羽)이며, 그 날은 임·계(壬癸)이다.[184]

---

184 何謂五星, 東方木也 其帝太皥 其佐句芒 執規而治春 其神爲歲星 其獸蒼龍 其音角 其日甲乙. 南方火也 其帝炎帝 其佐朱明 執衡而治夏 其神爲熒惑 其獸

–『회남자(淮南子)』 천문훈

여기에서 이미 상고시대 천하를 다스리며 인류문명을 개척하였던 삼황오제의 신분이 분명하게 드러난다. 오제는 본래 오성(五星)의 별신인데, 북극성인 태일(太一)의 명을 받고 인간 세상에 출현하여 천하를 다스리다가 다시 본래의 자리로 돌아가 사계절과 오행을 주재한다. 이를 보좌하는 오방 신 역시 마찬가지이다.

양(梁)나라 무제(武帝)가 천감(天監) 16년(517) 정월 초순에 궁성 남쪽 교외에서 친히 한 해의 풍년을 기원하는 교사(郊祀)를 지낼 때, 백성에게 내린 조령(詔令)에 '이제 태호(大皞) 복희씨가 기후를 다스리고 구망(句芒)이 보좌하는 첫 계절이 되었다.'[185]라고 하였다.

이와 같이 여러 경전과 역사서에서 상고시대에 천하를 다스리며 인류문명을 개척하였던 삼황오제의 신분에 관해 분명하게 밝히고 있는데도 불구하고, 20세기 이후 학계에서는 옛 성현들이 이미 밝혀놓은 경전을 모두 버리고 여전히 '중국 고대의 전설적 제왕' 운운하며 전설 따위로 여기며 석기시대, 철기시대 운운하며 소설을 쓰고 있다.

朱鳥 其音徵 其日丙丁. 中央土也 其帝黃帝 其佐後土 執繩而制四方 其神爲鎭星 其獸黃龍 其音宮 其日戊己 西方金也 其帝少昊 其佐蓐收 執矩而治秋 其神爲太白 其獸白虎 其音商 其日庚辛 北方水也 其帝顓頊 其佐玄冥 執權而治冬 其神爲辰星 其獸玄武 其音羽 其日壬癸

185 今太皞御氣 句芒首節『양서(梁書)』 2권 武帝本紀. 이 구절은『조선왕조실록』 정조 17년(1793) 12월 7일 기사에서도 인용되고 있다.

소종백(小宗伯)의 관직은 나라의 신위(神位)를 세우는 것을 맡는데, 오른쪽에 사직(社稷)을 왼쪽에 종묘(宗廟)를 왕궁의 사방 교외에 오제(五帝)의 제단이다. 〔정현(鄭玄)의 주(注)에, 오제(五帝): 창제(蒼帝 청제)는 영위앙(靈威仰)이며 태호(太昊)를 위한 시식(施食)이고, 적제(赤帝)는 적표로(赤熛怒)이며 염제(炎帝)를 위한 시식이고, 황제(黃帝)는 함추뉴(含樞紐)이며 황제(黃帝)를 위한 시식이고, 백제(白帝)는 백초거(白招拒)이며 소호(少昊)를 위한 시식이고, 흑제(黑帝)는 즙광기(汁光紀)이며 전욱(顓頊)를 위한 시식이다. 황제(黃帝)는 또한 남쪽 교외에서 제사 지낸다.[186] –『주례(周禮)』 춘관종백

〔후한 명제(明帝) 즉위 2년(59)〕 이 해에 비로소 궁성 밖 다섯 방위의 교외에서 영기제(迎氣祭)를 지냈다. 〔입춘(立春) 날에는 동쪽 교외에서 봄을 맞이하며 청제(青帝, 복희)와 구망(句芒)을 제사하는데, 수레를 끄는 말이나 의복은 다 푸른색으로 한다. 입하(立夏) 날에는 남쪽 교외에서 여름을 맞이하며 적제(赤帝, 신농) 축융(祝融)을 제사하는데, 수레를 끄는 말이나 의복은 다 빨간색으로 한다.

입추(立秋) 전 18일에는 황령(黃靈)을 중조(中兆)에서 맞이하며 황제(黃帝)와 후토(后土)를 제사하는데, 수레를 끄는 말이나 의복

---

186 小宗伯之職 掌建國之神位 右社稷 左宗廟 兆五帝于四郊〔鄭玄注 五帝 蒼曰 靈威仰 太昊 食焉 赤曰 赤熛怒 炎帝 食焉 黃曰 含樞紐 黃帝 食焉 白曰 白招拒 少昊 食焉 黑曰 汁光紀 顓頊 食焉 黃帝亦於南郊〕–『주례(周禮)』 春官 小宗伯之職

은 다 노란색으로 한다. 입추(立秋) 날에는 서쪽 교외에서 가을을 맞이하며 백제(白帝, 소호)와 욕수(蓐收)를 제사하는데, 수레를 끄는 말이나 의복은 다 흰색으로 한다.

입동(立冬) 날에는 북쪽 교외에서 겨울을 맞이하며 흑제(黑帝, 전욱)와 현명(玄冥)을 제사하는데, 수레를 끄는 말이나 의복은 다 검정색으로 한다.〕[187]

–『후한서』 2권 명제기(明帝紀)

『효경구명결』에, '화서(華胥)의 신모(神母)가 발자국을 밟고 괴이하게도 복희씨를 낳았다. 주(注)에서, 발자국은 영위앙(靈威仰)의 발자국이다. 발자국을 밟고 잉태하여 낳았으므로 괴이하다고 한 것이다.' 하였다.[188]

내용을 보면 영위앙은 본래 동방의 천황(天皇)인데 화서의 신모가 영위앙의 발자국을 밟고 잉태하여 복희씨를 낳았다고 하였으므로 복희씨는 영위앙의 화신(化身)이라는 말이다.

이와 마찬가지로 적표로·함추뉴·백초거·즙광기 등은 오제가 출생하기 이전부터 천신으로 살 때의 명호이며, 인간 세상을 떠나서도 본래의 천신으로 돌아가 사계절을 주재하는 것이다. 또한 북극성의

---

187 是歲 始迎氣於五郊〔立春之日 迎春於東郊 祭青帝句芒 車服皆青, 立夏之日 迎夏於南郊 祭赤帝祝融 車服皆赤, 先立秋十八日 迎黃靈於中兆 祭黃帝后土 車服皆黃, 立秋之日 迎秋於西郊 祭白帝蓐收 車服皆白, 立冬之日 迎冬於北郊 祭黑帝玄冥 車服皆黑〕

188 孝經鉤命訣曰 華胥履跡怪生皇犧 注跡靈威仰之跡也 履跡而生 以爲奇怪也.

천신인 태일(太一)의 원래 이름은 요백보(耀魄寶)이다.

『예기』 왕제(王制)에, '산천의 천신(天神)과 지신(地神)에 대한 제례를 거행하지 않는 자는 불경(不敬)이 되니, 불경한 자는 군주의 영지를 삭탈한다.' 하였다.[189] 오제에 대한 제사 역시 제후도 예외가 아니어서 조선시대 조정에서도 논란거리가 되었던 것이다. 이리하여 오제와 사직(社稷)에 관한 제사는 세상에서 없어지지 않는 관직이라고 한 것이다.

『한서』 율력지에서 말하였다.

> 『역경(易經)』에 이르기를, '혹은 삼진(三辰)[190]이 되고 혹은 오성(五星)[191]으로 변화하며, 그 수(數)를 교착(交錯)하고 종합하여 그 변화를 통하여 마침내 천하의 모든 문양을 이루고, 그 수를 극대화하여 마침내 천하 만물의 형상을 정한다.' 하였다.
>
> 그러므로 태극(太極)이 삼진(三辰)과 오성(五星)의 위에서 운영하고, 아래에서 원기(元氣)가 삼통(三統)[192]과 오행(五行)으로 전환한다.[193] -『한서』 율력지(律曆志) 上

---

189 山川神祇 有不擧者 爲不敬 不敬者 君削以地

190 일월성신으로 해와 달과 별을 말한다.

191 木星·火星·土星·金星·水星을 말한다.

192 삼통(三統)이란 하늘은 베풀고 땅은 화육하며 사람은 천지신명을 섬기는 기강이다. 三統者 天施 地化 人事之紀也 -『한서』 율력지(律曆志) 上

193 易曰 參五以變 錯綜其數 通其變 遂成天下之文 極其數 遂定天下之象 太極運三辰五星於上 而元氣轉三統五行於下.

『사기』 봉선서(封禪書)에, 천신 중에 가장 존귀한 신은 태일(太一)이고, 태일을 보좌하는 신이 오제(五帝)라고 하였다. 태극은 곧 북극성 자미궁에 사는 태일(太一)[194]이고, 태일의 아래에서 오성(五星)이 보좌한다고 하였으니, 오성의 정령인 오제(五帝)가 모두 태일의 명을 받고 동방에서 출생하여 천하를 다스리다가 다시 본래의 자리로 돌아가 사계절을 주재한다는 말이다.

『초사(楚辭)』에서 말하였다.

동황 태일(東皇太一)[195]
길일(吉日)의 좋은 시간을 가려서
공경히 상황(上皇)신께 제사하고 잔치하며 즐긴다. 〔상황(上皇)은 동황 태일(太一)을 이른다. 왕이 몸소 제단을 수리하고 반드시 길일의 좋은 시각을 가려 재계하고 천신께 공경히 제사하고 잔치하며 즐긴다는 말이다.〕[196]

---

194 예(禮)는 반드시 태일(太一)에 근본을 두는데, 나뉘어 하늘과 땅이 되고 전환하여 음양이 되고, 변화하여 사시가 되고 나열하여 귀신이 되었다.' 하였다. 夫禮必本於大一 分而爲天地 轉而爲陰陽 變而爲四時 列而爲鬼神 其降曰命 其官於天也 - 『예기(禮記)』 예운(禮運). 인륜의 근본이 되는 삼강오륜이 인위적으로 지어낸 것이 아니라 태일이 정한 천명이라는 뜻이다.

195 태일(太一)은 신(神)의 이름으로 천상에 지존(至尊)의 신이다. 사당이 초나라 궁성의 동쪽에 있고, 동방의 상제로 배향하므로 동황(東皇)이라고 한다. 太一神名 天之尊神 祠在楚東 以配東帝 故云東皇 - 『초사집주(楚辭集注)』. 태미(太微)는 태일의 궁정이고 자궁〔紫宮, 자미원(紫微垣)〕은 태일이 사는 궁궐이다. 太微者 太一之庭也 紫宮者 太一之居也 - 『회남자』 천문훈.

–『초사장구(楚辭章句)』

『오경통의(五經通義)』에, 천신 중에 가장 위대한 것은 호천상제(昊天上帝)이며〔즉 요백보(耀魄寶)이다.〕 또 천황대제(天皇大帝) 또는 태일(太一)[197]이라고도 한다. 또 그를 오제(五帝)가 보좌한다. 〔동방은 청제(青帝) 영위앙(靈威仰, 복희)이며, 남방은 적제(赤帝) 적표노(赤熛怒, 신농)이며, 서방은 백제(白帝) 백초거(白招拒, 소호)이며, 북방은 흑제(黑帝) 즙광기(汁光紀, 전욱)이며, 중앙은 황제(黃帝) 함추뉴(含樞紐, 황제)이다.〕 또 하늘에 천둥과 벼락, 비바람, 서리와 눈, 안개와 이슬은 어찌하여 있는가? 사계절을 두어 한 해를 이루고 만물을 윤택하게 하려는 것이고, 실정(失政)으로 인해 여러 재난을 보이기도 하는 것이다.[198] –『태평어람(太平御覽)』

---

196 東皇太一: 吉日兮辰良 穆將愉兮上皇〔上皇 謂東皇太一也 言己將修祭祀 必擇吉良之日 齋戒恭敬 以宴樂天神也〕–『초사장구(楚辭章句)』 九歌

197 예(禮)는 반드시 태일(太一)에 근본을 두는데, 나뉘어 천지가 되고, 변천하여 음양이 되고, 변화하여 사시가 되고, 분열하여 귀신이 되었다. 夫禮必本於太一 分而爲天地 轉而爲陰陽 變而爲四時 列而爲鬼神. 『예기(禮記)』예운(禮運). 지극히 크기에 태(太)라고 하고, 나뉘지 않았기에 일(一)이라고 한다. 極大曰太 未分曰一 –『예기정의(禮記正義)』

198 五經通義曰 神之大者 昊天上帝〔卽耀魄寶也〕又曰 天皇大帝亦曰太一 又曰 其佐曰五帝〔東方青帝靈威仰 南方赤帝赤熛怒 西方白帝白招拒 北方黑帝汁光紀 中央黃帝含樞紐〕又曰 天所以有雷霆風雨霜雪霧露何 欲以成歲潤萬物 因以見災異也『태평어람(太平御覽)』天部二

〔요임금은〕 이에 희씨(羲氏)와 화씨(和氏)에게 명하여[199] 호천상제(昊天上帝)의 천명을 경건하게 따르고, 일월성신의 운행하는 법상을 책력으로 만들어서 백성들에게 절기를 공경히 알려주도록 하였다. … 〔순(舜)은〕 선기옥형(璿璣玉衡)[200]으로 일월과 오성(五星)이 가지런한 것을 살피고, 드디어 호천상제(昊天上帝)[201]에게 유사(類祀)를 지내 섭위(攝位)를 고하고, 〔마융(馬融)은, 상제(上帝)는 자미궁(紫微宮)에 있는 태일신(太一神)으로 하늘의 가장 높은 천신이라고 하였다.〕 육종(六宗)에게 인사(禋祀)[202]를 지냈다. 〔육종(六宗)에

---

199 【집해(集解)】 공안국은, 중(重)과 려(黎)의 후손으로 희씨와 화씨는 대대로 천·지(天地)의 관직을 관장하였다고 한다. 【정의(正義)】 여형(呂刑)의 전(傳)에 중(重)은 곧 희씨이고 려(黎)는 곧 화씨이다. 비록 씨족을 구별하였으나 중과 려로부터 나온 것이다. 살펴보건대, 성인은 홀로 다스리지 않고 반드시 모름지기 현인이 보필하므로 이에 천·지의 관직에 임명한 것이다. 『주례(周禮)』에 천관(天官)과 지관(地官)을 경(卿)이라고 하는 것과 같다. 集解 孔安國曰 重黎之後 羲氏和氏 世掌天地之官 正義 呂刑傳云 重卽羲 黎卽和 雖別爲氏族 而出自重黎也 案, 聖人不獨治 必須賢輔 乃命相天地之官 若周禮天官卿 地官卿也. 중(重)은 소호씨의 아들이고 려(黎)는 전욱씨의 아들이다.

200 『사기집해(史記集解)』에서 정현(鄭玄)은, '선기옥형은 혼천의(渾天儀)이고, 七政은 해와 달과 水星·火星·木星·金·星·土星의 다섯 가지 별이다.' 하였다. 集解 鄭玄曰 璿璣玉衡 渾天儀也 七政 日月五星也. 요임금이 순을 등용하여 시험기간을 거친 뒤 순에게 섭정하도록 명하였으나 순은 사양하면서 자신의 섭정이 천명인지를 직접 확인하고 즉위한 것이다.

201 정현(鄭玄)은, 호천상제(昊天上帝)를 천황대제(天皇大帝)라고도 하며 북극성이라고 하였다. 鄭玄云 昊天上帝謂天皇大帝 北辰之星

202 『주례(周禮)』 춘관종백(春官宗伯)에, '인사(禋祀)는 호천상제(昊天上帝)에게 제사지낸다.'고 하였다. 以禋祀祀昊天上帝

대하여 왕숙(王肅)은, 사계절의 기후와 해·달·별·수재·한재를 주재하는 신(神)이라고 하였다.〕[203]

–『상서정의(尙書正義)』 우서(虞書)

동황 태일(太一)은 북극성에 사는 가장 존귀한 천신으로 태을(太乙)[204]이라고도 하며 또는 요백보(耀魄寶)·호천상제(昊天上帝)·천황대제(天皇大帝) 등으로 불리며, 대금(大禁)·사명(司命) 등이 태일을 보좌한다. 다시 그 아래에서 복희·신농·황제·소호·전욱 등 오제가 태일을 보좌하며, 태일이 사는 북극성이 동방에 있기 때문에 동황(東皇)이라고 하는 것이다. 이리하여 요(堯)는 즉위하여 희씨와 화씨에게 천문을 관찰하여 호천(昊天, 태일)의 천명을 경건히 받들었고, 순(舜) 역시 즉위하여 천문관측기구인 선기옥형으로 일월성신이 가지런한지를 살피고 나서 자신의 섭정이 천명임을 알고, 마침내 호천상제에게 섭위를 고하는 제례를 행하였다.

『시경』 운한(雲漢)은 주나라 선왕(宣王)이 극심한 가뭄을 당하여 노심초사하는 모습을 묘사한 시이다.

---

203 乃命羲和 欽若昊天 曆象日月星辰 敬授人時. … 在璿璣玉衡 以齊七政 肆類于上帝〔馬云 上帝는 太一神 在紫微宮 天之最尊者〕禋于六宗〔六宗 王云 四時寒暑日月星水旱也〕–『상서정의(尙書正義)』 우서(虞書)

204 태을(太乙)이 용마(龍馬)가 끄는 수레를 타고 천상으로부터 와서 말세에 나를 노후(魯侯)에 봉하니 흉한 우환이 없도다. 太乙駕騮 從天上來 徵我叔季 封爲魯侯 無有凶憂 –『초씨역림(焦氏易林)』. 주나라 성왕이 즉위할 때 나이가 어려서 주공(周公)을 태사(太師)로 삼고 아들 백금(伯禽)을 노후(魯侯)에 봉하여 부자가 함께 명을 받았다,

가뭄이 너무 심하여 나가도 갈 곳이 없구나.
어찌 차마 가뭄으로 나를 병들게 하시는지 그 연고를 알 수 없도다.
일찍이 지성으로 풍년을 기원하는 제사 올리고
사직에도 빠트리지 않았건만
호천상제(昊天上帝)께서는 나를 헤아리지 않으시는구나.
공경히 신명을 섬기어 노여움과 여한이 없게 함이 마땅하리라.[205]

『예기(禮記)』 월령에, '정월에 천자는 첫 신일(辛日)에 호천상제(昊天上帝)께 기곡제(祈穀祭)를 지내고, 10월에 천자가 내년에 풍년이 들기를 천종(天宗)[206]에게 기원한다.'[207]라고 하였다.

『세종실록지리지』에 지리산은 선인들이 사는 삼신산의 하나인 방장산(方丈山)이며 태을(太乙)이 사는 곳이라고 하였다.[208] 동황 태일 편은

---

205 旱旣大甚 黽勉畏去 胡寧瘨我以旱 憯不知其故 祈年孔夙 方社不莫 昊天上帝 則我不虞 敬恭明神 宜無悔怒 - 『시경(詩經)』 대아(大雅) 운한(雲漢)

206 천종(天宗)이란, 일월성신과 추위와 더위 등이다. 天宗者日月星辰 寒暑之屬也

207 孟春, 天子乃以元日祈穀于上帝. 孟冬, 天子乃祈來年於天宗

208 지리산(智異山): 〔일명 지리(地理), 또는 방장(方丈), 또는 두류(頭流)라 한다.〕 속설에 전하기를, '태을(太乙)이 그 위에 살고, 여러 신선이 모이는 곳이며, 용상(龍象)의 무리가 살고 있다.'고 한다. 두보(杜甫)의 시에 소위 '방장은 삼한(三韓)의 밖이라.'고 한 주(註)와 『통감집람(通鑑輯覽)』에, '방장(方丈)은 대방군(帶方郡, 남원) 남쪽에 있다.' 한 것은 이 산을 말하는 것이다. 智異山〔一云地理, 一云方丈, 一云頭流〕 諺傳太乙居其上 群仙之所會 衆龍之所居也 杜甫詩所謂方丈三韓外 註及通鑑輯覽云 方丈在帶方郡之南 是也 - 『조선왕조실록』 세종실록지리지, 전라도

초나라에서 태일 신께 제사하는 광경을 묘사한 가사이다.

한 무제 원수(元狩) 연간에 동남지방을 지키는 신하가 말하기를 "매양 이인(異人)이 나타나는데 배처럼 생긴 큰 연잎을 타고[209] 물 위에 떠서 누워서 책을 읽는 것을 보았으므로 고을 사람들이 모여서 구경하니, 기이한 사람은 보이지 않고 오직 연잎과 책만 있었습니다." 하였다. 그 글을 보니 모두 옛 전서(篆書)로 된 글이었다. 여러 사람들에게 두루 물었으나 아는 자가 없었는데, 오직 동방삭이 이것을 알고 말하기를 "이는 천신인 태을(太乙)의 비서(秘書)입니다. 태일(太一)이 나타나면 그 나라가 태평합니다." 하였다.[210] -『고문진보』 5권, 태을(太乙)진인 연잎도에 제(題)하다.

〔한 무제에게〕 박현(亳縣) 사람 박유기(薄誘忌)가 태일신(泰一神)께 제사하는 의례에 대하여 아뢰기를, '천신 중에 가장 존귀한 신은 태일(泰一)이고, 태일을 보좌하는 신이 오제(五帝)입니다.
고대에 천자는 봄과 가을에 동남쪽 교외에서 태일신께 제사하였는데, 제물로 태뢰(太牢, 소)를 쓰고 7일 동안 거행하였으며, 제단을 열어 팔방으로 귀신이 왕래하는 통로로 삼았습니다.' 하였다.[211]

---

209 한유(韓愈)의 시에, '태화봉(太華峯) 꼭대기 옥정(玉井)의 연꽃이 피면 열 길이나 되고 연뿌리는 배와 같다네.' 하였다. 太華峯頭玉井蓮 開花十丈藕如船 -『古文眞寶』 4권 고의(古意)

210 漢元狩中 東南守臣 言每見有異人 乘大蓮葉如舟 汎水上 臥而觀書 邑人聚觀 異人不見 惟蓮葉及書有焉 皆古篆文 遍問 莫能識 唯東方朔識之曰 此天神太乙之秘書也 太一所見 其國太平 -『古文眞寶』題太乙眞人蓮葉圖

–『사기』 봉선서

그해 가을, 한 무제는 옹현(雍縣)에 거둥하여 또 교사(郊祀)를 거행하였다. 박유기가 아뢰기를, '오제(五帝)는 태일(泰一)의 보좌이므로 마땅히 태일의 신사(神祠)를 세워 주상께서 친히 교사(郊祀)를 거행하셔야 합니다.' 하였다. … 무제는 감천궁(甘泉宮)에 거둥하여 사관(祠官) 관서(寬舒) 등에게 태일신의 신사와 제단을 지으라고 명령했는데, 제단은 박유기가 말한 태일단의 양식에 따라서 설치하고 제단은 3층으로 하게 하였다.

오제(五帝)의 제단은 태일의 단(壇) 아래에 빙 둘러서 각기 오제에 해당하는 방위에 설치하고, 중앙인 황제(黃帝)의 제단은 서남쪽에 설치하고, 팔방으로 귀신이 왕래할 수 있는 통로를 손질하였다.[212]

–『사기』 효무본기(孝武本紀)

동서남북 사방과 중앙에서 사계절의 기후를 다스리는 오제(五帝)는 원래 동방에서 출생하였고, 천자가 되어 천하를 다스리다가 인간 세상을 떠난 후에도 다시 천신으로 돌아가 다스리는 곳은 각기 방위에 따라 동방·서방·남방·북방·중앙 등 명칭은 다르지만, 그곳이 인간의

---

211 亳人薄誘忌 奏祠太一方曰 天神貴者太一 太一佐曰五帝 古者天子 以春秋祭太一東南郊 用太牢七日 爲壇開八通之鬼道.

212 其秋 上幸雍 且郊 或曰 五帝 泰一之佐也 宜立泰一 而上親郊之 … 幸甘泉 令祠官寬舒等具泰一祠壇 壇放薄忌泰一壇 壇三垓. 五帝壇環居其下 各如其方 黃帝西南 除八通鬼道.

육안으로 볼 때는 동방으로, 동황 태일과 함께 천신들의 도읍지인 곤륜산(崑崙山, 선도산)에 해당한다.

따라서 태극기가 상징하는 의미는 태일(太一)이 사는 북극성 자미궁이 동방에 있고, 태일을 보좌하여 인간 세상에 내려와 천하를 다스리며, 한자와 『주역』을 창제하여 인류문명을 개척한 복희씨를 비롯하여 신농·황제·소호·전욱으로 이어지는 오제(五帝)가 본래 동방에서 출생하였고, 현재에도 천신으로 사는 곳이 동방이라는 심오한 뜻이 담겨 있다. 이렇게 볼 때 태극기는 『사기』 복희씨 전기 말미에 나오는 "『주역』에, '제왕이 동방에서 나온다.'고 하였으며, 『예기』 월령과 『여씨춘추』 맹춘기에, 봄의 제왕은 태호 복희씨이다."라는 구절을 태극과 4괘 그리고 오방색(五方色)을 절묘하게 응용하여 도안으로 제작한 것이다.

월령에 오제(五帝)를 보좌하는 오방 신(五方神)은 한국사에서도 뚜렷한 족적을 남기고 있다.

> 총장 원년 무진(戊辰, 668)년에 문무왕이 군사를 이끌고 인문(仁問) 흠순(欽純) 등과 함께 평양에 이르러 당나라 군사와 합세하여 고구려를 멸망시켰다. 당나라 장수 이적(李勣)은 보장왕(寶藏王)을 사로잡아 본국으로 돌아갔다.
> 이때 당나라 병력의 모든 장병들이 진영에 머물러 있으면서 장차 우리를 습격하려 하니 왕이 깨닫고 군사를 펴서 항거했더니, 이듬해에 당 고종이 사신으로 인문 등을 불러서 꾸짖되, "너희가 우리에게 군사를 청하여 고구려를 격멸하고도 도리어 해치는 것은 어찌된

일이냐!" 하고는 감옥에 가두고 군사 50만을 훈련시켜 설방(薛邦)으로 장수를 삼아 신라를 치려고 하였다.

이때 의상(義湘)대사가 당나라에 유학하고 있었다. 김인문이 찾아와 사건을 설명하니 의상이 곧 환국하여 왕에게 아뢰니, 왕이 심히 걱정되어 군신을 모아놓고 방비책을 물었다.

각간 김천존(金天尊)이 아뢰기를 "가까이에 명랑법사(明朗法師)가 있는데 용궁(龍宮)에 들어가 비법을 전수해 왔으니 조서로 청하여 물으십시오." 하니 명랑법사가 대답하기를 "낭산(狼山)의 남쪽에 신유림(神遊林)이 있으니 거기에 사천왕사(四天王寺)를 창건하여 도량을 개설함이 좋겠습니다." 한다.

그때 이미 정주(貞州)에서 사람이 와서 보고하기를 "당나라 군사들이 무수히 와서 해상의 국경을 돌아다닌다."고 하였다. 왕은 다시 명랑법사를 불러 "일이 급박하니 어찌할까?" 물으니 "색채가 있는 비단으로 가건축이라도 하는 것이 마땅합니다." 한다.

이에 색채 있는 비단으로 절을 만들고 오방 신(五方神)의 상(像)을 만들고 유가(瑜珈)에 밝은 승려 12명으로 하여 명랑을 수좌로 삼아 문두루비밀법(文豆婁秘密法)을 시행했더니, 당병이 신라병과 싸우기도 전에 풍랑이 크게 일어 당나라 전선이 모두 침몰하였다. 후에 다시 고쳐 절을 창건하고 사천왕사라 하여[213] 단석(壇席)이 끊이지 않는다.

그 후 신미(辛未 671)년에 당이 다시 조헌을 장수로 삼고 5만 명의

---

213 문무왕 19년(679) 가을 8월에 사천왕사(四天王寺)가 낙성되었다. -『삼국사기』. 사천왕사는 신라도읍지의 전불시대 일곱 절터 중의 하나이다.

군사를 보내어 침범하므로 또 그 법을 행하니 역시 전선이 침몰하였다. 이때 한림학사 박문준이 인문과 옥중에 있었는데, 고종이 문준을 불러 "너희 나라에는 무슨 비밀법이 있기에 대군을 두 번이나 보냈으나 살아오는 자가 없느냐?" 하니 문준이 "신들은 귀국에 온 지 10여 년이 되므로 본국의 일을 잘 알지 못하나 멀리서 듣건대 귀국의 은혜를 입어 삼국을 통일하였으므로 그 은덕을 갚기 위하여 낭산(狼山) 남쪽에 사천왕사를 창건하고 법석을 열어 황제의 만수무강을 빌고 있다고 합니다." 하였다.

-『삼국유사』 2권 문무왕

고려 태조가 창업할 때에도 또한 해적이 와서 근심이 되니 이에 안혜(安惠)·낭융(朗融)의 후예인 광학(廣學)·대연(大緣) 등 두 대덕에게 청하여 문두루법을 실시하여 진압하게 하였는데, 모두 명랑이 전수한 계통이었다. 그러므로 명랑법사는 위로 용수(龍樹)보살에 이르기까지 나란히 9조(祖)로 삼았다. 또한 태조가 그를 위해 현성사(現聖寺)를 창건하여 한 종파의 근본 도량으로 삼았다.[214]

-『삼국유사』 5권, 명랑의 신인종

3년(919년)에 사천왕사(四天王寺)의 소상(塑像)이 들고 있던 활의 줄이 저절로 끊어지고, 벽화의 개가 소리를 냈는데 마치 짖는

214 我太祖創業之時 亦有海賊來擾 乃請安惠朗融之裔廣學大緣等二大德 作法禳鎭 皆朗之傳系也 故幷師而上至龍樹爲九祖 又太祖爲創現聖寺爲一宗根柢焉 -『삼국유사』 5권, 明朗神印

것 같았다.[215] -『삼국사기』 신라본기 경명왕

제54대 경명왕(景明王) 때인 정명(貞明) 5년 기묘(己卯, 919)에 사천왕사(四天王寺) 벽화 속의 개가 짖었으므로 3일 동안 불경을 강설하여 이를 물리쳤으나 한나절이 지나자 또 짖었다. 6년 경진(庚辰 920) 2월에는 황룡사 탑 그림자가 금모(今毛) 사지(舍知)의 집 뜰에 한 달 동안이나 거꾸로 서 있었다.
또 10월에 사천왕사 오방신(五方神)의 활줄이 모두 끊어졌으며, 벽화 속의 개가 뜰로 달려 나왔다가 다시 벽화 속으로 들어갔다.
-『삼국유사』 2권 경명왕

문두루를 신인(神印)이라고도 하는데, 고려시대에도 사천왕사에서 자주 행해졌음을 『고려사』는 전하고 있다. 사천왕사가 창건된 신유림(神遊林)은 신라 도읍지에 있는 전불(前佛) 시대의 일곱 절터 중의 하나이다. 전불(前佛)이란 석가모니 부처님을 포함하여 과거 칠불(七佛)을 말한다. 신유림의 현재 위치에 관하여 1636년에 화엄사에서 간행된 판본 「대화엄사 사적(事蹟)」의 의상전(義湘傳)에서 다음과 같이 밝히고 있다.

본국의 승상 김인문[216]〔金仁問, 일명 흠순(欽純)〕 김양도(金良圖) 등이 당나라에 볼모로 잡혀 와 옥에 갇혀 있었는데, 당 고종이 장차

215 三年 四天王寺塑像 所執弓弦自絶 壁畫狗子有聲 若吠者
216 문무왕의 동생.

대군을 일으켜 신라를 정벌하려 한다는 사실을 김흠순(金欽純)[217] 등이 의상대사에게 몰래 알려 먼저 돌아가도록 하니 함형(咸亨) 원년(670) 경오에 귀국하여 신라조정에 이 사실을 알리니, 신인종(神印宗)의 대덕 명랑법사에게 명하여 문두루비밀법을 화엄사(華嚴寺)에 설치하고 시행하여 나라가 이에 위기를 면하였다.[218]

사천왕사가 창건된 낭산(狼山)의 남쪽에 신유림이 경주 지역이 아닌 지금의 지리산 화엄사 골짜기에 있다는 사실이 분명하게 드러난다. 낭산의 도리천(忉利天)은 유명에 따라 선덕여왕을 장사지낸 곳이다. 불경(佛經)에 이르기를, 수미산(須彌山) 정상에 도리천이 있고 그 중턱에 사천왕천(四天王天)이 있다고 하였다.

668년 나당연합군이 고구려 평양성을 함락시킨 이후에 당나라는 평양에 안동도호부(安東都護府)를 설치하고, 이듬해인 총장(總章) 2년(669)에 영국공(英國公) 이적(李勣)이 당 고종의 칙명을 받들어 고구려의 모든 성(城)에 도독부와 주(州)·현(縣)을 설치하였다.

이에 신라는 고구려 영토를 당나라가 차지하려는 저의를 목도하고 이에 대항하여 당나라와의 전면전을 대비하고, 당나라는 잔류 병력을 그대로 주둔시키고 별도로 50만 대군을 동원하여 신라마저 정벌하려고 하여 새로운 국면이 전개되었으니, 이것이 이른바 나당전쟁이다.

---

217 김유신의 동생.

218 本國丞相 金仁問(一名欽純)良圖等 往囚於唐 唐高宗將大擧東征 欽純等密遣湘師誘而先之 以唐高宗 咸亨元年庚午 還國聞事於朝 命神印大德 設密壇法於華嚴寺 禳之國乃免禍

신라가 당나라와의 전면전을 선포하고 나당전쟁이 전개되면서 이때 이미 당 태종이 말한 '두 나라를 평정하면 평양 이남의 백제 땅은 모두 너희 신라에게 주겠다.'는 밀약은 백지화된 것이다.

현재 유통되고 있는 『삼국사기』에는 당나라가 50만 대군을 동원하여 신라 해상으로 침범했다는 실록이 빠져 있어 삼국통일의 의의에 대한 심각한 오해를 야기하고 있다. 진덕여왕 2년(648)에 김춘추가 당나라에 사신으로 갔을 때 당 태종은 말하기를 "내가 두 나라를 평정하면 평양(平壤) 이남의 백제 땅은 모두 너희 신라에게 주어 길이 편안하고 한가하게 하겠다." 하였다.[219]

바로 이 구절에 천착하여 삼국통일에 부정적인 평가를 하는 이들은 신라가 당나라를 끌어들여 결국에는 평양 이남으로 강역이 축소되었다는 주장이다. 그러나 668년 나당 연합군에 의해 평양성이 함락된 이후에는 상황이 급변하여 신라와 당나라와의 전투가 여러 차례 전개되었다. 문무왕 14년(674), 왕이 고구려의 배반한 무리를 받아들이고 또한 백제의 옛 땅에 점거하면서 관리를 시켜 지키게 하자, 당 고종은 크게 노하여 봄 정월에 문무왕의 관작을 삭탈하여 왕의 아우인 김인문을 신라왕으로 삼고 유인궤를 계림도 대총관으로 삼아 신라를 공격하였다. 15년(675) 9월, 이근행이 20만 대군을 거느리고 매초성(買肖城)에 주둔하자 신라가 이를 격퇴한 것을 비롯하여 신라와 당 군대의 크고 작은 18번 전투에서 신라가 모두 승리하였다. 이리하여 『삼국사기』에서도 논평하기를 '또한 당나라 군사의 위엄과 신령의 도움에

---

219 문무왕 11년(671년 7월)에 문무왕이 설인귀에게 보낸 서신 중에 나온다. -『삼국사기』 신라본기.

힘입어 백제와 고구려를 평정하고, 그 땅을 취하여 군현(郡縣)을 삼았으니 가히 융성하였다 이를 만하다.'[220]라고 칭송하고 있다.

이처럼 신라가 당나라와 정면승부를 선택했던 배경에는 믿는 구석이 있었다. 이미 선덕여왕 때에 황룡사에 구층탑을 세워 부처님 사리와 유골을 봉안하면 이웃나라는 항복하고 구한(九韓)이 조공하게 될 것이라는 천신의 계시가 있었고, 원효, 의상과 더불어 신라 10성(聖)의 한 분인 안함(安含)이 남긴 예언서에, '선덕여왕은 도리천(忉利天)에 장사하고, 당나라 대군의 패배는 사천왕사를 이룩한다.'[221]는 예언이 있었다.

신라가 풍전등화의 위기에서 나라를 구한 문두루법(文豆婁法)에 관해 대장경의 『관정경(灌頂經)』에서 다음과 같이 설하였다.

> 부처님이 제석천왕에게 말씀하셨다.
> "좋다, 좋다. 자세히 듣고 자세히 받아 지니라. 내가 마땅히 너희들을 위하여 대선(大仙)의 법을 설하리라.
> 만일 이 부처의 4부(部)의 제자들 가운데 모든 사악한 귀신에게 홀려 털이 곤두서도록 무서워하는 사람이 있다면, 마땅히 먼저 스스로 너의 몸이 32상(相)과 80종호(種好)와 자마금빛(紫磨金色)의 몸에, 키는 16척(尺)이고 목 뒤에는 해 무리와 같은 둥근 광채가 있는 나의 모습과 같다고 생각하라. 나의 몸을 상상하고 나서, 다음에 다시 1,250명의 제자를 생각하고, 다음에 다시 모든 보살승

---

220 又憑王師之威靈 平百濟高句麗 取其地郡縣之 可謂盛矣 - 『삼국사기』
221 第一女主 葬忉利天 及千里戰軍之敗 四天王寺之成 - 『해동고승전』

(菩薩僧)을 생각하라. 이 세 가지를 상상하여 생각하고 나서 또다시 오방(五方)의 대신(大神)을 생각하라. 첫째는 이름을 단차아가(亶遮阿加)라 하는데, 그 몸이 장대(長大)하여 12척이고 청색(青色) 옷을 입고 청색 기운을 토하며 동방에 살고 있다. 둘째는 이름을 마가기두(摩呵祇斗)라 하며, 그 몸이 장대하여 12척이고 적색(赤色) 옷을 입고 적색 기운을 토하며 남방에 살고 있다. 셋째는 이름을 이도열라(移兜涅羅)라 하며, 그 몸이 장대하여 12척이고 흰색 옷을 입고 흰색 기운을 토하며 서방에 살고 있다. 넷째는 이름을 마하가니(摩訶伽尼)라 하며, 그 몸이 장대하여 12척이고 흑색(黑色) 옷을 입고 검정색 기운을 토하며 북방에 살고 있다. 다섯째는 이름을 오달라내(烏呾羅嬭)라 하며, 그 몸이 장대하여 12척이고 황색(黃色) 옷을 입고 황색 기운을 토하면서 중앙에 살고 있다. 이 다섯 방위의 신들은 각각 권속이 있어, 한 명의 신왕(神王)에 7만 귀신이 있어 따라다닌다.

오방에 각기 7만 귀신이 있으므로 7만이 다섯이니 35만의 모든 귀신이 다 와서 병자를 좌우에서 부축하여 돕는다.

그리하여 위험한 재앙과 과도한 모든 재난을 면하도록 해준다. 이 귀신 왕들이 사람을 위하여 보호하고 모든 사악한 것들로 하여금 망령된 행동을 할 수 없게 한다."

부처님께서 제석에게 말씀하셨다.

"이것이 오방신왕의 명자(名字)이다. 만일 후대의 말세에 4부(部)의 제자들이 위태로운 재앙을 당하는 날에는 위의 오방신왕의 이름과 그 권속들을 취하여 원목(員木) 위에 분명하게 베껴 놓은 것을 이름하여 문두루법(文頭婁法)이라고 한다. 그 이치가 이와 같으니, 너는 널리 펴서 행하도록 하라." 제석이 말하였다.
"원목 문두루는 가로와 세로를 얼마쯤 되게 합니까?"
부처님께서 말씀하셨다. "가로와 세로를 49푼(分)으로 하라."
천제석이 말하였다. "어떤 나무가 제일 좋습니까?"
부처님께서 말씀하셨다. "금과 은과 진보(珍寶)가 가장 좋고, 다음이 전단향나무(旃檀木)나 여러 향나무이다. 그런 것들로 문두루의 형상을 만들라. 만일 질병이나 위급한 재난이나 무서운 삿된 귀신이 왕래하며 사람을 괴롭히고 해치면, 마땅히 앞에서 말한 법대로 세 가지 상상을 생각하고, 오방신(五方神)의 모습과 색상(色相)들을 하나하나 분명히 마치 눈앞에서 대하는 것같이, 마치 사람이 거울에 비치는 것처럼 안팎을 모두 보도록 하라.
이와 같이 성취하여 분산됨이 없이 오로지 마음을 한뜻에 둔다면, 병든 사람이 낫고 두려워하던 사람이 안온함을 얻을 것이며, 삿된 귀신과 악한 신을 물리쳐 없애지 못하는 것이 없을 것이다. [인도의 말인 문두루(文頭婁)는 중국의 말로 신인(神印)이다.] 이 인(印)이 향하는 곳에는 복이 이르지 않는 일이 없으니, 모든 악을 물리치고 모든 선이 앞에 나타난다.
만일 부처의 4부(部) 제자가 이 신인(神印)을 행하고자 하면, 먼저 반드시 몸을 씻고 목욕하여 향기롭고 깨끗한 옷을 입고서, 시방(十方)의 한량없는 모든 부처(佛)·지진(至眞)·등정각(等正覺)에게 예경하여야 한다.
신인(神印)을 지니는 법은, 왼손을 들고 오른손으로 길이가 7척

되는 우권구마(牛卷驅魔)의 지팡이를 잡고, 머리에는 붉은색의 달마압로신(呾魔怦爈神)의 모자를 쓰고, 병자(病者)와 일곱 걸음을 떨어져서 입을 다물고 일곱 번 숨 쉴 동안 상상하라. 상상이 성취되고 나서는, 오른발을 들어 먼저 병자에게 향하도록 되돌려 이 신인(神印)을 지니고 병자의 몸에 다가가서 가슴 위에 놓아라. 만일 그가 여인이면 다시 일곱 걸음을 더 물러서서 전처럼 한뜻으로 서서 오방 대신(大神)이 있다고 상상하라. 그러면 청색(青色) 기운의 신(神)이 청색기운을 토하며 와서 병자의 왼손 엄지손가락으로 들어간다. 적색(赤色) 기운의 신은 붉은색 기운을 토하며 와서 병자의 왼발 엄지발가락 속으로 들어간다. 백색(白色)의 신은 흰색 기운을 토하며 와서 병자의 오른손 엄지손가락 속으로 들어간다. 흑색(黑色)의 신은 검정색 기운을 토하며 와서 병자의 오른발 엄지발가락 속으로 들어간다. 황색(黃色)의 신은 황색 기운을 토하며 와서 병자의 입 속으로 들어간다.

이렇게 이 다섯 가지 기운의 신이 다섯 가지의 정기(正氣)를 토하며 병자의 몸 안에 들어가면, 모든 사악한 기운이 일시에 흩어지고 없어져 배꼽으로부터 연기처럼 뭉게뭉게 나온다.

비유하면 마치 태풍이 불어 구름과 비를 흩어 놓는 것과 같다. 능히 신인(神印)을 잘 지니면 위력이 이와 같으니, 고통스러운 병이 나아 없어지고 삿된 귀신의 기운 역시 소멸된다."

부처님께서 제석에게 말씀하셨다.

"오방신왕(五方神王)이 항상 감응하여 있을 때에는 그 형상(形相)을 생각하라. 모두 다 투구와 갑옷을 입고 활을 들고 화살을 지니고 있다. 각기 그 이름과 방위에 따라 다섯 방위에 눌러 있으면서 병자를 위하여 보호해 주며, 그 밖에 다른 귀신들이 몸 안에 왕래하지 못하게 하며, 모든 사악한 것들을 물리치고 악마를 흩어져 도망가게 하여 그 몸 안에 머물 수 없게 한다."

부처님께서 천제석에게 말씀하셨다.

"이 문두루는 모든 귀신을 압착시켜 갈아 없애어, 망령되이 도리에 어긋나는 법의 일을 행할 수 없게 한다. 이 문두루 신인(神印)이 산을 향하면 산이 무너져 붕괴되고, 신인이 일체의 수목을 향하면 수목이 부러지고, 신인이 강이나 바다를 향하면 수원지의 샘물까지 고갈되며, 신인이 물이나 불을 향하면 소멸되게 한다.

만일 사방에서 갑자기 돌풍이 불어 흙먼지를 날릴 때, 신인을 들어 그곳으로 향하면 곧 바람이 멈추며, 신인을 들어 땅을 향하면 땅이 요동한다. 만일 사방에서 도적이 어지럽게 일어날 때 신인을 들어 그곳을 향하면 곧 흩어져 사라지며, 다시는 악한 뜻을 품지 않고 모두 자비로운 마음을 내며, 양쪽이 화해하여 서로 약탈하지 않고 각기 바른 정치로 돌아간다. 이 대 신왕(大神王)의 인장(印章, 문두루)이 향하는 곳은 이롭지 않은 경우가 없다. 신인을 몸에 향하면 404가지 병이 다 제거되어 치유되지 않는 것이 없다."

-『불설관정경(佛說灌頂經)』 제7권

불교의 세계 설에 의하면 수미산(須彌山) 정상에 도리천(忉利天)이 있고, 그 아래로 수미산 중턱에 사천왕천(四天王天)이 있다고 하였다. 선덕여왕은 신라 도읍지에 있는 낭산(狼山)의 양지쪽 기슭에 도리천이 있다고 하였고, 그 남쪽 아래의 신유림(神遊林)은 불국토를 수호하는 사천왕과 오방 신(五方神)이 사는 곳이기 때문에 이곳에 사천왕사를 창건하고 오방 신을 봉안하였던 것이다. 또한 불경에서 해와 달의 출입을 주관하는 일천자(日天子)와 월천자(月天子)의 궁전이 사천왕천에 있다고 하였으니, 육안으로 볼 때 해 뜨는 양곡(暘谷)의 구체적인 위치는 사천왕사가 창건된 신유림 일대가 된다.

신라 말기인 경명왕 때에 이르러 황룡사 탑 그림자가 한 달 동안이나 거꾸로 서 있었고, 또 사천왕사 오방 신(五方神)의 소상(塑像)이 잡고 있던 활줄이 저절로 모두 끊어졌다는 것은 바야흐로 천년왕국인 신라의 운수가 다하였다는 하늘의 예고이고, 호국사찰인 사천왕사의 법당에 오방신이 모셔졌다는 말이다. 호국사찰인 사천왕사는 조선시대 초기까지도 건재했다.[222] 이런 근거로 문무왕 비문 중에 '우리 신라 임금의 신령스러운 근원은 멀리 염제 신농씨의 창성한 터전을 계승하여 궁전을 높이 세워 바야흐로 융성하니…'라고 한 것이다.

복희씨의 고향 화서, 염제의 도읍지 계림, 황제가 살던 헌원구, 소호와 전욱의 고향 궁상 등이 명칭은 다르지만 실제로는 모두 해 뜨는 양곡(暘谷)과 같은 지역이다. 이곳을 육안으로 볼 때 양곡의 구체적인 위치는 선덕여왕을 장사지낸 도리천과 사천왕사가 창건된 구역에 해당하며, 이는 지상천국 에덴동산을 '동방의 에덴'이라고 한 것과 같다.

복희씨로부터 전욱에 이르기까지는 그들이 본래 천신이었기 때문에

---

222 조선 태조 4년(1395) 6월, 사신을 사천왕사 등의 절에 보내어 사천왕 도량(道場)을 베풀었다. 遣使四王等寺 設四天王道場 -『조선왕조실록』

그 시기를 신정(神政)시대라고 할 수 있으며, 그들의 행적 또한 신선세계와 인간세계를 자유로이 넘나들기 때문에 범부의 소견으로 확인하기 어려운 내용들이다. 이제 해 뜨는 양곡과 삼황오제에 관한 이해가 선행되고 나면 베일에 가려진 동방의 상고사는 저절로 그 실체가 드러난다.

최치원은 난랑비(鸞郎碑) 서문에서 말하였다.

> 도읍지에 현묘(玄妙)한 도(道)가 있는데, 풍류(風流)라고 한다. 가르침을 제정한 근원에 대해서는 선사(仙史)에 자세하게 갖추어져 있는데, 실로 이는 유·불·선 3교(三教)를 포함(包含)하고 뭇 중생들과 접촉하여 교화한다.
> 또한 들어와서는 집안에서 효를 행하고 나가서는 나라에 충성함은 노(魯)나라 사구(司寇, 공자)의 뜻이고, 무위(無爲)의 일에 처하여 언어가 끊어진 경지의 가르침을 행하는 것은 주(周)나라 주하사(柱下史, 노자)의 종지(宗旨)이며, 모든 악을 짓지 말고 모든 선을 받들어 행하라는 것은 축건 태자(竺乾太子, 석가)의 교화이다.
> -『삼국사기』 신라본기

이 문장은 학계에서 널리 회자되고 있으나 올바로 이해하는 이를 찾아보기 어렵다. 서문의 첫머리에 국(國)자는 나라로 풀이하는 것보다는 도읍지로 풀이하는 것이 의미가 정확하게 드러난다. 또 풍류는 3교를 포함(包含三教)한다고 하였는데, 포함(包含)이란 원래 들어있다는 것으로, 유·불·선 삼교의 발상지가 신라 도읍지라는 뜻이다. 만약 외래의 사상을 수용하였다는 의미라면 포함(包涵)이라고 해야 바른 표기이다. 최치원이 지은 봉암사 지증대사 비문에 '계림(雞林) 땅은 오산(鼇山) 곁에 있는데, 예로부터 유·불·선 3교(三教)에 기특한 인재가 많았다.[223]'라는 구절과 같은 뜻이다.

고려 인종 때 곽동순(郭東珣)[224]은 임금께 지어 올린 '팔관회 선랑(仙郎)의 하표(八關會仙郎賀表)'에서 풍류(風流)의 역사적 연원을 밝히고 있다.

> 복희씨(伏羲氏)가 천하의 왕이 된 뒤로부터 우리 태조(太祖, 왕건)의 삼한(三韓)보다 숭고한 것이 없고, 저 막고야산(藐姑射山)에 있다는 신인(神人)은[225] 완연히 월성(月城)[226]의 네 국선(國仙)이옵니다.[227]

---

223 雞林地在鼇山側 仙儒自古多奇特

224 곽동순은 고려 인종 때 문신으로 벼슬이 문하시중(門下侍中), 비서감(秘書監), 대제(待制) 등을 두루 역임하고 인종 13년(1135)년 하정사(賀正使)로 금(金)나라에 다녀오기도 하였다. -『고려사』

225 막고야산(藐姑射山)에 신인(神人)이 살고 있는데, 피부가 얼음과 눈처럼 희고 자태가 아름다운 처녀와 같다. 오곡을 먹지 않으며, 바람을 호흡하고 이슬을 마신다. 구름을 타고 하늘을 나는 용(龍)을 몰아 뜻대로 사해(四海)의 밖에까지 가서 노닌다. … 요 임금은 천하의 백성을 다스렸고, 사해의 정사를 바로잡았다. 그런데도 막고야산에 가서 네 신인(神人)을 만나 본 다음 분수(汾水)의 평양(平陽)에 돌아와서는 그만 멍하니 그 천하를 잊어버렸다. 藐姑射之山 有神人居焉 肌膚若氷雪 綽約若處子 不食五穀 吸風飮露 乘雲氣 御飛龍 而遊乎 四海之外 … 堯治天下之民 平海內之政 往見四子 藐姑射之山 汾水之陽 窅然喪其天下焉 -『장자(莊子)』 소요유(逍遙遊)

226 파사왕 22년 봄 2월에 궁성을 쌓아 이름을 월성(月城)이라고 했다. 가을

풍류(風流)가 역대에 널리 펼쳐져서 전해왔고, 본조(本朝, 고려)에 와서 경신(更新)하여 제정하였으니, 선조들이 즐겼고 상하가 화목하였나이다. 신이 듣건대, 저 신라(新羅)의 옛 도읍은 적수(積水)[228]의 동쪽 모퉁이에 있는데, 태고(太古)의 풍도가 있어 군자국(君子國)[229]이라 불리었나이다. 자줏빛 알이 천상에서 내려오고 신룡(神

7월에 왕이 월성으로 거처를 옮겼다. 二十二年 春二月 築城 名月城. 秋七月 王移居月城 -『삼국사기』 신라본기

227 『장자』 소요유 편에 나오는 막고야산이 신라 도읍지의 선도산(仙桃山)이고, 요임금이 막고야산에서 만난 네 신인(神人)은 신라의 네 국선(國仙)과 같다는 말이다. 선도산은 선도성모가 사는 신선세계로 삼신산의 하나인 방장산(方丈山, 지리산)이다.

228 적수(積水)란 천하의 물이 모여드는 곳으로 이곳을 대학(大壑) 또는 귀허(歸墟)라 부른다. 『열자(列子)』 탕문(湯問)에, '발해(渤海)의 동쪽으로 몇억만 리나 되는지는 알지 못하지만 그곳에 대학(大壑)이 있는데, 실은 바닥이 없는 골짜기여서 그 아래엔 바닥이 없으며 그곳을 귀허(歸墟)라 부른다. 온 세상 팔방(八方)의 물과 은하수의 흐르는 물이 모두 그곳으로 흘러들지만 물은 불어나지도 않거니와 줄지도 않는다. 그 가운데에 다섯 개의 산이 있는데 첫째는 대여(岱輿), 둘째는 원교(員嶠), 셋째는 방호(方壺), 넷째는 영주(瀛洲), 다섯째는 봉래(蓬萊)이다.' 하였다.

229 군자국이 그 북쪽에 있는데 의관에 검을 차고, 짐승을 잡아먹으며, 두 가지 무늬가 있는 호랑이를 곁에 두고 부린다. 그 사람들은 사양하기를 좋아하여 다투지 않는다. 훈화초(薰華草)가 있는데, 아침에 나서 저녁에 죽는다. 君子國在其北 衣冠帶劍 食獸 使二文虎在旁 其人 好讓不爭. 有薰華草 朝生夕死 -『산해경』 제9 海外東經. 동남쪽으로부터 동북방에 이르는 곳에 대인국(大人國)과 군자국이 있다. 自東南至東北方 有大人國 君子國 -『회남자(淮南子)』 지형훈(墬形訓). 『산해경』에 나오는 군자국은 신라 도읍지를 가리킨다는 말

龍)이 알영정(閼英井)에서 나와[230] 1천 년 동안 황하(黃河)가 맑아지고 성골(聖骨)·진골(眞骨)이 왕통(王統)을 이었고, 5백 년간에 저명한 설원랑(薛原郞)[231]·난랑(鸞郞) 같은 인간 세상에 유배 온 신선들이 배출되어 명승지를 두루 찾아 소요(逍遙)하며 노닐었고, 문하에 나아가 입실(入室)한 자가 천이며 만으로 헤아렸습니다.

엄주(弇州)의 서쪽, 대주(臺州)의 북쪽에 있는 꿈속의 화서씨(華胥氏)의 나라에서, 총석(叢石)·명사(鳴沙)는 바다 위의 봉래산(蓬萊山) 궁궐에서 유유자적 노닐었으니 쌀이나 기장을 먹고 사는 이들이 아닌 듯, 참으로 운연(雲煙) 속의 사람들이었나이다.

이윽고 공(功)을 이루어 구천(九天)으로 돌아가니, 지상에 노니는 것을 누가 다시 보았겠습니까. 복사꽃 흐르는 물은 아득히 흘러가고, 비록 참된 자취는 찾기 어려워도 동방의 옛 풍속은 아직도 남아 있으니, 진실로 천상의 황천상제(皇天上帝, 태일)[232]께서 폐지하지 않으려 한 것이옵니다.[233]

이다.

230 『삼국유사』 신라 시조 혁거세왕 참조.

231 진흥왕은 또 나라를 흥성하게 하려면 모름지기 풍월도(風月道)를 먼저 해야 한다고 생각하여, 다시 명령을 내려 좋은 가문 출신의 남자로서 덕행이 있는 자를 뽑아 (명칭을) 고쳐서 화랑이라고 하였다. 처음 설원랑(薛原郞)을 받들어 국선(國仙)으로 삼았는데, 이것이 화랑(花郎) 국선의 시초이다. 王又念欲興邦國 須先風月道 更下令 選良家男子 有德行者 改爲花娘 始奉薛原郞爲國仙 此花郎國仙之始. -『삼국유사』 3권, 미륵선화 미시랑 진자사.

232 정현(鄭玄)이 말하길, 황천(皇天)은 북극성의 천제(天帝)라고 하였다. 鄭玄曰 皇天 北極天帝也

-『동문선(東文選)』31권 표전(表箋)

풍류(風流)의 기원은 삼황오제의 시조인 복희씨(伏羲氏)에서 시작되고, 황제 헌원이 꿈속에 노닐었다는 이상향인 화서씨의 나라와 요임금이 네 신인(神人)을 만났던 막고야산이 실제로는 같은 곳으로, 이곳이 바로 신라 궁성인 월성(月城)이 있는 곳이라는 말이다.

이곳을 신라에서 남산(南山) 또는 선도산(仙桃山)이라고 한다. 또한 화서(華胥)는 신선세계로 한자와 주역을 창제하여 인류문명을 개척한 복희씨가 태어난 고향이며 도읍지이다.[234]

---

233 自伏羲氏之王天下 莫高太祖之三韓 彼藐姑射之有神人 宛是月城之四子 風流橫被於歷代 制作更新於本朝 祖考樂之 上下和矣 臣聞惟新羅之古邑 在積水之東隅 有太古風 號君子國。 紫卵降生於天上 神龍出自於井中 一千年而黃河淸 自聖骨眞骨而垂統 五百歲而名世出 有原郞鸞郞之謫仙 探奇選勝而得逍遙遊 踵門入室者 以千萬數 弇西台北 夢裏華胥道途 叢石鳴沙 海上蓬萊宮闕 似非稻粱食者 眞是雲煙中人 比及功成於九還 孰見神遊於八極 桃花流水杳然去 雖眞跡之難尋 古家遺俗猶有存 信皇天之未喪 -『동문선(東文選)』31권 표전(表箋)

234 황제가 낮잠을 자는데, 꿈에 화서씨(華胥氏)의 나라에 노닐게 되었다. 그곳은 엄주(弇州)의 서쪽, 태주(台州)의 북쪽으로 제(齊)나라에서 몇천만 리나 떨어져 있는지 알지 못한다. -『열자』黃帝. 포희씨(庖犧氏, 복희)의 어머니는 화서(華胥)의 뇌택(雷澤)에서 대인(大人)의 발자국을 밟고 성기(成紀)에서 포희씨를 낳았다. -『사기』삼황본기. 춘황(春皇)은 포희(庖羲)의 별호이다. 그 나라 도읍지에 화서(華胥)라는 섬이 있는데, 신모(神母)가 그곳에서 노닐다가 푸른 무지개가 신모를 휘감더니 오랜 시간이 흘러서야 사라졌다. 곧 임신한 것을 깨닫고 12년이 지나서 복희씨를 낳았다. -『습유기』1권

풍류는 상고시대의 소도(蘇塗)를 말하는 것으로 신라 진흥왕 때에 화랑 제도인 원화(源花)로 부활되었고, 고려시대에는 팔관회로 경신하여 계승되었다. 일반적으로 풍류는 유·불·선 3교(三敎)를 포함하고 있다는 정도로 이해하고 있으나, 정확히는 유·불·선 3교의 발상지이고 이상향이 신라 도읍지라는 말이다. 기독교에서 동방의 에덴동산이라는 이상향이 있듯이 유·불·선 3교에도 각기 이상향이 있다.

우선 불교에서는 극락세계를 비롯하여 여러 천국이 있지만, 그 중에 지상에 있는 천국은 수미산 정상에 있다는 도리천(忉利天)이 된다. 이리하여 불교의 세계 설에 의거하여 유촉에 따라 선덕여왕을 장사지낸 낭산(狼山)의 도리천 아래에 사천왕사를 창건하였다.

도교에서는 주 목왕(穆王)이 팔준마가 끄는 수레를 타고 서왕모(西王母)가 산다는 곤륜산(崑崙山)에 가서 서왕모와 노니느라 돌아올 것을 잊었다고 한다. 또한 진시황이 신선과 불사약을 구하기 위해 서복(徐福)이 재계한 동남동녀 수천 명을 이끌고 찾아 나선 선인들이 산다는 봉래(蓬萊)·방장(方丈)·영주(瀛洲) 등 삼신산이 이상향인데, 그 중에서도 방장산(方丈山, 지리산)이 중심이다. 방장산을 곤륜산이라 하고, 불교에서는 수미산(須彌山)이라고 한다.

유교에서는 『상서』 요전에 요임금이 희중을 살게 했던 해 뜨는 곳 우이(嵎夷)가 되는데, 이곳은 공자가 동경하여 뗏목을 타고 가서 살고 싶어 했던 구이(九夷)와 같은 곳으로 고조선과 신라의 궁궐이 있었던 곳이다. 이렇게 볼 때 유·불·선 3교(三敎)의 경전은 용어가 다르고 깊이에 차이가 있을 뿐, 실제로는 같은 내용이다.

7. 제곡

전욱에 이어 천자로 즉위한 제곡(帝嚳) 고신씨(高辛氏)가 해 뜨는 부상(扶桑, 아사달)에 도읍을 정하고 천하를 다스릴 때 네 명의 왕비가 있었다. 이들 네 왕비가 낳은 왕자 중에 지(摯)와 요(堯)는 천자의 지위를 계승하고, 설(契)의 후손 탕(湯)은 은나라를 일으키고, 기(棄)의 후손 무왕이 주나라를 일으켜 천하를 소유하였다.

제곡(帝嚳)은 진봉씨(陳鋒氏)의 딸을 왕비로 맞아들여 〔『제왕세기』에, 제곡(帝嚳)은 네 명의 왕비(妃)가 있으니, 도읍을 정한 곳에서 낳은 그의 아들이 모두 천하를 소유하였다.
원비(元妃)는 유태씨(有邰氏)씨의 딸로, 강원(姜嫄)이니 후직(后稷)을 낳았다. 둘째 비는 유융(有娀)씨의 딸로 간적(簡狄)이니 설(卨)을 낳았다. 셋째 비는 진봉(陳鋒)씨의 딸이니 경도(慶都)이며 방훈(放勛)을 낳았다. 넷째 비는 추자(娵訾)씨의 딸로 상의(常儀)이며 제지(帝摯)를 낳았다.〕 방훈(放勛)을 낳았다. 〔요(堯)가 능히 상대(上代)의 공훈(功勳)을 널리 폈으므로 방훈이라 한다는 말이다. 시호는 요(堯)이고 성은 이기(伊祁)씨이다. 『제왕세기』에, 제요(帝堯) 도당씨(陶唐氏)는 기(祁) 성이며 어머니 경도(慶都)가 14개월 만에 요(堯) 낳았다고 한다.〕 추자(娵訾)씨의 딸을 왕비로 맞아들여 지(摯)를 낳았다. 그리하여 제곡이 세상을 떠나자 지(摯)가 대를 이었다. 지(摯)가 대를 이어 즉위하였으나 잘 다스리지 못하고 (붕괴되었다.) 〔『제왕세기』에, 제지(帝摯)의 어머니는 4왕비 중에 반열이 가장 아래였으나, 지(摯)는 형제에서 가장 맏형이었으므로 제위에 올랐다. 다른 어머니가 낳은 동생 방훈은 당후(唐侯)로 봉하였다. 지(摯)가 재위한지 9년이 되어도 정사가 미약하였다. 그러나 당후는 덕이 성하니 제후들이 돌아오고, 지(摯)는 그 뜻에 굴복하여, 마침내 신하들을 거느리고 당(唐)을 만들고 선위하기에 이르렀다. 당후(唐侯, 요)는 천명이 자신에게 있음을 알고, 마침내 제위를 물려받고, 이에 지(摯)는 고신(高辛)에 봉하였으니, 지금 정주(定州)의 당현(唐縣)이다] 아우 방훈이 즉위하니 이가 제요(帝堯)이다.[235]

–『사기정의(史記正義)』 1권.

주나라 시조 후직(后稷)의 이름은 기(棄)이다. 그의 어머니는 유태씨(有邰氏)의 딸 강원(姜原)이며, 강원은 제곡(帝嚳) 고신(高辛)씨의 왕비이다. 강원이 들에 나갔다가 거인의 발자국을 보고 마음속으로 기뻐하며 그 발자국에 밟아보고 싶어서 발자국의 엄지발가락을 밟으니 몸이 감동하더니 잉태하였다. 마침내 달이 차서 아들을

235 帝嚳娶陳鋒氏女〔帝王紀云 帝俈有四妃 卜其子皆有天下 元妃有邰氏女 曰姜嫄 生后稷 次妃有娀氏女 曰簡狄 生卨 次妃陳鋒氏女 曰慶都 生放勛 次妃娵訾氏女 曰常儀 生帝摯也〕生放勛〔言堯能放上代之功 故曰放勛 謚堯姓伊祁氏 帝王紀云 帝堯陶唐氏祁姓也 母慶都十四月生堯〕娶娵訾氏女 生摯 帝嚳崩而摯代立 帝摯立不善(崩)〔帝王紀云 帝摯之母於四人中 班最在下 而摯於兄弟最長 得登帝位封 異母弟放勛爲唐侯 摯在位九年 政微弱 而唐侯德盛諸侯歸之摯服其義 乃率羣臣造唐而致禪 唐侯自知有天命乃受帝禪 乃封摯於高辛 今定州唐縣也〕而弟放勳立是爲帝堯

낳았으나 상서롭지 못하다고 여겨 좁은 골목길에 버렸더니 지나가는 말과 소가 밟지 않고 피해갔다. 옮겨서 숲에 두려 했으나 마침 산림에 많은 사람들이 모여 있었다. 다시 옮겨 개천의 얼음 위에 버렸더니 새가 날아와 날개로 깔고 덮어 보살폈다. 강원은 신(神)이라 여겨 마침내 거두어 길렀는데, 처음에 그 아기를 버리려 했으므로 이름을 기(棄)라 불렀다.[236] –『사기』 주본기

『춘추원명포(春秋元命苞)』에, '주나라 선조인 강원(姜原)이 대인(大人)의 발자국을 밟고 후직(后稷)을 부상(扶桑)에서 낳았다.'고 하였다. 후직은 농사일을 좋아했으므로 순(舜)이 천거하여 오곡을 파종하는 일을 맡도록[237] 하였다.' 〔천신이 비로소 도를 좇아 행함에 길에서 필연적으로 발자국이 있었으므로 강원이 그것을 밟고 의식이 감응하여 마침내 부상(扶桑)에서 후직을 낳고, 그가 출생한 곳의 들에서 성장하였다. 그리하여 순(舜)이 등용하여 오곡을 파종하는 법을 백성들에게 가르치도록 했으니 농사일을 좋아했기 때문이다. 이는 창신(蒼神)[238]의 상서로운 부록(符籙)이 분명하다는 사

236 周后稷 名棄 其母有邰氏女 曰姜原 姜原爲帝嚳元妃 姜原出野 見巨人跡 心忻然說 欲踐之 踐之而身動如孕者 居期而生子 以爲不祥 棄之隘巷 馬牛過者皆辟不踐 徙置之林中 適會山林多人 遷之而棄渠中冰上 飛鳥以其翼覆薦之 姜原以爲神 遂收養長之 初欲棄之 因名曰棄

237 제순(帝舜)이 이르시기를, 기(棄)야, 백성들이 곤궁하고 굶주리므로 네가 후직(后稷)이니 백 가지 곡식을 시기에 맞게 파종하도록 하여라. 帝曰 棄黎民阻飢 汝后稷 播時百穀 –『상서』 순전(舜典)

238 창신(蒼神)은 사람 얼굴이며 구망(勾芒)이라 부른다. 蒼神人面號句芒 –『임호집

실을 알 수 있다.[239]] -『태평어람』자산부(資産部)

『춘추원명포(春秋元命苞)』에, 주나라의 근본은 강원(姜嫄)이 비궁(閟宮)에서 〔후사(後嗣)를 기원하는 제사를 지내고〕[240] 나와 그 땅인 부상(扶桑)에서 대인의 발자국을 밟고 잉태하여 후직(后稷)을 낳았다고 하였다. …『세본(世本)』에, '제곡(帝嚳)은 〔부상(扶桑)에〕 도읍을 정하고 살면서 그의 네 왕비가 있었는데, 네 왕비가 낳은 왕자가 모두 천하를 소유하였다. 원비(元妃)는 유태국(有邰國)의 딸 강원(姜嫄)인데, 이가 후직(后稷)을 출산하였다. 다음 왕비는 유융씨(有娀氏)의 딸 간적(簡狄)인데, 이가 설(契)을 낳아[241] 〔은(殷)

(林湖集)』 2권. 동방의 구망(勾芒)은 새의 몸에 사람 얼굴이며 두 마리 용을 타고 다닌다. 東方勾芒 鳥身人面 乘兩龍 -『산해경』海外東經

239 春秋元命苞曰, 周先姜原 履大人跡 生后稷扶桑 推種生 故稷好農〔神始行從道道必有跡而姜原履之意感 遂生后稷於扶桑之所出之野長 而推演種生之法而好農 知爲倉神所命明也〕 -『태평어람』資産部二 農

240 중춘(仲春, 음력 2월)의 달에 제비가 돌아오는데, 돌아오는 날에는 태뢰(太牢)로써 고매(高禖)에게 제사한다. 천자가 친히 가면 원비(元妃)는 구빈(九嬪)을 거느리고 가서 이에 천자가 어거하는 대로 제례를 행한다. 활과 화살집을 차고 고매(高禖)의 신전 앞에 활과 화살을 바친다. 是月也 玄鳥至 至之日以大牢祠于高禖 天子親往 后妃帥九嬪御 乃禮天子所御 帶以弓韣 授以弓矢于高禖之前 -『예기』월령(月令)

241 은(殷)나라의 (조상) 설(契)의 어머니는 간적(簡狄)이다. 유융씨(有娀氏)의 딸이며 제곡(帝嚳)의 둘째 왕비였다. 세 사람이 함께 목욕을 갔다가 제비가 알을 떨어뜨리는 것을 보고, 간적이 이를 삼켜 임신해 설을 낳았다. 설은 장성해 우의 치수사업을 도와서 공을 세웠다. -『사기』은본기

나라의 조상이 되었다.〕 다음 왕비는 진풍(陳豐)인데, 이가 제요(帝堯)를 낳았다. 다음 왕비는 추자씨(娵訾氏)의 〔딸 상의(常儀)인데,〕 제지(帝摯)를 낳았다'고 하였다.[242]

-『태평어람』 황친부(皇親部)1.

제곡(帝嚳)은 소호(少昊)의 손자이고, 도읍지 역시 부상(扶桑)에 있었다.『습유기』에, 황제(黃帝)의 왕비가 궁상(窮桑)에서 소호를 낳았다는 기록에서 헌원의 도읍지가 궁상이라는 사실이 드러나듯이, 제곡의 왕비 강원이 부상(扶桑)에서 대인의 발자국을 밟고 잉태하여 후직을 낳았다는 기록을 통해 제곡의 도읍지가 부상이라는 사실을 알 수 있다. 궁상이나 부상은 열 개의 태양이 대기하는 신목(神木)으로 이곳을 우이(嵎夷) 또는 동이(東夷)라고 한다.

제곡에 이어 천자가 된 제지(帝摯)와 제요(帝堯), 그리고 은나라 시조인 설(契)과 주나라 시조인 기(棄)에 이르기까지 모두 제곡이 부상에서 천하를 다스릴 때 네 왕비가 낳았으므로 이들 모두의 고향이 부상(扶桑)이 있는 곳이라는 사실이 드러난다. 제곡(帝嚳)이 세상을 떠난 뒤 지(摯)와 요(堯)가 대를 이어 즉위하여 다스리다가, 재위한 지 70년이 지나 순(舜)이 섭정하던 시기에 기(棄)는 후직(后稷)이니

242 春秋元命苞曰 周本姜嫄游閉(閟)宮 其地扶桑 履大跡 生后稷 … 世本曰 帝嚳卜其四妃 四妃之子而皆有天下 元妃有邰國之女曰姜嫄 是產后稷 次妃有娀氏之女簡狄 是產契 次妃曰陳豐 是生帝堯 次妃曰娵訾〔氏之女 曰常儀〕產帝摯 -『태평어람』皇親部一, 제곡의 네 왕비(帝嚳四妃). *괄호 안은 인용문에 탈자가 있어 世本에 의거하여 보충하였다.

농사일을 전담하고, 설(契)은 사도(司徒)에 등용되었다.

부상의 위치에 대해, 신라 성덕대왕신종의 명문(銘文)에, '동해 위의 삼신산(三神山)은 선인들이 사는 곳, 땅은 선도산(仙桃山)에 있고 경계는 부상(扶桑)에 접하였다. 여기에 우리나라가 있어 천하를 통합하여 한 고향이 되었다'[243]라고 하였다.

신라 도읍지의 선도산이 혜안으로 보면 서왕모가 사는 곤륜산이고, 이곳에 열 개의 태양이 대기하는 부상(扶桑)이 있다는 말이다.

부상(扶桑)이란, 해 뜨는 양곡(暘谷)에 있다는 신령한 뽕나무로 혹은 공상(空桑)·궁상(窮桑)이라고도 하며 해 뜨는 구역을 뜻하는 대명사로 쓰인다.

『열자(列子)』에, 이윤(伊尹)은 공상(空桑)에서 탄생하였다고 했다.[244] 또 『사기』에, 태공망(太公望) 여상(呂尙)은 동해(東海) 위의 사람이라고 하였다.[245] 그렇다면 탕(湯)을 보좌하여 은나라를 일으킨 이윤과 무왕을 보좌하여 주나라를 일으킨 태공망 역시 같은 고향으로 우이(嵎夷) 사람이다.

이리하여 『삼국유사』 첫머리에서 다음과 같이 말하였다.

> 무지개가 신모(神母)의 몸을 두르더니 복희(伏羲)를 낳고, 용이 여등(女登)에게 교접하더니 염제(炎帝)를 낳았다. 황아(皇娥)가

---

243 東海之上 衆仙所藏 地居桃壑 界接扶桑 爰有我國 合爲一鄕

244 伊尹生乎空桑 - 『列子』 천서(天瑞)

245 太公望呂尙者 東海上人 - 『사기』 제태공세가(齊太公世家). 태공망은 동이(東夷)의 선비이다. 太公望 東夷之士也 - 『여씨춘추』 孝行覽 首時

궁상(窮桑)의 들에서 노는데 자칭 백제(白帝)의 아들이라고 하는 신동(神童)이 와서 황아와 교통(交通)하여 소호(少昊)를 낳았다. 간적(簡狄)은 제비의 알을 삼키더니 설(契)를 낳고, 강원(姜嫄)은 거인의 발자국을 밟고서 기(棄)를 낳았다. 잉태한 지 14개월 만에 요(堯)를 낳기에 이른 것이다.[246]

이상에서 살펴 본 바와 같이 복희씨로부터 제곡에 이르기까지 역대 제왕이 모두 부상(扶桑)에 도읍을 정하고 천하를 다스리다가 다시 단군·기자·신라의 도읍지로 이어진다.

이로써 『주역』에, 천하를 다스리는 제왕이 동방에서 나온다는 구절이 사실로 확인된다. 『시경』 생민(生民)과 비궁(閟宮) 편에 주나라 선조인 강원(姜嫄)과 후직의 탄생에 대하여 수록되어 있다.

설날 세시풍속 도부(桃符)

도부(桃符)란, 복숭아나무 판자에 사악한 잡귀를 퇴치하는 신장의 모습을 그려 섣달그믐날 자정 무렵에 대문에 부착하여 집안에 사악한 잡귀의 출입을 방어하는 일종의 부적으로, 혹은 매년 설날에 바꾸어 단다고 하여 도경(桃梗)이라 하고, 혹은 도판(桃板)이라고도 한다.[247]

---

246 以至虹繞神母而誕羲 龍感女登而注炎 皇娥遊窮桑之野 有神童自稱白帝子 交通而生小昊 簡狄呑卵而生契 姜嫄履跡而生棄 胎孕十四月而生堯 -『삼국유사』 제1, 기이(紀異第一)

247 도부(桃符): 표지 날개 사진 참조

도부에 관해서는 우리나라의 『동국세시기』와 『조선왕조실록』, 중국의 『형초세시기』 등에 자세하게 소개하고 있다. 도부의 기원은 이미 4,700여 년 전인 황제 헌원 시대에 시작되어 동양에서는 시대와 국경을 초월한 세시풍속이었으며, 우리나라에서도 조선시대 말기에 이르기까지 성행하였던 풍속이다.

또한 도부의 주인공인 신도와 울루가 사는 곳은 선도산(仙桃山)이라고 하였으니, 바로 우리나라의 지리산에 해당한다. 이러한 유서 깊고 세계적인 풍속이 일제 강점기에 폐지되면서 현재 한국에서는 도부의 종주국이면서도 그러한 근본도 모르고 그 자취조차도 찾아보기 어려운 지경에 이르렀다.

도부에 관한 문헌은 한국과 중국의 경전과 역사서를 비롯하여 명사들의 문집에 이르기까지 여러 고전에 수록되어 있다.

> 문에 붙이는 첩자(帖子)에 '신도 울루(神荼鬱壘)'라고 네 글자를 쓴다. 옛 풍속에 설날에 도부(桃符)에 신도(神荼)와 울루(鬱壘) 두 신인(神人)의 형상을 그려 대문이나 출입문에 설치하여 흉악한 귀신을 막는다. 이 제도는 중국 황제(黃帝) 때부터 시작되었는데, 지금은 입춘의 첩자로 사용한다.[248]
>
> –『동국세시기(東國歲時記)』 입춘

> 도판(桃板)을 만들어 문 위에 붙이는데, 이것을 선목(仙木)이라고

---

248 門帖 有神荼鬱壘四字 古俗 元日桃符 畵神荼鬱壘像 置之門戶 以禦凶鬼 其制自黃帝始 今用於春帖

한다. 두 신인(神人)을 그려 문의 좌우에 붙이는데 왼쪽이 신도, 오른쪽은 울루이다. 세속에서 이를 문신(門神)이라고 한다. 복숭아나무는 나쁜 귀신들이 싫어하여 신인(神人)의 얼굴을 그려 만들어 불사(不死)의 상서로움을 거두어 묶어둘 수 있다고 여긴 것이다. 또 복숭아나무는 오행(五行)의 정기로 능히 백가지 괴변을 제압할 수 있으므로 선목(仙木)이라고 한다.

『괄지도(括地圖)』에, '도도산(桃都山)에 거대한 반도(蟠桃)나무가 3천 리에 서려 있는데, 나무에 금계(金鷄)가 있어 해가 비추면 곧바로 운다. 그 나무 아래에 두 신(神)이 있어 하나는 이름이 울(鬱)이고 하나는 루(壘)인데, 함께 갈대 새끼줄로 상서롭지 못한 귀신을 엿보아 살펴 잡아서 곧바로 죽인다.'라고 하였다. 즉 신도(神茶)의 이름이 빠져있다.

응소(應劭)의 『풍속통(風俗通)』에서, '『황제서(黃帝書)』에 이르기를, 상고시대에 신도와 울루의 형제 두 사람이 있었는데, 도삭산(度朔山)의 복숭아나무 아래에서 모든 귀신을 조사하여 망령되이 사람을 해치는 귀신은 잡아서 갈대 새끼줄로 묶어 호랑이 먹이로 던져준다.' 하였다. 이리하여 고을의 관리가 선달그믐날에 신도와 울루를 장식하고, 갈대 새끼줄을 드리워 문에 호랑이를 그려 예전부터 내려오는 풍속을 본받도록 하였다.[249]

---

249 造桃板著戶 謂之仙木 繪二神貼戶左右 左神茶 右鬱壘 俗謂之門神 桃者五行之精 能制百怪 謂之仙木 括地圖曰 桃都山有大桃樹 盤屈三千里 上有金雞 日照則鳴 下有二神 一名鬱 一名壘 幷執葦索 以伺不祥之鬼 得則殺之 卽無神茶之名 應劭風俗通曰 黃帝書稱 上古之時 有神茶 壘鬱

- 『형초세시기(荊楚歲時記)』

설날에 복숭아나무 판자를 문에 붙이는데, 이를 선목상(仙木像)이라고 한다. 울루산(鬱壘山)의 복숭아나무는 모든 귀신이 두려워하는 곳이다. 『산해경』에, 동해의 도삭산(度朔山)에 거대한 복숭아나무가 있는데, 3천 리에 걸쳐 서려 있다. 그 중 낮은 가지가 동북쪽으로 향해 있는데, 이를 '귀문(鬼門)'이라고 하며, 이곳을 모든 귀신들이 출입한다. 이곳에 두 신(神)이 있는데, 하나는 신도이고 하나는 울루이다. 이들이 귀신들의 출입을 검열하여, 사람에게 해악을 끼친 자를 잡아서 갈대 새끼줄로 묶어 호랑이에게 먹인다. 이에 황제(黃帝) 시대의 법에 선달그믐날 자정 무렵 대문이나 출입문의 위에 복숭아나무 판자를 세우고 그 위에 신도와 울루가 갈대 새끼줄을 가지고 흉악한 귀신을 방어하는 그림을 그리며, 호랑이에게 사악한 귀신을 먹게 하는 그림을 문에 그렸다.[250]

- 『천중기(天中記)』 4권

도부의 풍속은 이미 황제 헌원 시대부터 시작되었고, 『괄지도』에는 '도도산(桃都山)에 거대한 복숭아나무가 있는데, 이 나무 위에 금계(金

兄弟二人 住度朔山上桃樹下 簡百鬼 鬼妄搰人 援以葦索 執以食虎 于是縣官以臘除夕飾桃人 垂葦索 畫虎于門 效前事也.

250 元日造桃板 著戶謂之仙木像. 鬱壘山桃樹百鬼畏之 山海經曰 東海度朔山有大桃樹 蟠屈三千 其卑枝 向東北曰 鬼門 萬鬼出入也 有二神 一曰神荼 一曰鬱儡 主閱領衆鬼之 惡害人者執 以葦索而用食虎 於是黃帝法 而象之歐除畢 因立桃梗 於門戶上 畫神荼鬱儡 持葦索 以禦凶鬼 畫虎于門當食鬼也

鷄)가 살고 있어 해가 비추면 곧바로 울고 나무 아래에 두 신(神)이 있는데, 하나는 신도이고 하나는 울루이다. 함께 갈대 새끼줄을 가지고 검열하여 상서롭지 못한 귀신을 적발하면 곧바로 잡아 죽인다.' 하였다. 이곳은 곤륜산 서왕모가 산다는 신선세계로 해 뜨는 우이(嵎夷) 지역이며, 태양 속 삼족오(三足烏)가 사는 곳이기도 하다.

신라 제51대 진성여왕은 나라가 어지러워지자 왕위를 태자(효공왕)에게 물려주고 당나라 황제에게 보낸 양위표(讓位表)에, '신의 도읍지는 비록 울루(鬱壘)의 반도(蟠桃)와 접경에 해당하오나, 위력으로 군림하는 것을 숭상하지 아니합니다.'[251]라고 하였다.

또 예언서인 『격암유록』 제 56장에, 새 시대의 도읍지를 밝히면서 제목에 도부 신인(桃符神人)이라고 하였다. 신도와 울루가 매일 해 뜰 무렵에 귀신을 검열하는 곳의 거대한 복숭아나무를 가리켜 선도(仙桃) 또는 반도(蟠桃)라고 하며, 이곳이 신라도읍지의 선도산(仙桃山)이고, 이곳이 다시 도읍지가 된다는 말이다. 고려시대 악부(樂府)에 헌선도(獻仙桃)가 있는데, 이것은 곤륜산 서왕모가 임금에게 선도(仙桃)를 바치는 의식으로 이때 음악과 춤이 곁들여진다.

선도산은 비록 지상에 해당하지만 실제로는 인간 세상과 격리된 신선세계라서 접경이라고 표현한 것이다. 이곳은 선도성모(仙桃聖母)가 산다는 신선세계로 삼신산의 하나인 지리산을 가리킨다.

현재 학계에서는 선도산의 위치에 관해 경주가 신라 도읍지라는 전제하에, 경주에 있는 해발 380m의 나지막한 산인 선도산(仙桃山)이

---

251 臣以當國 雖鬱壘之蟠桃接境 不尙威臨 – 『동문선(東文選)』 제43권 양위표(讓位表)

라는 설이 지배적이다.

최치원이 지은 법장화상 전기에 이런 말이 있다.

> 또한 해동 화엄의 각모(覺母)는 의상이 시조이다. 그러나 처음에는 동쪽 집의 구(東家丘, 공자)와 같을 뿐이었는데, 법신(法信)이 멀리서 전해지자 미혹한 무리들이 두루 환히 알게 되었다.
> 이것은 실로 촉룡(燭龍)의 눈이 열려 문득 광명을 놓았고, 불길 속에 사는 쥐의 털로 화완포(火浣布)를 짜는 데 더욱 기특함을 나타내어 교화는 온 나라에 미쳤고, 화엄종은 10산(山)에 두루하였으니, 화엄종이 반도(蟠桃, 선도산)에서 무성하게 빛나게 된 것도 역시 법장의 힘이었다.

신라 의상대사가 당나라에 유학하여 중국 화엄종의 조사인 지엄(智儼)의 문하에서 법장(法藏)과 동문이 되어 『화엄경』을 수학하고 귀국하여 지리산 화엄사에 주석하며 전국 십여 곳의 화엄종 사찰에 화엄대학을 설립하고 『화엄경』을 전파하였다. 이 무렵 동문수학하던 현수(賢首, 법장)국사로부터 서신과 함께 법장이 지은 『화엄경』 관련 저술이 신라에 전해져 불교계에서 교재로 사용되었다.

지리산 화엄사는 절 이름이 말해주듯이 신라 화엄종의 종찰(宗刹)이요, 중심 도량이다. 반면에 불국사는 의상대사가 활동하던 시기보다 1세기 후에 창건되었고, 경주에 있는 어떤 절도 신라 화엄십찰에 포함되지 않는다. 또한 도부는 본래 설날 세시풍속이다. 그런데 유독 『동국세시기』에서 입춘에 행해지는 풍속이라고 하였다. 만약 설날 풍속이라고 한다면 당연히 신도와 울루가 사는 반도산(蟠桃山, 선도산)이 국민적 관심사로 부각되고 선도산의 위치에 대한 시비가 야기될 것을 감안하여 고의로 그렇게 기록한 것으로 보인다.

근세 중국의 저명한 신화학자인 원가(袁珂, 1916~2001)의 『산해경교주(山海經校注)』에서 다음과 같이 말하였다.

> 한(漢)나라 시대 고분의 석판에 새겨진 화상(畫像)이나 고분벽화 중에는 항상 구미호와 흰 토끼, 달 속의 두꺼비, 태양 속 삼족오 등이 서왕모(西王母)의 자리 곁에 나열되어 있어 경사스럽고 상서로운 조짐을 표시한다.[252]

고구려 고분벽화와 한(漢)나라 고분석판에 그려진 서왕모와 태양 속 삼족오 등이 모두 신선세계인 곤륜산을 묘사한 것으로, 바로 이곳이 서왕모를 비롯하여 우주를 다스리는 천신들이 사는 천국이기 때문에 망자가 천국에 태어나기를 바라는 염원으로 장식한 것이다.

이렇게 볼 때 시대와 국경을 초월한 세계적인 설날 풍속인 도부(桃符)와 삼족오는 동방 숭배사상으로, 그 근원이 우리나라에서 발생한 것임에 틀림없다.

---

252 漢代石刻畫像及磚畫中 常有九尾狐與白兎蟾蜍三足烏之屬 列於西王母座旁以示禎祥

8. 단군조선

단군조선의 건국에 관해 살펴보기로 하자.

『원위서(元魏書)』[253]에 이르기를,

지금으로부터 2천여 년 전에 단군왕검(壇君王儉)이 있었는데, 아사달(阿斯達)에 도읍을 정하고 나라를 세워 국호를 조선(朝鮮)이라고 하였으니, 요(堯)와 같은 시대이다.

고기(古記)에서 말하였다.

옛날에 환인(桓因)[254]의 서자(庶子) 환웅(桓雄)이 있었는데, 자주 천하에 뜻을 두어 인간 세상을 구하고자 탐내었다. 아버지는 아들의 뜻을 알고 삼위 태백산(三危太伯山)을 내려다보니 인간을 널리 이롭게 할 만했다. 이에 천부인(天符印) 세 개를 환웅에게 주며 가서 다스리게 했다. 환웅은 무리 3천 명을 거느리고 태백산(太伯山) 정상에 있는 신단수(神壇樹) 아래에 내려왔다. 이곳을 신시(神市)라 하고, 이 분을 환웅천왕(桓雄天王)이라고 이른다.
풍백(風伯)·우사(雨師)·운사(雲師)를 거느리고 곡식·수명·질병·형벌·선악(善惡) 등을 주관하고, 무릇 인간의 360여 가지 일을

253 『불국사 사적』에 고조선기가 수록되어 있는데, 『원위서(元魏書)』라고 하였다. 당나라 시대 배안시(裴安時)가 편찬한 『원위서(元魏書)』 30권을 가리키는 것으로, 현재 전하지 않는다.

254 原註: 제석(帝釋)을 이른다.

주관하며 인간 세상을 다스리고 교화했다.
이때 곰 한 마리와 호랑이 한 마리가 같은 굴에 살면서 항상 신(神) 환웅(雄)에게 변화하여 사람이 되기를 기원하였다. 이때 신 환웅은 신령스러운 쑥 한 다발과 마늘 20개를 주면서 말하였다.
"너희들이 이것을 먹고 백일 동안 햇빛을 보지 않으면 곧 사람의 형체를 얻게 될 것이다." 이에 곰과 범이 이것을 받아서 먹으며 삼칠일(三七日, 21일) 동안 금기했더니 곰은 여자의 몸을 얻었으나, 범은 금기를 지키지 못해 사람의 몸을 얻지 못했다. 웅녀(熊女)는 혼인해서 같이 살 사람이 없으므로 날마다 신단수 아래에서 잉태하기를 기원했다.
환웅이 잠시 변하여 그와 혼인했더니 이내 잉태해서 아들을 낳았으니, 이름을 단군왕검(壇君王儉)이라고 한다. … 주 무왕이 즉위하여 기묘(己卯)년에 기자(箕子)를 조선에 봉하므로, 단군(壇君)은 이에 장당경(藏唐京)으로 옮겨 은거하다가, 후에 아사달(阿斯達)에 돌아와 산신이 되었으니 1,908세를 누렸다.[255]

---

255 魏書云 乃往二千載 有壇君王儉 立都阿斯達 開國號朝鮮 與堯同時. 古記云 昔有桓因(謂帝釋也) 庶子桓雄數意天下 貪求人世 父知子意 下視三危太伯 可以弘益人間 乃授天符印三箇 遣往理之 雄率徒三千 降於太伯山頂 神壇樹下 謂之神市 是謂桓雄天王也 將風伯雨師雲師 而主穀主命主病主刑主善惡 凡主人間三百六十餘事 在世理化 時有一熊一虎 同穴而居 常祈于神雄 願化爲人 時神遺靈艾一炷蒜二十枚曰 爾輩食之 不見日光百日 便得人形 熊虎得而食之 忌三七日 熊得女身 虎不能忌 而不得人身 熊女者 無與爲婚 故每於壇樹下 呪願有孕 雄乃假化而婚之 孕生子 號曰壇君王儉. … 周武王卽位己卯 封箕子於朝鮮 壇君乃移於藏唐京 後還隱於阿斯達爲山神 壽一千九百八歲

-『삼국유사』 고조선

처음 누가 개국하고 풍운(風雲)을 열었는가.
제석의 손자 이름은 단군이라네.
〔본기(本紀)에 이르기를, 상제 환인(桓因)에게 서자가 있어 웅(雄)이라 하였다. … '삼위태백(三危太白)으로 내려가 널리 인간을 이롭게 하라.'고 하였다. 이리하여 웅이 천부인(天符印) 3개를 받아 귀신 3천명을 거느리고 태백산 꼭대기 신단수(神檀樹) 아래에 내려오니 이 분이 단웅천왕(檀雄天王)이다.… 손녀에게 약을 먹여 사람몸이 되게 하여 단수의 신과 혼인하여 아들을 낳았다. 이름을 단군(檀君)이라 하니 조선 땅에서 웅거하여 왕이 되었다.
그러므로 시라(尸羅, 신라)·고례(高禮, 고구려)·남북옥저·동북부여·예·맥은 모두가 단군의 후예이다. 1038년을 다스리다가 아사달 산에 들어가 신(神)이 되니 죽지 않았기 때문이다.〕
요임금과 함께 무진년에 나라를 융성하게 일으켜
순임금, 하 왕조를 거치도록 궁궐에 계시었다.
은나라 무정 8년 을미에 아사달 산에 들어가 신이 되었다.[256]

---

256 삼국유사에는 『원위서(元魏書)』를 인용하여 단군이 처음 아사달에 도읍을 정하고 건국하여 천여 년을 다스리다가 장당경(藏唐京, 구월산)에 은거하였다고 했는데, 여기서는 은나라 말기 무정왕(武丁王) 8년에 아사달 산에 들어가 신이 되었다 하고, 주(注)에서 이곳이 황해도 문화현의 구월산이라고 하였다. 단군의 도읍지는 아사달이고, 은거했던 곳이 장당경으로 이곳이 구월산이다. 현재 유통되고 있는 『제왕운기』 발문(跋文)에, 조선 초기인 영락(永樂) 정유(1417) 5월에 개간했다고 하였는데, 이때 고의로 개작(改作)한 것으로 보인다.

〔지금의 구월산(九月山)이다. 일명 궁홀(弓忽) 또는 삼위(三危)라고 하는데, 사당이 아직도 있다.〕

나라를 누리기를 1천28년, 그 조화 환인(桓因)이 유전한 일.

그 후, 164년에 어진 사람이 다시 개국하여 군신(君臣)을 마련하다.

〔일설에, 이후 164년 동안은 부자(父子)는 있으나 군신은 없었다고 한다.〕

후조선(後朝鮮)의 시조는 기자(箕子)인데

주 무왕 원년 기묘년 봄에 망명해 와 스스로 국가를 세우더라.

무왕이 멀리서 조선왕에 봉하는 조서를 보내오니

예로써 갚으려고 찾아가 뵈올 적에

홍범구주, 오륜五倫 등을 물어오다.

〔『상서대전(尙書大傳)』에 이르기를, 무왕이 갇혀 있는 기자를 (석방하니) 기자는 조선으로 달아나 나라를 세우니, 무왕이 그 소식을 듣고 조선 왕에 봉하였다. 기자는 봉함을 받고 부득이 예(禮)가 없을 수 없다 하여 사례하기 위해 주나라에 찾아가 뵈었다. 이때 무왕이 홍범구주를 물었으니, 주 무왕 13년의 일이다.〕[257]

역사왜곡은 여기에서 그치는 것이 아니라 또 『고려사』를 간행하면서 위만(衛滿)의 도읍지 왕험성(王險城)과 단군의 명호인 왕검(王儉)은 같은 것이라고 하며 그곳이 지금의 평양(平壤)이라고 날조하였다.

257 初誰開國啓風雲 釋帝之孫名檀君【本紀曰 上帝桓因有庶子 曰雄云云 謂曰下至三危太白 弘益人間歟 故雄受天符印三箇 率鬼三千 而降太白山頂 神檀樹下 是謂檀雄天王也云云 令孫女飮藥 成人身 與檀樹神婚而生男 名檀君 據朝鮮之域爲王 故尸羅 高禮 南北沃沮 東北扶餘 穢與貊 皆檀君之壽也 理一

–『제왕운기(帝王韻紀)』 하권

환웅이 처음 지상에 내려온 태백산 정상을 신시(神市) 또는 아사달이라고 하는데, 이곳은 인간 세상을 널리 이롭게 하기에 가장 적합한 땅이라고 하였으며 바로 이곳에서 단군을 낳아 조선을 건국하였다.

환인(桓因)은 불교의 세계 설에서 수미산 정상에 있다는 도리천(忉利天) 천국을 다스리는 천왕으로 원명은 석제환인(釋提桓因)이며, 혹은 제석(帝釋)·석제(釋帝)·제석천왕·천주(天主) 등은 모두 그의 별칭이다. 신라 선덕여왕이 기미를 미리 알아차린 일 세 가지 중에, 자신의 죽음을 예언하면서 도리천에 장사하라고 하였다. 과연 그해 그날에 세상을 떠나니 유언에 따라 신라 도읍지에 있는 낭산(狼山)의 도리천에 장사지내고, 그로부터 30여 년 지나 문무왕이 삼국을 통일하고 낭산 아래에 사천왕사를 창건하였다. 불교에서 수미산 정상에 있다는 도리천 천국이 신라 도읍지에 있는 낭산(狼山) 기슭에 해당하며, 바로 이곳이 단군이 탄생하고 조선을 건국하였던 신시(神市)라는 말이다.

현재 유통되고 있는 금석문을 제외한 국내의 역사서는 모두 조선시대에 개간하였거나 새로 간행된 것이다. 단군의 최초 도읍지에 관해

千三十八年 入阿斯達山爲神 不死故也】並與帝高興戊辰 經虞歷夏居中宸於殷武丁八乙未 入阿斯達山爲神【今九月山也 一名弓忽 又名三危 祠堂猶存】亨國一千二十八 無奈變化傳桓因 却後一百六十四 仁人聊復開君臣【一作 爾後一百六十四 雖有父子 無君臣】後朝鮮祖是箕子 周虎元年己卯春 逋來至此自立國 周虎遙封降命綸 禮難不謝乃入覲 洪範九疇問彛倫【尙書疏云, 虎王 箕子之囚 箕子走之 朝鮮立國 虎王聞之因封焉 箕子受封 不得無臣禮因謝入覲 虎王問洪範九疇 在周之十三年也】

아사달·평양·신시가 혼동되고, 왕검(王儉)과 위만의 도읍지 왕험(王險)이 혼동되고, 태백산을 묘향산이라 하는가 하면, 단군이 은거하였던 곳도 장당경·구월산·아사달이 뒤섞여 있어 정확한 내용을 파악하기 어렵다. 따라서 고조선의 정확한 실체를 파악하기 위해서는 중국 정사와 경전의 관련 기록과 비교 검토하여야 한다.

1) 『상서』에 기록된 단군조선 도읍지와 강역

중국 정사인 『후한서』[258] 동이전(東夷傳)[259]에서 말하였다.

> 『예기(禮記)』 왕제(王制)에 이르기를 "동방(東方)을 이(夷)라고 한다."[260] 하였다. 이(夷)라는 것은 근본이다. 어질고 생육(生育)하기를 좋아하며 만물이 이 땅을 저촉해서 산출된다는 말이다.[261]

---

258 『후한서(後漢書)』: 중국 後漢의 正史. 120권. 남북조시대에 송(宋)나라의 범엽(范曄, 398~445)이 편찬한 정사로, 후한의 13대 196년간의 사실(史實)을 기록하였다. 기(紀) 10권, 지(志) 30권, 열전 80권으로 되어 있는데, 이 중에서 지(志) 30권은 진(晉)의 사마표(司馬彪)가 저술한 것이다.

259 『후한서』 85권 동이열전(東夷列傳) 제75. 東夷傳은 우리나라에 관한 기록이다.

260 이(夷)는 大와 弓의 합성어로 동방의 사람이다. 夷, 從大從弓 東方之人也 - 『설문해자(說文解字)』. 이(夷)는 우이(嵎夷)의 동표(東表, 동방) 땅이다. 『상서』 요전에 희중을 '우이(嵎夷)에 살게 했다.' 하였다. 夷, 嵎夷 東表之地 書堯典 宅嵎夷 - 『강희자전』

261 제왕은 진(震)에서 나오고 만물이 震에서 나오니, 震은 東方이다. 帝出乎震 萬物出乎震 震 東方也 - 『주역(周易)』 設卦傳

그러므로 천성이 유순하고 도리로 다스리기가 쉬우니, 군자국(君子國)[262]과 불사국(不死國)이 있기까지 하다.[263]

동이(東夷)는 아홉 종족이 있으니, 견이(畎夷)·우이(于夷)·방이(方夷)·황이(黃夷)·백이(白夷)·적이(赤夷)·현이(玄夷)[264]·풍이(風

---

262 原註: 『산해경(山海經)』에, '군자국이 그 북쪽에 있는데 의관에 검을 차고, 짐승을 잡아먹으며, 두 가지 무늬가 있는 호랑이를 곁에 두고 부린다. 그 사람들은 사양하기를 좋아하여 다투지 않는다. 훈화초(薰華草)가 있는데 아침에 나서 저녁에 죽는다.' 君子國在其北 衣冠帶劍 食獸 使二文虎在旁 其人好讓不爭 有薰華草 朝生夕死. -『山海經』 제9 海外東經. 동구산(東口山)이 있고 군자국이 있는데 그 사람들은 의관에 검(劍)을 찬다.〔또한 호랑이와 표범을 부리며, 겸손하여 사양하기를 좋아한다.〕 有東口之山 有君子之國 其人衣冠帶劍〔亦使虎豹 好謙讓也〕 -『산해경』 제14 대황동경. *군자국은 '의관에 검을 찬다.'고 했는데 현재 고조선 강역에서 광범위하게 출토되는 비파형동검은 당시 조정의 고위관리들이 차고 다니던 단검으로 보인다. 또 『설문해자』에 봉황이 사는 곳은 동방의 군자국이라고 하였다. 『삼국사기』에, 당나라의 태종(太宗)이 김춘추의 말을 듣고 감탄하여 말하기를, '신라는 진실로 군자(君子)의 나라로다.' 하였다. 신라 도읍지가 『산해경』에 나오는 군자국이라는 말이다.

263 오직 동이(東夷)는 대의(大義)를 따르므로 대인(大人)이다. 이(夷, 동방)의 풍속은 어질고, 어진 자는 천수를 다 누리며 군자국과 불사국(不死國)이 있다. 공자가 도가 행해지지 않으므로 뗏목을 타고 항해하여 구이(九夷)에 가서 살고 싶어 했던 것도 까닭이 있었던 것이다. 唯東夷從大 大人也 夷俗仁 仁者壽 有君子不死之國 孔子曰 道不行 欲之九夷 乘桴浮於海 有以也 -『설문해자』 羊部

264 우(禹)가 〔홍수를 다스릴 때〕 동쪽으로 순행하여 형산(衡山)에 올라 백마의 피로 제사를 지냈으나 불행히도 구하는 바를 얻지 못했다. 우는 이에 산에 올라 하늘을 우러러 울부짖었다. 그날 밤 꿈에 붉게 수놓은 옷을 입은 남자가

夷)·양이(陽夷) 등이다.

그러므로 공자도 구이(九夷)에 가서 살고 싶어 하였다.[265]

옛날 요임금이 희중(羲仲)에게 명하여 우이(嵎夷)에 살게 하였다.

나타나 자신은 현이(玄夷)의 창수 사자(蒼水使者)라고 하며 '제왕께서 문명(文命, 禹)을 이곳에 보냈다고 들었기에 와서 그대를 기다리는 것이다.' 하며 이르기를, '아직 그 세월이 아니고 장차 기일을 알려줄 터이니 서럽게 탄식하지 말라.' 하였다. 그리하여 복부산(覆釜山)에 의지하여 읊조리며 동쪽을 돌아보니, 우에게 이르기를 '내 산의 신서(神書)를 얻고 싶다면 황제암악(黃帝巖嶽)의 아래에서 3개월간 재계하고, 경자일에 산에 올라 돌을 들면 금간(金簡)의 서책이 있을 것이다.' 하였다. 우가 물러나 또 3개월을 재계하고 경자일에 완위산(宛委山)에 올라 금간옥자(金簡玉字)의 신서(神書)를 얻었다. 우는 금간옥자의 신서를 해독하여 치수의 원리를 터득했다. 禹乃東巡 登衡嶽 血白馬以祭 不幸所求 禹乃登山仰天而嘯 因夢見赤繡衣男子 自稱玄夷蒼水使者 聞帝使文命于斯 故來候之 非厥歲月 將告以期 無爲戲吟 故倚歌覆釜之山 東顧謂禹曰 欲得我山神書者 齋於黃帝巖嶽之下三月 庚子登山發石 金簡之書存矣 禹退又齋三月 庚子登宛委山 發金簡之書 案金簡玉字 得通水之理. -『오월춘추』 월왕무여외전(越王無余外傳)

265 『논어(論語)』 공야장(公冶長)에, 공자가 말하기를 "도가 행해지지 않으니 내 뗏목을 타고 바다를 항해하려고 한다. 이때 나를 따라올 자는 아마 자로(子路)일 것이다." 子曰 道不行 乘桴 浮于海 從我者 其由與. 또 『논어』 자한(子罕)에, 공자가 구이(九夷, 조선)에 가서 살고 싶어 하니, 혹자가 말하기를 "누추한 곳인데 어떻게 합니까?" 하니, 공자가 말하기를 "군자가 사는 곳(군자국)인데 무슨 누추함이 있겠는가." 하였다. 子欲居九夷 或曰 陋如之何 子曰 君子居之 何陋之有. 안사고의 주(注)에, 뗏목을 타고 동이(東夷)에 가고 싶어 하신 것은 그 나라에 어진 현인(仁賢, 기자)의 교화가 있어 도가 행해지기 때문이라고 하였다. 師古曰 言欲乘桴筏 而適東夷 以其國有仁賢之化 可以行道也. -『한서』 지리지 주(注). *공자가 살고 싶어 했던 九夷는 東夷를 가리킨다는 말이다.

이곳을 양곡(暘谷)이라고도 하니 대개 해가 뜨는 곳이다.[266]

… 찬양한다.

우이(嵎夷)에 도읍을 정하니 이곳을 양곡(暘谷)이라고도 한다. 산과 바다에 읍락을 이루고 사는 것을 구이(九夷)로 구분하였다.[267]

『양서(梁書)』에, '동이(東夷)의 나라는 조선을 근본으로 삼는데, 기자(箕子)의 교화를 입어 그 기물(器物)과 예악이 남아 있다.'[268] 하였고, 또 송나라 태종의 칙명으로 편찬된 『태평어람』에, 조선이 바로 동이(東夷)라고 하였다. 『삼국유사』 고조선기가 단군과 기자조선 건국에 관한

---

266 『이아(爾雅)』에, 해가 뜨는 곳의 지명을 태평(太平)이라 하였고, 또한 일하(日下)라고도 하였다. 곽박의 주(注)에 이르기를, '일하(日下)란, 해가 뜨는 곳으로 그 아래에 있는 나라를 말한다. 『산해경』 대황동경(大荒東經)에, 〔동해의 밖〕 대황(大荒) 가운데에 산이 있는데 이름을 대언(大言)이라고 하며, 해와 달이 뜨는 곳이다. 파곡산(波谷山)이라는 곳에 대인(大人)의 나라가 있다고 하였다. 또 대황(大荒) 가운데에 산이 있는데, 이름을 합허(合虛)라고 하며 해와 달이 뜨는 곳이라 하였고, 중용(中容)의 나라가 있다고 하는 것이 모두 이와 같은 부류로 바로 이곳이다.'라고 하였다. 日下者 謂日所出處 其下之國也 山海東荒經云〔東海之外〕大荒之中 有山名曰大言 日月所出 有波谷山者 有大人之國 又云 大荒之中 有山名曰合虛 日月所出 有中容之國 如此之類是也. －『이아주소(爾雅注疏)』 7권

267 王制云 東方曰夷 夷者柢也 言仁而好生, 萬物柢地而出 故天性柔順 易以道御 至有君子不死之國焉 夷有九種 曰畎夷 于夷 方夷 黃夷 白夷 赤夷 玄夷 風夷 陽夷 故孔子欲居九夷也. 昔堯命羲仲 宅嵎夷 曰暘谷 蓋日之所出也. … 贊曰, 宅是嵎夷 曰乃暘谷 巢山潛海 厥區九族

268 東夷之國 朝鮮爲大 得箕子之化 其器物猶有禮樂云 －『양서(梁書)』 동이전

내용이라면, 여기에서는 고조선 도읍지의 위치와 그곳이 얼마나 신성한 곳인가를 밝혀주고 있다. 이 문장의 주어는 요임금이 희중(羲仲)에게 명하여 살게 했던 우이(嵎夷)가 된다. 이곳은 우주에서 해가 처음 뜨는 신성구역으로 지명을 동방·동이·구이·우이·양곡·조선·한(韓)·아사달이라고도 하며, 바로 이곳이 시대를 초월하여 단군조선과 기자조선 그리고 신라 천년에 이르기까지 도읍지였기 때문에 우리나라를 동이족이라고 한 것이다.

동이전의 구성을 보면, 서두에서 '동방을 이(夷)라고 한다.'고 밝히고 있다. 『설문해자』에 동방사람을 이(夷)라고 한다고 하였고, 『강희자전』에는 우이(嵎夷)를 이(夷)라고 한다고 했다.

이어서 요순시대와 하·은·주를 거쳐 전한시대에 이르기까지 한·중 관계에서 특기할 만한 사실을 시대별로 내려오면서 나열하고 있다.

그리하여 한중관계의 첫머리에 '옛날 요임금이 희중에게 명하여 우이에 살게 하였다. 이곳을 양곡이라고도 하니 대개 해가 뜨는 곳이다.'라고 하였고, 말미에서 동이(東夷)를 찬양하기를, '우이(嵎夷)에 도읍을 정하니 곧 양곡(暘谷)이라 한다.'고 하였다. 이것은 『상서』 요전(堯典)과 우공(禹貢)편에 나오는 우이(嵎夷)가 바로 시대를 초월하여 단군·기자·신라로 이어지는 동이족의 도읍지라는 뜻이다.

유교경전인 『상서(尙書)』에서 말하였다.

이에 희씨(羲氏)와 화씨(和氏)[269]에게 명하여 호천상제(昊天上帝)[270]

---

269 희중(羲仲)·희숙(羲叔)·화중(和仲)·화숙(和叔)을 말한다.【집해】. 공안국은 중(重)과 려(黎)의 후손으로 희씨와 화씨는 대대로 천신(天神)과 지기(地祇)의

의 천명을 경건히 따르고, 해와 달과 별들의 운행을 관찰하여 백성들에게 절기를 공경히 알려주도록 하였다.
희중(羲仲)에게 나누어 명하여 우이(嵎夷)에 살게 하니, 이곳을 양곡(暘谷)이라고도 한다. 떠오르는 해를 경건히 맞이하여 봄 농사를 고르게 다스리도록 하였다.[271]

동해와 태산(泰山) 사이가 청주(青州)이다.[272] 우이(嵎夷)의 치수가

관직을 관장하였다고 했다. 【정의】 여형(呂刑)의 전(傳)에, 중(重)은 곧 희씨(羲氏)이고 려(黎)는 곧 화씨(和氏)이다. 비록 별도의 씨족이라 하지만 중(重)과 려(黎)로부터 나온 것이다. 살펴보건대, 성인이 홀로 다스리는 것이 아니라 반드시 어진 재상이 보좌하여 이에 天·地를 관장하는 승상으로 임명하는 것이다. 『주례(周禮)』에 天官을 경(卿)이라 하고 地官을 경(卿)이라 한 것과 같다. 集解 孔安國曰 重黎之後 羲氏和氏 世掌天地之官 正義 呂刑傳云 重卽羲 黎卽和 雖別爲氏族 而出自重黎也 案聖人不獨治 必須賢輔 乃命相天地之官 若周禮 天官卿 地官卿也

270 『오경통의(五經通義)』에, '호천상제는 천황대제(天皇大帝) 혹은 요백보(燿魄寶) 혹은 동황태일(東皇太一)이라고도 하며, 하늘에서 오방(五方)을 다스리는 오제(五帝)가 태일(太一)을 보좌한다.'고 하였다.

271 乃命羲和 欽若昊天 曆象日月星辰 敬授人時 分命羲仲 宅嵎夷 曰暘谷 寅賓出日 平秩東作 - 『상서(尙書)』 요전(堯典)

272 우공(禹貢)에 보면, 청주는 바다와 태산 사이의 지역이라고 했다. 순(舜)이 12목(牧)을 설치했는데 바로 그 중의 하나이다. 순(舜)이 청주의 바다 건너 지역을 또 나누어 영주(營州)로 삼았으니, 즉 요동은 본래 청주라고 한다. 『주례(周禮)』에 정동(正東)을 청주라고 하였는데, 대개 그 토착민이 소양(少陽, 동방)에 거처하고 동방의 빛깔은 청색이기 때문에 여기에서 취하여 이로써 지명을 삼은 것이다. 案禹貢 爲海岱之地 舜置十二牧 則其一也 舜以青州越海

又分爲營州 則遼東本爲靑州矣 周禮正東曰靑州 蓋取土居少陽 其色爲靑 故以名也 -『진서(晉書)』 지리지 靑州. 공안국은 동북으로 바다를 점거하고, 서남으로 태산(泰山)에 이른다고 하였다. 이것이 바로 청주(靑州)의 경계이며, 동쪽으로 바다에 접하였다. 그 경계는 대체로 태산으로부터 동쪽으로 밀주(密州)를 지나 동북으로 바다 모퉁이를 경유하면 내주(萊州)이고, 바다 건너 요동과 낙랑으로 나누어진 삼한(三韓)의 땅이며, 서쪽으로 요수(遼水)에 이른다. 순(舜)이 청주(靑州)를 나누어 영주(營州)로 삼고 다 목(牧)을 설치하였다. 〔정현(鄭玄)은 순(舜)이 청주를 바다 건너편과 분리하여 영주(營州)를 설치하였다고 했다.〕 그 요동의 땅인 안동부(安東府)는 마땅히 우공(禹貢)의 청주(靑州) 지역이다. 주(周)나라에서 서주(徐州)를 청주(靑州)에 병합하니 그 영토가 더욱 광대해졌다. 孔安國 以爲東北據海 西南距岱 此則靑州之界 東跨海矣 其界蓋從岱山 東歷密州 東北經海曲萊州 越海分遼東樂浪三韓之地 西抵遼水也. 舜分靑州爲營州 皆置牧〔鄭玄云 舜以靑州越海分置營州〕 其遼東之地安東府宜禹貢靑州之域也〕 周以徐州合靑州 其土益大 -『통전(通典)』 州郡十 古靑州.

【집해(集解)】 정현(鄭玄)은, 동쪽은 바다로부터 서쪽으로 태산(太山)에 이른다. 동악(東嶽)을 태산이라고 한다 하였다.

【정의(正義)】 상고하건대, 순(舜)이 청주(靑州)를 나누어 영주(營州)로 삼았으니 요서(遼西)와 요동(遼東)이다. 集解 鄭玄曰 東自海 西至岱 東嶽曰岱山 正義 按舜分靑州爲營州 遼西及遼東. 안사고는, '대(岱)는 곧 태산(太山)이다. 우이(嵎夷)는 지명으로 곧 양곡(暘谷)이 있는 곳이다. 략(略)은 쓰인 공력이 적다는 말이다. 師古曰 岱卽太山也 嵎夷 地名也 卽暘谷所在. 略 言用功少也.『주례(周禮)』하관사마(夏官司馬)에, 정동(正東)을 청주(靑州)라고 하였고, 우공(禹貢)에 동해와 태산 사이가 청주(靑州)라고 하였다. 공안국의 전(傳)에, 동북으로 바다를 점거하고 서남으로 태산에 이른다고 했다. 그렇다면 이 영주(營州)는 바로 청주(靑州)의 땅이다. 『박물지(博物志)』에, '영주(營州)와 청주(靑州)는 같이 바다를 사이에 두고 동쪽에 청구(靑丘)가 있고, 제(齊) 땅에 영구(營丘)가 있다'고 하였다. 周禮 正東曰靑州 禹貢 海岱惟靑州 孔傳 東北據海 西南距岱

다스려지고 나니[273], 이에 유수(濰水)와 치수(淄水)의 옛 물길로 인도하였다.[274] 그곳의 토양은 희고 비옥하며 해변은 넓은 개펄이다. 농경지는 상품의 하(下)이며, 부세는 중품의 상(上)이고, 그곳의 공물은 소금과 갈포와 갖가지 해산물이고, 태산(太山)의 골짜기에서 산출되는 생사(生絲)와 모시, 납과 소나무와 괴이한 돌을 바친다. 내이(萊夷)[275]는 목축을 위주로 하고 그곳 산뽕나무 누에고치의 실을 광주리에 담아 문수(汶水)[276]에 떠서 제수(泲水)에 도달한다.[277]

然則此營州 則青州之地也 博物志云 營與青同海 東有青丘 齊有營丘 -『이아주소(爾雅注疏)』 7권.

273 【집해(集解)】 마융(馬融)은, 우이(嵎夷)는 지명이다. 공력을 적게 들였으므로 략(略)이라고 한 것이다. 【색은(索隱)】 공안국은, 동표(東表)의 땅을 우이(嵎夷)라고 한다고 했다. 集解 馬融曰 堣夷 地名 用功少曰略. 索隱 孔安國云 東表之地 稱嵎夷. 우이(嵎夷)는 지명으로 바로 양곡(暘谷)의 소재지이다. 嵎夷 地名 卽暘谷所在也 -『통전(通典)』 古青州.

274 유(濰)와 치(淄)는 두 강의 이름으로 다 옛 물길을 복구하였다. 유수(濰水)는 낭야(琅邪)의 기옥산(箕屋山)에서 발원하고, 치수(淄水)는 태산(泰山)의 내무현(萊蕪縣)에서 발원한다. 일설에 道는 導로 풀이하여 옛 물길을 인도하여 다스린 것이다' 하였다. 惟 甾 二水名 皆復故道也 濰水出琅邪箕屋山 淄水出泰山萊蕪縣 一曰 道讀曰導 導治也. -『한서』 지리지 注.

275 【집해(集解)】 공안국은 내이(萊夷)는 지명이며 그 지역이 방목하기에 알맞다고 했다. 集解 孔安國曰 萊夷 地名 可以牧放. 안사고는 내산(萊山)의 동이족이며 땅이 목축하기에 적합하다고 했다. 師古曰 萊山之夷 地宜畜牧 -『한서』 지리지 注.

276 안사고는 문수(汶水)가 태산군 내무현(萊蕪縣)의 원산(原山)에서 나온다고 했다. 師古曰 汶水出泰山郡 萊蕪縣原山 -『한서』 지리지 주注.

『상서』 우공 편은 우순(虞舜, 순임금)이 섭정하던 시대의 사관이 기록한 실록이며, 후대에 공자가 산정(删定)한 지리지(地理志)이기 때문에 『사기』 하본기와 『한서』 지리지에도 실려 있다. 또한 구주(九州) 중에 청주(青州)는 단군조선의 강역이고, 우이(嵎夷)는 단군조선의 도읍지에 해당하기 때문에 세심하게 살펴보아야 한다.

중국의 대표적인 정사인 『사기』에는 우이를 욱이(郁夷)[278]로 표기하고 저명한 주석가들이 자세한 해설을 덧붙이고 있다.

희중(羲仲)에게 나누어 명하여 우이(郁夷)에 살게 하니 양곡(暘谷)이라고도 한다. 〔【집해(集解)】『상서(尙書)』에, 우이(嵎夷)라고 하였다. 공안국은 '동표(東表)의 땅을 우이(嵎夷)라고 칭한다.[279] 양곡(暘谷)에서 해가 떠오르고, 희중(羲仲)은 동방을 다스리는 관직이

277 海岱惟青州 嵎夷旣略 濰淄其道 厥土白墳 海瀕廣潟 田上下 賦中上 厥貢鹽絺 海物惟錯 岱畎絲枲鉛松怪石 萊夷作牧 厥篚檿絲 浮于汶 達于濟 –『상서』 우공(禹貢).

278 우이(嵎夷)를 『사기』에는 욱이(郁夷) 또는 우이(堣夷)로 표기하였고, 『설문해자』에는 우이(嵎鐵)로 표기하였으며, 혹은 우이(禺鐵)로 표기하기도 한다. 이는 우이가 본래 한자어가 아니라 동이족 고유의 언어이기 때문에 지명의 한자표기가 다른 것이다.

279 공안국은 동표(東表)라고 하였는데, 『동파서전(東坡書傳)』에, 우이(嵎夷)는 동방의 해상에 있는 지역에 해당한다고 하였다. 東坡書傳, 嵎夷 當在東方海上. 최치원은 '옛날 동표(東表, 동방)에 삼국이 대치할 때의 말기에 백제에 소도(蘇塗) 의식이 있었으니, 이는 한 무제가 감천궁에서 금인(金人)을 제사하던 것과 같았다.'고 하였다. 昔當東表鼎峙之秋 有百濟蘇塗之儀 若甘泉金人之祀 –「智證和尙碑」

다.'고 하였다.

【색은(索隱)】 구본(舊本)에는 탕곡(湯谷)이라고 했는데, 지금은 『상서』에 의거하여 양곡(暘谷)과 탕곡(湯谷)을 같은 의미로 쓴다. 『회남자(淮南子)』에, '태양은 양곡(湯谷)에서 뜨고 함지(咸池)에서 목욕한다.'고 하였으니, 즉 양곡(湯谷)은 또한 다른 세계가 있음을 증명한다. 대체로 우이(郁夷)는 역시 지역의 별명이다.

【정의(正義)】에, 욱(郁)은 우로 발음하고, 양곡(陽谷) 혹은 양곡(暘谷)으로 쓴다. 우공(禹貢)편의 청주(青州)에, 우이(嵎夷)의 치수가 이미 다스려졌다.(嵎夷旣略)고 하였다. 상고하건대, 우이는 청주(青州)이다. 요임금이 희중에게 명하여 동방을 다스리게 하였으니, 청주는 우이(嵎夷) 땅으로 해가 뜨는 곳이므로 지명을 양명(陽明谷)이라고 한다. 희중은 동방을 다스리는 관직으로 『주례(周禮)』에서 춘관(春官)을 경(卿)이라고 한 것과 같다.〕 떠오르는 해를 공경히 맞이하여 봄 농사를 절기에 맞게 다스리도록 하였다.[280]

-『사기(史記)』 오제본기

우이(嵎夷)는 지금의 조선 땅이다. 공안국의 전(傳, 주석)에, 동표(東表, 동방)의 땅을 우이(嵎夷)라고 칭한다고 했다. 【정의(正義)】

---

280 分命羲仲 居郁夷 曰暘谷 〔【集解】 尙書作嵎夷 孔安國曰 東表之地稱嵎夷 日出於暘谷. 羲仲 治東方之官 【索隱】 舊本作湯谷 今並依尙書字 案 淮南子曰 日出湯谷 浴於咸池. 則湯谷亦有他證明矣 蓋郁夷亦地之別名也. 【正義】 郁音隅 陽或作暘 禹貢靑州云 嵎夷旣略 案嵎夷 靑州也. 堯命羲仲理東方 靑州嵎夷之地 日所出處 名曰陽明之谷 羲仲主東方之官 若周禮春官卿〕 敬道日出 便程東作. -『史記』 五帝本紀

에, 청주(青州)는 동방 경계의 바다 위의 삼신산에 있으므로 표(表)라고 하여 동표(東表)의 땅이라고 한다. 『우공추지(禹貢錐指)』에는 『후한서』 동이전에 의거하여 우이(嵎夷)를 조선 땅이라고 하였다. 대개 조선은 옛날 청주(青州)에 속하였으며 산동(山東) 등주부(登州府)와 더불어 바다를 사이에 두고 서로 대하고 있으니, 공안국전(傳)과 정확히 부합된다.[281] -『상서지리금석(尙書地理今釋)』

『후한서』 및 두우(杜佑)의 『통전(通典)』에 모두 동이(東夷)의 아홉 종족을 우이(嵎夷)라고 하였다. 그 땅은 한(漢)의 낙랑군과 현도군의 강역에 있다. 그리하여 청주(青州)조의 서두에 '우이(嵎夷)의 치수가 이미 다스려졌다.'고 하였으니, 즉 조선(朝鮮)이나 고구려의 여러 나라는 하우씨 때에 실제로 다 청주(青州)의 강역에 있었다.[282] -『우공추지(禹貢錐指)』 11권

우공 편에 구주(九州)에 관해 주로 각 주의 큰 산과 강을 중심으로 서술하면서 유독 청주(青州) 조에서는 우이(嵎夷)가 청주의 중심지라는 사실을 밝히고 있다. 또한 『후한서』 동이전을 비롯하여 『사기정의』·『상서지리금석』·『우공추지』 등 여러 중국 문헌에서 한 결 같이

---

281 嵎夷 今朝鮮地 按孔安國傳 東表之地 稱嵎夷 正義曰 青州在東界外之畔爲表故云 東表之地 禹貢錐指 援据後漢書 以嵎夷爲朝鮮地 蓋朝鮮 古屬青州 與山東登州府 隔海相對 正合孔傳. 『상서지리금석(尙書地理今釋)』 虞書 堯典.

282 後漢書及杜氏通典 皆以東夷九種爲嵎夷 其地在漢樂浪玄菟郡界 而青州首書嵎夷旣略 則朝鮮 句麗諸國 禹時實皆在青域 -『우공추지』 11권

우이(嵎夷)는 조선이고, 구주 중에 청주(靑州)라고 하였으며, 『삼국사기』에는 신라 도읍지가 바로 우이(嵎夷)라고 하였다.

동방의 국경은 갈석산(碣石山)으로부터 동쪽으로 해가 떠오르는 부목〔榑木＝부상(扶桑)〕의 들판에 이른다. 이곳은 천제 태호(太皞) 복희씨와 신(神) 구망(勾芒)이 맡아 다스린다.[283]
-『상서대전(尙書大傳)』 3권

동쪽으로는 갈석(碣石)을 지나 현도와 낙랑으로써 군(郡)을 삼았다.[284] -『한서』 열전 가연지(賈捐之)

『회남자』 시칙훈(時則訓)에, 동방의 국경은 갈석산(碣石山)[285]으로

---

283 東方之極 自碣石 東至日出榑木之野 帝太皞 神句芒司之

284 東過碣石 以玄菟樂浪爲郡

285 『사기』 하본기 【집해】에, 공안국은 갈석(碣石)은 해변 외딴곳의 산이라고 하였다. 【색은】『한서』 지리지에, 갈석산은 우북평군(右北平郡) 여성현(驪城縣) 서남쪽이라고 하였다. 『태강지리지(太康地理志)』에, 낙랑군 수성현(遂城縣)에 갈석산이 있으며 만리장성의 기점이라고 하였다. 또 『수경(水經)』에, 요서군 임유현(臨渝縣)의 남쪽 물 가운데 있다고 하였다. 대체로 갈석산은 두 곳이 있는데, 우공(禹貢)에 '오른쪽의 갈석을 끼고 바다에서 들어온다.'라는 것은 우북평군의 갈석산에 해당한다. 『集解』 孔安國曰 碣石 海畔之山也. 『索隱』 地理志云 碣石山在北平 驪城縣西南 太康地理志云 樂浪遂城縣 有碣石山 長城所起 又水經云 在遼西臨渝縣 南水中 蓋碣石山有二 此云 夾右碣石入于海 當是北平之碣石. 안사고는, 갈석은 해변의 산 이름이다. 우공에, 이 산의 오른쪽을 끼고 황하로 거슬러 들어온다는 말이다. 師古曰 碣石,

부터〔갈석산은 동북쪽 바다 가운데 있다.〕 조선(朝鮮)을 지나〔조선은 동이(東夷)이다.〕 대인국(大人國)[286]을 통과하여 〔東方에 대인국이 있다.〕 동쪽으로 해가 뜨는 곳에 이르면 부목(榑木)[287]의 땅으로 청구(青丘)의 수목이 있는 광야이다. 〔모두 해 뜨는 우이(嵎夷)이다.〕 이곳은 태호(太皞, 복희씨)[288]와 구망(勾芒)[289]이 맡아 다스리며

海邊山名也。言禹夾行此山之右而入于河 逆上也. *기자조선 후기에 연(燕)나라 장군 진개(秦開)가 조선의 서쪽지방을 공략하여 2천 리를 빼앗은 후에 갈석산은 한나라와의 국경이 되었고, 조선의 관문이다. 갈석(碣石)은 거대한 비석을 세워놓은 것처럼 천연적으로 우뚝 솟은 바위가 있어 붙여진 이름이다.

286 동해의 밖 대황(大荒) 가운데에 산이 있는데, 이름이 대언(大言)이며 해와 달이 나오는 곳이다. 파곡산(波谷山)에 대인(大人)의 나라가 있고, 대인의 도시가 있는데, 이름이 대인당(大人堂)이다. 한 대인이 그 위에 앉아 그의 두 팔을 드러낸다. 東海之外 大荒之中 有山名曰大言 日月所出 有波谷山者, 有大人之國 有大人之市 名曰大人之堂 有一大人踆其上 張其兩耳(臂) –『산해경』 제14 대황동경(大荒東經). *『태평어람』에 이 문장을 두 번 인용하고 있는데, 마지막 耳를 臂로 표기하였다.
대인국(大人國)이 그 북쪽에 있는데 사람들이 커서 앉은 채로 배를 깎아 만든다. 大人國在其北 爲人大 坐而削船 –『산해경』 제9 해외동경(海外東經). *본문의 주(注)에서 대인국은 동방에 있다고 하였다. 신선세계인 해 뜨는 우이(嵎夷, 동방) 지역에 대인국, 군자국, 불사국 등이 있다.

287 부목(榑木)은 부상(扶桑) 또는 궁상(窮桑)이라고도 하며, 이 나무가 있는 곳이 우이(嵎夷)이다.

288 태호 복희씨는 목덕(木德)의 왕으로 봄철의 정령(政令)을 주시한다. 그러므로 『주역』에 '제왕이 동방에서 나왔다.'고 하였으며, 『예기』 월령(月令)과 『여씨춘추』 맹춘기(孟春紀)에 '봄철의 천제는 태호 복희씨이다.'고 한 것이 이것이다. 太皞庖犧氏…木德王 注春令 故易稱帝出乎震 月令孟春 其帝太皞是也 –『사

1만 2천 리이다.[290] -『태평어람(太平御覽)』

구주 중에 동북방에 위치한 청주는 단군조선 강역이고, 청주에 속한 우이(嵎夷)는 단군조선의 도읍지이다. 공안국의 전(傳)에, '동표(東表)의 땅을 우이(嵎夷)라고 칭한다. 양곡(暘谷)에서 해가 떠오르고, 희중(羲仲)은 동방을 다스리는 관직이다.' 하였다. 조선이라는 국호에 관해 『신증동국여지승람』에서 '동표(東表)의 해 뜨는 땅에 (임금이) 살기 때문에 조선이라 이름 하였다.'[291]고 하였다. 해 뜨는 구역인

기』 삼황본기. 월령(月令) 정월의 절기에 그 천제는 태호(太皥)이고, 그를 보좌하는 신은 구망(勾芒)이다.〔옛날 태호(太皥) 복희씨는 목덕(木德)으로 천명을 이어받아 왕이 되었으므로 봄을 다스리는 제왕이라고 한다. 고신씨(高辛氏)가 천하를 다스릴 때 오행의 관직을 설치하였는데, 목정(木正)을 구망(勾芒)이라고 하였으므로 구망을 목신(木神)이라고 하고 봄에 태호 복희씨를 보좌한다.〕 月令曰 正月之節 其帝太皥 其神勾芒[昔太皥氏 以木德繼天而王 故爲春帝 高辛氏有天下 置五行之官而木正曰勾芒 故勾芒爲木神 佐太皥于春] -『태평어람』 時序部三 春上.

289 동방의 구망(勾芒)은 새의 몸에 사람 얼굴이며 두 마리 용을 타고 다닌다.〔목덕(木德)의 신으로 네모진 얼굴에 흰 옷을 입고 있다. 『묵자(墨子)』에, 옛날 진 목공이 밝은 덕이 있어 상제께서 구망으로 하여금 19년의 수명을 늘려주도록 하였다.〕 東方句芒 鳥身人面, 乘兩龍〔木神也 方面素服 墨子曰 昔秦穆公有明德 上帝使句芒賜之壽十九年〕 -『산해경』 해외동경.

290 淮南子曰 東方之極 自碣石〔碣石山 在東北海中〕 過朝鮮〔朝鮮 東夷〕 貫大人之國〔東方有大人之國也〕 東至日出之次 榑木之地 靑土樹木之野〔皆日所出之地〕 太皥 勾芒所司者 萬二千里. -『태평어람(太平御覽)』 地部二 地下

291 朝鮮: 居東表 日出之地 故名朝鮮 -『신증동국여지승람』 제51권 平壤府 郡名.

우이(嵎夷)의 별호가 조선이라는 말이다.

조선은 국호로 사용되기 전부터 한 고을의 지명이고, 『한서』 지리지에 나오는 낙랑군 조선현은 바로 이곳이다. 이는 황제를 헌원(軒轅)씨라 하고, 소호(少昊)를 궁상(窮桑)씨라고 하는 것과 같이 제왕의 도읍지를 별호로 사용하여 그 덕을 드러낸 것이다.

또 송(宋)나라 태종의 칙명으로 편찬된 『태평어람』에서도 역시 『상서』 요전을 인용하여 동이(東夷)는 조선(朝鮮)이며, 중심지는 우이(嵎夷)라고 거듭하여 밝히고 있다.[292] 그렇다면 단군이 살던 궁전이 있던 동표의 해 뜨는 땅이 바로 우이(嵎夷)라는 사실이 분명하게 드러난다. 따라서 요임금이 희중에게 살게 했던 우이(嵎夷)가 바로 단군조선의 도읍지 아사달이며, 희중은 동방을 다스리는 임금으로 단군과 같은 호칭이다. 순(舜)이 섭정할 때 우(禹)를 등용하여 홍수를 다스리게 했는데, 이때 천하를 구주(九州)로 나누어 치수사업을 하였으니[293], 우이(嵎夷)는 구주 중에 청주(青州)에 속해 있다. 그리고 청주의 강역에 관해 '동해와 태산(泰山) 사이가 청주이다.' 라고 하였다.

---

292 『상서』 요전에, 희중(羲仲)에게 따로 명하여 우이(嵎夷)에 살게 하니, 이곳을 양곡(暘谷)이라고도 한다.〔동표(東表)의 땅을 우이(嵎夷)라고 칭한다.〕 尙書堯典曰, 分命羲仲 宅嵎夷 曰暘谷〔東表之地 稱嵎夷〕 - 『태평어람(太平御覽)』 四夷部 敘東夷.

293 『상서』 우공(禹貢)편의 말미에 "동쪽으로는 동해에까지 닿았고, 서쪽으로는 유사(流沙) 지역에까지 미치었으며, 북쪽과 남쪽의 끝까지 이르렀다. 그리하여 그 성교(聲敎)가 사해(四海)에 다 미치자, 우(禹)에게 현규(玄圭)를 하사하고 치수사업이 성공하였다고 고하였다.(東漸于海 西被于流沙 朔南暨 聲教訖于四海 禹錫玄圭 告厥成功)" 하였다.

> 『상서』 우공 편에 보면 회이(淮夷)·우이(嵎夷)·도이(島夷)·내이(萊夷)·서융(西戎)이 다 구주(九州)의 경내(境內)에 살고 있었다. … 이것은 다 요순(堯舜)과 하(夏)나라 시대로서 중화(中華) 안에 존재하는 융적(戎狄)의 유래가 오래되었다.[294]
>
> –『모시계고편(毛詩稽古編)』 16권

『예기』 왕제(王制)에, '동방(東方)을 이(夷)라고 한다.'고 하였으니 동방·우이·조선은 해 뜨는 지역의 지명이다. 우이(嵎夷)에서 갈라져 나간 민족을 이(夷)라 하기 때문에 우공(禹貢)편에 나오는 구주 중에 우이(嵎夷)·도이(島夷)[295]·내이(萊夷)[296]·회이(淮夷)[297]·조이(鳥夷)[298]

---

294 案禹貢 淮夷 嵎夷 島夷 萊夷 西戎之類 皆在九州境內 … 此皆虞夏之世 中華之有戎狄其來遠矣

295 『사기정의』: 『괄지지(括地志)』에, 〔도이(島夷)〕는 '백제국의 서남쪽 발해에 큰 섬 15곳이 있는데, 모든 읍락에 사람이 살며 백제에 속한다.(正義 括地志云, 百濟國西南 渤海中 有大島十五所 皆邑落有人居 屬百濟)' 하였다.

296 마융(馬融)은 '우(嵎)는 바다 모퉁이이고, 이(夷)는 내이(萊夷)이다. 양곡(暘谷)도 바다 모퉁이이고, 우이(嵎夷)의 지명이다.' 하였다. 馬曰 嵎海嵎也 夷萊夷也 暘谷海嵎 夷之地名. –『상서정의(尙書正義)』 요전.
지리지(地理志)에, 황현(黃縣)에 내산(萊山)이 있는데, 아마도 이 지역이 바로 내이(萊夷)이다. 地理志 黃縣有萊山 恐卽此地之夷 –『사기색은』 하본기. 안사고는 내산(萊山)의 동이족이라고 했다. 師古曰 萊山之夷 –『한서』 지리지 주(注). 최치원이 '청주(靑州) 고 상서에게 보낸 장문(與靑州高尙書狀)'에, 상서께서는 '태산(泰山) 일대의 번방(藩方)에 장관으로 부임하면서부터 임치(臨淄) 경내의 풍속을 능히 변화시켰으니, 옛날 내이(萊夷)를 지정하여 목축을 하게 하였습니다.(自分憂於距岱之藩 能變俗於臨淄之境 指萊夷而作牧)' 하였다.

등도 역시 동이족이 살던 지역이라는 말이다. 당시 동이족은 구주(九州)마다 널리 분포되어 살고 있었고, 각 주(州)마다 명칭이 다르기 때문에 세분화하여 서술한 것이다.

『삼국유사』 황룡사 구층탑 조에 이런 말이 있다.

> 본국으로 돌아가 황룡사에 9층탑을 조성하면 이웃나라가 항복하고 구한(九韓)이 와서 조공하여 왕업이 길이 평안할 것이다.… 제1층은 일본, 제2층은 중화(中華, 중국), 제3층은 오월, 제4층은 탁라(托羅, 탐라), 제5층은 응유(鷹遊), 제6층은 말갈, 제7층은 거란, 제8층은 여적(女狄), 제9층은 예맥(穢貊)이다.[299]

구한(九韓)은 구이(九夷)와 같은 것으로 이들이 모두 우이(嵎夷)에서 갈라져 나간 동이족이며,[300] 신라 도읍지의 황룡사 터가 바로 옛 우이(嵎

– 『계원필경(桂苑筆耕)』

297 『사기』 하본기 【색은(索隱)】〔회이(淮夷)〕는 '동이 사람들이 회수(淮水) 근처에 산다는 말이다.(索隱 言夷人所居淮水之處)' 하였다. 『한서』 지리지 주(注)에, 안사고는 회이(淮夷)는 회수(淮水) 주변에 사는 동이족이라고 하였다. 師古曰 淮夷 淮水上之夷也

298 『사기』 하본기 【정의(正義)】『괄지지(括地志)』에, 〔조이(鳥夷)〕는 '말갈국으로 옛 숙신(肅愼)이다.(正義 括地志云, 靺鞨國 古肅愼也)' 하였다.

299 歸本國成九層塔於寺中 隣國降伏九韓來貢 王祚永安矣. … 第一層日本 第二層中華 第三層吳越 第四層托羅 第五層鷹遊 第六層靺鞨 第七層丹國 第八層女狄 第九層獩貊 – 『삼국유사』 3권, 황룡사 구층탑.

300 사이(四夷)와 구이(九夷)는 9한(九韓)과 예(穢)와 맥(貊)이다. 『주례(周禮)』에,

夷) 땅에 해당하기 때문이다. 예언대로 구층탑을 세운 후에 과연 신라는 백제와 고구려를 차례로 정벌하고, 마지막으로 당나라와의 전쟁에서 승리하여 신라가 삼국의 옛 영토를 다 차지하였다.

『한서』 지리지 첫머리에서 다음과 같이 말하였다.

> 옛날에 황제(黃帝)가 배와 수레를 만들어 통행하지 못하는 곳을 건너 천하를 두루 다니면서 사방 만 리로 제정하여 강역을 그어 구주(九州)로 나누니, 백 리의 나라 1만 구역을 얻었다.
> 이리하여 『주역』에 '선왕(先王)이 만국을 건립하여 제후를 친애한다.'고 하였고, 『상서』에 '만국이 화합하여 협력하게 하였다'는 것이 바로 이것을 이른 것이다. 요임금이 홍수를 만나니 산을 에워싸고 구릉을 휩쓸었으며, 천하를 나누어 12주(州)로 획정하였다. 우(禹)로 하여금 홍수를 다스리게 하여 수토(水土)를 평정하고 나서 다시 구주(九州)를 제정하고, 오복(五服)[301]을 구분하여 그 토질에 맞는 산물을 공물로 바치게 하였다.[302]

직방씨(職方氏)가 사이와 구맥(九貊)을 관장했다고 하는 것은 동이의 종족으로, 즉 구이(九夷)이다. 四夷 九夷 九韓 穢 貊 周禮 職方氏 掌四夷九貊者 東夷之種 卽九夷也 - 『삼국유사』 1권, 마한(馬韓)

301 오복(五服)은 전복(甸服)·후복(侯服)·수복(綏服)·요복(要服)·황복(荒服)으로 천자가 직접 통치하는 기내(畿內)를 전복이라 하고, 500리씩 점점 멀어져 황복에 이르면 2,500리가 된다.

302 昔在黃帝 作舟車 以濟不通 旁行天下 方制萬里 畫野分州 得百里之國萬區 是故易稱 先王建萬國 親諸侯 書云 協和萬國 此之謂也 堯遭洪水 褱山襄陵 天下分絶 爲十二州 使禹治之 水土旣平 更制九州 列五服 任土作貢

-『한서(漢書)』 지리지.

황제(黃帝)가 치우를 정벌하고 제위에 오른 후에 서왕모가 사신을 보내 지도(地圖)를 전해주어, 황제가 처음 천하를 구주로 나누어 우(禹)가 홍수를 다스릴 때까지 계승되었다. 후에 순(舜)이 섭정하자 서왕모는 다시 익지도(益地圖)를 전해주니, 순(舜)은 우(禹)가 구획한 기존의 구주를 다시 12주(州)로 구획하였다.[303] 이때 청주 땅을 나누어 영주(營州)를 신설하였으니, 영주는 요서와 요동 지역으로 단군조선 강역에 해당한다. 구주를 나눌 때 사방 만 리 단위로 구획하였다고 하였으니, 중간의 바다까지 포함하더라도 청주의 강역이 광대하였음을 알 수 있다.

이와 같이 조선과 중국의 강역은 천명에 따라 옛 황제가 정한 것이다. 우이(嵎夷)는 곧 해 돋는 동방의 지명으로 오행(五行) 설에서 동방은 계절로는 봄이기 때문에 동방의 제왕인 복희씨를 춘황(春皇)이라 하고, 오방색 중에 빛깔은 청(靑)이기 때문에 우이에서 관할하는 강역을 청주(靑州)라고 한 것이다. 일반적으로 동방의 국조(國祖)는 요임금 때의 단군으로 알려지고 있으나 해 뜨는 구역인 우이(嵎夷)는 이미

---

303 『태평어람』에, '황제(黃帝)가 재위할 때 서왕모가 사신을 보냈는데 흰 사슴을 타고 황제의 궁정에 운집하여 지도(地圖)를 주었다. 그 후 순(舜)이 재위할 때에도 사신을 보내 백옥환(白玉環)과 익지도(益地圖)를 주었다. 마침내 黃帝의 九州를 12州로 넓혔다.'고 하였다. 黃帝在位 王母遣使乘白鹿集帝庭 授以地圖 其後舜在位 遣使獻白玉環及益地圖 遂廣黃帝九州爲十二州 -『太平御覽』 道部三 西王母

복희씨의 도읍지이고, 삼황오제의 도읍지인 궁상(窮桑)과 같은 곳이다. 이렇게 볼 때 『상서』 우공 편은 요순시대의 지리지이고, 『후한서』 동이전은 한국의 상고사는 물론이고, 인류문명의 근원을 밝히는 데 이르기까지 결코 빠져서는 안 될 빼어난 걸작임에 틀림없다.

『산해경』에 단군조선의 건국과 관련된 기록을 다시 보기로 하자.

> 동해의 밖 대학(大壑, 삼신산)[304]은 소호(少昊)의 도읍지이다. 소호가 전욱(顓頊)을 이곳에서 양육하고 그때의 거문고와 비파를 남겨두었다. 감산(甘山)이라는 곳이 있어 감수(甘水)가 여기에서 나와 감연(甘淵)을 이룬다. -『산해경』 제14 대황동경

> 감수(甘水) 근방에 희화국(羲和國)이 있다.
> 희화(羲和)라는 여자가 있어 이제 막 감연(甘淵)에서 해를 목욕시키려 하고 있다. 〔희화(羲和)는 대개 천지가 처음 생겼을 때에 일월을 주재하는 여신이다. 그러므로 『귀장계서경(歸藏啓筮經)』에 '공상(空桑)이 푸르고 팔방이 이미 열려 이에 희화가 있어 일월의 출입을

---

304 순망(諄芒)이 동방의 대학(大壑)으로 가는데, 동해의 물가에서 원풍(苑風)과 만났다. 원풍이 묻기를, "선생은 어디로 가려 하십니까?" 하니 "대학에 가려고 한다." 하였다. 원풍이 다시 묻기를, "거기에 가서 무엇을 하시렵니까?" 순망이 대답했다. "대학(大壑)이라는 물체는 세상 모든 물이 흘러들어도 넘치지 않고, 아무리 쏟아내더라도 마르지 않는다. 나는 거기서 유람하려고 한다." 하였다. 諄芒將東之大壑 適遇苑風於東海之濱 苑風曰 子將奚之 曰將之大壑 奚爲焉 曰夫大壑之爲物也 注焉而不滿 酌焉而不竭 吾將遊焉 -『장자(莊子)』 天地. 『열자』에, 삼신산이 있는 바다에 대학(大壑)이 있다고 했다.

주재하는 일을 직책으로 삼아 이로써 밤과 낮이 되었다.' 또 '저 위로 하늘을 보면 한 번 밝아지면 한 번 어두워지는데, 희화의 아들인 태양이 있어 양곡(暘谷)에서 나오는 것이다.'고 하였다. 그래서 요(堯)는 이로 인하여 희씨(羲氏)와 화씨(和氏)[305]의 관직을 설립하고 사계절을 관장시켰다. 그 후세(後世, 단군)에 마침내 이곳에서 나라를 세우고 일월의 형상을 만들어 관장하며 감수(甘水)에서 목욕도 시키고 운전하며, 해가 양곡(暘谷)에서 떠서 우연(虞淵)으로 지는 것을 본떴으니 (희중은) 이른바 세상에서 잃지 않는 관직이 되었다.〕

희화(羲和)는 제준(帝俊)의 아내로 열 개의 해를 낳았다. 〔열 아들을 낳았다는 말은 각각 해에 이름이 있어 열 개의 해를 낳았다고 하는 것이다.〕 -『산해경』 제15 대황남경

대황동경에, 소호의 도읍지는 '동해의 밖'이라고 했다. 또 신라 최치원이 태사시중에게 보내는 서신에서, '동해 밖에 세 나라가 있는데, 그 이름은 마한·변한·진한입니다.'[306]라고 하였으니 동해의 밖은 조선을 가리키는 것이 분명하다.

해 뜨는 구역인 양곡(暘谷)은 우이(嵎夷)라고도 하는데, 이곳은 본래 오제(五帝) 중에 소호와 전욱의 도읍지였으며, 후대에 요임금이 희중

---

305 요임금이 제정한 희중(羲仲)·희숙(羲叔)·화중(和仲)·화숙(和叔)의 관직. -『상서』 요전(堯典)

306 東海之外 有三國 其名馬韓弁韓辰韓 -『계원필경』 상태사시중장(上太師侍中狀).

을 살게 했던 곳이다. 곽박의 주석에 '그 후세(後世)에 마침내 이곳을 나라로 삼아 … 이른바 세상에서 잃지 않는 관직이 되었다.' 라는 구절에서 단군조선 건국과 도읍지에 관해 밝히고 있다.

앞서 살펴본 바와 같이 소호(少昊)의 도읍지는 궁상(窮桑)이고, 이곳은 본래 복희·신농·황제·소호·전욱·제곡 등 삼황오제의 도읍지이다. '세상에서 잃지 않는 관직'이란 『춘추좌전』에, "소호씨에게 네 자손이 있는데, 중(重)·해(該)·수(脩)·희(熙)이다. 이들은 실로 금(金)·목(木)·수(水)를 다스리는 데 능숙하여 중(重)은 구망(勾芒)이 되고, 해(該)는 욕수(蓐收)가 되고, 수(脩)와 희(熙)는 현명(玄冥)이 되어 세상에서 잃지 않는 관직이 되어 마침내 궁상(窮桑)을 구제하였다.(世不失職 遂濟窮桑)"라는 구절을 인용한 것이다.

여기에 구망·욕수·현명과 전욱씨의 아들인 축융(祝融), 공공씨의 아들인 후토(后土)와 함께 죽어서도 관직을 잃지 않아 사계절을 다스리는 천제인 복희·신농·황제·소호·전욱을 보좌하는 신이 되었다.

후대에 이르러서도 천하를 다스리는 천자는 반드시 오제(五帝)와 보좌하는 신에게 함께 제사지내고, 실제로 여전히 그 직책을 수행하기 때문에 세상에서 잃지 않는 관직이라고 한 것이다.

이들은 각기 그 능한 바의 업(業)에 따라 관직에 등용되어 살아서는 상공(上公)이 되고 죽어서는 존귀한 신이 되어 이를 사직의 오사(五祀)라고 한다.[307] 이렇게 볼 때 삼황오제와 오방 신은 인류가 진화해서 그렇게 된 것이 아니라, 그들은 본래 천신이었는데 인간 세상을 구제하

---

307 『춘추좌전』 소공(昭公) 29년

기 위하여 지상에 출현하여 문명을 개척하고 다시 천신으로 돌아간 사례라고 할 수 있다.

궁상(窮桑)은 소호가 천하를 다스릴 때의 국호이며 도읍지이고, 이곳은 희중(羲仲)이 사는 우이(嵎夷)와 같은 곳이다. 그러므로 '마침내 궁상이 구제되었다'는 구절은 천하가 구제되었다는 뜻이다. 이것이 요임금 때에 와서 희중(羲仲)·희숙(羲叔)·화중(和仲)·화숙(和叔)으로 명칭이 바뀐 것이다.[308] 이와 같이 우이(嵎夷, 아사달)에서 희중(羲仲)의 관직을 계승하여 건국한 나라가 단군조선이며, 단군을 제사장의 의미인 단군(壇君)이라고 표기하는 것도 이런 이유에서이다.

일반적으로 단군(檀君)으로 표기하는데, 여기에 단(檀)은 박달나무가 아니라 수목 중에서 가장 신성시되는 전단향(旃檀香) 나무를 뜻한다. 환웅천왕이 처음 태백산 정상의 신단수(神檀樹) 아래에 내려와 단군을 낳았다고 하는데, 신단수를 혹은 단목(檀木)이라고도 한다.

이리하여 단군(檀君)이라고 하는데, 여기에 단목은 전단향 나무를 뜻한다. 단(檀)자의 의미에 관해 『강희자전』에 다음과 같이 말하였다.

---

308 이에 희씨와 화씨〔羲和, 희중(羲仲)·희숙(羲叔)·화중(和仲)·화숙(和叔)〕에게 명하여 호천상제(昊天上帝)를 경건하게 따르고, 해와 달과 별들의 운행을 관찰하여 사람들에게 절기를 공경히 알리도록 하였다. 희중(羲仲)에게 따로 명하여 …〔乃命羲和 欽若昊天 曆象日月星辰 敬授人時 分命羲仲 … 〕- 『상서(尚書)』 요전(堯典). *공안국 전(傳)에 '중(重)과 려(黎)의 후손이 희씨(羲氏)와 화씨(和氏)인데, 대대로 天地와 사계절을 관장하는 관직에 있었다.'고 하였다. 또 여형(呂刑)의 전(傳)에, '重은 곧 희씨이고 黎는 곧 화씨이다. 비록 씨족이 구별되지만 重과 黎의 자손이라'고 하였다. 孔安國曰 重黎之後 羲氏和氏 世掌天地之官. 呂刑傳云 重卽羲 黎卽和 雖別爲氏族 而出自重黎也.

『시경(詩經)』 소아(小雅)에, '여기에 전단향나무를 심었다.'[309] 하였고, 주(註)에, 훌륭한 나무라고 하였다. 정풍(鄭風)에, '내가심은 전단향나무를 꺾지 마오.'[310]라고 하였고, 주(註)에, 강하고 질긴 나무라고 하였다.[311]

『주례(周禮)』 동관 고공기(冬官考工記) 정현(鄭玄)의 주(注)에, '전단향나무로써 수레 바퀴살을 만든다.' 하였다. 또 『본초경(本草經)』에, 자단(紫檀)과 백단(白檀)이라 하였고, 『강목(綱目)』에, 모두 전단향(旃檀香)을 이른다고 하였다.

또 고을의 지명으로도 쓰이는데, 『한서(漢書)』 지리지에, 백단현(白檀縣)은 어양군(漁陽郡)에 속하고, 당나라에서 단주(檀州)를 설치하였다.[312] - 『강희자전(康熙字典)』

---

309 즐거운 저 동산에 심어놓은 전단향나무 그 아래에 낙엽이 쌓여 있네. 樂彼之園 爰有樹檀 其下維蘀 - 『시경』 소아(小雅) 학명(鶴鳴).

310 장차 중자(仲子)는 우리 정원을 넘어가 내가 심어놓은 전단향나무를 꺾지 마소. 어찌 감히 향나무만을 사랑하리오마는 남의 많은 말을 두려워해서라오. 중자(仲子)가 그립기도 하지만 남의 말 많은 것이 또한 두려운 것이라네. 將仲子兮 無踰我園 無折我樹檀 豈敢愛之 畏人之多言 仲可懷也 人之多言 亦可畏也 - 『시경(詩經)』 국풍 정(國風鄭)

311 단목(檀木)은 껍질이 푸르며 매끄럽고 윤택하며, 재목은 매우 단단하고 질겨서 수레를 만들기에 적합하다. 檀 皮青滑澤 材彊韌 可爲車 - 『시경집전(詩經集傳)』 주(注). 반면에 박달나무는 껍질이 잿빛이고 매우 거칠다.

312 說文, 木也 詩·小雅 爰有樹檀 註, 善木 鄭風 無折我樹檀 註, 强韌之木 周禮·冬官考工記 鄭註輻以檀. 又本草 紫檀白檀綱目 總謂之旃檀 又州名 前漢·地理志 白檀縣 屬漁陽郡 唐置檀州

목은 이색(李穡)이 지은 『묘향산(妙香山) 윤필암기(潤筆菴記)』에, '향산(香山)은 압록강 남쪽에 있는데, 요양(遼陽)과 경계가 되고 장백산(長白山)에서 흘러내려 갈라진 산맥이며, 그 땅에는 향나무가 많다.' 하였다.

그렇다면 묘향산이란 이름은 그 산에 향나무가 많기 때문에 붙여진 것이다. 단군이 태백산 단목(檀木) 아래에서 탄생하였고, 단(檀)은 바로 전단향(旃檀香) 나무이다. 그러므로 마침내 후인이 그 임금을 단군이라 칭하고, 그 산을 묘향(妙香)이라 부른 것이리라.[313]

- 『동사강목(東史綱目)』

또 최치원이 지은 쌍계사 『진감선사(眞鑑禪師) 비문』에서 말하였다.

아름답도다. 해가 양곡(暘谷)에서 떠서 깊은 골짜기까지 비추지 않는 곳이 없고, 해안(海岸, 삼신산)에 전단향나무를 심으니 세월이 갈수록 더욱 향기롭다.[314]

전단향나무는 목재의 빛깔에 따라 자단(紫檀)과 백단(白檀)이 있는데, 예로부터 매우 신성시되는 향나무이다. 중국 원나라 황실에서는 사신을 접대하는 영빈관을 자단전(紫檀殿)이라 했고,[315] 신라에서는

313 李牧隱 妙香山記曰 山在鴨綠水南 與遼爲界 長白山之所分也 地多香木 然則妙香之稱 以其香木之多而然也 檀君降於太伯山 檀木下 檀是香木 故後人遂稱 其君曰檀君 名其山曰妙香耶 - 『동사강목(東史綱目)』 부附 하권 태백산고(太伯山考).

314 懿乎 日出暘谷 無幽不燭 海岸植香 久而彌芳

'진골(眞骨)은 수레의 자재로 자단(紫檀)과 침향목(沈香木)을 쓰지 못한다.'[316]라고 규정하고 있다. 즉 왕족인 성골(聖骨)만이 향기롭고 단단한 자단목이나 침향목으로 수레의 바퀴살을 만들 수 있다는 말이다. 이 기록을 통해 고조선기와 『시경』에 나오는 단(檀)은 전단향나무라는 사실이 확인된다. 또 재질이 강하고 질긴 전단향나무로 만든 활을 단궁(檀弓)[317]이라고 한다. 불교에서는 부처님 생존 시에 인도 우전왕이 전단향나무로 최초의 불상을 조성하였고, 지금도 법당에 사르는 향으로 전단향을 가장 귀하게 여긴다.

단군조선의 건국 연도에 관해, 『제왕운기』·『조선왕조실록』·『동국통감』 등에서 한 결 같이 요(堯) 임금의 무진년(戊辰年, B.C 2333)이라고 하였다.

> 요(堯)는 갑신년에 탄생하여 갑진년에 제위에 즉위하고 갑오년에 순(舜)을 부르고 갑인년에 순(舜)에게 천자의 정사를 대신 행하게 하고 신사년에 붕어하였으니, 나이는 118세이고 재위는 98년이다.[318] - 『제왕세기』

---

315 『고려사』에 고려 충렬왕과 충선왕 등 사신 일행이 원나라 황실의 자단전(紫檀殿)에서 황제를 알현했다는 기록이 있다.

316 眞骨車材 不用紫檀沈香. - 『삼국사기』33권 잡지(雜志) 거기(車騎).

317 낙랑(樂浪)의 단궁(檀弓)이 그 땅에서 생산된다. 樂浪檀弓出其地 - 『후한서』 동이전 예(濊). 낙랑은 단군의 도읍지 아사달이다.

318 堯以甲申歲生 甲辰卽帝位 甲午徵舜 甲寅舜代行天子事 辛巳崩 年百一十八 在位九十八年

요임금은 갑진년(甲辰年, B.C 2357)에 즉위하여 맨 처음 희중에게 명하여 우이에 살게 하였고, 그로부터 25년 후인 무진년에 환웅천왕의 아들 왕검(王儉)이 희중을 살게 했던 우이(嵎夷, 아사달)에 도읍을 정하고 조선을 건국하여 희중의 관직을 계승하였던 것이다. 단군은 천여 년을 다스리다가 은나라 무정(武丁)임금 때에 장당경(藏唐京)[319]에 들어가 은거하다가, 다시 돌아와 아사달 산의 신(神)이 되었다. 이제 『상서』에 나오는 우이(嵎夷)의 현재 위치에 대하여 살펴보기로 하자.

> 신라 진성여왕 11년(897) 여름 6월에 왕이 태자 요(嶢)에게 왕위를 넘겨주었다. 이에 당나라에 사신을 보내 표문으로 아뢰기를, "신 아무는 삼가 아뢰니다. 〔우이(嵎夷)에〕 살면서 희중(羲仲)의 관직에 있는 것이 신의 본분이 아니고, 연릉(延陵) 계찰(季札)[320]의 절개를 지키는 것이 저의 좋은 방도인가 합니다." 하였다.[321]

---

319 황해도 문화현의 구월산(九月山)을 가리킨다. 장당경은 단군이 은거한 곳으로 도읍지를 옮긴 것은 아니다. 『제왕운기』에 따르면, 단군이 은거한 이후 164년 동안은 비록 부자(父子)는 있으나 군신(君臣)은 없었으며, 후에 기자(箕子)가 다시 군신을 복구했다고 한다.

320 연릉(延陵): 계찰(季札)을 말한다. 춘추시대 오(吳)나라 왕자인데, 그 아버지 수몽(壽夢)이 어질게 여겨 큰 아들을 버리고 계찰을 세우려 하였으나, 사양하고 받지 아니하여 연릉(延陵)에 봉하였다.

321 十一年夏六月 禪位於太子嶢 於是遣使入唐 表奏曰 臣某言 〔日邊〕居羲仲之官 非臣素分 守延陵之節 是臣良圖. - 『삼국사기』 신라본기. 이 양위표(讓位表)는 최치원이 지은 것으로 『동문선』 43권 양위표(讓位表)에 실려 있다. 원문에 '우이(嵎夷)에 살면서 희중(羲仲)의 관직에 있는 것이 신의 본분이 아니고…(日

-『삼국사기』 신라본기

고승 혜통(惠通)은 그 씨족을 자세히 알 수 없다. 세속인으로 있을 때 그의 집은 남산(南山)의 서쪽 기슭인 은천동(銀川洞) 동구에 있었다. … 마침내 속세를 버리고 출가하여 법명을 혜통으로 바꿨다. 당나라에 가서 선무외 삼장(善無畏三藏)을 찾아뵙고 배우기를 청하니 삼장이, "우이(嵎夷)의 사람이 어떻게 법기(法器)를 감당할 수 있겠는가!" 하고 가르쳐 주지 않았다.[322]
-『삼국유사』 5권, 혜통이 용을 항복시키다.

〔당나라 고종은 조서를 내려 소정방 등에게〕 군사 13만 명을 통솔하고 와서 정벌하게 하였다. 아울러 신라 왕 김춘추를 우이도(嵎夷道) 행군총관으로 삼아 군사를 거느리고 신라 군사와 더불어 합세하게 하였다.[323] -『삼국사기』 백제본기 의자왕

신라 궁궐이 우이(嵎夷)에 있기 때문에 역대 신라왕은 동방을 다스리는 희중의 관직에 해당하고, 나당연합군을 편성할 때 신라 왕 김춘추를 우이도(嵎夷道) 행군총관으로 삼은 것이다.

邊居羲仲之官 非臣素分)'라고 했는데, 현재 유통되는『삼국사기』에는 우이(嵎夷)를 뜻하는 日邊이 빠져 있어 보충하여 번역하였다.

322 釋惠通 氏族未詳 白衣之時 家在南山西麓 銀川洞之口 … 便弃俗出家 易名惠通 往唐謁 無畏三藏 請業 藏曰 嵎夷之人 豈堪法器 遂不開授. -『삼국유사』 5권, 惠通降龍

323 統兵十三萬 以來征 兼以新羅王金春秋 爲嵎夷道行軍總管 將其國兵與之合勢

또한 『상서』 우공 편에 우이는 구주 중에 청주(青州)에 속한다고 하였고, 『상서지리금석』에 우이는 조선이라고 밝히고 있기 때문에 『상서』에 의거하여 청주는 단군조선의 강역이며, 우이와 조선의 정확한 위치는 신라 도읍지라는 사실이 확인된다.

이와 같이 우리나라를 동이(東夷)라고 하는 것은 상고시대 삼황오제를 비롯하여 단군조선과 기자조선에 이어 신라 천년에 이르기까지 시대를 초월하여 역대 왕조가 모두 우이(嵎夷)에 도읍을 정하고 나라를 다스렸기 때문이며 동이는 우이의 별호이다. 이리하여 『후한서』 동이전 말미에 동방을 찬양하는 글에서도 '우이(嵎夷)에 도읍을 정하니 이곳을 양곡(暘谷)이라고도 한다.'라고 하여 이곳이 고조선 도읍지라는 사실을 분명하게 밝히고 있다. 그러면서도 단군을 거론하지 않는 것은 단군은 동방의 국조가 아니라 실제로는 복희씨가 되고, 명칭 또한 『상서』에 의거하여 조선의 도읍지를 우이라 하고, 국왕을 희중이라고 한 것이다. 요순시대까지만 하더라도 사해(四海)[324]가 한집안(一家)이라는 체제로 천하가 다스려졌고, 그러기 때문에 우(禹)가 홍수를 다스릴 때 국경의 구분 없이 천하를 구주(九州)로 구분하여 치수사업을 하였으며. 구주 중에 조선은 청주(青州)에 해당한다.

『사기』와 『한서』에서는 한 무제가 위만조선을 정벌하고 한사군(漢四郡)을 두었던 사실만을 수록한 것이기 때문에 조선전(朝鮮傳)이라고 한 것이고, 위만(衛滿)의 도읍지는 요동군 험독현이라고 하였다.

『후한서』 동이전에는 요순시대로부터 하·은·주를 거쳐 전한시대에

---

324 구이(九夷)·팔적(八狄)·칠융(七戎)·육만(六蠻)을 사해(四海)라고 한다. 九夷 八狄 七戎 六蠻 謂之四海 - 『이아(爾雅)』 석지(釋地)

이르기까지 한·중관계의 기사를 수록하였으며, 위만조선을 제외한 단군조선, 기자조선, 그리고 신라 천년에 이르기까지 해 뜨는 우이(嵎夷)에 도읍을 정하고 나라를 다스렸기 때문에 동이전(東夷傳)이라고 한 것이다.

동이(東夷)의 의미에 관해 『예기』를 인용하여 '동방을 이(夷)라고 한다.' 하였으므로, 동방과 동이는 우이·양곡과 같이 해 뜨는 구역의 지명이다. 일반적으로 육안(肉眼)으로 볼 때, 해는 동쪽에서 떠오르고 또 조선이 중국의 동쪽에 있다는 사실을 모르는 사람이 없지만, 당대의 석학들이 번거롭게 여러 경전을 인용하며 자세한 주석을 덧붙이는 이유는, 해 뜨는 우이(嵎夷)는 중국의 동쪽에 있다는 의미가 아니라 성인의 혜안으로 보면 우주에서 해가 처음 뜨는 신성구역을 가리키는 지명이기 때문이다. 그러므로 고전에 나오는 동이(東夷)·구이(九夷)·동방(東方)·우이(嵎夷)·욱이(郁夷)·양곡(暘谷)·양곡(湯谷)·조선(朝鮮) 등은 모두 해 뜨는 구역을 가리키는 지명이다.

또한 『구약성서』 창세기에 지상천국인 에덴동산을 동방이라고 하였는데, 이곳 역시 이스라엘의 동쪽지역이 아니라 해 뜨는 구역인 우이(嵎夷)를 가리키는 것이다. 동이전 첫머리의 내용을 역사와 종교를 초월하여 인류문명의 발상지이고, 이상향인 에덴동산이라는 전제하에 보면 그 의미가 분명하게 드러난다.

신라의 대문호인 최치원은 해 뜨는 곳 동방과 한민족의 정체성에 관해에 관해 여러 경전을 인용하며 심도 있게 거론하고 있다.

『예기』 왕제(王制)에 "동방을 이(夷)라고 한다."고 하였다. 이에 대해 범엽(范曄)은 '이(夷)라는 것은 뿌리를 의미하니, 어질고 생육하기를 좋아해서 만물이 동방에 뿌리를 내리고 나오는 것을 말한다. 그렇기 때문에 천성이 유순하여 바른 도리로 다스리기가 쉬운 것이다.'라고 하였다.

내가보건대, 이(夷)는 평이(平易)와 같은 뜻이니, 이 말은 제도하고 교화하는 방편을 말하는 것이다. 상고하건대, 『이아(爾雅)』에 "동쪽으로 해가 뜨는 곳에 이르면 그곳이 태평(太平)이다. 태평의 사람들은 어질다."[325]고 하였다. 또 『상서(尙書)』에 "희중에게 명하여 우이(嵎夷)에 살게 하니 이곳을 양곡(暘谷)이라고도 한다. 봄 농사를 고르게 다스리도록 하였다."고 하였다.

그러므로 우리 대왕의 도읍지는 날로 상승하고 달로 융성하는 가운데 물은 순조롭고 바람은 온화하다. 어찌 다만 깊이 칩거했던 동물들이 활개 치며 소생할 뿐이겠는가. 또한 식물들이 새로 돋아나서 무성하게 우거지도록 하니, 만물이 생성하고 화육하는 것은 바로 동방(東方)을 터전으로 하는 것이다.

더구나 『시경(詩經)』에 "이에 가엾게 여겨 서쪽을 돌아보고, [여기에 궁전 터를 정해 주었다."]^326는 말이 있고, 석가모니 부처님이 탄생하시자마자 처음 동쪽으로 일곱 걸음을 걸었다고 하였으니, 구이(九夷)가 불·법·승 삼보(三寶)에 귀의하고 힘써야 하는 것도

---

325 동쪽으로 해가 뜨는 곳에 이르면 그곳을 태평(太平)이라고 한다. 태평의 사람들은 어질다. 東至日所出爲太平 太平之人仁 - 『이아(爾雅)』 석지(釋地). 태평(太平)은 해 뜨는 구역의 지명으로 신라 도읍지의 별호이다.

326 乃眷西顧 此維與宅 - 『시경』 대아(大雅) 황의(皇矣)

당연한 것이니, 이는 땅이 그렇게 만든 것이요, 하늘이 그렇게 배려한 것이다.

『예기(禮記)』 유행(儒行)편에 "위로는 천자의 신하가 되지 않고, 아래로는 제후를 섬기지 않는다. 신중하고 고요하며 너그러움을 숭상하고 널리 배워 직분을 안다. 비록 나라를 나눠 주더라도 하찮게 여기면서 신하 노릇도 하지 않고 벼슬도 하지 않는다. 그 규범을 이와 같이 하는 자가 있다."[327]고 하였다.

바로 『주역(周易)』에 "왕후(王侯)를 섬기지 않고 자기의 지조를 지키는 일만을 고상하게 한다."[328]고 한 사람이요, "은거한 사람(幽人)이라야 곧으며 길(吉)하고, 그 밟고 가는 길이 평탄하다."[329]고 한 것이다.[330]

- 최치원이 지은 「선안주원 벽기(善安住院壁記)」

---

327 『예기』 유행(儒行)에 나오는 구절로 기자(箕子)의 행적을 칭송한 내용이다. 기자가 봉해진 조선(朝鮮)은 국호이면서, 도읍지의 지명으로 우이(嵎夷)와 같은 곳이다.

328 『주역』 고괘(蠱卦) 상구(上九)

329 『주역』 이괘(履卦) 구이(九二)

330 王制 東方曰夷 范曄云 夷者抵也 言仁也而好生 萬物抵地而出 故天性柔順易以道御 愚也謂夷 訓齊平易 言教濟化之方 按 爾雅云 東至日所出 爲大平大平之人仁 尙書曰 命羲仲 宅嵎夷 曰暘谷 平秩東作 故我大王之國也 日昇月盛 水順風和 豈唯幽蟄振蘇 抑亦勾萌罶懋生化 生化出震爲基 加復姬詩 擧西顧之言 釋祖始東行之步 宜乎九種 勉以三歸 地之使然 天所假也 儒行篇曰 上不臣天子 下不事諸侯 愼靜尙寬 博學知服 雖分國如錙銖 不臣不仕 其規爲有如此者 則大易之不事王侯 高尙其事 幽人貞吉 其履道乎 - 『동문선(東文選)』 64권

최치원은 범엽(范曄)이 편찬한 『후한서』 동이전에 화답하면서 유교 경전을 인용하며 동방·동이·태평·우이에 관해 거론하다가, 곧바로 '그러므로 우리 대왕의 도읍지는 날로 상승하고 달로 융성하는 가운데 물은 순조롭고 바람은 온화하다.'고 하였다.

여기에 '우리 대왕의 도읍지'는 구체적으로 신라 궁궐이 있는 곳으로, 바로 이곳이 『이아』에 나오는 태평(太平)이고, 『상서』에 나오는 우이(嵎夷)라는 말이다. 이어서 기자(箕子)의 행적을 거론하고 있는 것 역시 기자의 궁전이 이곳에 있었기 때문이다.

태평성대(太平聖代)란, 해 뜨는 태평(太平)에서 성인이 다스리던 시대라는 뜻이다. 따라서 태평이나 우이는 신라 도읍지의 별호이고, 이곳은 실로 삼황오제로부터 단군·기자·신라로 이어지는 역대 왕조의 도읍지이다.

> 오상(五常)[331]의 방위를 나눌 때 동방(動方, 동방)에 배속된 것을 인(仁)이라고 한다.[332] 삼교(三教)의 이름을 세울 때 정역(淨域)에 출현한 이를 부처(佛)라고 한다. 어진 마음은 부처요, 부처를 가리켜 능인(能仁)이라 하는 법이다.
>
> 욱이〔郁夷 =우이(嵎夷)〕[333]의 유순한 성품의 근원을 이끌어 가유라

---

331 인(仁)·의(義)·예(禮)·지(智)·신(信)을 말한다.

332 동방이란 무엇인가? 동방(動方)에서 만물이 생동하는 방위이다. 어찌하여 봄이라고 하는가? 만물이 봄에 나오기 때문이다. 그러므로 동방을 봄이라고 한다. 東方者何也 動方也 物之動也 何以謂之春 春出也 故謂東方春也 -『상서대전(尚書大傳)』

위성(迦維羅衛城)의 자비의 교해(敎海, 대장경)에 통달하게 하니 이는 진실로 돌을 물에 던지고, 모래더미에 물을 뿌리는 것과 같이 쉬운 것이다. 하물며 동쪽의 제후로서 외방을 지키는 자로 우리보다 큰 나라가 없으며, 땅의 신령함이 이미 생육하기 좋아하는 것을 근본으로 하고, 풍속 또한 서로 양보하는 것을 우선으로 하니 화락한 얼굴은 태평(太平)[334]의 봄날이요, 은은한 상고시대의 교화로다. 더구나 임금의 존귀한 신분으로도 삭발하여 승려가 되었으며[335], 언어가 범음(梵音)을 답습하여 혀를 굴리면 족히 패다라(貝多羅, 범어)의 글자가 되었다.[336]

이는 진실로 하늘이 환하게 서쪽을 돌아보고, 바다를 이끌어 동방으로 흐르게 한 것이니, 마땅히 군자국에 법왕(法王)의 도가 나날이 깊어지고 또 깊어지는 것이다. … 옛날 동표(東表, 동방)에 삼국이

---

333 『사기』 오제본기에는 우이(嵎夷)가 욱이(郁夷)로 표기되어 있다. 分命羲仲居郁夷 曰暘谷

334 우이(嵎夷)와 태평(太平)은 해 뜨는 구역의 지명으로 신라 도읍지의 별호이다.

335 신라 법흥왕과 진흥왕이 출가하여 승려가 되었다.

336 다만 한스러운 것은 우리나라의 재자(才子) 명공(名公)들은 당 시가(詩歌)를 읊을 줄 알지마는 중국의 거유 석덕들은 향가를 알지 못한다. 하물며 당 문장은 인드라망이 잘 짜여진 것과 같아서 우리나라 사람들도 쉽게 읽지마는, 향찰(鄕札)은 범서(梵書)를 잇달아 펼쳐놓은 것 같아서 중국 사람은 알기 어렵다. 양(梁)과 송(宋)의 주옥같은 작품은 우리나라로 자주 동방으로 흘러들어왔지마는 진한(秦韓, 신라)의 비단에 수를 놓은 것 같은 문장은 서쪽으로 전해감이 드물었다. -『균여전(均如傳)』 제8. *신라 국호인 시라(尸羅)·서라벌(徐羅伐) 등이 본래 범어(梵語)인 것처럼 한글 중에 범어가 많이 섞여 있어 중국인들은 동국 명사들이 지은 향찰의 깊은 뜻을 이해하지 못한다는 말이다.

대치하던 시기의 말기에 백제에 소도(蘇塗)의 의식이 있었으니[337], 이는 (한 무제가) 감천궁(甘泉宮)에서 금인(金人, 불상) 앞에 향을 사르고 예배하던[338] 것과 같은 것이다.[339]

–「지증대사 비명(智證大師碑銘)」

최치원의 동방예찬론은 그칠 줄을 몰라서 「사산비명(四山碑銘)」에도 빠짐없이 거론되고 있다.

광명이 왕성하고 충실하여 온 누리를 비출 자질을 갖춘 것으로는

---

337 백제 무왕 35년(634) 3월에 대궐 남쪽에 못을 파서 20여 리 밖에서 물을 끌어 들이고, 사방 언덕에 버드나무를 심고 물 가운데 방장선산(方丈仙山)을 모방하여 섬을 쌓았다. 三月 穿池於宮南 引水二十餘里 四岸植以楊柳 水中築島嶼, 擬方丈仙山. –『삼국사기』 백제본기 武王

338 한 무제 원수(元狩) 3년(B.C 120)에 곽거병(霍去病)이 항복한 흉노의 곤사왕(昆邪王)과 노획한 크기가 1장(丈) 남짓한 금인(金人)을 바치니, 무제가 이를 대신(大神)이라 여기고 감천궁(甘泉宮)에 모시고 향을 사르며 예배하였으니, 이때부터 중국에 불교가 점차로 퍼지기 시작하였다. –『위서(魏書)』 석노지(釋老志). 한 무제는 감천궁에 광대한 규모의 연못을 만들고 태액지(太液池)라고 불렀으며, 연못가운데 삼신산을 상징하는 봉래·방장·영주 세 섬을 만들었다.

339 五常分位 配動方者曰仁 三敎立名 現淨域者曰佛 仁心則佛 佛目能仁 則也導郁夷 柔順性源 達迦衛慈悲敎海 寔猶石投水 雨聚沙然 矧東諸侯之外守者莫我大也 而地靈旣好生爲本 風俗亦交讓爲先 熙熙太平之春 隱隱上古之化 加以姓參釋種 遍頭居寐錦之尊 語襲梵音 彈舌足多羅之字 是乃天彰西顧 海引東流, 宜君子之鄕也 法王之道 日日深又日深矣 … 昔當東表鼎峙之秋 有百濟蘇塗之儀, 若甘泉金人之祀

태양에 비길 것이 없고, 기운이 온화하고 두루 통하여서 만물을 기르는 공덕을 갖춘 것으로는 봄바람만 한 것이 없다. 이 준풍(俊風)과 태양은 모두 동방에서 나오는 것이다.[340] 그러므로 하늘이 이 두 가지 경사를 모으고, 산악이 신령한 정기를 내려서 군자국에 태어나 불교계에 우뚝 서게 하였으니, 우리 무염(無染)대사가 바로 그분이다.[341] –「낭혜화상 탑비(朗慧和尙塔碑)」

거룩하도다! 해가 양곡(暘谷)에서 떠올라 먼 곳까지 비추지 않음이 없고, 삼신산(海岸)에 전단향(旃檀香) 나무를 심으니[342] 세월이 오랠수록 더욱 향기롭다.[343] –「진감선사 비문」

살펴보건대, 새벽해가 우이(嵎尼 동방)에서 떠오르매 광명이 만물에 다 통하고, 봄바람이 동방에서 나와 기운이 팔방의 끝까지

---

340 태양은 양곡(暘谷)에서 떠오르며, 이곳을 우이(嵎夷)라고도 한다. 동방에서 봄을 맡은 신의 이름을 태호 복희씨라 하고 혹은 동제(東帝)·동군(東君)·동황(東皇)·청황(靑皇)·청제(靑帝)라고도 하며 보좌하는 신을 구망(勾芒)이라고 한다.

341 光盛且實 而有暉八紘之質者 莫均乎曉日 氣和且融 而有孚萬物之功者 莫溥乎春風 惟俊風與旭日 俱東方自出也 則天鍾 斯二餘慶 嶽降于一靈性 俾挺生君子國 特立梵王家者 我大師其人也 法號無染

342 판본「지리산 대화엄사 사적(事蹟)」에, 화엄사에 '전단림(栴檀林)이라는 13칸의 법당이 있었다.(栴檀林 十三間)'라고 하였다. 고조선기에 나오는 단목(檀木)은 박달나무가 아니라 전단향나무이다.

343 懿乎 日出暘谷 無幽不燭 海岸植香 久而彌芳

흡족하여, 마침내 능히 천하의 어두움을 깨뜨리고 지상의 결실을 맺게 한다. 그런 뒤에 삼족오가 날으는[344] 빠른 그림자는 매곡(昧谷)[345]의 깊은 곳까지 윤회하고, 범이 바람을 일으키는 웅장한 위엄은 상(商)나라 교외의 먼데까지 세력을 떨치고 그치나니, 이는 의(義)가 인(仁)으로 인하여 발하게 되고[346] 서쪽이 동쪽으로부터 밝아짐을 알 수 있는 것이다.[347]

– 최치원이 지은 「원측화상 휘일문(圓測和尙諱日文)」

---

344 태양 속에 세발 까마귀(三足烏)가 있으므로 해가 떠서 운행하는 것을 말한다.

345 매곡(昧谷): 해가 지는 곳으로 우연(虞淵) 또는 매곡(昧谷)이라고 한다. 『상서』 요전(堯典)에 "화중(和仲)에게 나누어 명하여 서쪽에 살게 하니, 매곡(昧谷)이라고 한다. 지는 해를 공경히 전송하여 가을 수확을 고르게 하였다.(分命和仲宅西 曰昧谷 寅餞納日 平秩西成)"라고 하였다.

346 하후씨(夏后氏)의 태강(太康)이 덕을 잃자, 동이족이 비로소 배반하기 시작하였다. … 걸(桀)이 포악해지니 동이족이 침입하여 왔는데, 은(殷)의 탕왕(湯王)이 혁명하고 이들을 정벌하여 평정하였다. … 주 무왕이 주(紂)를 정벌할 때 숙신(肅愼)이 와서 석노(石砮)와 고시(楛矢)를 바쳤다. 夏后氏 太康失德 夷人始畔…桀爲暴虐 諸夷內侵 殷湯革命 伐而定之…及武王滅紂 肅愼來獻石砮楛矢 –『후한서』 동이전 서(序). 이윤(伊尹)이 탕왕(湯王)의 재상이 되어 보좌하여 상(商)나라를 일으켜 세웠고, 태공망(太公望)이 주 문왕과 무왕을 보좌하여 패업을 이루었는데, 이윤과 태공망은 동이족이었다. 중국에 폭군이 나와 천하가 어지러워지면 동이의 선비가 나서서 바로잡는다는 말이다.

347 觀夫曉日出乎嵎尼 光融萬像 春風生乎震位 氣浹八埏. 遂能破天下之冥 成地上之實 然後烏飛迅影 迴輪昧谷之深 虎嘯雄威 輟扇商郊之遠. 是知義因仁發 西自東明

신의 도읍지는 비록 신도(神荼)와 울루(鬱壘)가 귀신을 검열하는 반도산(蟠桃山)[348]과 접경에 해당하오나 위력으로 군림하는 것을 숭상하지 아니하고, 또 백이(伯夷)·숙제(叔齊)의 고죽국(孤竹國)[349]과 강역이 이어져 본래 청렴하고 겸양함을 바탕으로 하였으며, 하물며 홍범구주의 남긴 규범을 빌리고 일찍이 범하는 것을 금지하는 8조(八條)의 교훈을 계승하여, 말을 하면 반드시 하늘을 경외(敬畏)하고, 다닐 적에는 모두 길을 양보하였으니, 대개 어진 현인(仁賢, 기자)의 교화를 받아 군자국(君子國)이란 명성에 부합되었던 것이옵니다.

그렇기 때문에 들에 점심을 내갈 때에도 식기를 갖추었으며, 길고 짧은 창을 지게문에 기대어 놓았던 것이었습니다. 풍속은 비록 의관을 갖추고 허리에 칼을 차는 것을 숭상하면서도 전쟁을 그치게 하는 무(武)의 정신을 진실로 귀하게 여겼습니다. … 도적떼가

---

348 울루(鬱壘)의 반도(蟠桃): 황제 헌원시대부터 전승되는 설날 세시풍속. 도부(桃符)의 주인공인 신도(神荼)와 울루(鬱壘)가 매일 해 뜰 무렵이면 반도(蟠桃)나무 아래에서 모든 귀신을 검열한다고 하는데, 그곳이 바로 신라 도읍지의 선도산(仙桃山)이라는 말이다. 반도(蟠桃)는 선도(仙桃)라고도 하며 서왕모가 곤륜산에 심어 가꾸었다는 신선세계의 복숭아나무이다.

349 『구당서(舊唐書)』 배구(裴矩)의 전기에, 고구려는 본래 고죽국(孤竹國)이었다. 주(周)에서 기자(箕子)를 봉(封)하고 조선이라 하였으며, 한(漢)나라에서는 세 군(郡)으로 나누어 설치하였으니 이것은 곧 현도(玄菟)·낙랑(樂浪)·대방(帶方)이다. 『통전(通典)』에도 역시 이 말과 같다. 唐裴矩傳云, 高麗本孤竹國 周以封箕子爲朝鮮 漢分置三郡謂玄菟·樂浪·帶方 通典亦同此說.
– 『삼국유사』 1권 고조선

이미 지금까지 창궐하는데도, 미력한 신(臣)은 확고하게 대처할 능력을 지니고 있지 못합니다. 우이(嵎夷)에 살면서 희중(羲仲)의 관직에 있는 것은 신의 본분이 아니고, 바닷가 외딴곳에서 연릉 계자(延陵季子)[350]의 절개를 지키는 것이 신의 적절한 방도라고 생각됩니다.[351]

– 최치원이 지은 「진성여왕 양위표(讓位表)」

무릇 법의 본체는 이름도 아니고 모습도 아니니, 곧 지혜에 눈멀고 귀먹은 자는 그 취지를 살필 수가 없고, 마음의 본성은 있는 듯 없는 듯하여 곧 어린애처럼 몽매한 자라면 어찌 그 근원을 헤아릴 수가 있겠는가. … 그런 뒤에야 계림(鷄林)에 돌아와서 여러 몽매한 이들을 인도하였는데, 도의 근기가 있는 자를 위해서는 '마음을 보라'는 한마디로 가르치고, 그릇이 익은 자를 위해서는 수많은 방편을 보여주었다. 한 시대의 비밀스런 전적에 통달하여 삼매의 밝은 등불을 전하였으니, 실로 불일(佛日)이 양곡(暘谷)에서 다시 떠오르고 법의 구름이 부상(扶桑)에서 다시 일어났다고 할 수 있

---

350 계자(季子)의 이름은 계찰(季札)이니, 춘추시대 오(吳)나라 왕 수몽(壽夢)의 넷째 왕자이다. 여러 아들 중에서 가장 어질었으므로 왕위를 전하려 하였으나 받지 않으므로 연릉(延陵)에 봉하여 연릉 계자(延陵季子)라 하였다.

351 臣以當國 雖鬱壘之蟠桃接境 不尙威臨 且夷齊之孤竹連彊 本資廉退 矧假九疇之餘範 早襲八條之教源 言必畏天 行皆讓路 蓋禀仁賢之化 得符君子之名 故籩豆饁田 鏦矛寄戶俗 雖崇於帶劒 武誠貴於止戈 … 羣寇旣至今爲梗 微臣固無所取材 日邊居羲仲之官 非臣素分 海畔守延陵之節 是臣良圖 –『동문선(東文選)』 제43권 양위표(讓位表)

다.[352] – 신라 김헌정(金獻貞)이 지은 「신행선사비(神行禪師碑)」

중국의 정사인 『사기』에, 동이족인 순(舜)은 천자의 지위에 오르자 먼저 동쪽 지방을 순수하여 동국산천에 제사지내고, 마침내 동방의 군장(君長, 단군)을 알현하였다고 한다.

2월에 순(舜)은 동쪽을 순수하여 태산(泰山)에 이르러 시제(柴祭)를 지내고, 아울러 동국의 명산대천에 제사지내고 드디어 동방(東方)의 군장(君長, 단군)을 알현하고, 사시(四時)의 절기와 12달, 정월 초하루를 통합하고, 율령과 도(度)·량(量)·형(衡)을 통일하고 오례(五禮)를 편수하였다. 다섯 가지 옥(玉)[353]과 세 가지 비단 두

---

352 夫法之體也 非名非相, 則盲聾智者 莫能觀其趣. 心之性也 若存若亡 則童蒙理者 焉可測其源 … 然後還到鷄林, 倡導 羣蒙, 爲道根者, 誨以看心一言. 爲熟器者, 示以方便多門. 通一代之秘典, 傳三昧之明燈, 實可謂佛日再杲自暘谷, 法雲更起率扶桑. 「斷俗寺 神行禪師碑」金獻貞 撰 憲德王 5년(813) 9월 建

353 왕자(王者) 녹작(祿爵)의 제도는 공·후·백·자·남으로 무릇 5등급이다. 王者之制祿爵 公侯伯子男 凡五等. –『예기』 왕제(王制). 옥으로 6가지 서옥(瑞玉)을 만들어 나라의 등급에 따라 〔나누어 주고 천자를 알현할 때〕 왕은 진규(鎭圭)를 잡고, 공은 환규(桓圭)를 잡고, 후는 신규(信圭)를 잡고, 백은 궁규(躬圭)를 잡고, 자는 곡벽(穀璧)을 잡고, 남은 포벽(蒲璧)을 잡는다. 以玉作六瑞 以等邦國 王執鎭圭 公執桓圭 侯執信圭 伯執躬圭 子執穀璧 男執蒲璧 –『주례(周禮)』 춘관종백(春官宗伯). 진규는 길이가 1척 2촌(寸)이고 천자가 지닌다. 명규는 9촌(寸)으로 환규라고도 하고 공이 지닌다. 명규는 7촌(寸)으로 신규라고도 하며 후가 지닌다. 명규는 7촌(寸)으로 궁규라고도 한다. 鎭圭尺有二寸 天子守之 命圭九寸 謂之桓圭 公守之 命圭七寸 謂之信圭 侯守之 命圭七寸 謂之躬圭

가지 산 희생[354], 한 가지 죽은 희생[355]을 잡고[356], 다섯 가지 서옥(瑞玉)[357]과 같은 홀(笏)은 의례를 마치면 돌려주었다.[358]

–『사기(史記)』 오제본기

우공(禹貢)편에 동해로부터 산동성의 태산에 이르기까지가 청주(青州)라고 하였다. 순(舜)이 섭정하던 때는 동방에 단군이 다스리던 시기가 분명하기 때문에 이 기록은 중국 정사에 단군이 등장하는 중요한 문헌이다. 『상서』에도 같은 내용이 실려 있는데, '마침내 동방의 제왕을 알현하고(肆覲東后)'라고 하였다. 『예기(禮記)』에, 제후가

–『주례』 동관고공기(冬官考工記). 환규 신규 궁규는 잣대처럼 긴 형태이고, 곡벽과 포벽은 둥근 고리 형태이다.

354 새끼 양과 기러기이다.

355 한 가지 죽은 폐백은 꿩으로 선비가 잡는 것이다.

356 【집해(集解)】 마융은, 두 가지 산 희생은 양과 기러기이고 경(卿)과 대부가 잡고, 한 가지 죽은 희생은 꿩으로 선비가 잡는다. 정현은 지(贄)는 이른다는 말로 스스로 도달하는 까닭이다. 위소(韋昭)는, 지(贄)는 여섯 가지 폐백으로 고(孤)는 가죽과 비단을 잡고, 경(卿)은 양을 잡고 대부는 기러기를 잡고, 선비는 꿩을 잡고, 서민은 집오리를 잡고, 상공인은 닭을 잡는다. 集解 馬融曰 摯 二生 羔鴈, 卿大夫所執 一死 雉 士所執 鄭玄云 贄之言至, 所以自致也 韋昭云 贄 六贄 孤執皮帛 卿執羔 大夫執鴈 士執雉 庶人執鶩 工商執雞也

357 【집해(集解)】 마융은, 오기(五器)는 위에 다섯 가지 옥으로 의례를 마치면 즉시 돌려주고 세 가지 비단 이하는 돌려주지 않는다고 했다. 集解 馬融曰 五器 上五玉 五玉 禮終則還之 三帛已下不還也

358 歲二月 東巡狩 至於岱宗柴 望秩於山川 遂見東方君長 合時月正日 同律度量衡 脩五禮 五玉 三帛 二生 一死爲摯 如五器 卒乃復

북면(北面)하여 천자를 알현하는 것을 '근(覲)'이라고 한다고 했다.[359] 고려 말기 목은 이색(李穡)이 지은 「동방사(東方辭)」에 '해 뜨는 곳의 천자(天子)가 부상(扶桑)의 구역에 궁궐을 세웠도다.'라고 하여 단군이 천자의 신분이라는 사실을 분명하게 밝히고 있다. 이것은 주 무왕이 천자의 신분이 되고 나서 기자(箕子)를 조선에 봉하고도 신하로 여기지 않았다는 사실과 통한다.

『중용(中庸)』 제28장에, '지금은 천하의 수레가 같은 규격이고, 문서는 같은 문자를 쓰고 행동에 윤리가 같게 되었다.'[360]라는 구절은 바로 이것을 말하는 것이다. 단군은 우이(嵎夷)에 도읍을 정하고 건국하여 희중(羲仲)의 관직을 계승하였으므로, 천하의 중심이 되는 동방에서 천문을 관측하여 천명을 받들어 예악과 도량형, 책력 등의 체계를 세우면 천자는 이를 모든 제후에게 반포하고 시행하도록 하여 천하의 백성이 함께 문명을 누릴 수 있도록 하는 정치체제이다. 이것은 이미 삼황오제 시대부터 시행되던 전통을 따른 것이다.

천자는 제후를 공·후·백·자·남 다섯 등급으로 나누어 홀(笏)을 하사하는데, 제후의 신분을 나타내는 홀은 옥으로 만든다.

20세기에 이르러 홍산(紅山) 일대 고분에서 출토되는 옥으로 다양한 형태로 정교하게 조각된 옥기(玉器)인 흑피옥 옥룡(玉龍) 등은 삼황오제 시대의 고고학적인 유물이다. 『이아』 석지(釋地)에, '동방의 아름다운 특산품은 의무려(醫無閭)에 있는 순우기(珣玗琪)이다.'라고 하였다. 『설문해자』에, '순(珣)은 의무려(醫無閭)의 순우기이다. 『상서』의 「주

359 諸侯北面而見天子 曰覲 -『예기(禮記)』 곡례(曲禮) 下

360 今天下 車同軌 書同文 行同倫

서(周書)」 고명(顧命)에, 이른바 이옥(夷玉)이다.' 하였다. 단옥재(段玉裁)의 『설문해자주(說文解字注)』에, '순우기 3자(三字)가 합하여 옥 이름이 되었다. 대체로 의무려와 순우기는 모두 동이(東夷)의 언어이다.'라고 하였다.[361]

『상서』에 주나라 성왕이 임종을 앞두고 마지막 유언인 고명(顧命)을 할 때에 평소 아끼던 소장품을 진열하였는데, 그 중에 이옥(夷玉)이 있으며 이것이 바로 동방의 특산품인 순우기라는 말이다.

『예기』 월령(月令)에, 천자가 매달 친히 하늘에 제사할 때 사계절을 다스리는 천제의 빛깔에 맞는 옥기(玉器)를 사용하였고, 하우씨가 치수를 성공적으로 마치자 우(禹)에게 현규(玄圭)를 하사하였으며, 위만(衛滿)이 기자조선의 준왕(準王)에게 망명하여 변경에서 울타리가 되겠다고 청하자, 이에 준왕은 이 말을 믿고 위만을 박사로 제수하여 규(圭)를 하사하고 변방의 백 리 땅을 봉해 주어 서쪽 변경을 지키도록 하였다.

『주역』에, 천하를 다스리는 제왕은 동방에서 나오고, 만물이 동방에서 나온다고 하였다. 인류문명은 이미 삼황오제 시대에 체제가 모두 갖추어졌고 천하가 공유하였기 때문에 삼황오제를 이해하지 못하고서는 인류문명의 근원을 이해하기 어려운 것이다.

조선 숙종은 단군 사당에 치제(致祭)하도록 명하고 친히 단군을 기리는 시를 지었다.

---

361 爾雅 釋地, 東方之美者 有醫無閭之珣玗琪焉. 段玉裁 注 珣玗琪合三字 爲玉名 盖醫無閭 珣玗琪 皆東夷語

동해에 성인이 일어나시니
일찍이 듣자니 요임금과 같은 시대라네.
산꼭대기에 사당이 남아 있는데
전단향나무에 상서로운 구름이 서린다.[362]

또 조선 중기의 문장가인 정두경(鄭斗卿, 1597~1673)이 지은 '단군사(檀君祠)'라는 제목의 시를 보기로 하자.

동해에 성인이 탄생하시니 때는 요임금과 나란히 하였네.
부상(扶桑)에서 떠오르는 해를 공손히 맞이하니
전단향나무 위에 푸른 구름 서리네.
천지간에 처음 제후로 세우고
산하의 기운은 아직 분리되지 않았네.
무진년부터 천년 누린 수명을
나는 우리 임금께 바치고 싶어라.[363]

시의 첫머리에 단군이 동해에서 탄생하였다고 하였다. 신라 성덕대왕신종에 새겨진 종명(鍾銘)에, '동해의 삼신산(三神山)은 선인들이 사는 곳, 땅은 선도산(仙桃山)에 있고 경계는 부상(扶桑)에 접하였다.

---

362 東海聖人作 曾聞竝放勳 山椒遺廟在 檀木擁祥雲 -『승정원일기』 헌종(憲宗) 12년(1846) 1월 24일

363 檀君祠 : 有聖生東海 于時竝放勳 扶桑賓白日 檀木上青雲 天地侯初建 山河氣不分 戊辰千歲壽 吾欲獻吾君. -『동명집(東溟集)』제4권

여기에 우리나라가 있어 (천하를) 통합하여 한 고향이 되었다.'[364]라는 구절과 같은 내용이다. 또 서산대사가 지은 「지리산 황령암기(黃嶺庵記)」에, '동해 가운데 한 산이 있으니 이름은 지리산이라 한다.'[365]라고 하였다. 신선세계로 삼신산의 하나인 방장산(方丈山, 지리산)에서 단군이 탄생하고 건국하였다는 말이다.

이어서 정두경의 시에, '부상(扶桑)에서 떠오르는 해를 공손히 맞이하니'는 단군조선의 위상과 도읍지를 밝히는 것으로, 『상서』 요전에, '따로 희중(羲仲)에게 명하여 우이(嵎夷)에 살게 하시니, 양곡(暘谷)이란 곳이다. 떠오르는 해를 경건히 인도하여 절기에 따라 농사짓는 일을 고르게 알리도록 하였다.'라는 구절을 인용한 것이다.

부상(扶桑)은 삼황오제의 도읍지인 궁상(窮桑)과 같은 것으로 해 돋는 우이(嵎夷)에서 열 개의 태양이 대기하는 신목(神木)이다.

'산하의 기운은 아직 분리되지 않았다.'는 상고시대 삼황오제가 다스리던 시대는 국경의 구분이 없이 천자를 중심으로 천하가 사해일가 체제로 다스리던 시대이기 때문에, 단군조선을 건국하기 이전에는 조선과 중국의 구분이 없었다는 말이다. 그러므로 조선의 국조를 단군이라고 하는 것이다.

후대에 이르러 '이하동서설(夷夏東西說)'이 제기되는데, 단군조선 초기까지는 조선과 중국이 분리되지 않은 체제였으나, 하우(夏禹)의 손자인 태강(太康) 왕에 이르러 덕을 잃고 천하가 어지러워지자 동이족인 예(羿)가 태강을 축출하였으며, 이로부터 하(夏)왕조와 조선이

---

364 東海之上 衆仙所藏 地居桃壑 界接扶桑 爰有我國 合爲一鄕

365 東海中 有一山名智異山也『淸虛堂集』

점차 대립하는 관계로 전환되었다.

또 고려 말기 목은 이색(李穡)이 일본에 사신으로 떠나는 정몽주(鄭夢周)를 보내며[366] 지어준 '동방사(東方辭)'에서 말하였다.

동방에 임금이 있어 태고 적부터 저절로 거룩하고
그 사람들은 인의(仁義)를 숭상하여 기상은 굳세고 문장은 온화했었네. -(중략)- 해 뜨는 곳의 천자(天子)가 부상(扶桑)의 구역에 궁궐을 세웠도다.
오직 만물이 나고 자람은 동방의 바람이 따스하게 불어 주는 때문이요, 온 누리를 환하게 내리비춤은 저 태양이 찬란히 떠 있음이라.
이 두 가지가 나오는 동방은 과연 천하무적의 나라이건만, 어쩌다 흉악한 무리들이 몰래 도발하여 지금껏 그렇게 창궐하는가.
악명을 천하에 뿌리고 죄가 이미 극도에 이르니, 우국지사와 어진 사람들 동방을 위하여 애석히 여기지 않는 이가 없네.
이는 장차 천하의 전란을 불러일으킬 징조, 의심할 것도 점칠 것도 없다네.[367]

---

366 우왕 3년(1377)에 정몽주를 보빙사(報聘使)로 천거하여 하카타로 가서 왜구를 금지시켜줄 것을 청하였다. -『고려사』

367 詹東方之有君兮 肇大始以自尊也 其人佩義而服仁兮 厥氣勁而詞溫也 … 日出處之天子兮 奄宅扶桑之域也 惟萬物之生育兮 迺谷風之習習也 惟下土之照臨兮 迺陽烏之赫赫也 之二者之所出兮 信天下之無敵也 胡群兇之竊發兮 至于今其猖獗也播惡名於天下而旣稔兮 志士仁人莫不爲東方惜也 是將動天下之兵端兮 不疑又何卜也. -『동문선』1권 동방사(東方辭).

여기에 '해 뜨는 곳의 천자가 부상(扶桑)의 구역에 궁전을 세웠도다.' 라는 구절에서 우이(嵎夷)는 본래 오제(五帝)의 도읍지이며 단군의 궁전 역시 부상의 구역에 있었음을 밝히고 있다.

2) 조선은 천축국이다

지금부터 4천3백여 년 전인 중국의 요순(堯舜)시대에 간행되어 동양 최고(最古)의 고전으로 일컬어지는 『산해경』에는 단군조선에 관해 다음과 같이 말하였다.

> 동해의 안쪽, 북해의 모퉁이에 조선(朝鮮)이라는 나라가 있는데〔조선은 지금의 낙랑군(樂浪郡)이다.〕 천독(天毒)[368]이다. 그 사람들은 삼신산에 살며 사람을 친근히 하고 사랑한다. 〔천독(天毒)은 곧 천축국(天竺國)이다. 도덕(道德)을 귀하게 여기고 문자·서책·금·은·동전·화폐가 있었다. 부도(浮屠, 불교)[369]는 이 나라에서 나온 것이다. 동진 태흥(太興) 4년(321)에 천축국 호왕(胡王)이 진보(珍寶)를 헌상했다.〕[370]

---

368 기자(箕子)가 미자(微子)에게 말하기를 "왕자여, 천독(天毒)에서 재앙을 내려 은나라를 황폐하게 하는데, 주왕(紂王)은 막 일어나자마자 술에 빠져서 주정을 하는구나." 하였다. 父師若曰 王子 天毒降災 荒殷邦 方興沈酗于酒 -『상서』 미자(微子)

369 부도(浮屠)는 문장에 따라 부처(佛), 불교, 승려, 부도탑 등의 뜻이 있다. 여기서는 부처 또는 불교의 의미로 쓰였다.

370 東海之內 北海之隅 有國名曰 朝鮮〔朝鮮 今樂浪郡也〕天毒 其人水居 偎人愛之

『산해경』은 요순시대에 간행된 것이니 본문은 단군조선에 해당한다. 조선은 천축국이며 건국 초기부터 문자·서책·금·은·동전·화폐가 있었던 고도의 문명국이었음을 밝히고 있다.

조선 사람들이 물에 산다(其人水居)는 구절은 한반도의 골격을 이루고 있는 삼신산(三神山)이 동해 가운데 있다는 전설에서 의거한 것이고, 원문에 '외인애지(偎人愛之)'라는 구절에 관해 송(宋)나라 종병(宗炳, 375~443)이 지은 『명불론(明佛論)』에서 여래(如來)의 대자비를 뜻한다고 하였다.

> 백익(伯益)은 『산해경』에서 '천독국(天毒國)은 남을 친근히 하고 사랑한다.'고 서술하였다. 곽박의 전(傳)에 '옛날에 천독(天毒)이라는 것은 곧 천축(天竺)으로서 부도(浮屠, 불교)가 일어난 곳이라고 하였다. 외(偎)는 사랑의 의미로서 역시 부처님의 대자비의 가르침이다. 확고하게 또한 이미 삼황오제 시대에도 (불교에 관해) 알려져 있었던 것이다.[371]

동진(東晋)의 대문호인 곽박(郭璞, 276~324)의 주(注)에서, 단군조선 도읍지의 위치에 관해 한사군 중에 낙랑군의 치소인 조선현(朝鮮縣)

〔天毒卽天竺國 貴道德 有文書金銀錢貨 浮屠出此國中也. 晉太興四年 天竺胡王 獻珍寶〕『山海經』18 海內經

371 伯益述山海 天毒之國 偎人愛人 郭璞傳 古謂天毒卽天竺 浮屠所興 偎愛之義 亦如來大慈之訓矣 固亦旣聞於三五之世也 –『홍명집(弘明集)』2권 「명불론(明佛論)」

이라고 하였고, 『한서(漢書)』 지리지 낙랑군 조에, 응소(應劭)의 주(注)에서도 역시 낙랑군의 25개 현(縣)을 관장하는 치소인 조선현은 고조선(故朝鮮), 즉 단군조선의 도읍지라고 하였다.[372] 조선(朝鮮)이라는 지명에 관해 『신증동국여지승람』 평양부에서, '동표(東表)의 해 뜨는 땅에 임금이 살기 때문에 조선이라 이름 하였다.'고 하였으니 『상서』 요전에 나오는 우이(嵎夷)와 같은 곳이다. 아울러 단군조선은 건국 초기부터 고유의 문자·서책·금·은·동전·화폐가 있었던 문명국임을 밝히고 있다.

또 본문에 천독(天毒)은 바로 천축국으로 불교의 발상지라고 하였다. 이에 대하여 대부분의 학자들이 불교에 대한 전문 지식이 미숙하여 석가모니는 인도에서 탄생하였기 때문에 인도가 천축국인데, 어찌 조선이 천축국이 될 수 있는가에 대하여 의혹을 제기한다.

서울 한자표기

『삼국유사』 신라시조 혁거세왕 조에서 말하였다.

> 궁실을 남산(南山) 서쪽 기슭에 짓고 두 성스런 아기를 봉양하였다. 사내아이는 알에서 나왔으며, 알은 박과 같이 생겼고 향인(鄕人)들이 박을 박(朴)이라 하므로 이로 인하여 성을 박(朴)이라 하였다. 여자아이는 그가 나온 우물 이름으로써 이름을 지었다. 두 성인의 나이가 열세 살이 되자 오봉(五鳳) 원년 갑자(甲子, B.C 57)년에

---

372 樂浪郡〔應劭曰 故朝鮮國也〕

남자는 왕이 되고, 이어 여자로써 왕후를 삼았다. 국호를 서라벌(徐羅伐) 또는 서벌(徐伐)이라 하였다. 〔지금 세속에서 京자의 음훈을 서벌이라고 하는 것은 이 때문이다.〕 혹은 국호를 사라(斯羅) 또는 사로(斯盧)라고도 한다.[373]

한나라 오봉(五鳳) 원년에 신라 시조 혁거세가 개국하여 도읍을 세워 국호를 서야벌(徐耶伐)이라고 하였다. 〔이 뒤로부터는 방언(方言)으로 왕경(王京)을 서야벌이라고 통칭하였다.〕
혹은 사라(斯羅)라고 하고, 혹은 사로(斯盧)라 하다가 뒤에 신라라 일컬었다. 탈해왕 때에 시림(始林)에 괴이한 닭의 일이 있었으므로 이름을 계림(鷄林)이라 고치고 이를 그대로 나라 이름으로 하였는데, 기림왕(基臨王)이 다시 신라로 불렀다.[374]
-『신증동국여지승람』 경주부

신라를 건국한 초기에는 국호를 서라벌 또는 서벌(徐伐)이라 하였는데, 주석에서 지금 세속에서 京자의 음훈(音訓)을 서울이라고 하는 것은 이 때문이라고 하였다. 지금은 한글 표준화에 따라 京자의 음훈을 서울이라고 발음하지만, 서울의 어원은 원래 서벌에서 나온 것으로

---

373 營宮室於南山西麓 奉養二聖兒 男以卵生卵如瓠 鄕人以瓠爲朴 故因姓朴 女以所出井名名之 二聖年至十三歲 以五鳳元年甲子 男立爲王 仍以女爲后 國號徐羅伐又徐伐〔今俗訓京字云徐伐 以此故也〕 或云 斯羅 又斯盧

374 漢五鳳元年 始祖赫居世 開國建都 國號徐耶伐〔此後 方言王京 通謂徐耶伐〕 或稱斯羅 或稱斯盧 後稱新羅 脫解王時 始林有雞怪 更名雞林 因以爲國號 基臨王復號新羅. -『신증동국여지승람』 경주부

서울을 한자로 표기할 때는 서벌(徐伐)이라는 말이다.

서라벌은 원래 신라 도읍지의 지명이고, 서벌은 서라벌에서 라(羅)자가 생략된 것이다. 이는 조선(朝鮮)은 단군과 기자(箕子) 도읍지의 지명인데, 조선을 국호로도 사용하였던 경우와 같다. 또한 동이족은 시대와 왕조를 초월하여 전통적으로 우이(嵎夷, 서라벌)에 도읍하였기 때문에 한국에서는 관용어(慣用語)로 수도를 서울이라고 부르는 것이다. 따라서 서울이라고 하는 것은 현재 수도라는 의미의 관용어이며 원래 이곳의 지명은 한양(漢陽)이고, 지금도 수도이기 때문에 정확한 한자 표기는 한성(漢城)이라고 해야 한다. 서울은 원래 신라도읍지의 지명이고 신라의 국호이지 한양의 지명이 서울로 바뀐 것이 아니라는 말이다.

서라벌은 불경에 자주 나오는 실라벌(室羅筏)과 같은 것으로 범어의 음역(音譯)이며, 이것을 의역(意譯)하여 사위성(舍衛城)이라고 한다. 서나벌(徐那伐)이나 서야벌(徐耶伐) 역시 서라벌의 음역이다.

사위성은 중인도 교살라국의 수도이며, 석가모니 부처님 생존 시에 파사익왕이 다스렸으며, 도성 남쪽에는 유명한 기원정사가 있어 부처님이 오래 거주하였던 곳이다. 그러므로 신라를 서라벌이라고 하는 것은 신라도읍지가 불보살이 사는 수미산 도리천이 있는 천국이라는 뜻이다. 이리하여 인도를 서축(西竺)이라 하고, 신라를 동축(東竺)이라고 한다.[375]

또 최치원이 지은 '가야산 해인사 결계도량 기문'에서 말하였다.

---

375 신라 진흥왕 34년(573)에 동축사(東竺寺)가 창건되었다. -『삼국유사』 3권 황룡사 장육(皇龍寺丈六)

『화엄경』에 이르기를, "세간이나 출세간에서나 모든 선근(善根)은 다 가장 신성한 시라(尸羅)의 땅에 의지하라." 하였다.
그렇다면 지명이 서로 들어맞는 것은 범어(梵語)에서 찾을 수 있다. 국호를 시라(尸羅)라고 한 것은 실로 바라제목차(波羅提木叉, 계율)의 법을 일으킨 곳이며, 산을 가야(迦耶)라 한 것은 석가모니가 도를 이룬 장소와 지명이 같다.[376]

『화엄경』에서 말하였다.

이때에 대천(大天) 신은 선재동자를 위하여 가지가지 계(戒) 바라밀을 칭찬하고 나서 게송(偈頌)으로 설하였다.
"모든 중생이나 초목 일체가 나서 성장할 적에 땅을 의지하듯이, 세간에서나 출세간이나 모든 선근(善根)은 가장 신성한 시라(尸羅, 신라) 땅에 의지하라. 계(戒)가 없이 좋은 세상에 태어나려는 욕구는, 마치 날개도 없는 새가 창공을 날고 싶어 하는 것과 같고, 발이 없는 사람이 돌아다니고 싶어 하는 것과 같고, 또한 선박이나 뗏목도 없이 바다를 건너려는 것과 같다."[377]

---

376 大經曰 世及出世 諸善根 皆依最勝尸羅地 然則地名相協 天語可尋 國號尸羅 實波羅提興法之處 山稱迦耶 同釋迦文成道之所 - 『孤雲集』 1권 「新羅伽倻山海印寺結界場記」

377 爾時 大天卽爲善財 種種稱讚戒波羅蜜 而說偈言, 如諸衆生及草木 一切生長咸依地 世及出世諸善根 皆依最勝尸羅地 無戒欲求生善道 如鳥無翼欲飛空 如人無足欲遊行 亦如渡海無船筏 - 반야(般若) 역(譯) 제17권, 『입부사의해탈경계 보현행원품(入不思議解脫境界普賢行願品)』

-『40권 화엄경』 제17권

시라(尸羅)라는 국호는 산스크리트어, 즉 범어인 시라(śīla)의 음역으로 부처님이 제정한 불교의 계율이 일어난 곳이요, 가야(迦耶, Gaya) 역시 범어라고 하였다. 또한 신라의 국호인 사로(斯盧)·사라(斯羅)·신로(新盧) 역시 시라의 음역이다. 『산해경』에, 조선은 천축국이라고 하였는데, 이는 조선이 불교의 발상지이고 이상향이라는 뜻이다.

조선은 국호로 사용되었으나 원래 단군조선 도읍지의 지명이고, 시라 역시 신라도읍지의 지명인데, 이곳이 세상에서 가장 신성한 땅이기 때문에 그 사실을 드러내기 위해 국호로 사용한 것이다.

실제로 조선과 시라는 같은 곳이며, 곽박은 조선에서 불교가 나왔다고 하였고, 최치원은 시라(尸羅)는 불교의 계율이 처음 일어난 곳이라고 하였는데, 이는 『화엄경』에서 말한 시라 땅이 바로 불교의 발상지이고 이상향이라는 뜻이다. 그러므로 상고시대 천하를 다스린 복희·여와·신농·황제·소호·전욱·제곡으로 이어지는 모든 황제가 이곳에 도읍했던 이유가 바로 여기에 있다.

또한 지리산 산신인 마야부인은 석가모니의 어머니일 뿐만이 아니라 모든 부처를 낳는 불모(佛母)이며, 한국사에서는 단군·박혁거세·왕건으로 이어지는 세 왕조의 시조를 낳은 국모(國母)이기도 하다.

그러므로 시라 땅은 육안으로 보면 신라 도읍지이고, 혜안으로 보면 마야부인과 제석이 사는 수미산 정상의 도리천이고, 서왕모가 사는 곤륜산이다.

그 후 기림왕(基臨王) 10년(307)에 다시 신라를 국호로 정하였다.

또 제주도의 옛 지명인 탐라(耽羅)는 원래 범어인 탐몰라(耽沒羅)인데, 중간에 몰(沒)자가 생략된 것이다. 대장경의 『법주기(法住記)』에, 석가모니 부처님이 열반하신 후에 불법을 유지하고 보호하도록 16명의 아라한 이름과 현재 살고 있는 곳이 소개되어 있다. 그 중에 "여섯번째 존자의 이름은 발타라(跋陁羅)로서 그는 그 권속 9백 아라한과 함께 탐몰라주(耽沒羅洲, 한라산)에 흩어져 산다."고 하였다.

현재 학계에서 한글은 세종이 처음 창제한 것이라고 알려지고 있고, 서울은 순수한 한글이기 때문에 한자로 표기할 수 없다고 한다.

그러나 처음 인도에서 성립된 불교 경전은 본래 범어로 작성되어 있고 인도 고유의 지명이 헤아릴 수 없이 나오지만 모두 음역(音譯) 또는 의역(意譯)하여 한자로 표기하지 못하는 것이 없다.

더구나 서울은 범어이고 신라의 국호로 이미 역사서에 표기되어 있는데, 어찌 한자표기가 안 된다는 말인가!

또 석가모니 부처님이 열반에 들기 한 해 전에 도리천에 올라가 3달 동안 설법을 마치고 처음 지상에 내려와 설법한 땅에 부처님을 영접하러 나온 서역의 다섯 국왕이 부처님 가르침에 따라 그곳에 큰 절을 창건했는데, 이 절이 바로 신라 황룡사라고 하였다.

이와 같이 한민족은 이미 상고시대부터 서역과의 교류가 빈번했고 범어를 함께 사용하였기 때문에 신라 국호까지도 모두 범어를 사용한 것이다.

단군조선 도읍지인 조선을 천독(天毒) 또는 천축국이라 하고, 신라 국호를 서라벌 또는 시라(尸羅)라고 하는 것은 고조선과 신라 도읍지에 『화엄경』 설법장소 중의 하나이고 불보살(佛菩薩)이 산다는 지상천국인 도리천(忉利天)이 있다는[378] 설과 부합되는 것이고, 또 이곳이 바로 창세기에서 말하는 동방의 에덴동산이다.

공자가 뗏목을 타고 가서 살고 싶어 했던 구이(九夷, 우이)가 유교의 이상향이라면, 『화엄경』에서 말한 도리천이나 시라(尸羅) 땅은 불교의 이상향이다. 상고시대 천하를 다스렸던 오제(五帝)의 도읍지인 궁상(窮桑) 역시 같은 곳의 지명이니, 이리하여 최치원이 지은 난랑비 서문에서 풍류는 삼교를 포함(包含)한다고 하였는데, 신라 도읍지는 유·불·선 삼교의 발상지이고 이상향이라는 말이다.

그렇다면 무슨 근거로 부처가 사는 천축국이라는 의미의 서라벌을 신라 국호로 사용하게 된 것일까?

신라 27대 선덕여왕이 기미를 미리 알아차린 세 가지 일이 있으니 그 셋째,

> 왕이 건강한 때에 군신들에게 '내가 아무 해 아무 달 아무 날에 죽을 것이니, 도리천(忉利天)에 장사하라.' 하였다.
> 신하들이 그곳을 알지 못하여 '어디입니까?' 하니, 왕이 대답하기를 '낭산(狼山)의 남쪽이니라.' 하였다. 과연 그달 그날에 세상을 떠나니, 군신들이 낭산의 양지에 장사하였다. 그 후 10여 년에 문무대왕이 사천왕사(四天王寺)를 왕의 무덤 아래에 창건하였다.
> 불경(佛經)에 이르기를, 사천왕천(四天王天)의 위에 도리천이 있다고 하였다. 이에 선덕여왕이 신령한 성인이었음을 알게 되었다.
> –『삼국유사』

378 『삼국유사』 1권, 善德王 知幾三事

불교의 세계 설에서 세계의 중심에 수미산이 우뚝 솟아 있는데 사천왕천은 수미산 중턱에 있고, 도리천은 수미산 정상에 있으며, 야마천(夜摩天)·도솔천(兜率天)·화락천(化樂天)·타화자재천(他化自在天) 등이 모두 수미산을 의지해 공중에 있다고 한다.

물론 득도한 성인들이 혜안으로 보고 밝힌 것이고, 이것을 욕계 6천(欲界六天)이라고 한다. 도리천은 석가모니 부처님이 성불하신 후에 『화엄경』을 설했던 장소 중의 하나이고, 또 부처님이 열반하시기 한 해 전에 어머니 마야부인이 살고 있는 도리천에 올라가 3달 동안 설법했던 곳이기도 하다.

『삼국유사』에서 다음과 같이 말하였다.

> 후에 대덕 자장(慈藏)이 당나라에 유학하여 오대산에 이르러 감응하였다. 문수(文殊)보살이 감응하였는데, 현신하여 비결을 주며 부촉하였다. "너희 나라 황룡사는 석가(釋迦)와 더불어 가섭불(迦葉佛)이 강연하시던 곳인데 연좌석(宴坐石)이 지금도 남아 있다." 하였다.[379] - 『삼국유사』 황룡사 장육존상

> 『옥룡집(玉龍集)』과 『자장전(慈藏傳)』, 그리고 여러 고승의 전기에 모두 말했다.
>
> '신라 월성(月城)의 동쪽, 용궁(龍宮)의 남쪽에 가섭불(迦葉佛)의 연좌석(宴坐石)이 있으니, 이곳은 곧 전불(前佛) 시대의 가람(伽藍,

379 後大德慈藏 西學到五臺山 感文殊現身授訣 仍囑云 汝國皇龍寺 乃釋迦與迦葉佛 講演之地 宴坐石猶在

> 절) 터이며, 지금 황룡사(皇龍寺) 터는 바로 일곱 가람의 하나이다.' 라고 하였다.
>
> 『삼국사기』에 보면, 진흥왕 즉위 14년, 개국(開國) 3년 계유(癸酉, 553년) 2월에 새 궁궐을 월성(月城) 동쪽에 짓게 했는데, 누런 용이 그 땅에서 나타났다. 왕은 이를 이상히 여겨 고쳐서 황룡사(皇龍寺)로 삼았다.
>
> 연좌석은 불전(佛殿)[380] 후면에 있다. 일찍이 한 번 참배했는데, 연좌석의 높이는 5, 6척(尺) 정도 되고 직경은 겨우 3주(三肘)[381]이며 우뚝하게 서 있는데 그 위는 평평했다. 진흥왕이 절을 창건한 이후로 두 번이나 화재를 겪어 돌이 갈라진 곳이 있었으므로 이 절의 승려가 여기에 쇠를 붙여서 보호하였다.[382]
>
> -『삼국유사』 가섭불의 연좌석

신라 도읍지에 전불(前佛) 시대의 일곱 절터 중의 하나인 황룡사는 석가모니불과 가섭불이 강연하시던 곳인데 연좌석이 고려시대까지도 남아 있었다고 하였다. 연좌석(宴坐石)이란 부처님이 설법하실 때 앉았던 금석(金石)에 조각된 좌석으로 현재 석굴암 본존불의 대좌(臺

---

380 장육존상이 모셔진 중심법당으로 장육전(丈六殿)이다.

381 주(肘)는 팔꿈치로, 손가락 끝에서 팔꿈치까지의 길이 단위이다.

382 玉龍集及慈藏傳 與諸家傳紀皆云 新羅月城東龍宮南 有迦葉佛宴坐石 其地卽前佛時伽藍之墟也 今皇龍寺之地 卽七伽藍之一也. 按國史 眞興王卽位十四開國三年癸酉二月築新宮於月城東 有黃龍現其地 王疑之改爲皇龍寺 宴坐石在佛殿後面 嘗一謁焉 石之高可五六尺 來圍僅三肘幢立而平頂 眞興創寺已來 再經災火石有拆裂處 寺僧貼鐵爲護.

座)와 거의 같았을 것으로 보인다.

왜냐하면 석굴암 본존불은 석가모니 생존 당시의 모습과 크기가 같은 장육존상(丈六尊像)이기 때문이다. 연좌석이 있었던 곳이 바로 석가모니와 가섭불이 『화엄경』을 설법했던 도리천이고, 그곳이 바로 황룡사 중심법당인 장육전의 뒤편에 있다는 말이다.

기독교에서 하나님의 몸을 삼위일체라고 하여 성신·성부·성자로 구분하듯이 불교에서도 부처님의 몸을 법신(法身)·보신(報身)·화신(化身)으로 구분한다. 이 중에 석가모니는 화신불에 해당하고, 천국에 사는 부처님을 보신불(報身佛)이라고 한다.

이와 같이 신라 도읍지에는 천상의 불보살이 산다는 수미산 정상의 도리천이 있는 불국정토이기 때문에 천독(天毒) 또는 천축국이라고 하는 것이며, 도리천은 기독교의 지상천국인 에덴동산과 같은 곳이다. 그러므로 인도를 서축(西竺)이라 하고 신라를 동축(東竺)이라고 하며, 신라 진흥왕은 동축사(東竺寺)를 창건하였다.

또 『삼국유사』 고조선 조에 도리천의 임금인 환인(桓因, 제석)의 아들인 환웅이 인간 세상을 구제하기 위하여 3천의 무리를 거느리고 지상에 내려와 단군을 낳아 단군조선을 건국하였던 도읍지를 신시(神市) 또는 아사달이라고 하였다. 이곳이 실제 육안으로 볼 때는 석제환인(釋提桓因)이 다스리는 도리천과 같은 곳이고, 또한 『화엄경』에서 말한 시라(尸羅) 땅과 같은 곳으로 이로써 단군조선과 신라 도읍지는 서로 같은 곳이라는 사실이 드러난다. 이리하여 『산해경』에서 조선은 천축국이라고 한 것이다.

일반적으로 주나라 소왕(昭王) 때에 탄생한 석가모니가 불교의 시조로 알려지고 있다. 그러나 정확히는 과거 칠불(七佛)이 있었고, 석가모니불 바로 직전에 가섭불(迦葉佛)이 있었기 때문에, 넓은 시각에서 볼 때 석가모니는 불교의 중흥조가 되고, 삼황오제 시대에도 가섭불 시대의 유풍이 남아 있었다는 말이다.

대장경의 『법원주림(法苑珠林)』에서 말하였다.

> 또 어떤 천인(天人)이 있었다. 그는 성이 육(陸)씨요, 이름은 현창(玄暢)이었다. 그가 와서 도선율사(道宣律師)를 뵙고 말하였다. "제자는 주나라 목왕(穆王) 때에 초천(初天, 사천왕천)에 나서 살았습니다. 본래 나는 가섭불(迦葉佛) 때의 천인으로 교화 활동을 하기 위해 주나라 때에 잠깐 나타났습니다. 질문하신 고사토대(高四土臺)란 본래 가섭불이 여기서 세 차례 설법으로 사람들을 제도하였으며, 목왕 때에 이르러 문수사리와 목건련이 와서 교화할 때 목왕이 그들을 따랐으니, 이른바 『열자(列子)』의 화인(化人)이 바로 문수보살입니다.[383] 화인의 가르침을 받고 목왕이 고사대(高四臺)는 가섭불이 설법한 곳이므로, 삼회사(三會寺)를 지은 것입니다. … 석가여래께서 대가섭을 제도하신 뒤 12년에 이곳 고사대에 오셔서 그 땅속에 가섭불의 사리를 보았습니다. 주 목왕이 친히 대하(大夏)에서 유람할 때 부처님께서 그에게 말씀하시기를, '저 토대(土臺)를 보니 옛 탑이 있으니 돌아가거든 예배하고 섬기라.' 하시어 목왕이

---

383 『열자(列子)』 주 목왕 편에, 서역의 화인(化人)이 목왕의 궁전에 왔는데, 이에 목왕은 종남산(終南山)에 천 길 높이의 누대를 짓고 이름을 중천대(中天臺)라고 불렀다.

묻기를 '어느 곳입니까?' 하니 부처님이 '호경(鎬京)의 동남쪽이니라.' 하였습니다." 했다.[384] - 『법원주림(法苑珠林)』

『산해경』의 간행 시기에 관하여 전한(前漢) 애제(哀帝) 때 유수(劉秀)가 지어 올린 「산해경 표문(上山海經表)」에서 다음과 같이 말하였다.

『산해경』은 요순시대에 출간되었다. 옛날에 홍수가 그칠 줄 모르고 넘쳐흘러 중국 백성들이 살 곳을 잃고 구릉의 가파른 곳이나 수목에 둥지를 만들어 의지하였다. 곤(鯀)은 이미 치수의 공로가 없어 요임금은 우(禹)로 하여금 치수사업을 계승하게 하였다.
우(禹)는 네 가지 탈것을 타고 다니며 산을 따라 수목을 잘라내고, 높은 산과 큰 강을 획정하고 백익(伯益)과 백예(伯翳)는 새와 짐승을 몰아내어 산천을 명명하고 초목을 분류하여 산과 강을 구분하는 것을 관장하였다. 사악(四嶽)은 그것을 보좌하고 사방을 돌아다니며 인적이 닿지 않는 지역에 이르고 배와 가마도 가지 못하는 곳까지 이르렀다. 안으로는 다섯 방위의 산을 구별하고 밖으로는 팔방의 바다를 구분하여 그 진기한 보물과 기이한 동물, 이방(異邦)에서 나는 것, 산천의 초목 새와 짐승 곤충 봉황이 서식하는 곳,

384 又有天人 姓陸名玄暢 來謁律師云 弟子是周穆王時 在初天 本是迦葉佛時 天爲通化 故周時暫現 所問高四土臺者 其本迦葉佛於此 第三會 說法度人 至穆王時 文殊目連來化 穆王從之 卽列子所謂化人者是也 化人示 穆王高四臺 是迦葉佛說法處 因造三會道場 … 釋迦如來 度大迦葉後 十二年中 來之此臺 其下見有迦葉佛舍利 周穆身游大夏 佛告彼土見有古塔 可返禮事 王問何方 佛荅 鎬京之東南也 - 『법원주림(法苑珠林)』 제14권 관불부(觀佛部)

상서를 간직한 은밀한 곳 사해(四海)의 밖에까지 미치고 절역의 나라, 인종이 다른 사람을 기록하였다.
우(禹)는 구주를 구별하여 토지의 등급에 따라 부세(賦稅)를 정하고, 백익(伯益) 등은 만물의 선악을 분류하여 『산해경』을 저술하였다. 모두 성현이 남긴 사적(事跡)이고 옛 문헌에 분명하게 밝히고 있는 것이다.[385] –「산해경 표문(上山海經表)」

우(禹)는 드디어 사독(四瀆)을 순행하였는데, 백익(伯益)과 기(夔)와 함께 모의하여 명산대천에 이르는 곳마다 그 신을 불러 산천의 맥리(脈理)를 묻고, 금과 옥이 있는 곳과 새와 짐승 곤충 종류와 팔방의 민속, 이역(異域)의 특수한 나라 토지의 거리 수를 백익으로 하여금 소략하게 기록하게 하고 이름을 『산해경(山海經)』이라 하였다.[386] –『오월춘추』

상고시대 천하를 다스린 제왕이나 대신들은 본래 선인들이 인간

---

385 山海經者 出於唐虞之際 昔洪水洋溢 漫衍中國民人失據 崎嶇於丘陵 巢於樹木 鯀既無功 而帝堯使禹繼之 禹乘四載 隨山刊木 定高山大川 益與伯翳主驅禽獸 命山川 類草木 別水土 四嶽佐之 以周四方 逮人跡之所希至 及舟輿之所罕到 內別五方之山 外分八方之海 紀其珍寶奇物 異方之所生 水土草木禽獸昆蟲麟鳳之所止 禎祥之所隱 及四海之外 絶域之國 殊類之人 禹別九州 任土作貢 而益等類物善惡 著山海經 皆聖賢之遺事 古文之著明者也.

386 遂巡行四瀆 與益 夔共謀 行到名山大澤 召其神而問之山川脈理 金玉所有 鳥獸昆蟲之類 及八方之民俗 殊國異域 土地里數 使益疏而記之 故名之曰山海經 –『吳越春秋』 월왕무여외전(越王無余外傳)

세상을 구제하기 위해 출현한 것이며, 이미 신통력과 혜안이 갖추어진 성인들이기 때문에 신선세계와 현실세계를 자유로이 넘나들며 사실 그대로 서술한 것이다. 혹자는 『산해경』에 요순시대 이후의 기록이 들어가 있기 때문에 후대에 지어진 책이라는 주장이 있으나, 이는 전승되는 과정에서 주(注)가 본문에 섞인 경우라 할 수 있다.

가유라위성의 자비로운 부처님은 우이(嵎夷)의 태양처럼 서역에 출현하시나, 동방으로부터 출발하여 멀리까지 비추지 않은 곳이 없어 인연 있는 자가 창성하도다.[387] -「숭복사(崇福寺) 비문」

태양은 매일 우이(嵎夷)에서 떠올라 천하의 어둠을 밝히고 만물을 기르듯이, 모든 부처님은 도솔천(兜率天)에 살다가 때가 되면 마야부인을 어머니로 인간 세상에 태어나 출가하고 불도를 이루어 인간과 천상의 중생을 교화하는 것이 공통된 법칙이라고 한다.

이는 『주역』에 제왕이 동방에서 나오고, 만물이 동방에서 나온다는 설과 통한다. 『불본행집경』에서 말하였다.

그때 정거천왕이 저 모든 하늘 대중들에게 고하였다.
"그대들은 지금 호명보살(護明菩薩)이 하생하려는 것을 보고 근심하거나 고뇌하지 말라. 무슨 까닭인가. 그가 하생하여서는 반드시 위없는 바른 깨달음을 이룰 것이요, 성불한 뒤에는 다시 이 천궁에 와서 그대들을 위하여 법을 설할 것이다. 지난 옛날에 비바시불·시

387 迦衛慈王 嵎夷太陽 顯于西土 出自東方 無遠不照 有緣者昌

기여래·비사부불·구류손불·구나함모니불·가섭여래 같은 모든 부처님들은 다 여기서 갔으나 하늘들을 연민(憐愍)하여 모두 이 천궁에 돌아와서 설법하여 천인들을 섭수하셨듯이, 이제 이 호명보살 대사도 너희들을 섭수하여 예전처럼 교화할 것이다."[388]

호명보살은 석가모니 부처님이 도솔천에 살 때의 명호이다. 석가모니의 생애를 여덟 단계로 구분하여 그린 벽화를 팔상도(八相圖)라고 하는데, 그 첫 번째가 도솔래의상(兜率來儀相)으로 호명보살이 도솔천에서 여섯 개의 어금니가 달린 흰 코끼리를 타고 내려와 마야부인의 태에 드는 모습이다.

신라 도읍지에 도리천이 있다고 했는데, 불경에 수미산 정상에 도리천이 있고 그 위에 도솔천이 있다고 하였으므로, 도솔천 역시 육안으로 볼 때 신라 도읍지에 해당된다. 또한 지리산 산신이 마야부인이라 하였고 마야부인이 사는 곳은 도리천이니, 지리산 어느 구역에 도리천이 있다는 말이다. 부처님은 성불하신 후 도리천에서 『화엄경』을 설하였다. 신라 자장법사가 중국에 유학 가서 오대산에 있을 때, 문수보살이 현신하여 자장법사에게 비결을 주며 이르기를, "너희

---

388 時淨居天 告彼一切諸天衆言 汝等今見護明菩薩 欲下生時 莫生憂惱 何以故 彼下生時 必定當得成阿耨多羅三藐三菩提 成已還來 至此天宮 爲汝說法 猶如往昔 毘婆尸佛 尸棄如來 毘舍浮佛 迦羅迦孫馱佛 迦那伽牟尼佛 迦葉如來 彼等諸佛 皆從此去 憐愍汝故 悉各還來 到此天宮 爲汝說法 攝受汝等 今此護明菩薩大士 還如是來 攝化於汝 如前不異 -『불본행집경(佛本行集經)』 제7권 5) 俯降王宮品.

나라 황룡사는 석가와 가섭불이 강연하시던 땅으로 연좌석(宴坐石)이 지금도 남아 있다."[389]라고 하였다. 연좌석은 부처님이 설법할 때 앉았던 돌로 된 좌석으로 지금 석굴암 본존불의 연좌대(蓮座臺)와 같은 것이다.

9. 기자조선

기자조선(箕子朝鮮) 도읍지의 위치에 관해 살펴보기로 하자.

주 무왕이 은(殷)나라를 정벌하고 천자의 신분이 되어 기자(箕子)를 방문하여 무왕은 천하를 다스리는 도리를 묻자, 기자는 이때 홍범구주(洪範九疇)를 무왕에게 전해 주었다. 홍범구주는 우(禹)가 홍수를 다스릴 때 낙수(落水)에서 신귀(神龜)가 등에 지고 나온 서(書)를 우(禹)가 정리한 것이다.[390] 이에 무왕은 기자를 조선에 봉하고 신하로 삼지

389 大德慈藏西學到五臺山 感文殊現身授訣仍囑云 汝國皇龍寺乃釋迦與迦葉佛講演之地 宴坐石猶在 -『삼국유사』3권 皇龍寺 丈六

390 『주역(周易)』에 '하수(河水)에서 그림(圖)이 나오고, 낙수에서 서(書)가 나오니, 성인이 이를 법으로 삼았다. 河出圖 洛出書 聖人則之. 계사전 상(繫辭傳上)'고 하였다. 『상서』 공안국의 전(傳)에, '하도(河圖)는 팔괘(八卦)이다. 복희(伏羲)가 천하의 왕이었을 때, 하수(河水)에서 용마(龍馬)가 나와 마침내 그 문양에 따라 팔괘를 그렸으므로 하도(河圖)라고 한다. 낙서(洛書)란 우(禹)가 홍수를 다스릴 때, 신령한 거북이 지고 나온 문서로 등에 문양이 나열되어 있었는데, 그 수가 아홉이었다. 우(禹)는 마침내 그 차례에 따라 홍범구주를 이루었다. 尙書孔安國傳 河圖八卦 伏羲王天下 龍馬出河 遂則其文以畫八卦 謂之河圖 洛書者 禹治水時 神龜負文 而列於背 有數至九 禹遂因而第之 以成九類'고

않았다.

기자(箕子)[391]는 은나라 주왕(紂王)의 친척이다.[392] … 주 무왕이 이미 은(殷)을 이기고, 기자(箕子)를 방문하였다.
무왕이 말하기를, "아! 하늘은 묵묵히 하계의 인민들이 서로 화합하며 살도록 본분을 정하였다고 하는데, 나는 그 상륜(常倫)[393]의 질서조차 알지 못합니다." 하였다. 기자가 대답하였다.
"옛날 곤(鯀)이 홍수를 막아 그 오행(五行)을 어지럽혔는데, 홍범구주를 따르지 않고 상륜을 어지럽히니 상제가 이에 진노하여 곤(鯀)을 극형에 처하고, 곤의 아들 우(禹)가 이어받아 치수를 시작하자 하늘은 이에 우(禹)에게 홍범구주를 하사하여 상륜(常倫)의 질서가 정해진 것입니다." 하였다. …
이에 무왕은 기자(箕子)를 조선(朝鮮)에 봉하였다. 그러나 신하로 삼지[394] 않았다.[395]

하였다.

391 〔【집해(集解)】 마융(馬融)은, 기(箕)는 나라이름이고, 子는 작위이다. 集解 馬融曰 箕國名也 子爵也

392 【색은(索隱)】 사마표(司馬彪)는, 기자의 이름은 서여(胥餘)이다. 마융(馬融)과 왕숙(王肅)은, 기자는 주(紂)의 숙부이다. 복건(服虔)과 두예(杜預)는 주(紂)의 서형(庶兄)이다. 두예(杜預)는 양(梁)나라 몽현(蒙縣)에 기자의 무덤이 있다고 했다. 索隱, 箕國 子爵也 司馬彪曰 箕子名胥餘 馬融 王肅 以箕子爲紂之諸父 服虔 杜預 以爲紂之庶兄 杜預云 梁國蒙縣有箕子冢

393 『상서(尙書)』에는 이륜(彝倫)이라고 하였는데, 홍범구주와 같은 떳떳한 윤리를 뜻한다.

-『사기(史記)』 송 미자 세가(宋微子世家)

주 무왕이 은(殷)나라를 이기고 공자(公子)인 녹보(祿父)에게 계승하게 하고, 〔녹보(祿父)는 주(紂)의 아들이다〕 갇혀있는 기자(箕子)를 석방하자, 기자는 주나라가 석방한 것을 참지 못하고 조선(朝鮮)으로 달아나니 〔조선은 지금의 낙랑군 조선현이다.〕 무왕이 듣고 그대로 조선에 봉하였다. 기자는 이미 주나라에서 봉함을 받고 부득이 신하의 예가 없을 수 없다 하여 무왕 13년에 주나라에 내조(來朝)하였다.[396] -『상서대전(尙書大傳)』 2권 홍범(洪範)

현도(玄菟)와 낙랑(樂浪)은 한 무제 때 설치하였고,[397] 예(濊)·맥

---

394 당나라 유종원(柳宗元)이 지은 기자의 비문에 주 무왕에게 홍범구주를 전수하여 무왕의 스승이 되었다고 하였다. 조선은 본래 천자국이고, 기자는 무왕의 스승이기 때문에 제후로 봉하지 못한 것이다.

395 箕子者 紂親戚也 … 武王旣克殷 訪問箕子 武王曰 於乎 維天陰定下民 相和其居 我不知其常倫所序 箕子對曰 在昔鯀陻鴻水 汨陳其五行 帝乃震怒 不從鴻範九等 常倫所斁 鯀則殛死 禹乃嗣興 天乃錫禹鴻範九等 常倫所序 … 於是武王 乃封箕子於朝鮮 而不臣也 『사기(史記)』송 미자 세가(宋微子世家) 제8

396 武王勝殷 繼公子祿父〔祿父 紂之子也〕 釋箕子之囚 箕子不忍周之釋 走之朝鮮〔朝鮮 今樂浪郡〕 武王聞之 因以朝鮮封之 箕子旣受周之封 不得無臣禮 故於十三祀來朝. -『상서대전』 2권 홍범(洪範)

397 한 무제 원봉(元封) 3년(B.C 108)에 이르러 조선을 멸망시키고, 그 땅을 나누어 낙랑·임둔·현도·진번의 사군(四郡)을 두었다. 〔그로부터 25년 후인〕 소제(昭帝) 시원(始元) 5년(B.C 82)에는 임둔과 진번을 폐지하여 낙랑과 현도에 합병하였다. -『후한서』 동이전 예(濊)

(貊)·고구려·만이(蠻夷)는 모두 조선의 후예이다.

은(殷)나라의 도가 쇠퇴하자 기자(箕子)는 조선으로 갔다.

그 백성들에게 예의와 누에를 길러 베 짜는 것을 가르쳤다. 낙랑조선 백성들에게 범하지 못하게 하는 법령 8조를 어기면 사람을 죽인 자는 그 즉시 죽음으로 갚고, 남에게 상해를 입힌 자는 곡식으로 배상하고, 도둑질한 자는 남자의 경우에는 몰입하여 그 집 종(奴)이 되고 여자는 계집종으로 삼는다. 스스로 죄를 씻고 풀려나고자 하면 1인당 50만 전을 주어야 한다.

비록 면제되어 평민이 되더라도 풍속에 오히려 차별을 하여 서로 혼인하지 않으니, 이로써 그 백성들은 끝내 서로 도둑질하지 아니하고 문을 닫지도 아니하며[398] 부녀자들은 정숙하고 신실하며 음란하지 않았다. 그 농민들은 먹고 마심에 변두(籩豆)[399]를 사용했는데, 도읍지에서는 관리들과 내군의 상인들을 많이 본받아 종종 술잔과 식기에 담아 먹는다.

낙랑군에서 처음에는 관리를 요동에서 데려왔는데, 백성이 문을 닫지 않는 것을 본 관리들과 상인으로 간 자들이 밤이 되면 도둑질을 하였으니, 풍속이 점점 더 야박해져 이제는 금제를 범하는 자가 점점 많아져서, 60여 조에 이르게 되었다.

---

398 옛날 동호 계자(東戶季子)의 치세에는 도로에 떨어진 유실물을 줍지 않았고, 농기구나 남은 식량도 밭두둑 머리에 그대로 두고 들어가 잤으니, 군자와 소인으로 하여금 각기 그 마땅한 도리를 얻은 것이다. 昔東戶季子之世 道路不拾遺 耒耜餘糧 宿諸畮首 使君子小人各得其宜也 - 『회남자』 무칭훈(繆稱訓)

399 대나무로 만든 그릇을 변(籩)이라 하고, 나무로 만든 그릇을 두(豆)라고 한다.

고귀하도다! 어진 현인의 교화이다. 그리하여 동이(東夷)는 천성이 유순하여 삼방(三方)의 나라들과는 다르다. 그래서 공자가 도가 행해지지 않는 것을 슬퍼하며 배를 타고 바다에 나가 구이(九夷)에 살고 싶다고 했으니, 그것도 까닭이 있었던 것이다.[400]
낙랑의 바다 가운데에 왜인(倭人, 일본)이 있는데,[401] 백여 개의 나라로 나뉘어져 있고, 세시(歲時)마다 와서 알현하고 조공을 바친다.[402]

---

400 안사고는, 『논어』 공야장(公冶長)에, 공자가 이르기를 '도가 행해지지 않으니, 떼배를 타고 바다에 떠서 떠나리라. 나를 따를 자는 자로일 것이다.' 하였다. 뗏목을 타고 동이(東夷)에 가고 싶어 했던 것은 그 나라에 어진 현인 기자의 교화가 있으므로 가히 도를 행할 수 있기 때문이라고 하였다. 師古曰 論語稱孔子曰 道不行 乘桴浮於海 從我者其由也歟 言欲乘桴筏而適東夷 以其國有仁賢之化 可以行道也. 공자가 가서 살고 싶어 했던 구이(九夷)가 바로 동이(東夷)이고, 이곳이 바로 기자의 도읍지라는 말이다.

401 기자조선을 서술하는 대목에 '낙랑의 바다 가운데 일본이 있다.'는 구절은 일본이 상고시대부터 조선의 부속 국가라는 뜻이다. 그러므로 『후한서』 동이전에 왜(倭)가 포함되어 있고, 『논어』 소(疏)에서도 구이(九夷) 중에 왜인(倭人)이 포함되어 있는 것이다.

402 玄菟·樂浪 武帝時置 皆朝鮮·濊·貉·句驪·蠻·夷 殷道衰 箕子去之朝鮮 教其民以禮義 田蠶織 作樂浪朝鮮民犯禁八條 相殺以當時償殺 相傷以穀償 相盜者男沒入爲其家奴 女子爲婢 欲自贖者 人五十萬 雖免爲民 俗猶羞之 嫁取無所讎 是以其民終不相盜 無門戶之閉 婦人貞信不淫辟 其田民飮食以籩豆 都邑頗放效吏及內郡賈人 往往以杯器食 郡初取吏於遼東 吏見民無閉臧 及賈人往者 夜則爲盜 俗稍益薄 今於犯禁寖多 至六十餘條 可貴哉 仁賢之化也 然東夷天性柔順 異於三方之外 故孔子悼道不行 設浮於海 欲居九夷 有以也夫 樂浪海中有倭人 分爲百餘國 以歲時來獻見云. – 『한서(漢書)』 지리지(地理

-『한서(漢書)』 지리지

『주사(周史)』에 이르기를, 옛날에 기자가 중국에서 5천명을 인솔하고 조선에 들어갈 때에 시(詩)·서(書)·예(禮)·악(樂) 의(醫)·무(巫)·음양과 복서(卜筮)를 유통시키고, 백공(百工)의 기예가 다 따라갔다.[403] -『천운소통(天運紹統)』

주 무왕이 기자를 조선(朝鮮)에 봉했다는 구절에서 이미 기자조선의 도읍지를 밝히고 있다. 대부분의 학자들이 조선은 국호인줄만 알고 있을 뿐, 본래 낙랑군 조선현(朝鮮縣)의 지명이라는 사실을 알지 못한다. 이와 같은 사실은 응소(應劭)의 주석에서도 분명하게 드러난다.

낙랑군(樂浪郡) : 한 무제 원봉(元封) 3년(B.C 108)에 개설하였다.
〔응소(應劭)는, "고조선(故朝鮮)의 도읍지이다."고 하였다.〕
25현(縣)이 있다. 조선현(朝鮮縣)〔응소는, "주 무왕이 기자(箕子)를 조선에 봉한 곳이다." 하였다.〕[404]
-『한서』 지리지

志) 제8下

403 周史云 昔箕子率中國五千人 入朝鮮 其詩書禮樂醫巫陰陽筮之流 百工技藝皆從.

404 樂浪郡, 武帝元封三年開〔應劭曰 故朝鮮國也〕縣二十五, 朝鮮〔應劭曰 武王封箕子於朝鮮〕-『한서』 지리지 제8 下

한 무제가 위만을 정벌하고 설치한 낙랑군에 25개 현(縣)이 있는데, 그 중에 조선현(朝鮮縣)은 낙랑군 소속 현을 관할하는 치소이다. 후한시대의 석학인 응소(應劭)의 주(注)에, 낙랑군은 고조선(故朝鮮)의 도읍지라고 하였는데, 이는 낙랑군 25개현을 다스리는 관청소재지인 조선현이 단군조선의 도읍지라는 뜻이다. 거듭하여 조선현은 주 무왕이 기자(箕子)를 조선에 봉한 곳이라고 하였으니, 단군과 기자의 도읍지가 같은 곳이라는 말이다. 『삼국사기』에 의하면, 신라 진흥왕 이래로 신라 역대 왕에게 중국 황제가 책봉할 때 작호를 '낙랑군공 신라왕(樂浪郡公 新羅王)'이라고 하였다. 이는 신라 도읍지가 한사군 중에 낙랑군 조선현에 해당하기 때문이다.

> 조선은 열양(列陽)에 있는데, 동해의 북쪽 열고야산의 남쪽이다. 열양(列陽)은 연(燕)에 속한다. 〔조선은 지금의 낙랑군의 현(縣)으로 기자(箕子)가 봉해진 곳이다. 열(列) 또한 강 이름으로 지금의 남대방군(帶方郡)[405]에 있으며 대방군에 열구현(列口縣)이 있다.〕

---

405 건안(建安) 연간(196~220)에 공손강(公孫康)이 둔유현(屯有縣) 이남의 대황(大荒) 지역을 분할하여 대방군(帶方郡)으로 삼고, 공손모(公孫模)와 장창(張敞) 등을 파견하여 한(漢)의 유민을 거두어 모아 군대를 일으켜서 한(韓)과 예(濊)를 정벌하자 옛 주민들이 차츰 돌아오고, 이후에 왜(倭)와 한(韓)은 마침내 대방군에 복속되었다. 建安中 公孫康分屯有縣以南荒地 爲帶方郡 遣公孫模 張敞等 收集遺民 興兵伐韓濊 舊民稍出 是後倭韓遂屬帶方. -『삼국지』 동이전 한(韓). 조조의 위(魏)나라 때에 처음으로 남대방군(南帶方郡)〔지금의 남원부(南原府)이다.〕을 두었다. 그러므로 대방군의 남쪽 천 리 바다를 한해(瀚海)라고 한다. 〔후한 건안(建安) 연간에 마한 남쪽의 대황(大荒) 지역으로써 대방군을 삼으니

열고야산(列姑射山)이 바다 하주(河州) 가운데에 있다.[406] 〔산 이름이다. 이 산에 신인(神人)이 살며 하주(河州)는 동해 가운데 있다. 하수(河水)가 지나가는 곳으로 『장자(莊子)』에 이른바 막고야산(藐姑射山)이다.[407]〕 고야국(姑射國)은 바다 가운데 있는데, 열고야산(列姑射山)에 속하며 강물이 서쪽과 남쪽으로 산을 두르며 흐른다.[408] -『산해경』 해내북경

왜(倭)와 한(韓)이 마침내 남대방군에 속한 것이 바로 이것이다.〕 曹魏時始置南帶方郡〔今南原府〕 故云 帶方之南海水千里曰瀚海 〔後漢建安中 以馬韓南荒地 爲帶方郡 倭韓遂屬是也.〕 -『삼국유사』 1권, 남대방(南帶方)

406 열고야산(列姑射山)은 동해의 하주(河洲) 가운데에 있다. 산 위에 신인(神人)이 살고 있는데, 바람을 호흡하고 이슬을 마시며 오곡을 먹지 않는다. 마음은 깊은 샘과 같고 모습은 처녀와 같다. 가까이 하지도 않고 사랑하지도 않으며 선인과 성인을 신하로 삼는다. 列姑射山在海河洲中 山上有神人焉 吸風飮露 不食五穀 心如淵泉 形如處女 不偎不愛 仙聖爲之臣 -『열자』 황제(黃帝)

407 막고야산(藐姑射山)에 신인(神人)이 살고 있는데, 피부가 얼음과 눈처럼 희고 자태가 아름다운 처녀와 같다. 오곡을 먹지 않으며, 바람을 호흡하고 이슬을 마신다. 구름을 타고 하늘을 나는 용(龍)을 몰아 뜻대로 사해의 밖에까지 가서 노닌다. … 요임금은 천하의 백성을 다스렸고, 사해의 정사를 바로잡았다. 그런데도 막고야산에 가서 네 신인(神人)을 만나 본 다음 분수(汾水)의 평양(平陽)에 돌아와서는 그만 멍하니 그 천하를 잊어버렸다. 藐姑射之山有神人居焉 肌膚若氷雪 綽約若處子 不食五穀 吸風飮露 乘雲氣 御飛龍 而遊乎 四海之外 … 堯治天下之民 平海內之政 往見四子 藐姑射之山 汾水之陽 窅然喪其天下焉 -『장자(莊子)』 소요유(逍遙遊)

408 朝鮮在列陽 東海北山南 列陽屬燕〔朝鮮 今樂浪縣 箕子所封也. 列亦水名也 今在帶方 帶方在列口縣〕 列姑射在海河州中 〔山名也 山有神人 河州在海中 河水所經者 莊子所謂藐姑射之山也〕 姑射國在海中 屬列姑射 西南山環之

기자조선 도읍지에 관해 곽박 역시 응소의 주(注)를 인용하고 있다. 조선은 본래 도읍지의 지명인데 이곳이 나라의 신성구역이기 때문에 국호로도 사용한 것이다. 단군이 아사달(조선)에 도읍을 정하고 건국하여 천여 년을 다스리다가, 은나라 말기인 무정왕(武丁王) 8년에 제위를 버리고 장당경(藏唐京, 구월산)에 은거하였다. 그 후 164년은 군장이 없는 체제로 유지되다가, 주 무왕 때에 기자가 아사달(조선)에 와서 다시 기자조선을 건국하여 천여 년을 다스린 것이다.

『산해경』은 요순시대에 간행되었기 때문에 본문은 단군조선에 해당하고, 곽박의 주(注)에서 별도로 기자조선 도읍지를 밝히면서 단군과 기자의 도읍지가 같은 곳으로 낙랑군 조선현에 해당한다고 한 것이다. 단군과 기자의 두 왕조의 도읍지가 같은 곳이기 때문에 『삼국유사』에서도 단군조선과 기자조선을 한 편으로 묶어 기록하고 있는 것이다. 이와 같이 고조선 도읍지의 위치에 관해서는 이미 2천여 년 전인 후한시대에 분명하게 밝혀 놓았는데도 불구하고 학계에서는 아직까지도 논쟁을 계속하고 있다.

여신이 산다는 막고야산은 열고야산이라고도 하며 바로 이곳이 기자조선의 도읍지라고 하였는데, 이는 고려 인종 때 곽동순(郭東珣)이 지은 「팔관회 선랑(仙郎)의 하표〔八關會仙郎賀表〕」에서 신라 궁성인 월성(月城)이 있는 선도산이 막고야산이라는 내용과 같은 것이다. 도교의 이상향으로 여신이 살고 있다는 열고야산은 막고야산이라고도 하며, 바로 이곳이 오제(五帝)의 도읍지인 궁상(窮桑)이고 단군과 기자

- 『산해경』 제12 海內北經. 괄호 안은 곽박의 주석

의 궁전이 있었다.

이리하여 고려 인종 때 곽동순이 임금께 지어 올린 '팔관회 선랑(仙郞) 하표'에서 '저 막고야산에 있다는 신인(神人)은 완연히 월성(月城)의 네 화랑입니다.'[409]라고 한 것이다. 월성(月城)은 신라 도읍지의 궁성이 있는 곳이고, 기자조선과 신라 도읍지는 같은 곳이기 때문이다.

비빈(非濱)의 동방은 〔朝鮮은 낙랑군의 현(縣)으로 기자(箕子)를 봉한 곳이다. 동해의 물가이다.〕 이(夷)와 예(穢)의 고향이다. 〔동방을 이(夷)라고 한다. 예(穢)와 이(夷)는 나라 이름이다.〕 대해(大解) 능어(陵魚)[410]·기(其)·녹야(鹿野)·요산(搖山)[411]·양도(揚島)는

---

409 彼藐姑射之有神人 宛是月城之四子

410 능어(陵魚)는 사람 얼굴에 손과 발은 물고기 몸이며 바다에 산다. 陵魚人面手足 魚身 在海中 -『산해경』 海內北經

411 『태평어람』에는 산해경을 인용하여, '선인들이 사는 산에 감로가 내려 선인들이 항상 그것을 마신다. 또 모든 옥야(沃野)와 요산(搖山)의 주민들은 감로를 마시니 단명한 자도 800세를 산다.' 하였다. 山海經曰 仙丘降甘露 人常飮之 又曰 諸沃之野 搖山之民 甘露是飮 不壽者八百歲.
요산(榣山)이 있는데, 그곳에 사는 사람은 태자장금(太子長琴)이라 부른다. 전욱이 노동을 낳고, 노동이 축융(祝融)을 낳고, 축융이 태자장금을 낳으니, 이가 요산(搖山)에 살면서 처음으로 악풍(樂風)을 지었다. 有榣山 其上有人 號曰太子長琴 顓頊生老童 老童生祝融 祝融生太子長琴 是處搖山 始作樂風 -『산해경』 大荒西經. 이곳의 모든 옥야(沃野)에는 난새가 스스로 노래하고 봉황새가 스스로 춤추며, 주민들은 봉황의 알을 먹고 감로(甘露)를 마신다. 하고자 하는 것은 저절로 따르고, 백 가지 짐승이 서로 무리지어 어울려 산다. 此諸天之野 鸞鳥自歌 鳳鳥自舞 鳳皇卵民食之 甘露民飮之 所欲自從也

대인(大人)이 사는 곳으로 군장이 없을 때가 많다. 〔모두 동방의 이(夷)이다.〕[412] -『여씨춘추』 시군람(恃君覽)

구이(九夷)는 동이(東夷)이다. 견이(畎夷)·우이(于夷)·방이(方夷)·황이(黃夷)·백이(白夷)·적이(赤夷)·현이(玄夷)·풍이(風夷)·양이(陽夷) 등 아홉 부족이 있으며 기자(箕子)가 봉해진 나라이다. 풍속이 어질어서 천수(天壽)를 누리므로 공자가 살고 싶어 했던 곳이 이곳으로 곧 지금의 조선이다.[413] -『명의고(名義考)』

동이(東夷)는 주나라 당시 조선 땅이다. 기자(箕子)가 조선에 봉해졌으니, 능히 추측하건대 도리로써 풍속을 훈도하고 예의와 농사와 누에치기를 가르쳐 지금도 백성들이 음식은 변두(籩豆)에 담고, 의관과 예악을 귀하게 여기는 것이 중국과 동일하니 기자의 교화이다. '군자거지(君子居之)'라는 구절은 아마도 기자를 가리켜 말한 것이지, 공자가 자신을 가리켜 군자라고 칭한 것이 아니다.[414]

百獸相與群居 -『산해경』 海外西經. 헌원(軒轅)의 나라가 궁산(窮山)의 인근에 있는데, 그들은 단명한 자도 800세를 산다. 軒轅之國在此窮山之際 其不壽者八百歲. -『산해경』 海外西經.

412 非濱之東〔朝鮮樂浪之縣 箕子所封 濱於東海也〕 夷穢之鄕〔東方曰夷 穢夷國名〕 大解 陵魚 其 鹿野 搖山 揚島 大人之居 多無君〔東方之夷〕 *괄호 안은 고유(高誘)의 주(注).

413 九夷東夷也 有畎于方黃白赤玄風陽九種 箕子之封國 俗仁而壽 夫子欲居者此也 卽今朝鮮 -『명의고(名義考)』 5권, 사고전서 자부(子部)

414 東夷者 周朝鮮之地 箕子受封於朝鮮 能推道訓俗 教民以禮義田蠶 至今民飲食以籩豆 爲貴衣冠禮樂 與中州同 以箕子之化也 君子居之 一句 恐指箕子言之

–『십일경문대(十一經問對)』

동이(東夷)는 기자(箕子)의 나라로 공자가 가서 살고 싶어 하던 곳이다. 그 예악에 중국의 기풍이 있기 때문이다.[415]

–『주례전경석원(周禮全經釋原)』

대체로 우이(嵎夷)는 희화(羲和)가 사는 곳으로 조선이며, 기자(箕子)가 봉해진 곳이다. …『후한서』에, '동이(東夷)는 아홉 부족이 있으니, 견이·우이·방이·황이·백이·적이·현이·풍이·양이 등이다. 옛날 요임금이 희중(羲仲)에게 명하여 우이(嵎夷)에 살게 하였다. 이곳을 양곡(暘谷)이라고도 하니 대개 해가 뜨는 곳이다. 찬양한다. 우이(嵎夷)에 궁전을 짓고 살며 다스리니, 곧 양곡(暘谷)이라 한다. 산과 바다에 사는 것을 아홉 부족으로 구분하였다.' 하였으니, 이로써 구이(九夷)를 우이(嵎夷)라고 한다.[416]

–『우공추지(禹貢錐指)』

『산해경』에, 해 뜨는 양곡(湯谷)에서 희화(羲和)라는 여신이 일월의

非孔子自稱爲君子也 –『십일경문대(十一經問對)』 1권 논어

415 東夷箕子之國 孔子所欲居 其樂有中國之風故也 –『주례전경석원(周禮全經釋原)』 8권, 사고전서 경부(經部)

416 蓋嵎夷 羲和之所宅 朝鮮 箕子之所封. … 後漢書 東夷有九種 曰畎夷 于夷 方夷 黃夷 白夷 赤夷 玄夷 風夷 陽夷 昔堯命羲仲 宅嵎夷曰暘穀 蓋日之所出也 讚曰 宅是嵎夷 曰乃暘穀 巢山潛海 厥區九族 是以九夷爲嵎夷也 –『우공추지(禹貢錐指)』 4권.

출입을 주관한다고 하였다. 희화가 사는 곳은 우이(嵎夷)를 가리키는 것으로 이곳이 기자조선의 도읍지라는 말이다.

앞서 언급하였듯이 조선(朝鮮)은 본래 도읍지의 지명인데, 나라의 신성구역이기 때문에 국호로도 사용한 것이다. 이것은 마치 신라를 계림(鷄林)이라고도 하는데, 계림은 원래 김알지가 출현한 곳이지만 신라 도읍지를 가리키는 지명으로도 쓰고, 국호로 사용하였던 경우와 같고, 시라(尸羅)와 서라벌 역시 같은 경우이다.

따라서 기자는 단군의 도읍지와 강역을 그대로 계승한 것이다. 고조선의 강역에 관해 『한서』 지리지에, '예(濊)·맥(貊)·고구려·만이(蠻夷)는 다 조선의 후예이다.' 라고 하였다.

조선시대 말기인 고종 34년(1897) 10월에 고종은 스스로를 황제라 칭하며 국호를 대한제국(大韓帝國)으로 정하고, 아울러 덧붙이기를 '또한 일찍이 매번 각 나라의 문자를 보면 조선이라고 하지 않고 한(韓)이라 하였다.'[417]라고 하였다. 이 해를 광무(光武) 원년으로 삼았다. 그 후 임시정부에서 다시 국호를 대한제국에서 대한민국으로 낮추어 정하여 지금까지 사용하고 있다. 그러나 정작 지금까지도 태극기는 물론이고, 국호인 대한(大韓)의 의미에 대해서는 정부에서조차 명쾌하게 설명하지 못하는 실정이다. 지금부터 2천여 년 전인 후한시대에 왕부(王符)가 지은 『잠부론』에 이런 말이 있다.

---

417 且每嘗見各國文字 不曰朝鮮 而曰韓者 - 『조선왕조실록』

주나라 선왕(宣王) 때 또한 한후(韓侯)가 있었는데, 그 나라는 연(燕)나라 인근에 있었다. 그러므로 『시경(詩經)』에 이르기를, '저 넓은 한후(韓侯)의 궁성은 연(燕)나라[418] 민중들이 쌓아 완성한 도성(都城)이로다. 〔정현(鄭玄)의 주(注)에, 저 거대한 한국(韓國)의 도성(都城)은 옛날 평안한 시기에 연나라 민중(民衆)이 쌓아 완성한 것이라고 하였다.〕' 하였다. 그 후에 한(韓)의 서쪽도 역시 성(姓)씨를 한(韓)이라 하였는데, 위만(衛滿)이 정벌하였던 곳이다. 〔준(準)은〕 해중(海中)으로 옮겨 가서 살았다.[419]

－『잠부론(潛夫論)』 씨성(氏姓)

위만이 탈취한 기자조선이 한(韓)나라이고, 『시경』에 수록된 한혁(韓奕) 편은 주 선왕이 입조한 기자의 후손을 한(韓)나라 후(侯)로 봉했다는 내용이다.

한혁(韓奕)

혁혁한 양산(梁山)은 우(禹)가 치수를 시작한 전복(甸服)이라네.[420]

---

418 소진(蘇秦)이 연나라 문후(文侯)를 설득하기를, '연(燕)의 동쪽에 조선의 요동이 있습니다.' 하였다. 說燕文侯曰 燕東有朝鮮遼東 －『사기』 소진열전(蘇秦列傳)

419 昔周宣王亦有韓侯 其國也近燕 故詩云 普彼韓城 燕師所完 〔鄭箋云 大矣彼韓國之城 乃古平安時 衆民之所筑完.〕 其後韓西亦姓韓 爲衛滿所伐 遷居海中

420 우(禹)는 치수를 기주(冀州)에서 시작했다.〔기주는 요(堯)가 도읍한 곳이므로 우(禹)가 치수를 기주부터 시작한 것이다.〕 호구산(壺口山)과 양산(梁山)과

그 탁월한 도가 있는[421] 한후(韓侯)[422]가 천자의 명을 받는구나. 선왕(宣王)[423]이 친히 명하시기를 "그대 선조와 돌아가신 부친을

기산(岐山)을 먼저 다스렸다.〔호구산은 하동(河東)에 있고 여량산(呂梁山)은 하양(夏陽)에 있고 기산(岐山)은 미양(美陽)에 있다. 곧 지금의 기주(岐州) 기산현(岐山縣) 전괄령(箭括嶺)이다.〕 冀州既載〔冀州 堯所都 故禹治水 自冀州始也〕壺口治梁及岐〔壺口山在河東 梁山在夏陽 岐山在美陽 卽今之岐州岐山縣箭括嶺也〕 - 『한서』 지리지. 괄호 안은 안사고의 주(注). 천자의 도성 밖 500리를 전복(甸服)이라고 한다. 『상서』 우공(禹貢)편의 구주(九州) 중에, 청주(青州)의 우이(嵎夷)는 기자(箕子)의 도읍지이고, 청주(青州)는 단군조선의 강역이다. 이 밖에도 동이족의 거주지인 도이(島夷)·내이(萊夷)·회이(淮夷)·조이(鳥夷) 등이 광범위하게 포함되어 있다. 『오월춘추』에, 우(禹)가 치수를 시작한 지 7년이 되어도 별다른 성과가 없었다. 이 무렵 어느 날 꿈에 현이(玄夷)의 창수사자(蒼水使者)가 나타나 위로하며 치수의 비결이 담긴 신서(神書)를 구해 보는 비결을 알려주어, 마침내 치수를 성공적으로 마칠 수 있었다. 현이(玄夷)는 『후한서』 동이전에 나오는 단군조선 구이(九夷) 중의 하나이다. 『오월춘추』에, 우(禹)가 결혼하려 할 때에 동방에 산다는 구미호(九尾狐)가 나타나 다가오므로 아내로 맞이하였다.

421 은나라를 이기고 천자가 된 무왕이 기자를 방문하여 천하를 경영하는 도리에 대해 묻자, 기자는 홍범구주를 전수하여 주나라가 이로써 윤리를 정리하고 큰 법령을 확립할 수 있게 되었다. - 『기자비(箕子碑)』

422 정현(鄭玄)은 주나라에서 한국(韓國)의 후(侯)로 봉하니 한성(韓城)에 살면서 후백(侯伯)이 되었다고 했다. 鄭玄曰 周封韓侯 居韓城爲侯伯. 한후(韓侯)는 기자(箕子)의 후손으로 처음 주 무왕이 기자를 조선에 봉하고도 신하로 삼지 않았는데, 후대에 후백(侯伯)으로 봉한 것이다.

423 주나라 제11대 왕(B.C 827~B.C 782). 『제왕세기』에, 주 선왕(宣王) 원년(B.C 827)에 소목공(召穆公)을 재상으로 삼고, 중산보(仲山父) 신백(申伯), 한후(韓侯) 현보(顯父) 등 어진 인재를 대거 등용하여 보좌하게 하였다.

계승하라. 나의 명을 저버리지 말고 밤낮으로 게을리 하지 말아서 백성과 함께 그대 직위를 공경히 수행하라. 내 명(命)은 변치 않으리라. 조회하지 않는 나라를 바로잡아 그대를 보좌하게 하라." 하시도다.

네 필의 말은 당당하여 잘 조련되고 또 건장하도다.
한후(韓侯)가 입조하여 알현하니, 그 개규(介圭, 홀)[424]를 받들고 들어와 왕을 뵙도다.[425] 왕께서 한후에게 선물을 하사하니, 교룡(交龍)을 그린 깃발과 깃을 장식한 깃봉, 수레, 포장에 아롱진 가로나무와 검은 곤룡포와 붉은 신, 말 가슴걸이에 금 눈썹걸이와 수레 앞턱을 동일 가죽에 호피 덮개와 말고삐를 매는 금 고리로다.

한후(韓侯)가 제실을 나와 노제를 지내고 도(屠) 땅에 나가 묵으니 현보(顯父)가 전송하여 맑은 술이 백병이나 되도다.[426]

---

424 개규(介圭)는 봉하고 하사한 옥으로 만든 큰 규(圭)인데, 그것을 받들고 신표를 삼아 왕의 서옥(瑞玉)과 부합하는지 확인하는 것이다. 介圭 封圭 執之爲贄以合瑞于王也.『태평어람』에, 규(圭)의 길이가 1척 2촌(寸)이므로 개규(介圭)라고 하는 것이며, 제후의 규(圭)가 아니다. 제후의 서규(瑞圭)는 9촌(寸)부터 그 이하라고 하였다. 圭長尺二寸謂之介 非諸侯之圭 諸侯之瑞圭 自九寸而下.『주례(周禮)』 동관고공기(冬官考工記)에, '진규(鎭圭)는 길이가 1척 2촌(寸)이며 천자가 지닌다.(鎭圭尺有二寸 天子守之)' 하였으니 개규는 천자와 동급이다.

425『주례』 춘관종백(春官宗伯)에, '가을에 천자를 뵙는 것을 근(覲)이라고 한다.(秋見曰覲)' 하였다.

426 정현(鄭玄)의 주(注)에, 현보(顯父)는 주나라 공경(公卿)으로 전송할 때 주연(酒

그 술안주는 무엇인가? 구운 자라에 싱싱한 생선이요.
그 나물은 무엇인가? 죽순과 부들이로다.
그 증정품은 무엇인가? 네 필의 준마가 끄는 큰 수레로다.
차린 음식이 많기도 하니 제후들이 함께 잔치하도다.

한후(韓侯)가 아내를 맞이하니 분왕(汾王)[427]의 외 조카요, 궤보(蹶父)의 딸이로다. 한후가 맞이하러 가니 궤보가 사는 마을이로다. 백 대의 수레가 팽팽하고 여덟 개의 방울소리 쟁쟁히 울리니 어찌 그 빛이 드러나지 않으랴. 뒤따르는 여러 여동생들이 함께 따라오니[428] 곱고도 얌전하여 구름 같아서, 한후가 그들을 돌아보니 찬연함이 문에 가득하도다.

궤보(蹶父)는 무예가 빼어나고, 가보지 않은 나라가 없어서
한길(韓姞)[429]을 시집보낼 곳을 물색하니 한(韓)나라만 한 낙원이

宴)이 있었기 때문이다. 鄭箋 顯父周公卿也 餞送之故有酒

427 분왕(汾王)은 여왕(厲王)이다. 정현(鄭玄)의 주(注)에 여왕(厲王)이 실정(失政)으로 체(彘) 땅에 유배되어 분수(汾水) 가에 있었으므로 당시 사람들이 분왕이라고 부른 것이라고 하였다. 鄭箋, 厲王流於彘 彘在汾水之上 故時人因以號之

428 제후는 한 번에 아홉 여자에게 장가드는데, 왕비에게는 두 나라가 잉첩(媵妾)을 딸려 보내며 다 여동생과 조카딸이다. 諸侯一娶九女 二國媵之 皆有娣姪也

429 궤보(蹶父)는 주나라 경사(卿士)인데, 여왕(厲王)의 공주를 취하여 아내로 삼았다. 한길(韓姞)은 궤보의 딸이며 한후(韓侯)의 아내이다. 蹶父 卿士也 取厲王之子 以爲妻 韓姞 蹶父之子 韓侯妻也. 길(姞)은 궤보의 성씨이다.【정의(正義)】에 이르기를, 부인(婦人)은 성(姓)씨만을 칭하는데, 지금 남편의 나라를 성씨로 삼아 한길(韓姞)이라고 하였다. 그러므로 길(姞)은 궤보의 성씨임을 알 수

없도다.[430] 참으로 낙원인 한(韓)나라 땅이여, 시내와 호수가 크고도 넓으며 방어와 연어가 크기도 하고, 암수 사슴들이 떼를 지어 논다네. 곰도 있고 큰 곰도 있으며 살쾡이도 있고 호랑이도 있도다. 이미 경사스런 거처를 차지하니 한길이 편안하고 즐겁도다.

저 거대한 한후(韓侯)의 도성(都城)은 연(燕)나라 민중들이 쌓아 완성한 것이다.[431] 선조가 명을 받음으로 인해 백만(百蠻)을 관장하

있다. 姞蹶父姓 正義曰, 以婦人稱姓 今以姓配夫之國 謂之韓姞 故知姞是蹶父之姓也

430 정현(鄭玄)의 주(注)에, 궤보는 무예가 매우 뛰어나고, 주나라 왕실의 사절이 되어 천하의 나라마다 다 가게 되었다. 그 딸인 한후(韓侯)의 부인 길씨(姞氏)를 위하여 딸이 살만한 곳을 살펴보니, 한국(韓國)이 가장 낙원이었다. 箋云 蹶父甚武健 爲王使于天下 國國皆至 爲其女 韓侯夫人姞氏 視其所居 韓國最樂

431 옛날 무왕이 주왕(紂王)을 칠 때에 목야(牧野)에서 격파하고 나서 비간(比干)의 무덤에 봉토(封土)하고, 상용(商容)의 정려(旌閭)를 세워 표창하고, 기자(箕子)의 궁문(宮門)에 시책(柴柵, 성벽)을 쌓아 주었다.〔고유(高誘)의 주(注)에, '주왕이 죽자 기자가 망명하여 조선으로 가서 옛 군장이 비어있는 터에 살았으므로 성벽을 쌓아 보호하였다.'고 했다.〕昔者武王伐紂 破之牧野 乃封比干之墓 表商容之閭 柴箕子之門〔高誘注云 紂死 箕子亡之朝鮮 舊居空 故柴護之也〕 - 『회남자』 도응훈(道應訓).

연(燕)은 소공(召公)의 나라이다.〔주 무왕이〕 처음 기자를 한(韓)나라에 봉할 때에 소공(召公)을 사공(司空)으로 삼았고, 무왕이 소공에게 명하여 그의 백성들로 하여금 이 궁성을 쌓도록 하였다. 燕召公之國也 韓初封時 召公爲司空 王命以其衆爲築此城 - 『시경집전(詩經集傳)』. 소공(召公) 석(奭)은 주(周)와 같은 성씨로 성이 희씨(姬氏)이다. 주 무왕이 주(紂)를 멸하고 북연(北燕)에

였기에 선왕께서 한(韓)의 후백(侯伯)으로 봉하시니 추(追)[432]와 맥(貊)의 땅이로다.[433] 이윽고 북쪽 나라를 주어 위무하도록 하여 그 후백(侯伯)이 되었도다. 도성을 정비하고 제방을 정비하며 정전(井田)의 제도를 시행하고[434] 조세를 바르게 하여 그곳 맹수인 붉은 표범과[435] 누런 곰 가죽을 바치도다.[436]

봉했다. 召公奭與周同姓, 姓姬氏 周武王之滅紂 封召公於北燕 -『사기』燕召公 世家

432 윤행임(尹行恁)의 『신호수필(薪湖隨筆)』에, '모시(毛詩)에서 말한 추(追)와 맥(貉)의 추(追)는 곧 예(穢)이다.' 하였다.

433 정현(鄭玄)의 주(注)에, 한후가 내조하여 선왕(宣王)을 뵙자 그 선조의 옛 관직을 다시 봉하고 북방의 나라인 추(追)와 맥(貊)을 하사하여 함께 다스리도록 했다. 鄭箋 韓侯入覲宣王使復 其先祖之舊職 錫以追貊受北方之國也. 『연사(燕史)』에, '시에서 말한 추(追)와 맥(貊)은 연(燕)의 민중들이 쌓은 한성(韓城)의 북쪽에 있는 나라이다. 한(韓)은 연의 북쪽에 있고 맥(貊)은 한(韓)의 북쪽에 있는 나라라고 한다. 한(韓)이 연(燕)에 귀부하고 나서 한(韓)이 복종하여 국경을 동쪽으로 옮겨 갔다. 한(漢)나라 초기에는 이르기를 삼한(三韓)이라고 한다.' 하였다. 燕史 詩云, 其追其貊 燕師之北國也 韓在燕北 貊爲韓之北國 韓旣歸于燕 韓從而東徙 漢初謂之三韓. -『오주연문장전산고(五洲衍文長箋散稿)』 삼한시말변증설. 주(周)나라에서 서주(徐州)를 청주(青州)에 병합하니 그 영토가 더욱 광대해졌다. 周以徐州合青州 其土益大 -『통전(通典)』州郡十 古青州.

434 조선 세종 때에 변계량이 지은 기자의 비문에, '정전(井田)의 제도와 8조(條)의 금법(禁法)이 해와 별처럼 환해졌다.(井田之制 八條之法 炳如日星)' 하였다. -『조선왕조실록』. 정전(井田)의 제도는 기자가 처음 시행한 것이 아니라, 황제(黃帝) 때부터 역대 제왕이 시행해 오던 제도이다.

435 『설문해자』에, '비휴와 표범 가죽은 맥국(貉國)에서 산출된다.(貔豹屬 出貉國)'

-『시경(詩經)』 대아(大雅)

하였다. 낙랑(樂浪)의 단궁(檀弓)이 그 지역에서 생산되고, 또 무늬 있는 표범이 많다. 樂浪檀弓 出其地 又多文豹. -『후한서』 동이전 예(濊). 관중(管仲)이 제환공(齊桓公, B.C 716~B.C 643)에게 대답하였다. 발(發)과 조선(朝鮮)이 조회하지 않으면 무늬 있는 가죽과 타복(毤服)을 요청하여 화폐가 되게 하고 … 하나의 표범 가죽이라도 금처럼 받아들여 능히 금이 된다면, 그런 후에 8천 리 밖의 발(發)과 조선(朝鮮)이 조회하러 올 것입니다. 管子對曰 發朝鮮不朝 請文皮毤服而以爲幣乎 … 一豹之皮 容金而金也 然後八千里之發朝鮮可得而朝也. -『관자(管子)』 경중(輕重). 동북의 아름다운 것은 척산(斥山)에 있는 무늬 있는 가죽이다.〔곽박의 주(注)에, 호랑이와 표범 등의 가죽에 무늬가 있어 침구의 깔개와 갖옷을 만든다. 이것이 무늬 있는 가죽으로 바로 무늬 있는 표범 가죽이다.〕 東北之美者 有斥山之文皮焉〔郭璞云 虎豹之屬 皮有褥綵者 是文皮 卽文豹之皮也〕 -『이아(爾雅)』 석지(釋地) 구부(九府).

436 奕奕梁山 維禹甸之 有倬其道 韓侯受命 王親命之 纘戎祖考 無廢朕命 夙夜匪解 虔共爾位 朕命不易 榦不庭方 以佐戎辟

四牡奕奕 孔脩且張 韓侯入覲 以其介圭 入覲于王 王錫韓侯 淑旂綏章 簟茀錯衡 玄袞赤舄 鉤膺鏤鍚 鞹鞃淺幭 鞗革金厄

韓侯出祖 出宿于屠 顯父餞之 淸酒百壺 其殽維何 炰鼈鮮魚 其蔌維何 維筍及蒲 其贈維何 乘馬路車 籩豆有且 侯氏燕胥

韓侯取妻 汾王之甥 蹶父之子 韓侯迎止 于蹶之里 百兩彭彭 八鸞鏘鏘 不顯其光 諸娣從之 祁祁如雲 韓侯顧之 爛其盈門

蹶父孔武 靡國不到 爲韓姞相攸 莫如韓樂 孔樂韓土 川澤訏訏 魴鱮甫甫 麀鹿噳噳 有熊有羆 有貓有虎 慶旣令居 韓姞燕譽

溥彼韓城 燕師所完 以先祖受命 因時百蠻 王錫韓侯 其追其貊 奄受北國 因以其伯 實墉實壑 實畝實藉 獻其貔皮 赤豹黃羆 -『시경(詩經)』 대아(大雅) 탕지십(蕩之什)

『태평어람』에, 한혁(韓奕)편은 한후(韓侯)가 내조하여 명을 받고 귀국할 때 현보(顯父)가 전송하면서 이 시를 지어 주었다고 한다.[437] 시의 내용은 전반적으로 한(韓)나라를 찬양하고 있다.

『설문해자』에, 혁(奕)은 대(大)와 또 역(亦)의 합성어로, 『시경』에 '혁혁한 양산(梁山)'은 이것이라고 하였다.[438] 즉 한(韓)은 한국(韓國)이고, 혁(奕)은 크고도 크다(大+大)는 뜻으로 풀이하면 위대한 한국이라는 뜻이다. 시의 제목에 나타나듯이 실제로 한혁은 동방의 한국을 찬양한 시이고, 국호인 대한(大韓)과 같은 뜻이다.

주자(朱子)는 『시경집전(詩經集傳)』에서 시의 첫머리에 나오는 '양산(梁山)은 한(韓)나라의 진산(鎭山)이며, 지금 동주(同州) 한성현(韓城縣)에 있다. 한(韓)은 국명으로 후작(侯爵)이며 무왕의 후손이다.'[439]라고 하였다.

고대사에 한(韓)이라는 국호는 두 나라가 사용하였는데, 하나는 기자(箕子)가 다스리는 조선이고, 하나는 중국의 전국시대에 있었다. 전국시대의 칠웅(七雄) 가운데 하나인 한(韓, B.C 403~B.C 230)나라는 건(虔) 때에 처음 후(侯)로 봉해졌고, 그로부터 10대를 지나 마지막 왕인 안(安)에 이르러 진(秦)나라가 멸망시켰다. 주 무왕의 후손으로 성은 희(姬)씨이다. 주자는 바로 이곳이라고 하였다.

그러나 시에 나오는 현보(顯父)는 주 선왕(周宣王, B.C 827~B.C 782) 때의 인물로 선왕 즉위 원년에 경사(卿士)에 등용되었다. 선왕 원년은

---

437 大雅續, 韓奕 韓侯來朝受命 將歸 顯父餞之 贈以是詩 - 『태평어람』

438 奕 : 大也 從大亦聲 詩曰 奕奕梁山

439 梁山 韓之鎭也 今在同州韓城縣 韓 國名 侯爵 武王之後也

기원전 827년이므로 전국시대 한(韓)나라 건국 시기와는 무려 400여 년의 차이가 있다. 또 맥(貊)은 고구려 인근의 나라로 삼국시대 초기까지 존속했으며, 한후의 도성은 연나라 민중들이 쌓았다고 하였다.

따라서 주자의 주석은 오류이고, 한혁에 나오는 한후(韓侯)는 조선의 왕인 기자(箕子)의 후손을 가리킨 것이다. 유교를 국교로 삼았던 이조시대에 주자의 학문적인 영향력은 절대적이었는데, 조선을 찬양하는 주옥같은 시에 파리가 점을 찍어 놓은 격이 되었다.

또 시에, '한성(韓城)은 연나라 민중들이 다 쌓았다'고 하였는데, 주(注)에서 연(燕)은 소공(召公)의 나라라고 하였다. 소공은 문왕의 서자로 무왕이 연(燕)나라에 봉했다. 은나라를 이기고 천자의 신분이 된 무왕은 비간(比干)의 무덤에 봉토(封土)하게 하고, 기자를 한(韓, 조선)에 봉할 때에 소공(召公)은 사공(司空) 관직에 있었고, 무왕이 소공에게 명하여 연나라 백성들로 하여금 기자의 궁성을 쌓도록 하였다. 천자의 신분인 무왕의 특명으로 기자의 궁전에 성을 쌓게 하였으니, 이후로는 이웃나라가 감히 기자조선의 강역을 범할 수 없었다.

주나라와의 돈독한 우호관계가 있었기에 기자가 조선에 봉해진 이래로 기원전 300년경 연나라 진개가 조선을 침공하기에 이르기까지 무려 800여 년 동안 태평성대를 누려 세계의 지성들이 이구동성으로 칭송하는 나라가 되었다.

『사기』에, 무왕이 기자를 조선에 봉했다고 했는데, 주(注)에서 '처음 한(韓)에 봉할 때…'라고 하였으니 그 이전부터 조선과 한(韓)은 같은 곳의 지명이고, 그곳이 신성구역이기 때문에 국호로도 쓰이고 성씨로도 사용되었다는 사실을 알 수 있다.

『제왕운기』에, 고려 태조 왕건의 어머니는 지리산 산신인 천왕(天王)[440]이라고 하였다. 또 『고려사』에 이르기를, 왕건의 아버지 왕융이 '일찍이 꿈에 한 미인을 보고 결혼하여 가정을 이루기로 약속했는데, 후에 송악에서 영안성(永安城)으로 가다가 길에서 한 여인을 만났는데 꿈에서 본 여인과 모습이 꼭 닮았다. 그러나 어디에서 왔는지 알지 못하므로 세상에서 몽부인(夢夫人)이라 부른다. 혹은 그가 삼한(三韓)의 어머니가 되었으므로 마침내 성을 한씨(韓氏)라고 하였으니, 이가 위숙왕후(威肅王后)이다.' 하였다.[441]

이로써 보건대 대한(大韓)이라는 국호는 바로 여기에서 나온 것으로 보인다. 선도성모의 성이 한(韓)씨이고, 성모가 사는 선도산이 있는 구역의 지명을 한(韓)이라 부른다. 선도성모는 도교에서 이른바 곤륜산 서왕모의 별호이고, 불교에서는 석가모니의 어머니이고, 모든 부처를 낳는다는 마야부인이다.

한혁(韓奕)은 6장(章)으로 구성되어 있다.

1장에서 요순시대 하우씨가 치산치수를 할 때 중국과 조선의 구분없이 홍수를 다스려 만대의 재앙을 제거하고 사해가 한 집안이 되어 태평성대를 누렸던 사실을 상기시키며 혁혁한 양산(梁山)이라 표현하고, 내조한 한후(韓侯)를 후백(侯伯)으로 다시 봉하는 내용이다.

---

440 신라 제54대 경명왕이 지리산 산신인 선도성모에게 봉한 작호(爵號)이다.

441 嘗夢見一美人 約爲室家 後自松嶽 往永安城 道遇一女惟肖 遂與爲婚 不知所從來 故世號夢夫人 或云 以其爲三韓之母 遂姓韓氏 是爲威肅王后. -『고려사』 고려세계

우공(禹貢)에 나오는 구주(九州) 중에 청주(青州)는 단군조선의 강역이고, 우이(嵎夷)는 단군과 기자의 도읍지 아사달이며, 이 밖에도 동이족의 거주지인 도이(島夷)·내이(萊夷)·회이(淮夷)·조이(鳥夷) 등이 광범위하게 포함되어 있다.

2장은 한후가 타고 온 수레를 끄는 네 필의 준마가 훌륭하고 한후가 내조하여 선왕(宣王)을 알현하니, 선왕이 하사한 폐백의 품목으로 임금의 의상과 수레와 말의 장식품이다.

3장은 한후가 근례(覲禮)를 마치고 제실을 나와 도(屠) 땅에 묵을 때, 전송 나온 현보(顯父)와 여러 제후들이 모여 성대한 연회를 베푸는 내용이다.

4장은 한후가 주나라 여왕(厲王)의 조카를 왕비로 맞아들여 주나라 제실과 국척(國戚)의 관계를 맺는 내용이다. 요조숙녀는 군자의 좋은 벗이라고 하였다.

5장은 한후의 나라인 한국(韓國)은 천하제일의 낙원이라는 사실을 아름답게 묘사하고 국척의 관계를 맺는 것을 자랑스럽게 여기고 있다. 한후가 다스리는 한(韓)나라는 선인들이 사는 삼신산이 국토의 골격을 이루고, 그 궁성은 본래 지상낙원인 에덴동산에 있었다.

마지막 6장은 무왕이 처음 기자를 조선에 봉할 때, 연(燕)에 봉해진 소공(召公)에게 명하여 그의 백성들에게 기자의 궁성을 쌓게 하였던 사실을 밝히고 있다.

무왕이 은나라를 이기고 나서 비간(比干)의 무덤에 봉토(封土)하게 하고, 기자(箕子)의 궁전을 평안하게 하였다. 〔고유(高誘)의 주(注)

에 '기자가 환란을 피하여 미치광이 행세를 하고, (조선으로) 달아나니, 그 궁전을 청정하게 하여 다르게 한 것이다.'고 하였다.][442]
-『여씨춘추』 신대람(愼大覽)

주 성왕(周成王) 12년에 왕은 연(燕)나라 민중을 거느리고 한국(韓國)의 성(城)을 쌓도록 했다. 왕은 한후(韓侯)[443]에게 물품을 하사하고 명하였다.[444] -『죽서기년(竹書紀年)』 주 성왕(周成王)

기자의 후손이 다스리던 나라를 주나라에서 조선 또는 한국(韓國)이라고 부른다는 사실이 확인된다. 주나라의 시조는 후직(后稷)이고, 후직의 어머니는 강원(姜嫄)이며, 강원은 제곡 고신씨의 왕비로 당시 제곡의 도읍지는 기자조선의 도읍지인 부상(扶桑)이었다.

또한 선왕은 한후의 이웃 나라인 추(追)와 맥(貊)도 함께 다스리게 했다는 내용이다. 『잠부론』에서는 이 마지막 장을 인용하고 있다. 당시 주나라는 여왕(厲王)이 실정(失政)으로 축출되고 태자인 선왕이 즉위하였는데, 극심한 가뭄으로 나라가 위태로운 지경이었으나 선왕은 출중한 인재들을 대거 등용하여 국정을 일신하고 지성으로 천신께

---

442 武王勝殷 封比干之墓 靖箕子之宮〔高誘注云 以箕子避亂 佯狂而犇 淸淨其宮以異之〕

443 선왕(宣王) 4년에, 왕은 궤보(蹶父)에게 명하여 한(韓)의 한후(韓侯)와 함께 내조하도록 하였다. 宣王 四年 王命蹶父如韓 韓侯來朝 -『죽서기년』 선왕(宣王)

444 成王 十二年 王帥燕師城韓 王錫韓侯命

제사하니 가뭄도 해갈되어 기울어진 주나라를 다시 일으키던 시기였다. 시를 보면 시종일관 한국을 찬양하며, 봄날 누각에 오른 듯 화려하게 묘사하고 있다.

기자조선은 기자의 자손들이 왕위를 계승하여 928년을 다스리다가 41대 준왕(準王)에 이르러 위만에게 나라를 빼앗기자, 준왕은 좌우의 궁인(宮人)들을 거느리고 달아나 해중(海中)에 들어가 한(韓)의 지역에 거주하면서 스스로 한왕(韓王)이라 칭하였다고 한다.

> 한(韓)은 대방군(帶方郡)[445]의 남쪽에 있는데, 동쪽과 서쪽은 바다로 한계를 삼고 남쪽은 왜(倭)와 접경하니 면적이 사방 4천 리쯤 된다. 세 종족이 있으니, 하나는 마한, 둘째는 진한, 셋째는 변한인데, 진한(辰韓)은 옛 진국(辰國)이다. … 연나라에서 망명한 사람인 위만이 공격하여 나라를 빼앗기자 〔『위략(魏略)』에, 옛날 기자(箕子)의 후손이 조선의 후백(侯伯)이었다. 주나라가 쇠약해지자, 연(燕)나라가 스스로 높여 왕이라 칭하고 동쪽 지방을 침략하려 하자, 조선의 후백도 역시 자칭하여 왕이라 하고 군사를 일으켜 연나라를 역으로 공격하여 주 왕실을 받들려 하였는데, 그의 대부 예(禮)가 간언하므로 중지하였다. 그리하여 예(禮)를 서쪽에 사신으로 보내 연나라를 설득하게 하니, 연나라도 중지하고 침공하지

---

445 조조의 위(魏)나라 시대에 처음 남대방군(南帶方郡)〔지금의 남원부(南原府)〕을 설치했다. 그러므로 '대방(帶方)의 남쪽 바다가 천리인데, 한해(瀚海)라고 한다.' 하였다. 曹魏時 始置南帶方郡〔今南原府〕 故云 帶方之南 海水千里 曰瀚海 - 『삼국유사』 1권, 남대방군

않았다. 그 뒤에 자손이 점점 교만하고 포악해지자 연(燕)은 이에 장수 진개(秦開)를 보내 조선의 서쪽 지방을 공격하여 2천여 리의 땅을 탈취하여 만·번한(滿番汗)에 이르러 경계로 삼았다.[446] 조선은 마침내 약해졌다. … 한나라가 노관(盧綰)으로 연왕(燕王)을 삼으니, 조선과 연(燕)은 패수(浿水)를 경계로 하게 되었다. 노관이 배반하고 흉노로 도망간 뒤, 연(燕)나라 사람 위만(衛滿)도 망명하여 호(胡)의 복장을 하고 동쪽으로 패수(浿水)를 건너 준왕(準王)에게 항복하였다. 위만이 서쪽 변방에 살도록 해주면 중국의 망명자를 거두어 조선 변경의 병풍이 되겠다고 준왕을 설득하였다. 준왕은 그를 믿고 총애하여 박사에 임명하고 규(圭)를 하사하며, 백 리의 땅을 봉해 주어[447] 서쪽 변경을 지키게 하였다. 위만이 망명자들을 유인하여 그 무리가 점점 많아지자 사람을 준왕에게 보내 속여서 말하기를, "한나라의 군대가 열 군데로 쳐들어오니 들어가

---

446 진개(秦開)가 조선의 서쪽 변경 2천리를 탈취한 후에 '만·번한(滿番汗)에 이르러 경계로 삼았다.'고 했다. 『한서』 지리지에, 요동군에 문현(文縣)과 번한현(番汗縣)이 있고, 번한현의 변방 밖에 패수(沛水)가 흐르고 서남으로 바다에 유입된다고 했고, 응소(應劭)의 주(注)에, 한수(汗水)가 변방 밖을 흐르다 서남으로 바다에 유입된다고 했다. 또 『전한기』에, 한나라에서 요수(遼水)를 조선과의 국경으로 삼았다고 했다. 이렇게 볼 때 패수(沛水)·한수(汗水)·요수(遼水)는 같은 강이고, 이곳이 연(燕)나라가 조선의 서쪽 변경 2천리를 탈취한 이후 조선과 중국의 국경선이 된다.

447 왕자(王者) 녹작(祿爵)의 제도는 공(公)·후(侯)·백(伯)·자(子)·남(男)으로 무릇 5등급이다. 천자의 전지(田地)는 사방 천리이고 공후(公侯)의 전지는 사방 백리이다. 王者之制祿爵 公侯伯子男 凡五等 天子之田方千里 公侯田方百里 - 『예기』 왕제(王制). 준왕이 위만을 제후로 봉했다는 말이다.

숙위하기를 청합니다." 하고는 드디어 되돌아서서 준왕을 공격하였다. 준왕은 위만과 싸웠으나 대적하지 못하였다.〕 준왕(準王)은 좌우의 궁인(宮人)들을 거느리고 달아나 바다에 들어가 한(韓)의 지역에 거주하면서 스스로 한왕(韓王)이라고 호칭하였다. 〔『위략(魏略)』에, 준왕의 아들과 친척으로서 나라에 남아 있던 사람들도 그대로 한씨(韓氏)라는 성을 사용하였다. 준왕(準王)은 해중(海中)에 살면서 위만조선과는 서로 왕래하지 않았다.〕 그 후에 준왕의 후손은 끊어졌으나, 지금도 한인(韓人) 중에는 아직 그의 제사를 받드는 사람이 있다. 한(漢)나라 때에 낙랑군에 소속되어 계절마다 입조하여 알현하였다.[448] – 『삼국지』 동이전 한(韓)

한(韓)은 대방군(帶方郡)[449]의 남쪽에 있는데, 동쪽과 서쪽은 바다

---

448 韓在帶方之南 東西以海爲限 南與倭接 方可四千里 有三種 一曰馬韓 二曰辰韓 三曰弁韓 辰韓者 古之辰國也 … 爲燕亡人衛滿所攻奪〔魏略曰 昔箕子之後朝鮮侯 見周衰 燕自尊爲王 欲東略地 朝鮮侯亦自稱爲王 欲興兵逆擊燕以尊周室 其大夫禮諫之乃止 使禮西說燕 燕止之不攻 後子孫稍驕虐 燕乃遣將秦開攻其西方 取地二千餘里 至滿番汗爲界朝鮮遂弱 … 漢以盧綰爲燕王 朝鮮與燕界於浿水 及綰反 入匈奴 燕人衛滿亡命 爲胡服 東度浿水 詣準降 說準求居西界〔收〕中國亡命爲朝鮮藩屛 準信寵之 拜爲博士 賜以圭 封之百里 令守西邊 滿誘亡黨 衆稍多 乃詐遣人告準 言漢兵十道至 求入宿衛 遂還攻準 準與滿戰 不敵也〕 將其左右宮人走入海 居韓地 自號韓王〔魏略曰 其子及親留在國者 因冒姓韓氏 準王海中 不與朝鮮相往來〕其後絶滅 今韓人猶有奉其祭祀者 漢時屬樂浪郡 四時朝謁. –『삼국지』 동이전 韓. 괄호 안은 배송지(裴松之, 372~451)의 주(注).

449 조조의 위(魏)나라 시대에 처음 남대방군(南帶方郡)〔지금의 남원부(南原府)〕을

로 한계를 삼고 남쪽은 왜(倭)와 접경하니 면적이 사방 4천 리쯤 된다. 세 종족이 있으니 하나는 마한, 둘째는 진한, 셋째는 변한인데, 진한(辰韓)[450]은 옛 진국(辰國)이다. … 처음 조선왕 준(準)이 위만에게 패하여, 자신의 남은 무리 수천 명을 거느리고 달아나 바다로 들어가, 마한을 공격하여 격파하고 자립하여 한왕(韓王)이 되었다. 준왕의 직계 후손이 끊어지자, 마한 사람이 다시 자립하여 진왕(辰王)이 되었다.[451] -『후한서』 동이전 韓

준왕(準王)은 배은망덕한 도적 위만에게 창졸간에 나라를 빼앗기고 남은 종족 수천 명을 거느리고 달아나 해중(海中)에 들어가 마한(馬韓)을 공격하여 격파하고 자립하여 마한 왕이 되었다고 한다. 해중(海中)

설치했다. 그러므로 '대방(帶方)의 남쪽 바다가 천리인데, 한해(瀚海)라고 한다.' 하였다. 曹魏時 始置南帶方郡〔今南原府〕 故云 帶方之南 海水千里 曰瀚海 -『삼국유사』 1권, 남대방군

450 이보다 앞서 조선(朝鮮) 유민들이 산골짜기에 나뉘어 살면서 육촌(六村)을 이루었다. 첫째는 알천(閼川) 양산촌(楊山村), 둘째는 돌산(突山) 고허촌(高墟村), 셋째는 취산(觜山) 진지촌(珍支村), 넷째는 무산(茂山) 대수촌(大樹村), 다섯째는 금산(金山) 가리촌(加利村), 여섯째는 명활산(明活山) 고야촌(高耶村)이라 하였으니, 이것을 진한(辰韓) 육부(六部)라고 한다. 先是 朝鮮遺民分居山谷之間 爲六村. 一曰閼川楊山村 二曰突山高墟村 三曰觜山珍支村 四曰茂山大樹村 五曰金山加利村 六曰明活山高耶村 是爲辰韓六部. -『삼국사기』 신라본기 혁거세 거서간.

451 韓在帶方之南 東西以海爲限 南與倭接 方可四千里. 有三種 一曰馬韓 二曰辰韓 三曰弁韓 辰韓者 古之辰國也 … 初朝鮮王準爲衛滿所破 乃將其餘種數千人走入海 攻馬韓 破之 自立爲韓王 準後滅絶 準後滅絶, 馬韓人復自立爲辰王

의 의미에 관해서는, 조선시대의 고승 서산대사가 지은 「지리산 황령암기(黃嶺庵記)」에 그 단서가 보인다.

> 산은 혼돈(混沌)의 뼈요, 바다는 혼돈의 피다. 동해 가운데 한 산이 있으니 이름은 지리산이라 하고, 그 산의 북쪽 기슭에 한 봉우리가 있으니 이름은 반야봉(般若峯)이라 하며, 그 봉우리 좌우에 두 재(嶺)가 있으니 이름은 황령(黃嶺)과 정령(鄭嶺)이라 한다. 옛날 한(漢)나라 소제(昭帝)가 즉위한 지 3년(B.C 85)에 마한(馬漢)왕이 진한과 변한의 난리를 피하여 이곳에 도성(都城)을 쌓을 때 황(黃)·정(鄭)의 두 장군을 시켜 공사를 감독하였으므로 두 사람의 성(姓)을 따서 재를 이름하고, 그 도성을 72년 동안 보호하였다. 그 뒤 신라 진지왕(眞智王) 원년(元年, 576)에 운집대사(雲集大師)가 중국으로부터 와서 황령(黃嶺) 남쪽에 하나의 정사(精舍, 절)를 세우고 그 재의 이름을 따라 황령암(黃嶺庵)이라 하였다. … 이른바 하나의 법(法) 안에서 공자는 뿌리를 심었고, 노자는 뿌리를 북돋았으며, 석가는 뿌리를 뽑았으니 바로 그것이다. 그 뒤에 백가(百家)와 여러 갈래의 무리들이 유행하여 혹은 그 관습에 집착하여 근본을 버리고, 혹은 계파만을 보고 근원을 알지 못하면서 제각기 그 기량의 크고 작음에 따라 한(漢)·당(唐)·송(宋) 사이에 어지러이 지껄임이 백천의 모기와 등에 떼가 한 항아리 속에서 날개를 치는 것과 다름이 없고, 사슴을 가리켜 말이라 하는 등 자기의 것은 옳다하고 남의 것은 그르다 함이 마치 허공을 나누어 작은 병에 넣고, 큰 바닷물을 끌어다 작은 못에 대는 것과 같았다.[452]

-『청허당집』6권, 지리산 황령암기

『한서(漢書)』에서도 '조선은 해중(海中)에 있다.[453]'고 하였고, 공자도 뗏목을 타고 구이(九夷, 조선)에 가서 살고 싶어 하였다. 이를 풀이하면, 신라 성덕대왕신종의 명문에 '동해의 삼신산은 신선 무리들이 사는 곳, 땅은 선도산(仙桃山, 지리산) 골짜기에 있고 경계는 부상(扶桑)에 접하였다. 여기에 우리나라 도읍지가 있어 천하를 통합하여 한 고향이 되었다.'[454]라는 구절과 같은 뜻이다.

---

452 山也 混沌之骨也 海也 混沌之血也 東海中有一山 名智異山也 山之北麓 有一峰 名般若峰也 峰之左右 有二嶺 名黃與鄭也 昔漢昭帝卽位之三年 馬漢之主避辰弁之亂 築都城於此 以黃鄭二將 監其事 遂以二人之姓 名其嶺 保其都城者七十二年也 厥後 新羅眞知王元年 雲集大師自中國來 擇黃嶺之南 建一精舍 亦因其名焉. … 所謂一法中 儒之植根 老之培根 佛之拔根者 是也 後之百家衆枝之流 或執迹遺本 或見派迷源者 各隨形器之大小 而啾啾亂鳴於漢唐宋間 無異百千蚊蚋 鼓翼於一瓮中也 至於指馬紛紜 自是非他焉 則正如分大虛納小瓶 引滄溟注小池也

453 한 무제 원봉(元封) 연간에 혜성이 은하수 분야에 나타났는데, 태사(太史)가 점을 치기를 '남수(南戍)는 월문(越門)이라 하고 북수(北戍)는 호문(胡門)이라 한다.'고 하였다. 그 후에 한나라 군사가 쳐서 빼앗아 낙랑군과 현도군으로 삼았다. 조선은 해중(海中)에 있으니, 월(越)을 상징하고, 북방에 거주하는 것은 호인(胡人)의 지역이다. 元封中 星孛于河戍 占曰 南戍爲越門 北戍爲胡門. 其後漢兵擊拔朝鮮 以爲樂浪玄菟郡 朝鮮在海中 越之象也 居北方 胡之域也 -『한서』天文志.『조선왕조실록』인조 8년 2월 29일 조에, 당시 천문학 교수 홍경립(洪敬立)이 올린 상소문에 이 문장을 인용하며 자세한 해설을 덧붙이고 있다.

454 東海之上 衆仙所藏 地居桃壑 界接扶桑 爰有我國 合爲一鄕

신선이 산다는 삼신산(三神山)은 동해에 있다 하였고, 지리산은 삼신산의 하나인 방장산(方丈山)이기 때문에 도인들의 혜안으로 보면 지리산은 동해에 있다는 말이다.

한(漢)나라 소제(昭帝) 즉위 3년(B.C 85)에 마한(馬漢) 왕이 진한과 변한의 난리를 피하여 이곳에 도성(都城)을 쌓고, 그 도성을 72년 동안 보호했다고 하였다. 마한의 도성 터는 지금도 넓은 공터로 남아 있는데, 인근의 깊은 계곡과 주변의 수려한 경관이 어우러져 가히 별유천지라 할 수 있는 이곳을 달궁(月宮)이라고 부른다.

최치원은 난랑비 서문에서, 한민족 고유의 종교인 풍류(風流)는 실로 유·불·선 삼교(三教)를 포함(包含)한다고 하였다. 즉 신라 도읍지의 선도산(仙桃山, 지리산)은 실로 유·불·선 삼교의 발상지이고 이상향이라는 뜻이다. 서산대사가 「황령암기」에서 삼교(三教)의 근원에 대해 다시 거론하는 것은 바로 이런 취지에서이다. 또 서산대사가 지은 「석가세존의 금골사리 부도비」의 비문에서, 신라 도읍지의 황룡사는 단군이 탄생하고 도읍한 신시(神市)라고 하였다.

당송팔대가의 한 사람으로 손꼽히는 문장가인 당나라 유종원(柳宗元, 773~819)이 기자(箕子)를 기리는 비문을 지었다.

기자의 비문(箕子碑)

대체로 대인(大人)의 도가 세 가지 있으니, 첫째는 정도를 지키다가 고난을 당하는 것이고, 둘째는 법을 성인에게 전수해 주는 것이고, 셋째는 교화가 백성에게 미치는 것이다. 은(殷)나라에 기자(箕子)

라는 어진 사람이 있어 그가 실로 이 도를 구비하여 세상에 우뚝 섰다. 그러므로 공자가 육경(六經)의 뜻을 기술할 때 그에 대해 한층 더 은근하게 하였다.

주왕(紂王)의 시대를 당하여 대도(大道)가 무너지고 혼란해져 하늘의 위엄을 동원해도 경계할 수 없었고 성인의 말씀도 소용이 없었다. 죽음을 각오하고 간언을 올려 목숨을 바치는 것이 참으로 어질다 할 수는 있으나 내 종묘제사를 보존하는 데에 도움이 될 게 없으므로 그렇게 할 수 없고, 새 왕조에 헌신하여 종묘제사를 보존하는 것이 참으로 어질다 할 수는 있으나 그러기 위해서는 먼저 내 조국이 망해야 하기 때문에 차마 그렇게 할 수 없는 일이다. 그런데 이 두 가지를 다 갖추면서 무리 없이 행한 사람이 있었다. 그가 그처럼 했기 때문에 그는 자신의 명철함을 보존하여 세상과 더불어 부침했고, 자기의 계책과 법도를 숨기고서 옥에 갇히고 노예가 되는 치욕을 당하였다. 세상이 어두워도 사악한 마음이 없었고, 희망이 무너져도 노력을 멈추지 않았다. 그러므로 『주역』에 "기자(箕子)의 명이(明夷)"[455]라고 하였으니, 이는 바른 도를 지키다가 환난을 당한 것이다.

천명이 이미 바뀌어 주(周)나라가 들어서고 백성들이 바른 길로

---

455 『주역』 명이괘(明夷卦)의 단전(彖傳)에, '밝음이 땅 속으로 들어감이 명이(明夷)이니, 안은 문명(文明)하고 밖은 유순(柔順)하여 큰 환난을 무릅썼으니, 문왕(文王)이 이것을 쓰셨다. 환란에도 곧게 처신함이 이로우니, 그 밝음을 감춘 것이다. 안에 처하여 어려우나 능히 그 뜻을 바르게 하였으니, 기자가 이것을 쓰셨다.(彖曰, 明入地中 明夷 內文明而外柔順 以蒙大難 文王以之. 利艱貞 晦其明也 內難而能正其志 箕子以之)'라고 한 것을 가리킨다.

나아가자, 마침내 큰 법을 내놓아 성군의 스승이 됨으로써 주나라가 이로써 윤리를 정리하고 큰 법령을 확립할 수 있게 하였다. 그러므로 『서경』에 "기자(箕子)가 돌아옴으로써 홍범(洪範)을 지었다." 하였으니, 이는 법을 성인에게 전수해준 것이다.

조선에 봉해진 뒤에 예의의 도를 보급하고 풍속을 변화시키자, 모두 덕을 지녀 풍속이 고루하지 않았고, 원근을 막론하고 모든 사람이 교화되었다. 그리하여 은나라 종실 제사의 규모를 더 넓히고 동이(東夷)를 중화(中華)보다 더하게 만들었으니, 이는 교화가 백성에게 미친 것이다. 이 세 가지 성인의 큰 도를 따라 행하여 그것을 자신에게 집중시킴으로써 천지가 변화하더라도 자신은 바른 도를 꿋꿋하게 지킬 수 있었으니, 그것이 대인인 것이다.

오호라! 주나라 시대가 아직 이르지 않고 은나라 왕실 제사가 아직 끊이지 않았을 때에 비간(比干)이 이미 죽고 미자(微子)가 이미 떠나갔으니, 가령 주왕(紂王)의 죄악이 극에 이르기 전에 스스로 죽고 태자 무경(武庚)이 나라가 혼란할 것을 염려하고 나라를 보존할 것을 도모했다고 가정해보자.

이때 만약 나라에 뛰어난 인물이 없다면 누구와 함께 태평성대를 일으키겠는가. 이는 진실로 인간사에 있어서 혹 있을 수 있는 일이다. 그렇다면 선생이 자신의 존재를 숨기고 치욕을 참으면서 그처럼 행동했던 것은 이 점에 대해 생각하신 게 있었기 때문일 것이다. 당나라 아무 해에 급군(汲郡)[456]에 사당을 짓고 해마다 때에 따라 제사를 올리니, 선생이 홀로 역상(易象)에 나열된 것을

456 지금의 위주(衛州)이며, 주왕(紂王)의 옛 도읍지이다. 故都今衛州 紂故都也

가상히 여겨 이 송(頌)을 짓는다.

정도를 따르다가 환난을 당하고 계책을 성군에게 전해준 뒤에
나라의 왕실도 번창해지고 동이의 백성도 그로 인해 소생하였다네.
흥성하신 대인(大人)이기에, 드러나든 묻히든 변함없었고
성인의 어짐은 치세이건 난세건 도에 부합하였네.
명철하게 몸을 보전하여 노예가 되는 것도 달게 여겼고,
온화하고 겸양한 예법 지키어 임금이 된 뒤에도 자만하지 않아.
높아도 위태로운 일이 없었고 낮추어도 누가 감히 넘지 못했지.
죽지 않고 떠나지도 아니한 것은 옛 도읍이 그립기 때문이라네.
굽혔다 폈다 하길 때에 맞추니, 마침내 온 세상의 모범이 되고
역상(易象) 중에 하나로 들어가서는, 문왕(文王)과 대등하신 무리 되었네.
그 덕을 크게 밝히고, 숭상하여 정성껏 제사 올리니
예전엔 칭송하는 글이 없다가 후대의 선비가 있어 칭송한다네.[457]

---

457 凡大人之道有三 一曰正蒙難 二曰法授聖 三曰化及民 殷有仁人曰箕子 實具玆道 以立於世 故孔子述 六經之旨 尤殷勤焉 當紂之時 大道悖亂 天威之動不能戒 聖人之言 無所用 進死以併命 誠仁矣 無益吾祀라 故不爲 委身以存祀誠仁矣 與亡吾國 故不忍 具是二道 有行之者矣 是用保其明哲 與之俯仰 晦是謨範 辱於囚奴 昏而無邪 隤而不息 故在易曰 箕子之明夷 正蒙難也 及天命旣改 生人以正 乃出大法 用爲聖師 周人得以序彝倫而立大典 故在書曰 以箕子歸 作洪範 法授聖也 及封朝鮮 推道訓俗 惟德無陋 惟人無遠 用廣殷祀 俾夷爲華 化及民也 率是大道 藂於厥躬 天地變化 我得其正 其大人歟 於虖 當其周時未至 殷祀未殄 比干已死 微子已去 向使紂惡未稔而自斃 武庚念亂以圖存

-『당대가 유유주문초(唐大家柳柳州文抄)』

10. 신라 도읍지의 위치

신라의 대문호인 최치원 선생이 중국에 건너가 과거에 급제하고 문장으로 명성을 떨치고 28세에 귀국할 때에, 같은 해에 급제한 중국인 친구 고운(顧雲)이 이런 시를 지어 주며 송별을 아쉬워하였다.

내 들으니 바다 위에 금오(金鼇) 셋이 있어
금오는 머리에 높고 높은 삼신산을 이고 있다네.
산 위에는 진주궁전 보석대궐 황금전각이 있고[458]
산 아래는 천리만리 넓은 물결이라네.
그 곁에 한 점 계림(鷄林)이 푸른데

國無其人 誰與興理 是固人事之或然者也 然則先生隱忍而爲此 其有志於斯乎 唐某年 作廟汲郡 歲時致祀 嘉先生獨列於易象 作是頌云 蒙難以正 授聖以謨 宗祀用繁 夷民其蘇 憲憲大人 顯晦不渝 聖人之仁 道合隆汙 明哲在躬不陋爲奴 沖讓居禮 不盈稱孤 高而無危 卑不可踰 非死非去 有懷故都 時詘而伸 卒爲世模 易象是列 文王爲徒 大明宣昭 崇祀式孚 古闕頌辭 繼在後儒. -『유하동집(柳河東集)』 5권

458 봉래 방장 영주 이 삼신산은 그들이 전하기를 발해(渤海) 가운데 있는데, 대개 일찍이 가본 자가 있어, 여러 선인들과 불사약이 다 있고, 그곳의 물건과 새와 짐승은 모두 희고 황금과 백은(白銀)으로 궁궐을 지었다고 한다. 蓬萊方丈 瀛洲 此三神山者 其傳在勃海中 蓋嘗有至者 諸僊人及不死之藥皆在焉 其物禽獸盡白 而黃金銀爲宮闕 -『사기』 봉선서

오산(鼇山)의 빼어난 정기 기특한 인재 낳았도다.
12세에 배를 타고 건너와 문장으로 중국을 감동시켰네.
18세에 과거에 나아가 한 화살 쏘아 과녁을 깨쳤다네.[459]
-『삼국사기』 46권 열전 최치원

또 최치원이 신라 헌강왕의 명을 받들어 지은 「봉암사 지증대사(智證大師) 비문」에서 말하였다.

① 계림(鷄林) 땅은 오산(鼇山)의 곁에 있는데
② 예로부터 유·불·선 3교(敎)에 기특한 인재가 많았다.
③ 가련하게도 희중(羲仲)이 직분에 소홀하지 않아
④ 다시 불일(佛日)을 맞이하여 공과 색을 분변하였다.[460]

①에, 계림은 신라 도읍지의 명승지로 신라 초기에 김알지가 출현한 곳이며, 천연적으로 닭이 홰를 치고 있는 형상의 산이다. 오산(鼇山)은 금오산(金鼇山)이라고도 하는데, 삼신산을 머리에 이고 있다는 신화 속의 큰 자라 형상을 하고 있는 산이다. 이는 천연적인 산천의 형상을 응용하여 신라 도읍지의 위치를 분명하게 밝히고, 아울러 계림과

459 我聞海上三金鼇 金鼇頭戴山 高高山之上兮 珠宮貝闕黃金殿 山之下兮 千里萬里之洪濤 傍邊一點雞林碧 鼇山孕秀生奇特 十二乘船渡海來 文章感動中華國 十八橫行戰詞苑 一箭射破金門策

460 鷄林地在鼇山側 仙儒自古多奇特 可憐羲仲不曠職 更迎佛日辨空色 -「지증대사 비명(智證大師碑銘)」

오산은 이곳이 신라 도읍지라는 사실을 입증하는 고고학적인 물증이 된다.

②는 최치원이 지은 난랑비 서문에, 한민족 고유의 종교인 풍류(風流)는 유·불·선 삼교(三教)를 포함한다는 구절과 통하는 것으로, 이곳이 삼교의 발상지이고 이상향인 천하의 대 명당이기 때문에 뛰어난 인재가 많이 배출되었다는 뜻이다.

③은 『상서』 요전에, '희중(羲仲)에게 나누어 명하여 우이(嵎夷)에 살게 하니 양곡(暘谷)이라고 한다.'[461]라는 구절을 인용한 것이다. 신라는 우이(嵎夷)에 도읍했기 때문에 역대 신라왕은 희중(羲仲)의 관직에 해당한다는 말이다. 신라 진성여왕 양위표(讓位表)에, '우이(嵎夷)에 살면서 희중(羲仲)의 관직에 있는 것이 신의 본분이 아니고'[462]라는 구절에서도 이러한 사실이 확인된다. 우이(嵎夷)는 구주 중에 청주(青州)에 속해 있고 단군과 기자의 도읍지이기도 하다.

④는 불일(佛日)이란 인간의 정신세계를 밝혀주는 태양과도 같다는 뜻으로 헌강왕은 희중이고, 지증대사를 불일에 비유한 것이다. 타고르의 동방의 등불은 동방에서 성인이 출현하여 천하를 태평성대로 이끌었던 시대를 뜻한다.

시를 보면 신라 도읍지는 신선세계인 삼신산에 있었으며, 삼신산을 머리에 이고 있다는 금오산 곁에 계림이 있다는 사실이 뚜렷이 드러나

---

461 分命羲仲 宅嵎夷 曰暘谷

462 日邊居羲仲之官 非臣素分 海畔守延陵之節 是臣良圖 -『동문선』 43권 양위표(讓位表) 日邊 日域 日鄕 등은 해 뜨는 우이(嵎夷)를 뜻한다.

있다. 신라 효소왕 때의 국사인 혜통(惠通)의 전기에 신라 도읍지를 우이(嵎夷)라고 하였다. 신라 진성여왕이 당나라 황제에게 보내는 표문에서도 '우이(嵎夷)에 살면서 희중(羲仲)의 관직에 있는 것이 신의 본분이 아니고…'라고 하였고, 나당연합군이 편성될 때에도 당나라 황제가 신라왕 김춘추를 우이도(嵎夷道) 행군총관으로 임명하였던 사실에서도 해 돋는 우이(嵎夷) 구역이 신라 도읍지라는 사실이 분명하게 드러난다. 이제 요순시대에 하우씨가 구획한 구주 중에 청주(青州)는 단군조선의 강역이고, 우이(嵎夷)는 단군과 기자의 도읍지이며 이곳이 바로 신라 도읍지라는 사실을 알고, 『후한서』 동이전과 『태평어람』 동이(東夷) 편을 보면 고조선의 역사 자료가 풍부하다는 사실을 깨닫게 될 것이다.

요임금은 갑진(甲辰, B.C 2357)년에 즉위하고 그 후 25년이 되던 무진(戊辰, B.C 2333)년에 단군이 우이(嵎夷, 아사달)에 궁전을 세우고 조선을 개국하여 1,048년을 다스렸고, 주나라 무왕 때에 다시 기자조선을 건국하여 기자의 자손이 대를 이어 제41대 준왕(準王)에 이르기까지 928년을 다스리다가 다시 마한(馬韓)왕이 되었다.

후에 신라 역시 단군과 기자조선을 계승하여 이곳에 도읍을 정하고 건국하여 992년을 누렸다. 그리하여 역대 신라왕은 요임금이 제정한 희중의 관직에 해당한다는 말이다. 오산의 현재 위치에 관해 『신증동국여지승람』에서 다음과 같이 밝히고 있다.

> 오산(鼇山)은 구례현(求禮縣)의 남쪽 15리에 있다. 산 정상에 바위 하나가 있고 바위에 빈틈이 있는데 그 깊이를 헤아릴 수 없다.

세상에 전하기를, "고승 도선(道詵)이 일찍이 이 산에 살면서 천하의 지리(地理)를 그렸다." 한다.[463] -『신증동국여지승람』 구례현

계림(鷄林) 땅은 오산(鼇山)의 곁에 있다는 구절에서 삼신산(지리산)을 머리에 이고 있다는 자라 형상의 오산 곁에 신라 도읍지의 명승지인 계림이 있으며, 오산과 계림이 구례군에 있다는 사실이 드러난다. 지리산의 서남단에 위치한 구례군 일대에는 자라형상의 오산(鼇山)과 닭 형상의 계림(鷄林)이 선명하게 모습을 드러내고 있다. 최치원은 지증대사 비문에서 『상서』에 나오는 우이(嵎夷)와 신라 도읍지의 현재 위치를 고고학적으로 천연적인 물증이 되는 계림과 오산을 적시하며 그 위치를 분명하게 밝히고 있다.

계림은 유·불·선 3교의 발상지이고 이상향이기 때문에 예로부터 군자국이라 불리고, 뛰어난 인재가 무수히 배출되었던 천하제일의 대 명당이다. 따라서 계림은 '예로부터 유·불·선 3교(教)에 기특한 인재가 많았다.'는 구절은 『주역』에 '제왕이 동방에서 나온다.'는 구절과 통한다. 『산해경』에 고조선을 군자국이라고 하였는데, 구체적으로는 신라 도읍지를 가리킨다.

효성왕 2년(738년) 봄 2월 또 새로 왕위를 이은 임금을 개부의동삼사(開府儀同三司) 신라왕으로 책봉했다. 형숙(邢璹)이 당에서 떠날 즈음에 황제가 시의 서문을 짓고 태자 이하 백관들이 모두 부(賦)와

---

463 鼇山 : 在縣南十五里 山頂有一岩 岩有空隙 深不可測 俗傳 僧道詵嘗住此山 畵天下地理 -『신증동국여지승람』 제40권 구례현(求禮縣) 산천(山川)

시를 지어 전송했다.

당 현종(玄宗)이 형숙에게 이르기를, "신라는 군자국이라 부르고, 자못 경서(經書)의 내용을 잘 알아 중국과 비슷함이 있다.[464] 경(卿)은 독실한 선비인 까닭에 부절(符節)을 주어 보내는 것이니, 마땅히 경전의 뜻을 강연하여 그들로 하여금 대국에 유교가 성함을 알게 하라." 하였다.[465]

진덕왕 태화 원년 무신(648년)에 김춘추는 고구려에 청병하였으나 이루지 못하였으므로 마침내 당나라에 들어가 군사를 요청하였다. 태종 황제는 "너희 나라 김유신의 명성을 들었는데 그 사람됨이 어떠한가?"라고 묻자, "유신은 비록 조금 재주와 지혜가 있지만 만약 천자의 위엄을 빌리지 않는다면 어찌 이웃한 근심거리를 쉽게 없애겠습니까?"라고 대답하니, 황제는 "참으로 군자의 나라로다."라고 말하며 이에 〔청병을〕 허락하고는, 장군 소정방에게 군사 20만으로 백제를 정벌하러 가라는 조서를 내렸다.[466]

---

464 『신당서新唐書』 동이전 신라편에는, '신라는 군자국으로 불리며 『시경詩經』·『서경書經』까지도 안다.(新羅號君子國, 知詩書)'고 했다.

465 且冊嗣王 爲開府儀同三司新羅王 璹將發帝製詩序 太子已下百寮 咸賦詩以送 帝謂璹曰 新羅號爲君子之國 頗知書記 有類中國 以卿惇儒 故持節往 宜演經義 使知大國儒教之盛 -『삼국사기』 신라본기.

466 眞德王 大和元年戊申 春秋 以不得請於高句麗遂入 唐乞師 太宗皇帝曰 聞爾國庾信之名其爲人也如何對曰 庾信 雖少有才智若不籍天威豈易除鄰患 帝曰 誠君子之國也 乃詔許勑 將軍 蘇定方 以師二十萬徂征百濟 -『삼국사기』 41권 열전 김유신.

신라 제49대 헌강왕이 지증대사를 궁실로 초빙하여 법문을 듣고 대사를 망언사(忘言師)로 책봉하였다. 신라 도읍지는 우이(嵎夷)에 있기 때문에 역대 신라왕은 요임금이 제정한 희중의 관직에 해당한다. 그리하여 헌강왕은 떠오르는 태양을 경건히 맞이하는 희중(羲仲)이 되고, 지증대사는 정신세계의 무명(無明)을 밝히는 불일(佛日)에 비유한 것이다.

비록 짤막한 문장이지만 절묘한 문장이라 아니할 수 없다. 왜냐하면 계림은 신라 도읍지에 있는 명승지이고, 오산은 삼신산 인근에 큰 자라 형상을 하고 있는 금오산을 말하는 것이니, 신라 궁실은 삼신산에 있었고. 거기에 닭 형상의 계림과 자라 형상의 금오산을 찾으면 그곳이 바로 삼황오제의 도읍지이고, 단군조선과 기자조선의 도읍지 아사달이며 신라 도읍지이기 때문이다. 그리고 계림과 금오산은 이곳이 고조선 도읍지이며 신라 도읍지라는 사실을 뒷받침하는 천연적인 물증이 된다.

『균여전(均如傳)』에 '공자께서 이 땅에 와서 살고자 했으나 자라 머리(鼇頭) 이르지 못하였다.'[467]고 하였다. 여기에 자라 머리 역시 금오가 머리에 이고 있다는 삼신산을 뜻하는 것이니, 공자가 동경하여 뗏목을 타고 가서 살고 싶어 했던 구이(九夷)도 구체적으로는 당시 기자조선의 궁전이 있던 지역이다.

또 조선 전기의 문신 서거정(徐居正, 1420~1488)은 「영남으로 유람 가는 일암(一菴) 전 상인(專上人)[468]을 보내며(送一菴專上人遊嶺南)」라

---

467 魯文宣欲居於此地 未至鼇頭 -『균여전(均如傳)』 제8

468 상인(上人): 고승을 높여 부르는 호칭

는 시에서 이렇게 말했다.

곧장 계림(鷄林)에 이르러 좋은 경치 찾노라면 / 直到鷄林探勝景
황룡사는 옛 여섯 자라(六鼇) 머리에 있다네. / 黃龍寺古六鼇頭
-『사가시집(四佳詩集)』 제21권

시를 보면 고려 몽고병란 때에 소실된 절로 알려진 황룡사가 조선시대까지도 건재했다는 내용이다. 여기에 '여섯 자라(六鼇)'[469] 역시 금오산을 가리키는 것으로 삼신산에 황룡사가 있다는 말이다.

신선이 산다는 삼신산(三神山)은 선인들이 산다는 신선세계로 봉래(蓬萊, 금강산), 방장(方丈, 지리산), 영주(瀛洲, 한라산)를 말한다.

현재의 평양이나 경주 지역은 여기에 해당되지 않고, 삼신산의 하나인 지리산이 여기에 해당한다. 이리하여 서산대사가 지은 '석가세존의 금골사리 부도' 비문에서도 신라 도읍지에 있는 황룡사 터가 바로 고조선 도읍지 아사달이라고 한 것이다.

신라 성덕대왕신종에 새겨진 종명(鍾銘)에서 말하였다.

동해 위의 삼신산은 선인들이 사는 곳, 땅은 선도산(仙桃山)에 있고 경계는 부상(扶桑)에 접하였다. 여기에 우리나라가 있어 천하를 통합하여 한 고향이 되었다. … 사람과 신(神)이 힘을 도와

469 『열자(列子)』 탕문(湯問)편에, '용백국(龍伯國)에 대인(大人)이 있어 한 낚시로 삼신산을 머리에 이고 있는 여섯 마리의 자라들을 연달아 낚아버렸다.'는 구절이 있다.

진기한 그릇(종)이 모습을 이루니, 능히 마귀를 항복시키고 어룡(魚龍)까지도 구제하리라. 위엄이 양곡(暘谷)에 떨치고 종소리는 삭봉(朔峯)에까지 맑게 들리리.[470]

조선(朝鮮)은 동방의 부상(扶桑)과 접하였는데, 옛 현인은 이곳을 복된 땅이라고 일컬었다.[471]

– 신라「원랑선사 탑비(圓朗禪師塔碑)」

부상(扶桑)이란 해 뜨는 구역에 열 개의 태양이 대기한다는 신목(神木)으로 궁상(窮桑) 또는 공상(空桑)이라고도 하며, 바로 이곳의 지명을 우이(嵎夷) 또는 양곡(暘谷)이라고 한다. 삼황오제의 도읍지 궁상(窮桑)과 단군·기자·신라로 이어지는 역대 왕조의 도읍지가 같은 곳이라는 말이다. 이리하여『후한서』동이전에서 '우이(嵎夷)에 도읍을 정하였으니 이곳을 양곡(暘谷)이라고 한다.'고 찬양한 것이다.

불교의『능엄경(楞嚴經)』에 이런 말이 있다.

부처님이 부루나에게 말씀하셨다.

"네가 비록 의심을 없앴다고 하나 아직 남은 의혹을 다 없애지 못했으니, 나는 현재 세간의 일들을 들어 이제 다시 네게 물으리라.

---

470 東海之上 衆仙所藏 地居桃壂 界接扶桑 爰有我國 合爲一鄕…人神奬力 珍器成容 能伏魔鬼 救之魚龍 震威暘谷 淸韻朔峯

471 朝鮮兮東接扶桑 昔賢兮稱玆福「月光寺 圓朗禪師塔碑」이 비석은 신라 진성여왕 4년(890)에 세운 것이다.

네가 어찌 듣지 못한 일이겠느냐.

실라벌성(室羅筏城)[472]의 연야달다(演若達多)가 홀연히 어느 새벽에 거울에 얼굴을 비추어 보고 거울 속의 얼굴에서 잘생긴 눈과 눈썹을 보고 좋아하다가, 자기 머리에서 얼굴과 눈이 보이지 않자, 자신은 도깨비라고 성을 내어 개탄하며 까닭 없이 미쳐서 달아났다고 한다. 너는 이 사람이 무엇 때문에 까닭 없이 미쳐서 달아났다고 생각하느냐?" 부루나가 말했다. "이 사람은 그저 마음이 미쳤을 뿐, 더 이상 다른 까닭이 없습니다."[473]

거울에 비친 얼굴이 자기인줄도 모르고, 거울 없이 자기 얼굴을 보려 하면 안 보이니까 자신은 이목구비도 없는 도깨비와 같다고 개탄하며 갑자기 미쳐서 달아났다는 비유이다.

한국사의 얼굴이요, 인류문명의 발상지라 할 수 있는 고조선과 신라 도읍지에 관한 자료가 한국과 중국의 정사(正史)와 신라 금석문, 그리고 경전에 이르기까지 이렇게 자세하게 갖추어져 있는데도 불구하고 사료가 빈약하여 상고사의 체계를 세울 수 없다고 개탄하고 있는 현재의 역사학계가 연야달다가 미친 것과 무엇이 다르겠는가!

---

472 실라벌성(室羅筏城)은 한역(漢譯)하여 사위성(舍衛城)이라 하는데, 부처님이 사는 나라의 궁성이라는 뜻이다. 신라 국호를 서라벌(徐羅伐)이라 하며 실라벌과 같은 범어의 음역이다.

473 佛告富樓那 汝雖除疑餘惑未盡 吾以世間現前諸事 今復問汝 汝豈不聞 室羅城中 演若達多 忽於晨朝 以鏡照面 愛鏡中頭 眉目可見 嗔責己頭 不見面目 以爲魑魅 無狀狂走 於意云何 此人何因 無故狂走 富樓那言 是人心狂 更無他故 －『능엄경(楞嚴經)』 4권

11. 역사 왜곡의 시기와 배경

일반적으로 역사 왜곡을 이야기할 때 흔히 일본의 식민사관에 혐의를 두지만 사실은 그 이전인 이씨조선 건국 직후부터 사대주의 정책의 일환으로 치밀하게 날조 왜곡된 것이다.

신라 도읍지는 수미산 도리천(忉利天), 천국이 있는 불보살이 사는 불국토이며 불교의 이상향이다. 또한 신라 도읍지의 황룡사를 중심으로 흥륜사, 사천왕사, 영묘사 등 일곱 절터는 전불(前佛) 시대의 절터라고 하였다. 이리하여 『산해경』에서도 조선은 천축국이라고 하였고, 신라는 국호를 서라벌(徐羅伐) 또는 시라(尸羅)라고 하였다.

서라벌과 시라는 원래 범어(梵語)로 서라벌은 한역하여 사위성(舍衛城)이라고 하는데, 부처가 사는 궁성이라는 뜻이다. 시라는 불교의 계율을 뜻하는데, 최치원은 풀이하기를 불교의 계율이 처음 제정된 곳이라고 하였다. 또한 공자가 뗏목을 타고 가서 살고 싶어 했던 구이(九夷) 역시 바로 이곳이다. 이리하여 최치원이 지은 「선안주원벽기(善安住院壁記)」에서, '구이(九夷)가 불·법·승 삼보(三寶)에 귀의하고 힘써야 하는 것도 당연한 것이니, 이는 땅이 그렇게 만든 것이요, 하늘이 그렇게 배려한 것이다.'라고 하였다.

그런 신성한 곳이기에 고조선도 이곳에 도읍하고 2천년을 누렸으니 신라 천년과 합치면 이미 3천년 도읍지이다. 바로 이러한 사실이 이씨조선의 건국 명분인 이른바 불교를 배척하고 유교를 국교로 도입하는 숭유억불(崇儒抑佛) 정책과 정면 배치되고 있는 것이다.

고려 말기 엄연히 고려의 영토인 철령 이북의 땅을 내놓으라는 명나라의 부당한 요구에 의해 이성계와 조민수 등이 요동정벌에 나섰다가 위화도에서 이성계의 주도로 말머리를 돌려 회군하여 오히려 고려군이 꺾이고, 이로 인해 우왕은 왕위에서 물러나고, 고려 조정의 마지막 보루인 최영 장군이 유배 길에 오르면서 이성계의 독무대가 되고, 고려 조정은 서서히 멸망의 그림자가 드리워지고 있었다. 그리고 이성계는 허수아비 공양왕을 앞세워 우왕과 창왕을 시해하고 정적들을 차례로 제거하고, 마지막으로 정몽주가 이방원에 의해 살해되자, 고려의 마지막 임금인 공양왕마저 시해하고 마침내 조선을 건국한다. 명나라 조정에서 간행된 『대명회전(大明會典)』에 이런 기사가 실려 있다.

> 조선국은 곧 고려이다. 그 나라 이인임과 아들 이성계, 지금 이름은 단(旦)이라는 자가 홍무(洪武) 6년(1373)부터 25년(1392)까지 앞뒤로 왕씨 4왕(四王)을 시해하였으므로 우선 기다리게 하였다.[474]

여기에 고려의 네 국왕은 공민왕, 우왕, 창왕, 공양왕을 가리킨다. 이에 대해 조선 조정에서는 거듭하여 이성계는 이인임의 아들이 아니라고 명나라에 시정을 요구하였지만 조선 조정의 변명 일부를 추가로 첨가하는 선에서 일단락되었으나, 위화도에서 회군한 후에 나머지 세 국왕을 시해하였다는 혐의는 벗기 어렵다.

건국 직후 조선 조정에서는 민심을 수습하기 위하여 국사인 『삼국사

---

474 朝鮮國卽高麗 其李仁人 及子李成桂今名旦者 自洪武六年 至洪武二十八年 首尾凡弑王氏四王 姑待之 - 『대명회전(大明會典)』 105권

기』와 『삼국유사』를 서둘러 개간하기에 이른다. 신라의 도읍지는 수미산 도리천이 있는 불국정토이기 때문에 불교의 발상지이고 이상향이다. 이에 반해 이성계는 불교국가인 고려를 멸망시키고 조선을 개국하면서 숭유억불과 사대주의를 명분으로 내걸고 불교를 정면으로 배척하고 탄압을 자행하였다. 이것이 이조시대에 와서 역사를 왜곡할 수밖에 없었던 배경이며, 그 중에 신라 도읍지가 희생양이 될 수밖에 없었던 것이다. 이씨조선 건국 직후에 예조전서(禮曹典書) 조박(趙璞) 등이 상서(上書)하였다.

> 조선의 단군(檀君)은 동방(東方)에서 처음으로 천명(天命)을 받은 임금이고, 기자(箕子)는 처음으로 교화(敎化)를 일으킨 임금이오니, 평양부(平壤府)로 하여금 때에 따라 제사를 드리게 할 것입니다.[475]

여기에서 이미 이씨조선의 역사 왜곡의 기조를 드러내고 있다. 이성계는 건국 직후 한국사의 근간이 되는 동방의 제왕인 삼황오제의 역사는 잘라버리고 단군을 국조로 규정짓고 있다. 이것은 마치 관상용 분재를 만들 때 나무가 무성하게 자라지 못하게 큰 뿌리를 자르는 것과 같은 것이고, 또 평양은 단군조선과 기자조선의 도읍지와는 관련이 없는 곳인데, 평양에 사당을 짓고 단군과 기자의 제사를 지내도록 하고 있다. 마침내 이조 조정에서는 건국 직후 민심을 수습하기

475 朝鮮檀君 東方始受命之主 箕子 始興教化之君 令平壤府以時致祭 –『조선왕조실록』 태조 원년(1392) 8월 11일.

위하여 국사인 『삼국사기』의 개간(改刊)을 서두른다. 개간할 당시 경주 부사로 이 일을 지휘하였던 김거두(金居斗)가 지은 발문(跋文)을 보기로 하자.

> 「삼국사기」 인본(印本)으로 계림에 있던 것은 세월이 오래되어 모두 없어지고 세간에는 사본(寫本)이 유통되고 있는데, 안렴사 심효생(沈孝生)이 한 권을 얻어서 경주부사 진의귀(陳義貴)와 함께 간행할 것을 도모하였다.
> 계유년(癸酉年, 1393) 7월에 경주부에 공문을 보내 8월에 비로소 판각(板刻)에 착수하였다. 그런데 얼마 안 되어 2공(公)이 갈려 가고, 내가 그해 겨울 시월에 부임하여 관찰사 민개(閔開)의 명을 받들고 그 뜻을 이어 힘써 시행하여 쉬지 않고 하였더니, 이듬해 갑술년(甲戌年, 1394) 4월에 이르러 완성하게 되었다.
> 아! 일을 잘 지휘하여 성공에 이른 것은 3공(三公: 沈, 陳, 閔)에게 힘입은 바이니 내가 무슨 힘이 있으리오. 다만 책 끝에 일의 시종을 적어둘 뿐이다.

『삼국사기』는 고려 인종 23년(1145)에 김부식이 왕명을 받아 삼국의 역사를 기록한 국사(國史)이기 때문에 학자들에게 널리 유포되었을 것이고 판본(板本)은 고려 왕실에서 소중하게 보존되었을 것이다. 그런데 비슷한 시기에 고려 고종 때 만들어져 현재 합천 해인사에 보관되어 있는 팔만대장경 판본은 760여년이 지난 지금까지도 잘 보존되어 있는데, 『삼국사기』가 편찬된 지 불과 250여 년 후에 세월이 오래되어 없어지고 경주 부사가 중심이 되어 서둘러 개간하였다는 사실에는 적지 않은 의문점이 남는다.

현재 유통되고 있는 『삼국사기』는 발문에 밝혀져 있듯이, 이태조 즉위 2년(1393) 7월에 경주 부사에게 공문을 보내어 8월에 판각에 착수하여 이듬해(1394) 4월에 완성되어 1차로 개간하였다.

그리고 다시 조선 중종 7년 임신(壬申, 1512)년에 2차로 개간하였는데, 이때 이계복이 지은 발문에 보면 "우리 동방의 『삼국사기』와 『삼국유사』 두 책이 다른 곳에서는 간행된 것이 없고 오직 경주부(慶州府)에서만 있었다."고 하여 건국 초기와 중종 때에 함께 개간되었음을 밝히고 있다. 실제로는 조선 건국 초기부터 이미 사대주의와 우민화 정책의 일환으로 기존의 역사서를 개간하며 대대적인 역사왜곡이 진행되었으나 미진한 점이 있어 중종 때에 다시 역사서를 개간하였으면서도 미사여구를 구사하며 미화하고 있다.

그렇다면 어떤 형식으로 역사를 왜곡했던 것일까?

앞서 살펴본 바와 같이 단군조선과 기자조선의 도읍지와 신라 천년의 도읍지는 똑같이 삼신산의 하나인 방장산(方丈山, 지리산)에 있었는데, 이곳은 인류문명의 발상지이며 또한 유·불·선 3교(敎)에서 말하는 이상향이요 발상지이기도 하다. 바로 이 한국사의 중심에 있고 시대를 초월하여 나라의 신성구역인 신라 도읍지를 오히려 백제 구차례현(仇次禮縣)이었다고 날조하였다. 신라의 도읍지는 관련 자료를 종합해 볼 때, 지리산의 서남단 일대로 현재 전남 구례군에 해당한다.

구례현(求禮縣)은 본래 백제 구차례현(仇次禮縣)인데, 경덕왕이 지명을 고쳤다.[476]

–『삼국사기』 잡지(雜志) 지리 신라 곡성군.

구례현(求禮縣) 사람의 딸이 자색(姿色)이 있었는데 지리산에 살면서 집안이 가난하였으나 부인으로서의 도리를 다하였다. 백제의 왕이 그 여인의 아름다움을 듣고 궁궐로 들이려 하자 여인이 가사(歌辭)를 지어 죽기를 맹세하고 따르지 않았다.[477]

–『고려사』 71권, 악지(樂志) 지리산

본래 신라도읍지를 돌연 백제 구차례현, 또는 구례현이라고 지어내기는 하였으나 정작 이 고장에 신라도읍지와 관련된 역사자료와 명승지가 갖추어져 있을 뿐, 이곳이 백제 영토였다는 것을 뒷받침할 만한 자료는 없었다. 그리하여 부득이하게 다시 근거 없는 자료를 지어내서 고려사에 수록한 것이다. 내용을 보면, 백제왕이 누구인지도 밝히지 않고 그 부인의 이름도 없으며 부인이 지었다는 가사도 없다. 또한 구례현(求禮縣)이라는 지명은 신라 경덕왕(재위 742~765)이 개명한 것이라고 했는데, 백제는 이미 그보다 1세기 이전에 멸망하였다. 그런데 어찌 구례현으로 개명한 이후에 백제왕이 있었겠는가?

이것이 실제로는 『삼국유사』 '도화녀 비형랑' 조에 수록된 내용을

---

476 求禮縣 本百濟仇次禮縣 景德王改名

477 求禮縣人之女 有姿色 居智異山 家貧盡婦道 百濟王 聞其美 欲內之 女作是歌 誓死不從.

모방하여 조잡하게 창작된 것이라는 사실을 알 수 있다.

> 사량부(沙梁部)[478]에 민가의 여인이 용모와 자태가 빼어나게 아름다웠으므로 당시에 도화랑(桃花娘)이라고 불렀다. 신라 진지왕이 듣고 궁중에 불러들이려고 거둥하여 가니 여인이 말하기를 "여자가 지켜야 하는 일은 두 지아비를 섬기지 않는다는 것입니다. 남편이 있는데도 다른 남자에게 가는 것은 만승(萬乘)의 위엄으로도 끝내 정절을 빼앗지 못할 것입니다." 하였다. 왕이 말하기를 "너를 죽인다면 어떻게 할 것이냐?" 하자, 여인이 대답하기를 "차라리 거리에서 죽음을 당하더라도 어찌 타인에게 쓰러지려는 마음이 있겠습니까?" 하였다.
>
> –『삼국유사』 1권, 도화녀 비형랑

그리하여 이조 조정에서 공권력을 동원하여 신라도읍지의 유물을 수거하여 경주 지역에 봉분을 만들어 왕릉인 것처럼 꾸미고 수거한 유물을 경주 지역 여기저기에 흩어 놓은 것으로 보인다. 지금 경주지역에 많은 유물이 출토되어 지붕 없는 박물관이라고 떠들어대지만 신라도읍지와 관련된 유물의 대부분이 이때 흩어놓은 것으로 추정된다.

또 고조선의 도읍지는 현재의 평양(平壤)이라고 날조하고 거듭하여 팔도지리지인 『세종실록지리지』와 『신증동국여지승람』을 간행하여 고조선 도읍지는 평양으로, 신라 도읍지는 경주로 치밀하게 날조하였

---

478 사량부는 신라도읍지의 6부(六部) 중의 하나로 신라 유리왕 때에 고허부(高墟部)를 사량부(沙梁部)로 개명(改名)하였다.

다. 현재 유통되고 있는 금석문을 제외한 고려시대의 역사서는 모두 조선시대에 개간된 것이고 고려시대 실록 등은 모두 없애버리고 그 일부만을 발췌하여 『동문선(東文選)』에 전한다. 삼국사기와 신라 금석문에서 하나같이 신라도읍지는 삼신산에 있다고 밝히고 있는데, 오히려 경주 지역에서 신라 문무왕릉 비편이나 흥덕왕의 비편 등이 출토되고 있다. 이것이 만약 몽고병란 때에 몽고군에 의해 왕릉이나 비석 등이 훼손된 것이라면 신라 국왕의 비편 등이 삼신산과 관련이 없는 경주지역에서 출토될 수가 없다.

> 평양부는 본래 3조선(三朝鮮)의 옛 도읍지이다. 당요(唐堯) 무진년(戊辰年, B.C 2333)에 신인(神人)이 단목(檀木) 아래에서 강탄(降誕)하시니, 나라 사람들이 옹립하여 임금을 삼아 평양(平壤)에 도읍하고, 호를 단군(檀君)이라 하였으니, 이것이 전조선(前朝鮮)이다. 주나라 무왕(武王)이 상(商)나라를 이기고 기자(箕子)를 이 땅에 봉하였으니, 이것이 후조선(後朝鮮)이다. 기자의 41대 후손 준왕(準王) 때에 이르러, 연(燕)나라 사람 위만(衛滿)이 망명하여 무리 천여 명을 모아 가지고 와서 준왕의 땅을 빼앗아 왕험성(王險城)에 도읍하니, 〔곧 평양부이다.〕 이것이 위만조선(衛滿朝鮮)이다.[479]
> –『조선왕조실록』 세종실록지리지 평양부

---

479 平壤, 本三朝鮮舊都 唐堯戊辰歲 神人降于檀木之下 國人立爲君 都平壤 號檀君 是爲前朝鮮 周武王克商 封箕子于此地 是爲後朝鮮 逮四十一代孫準時有燕人衛滿亡命 聚黨千人 來奪準地 都于王險城〔卽平壤府〕是爲衛滿朝鮮.

대동강(大同江)은 곧 옛 패강(浿江)이다. 〔『문헌통고(文獻通考)』에, 평양성(平壤城) 동북쪽에 노양산(魯陽山)이 있고, 노성(魯城)이 그 위에 있으며, 서남쪽 20리에 위산(葦山)이 있는데, 남쪽으로 패수(浿水)에 임하였다고 하였다. … 한나라가 일어나자 멀어서 지키기가 어려우므로, 다시 요동(遼東)의 옛 요새를 수축하였는데, 패수(浿水)에 이르러 경계를 삼았다. … 이로써 말한다면, 지금의 대동강을 패수라고 하는 것이 분명하다. 그런데 『문헌통고』에 패수로 경계를 삼았다는 것은 압록강을 가리키어 패수라 한 것 같으니, 대개 전해 듣기를 잘못한 것이다.〕[480]

-『조선왕조실록』 세종실록지리지 평안도

평양의 대동강이 한나라와의 국경선인 패수가 분명한데, 『문헌통고』에서 압록강이 패수라고 한 것은 오류라는 말이다. 이는 『한서』 지리지에, 위만의 도읍지는 요동군 험독현이라는 기록과 정면 배치된다. 평양은 단군·기자·위만으로 이어지는 3조선의 도읍지라는 설은 조선시대에 간행된 『고려사』에 이런 구절이 있다.

〔위만이 조선에〕 와서 준왕(準王)의 땅을 빼앗아 왕험성(王險城)에 〔왕험(王險)은 혹은 왕검(王儉)으로도 쓰고, 곧 평양이다.〕 도읍하

---

480 大同江 卽古之浿江〔文獻通考曰 平壤城東北 有魯陽山 魯城在其上 西南二十里 有葦山 南臨浿水 … 漢興 爲遠難守 復修遼東故塞 至浿水爲界 以此言之 今大同江爲浿水明矣 則通考 以浿水爲界 似指鴨綠江爲浿水 蓋傳聞之誤〕
-『세종실록』 지리지 평안도

니, 이것이 위만조선(衛滿朝鮮)이다.[481]

-『고려사』 지리지, 평양부.

위만조선을 평양부 조에 수록하면서 주(注)를 덧붙여 '왕험(王險)은 왕검(王儉)으로도 쓰고, 곧 평양이다.'라고 하였다. 또 『삼국사기』 동천왕 21년 조에, '평양은 본래 선인 왕검(王儉)이 살던 곳이다. 혹은 왕의 도읍지는 왕험(王險)이라고 한다.'[482]는 구절과 같은 내용이다. 이리하여 지금까지도 고조선 도읍지는 왕검성이며 지금의 평양이라고 알려지고 있다. 그러나 왕검은 단군의 명호이고, 왕험은 위만의 도읍지 지명으로 같을 수가 없고 도읍지도 서로 다른 곳이며 중국 역사서에 왕검성이라는 용어는 찾아볼 수 없는데, 단군과 위만의 도읍지가 평양이며 왕검성이라고 날조하여 고려시대 사관들까지도 욕되게 하고 있다.

이씨조선 건국 직후에 기존의 역사서를 개간하고 『고려사』와 팔도 지리지인 『동국여지승람』 등을 편찬하면서 단군이 평양(平壤)에 도읍하고 개국하였으며 이곳이 단군·기자·위만으로 이어지는 3조선의 도읍지라고 일관되게 기록하고 있다. 그러나 앞서 단군조선과 기자조선의 2천년 도읍지는 『상서』 요전에 나오는 우이(嵎夷) 지역으로 이곳이 고구려 수도 평양이 아닌 신라 도읍지와 같은 곳이라고 이미 밝혔다.

---

481 來奪準地 都于王險城 [險一作儉 卽平壤] 是爲衛滿朝鮮.

482 平壤者 本仙人王儉之宅也 或云 王之都王險

위만조선의 도읍지 왕험성(王險城)

이제 위만조선의 도읍지 왕험성(王險城)에 관해 살펴보기로 하자. 『제왕운기』에 따르면 위만조선의 존속 기간은 88년에 불과하여 한국사에서 그다지 큰 비중을 차지하지 못한다. 그러나 한나라에서 패수(浿水)를 조선과의 국경선으로 삼았다는 사실과 단군과 기자의 도읍지 낙랑군 조선현(朝鮮縣)과 한사군의 위치에 대하여 아직까지 올바로 정립되지 못하고 논쟁이 이어지고 있기 때문에 소홀히 다룰 수도 없다.

> 조선왕 위만(衛滿)은 옛날 연(燕)나라 사람이다. 처음 연나라의 전성기부터 일찍이 진번(眞番)[483]과 조선(朝鮮)을 공략하여 복속시키고, 관리를 두어 국경의 요새에 보루를 쌓았다. 진(秦)이 연(燕)을 멸한 후에는 요동군 외곽의 접경에 속하였는데, 한(漢)이 일어나서는 그곳이 멀어 지키기 어려우므로 다시 요동의 옛 요새를 수리하고 패수(浿水)에 이르는 곳을 경계로 하여[484] 연(燕)에 복속시켰다.

---

483 현도군 : 고구려이다.〔응소(應劭)는 옛 진번(眞番)은 조선 북방의 나라라고 했다.〕 玄菟郡 高句驪〔應劭曰 故眞番 朝鮮胡國〕-『한서』 지리지 주(注). 【집해(集解)】 서광(徐廣, 352~425)은 요동군에 있는 번한현(番汗縣)이라고 하였다. 集解 徐廣曰 遼東有番汗縣. 【색은(索隱)】 응소(應劭)는 현도(玄菟)는 본래 진번국(眞番國)이라고 하였다. 索隱 應劭云 玄菟本 眞番國.

484 【정의(正義)】『한서』 지리지에, 패수(浿水)는 요동군 변방 밖에서 흘러나와 서남으로 흐르다가 낙랑군 증지현(增地縣) 서쪽에 이르러 바다로 들어간다고 하였다. 正義 地理志云 浿水出遼東塞外 西南至樂浪縣西入海

연왕(燕王) 노관(盧綰)이 한(漢)을 배반하고 흉노로 들어가자 위만도 망명하였다. 무리 천여 명을 모아 상투머리에 만이(蠻夷)[485]의 복장을 하고서, 동쪽으로 도망하여 요새를 나와 패수(浿水)를 건너 진(秦)의 옛 공지(空地)인 상하의 운장(雲鄣)[486]에 살았다. 점차 진번(眞番)과 조선,[487] 만이(蠻夷) 및 옛 연(燕)·제(齊)의 망명자를 복속시켜 거느리고 왕이 되었으며 왕험(王險)[488]에 도읍을 정하

---

485 『한서』 조선전에, 위만이 상투머리에 만이(蠻夷)의 복장(椎結蠻夷服)이라고 했다.

486 【색은(索隱)】『한서』 지리지에 보면, 낙랑군 변경에 운장(雲鄣)이 있다. 索隱案地理志 樂浪有雲鄣

487 연나라 사람 위만이 망명하여 호(胡)의 복장을 하고 동쪽으로 패수(浿水)를 건너 준왕(準王)에게 나아가 항복하였다. 위만이 서쪽 변방에 거주하도록 해주면 중국의 망명자를 거두어 조선의 울타리가 되겠다고 준왕을 설득하였다. 준왕은 그를 믿고 총애하여 박사(博士)에 임명하고 규(圭)를 하사하며, 백 리의 땅을 봉해 주어 서쪽 변경을 지키게 하였다. 위만이 망명한 무리들을 유인하여 그 무리가 점점 많아지자, 사람을 준왕에게 파견하여 속여서 말하기를, '한나라의 군대가 열 군데로 쳐들어오니, 들어가 숙위하여 구원하고자 합니다.' 하고는 드디어 되돌아서서 준왕을 공격하였다. 준왕은 위만과 싸웠으나 상대가 되지 못하였다. 燕人衛滿亡命 爲胡服 東度浿水 詣準降 說準求居西界 收中國亡命爲朝鮮藩屛 準信寵之 拜爲博士 賜以圭 封之百里 令守西邊 滿誘亡黨 衆稍多 乃詐遣人告準 言漢兵十道至 求入宿衛 遂還攻準 準與滿戰不敵也. -『위략(魏略)』

488 【집해(集解)】 서광(徐廣)은 창려(昌黎)에 험독현(險瀆縣)에 있다고 하였다. 【색은(索隱)】 위소(韋昭)는 옛 도읍지의 지명이라고 했다. 서광(徐廣)은 창려(昌黎)에 험독현(險瀆縣)이 있다고 했다. 응소(應劭)의 『한서』 지리지 주(注)에, 요동군 험독현은 조선왕의 옛 도읍지라고 하였다. 신찬(臣瓚)은, 왕험성은 낙랑군

였다.

이때는 전한 혜제(惠帝, B.C 195~188)때, 여 태후(呂太后)가 섭정하던 시대로서 천하가 처음으로 안정되니, 요동태수는 곧 위만을 외신(外臣)으로 삼을 것을 약속하여, 국경 밖의 만이(蠻夷)를 지켜 변경을 노략질하지 못하게 하는 한편, 모든 만이(蠻夷)의 군장이 들어와 천자를 알현하고자 하면 막지 않도록 하였다. 혜제도 이를 듣고 허락하였다. 이로써 위만은 병사의 위세와 재물을 얻게 되어 그 주변의 소읍(小邑)들을 침략하여 항복시키니, 진번과 임둔도 모두 와서 복속하여 사방 수천 리가[489] 되었다.[490]

패수(浿水)의 동쪽에 있다. 集解 徐廣曰 昌黎有險瀆縣也 索隱 韋昭云 古邑名. 徐廣曰 昌黎有險瀆縣. 應劭注地理志 遼東險瀆縣 朝鮮王舊都 臣瓚云 王險城在樂浪郡 浿水之東也.

489 【정의(正義)】『괄지지(括地志)』에, 조선·고구려·맥(貊)·동옥저 등의 5개 국가의 땅인데, 국경이 동서로 1,300리이고, 남북으로 2,000리이며, 경사(京師)의 동쪽에 있고, 동으로 큰 바다까지 400리, 북으로 영주(營州) 경계까지 920리, 남으로 신라국까지 600리, 북으로 말갈국까지 1,400리라고 하였다. 正義, 括地志云 朝鮮 高驪 貊 東沃沮 五國之地 國東西千三百里 南北二千里 在京師東 東至大海四百里 北至營州界九百二十里 南至新羅國六百里 北至靺羯國千四百里

490 朝鮮王滿者 故燕人也 自始全燕時 嘗略屬眞番朝鮮爲置吏 築鄣塞 秦滅燕屬遼東外徼 漢興 爲其遠難守 復修遼東故塞 至浿水爲界 屬燕 燕王盧綰反入匈奴 滿亡命 聚黨千餘人 魋結蠻夷服而東走出塞 渡浿水 居秦故空地上下鄣 稍役屬眞番 朝鮮蠻夷及故燕 齊亡命者王之 都王險 會孝惠高后時天下初定 遼東太守 卽約滿爲外臣 保塞外蠻夷 無使盜邊 諸蠻夷君長 欲入見天子勿得禁止 以聞 上許之 以故滿得兵威財物 侵降其旁小邑 眞番臨屯 皆來服屬

-『사기』 조선열전

원봉(元封) 2년 조선왕이 요동도위를 공격하여 살해했다. 이에 천하의 사형수를 모집하여 조선을 공격했다. 원봉 3년 여름, 조선이 그들의 왕인 우거(右渠)의 목을 베고 항복했다.[491] 그 땅으로써 낙랑·임둔·현도·진번군[492]으로 삼았다.[493]
-『한서』 무제기

원봉(元封) 3년(B.C. 108)에 이르러 조선을 멸망시키고, 그 땅을 나누어 낙랑·임둔·현도·진번의 사군을 두었다. 한 소제(昭帝) 시원(始元) 5년(B.C. 82)에는 임둔과 진번을 폐지하여 낙랑과 현도에 합병하였다. 현도는 다시 고구려로 옮겨가 살았다. 단단대령(單單大領) 동쪽으로부터 옥저(沃沮)와 예맥(濊貊)은 모두 낙랑에 예속되었다. 뒤에 그 지역이 넓고 멀리 떨어져 있어서, 다시 단단대령의

方數千里

491 안사고는 우거는 조선 왕의 이름이라고 했다. 師古曰 右渠 朝鮮王名

492 신찬(臣瓚)은 『무릉서(茂陵書)』에, 임둔군의 치소(治所)인 동이현(東暆縣)은 장안(長安)에서 6,138리 떨어져 있고 15현(縣)이 있다. 진번군의 치소인 합현(霅縣)은 장안에서 7,640리 떨어져 있고, 15현(縣)이 있다고 했다. 안사고는 樂의 발음은 낙이고, 浪의 발음은 랑이라고 했다. 臣瓚曰 茂陵書 臨屯郡治東暆縣 去長安六千一百三十八里 十五縣. 眞番郡治霅縣 去長安七千六百四十里 十五縣. 師古曰 樂音洛 浪音郎.

493 元封二年 朝鮮王攻殺遼東都尉 迺募天下死罪擊朝鮮 元封三年 夏,朝鮮斬其王右渠降 以其地 爲樂浪 臨屯 玄菟 眞番郡

동쪽 7현(縣)을 나누어 낙랑 동부도위(東部都尉)를 두었다.[494]

–『후한서』 동이전 예(濊)

우북평군: 진(秦)나라에서 설치하였으며 16개 현(縣)이 있다. 여성현(驪成縣): 대갈석산(大碣石山)이 현의 서남쪽에 있다. **요서군**: 진나라에서 설치하였으며 14개 현이 있다. 영지현(令支縣): 고죽성(孤竹城)[495]이 있다. **요동군**: 진나라에서 설치하였으며 18개 현이 있다. 무려현(無慮縣)[496]: 서부도위의 치소이다. 〔안사고는 이곳이 이른바 의무려(醫

494 至元封三年 滅朝鮮 分置樂浪臨屯玄菟眞番四部 至昭帝 始元五年 罷臨屯眞番以幷樂浪玄菟 玄菟復徙居句驪 自單單大領已東 沃沮濊貊悉屬樂浪 後以境土廣遠 復分領東七縣 置樂浪東部都尉.

495 배구(裴矩)가 수양제(煬帝)에게 아뢰기를, '고구려 땅은 본래 고죽국입니다. 주 무왕이 기자(箕子)를 봉하였고, 한나라에서 3군(郡)으로 삼았습니다.' 하였다. 矩因奏狀曰 高麗之地 本孤竹國也 周代以之封于箕子 漢世分爲三郡. –『수서(隋書)』 배구(裴矩)열전. 또 최치원이 지은 진성여왕 양위표(讓位表)에, '또 백이와 숙제의 고죽국(孤竹國)과 강역이 이어져 있기에 본래 청렴하고 겸양함을 바탕으로 하였습니다. 且夷齊孤竹連疆 本資廉退' 라고 하였다. –『동문선』 제43권 표전(表箋)

496 『회남자』 지형훈에, 동방의 아름다운 특산품은 의무려현에 있는 순우기(珣玗琪)이다. 하였다. 『설문해자』에, '순(珣)은 의무려(醫無閭)의 순우기이다. 『상서』의 「주서(周書)」 고명(顧命)에, 이른바 이옥(夷玉)이다.' 하였다. 단옥재(段玉裁)의 『설문해자주(說文解字注)』에, 순우기 3자(字)가 합하여 옥 이름이 되었다. 대체로 의무려와 순우기는 모두 동이(東夷)의 언어이다. 淮南子 墬形訓, 東方之美者 有醫毋閭之珣玗琪焉 說文解字 珣, 醫無閭珣玗琪, 周書所謂夷玉也.

巫閭)라고 한다.〕 망평현(望平縣): 대요수(大遼水)가 요새 밖에서 나와 남쪽으로 안시현(安市縣)에 이르러 바다로 들어가는데 1,250 리를 흐른다. 후성현(候城縣) 중부도위의 치소이다.

험독현(險瀆縣):〔응소(應劭)는 조선왕 위만(衛滿)의 도읍지이다. 강물의 물살이 험한 곳에 의지하였으므로 험독(險瀆)이라 한다고 했다. 신찬(臣瓚)은, 왕험성은 낙랑군 패수(浿水)의 동쪽에 있으며, 이로부터 이곳을 험독(險瀆)이라 한다고 했다. 안사고는 신찬의 설이 옳다고 했다.〕 번한현(番汗縣)[497]: 패수(沛水)가 변방 밖에서 나와 서남쪽으로 바다에 유입된다.〔응소는, 한수(汗水)가 변방 밖에서 나와 서남쪽으로 바다에 유입된다고 하였다.〕

현도군: 한 무제 원봉(元封) 4년(B.C. 107)에 개설하였으며 고구려이다. 소속 3개 현이 있다. 고구려현: 요산(遼山)은 요수(遼水)가 나오는 곳이며 서남쪽으로 요동군 요대현(遼隊縣)에 이르러 대요수(大遼水)로 유입된다.

상은대현(上殷臺縣), 서개마현(西蓋馬縣)이 있다.

낙랑군: 한 무제 원봉 3년(B.C. 108)에 개설하였다.〔응소는, 고조선(故朝鮮)의 도읍지라고 했다.〕 운장(雲鄣)이 있다. 25개 현이

段玉裁 注 珣玗琪合三字 爲玉名 盖醫無閭 珣玗琪 皆東夷語. 요동군 무려현은 조선의 강역이었고, 의무려와 순우기는 동이족 고유의 언어를 한자로 음역(音譯)한 것이라는 말이다.

497 『위략(魏略)』에 이르기를, 연(燕)은 장군 진개(秦開)를 파견하여 〔조선의〕 서쪽 지방을 침공하고 2천 여 리의 땅을 빼앗아 요동군 만(滿)·번한현(番汗縣)에 이르는 지역을 경계로 삼으니, 조선은 마침내 약해졌다. 魏略曰 燕乃遣將秦開攻其西方 取地二千餘里 至滿番汗爲界 朝鮮遂弱 -『삼국지』 동이전 韓

> 있다. 조선현(朝鮮縣): 〔응소는, 무왕이 기자를 조선에 봉한 곳이라고 하였다.〕 패수현(浿水縣): 패수가 증지현(增地縣) 서쪽에 이르러 바다로 들어간다.〕[498]
>
> –『한서』 지리지

위만의 도읍지 왕험성의 위치에 관해 『한서』 지리지 주(注)에서 다음과 같이 말하였다.

> 응소(應劭)는 〔왕험성은〕 조선왕 위만(衛滿)의 도읍지이다. 험한 물길에 의지하였으므로 험독(險瀆)이라 한다고 했다.
> 신찬(臣瓚)은 왕험성은 낙랑군 패수의 동쪽에 있으며, 이로부터 이곳을 험독(險瀆)이라고 한다고 했다.

응소와 신찬의 주석에 똑같이 왕험성은 요동군 험독현이라고 하였

---

498 右北平郡 秦置 縣十六 驪成, 大碣石山在縣西南.
遼西郡: 秦置 縣十四 令支, 有孤竹城
遼東郡: 秦置 縣十八: 無慮, 西部都尉治〔師古曰 卽所謂醫巫閭〕望平, 大遼水出塞外 南至安市入海 行千二百五十里. 候城 中部都尉治 險瀆〔應劭曰 朝鮮王滿都也 依水險 故曰險瀆. 臣瓚曰, 王險城 在樂浪郡浿水之東 此自是險瀆也 師古曰 瓚說是也〕 番汗, 沛水出塞外 西南入海〔應劭曰 汗水出塞外 西南入海〕
玄菟郡: 武帝元封四年開 高句驪. 縣三, 高句驪: 遼山 遼水所出 西南至遼隊入大遼水. 上殷台 西蓋馬
樂浪郡: 武帝元封三年開 〔應劭曰 故朝鮮國也〕 有雲鄣, 縣二十五 : 朝鮮〔應劭曰 武王封箕子於朝鮮〕 浿水: 水西至增地入海.

다. 그런데 『사기색은』에 보면, 응소의 주(注)에, 왕험성은 조선왕 위만의 도읍지(滿都)라고 하였는데, 조선왕의 '옛 도읍지(舊都)'로 개작하고, 이어지는 '험한 물살에 의지하였으므로 험독(險瀆)이라고 한다.(依水險 故曰險瀆)'라는 구절이 빠져 있다. 또 신찬(臣瓚)의 주(注)에서도 문장의 주어가 되는 '이로부터 이곳을 험독(險瀆)이라고 한다.(此自是險瀆也)'라는 구절이 빠져 있다.[499] 이것이 원본에 그렇게 기록된 것인지, 아니면 『삼국사기』나 『삼국유사』와 같이 후대에 개간하면서 날조한 것인지는 알 수 없다. 그러나 험독(險瀆)이 들어가는 문구가 빠져 있어 『한서』 지리지 주(注)를 확인해보지 않고서는 마치 신찬이 응소의 주석을 반박하는 것으로 오해하고, 단군과 기자의 도읍지인 낙랑군 조선현과 위만의 도읍지인 요동군 험독현을 구분하지 못하고, 급기야는 단군·기자·위만으로 이어지는 3조선의 도읍지가 평양이라는 설이 등장하여 극심한 혼란을 야기하고 있다.

위만이 처음 조선에 망명해 왔을 때 준왕(準王)은 위만에게 국경선 부근의 백 리 땅을 봉해 주어 살게 했기 때문에 조선을 탈취한 후에도 옮기지 않고 위만의 도성이 국경선인 패수 인근에 있었던 것이다.

한 무제 원봉 3년(B.C. 108)에 이르러 위만조선을 멸하고 낙랑·임둔·진번 3군을 나누어 설치했다. 이듬해인 원봉 4년(B.C. 107)에 왕험성이 함락되고 현도군을 설치하여 이로써 4군(四郡)이 되었다. 그로부터 25년 후인 한 소제 시원 5년(B.C. 82)에는 임둔과 진번을 폐지하여 낙랑과 현도에 합병하였다. 현도는 다시 고구려로 옮겨가 살았으니,

---

499 索隱 應劭注 地理志 遼東險瀆縣 朝鮮王舊都. 臣瓚云 王險城在樂浪郡浿水之東也.

한사군 중에 훗날 고구려에 해당하는 현도군을 제외한 나머지 지역이 낙랑군 관할이 된 것이다.

한 소제 때에 진번과 임둔을 폐지하여 현도와 낙랑에 나누어 병합된 이후에 편찬된 『한서』 지리지에는 진번과 임둔에 대한 기사가 없으며, 그 대신 진(秦)나라에서 설치한 요동군과 요서군으로 기록하고 있다.

응소는, 낙랑군이 고조선(故朝鮮)의 도읍지라고 하였는데, 이는 낙랑군의 25개 현을 관장하는 관청소재지인 조선현이 기자가 건국하기 이전인 단군조선의 도읍지라는 뜻이고, 거듭하여 낙랑군 조선현은 무왕이 기자를 조선에 봉한 곳이라고 하여 조선현이 단군조선과 기자조선의 도읍지라는 사실을 밝히고 있다. 조선현은 『상서』에 나오는 우이(嵎夷)와 같은 곳으로 바로 이곳이 신라 도읍지이다.

『산해경』에도 조선에 관한 기록이 두 번 나오는데, 곽박의 주석에, 해내경에는 조선의 도읍지가 낙랑군(樂浪郡)이라고 하였고, 해내북경에서는 낙랑군 조선현은 기자가 봉해진 곳이라고 하였는데, 이는 응소의 주석과 같은 뜻이다. 식민사관에서는 단군조선에 관한 기록은 『삼국유사』가 최초이고, 고려시대에 창작된 건국신화라고 알려지고 있지만, 이미 요순시대의 경전에 나타나고, 또한 후한시대의 문헌에 단군과 기자의 도읍지 위치까지 밝혀주고 있다.

그런데 이씨조선 건국 직후부터 고려시대 역사서 개간(改刊)과 지리지 편찬을 통하여 지금의 평양이 3조선의 도읍지이며 대동강이 한나라와의 국경선인 패수(浿水)라고 하고, 그 단서를 남기기 위하여 왕험(王險)을 단군의 명호인 왕검(王儉)이라고도 한다[500]고 날조하였다.

이리하여 지금까지도 미숙한 학자들이 위만의 도읍지인 요동군 험독현과 단군과 기자의 도읍지인 낙랑군 조선현을 구분하지 못하여, 고구려 도읍지 평양을 왕험성 또는 왕검성이라 하고, 평양의 대동강을 국경선인 패수로 비정하여 현재까지도 극심한 혼란을 야기하고 있다. 『한서』 지리지 주(注)에 기자조선 도읍지는 낙랑군 조선현이고, 위만의 도읍지 왕험(王險)은 요동군 험독현이라고 분명하게 구분하고 있다. 이렇게 볼 때 평양은 단지 고구려 장수왕 이후의 수도일 뿐 3조선의 도읍지와는 관련이 없다.

북위(北魏)시대 역도원(酈道元, 466~527)이 지은 『수경주(水經注)』에서 다음과 같이 말하였다.

『수경(水經)』에, 패수(浿水)는 낙랑군 누방현(鏤方縣)에서 나와 동남으로 임패현(臨浿縣)을 경과하여 동쪽의 바다에 유입된다고 하였다. … 만약 패수(浿水)가 동쪽으로 흐른다면 위만이 패수를 건넜을 이유가 없다. 그 땅은 지금 고구려 도읍지이다. 내가 고구려에서 온 사신에게 물었더니, 평양성은 패수(浿水)의 북쪽에 있으며 그 강이 서쪽으로 흐른다고 하였다. 옛날 낙랑의 조선현은 곧 낙랑군의 치소이며 한 무제가 설치하였다. 그리하여 〔대동강은 하류에 이르러〕 서북으로 흐르다 바다에 유입된다고 하였다. 그러므로

---

500 연(燕)나라 사람 위만(衛滿)이 무리 천여 명을 모아 망명해 와서 준왕(準王)의 땅을 빼앗아 왕험성(王險城) 〔험(險)은 검(儉)으로도 쓰고, 곧 평양이다.〕에 도읍하니, 이것을 위만조선(衛滿朝鮮)이라고 한다. 燕人衛滿 亡命聚黨千餘人來奪準地, 都于王險城〔險一作儉, 卽平壤〕是爲衛滿朝鮮 - 『고려사』 지리지 평양부

> 『한서』 지리지에, 패수는 증지현(增地縣)의 서쪽에 이르러 바다로 유입된다고 하였다. 또 한나라가 일어나 조선이 멀어서 요동의 옛 요새를 좇아 패수에 이르러 경계를 삼았다. 고금을 상고하건대 기사에 오류가 있으니 대체로 『수경』의 착오이다.[501]
>
> –『수경주(水經注)』 14권, 패수(浿水)

역도원은 돌연 고구려 장수왕 이후의 도읍지에 불과한 평양이 기자의 도읍지인 낙랑군 조선현이고, 위만의 도읍지 왕험성이며, 대동강이 한나라와의 국경선인 패수라고 단정 지으며, 『수경』에는 패수는 동쪽으로 바다에 유입된다고 하였는데, 평양의 대동강은 서쪽 바다로 유입되기 때문에 『수경』 본문이 착오를 범한 것이라고 단정 짓고 있다. 그러나 역도원의 주장에는 중대한 오류가 있다. 첫째, 『한서』 지리지의 주(注)에 기자의 도읍지 낙랑군 조선현과 위만의 도읍지 요동군 험독현은 전혀 다른 곳인데, 이에 대한 근거도 제시하지 못하면서 일방적으로 두 곳이 평양이라고 단정 짓고 있다.

둘째, 『수경』에 패수는 낙랑군 누방현에서 나와 임패현을 지나 동쪽의 바다로 흘러든다고 하였고, 『한서』 지리지에 패수는 증지현의 서쪽에 이르러 바다로 유입된다고 하였다. 즉 패수는 임패현을 경과하

501 浿水出樂浪鏤方縣-東南過臨浿縣東 入于海 … 若浿水東流 無渡浿之理 其地今高句麗之國治 余訪番使 言城在浿水之陽 其水西流逕 故樂浪朝鮮縣 卽樂浪郡治 漢武帝置 而西北流 故地理志曰 浿水 西至增地縣入海 又漢興 以朝鮮爲遠 循遼東故塞至浿水爲界 考之今古於事差謬 蓋經誤證也. –『수경주(水經注)』 14권, 패수(浿水)

여 강의 하류에 위치한 증지현의 서쪽에 이르러 바다로 유입된다는 뜻으로 두 기록이 배치되는 것이 아니다.

또한 강물은 흐르는 동안 한 방향만으로 흐르는 것이 아니라 흐르다 산에 막히면 굽이굽이 방향을 바꾸어 흐르는 법이고, 서해로 유입되는 강은 대동강뿐만이 아니라 현재 중국과 국경선을 이루는 압록강이나 그 이남의 청천강도 서해로 흘러 들어간다. 패수는 국경선으로 삼을 만큼 큰 강이고, 발원지에서부터 굽이굽이 여러 현(縣)을 경유하다가 바다에 유입되기까지 수천 리에 이른다. 가령 섬진강의 경우 곡성군과 구례군의 경계를 이루며 남쪽으로 흐르다 구례 역에 이르러서는 다시 역류하여 북쪽으로 흐르다가 다시 동쪽으로 흘러 하동포구에서 남해로 유입된다.

후한 헌제(獻帝) 때에 칙명으로 간행된 『전한기』에는 조선과 한나라와의 국경선은 요수(遼水)라고 하였고, 한 무제 때에 간행된 『회남자』에는 진시황이 '북쪽으로 요수(遼水)까지 진격하며 동쪽으로 조선과의 국경까지 만리장성을 연결하였다.'고 했다.

〔연(燕)나라 사람 노생(盧生)이 동해에 들어갔다가 돌아와 귀신의 일이라고 아뢰며 녹도서를 바쳤다.〕 진시황이 녹도서(錄圖書)를 믿고 보니, '진(秦)나라를 멸망시킬 자는 호(胡)[502]이다.'라고 적혀 있었다. 이로 인하여 병사 50만을 징발하여 몽염(蒙恬)과 양옹자(楊翁子)를 장수로 삼아 그들로 하여금 장성(長城)을 수축하게 하여

502 녹도서에 호(胡)는 진나라 북쪽 변방의 호족(胡族)이 아니라, 바로 진시황의 왕자인 호해(胡亥)를 뜻하는 것이었다.

서쪽으로 유사(流沙)를 복속시키고 북쪽으로 요수(遼水)까지 진격하며 동쪽으로 조선과의 국경까지 장성을 연결하였으니, 중국 안의 고을에서 수레로 끌어 군량미를 보급하였다.[503]

–『회남자』 인간훈(人間訓)

조선왕이 배반하여 요동태수를 살해하자, 천하에 사형에 해당하는 죄수들을 모집하여 조선을 공격하도록 하였다. 조선은 본래 진(秦)의 요동군에 속하였으며, 한나라가 일어나서는 그곳이 멀어 지키기 어려우므로 요수(遼水)를 국경의 요새로 삼았다.[504]

–『전한기(前漢紀)』 효무황제기

고구려는 본래 부여(扶餘)의 별종이다. … 서북으로는 요수(遼水)를 건너 영주(營州)와 접하고, 북쪽은 말갈이다. 그 나라의 왕이 사는 곳은 평양성으로 장안성(長安城)이라고도 부르는데, 한(漢)의 낙랑군으로 장안(長安)에서 5천여 리 거리에 있다.
산의 굴곡을 따라 외성(外城)을 쌓았으며, 남쪽은 패수(浿水)와 인접해 있다. 왕은 그 좌측에 궁성을 쌓았다. 또 국내성(國內城)과 한성(漢城)이 있는데 별도(別都)라 부른다.[505]

---

503 〔燕人盧生使入海還 以鬼神事 因奏錄圖書〕秦皇挾錄圖 見其傳曰 亡秦者胡也 因發卒五十萬 使蒙公 楊翁子將 築修城 西屬流沙 北擊遼水 東結朝鮮 中國內郡挽車而餉之. 괄호 안은『사기』진시황본기에서 보충하였다.

504 朝鮮王反 殺遼東太守 募天下死罪擊朝鮮 朝鮮本秦時屬遼東 漢興以爲其遠難守 故遼水爲塞『前漢紀』孝武皇帝紀五

505 高麗 本扶餘別種也 … 西北度遼水與營州接 北靺鞨 其君居平壤城 亦謂長安城

－『신당서(新唐書)』 동이(東夷)

『구당서(舊唐書)』 이밀(李密)의 전기에 '요수(遼水)의 동쪽은 조선의 땅이다.'[506]라고 하였다. 『구당서』와 『신당서』에 모두 당나라와 고구려의 국경선은 요수(遼水)라고 하였고, 평양 시내를 가로질러 흐르는 대동강을 패수(浿水)로 표기하고 있다. 『한서』 지리지에 현도군 고구려현의 요산(遼山)에서 요수(遼水)가 발원하여 서남쪽으로 요동군 요대현(遼隊縣)에 이르러 대요수(大遼水)로 유입된다고 하였다.

그러므로 위만이 처음 건넜던 국경선인 패수는 요수를 가리키며, 평양의 대동강과는 관련이 없다는 사실을 알 수 있다.

그럼에도 불구하고 당나라 태종 때에 간행된 『괄지지(括地志)』에 고구려 도읍지는 평양성으로 본래 한나라 낙랑군 왕험성이며 옛 조선 땅이라고 하였고, 당나라 장수절이 지은 『사기정의(史記正義)』와[507] 두우(杜佑)가 지은 『통전(通典)』에서도 인용하고[508] 있다. 당나라의 역사 왜곡은 여기에서 그치는 것이 아니다.

漢樂浪郡也 去京師五千里而贏 隨山屈繚爲郛 南涯浿水 王築宮其左 又有國內城 漢城 號別都

506 遼水之東 朝鮮之地 －『구당서(舊唐書)』 53권, 열전 李密.

507 『괄지지(括地志)』에, 고구려 도읍지는 평양성으로 본래 한나라 낙랑군 왕험성이며, 또 옛날 조선 땅이라고 하였다. 括地志云 高驪都平壤城 本漢樂浪郡王險城 又古云朝鮮地也. －『사기정의(史記正義)』

508 동진(東晉) 이후로 고구려왕이 사는 곳은 평양성이다.〔곧 한나라 낙랑군 왕험성(王險城)이다. 自東晉以後 其王所居 平壤城〔卽漢樂浪郡 王險城〕－『통전(通典)』 변방2 고구려

〔후한 광무제 건무(建武) 6년(30)〕 처음에 낙랑사람 왕조(王調)가 낙랑군을 근거로 복종하지 않았다〔낙랑군은 고조선(故朝鮮)의 도읍지이다. 요동에 있다〕 가을에 낙랑태수 왕준(王遵)을 보내 이를 공격하자 낙랑군의 관리들이 왕조를 죽이고 항복했다.[509]

–『후한서』 광무제기

동옥저(東沃沮)는 고구려 개마대산(蓋馬大山)의 동쪽에 있다. 〔개마(蓋馬)는 현(縣)의 이름으로 현도군에 속한다. 그 산은 지금 평양성의 서쪽에 있다. 평양은 곧 왕험성이다.〕 동쪽은 큰 바다의 해변이며, 북쪽은 읍루(挹婁)·부여(夫餘)와 남쪽은 예(濊)·맥(濊)과 접하여 있다.[510]

–『후한서』 동이전

광무제기의 주(注)에, 낙랑군이 고조선 도읍지라는 설은 『한서』 지리지 응소(應劭)의 주(注)를 인용한 것이다. 그런데 낙랑군의 치소인 조선현이 요동에 있다고 하였다. 그러나 요동군 협독현은 위만의 도읍지이고, 기자의 도읍지인 낙랑군 조선현은 전혀 다른 곳에 있다. 또 동이전의 본문에 '동옥저의 동쪽은 큰 바다의 해변이고, 남쪽은 예·맥과 접하여 있다.'고 하였는데, 주(注)에서, 평양 서쪽에 개마고원

---

509 初 樂浪人王調 據郡不服〔樂浪郡 故朝鮮國也 在遼東〕秋 遣樂浪太守王遵擊之 郡吏殺調降 –『후한서』 光武帝紀 第一下

510 東沃沮 在高句驪蓋馬大山之東〔蓋馬 縣名 屬玄菟郡 其山在今平壤城西 平壤 卽王險城也〕東濱大海 北與挹婁 夫餘 南與濊貊接

이 있으며, 평양이 바로 위만의 도읍지 왕험성이라고 날조하고 있다. 여기에 주(注)는 당나라 이현(李賢, 654~684)이 당시 장대안(張大安) 등의 학자들을 소집하여 『후한서』에 주(注)를 덧붙였다.

이현은 당 측천무후의 둘째 아들로 675년 황태자가 되었다가 680년 폐위되었다. 이러한 역사 왜곡의 기조는 중국 정사인 『신·구당서(新·舊唐書)』를 비롯하여 근대 명·청 시대의 지리지인 『대명일통지(大明一統志)』와 『대청일통지(大淸一統志)』에 이르기까지 날조된 역사관이 그대로 답습하고 있다. 급기야는 조선시대에 간행된 『세종실록지리지』까지도 날조된 역사관을 그대로 수용하여 지금까지도 정설처럼 여기며 극심한 혼란을 야기하고 있다. 앞에서 언급하였듯이 『한서』 지리지 응소(應劭)의 주(注)에 단군과 기자의 도읍지는 같은 곳으로 낙랑군 조선현이고, 위만의 도읍지 왕험은 요동의 험독현이라고 분명하게 구분하고 있다. 그럼에도 불구하고 고구려 장수왕 이후의 도읍지에 불과한 평양이 3조선의 도읍지이고, 대동강이 한나라와 조선의 국경선인 패수라는 황당무계한 역사관은 중국의 수(隋)·당(唐) 시대 요동 침략의 명분을 합리화하기 위하여 고의로 날조한 역사관이다. 그런데 오히려 본국인 이씨조선 조정에서 그대로 수용하여 이조 조정에서 간행된 모든 역사서에서 여기에 걸맞게 치밀하게 날조하고, 심지어는 평양과 경주 지역에 가짜 분묘까지 만들고 있다.

한민족의 재앙과 한국사 왜곡의 근원이 바로 여기에서 기인한다.

동천왕(東川王) 21년(247) 봄 2월에 왕은 환도성(丸都城)은 경영하기 어려우므로 다시 도읍할 수 없다 하고, 평양성을 수축하여 백성들과 종묘와 사직을 옮겼다. 평양은 본래 선인(仙人) 왕검(王儉)이 살던 곳이다. 혹은 왕의 도읍은 왕험(王險)이라고 한다.[511]
-『삼국사기』 고구려본기

고구려는 동진(東晉, 317~419) 이후로부터 그 나라 왕이 사는 곳은 평양성이다. 〔전연(前燕)의 모용황(慕容皝)이 〔고구려 고국원왕 12년(342)에 환도성에〕 와서 침공하고부터 후에 국내성(國內城)으로 이사했다가 이곳 평양성으로 도읍을 옮겼다.〕[512]
-『통전』 변방2, 고구려

주몽(朱蒙)이 흘승골성(紇升骨城)에 도읍을 세우고부터 40년이 지나 유류왕(孺留王) 22년(3)에 도읍을 국내성〔國內城 혹은 위나암성(尉那巖城), 혹은 불이성(不而城)이라고도 한다.〕으로 옮겼다. 『한서』 지리지에, 낙랑군에 속한 현으로 불이현(不二縣)이 있다. 또 총장 2년(669)에 영국공(英國公) 이적(李勣)이 칙명을 받들어 고구려의 모든 성에 도독부와 주·현을 설치하였는데, 목록에서 이르기를, 압록(鴨綠) 이북에서 이미 항복한 성이 11곳인데, 그 중 하나가 국내성이며, 평양(平壤)으로부터 이 성에 이르기까지 17개의 역(驛)이 있었다고 하였다. … 유류왕이 국내성(國內城)에 도읍하고, 425년이 지나 장수왕 15년(427)에 평양(平壤)으로 도읍을 옮겼다.

---

511 二十一年 春二月 王以丸都城經亂 不可復都 築平壤城 移民及廟社 平壤者 本仙人王儉之宅也. 或云 王之都王險

512 高句麗 自東晉以後 其王所居平壤城〔自爲慕容皝來伐 後徙國內城 移都此城〕

156년[513]이 지나 평원왕 28년(586)에 장안성(長安城)으로 도읍을 옮겼으며, 83년이 지나 보장왕 27년(668)에 멸망하였다. 평양성(平壤城)은 지금의 서경(西京)과 같으며, 그리고 패수(浿水)는 바로 대동강(大同江)이 맞다.[514]

-『삼국사기』 잡지(雜志) 지리4 고구려

고구려본기에 동천왕 21년(247)에 환도성에서 평양으로 도읍을 옮겼다고 했는데, 정작 지리지에서는 유류왕 22년(서기 3년)부터 국내성에 425년간 도읍하다가 장수왕 15년(427)에 평양으로 도읍을 옮겼다고 하여 서로 배치된다. 고구려 제20대 장수왕(長壽王, 재위 413~491)은 즉위 2년(414)에 부왕인 광개토대왕의 능묘 곁에 비석을 당시 고구려 도읍지인 국내성의 동쪽인 지금 중국 길림성 집안시(集安市)에 세웠다.

또한『통전』의 기록을 보더라도 모용황이 침공하였던 당시 고국원왕의 도성은 환도성이었고, 그 이후에 국내성으로 옮겼으며 다시 평양으로 천도한 시기는 동진시대 이후인 장수왕 15년(427)이다.

『고려사』 지리지에서도 고구려 장수왕 15년에 국내성으로부터 평양으로 도읍을 옮겼다고 했다.[515]

---

513 159년의 오기

514 自朱蒙立都紇升骨城 歷四十年 孺留王二十二年 移都國內城〔或云尉耶巖城, 或云不而城〕按漢書 樂浪郡屬縣有不而 又總章二年 英國公李勣奉勑 以高句麗諸城置都督府及州縣 目錄云 "鴨綠以北 已降城十一 其一國內城 從平壤至此十七驛.… 都國內 歷四百二十五年 長壽王十五年 移都平壤 歷一百五十六年 平原王二十八年 移都長安城 歷八十三年 寶臧王二十七年而滅 平壤城似今西京 而浿水則大同江是也

또한 평양이 왕검이 살던 곳이라는 것은 『삼국사기』의 고조선 도읍지에 관한 기록인 신라 진성여왕이 당나라 황제에게 보내는 표문에 '우이(嵎夷)에 살면서 희중(羲仲)의 관직에 있는 것이 신의 본분이 아니고…'라는 내용과 정면 배치된다. 평양은 단군·기자·위만으로 이어지는 3조선의 도읍지와 전혀 관련이 없다.

이렇게 볼 때 평양 천도는 지리지의 기록이 정확한 것이고, 고구려본기 동천왕 21년 조의 기록은 비록 위(魏)나라 장수 관구검이 환도성을 함락하여 불태우고 돌아간 시기에 해당하지만, 지리지의 기록과 광개토대왕의 비석이 세워진 위치로 볼 때, 동천왕 21년에 평양으로 천도했다는 기록은 사실과 다르다. 더구나 '평양은 본래 선인 왕검이 살던 곳이다. 혹은 왕의 도읍은 왕험(王險)이라고 한다.'라는 구절을 볼 때, 조선시대에 『삼국사기』를 개간하면서 관구검이 환도성을 함락하였던 시기를 빙자하여 평양이 단군과 위만의 도읍지라는 설을 합리화하기 위하여 고의로 날조하여 첨가한 내용에 불과하다. 단군과 기자의 도읍지는 낙랑군 조선현이고, 위만의 도읍지는 요동군 험독현이기 때문에 서로 같은 곳일 수가 없다.

또 '평양성은 지금의 서경(西京)과 같으며, 그리고 패수(浿水)는 바로 대동강(大同江)이다.'라고 하였는데, 여기에 패수는 처음에 위만이 건넜던 한나라와 조선의 국경을 이루는 강이라는 뜻으로 이 구절이야말로 역사 왜곡의 극치를 단적으로 보여주는 것이다.

---

515 高句麗長壽王十五年 自國內城 徙都之 - 『고려사』 지리지3, 평양부

후한시대에 간행된 중국 정사인 『전한기(前漢紀)』에, 조선은 본래 진(秦)나라 시대에 요동군에 속하였으며, 한나라와의 국경은 요수(遼水)로 천연적인 요새를 삼았다고 하였다.[516] 또 『신·구당서』에서도 나란히 평양의 대동강을 패수로 표기하면서도 고구려의 국경선은 요수(遼水)라고 밝히고 있다. 따라서 대동강은 평양성의 외곽의 동북쪽에서 서남으로 가로질러 흐르다가 남포 해변에 이르러 서해로 유입되기 때문에 한나라와의 국경선이 될 수가 없다.

> 군명(郡名) : 조선(朝鮮)〔동표(東表)의 해 뜨는 땅에 임금이 살기 때문에 조선이라 이름 하였다.〕 왕검성(王儉城)〔고기(古記)에, 단군(檀君)은 이름이 왕검(王儉)이라고 하였다.〕 기성(箕城)·낙랑(樂浪)이라고 한다.[517] -『신증동국여지승람』 제51권 평양부

고구려 도읍지였던 평양의 지명이 조선·왕검성·기성·낙랑이라고도 불리었다는 말이다. 조선이라는 지명에 관한 설명에 '동표(東表)의 해 뜨는 땅'이란, 『상서』 공안국의 전(傳)에, '동표(東表)의 땅을 우이(嵎夷)라고 칭한다. 양곡(暘谷)에서 해가 떠오르고, 희중(羲仲)은 동방을 다스리는 관직이다.'에서 인용한 것으로 해 뜨는 구역인 우이(嵎夷)의 지명을 조선이라고도 하며, 이곳에 단군왕검의 궁전이 있었기 때문에 왕검성(王儉城)이라고도 한다는 말이다.

또한 기성(箕城)은 기자의 궁전이 있었던 곳이라는 의미이고, 낙랑

---

516 朝鮮本秦時屬遼東 漢興以爲其遠難守 故遼水爲塞 -『전한기』 효무황제.

517 郡名: 朝鮮〔居東表 日出之地 故名朝鮮〕·王儉城〔古記 檀君名王儉〕 箕城·樂浪

(樂浪)은 한사군 중의 하나로 기자조선의 도읍지 조선현의 별호이며, 신라 진흥왕 이후로 중국 황실에서 신라왕을 책봉할 때 모두 조서에서 '낙랑군공 신라왕(樂浪郡公新羅王)'이라고 하였다.

『세종실록지리지』 경주부 조에 신라 도읍지의 별호는 낙랑(樂浪)이라 하였고, 최치원이 지은 숭복사 비문에, 신라 궁성의 남쪽에 있는 초월산(初月山) 숭복사 일대의 경관을 묘사하면서 '낙랑(樂浪)의 선경(仙境)은 참으로 즐거움이 넘치는 나라이다.'[518]라는 구절이 있다. 『한서』 지리지에, 낙랑군 소속 25개 현(縣) 중에 기자조선 도읍지인 조선현(朝鮮縣)이 있고, 고구려는 현도군이라고 하였다.[519]

이와 같이 신라 도읍지는 낙랑군 조선현에 해당하고, 고구려는 현도군에 해당한다. 단군과 기자의 도읍지는 신선세계로 삼신산의 하나인 방장산(方丈山, 지리산)에 있는 우이(嵎夷)이고, 이곳이 바로 신라 도읍지이다. 이리하여 나당연합군을 편성할 때 당시 신라왕 김춘추를 '우이도(嵎夷道) 행군총관'으로 삼았으니, 신라 도읍지가 우이이고 낙랑이라는 사실이 분명하게 드러난다.

따라서 평양이나 경주는 삼신산과 관련이 없다. 그리고 왕검성(王儉

---

518 樂浪仙境 眞是樂邦 -『大崇福寺碑銘』 계족산 참조

519 현도군(玄菟郡)은 고구려이다. 3개 현(縣)이 있다. : 고구려(高句驪) 상은대(上殷台) 서개마(西蓋馬)이다. -『한서』 지리지 下. 또 나당연합군이 고구려를 정벌하고 나서 신라 문무왕이 고구려 왕실의 적손인 안승(安勝)을 고구려왕으로 봉하는 책문(冊文)에서, '공의 태조 추모왕(鄒牟王, 주몽)은 쌓은 덕이 산에 비견되고 세운 공은 남해(南海)와 같아 위풍(威風)을 청구(青丘)에 떨치고, 어진 교화는 현도(玄菟)를 덮었다.'고 하였다. 公太祖中(鄒)牟王 積德比山 立玏南海 威風振於青丘 仁教被於玄菟 -『삼국사기』 신라본기 문무왕.

城)은 단군이 살던 궁전이 있던 곳이라는 뜻인데, '혹은 왕의 도읍은 왕험(王險)이라고 한다.'라고 하여 단군·기자·위만 등 3조선의 도읍지가 평양이라고 날조하고 있다.

고구려 초기의 도읍지와 강역에 관해 살펴보기로 하자.

옛날 시조 추모왕(鄒牟王)이 나라를 세우신 터전이다. 시조는 북부여에서 나왔으며, 천제의 아들이고 어머니는 하백(河伯)의 딸이다. 알을 가르고 세상에 탄강하시니, 날 때부터 성스러웠다. 〔어머니의〕 명(命)에 말을 타고 남쪽으로 순행하다가 부여(夫餘)의 엄리대수(奄利大水)를 지나게 되어 왕은 강나루에서 말하였다. "나는 황천(皇天)의 아들이며 어머니는 하백의 딸인 추모왕이다. 나를 위하여 갈대를 연결하고 물고기와 자라들은[520] 떠오르라." 하니 이 소리에 감응하여 즉시 갈대가 연결되고 물고기와 자라들이 떠올랐다. 그런 후에 다리를 삼아 강을 건너 비류곡(沸流谷) 홀본(忽本) 서쪽 산 위에 성을 쌓고 이곳에 도읍을 정하였다. 왕위에 즐거움이 없어 사신을 보내니, 황룡이 내려와 왕을 맞이하였다. 왕은 홀본 동쪽 언덕에서 용의 머리를 밟고 승천하였다. 세자로서 고명(顧命)을 받은 유류왕(儒留王)은 도(道)로써 다스려 나라를 일으켰다.[521]

---

520 『삼국사기』에 물고기와 자라(魚鼈)라고 하였다.

521 惟昔始祖鄒牟王之創基也 出自北夫餘 天帝之子 母河伯女郎 剖卵降出 生而有聖 … 命駕 巡幸南下路 由夫餘奄利大水 王臨津言曰 我是皇天之子 母河伯女郎 鄒牟王 爲我連葭浮鼈 應聲卽爲連葭浮鼈 然後造渡 於沸流谷 忽本西 城山上而建都焉. 不樂世位 因遣黃龍來下迎王 王於忽本東岡 履龍頁昇天 顧命世子儒留王 以道興治

–「광개토대왕 비문」

고구려는 요동의 동쪽 천 리에 있다. 남쪽의 조선과 예(濊) 맥(貊), 동쪽의 옥저(沃沮), 북쪽의 부여(夫餘)와 접하였고 환도산(丸都山) 아래에 도읍했다. 〔유송(劉宋)[522] 이전의 고구려 도읍지는 지금의 집안(輯安) 부근에 있었고 지금 조선의 평양에 있지 않았다. 앞사람이 패수(浿水)는 조선의 대동강에 해당한다고 하였는데, 그렇다면 환도와 왕험 등 여러 성(城)이 마땅히 지금 평양이라야 한다. 〔지금의 평양 정남쪽이 대동강에 임하였다.〕 위만과 주몽(朱蒙) 이래로 곧 평양에 터전을 잡고 살았다고 하였다.
이제 패수를 고증하면 지금의 압록강(鴨綠江)에 해당하고, 옛 왕험(王險)·홀본(忽本)·환도(丸都)의 여러 성은 지금 봉천성(奉天省)의 집안(輯安) 회인(懷仁) 부근에 해당한다.
바로 북위 태무제(太武帝, 408~452) 말엽에 이르러 비로소 남쪽의 평양으로 천도하였다. 이것은 한서(漢書)·위지(魏志)·위서(魏書)·북사(北史)·당서(唐書)의 호대왕비(好大王碑)와 환도산 기공석각(丸都山紀功石刻), 등에서 옳다고 증명한다.〕[523]

---

522 중국 남북조 시대 송(宋, 420~479)은 강남지방에서 유유(劉裕)에 의해 건국된 왕조로 조광윤(趙匡胤)이 세운 통일제국인 송나라(960~1279)와 구별하기 위해, 건국자인 유유(劉裕)의 성씨를 따라 유송(劉宋)이라 부른다.

523 高句麗 在遼東之東千里 南與朝鮮·濊貊 東與沃沮 北與夫餘接 都於丸都之下〔劉宋以前 高句驪國都 在今輯安附近 不在今朝鮮之平壤 前人 以浿水 當朝鮮之大同江 故以丸都 王險諸城 當今之平壤〔以今之平壤, 正南臨大同江〕一若自衛滿·朱蒙以來 卽奠居平壤者 今考浿水, 當爲今鴨淥江, 故王險·忽本·丸

-『삼국지(三國志)』 위서 동이전

고구려 요동성(遼東城) 곁에 탑이 있는데, 옛 노인들이 전하여 이르기를, "지나간 옛날 고구려에 동명성왕이 출현하여 국경 지대를 순행하다가 차례로 요동성에 이르니 오색의 구름이 땅을 덮고 있는 모습을 보았다. 곧바로 그곳을 찾아가니 구름 속에 한 스님이 석장(錫杖)을 잡고 머물며 서 있었는데 그곳에 이르면 문득 사라지고 멀리서 보면 도로 나타났다. 그 옆에 3층의 흙 탑이 있었는데 윗부분은 마치 가마솥을 엎어 놓은 듯하였다. 이것이 무엇인지를 몰라 다시 그곳에 가서 스님을 찾았으나 오직 황량한 풀 더미만 있었다. 그리하여 그곳을 한 길 정도 파 보니 지팡이와 신발이 나왔다. 다시 파 들어가서 명문(銘文)이 새겨진 것을 얻었는데 위에 범어(梵語) 글자가 새겨져 있었다. 모시던 신하가 이 글자를 알아보고는 이것이 불탑(佛塔)이라고 하였다. 왕이 자세히 물어보니 대답하기를, '한(漢)나라에 이것이 있었는데 그 이름을 포도(蒲圖, 부도)라 합니다.' 하였다. 왕은 이로 인하여 신심이 생겨 7층의 목탑을 세웠다. 후에 불법이 비로소 이곳에 이르게 되자 탑의 시말(始末)을 알게 되었다." 하였다.
지금은 다시 높이가 줄었고 본래의 목탑은 썩어 허물어졌다. 이것은 곧 아육왕이 천하를 통일하고 염부주(閻浮洲)[524] 곳곳에 탑을

都 諸城, 當在今奉天之輯安懷仁附近. 直至北魏太武帝末葉 始南遷平壤. 此可以漢書·魏志·魏書·北史·唐書, 好大王碑, 丸都山紀功石刻, 證之也〕 -『삼국지(三國志)』 魏書 東夷傳 高句麗

세웠으므로 괴이하게 생각할 것이 못 된다.[525]

–『집신주삼보감통록(集神州三寶感通錄)』 상권

요순시대 동이족의 강역에 관해서는 『상서』 우공(禹貢)편에 자세하게 실려 있는데, 단군조선은 구주 중에 청주(青州)에 해당하고 도읍지는 우이(嵎夷)이다. 청주는 오악 중의 하나인 태산에서 동해에 이르는 구역이라고 하였다. 이 밖에도 부족명칭에 이(夷)가 붙은 것은 동이족이 살던 강역이라는 뜻이다. 우(禹)가 홍수를 다스린 뒤에 순임금이 구주를 다시 구획하여 비로소 12주(州)를 설치하였다. 이때 청주(青州)를 나누어 영주(營州)를 추가하였으니 청주와 영주는 단군조선의 강역이다. 『사기정의』에, 영주(營州)는 요동군과 요서군이라고 하였다.[526] 그 후에 진시황이 6국(六國)을 병탄하고 중국을 통일한 뒤에 36개 군(郡)으로 나누어 설치하면서 동이족이 살던 구역과의 구분을 폐지해 버렸다.

고구려 시조 동명성왕이 국경 지방을 순행하던 길에 요동성에 이르

---

524 염부주(閻浮洲)는 수미산 남쪽에 있으며 현재 우리가 사는 인간 세상으로 섬부주(贍部洲) 염부제주(閻浮提洲), 또는 염부주(剡浮洲)라고도 한다. 불교에서는 수미산을 중심으로 동서남북에 각각 다른 인간세계가 있다고 한다.

525 高麗遼東城傍塔者 古老傳云 往昔高麗聖王出見案行國界 次至此城 見五色雲覆地卽往 雲中有僧執錫住立 旣至便滅 遠看還見 傍有土塔三重 上如覆釜 不知是何 更往覓僧 唯有荒草 掘深一丈得杖幷履 又掘得銘上有梵書 侍臣識之云是佛塔 王委曲問 答曰 漢國有之 彼名蒲圖 王因生信 起木塔七重 後佛法始至具知始末 今更損高本塔朽壞 斯則育王所統一閻浮洲處處立塔 不足可怪

526 按舜分青州爲營州 遼西及遼東 –『사기정의(史記正義)』 2권.

러 옛날 인도 아육왕이 세운 탑을 발견하고 동명성왕은 곧 신심이 생겨 그 곁에 7층의 목탑(木塔)을 세웠다고 하였다.[527] 요동성은 고구려 건국 초기부터 고구려 영토였다는 사실이 확인된다.

평양이 위만의 도읍지 왕험이고, 대동강이 한나라와의 국경선인 패수(浿水)라는 설에 대해 오히려 『삼국지』 동이전의 주석에서 여러 전거를 제시하며 고구려 초기의 도읍지 홀본·환도의 여러 성은 지금 봉천성(奉天省, 길림성)의 집안(輯安)과 회인(懷仁) 부근에 해당하고 왕험성 역시 이 부근에 있었으며, 패수는 대동강이 아닌 압록강이라고 논박하고 있다. 고구려 요동성은 수나라 양제와 당나라 태종이 친히 백만 대군을 이끌고 정벌하려 했지만 함락되지 않다가 결국 나당연합군에 의해 평양성이 함락되자 항복하였고, 이때에도 '압록강 이북의 이미 항복한 성(城)이 11곳인데, 그 중 하나가 국내성이다.' 하였다. 그 직후에 전개되는 나·당 전쟁에서 마침내 신라가 완승을 거두고 승전하여 다시 수복하였다.

지금도 이 일대에 광개토대왕비가 세워져 있고 여러 고분 등의 유적이 있고 많은 유물이 출토되고 있다. 고구려 초기의 도읍지 국내성이 요동에 있었기 때문에 동진(東晉)시대 이래로 북위(北魏)·수(隋)·당(唐)나라에 이르기까지 조서에서 고구려왕을 봉할 때 '요동군공(遼東

527 이 내용은 『삼국유사』 3권, 요동성 아육왕탑편과 대장경의 『법원주림(法苑珠林)』에도 실려 있다. 부처님께서 멸도하신 지 116년 후에 아육왕(阿育王)이 위신력으로 부처님의 사리를 나누고 여러 귀신에게 8만 4천 개의 탑을 만들게 하여 세계 각처에서 완성하였는데, 모두 한날한시에 조성되었다. – 『광홍명집(廣弘明集)』

郡公) 고구려왕' 혹은 '요동군공 요동왕'이라고 하였다.

고구려 말기인 영류왕 14년(631)에 고구려는 장차 당나라의 침입이 있을 것을 예상하고 이 해부터 당나라와의 국경에 장성을 쌓기 시작하여 보장왕 6년(647)까지 16년이라는 기간에 걸쳐 완성한 천리장성이 요동의 서쪽 부여성(扶餘城)에서 서남으로 발해만의 비사성에 이르기까지 길게 이어져 있다. 이와 같이 중국 정사에도 자세하게 기재되어 있는데, 어찌 평양의 대동강이 국경선이 될 수 있다는 말인가?

가령 평양의 대동강이 한나라 때부터 중국과의 국경선인 패수라고 가정한다면 명나라 주원장이 철령 이북은 원나라에서 지배하던 땅이었으니 반환하라는 경우나 구한말에 일본이 근거도 없는 임나일본부설을 지어내서 침략의 명분으로 삼았던 경우처럼 앞으로도 그런 상황이 전개될 때 침략의 빌미를 제공하게 되는 반민족적인 역사인식이다.

이 밖에도 조선시대에 간행된 『고려사』 지리지와 『세종실록지리지』, 『신증동국여지승람』 등의 경주부와 평양부 조에 보면, 한 결같이 평양이 고조선 도읍지이고, 경주가 신라 도읍지라는 체제로 기술되어 있다. 그러나 단군이 처음 평양에 도읍하고 건국했고, 또 평양이 단군 기자 위만으로 이어지는 3조선의 도읍지이며 경주가 신라 도읍지라는 설은 이씨조선 건국 직후에 역사서를 개간하면서 치밀하게 날조된 설에 불과하다.

또 단군을 국조로 규정하여 그 이전 동방의 제왕인 삼황오제와의 관계를 단절시켜버리니, 이때부터 삼황오제는 중국의 제왕으로 둔갑하여 자신들의 선조인 복희씨가 창제한 한자를 중국문자라고 배척하고, 근래에 이르러서는 단군이나 기자조선까지도 후손들에게 배척당하는 신세가 되어버렸다. 이렇게 하여 찬란했던 동방의 역사는 물론이고, 세계사까지 여지없이 초토화되고 백성들은 선악을 분간하지 못하여 이로부터 이 땅에 정의는 실종되고, 천하는 암흑시대가 되어 아수라장으로 변해버렸다. 유교에서 주역·상서·시경을 3경(三經)이라고 한다. 『사기』 오제본기에 복희씨의 탄생지에 대하여 주역을 인용하여 '동방에서 제왕이 나온다.'고 하여 복희씨를 비롯한 삼황오제가 모두 동방에서 탄생하고 도읍했다고 밝히고 있고, 『상서』 우공(禹貢)에 나오는 구주 중에 청주(青州)는 단군조선의 강역이고, 우이(嵎夷)는 단군조선의 도읍지이며 공자가 뗏목을 타고 가서 살고 싶어 했던 유교의 이상향이다. 또 『시경』의 한혁 편은 기자조선을 찬양하는 시이며, 조선이라는 국호는 단군과 기자의 도읍지인 우이(嵎夷)의 지명이다. 그럼에도 불구하고 한국사의 중심에 있고 유교경전의 이상향인 우이(嵎夷)의 위치를 상고할 수 없게 교묘하게 은폐시켜버린 왕조를 어떻게 유교를 숭상했던 나라라고 할 수 있겠는가? 조선왕조 5백 년 동안 유학자 중에 과연 누가 이것을 거론한 적이 있었던가?

그러나 범죄는 흔적을 남기는 법이다. 신라 도읍지에는 인위적으로 조작할 수 없는 뚜렷한 증거물이 있다. 전북 진안군에 가면 말의 두 귀를 닮은 형상의 마이산(馬耳山)이 있듯이, 신라 도읍지에는 여성의 생식기가 활짝 벌어진 형상의 여근곡(女根谷), 삼신산을 머리에 이고 있다는 자라 형상의 오산(鼇山), 닭이 홰를 치며 우는 형상의 계림(鷄林) 등이 지금 지리산의 서남단, 구례군 일대에 선명하게 모양을 갖추고 있다.

또한 동방은 본래 유·불·선 삼교의 이상향이기 때문에 옛 역사서나 금석문이 아니더라도 삼교(三敎)의 경전에 이미 자세하게 갖추어져 있다. 그럼에도 불구하고 조선왕조가 멸망한 지 한 세기가 훌쩍 지나도록 철저하게 현혹되고 있는 것을 보면 참으로 불가사의한 일이다.

II. 훈민정음 상소문

우리나라 초대 문교부장관을 역임한 안호상(1902~1999) 박사가 문교부장관 재직 시에 중국의 저명한 문학자이며 평론가인 임어당(林語堂, 1895~1976)을 만나 여담으로 "중국이 한자를 만들어 놓아서 한자를 사용하는 우리나라까지 문제가 많다."고 하자 임어당은 "그게 무슨 말입니까? 한자는 당신네들 동이족(東夷族) 조상이 만든 문자인데, 그것도 모르고 있소?"라고 핀잔을 들었다고 한다.

현재 한글전용 정책과 교과서 한자 병기 문제로 논란이 되고 있고, 또 지난 2008년 불타서 재건한 국보 제1호인 숭례문을 훈민정음으로 교체해야 한다는 여론이 일고 있다. 이런 취지에서 한자 창제의 기원과 훈민정음 창제 당시 최만리 등의 상소문을 통해 훈민정음 창제의 허와 실을 살펴보기로 한다.

> 세종 25년(1443) 12월 30일.
> 이달에 임금이 친히 언문(諺文) 28자(字)를 지었는데, 그 글자가 옛 전자(篆字)를 모방하고, 초성(初聲)·중성(中聲)·종성(終聲)으로 나누어 합한 연후에야 글자를 이루었다. 무릇 문자(文字, 한자)에 관한 것과 본국의 언어에 관한 것을 모두 쓸 수 있고, 글자는 비록 간단하고 요약하지마는 전환하는 것이 무궁하니, 이것을 훈민정음(訓民正音)이라고 한다.[528]

---

528 是月 上親制諺文二十八字 其字倣古篆 分爲初中終聲 合之然後乃成字 凡于文

–『조선왕조실록』

세종 28년(1446) 9월 29일.

우리나라 언어의 발음이 중국 문자(文字, 한자)와 달라 서로 유통되지 못하므로, 어리석은 백성들이 말하고 싶은 것이 있어도 마침내 제 뜻을 잘 표현하지 못하는 사람이 많다. 내 이를 딱하게 여기어 새로 28자(字)를 제정하였으니, 사람들로 하여금 쉽게 익혀 날마다 쓰는 데 편하게 할 뿐이다.[529]

–『조선왕조실록』

세종 26년(1444) 2월 20일.

집현전 부제학(副提學) 최만리(崔萬理) 등이 상소하기를,

"신 등이 엎드려 보옵건대, 언문(諺文, 훈민정음)[530]을 제작하신 것이 지극히 신묘하여 지혜를 운용하여 작품을 만드심이 천고에 출중하시나, 신 등의 구구한 좁은 소견으로는 오히려 의심되는 것이 있어 감히 간곡한 정성을 펴서 삼가 뒤에 열거하오니 바라옵건대 성상께서 결재하시기를 바랍니다.

字及本國俚語 皆可得而書 字雖簡要 轉換無窮 是謂訓民正音。

529 國之語音 異乎中國與文字 不相流通 故愚民有所欲言 而終不得伸其情者多矣 予爲此憫然 新制二十八字 欲使人易習 便於日用耳

530 언문(諺文): 상소문에 나오는 언문은 훈민정음을 가리킨다. 상소문은 훈민정음을 반포하여 시행하는 것을 반대하는 내용이기 때문에 훈민정음이라는 용어를 쓰지 않고 대신에 언문(諺文)이라고 표기한 것이다.

1. 우리 조정은 조종(祖宗, 이태조) 이래로 지성으로 대국(大國)을 섬기어 한 결 같이 중화(中華, 중국)의 제도를 준수하였는데, 지금 천하의 수레가 같은 규격이고 문서는 같은 문자를 쓰는 때를 당하여 언문(諺文)을 창작하신 것은 보고 듣기에 놀라움이 있습니다. 설령 말하기를, '언문(諺文)은 다 본래 옛 글자이고 새로 된 글자가 아니라.' 하지만, 글자의 형상은 비록 옛날의 전문(篆文)을 모방하였을지라도[531] 발음하고 자음과 모음을 합하는 것은 모두 옛 것에 위반되니 실로 근거가 없사옵니다. 만일 중국에라도 흘러 들어가서 혹시라도 비난하여 말하는 자가 있으면, 어찌 대국을 섬기고 중화를 사모하는 데에 부끄러움이 없사오리까.

2. 옛 부터 구주(九州)의 안에 풍토는 비록 다르나 지방의 말에 따라 따로 문자를 만든 것이 없고, 오직 몽고(蒙古)·서하(西夏)·여진(女眞)·일본(日本)과 서번(西蕃)의 부류가 각기 그 글자가 있으되, 이는 모두 변방 오랑캐의 일이므로 족히 말할 것이 없습니다. 『맹자』에, '중화 문명을 가지고 변방 이민족의 풍속을 변화시킨다는 말은 들었으나, 이민족의 풍속에 변화되었다는 말은 듣지 못하였다.'고 하였습니다. 역대로 중국에서 모두 우리나라는 기자(箕

531 우리나라 언문(諺文)의 글자 모양은 온전히 범자(梵字, 범어)를 모방하였다. 처음 세종 때에 언문청(諺文廳)을 설치하여 지어 낸 것으로 글자를 제작한 것이 교묘한데, 실로 세종의 계산에서 비롯된 것이다. 我國諺書字樣 全倣梵字 始於世宗朝 設局撰出 而制字之巧 實自睿算云 – 『지봉유설(芝峯類說)』 18권, 기예부(技藝部)

子)의 남긴 풍속이 있다 하고, 문물과 예악을 중화에 견주어 말하기도 하는데, 이제 따로 언문을 만드는 것은 중국을 버리고 스스로 변방 오랑캐와 같아지려는 것으로서, 이것은 이른바 소합향(蘇合香)을 버리고 당랑환(螗螂丸)을 취함이오니, 어찌 문명의 큰 폐단이 아니오리까.

3. 신라 설총(薛聰)의 이두(吏讀)는 비록 비루한 이언(俚言, 언어)이라고 하나, 모두 중국에서 통행하는 글자를 빌어서 어조사로 사용하였기에 문자(文字, 한자)와 원래 서로 분리된 것이 아니므로, 비록 서리나 노비의 무리에 이르기까지라도 반드시 익히려 하면 먼저 몇 가지 서적을 읽어서 대강 한자를 알게 된 연후라야 이두를 쓰게 되는데, 이두를 쓰는 자는 모름지기 한자에 의거하여야 능히 의사를 통하게 되기 때문에, 이두로 인하여 한자를 알게 되는 자가 자못 많사오니, 또한 학문을 흥기시키는 데에 한 도움이 되었습니다.

만약 우리나라가 원래부터 문자를 알지 못하여 결승(結繩)하는 세대라면 우선 언문을 빌어서 한때의 사용에 이바지하는 것은 오히려 옳다 할 것입니다. 그래도 바른 의논을 고집하는 자는 반드시 말하기를, '언문을 시행하여 임시방편을 하는 것보다는 차라리 더디고 느릴지라도 중국에서 통용하는 문자를 습득하여 길고 오랜 계책을 삼는 것만 같지 못하다.'고 할 것입니다.

하물며 이두는 시행한 지 수천 년이나 되어 관청의 장부나 문서(文書) 계약과 회계 등의 일에 방애(防礙)됨이 없는데, 어찌 예로부터 시행하던 폐단 없는 글을 고쳐서 따로 비루한 언문(諺文)의 무익한 글자를 창조하시나이까?"

만약에 언문을 시행하면 관리된 자가 오로지 언문만을 습득하고 학문하는 한자를 돌아보지 않아서 관리들이 둘로 갈라질 것이옵니다. 진실로 관리 된 자가 언문을 배워 통달한다면, 후진(後進)이 모두 이러한 것을 보고 생각하기를, 27자의 언문으로도 족히 세상에 입신(立身)할 수 있다고 할 것이니, 무엇 때문에 고심 노사(苦心勞思)하여 성리(性理)의 학문을 궁리하려 하겠습니까.

이렇게 되면 수십 년 후에는 한자를 아는 자가 반드시 적어져서, 비록 언문으로써 능히 관리들이 사무를 시행한다 할지라도, 성현의 경전을 알지 못하고 배우지 않아서 담을 대하는 것처럼 사리의 옳고 그름에 어두울 것이오니, 한갓 언문에만 능숙한들 장차 무엇에 쓸 것이옵니까.

우리 국가에서 오래 쌓아 내려온 문명의 교화가 점차로 땅을 쓸어버린 듯이 없어질까 두렵습니다. 전에는 이두가 비록 한자 밖의 것이 아닐지라도 유식한 사람은 오히려 비루하게 여겨 이문(吏文)으로써 바꾸려고 생각하였는데, 하물며 언문(諺文, 훈민정음)은 한자와 조금도 관련됨이 없고 항간의 서민들이 전용하는 언어를 쓴 것이겠습니까.

가령 언문이 이전 왕조 때부터 있었다 하여도 오늘날 문명의 치세에 변로지도(變魯至道)[532]하려는 의도로 낡은 인습을 그대로 답습해서

---

532 『논어』 옹야(雍也)에 "제(齊)나라가 한 번 변화하면 노(魯)나라에 이르고, 노(魯)나라가 한 번 변화하면 선왕(先王)의 도(道)에 이를 것이다.(齊一變至於魯

야 되겠습니까? 하고 반드시 고쳐 새롭게 하자고 의논하는 자가 있었을 것으로서, 이는 환하게 알 수 있는 이치이옵니다.
옛 것을 싫어하고 새 것을 좋아하는 것은 고금에 통한 우환이온데, 이번의 언문은 새롭고 기이한 한 가지 기예(技藝)에 불과한 것으로서, 학문에 손실됨이 있고 정치에 유익함이 없으므로, 아무리 되풀이하여 생각하여도 그 옳은 것을 볼 수 없사옵니다.

4. 설령 말하기를, '형벌의 공소장(公訴狀)에 이두 문자로 쓴다면, 문리(文理)를 알지 못하는 어리석은 백성이 한 글자의 착오로 혹 원통함을 당할 수도 있겠으나, 이제 언문으로 그 말을 직접 써서 읽어 듣게 하면, 비록 지극히 어리석은 사람일지라도 모두 다 쉽게 알아들어서 억울함을 품을 자가 없을 것이라.' 하오나, 예로부터 중국은 말과 글이 같아도 형사(刑事) 상의 송사(訟事)에 억울하게 잘못된 것이 심히 많습니다. 가령 우리나라로 말하더라도 옥에 갇혀 있는 죄수로서 이두를 해득하는 자가 친히 범죄 혐의자가 진술한 공소장을 읽고서 허위인 줄을 알면서도 매를 견디지 못하여 그릇 항복하는 자가 많사오니, 이는 공소장의 글 뜻을 알지 못하여 원통함을 당하는 것이 아님이 명백합니다.
만일 그러면 비록 언문을 쓴다 할지라도 무엇이 이보다 다르겠습니까. 이것은 형옥(刑獄)의 공평하고 공평하지 못함이 옥리(獄吏)의 어떠하냐에 있고, 말과 한자의 같고 같지 않음에 있지 않은 것을 알 수 있으니, 언문으로써 옥사를 공평하게 한다는 것은 신 등은

魯一變至於道)"라는 공자의 말이 나온다.

그 옳은 줄을 알 수 없사옵니다.

5. 무릇 사업의 공을 세움에는 가깝고 빠른 것을 귀하게 여기지 않는데, 국가가 근래에 조치하는 것이 모두 빨리 이루는 것을 힘쓰니, 두렵건대 정치하는 체제가 아닌가 하옵니다.
설령 언문은 할 수 없어서 만드는 것이라 한다면, 이것은 풍속을 변하여 바꾸는 큰일이므로, 마땅히 재상으로부터 아래로는 백료(百僚)와 나라 사람들에 이르기까지 함께 의논하되, 나라 사람이 모두 옳다 하여도 오히려 법령을 처음 제정하여 반포하는 전후(前後)에 있어서, 백성에게 공손히 고(告)하는 법인데, 다시 세 번을 더 생각하고, 모든 제왕(帝王)에 질정하여 어그러지지 않고 중국에 상고하여 부끄러움이 없으며, 백세(百世)라도 성인(聖人)을 기다려 의혹됨이 없는 연후라야 이에 시행할 수 있는 것이옵니다.
이제 널리 여러 사람의 의논을 채택하지도 않고 갑자기 벼슬아치 10여 인으로 하여금 가르쳐 익히게 하며, 또 경솔하게 옛사람이 이미 이룩한 운서(韻書)를 고치고 근거 없는 언문을 부회(附會)하여 공장(工匠) 수십 인을 모아 판각하여서 급하게 널리 반포하려 하시니, 천하 후세의 공의(公議)에 어떠하겠습니까.
또한 이번 청주 초수리(椒水里)에 거동하시는 데도 특히 연사가 흉년인 것을 염려하시어 호종하는 모든 일을 힘써 간략하게 하셨으므로, 전일에 비교하오면 10에 8, 9는 줄어들었고, 계달하는 공무(公務)에 이르러도 또한 의정부(議政府)에 맡기시어, 언문 같은 것은 국가의 급하고 부득이하게 기한에 마쳐야 할 일도 아닌데,

어찌 이것만은 유독 행재소(行在所)에서 급급하게 하시어 성상의 몸을 조섭하시는 때에 번거롭게 하시나이까. 신 등은 더욱 그 옳음을 알지 못하겠나이다.

6. 선유(先儒)가 이르기를, '모든 기호는 다 뜻을 빼앗는 것이다. 서찰(書札)도 유학자의 일에 가장 가까우나, 한결같이 좋아서 집착만 하면 역시 저절로 본뜻을 잃는다.' 하였습니다.
이제 동궁(東宮, 세자)이 비록 덕성이 성취되셨다 할지라도 아직은 유학(儒學)에 마음을 가라앉히시어 더욱 그 이르지 못한 것을 궁구해야 할 것입니다. 언문이 비록 유익하다 이를지라도 특히 문사(文士)의 육예(六藝)의 한 가지일 뿐이옵니다. 하물며 만에 하나도 정치하는 도리에 유익됨이 없사온데, 정밀히 연구하느라 사려를 허비하며 시간이 흘러 하루하루가 가게 되니, 실로 시민(時敏)의 학업에 손실되옵니다. 신 등이 모두 문묵(文墨)의 보잘것없는 재주로 시종(侍從)에 대죄(待罪, 근무)하며, 마음에 품은 바가 있어 감히 입을 다물고 있지 못하고 삼가 마음속에서 우러나와 성상의 총명을 번거롭게 하나이다."
하니, 임금이 상소문을 보고, 최만리 등에게 이르기를,
"너희들이 이르기를, '발음하고 자음과 모음을 합하는 것은 모두 옛 것에 위반된다.' 하였는데, 설총의 이두(吏讀)도 역시 음이 다르지 않으냐. 또 이두를 제작한 본뜻이 백성을 편리하게 하려 함이 아니하겠느냐. 만일 그것이 백성을 편리하게 한 것이라면 지금의 언문도 백성을 편리하게 하려 한 것이다.

너희들이 설총은 옳다 하면서 군상(君上)의 하는 일은 그르다 하는 것은 무엇이냐. 또 네가 운서(韻書)를 아느냐. 사성칠음(四聲七音)에 자음과 모음이 몇이나 있느냐. 만일 내가 그 운서를 바로잡지 아니하면 누가 이를 바로잡을 것이냐. 또 상소에 이르기를, '새롭고 기이한 하나의 기예라.' 하였으니, 내 늘그막에 날(日)을 보내기 어려워서 서적으로 벗을 삼을 뿐인데, 어찌 옛 것을 싫어하고 새 것을 좋아하여 하는 것이겠느냐. 또 전렵(田獵)으로 매를 놓아 사냥을 하는 사례도 아닌데 너희들의 말은 너무 지나침이 있다. 그리고 내가 나이 늙어서 국가의 서무(庶務)를 세자에게 오로지 맡겼으니, 비록 세미(細微)한 일일지라도 참예하여 결정함이 마땅하거든, 하물며 언문이겠느냐. 만약 세자로 하여금 항상 동궁(東宮)에만 있게 한다면 환관(宦官)에게 일을 맡길 것이냐. 너희들이 시종(侍從)하는 신하로서 내 뜻을 밝게 알면서도 이러한 말을 하는 것은 옳지 않다." 하니, 최만리 등이 대답하기를,

"설총의 이두는 비록 음운(音韻)이 다르다 하나, 음운에 따르고 해석에 따라 어조사와 한자가 원래 서로 떨어지지 않사온데, 이제 언문은 여러 글자를 합하여 함께 써서 그 음과 해석을 변조한 것이고 글자의 형상이 아닙니다. 또 새롭고 기이한 한 가지의 기예라 하온 것은 특히 문세(文勢)에 인하여 이 말을 한 것이고 의미가 있어서 그러한 것은 아니옵니다.

동궁은 공사(公事)라면 비록 세미한 일일지라도 참결(參決)하시지 않을 수 없사오나, 급하지 않은 일을 무엇 때문에 시간을 허비하며 심려하시옵니까?" 하였다. 주상이 말하기를,

"전번에 김문(金汶)이 아뢰기를, '언문을 제작함에 불가할 것은 없습니다.' 하였는데, 지금은 도리어 불가하다 하고, 또 정창손(鄭昌孫)은 말하기를, '삼강행실(三綱行實)을 반포한 후에 충신·효자·열녀의 무리가 나옴을 볼 수 없는 것은, 사람이 행하고 행하지 않는 것이 단지 사람의 자질 여하에 있기 때문입니다. 어찌 꼭 언문으로 번역한 후에야 뒷사람이 모두 본받을 것입니까.' 하였으니, 이따위 말이 어찌 유학자의 도리를 아는 말이겠느냐. 아무짝에도 쓸데없는 속된 선비이다."

하였다. 먼저 번에 임금이 정창손에게 하교하기를,

"내가 만일 언문으로 삼강행실(三綱行實)을 번역하여 민간에 반포하면 어리석은 남녀가 모두 쉽게 깨달아서 충신·효자·열녀가 반드시 배출될 것이다." 하였는데, 창손이 이 말로 계달한 때문에 이제 이러한 하교가 있은 것이었다. 임금이 또 하교하기를,

"내가 너희들을 부른 것은 처음부터 죄주려 한 것이 아니고, 다만 상소문에 한두 가지 말을 물으려 하였던 것인데, 너희들이 사리를 돌아보지 않고 말을 바꾸어 대답하니, 너희들의 죄는 벗기 어렵다."

하고, 드디어 부제학(副提學) 최만리(崔萬理), 직제학(直提學) 신석조(辛碩祖), 직전(直殿) 김문(金汶), 응교(應教) 정창손(鄭昌孫), 부교리(副校理) 하위지(河緯地), 부수찬(副修撰) 송처검(宋處儉), 저작랑(著作郎) 조근(趙瑾)을 의금부에 하옥시켰다가 이튿날 석방하라 명하였는데, 오직 정창손만은 파직시키고, 인하여 의금부에 전지하기를, "김문이 앞뒤에 말을 변하여 계달한 사유를 국문(鞫問)하여 아뢰라." 하였다.

-『조선왕조실록』[533]

〔해설〕

이 상소문은 요즘 시행되고 있는 한글전용과 역사문제에 이르기까지 매우 중요하고 민감한 문헌이지만, 아직까지도 의견이 분분하고 올바로 이해하는 사람을 찾아보기 어렵다.

내용을 보면, 서두에 덕담으로 시작하며 상소하게 된 사유를 설명하고, 본론에 들어가 1항에서 '지금 천하의 수레가 같은 규격이고 문서는 같은 문자를 쓰는 때를 당하여…'라는 유교경전을 인용하며 포문을 연다.

> 천자가 아니면 예(禮)를 논의하지 않으며, 제도를 만들지 않고, 문자를 상고하지 않는다. 지금은 천하의 수레가 같은 규격이고, 문서는 같은 문자를 쓰고 행동에 윤리가 같게 되었다. 비록 그 지위가 있으나 진실로 그 덕이 없으면 감히 예악을 짓지 못하며, 비록 그 덕이 있으나 진실로 그 지위가 없으면 또한 감히 예악을 짓지 못한다.[534]
>
> -『중용(中庸)』 제28장

---

533 세종 26년(1444) 2월 20일 庚子 1번째 기사

534 非天子不議禮 不制度 不考文 今天下 車同軌 書同文 行同倫 雖有其位 苟無其德 不敢作禮樂焉 雖有其德 苟無其位 亦不敢作禮樂焉 -『중용(中庸)』 제28장

유교를 국교로 표방한 나라에서 유교경전은 법전과도 같은 것인데, 중국과 군신관계임을 천명한 조정에서 비록 제후의 국왕이라 할지라도 임의대로 언문을 창작하여 시행하려는 것이 도리에 어긋나는 것이며, 비록 기존에 사용해 오던 이두를 본뜬 것이라 할지라도 전문가 소견으로는 발음하고 글자를 합하는 것이 모두 옛 것에 위반된다는 지적이다. 이에 대해 세종의 답변에, "너희들이 '발음하고 자음과 모음을 합하는 것은 모두 옛 것에 위반된다.' 하였는데, 설총의 이두(吏讀)도 역시 음이 다르지 않으냐."라고 하여 훈민정음이 설총의 이두를 개작한 것에 불과하다는 사실을 인정하고 있다.

2항에서 기존에 사용하던 이두를 버리고 따로 문법에 맞지도 않는 조잡한 언문을 만들어 시행하려는 것은 비유하자면, 여러 가지 병을 한꺼번에 치료하는 진기한 한약재인 소합향원(蘇合香元)을 버리고, 풍뎅이가 소나 말의 똥을 굴려 만든 똥 덩어리인 당랑환(螗螂丸)을 취하려는 것이라며 가혹한 비평을 하고 있다.

3항에 신라 설총이 집대성한 이두는 중국에서 통행하는 글자를 빌어서 어조사로 사용하였기에 기초 한자를 익히고 나서 이두에 익숙해지고 나면 저절로 한문 문법까지도 깨우쳐 한문 경전까지도 해독하게 되는데, 새로 만든 언문은 발음이나 문법이 달라 언문에 아무리 익숙해지더라도 한문 원전을 대하면 막연해진다는 말이다.

이렇게 되면 수십 년 후에는 한자를 아는 자가 반드시 적어져서, 역사서와 경전의 한자를 알지 못하고 배우지 않아서 담을 대하는 것처럼 사리의 옳고 그름에 어두워서 그로 인한 해악이 심각해진다는 지적이다. 이것은 현재 중국의 간체자나 한국의 한글전용 정책도 마찬가지이다.

그러면서 '만약 우리나라가 원래부터 문자를 알지 못하여 결승(結繩)하는 세대라면'이라는 구절이 나온다. 여기에 '결승하는 세대'라는 말은 중국 정사인 『사기(史記)』 삼황본기의 첫머리에, 아득한 태고적에 복희씨가 '처음 서계(書契, 문자)를 만들어 결승(結繩)의 정치를 대신했다.'는 구절을 인용한 것이다. 결승이란 문자가 없던 시절에 새끼줄에 매듭을 만들어 표시하여 문자를 대신하는 것을 말한다. 복희씨의 국적에 관해, "복희씨는 목덕(木德)의 왕으로 봄철의 정령(政令)을 주시한다. 그러므로 『주역』에, '제왕이 동방에서 나온다.'고 하였으며, 『예기』 월령(月令)과 『여씨춘추』 맹춘기(孟春紀)에, 봄을 다스리는 천제는 태호 복희씨이다.' 한 것이 이것이다.[535]"라고 하였다. 세종에게 한자는 중국의 문자가 아니라 이미 오래 전에 동방의 제왕인 복희씨가 창제한 것이니 복희씨 전기를 다시 읽어보라는 뜻이다. 한자 창제의 기원에 관해 한 무제 때 공안국(孔安國)이 지은 『상서(尙書)』 서문에서 말하였다.

> 옛날에 복희씨(伏羲氏)가 천하의 왕이 되어 처음으로 팔괘(八卦)를 긋고 문자(書契)를 창제하여 결승으로 하던 정치를 대신하니, 이로부터 문서와 서적이 생겼다. 복희(伏羲)·신농(神農)·황제(黃帝)의 서적을 3분(三墳)이라 하며 대도(大道)라 말하고, 소호(少昊)·전욱(顓頊)·제곡(帝嚳)·요(堯)·순(舜)의 서적을 5전(五典)이라 하며 상

---

535 造書契, 以代結繩之政 … 木德王 注春令 故易稱帝出乎震 月令孟春 其帝太皞是也 –『사기(史記)』 삼황본기 복희

도(常道)라고 말한다.[536]

-『상서(尚書)』 서문(序)

여기에서 공안국은 한자의 기원과 상고시대 인류문명을 개척한 삼황오제에 대하여 명확하게 밝히고 있다. 한자의 기원에 관해서는 유교경전인 『중용』 제28장에, "천자가 아니면 예를 논의하지 않으며, 제도를 만들지 않고, 문자를 상고하지 않는다. 지금은 천하의 수레가 같은 규격이고, 문서는 같은 문자를 쓰고, 행동에 윤리가 같게 되었다."라는 구절에서 어느 시대에 누가 창제한 것인지 분명하게 드러나 있다. 동양에서는 이미 삼황오제가 다스리던 시절에 인류문명의 토대가 갖추어졌고, 시대와 국경을 초월하여 문서는 한자로 통일하여 사용하였으며 '천자가 아니면 문자를 상고하지 않는다.'고 규정하고 있다.

『주역』에 '하수(河水)에서 그림(圖)이 나오고, 낙수에서 서(書)가 나오니, 성인이 이를 법으로 삼았다.'[537]는 말이 나온다. 이에 대해 공안국의 『상서』 전(傳)에, '하도(河圖)는 팔괘(八卦)이다. 복희씨가 천하의 왕이었을 때, 하수(河水)에서 용마(龍馬)[538]가 나와 마침내 그 문양에 따라

---

536 古者伏犧氏之王天下也 始畫八卦 造書契 以代結繩之政 由是文籍生焉. 伏羲神農黃帝之書 謂之三墳 言大道也. 少昊顓頊高辛唐虞之書, 謂之五典 言常道也

537 河出圖 洛出書 聖人則之 -『주역(周易)』 계사전 상(繫辭傳上)

538 말(馬)은 8척 이상을 용(龍)이라 하고, 7척 이상을 래(騋)라 하고, 6척 이상을 마(馬)라고 한다. 馬八尺以上爲龍, 七尺以上爲騋, 六尺以上爲馬 -『주례(周禮)』 夏官司馬

팔괘를 그렸으므로 하도(河圖)라고 한다.

낙서(洛書)란 우(禹)가 홍수를 다스릴 때 신령한 거북이 지고 나온 문서로 등에 문양이 나열되어 있었는데, 그 수가 아홉이었다. 우(禹)는 마침내 그 차례에 따라 홍범구주를 이루었다.'[539]고 하였다. 낙서(洛書)는 홍범구주를 말하는 것으로 기자(箕子)가 주 무왕에게 전수한 내용이다.

이와 같이 문자를 창제하려면 천자의 지위에 있어야 하고 하늘의 상서가 뚜렷해야 가능하다는 말이다. 복희씨 이후에도 황제(黃帝) 때에 창힐(蒼頡)의 조적서(鳥迹書) 창제설이 있기는 하지만[540], 이것은

---

539 尙書 孔安國傳 河圖八卦 伏羲王天下 龍馬出河 遂則其文以畫八卦 謂之河圖 洛書者 禹治水時 神龜負文而出 列於背 有數至于九 禹遂因而第之 以成九類

540 또 물었다. "지금 서경성(西京城) 서쪽의 고사토대(高四土臺)는 속언(俗諺)에 창힐(蒼頡)이 글자를 만들던 대(臺)라고 하는데, 어떻게 예서(隸書)가 고대에 이미 있었겠는가?" 이에 천인(天人)이 답하였다. "창힐이 이 고사대(高四臺) 위에 흙을 더 깔고 새 발자국을 관찰했다는 것은 그런 사실이 없는 것은 아니다. 또 창힐의 전기에 대해 이 땅에서 그 근원을 아는 사람이 드물어, 혹은 그를 황제(黃帝)의 신하라 하고, 혹은 고대의 제왕이라 한다. 조적서(鳥迹書)란 때에 따라 변하는 하나의 방도로서 지금은 없어졌다." 하였다. 又問 今西京城西高四土臺 俗諺云 是蒼頡造書臺 如何云隸書字 古時已有 荅云 蒼頡於此臺上增土造臺 惠暉 觀鳥迹者 非無其事 且蒼頡之傳 此土罕知 其源 或云 黃帝之臣 或云 古帝王也 鳥迹之書 時變一途 今所絶 - 『법원주림(法苑珠林)』 제14권 관불부(觀佛部). 옛날 창힐이 서계(書契)를 만드니 하늘에서 오곡이 비처럼 내리고 귀신이 밤에 통곡하였다. 백익(伯益)이 우물을 만들자 용은 검은 구름으로 올라가 버리고 신(神)들은 곤륜산에 돌아가 살았다. 재능이 많아지면 덕은 점차 엷어진다. 그러므로 주나라의 솥은 수(倕)가 만든 것이

복희씨 후대의 일이고 오래전에 사라져 전해지지 않는 문자이다. 그러므로 수천 년 전부터 동양권에서 공통어로 사용하고 있는 한자의 기원은 복희씨가 처음 만든 서계(書契)가 된다.

이렇게 볼 때 삼황오제는 본래 천신이었는데, 인간 세상을 구제하기 위하여 지상에 내려와 교화하다가 다시 천신이 되어 사계절을 주재하는 것이며, 인간들이 진화하면서 문명을 개척한 것이 아니라는 사실을 알 수 있다.

그렇다면 임어당은 무슨 근거로 한자는 동이족이 만든 것이라고 했을까? 인류 최초로 『역경(易經)』과 문자를 창제한 복희씨가 동방의 제왕이라는 사실은 『주역』과 중국 정사인 『사기』와 『제왕세기』를 비롯하여 여러 전적에서도 거듭하여 밝히고 있다.

신라 설총(薛聰)의 이두에 관해 살펴보기로 하자.

> 설총은 천성이 총명하고 예리하여 배우지 않고 도리와 학술을 깨달아[541] 방언(方言, 이두)으로 구경(九經)을 풀이하여 후학들을

현저하여 그의 솜씨를 느끼게 한다. 이로써 큰 기교는 인위적로는 불가능하다는 것이 분명하다. 昔者蒼頡作書 而天雨粟 鬼夜哭 伯益作井 而龍登玄雲 神棲昆侖 能愈多而德愈薄矣 故周鼎著倕 使銜其指 以明大巧之不可爲也 - 『회남자(淮南子)』 본경훈(本經訓). 고유(高誘)의 주(注)에 '창힐이 처음 새의 발자국 문양을 보고 서계(書契)를 만들자 곧 거짓 위선이 싹트게 된다. 거짓 위선이 싹트니 근본을 버리고 말단을 좇게 되어, 경작을 하지 않고 송곳이나 칼끝의 예리함만을 추구하게 되었다. 이에 하늘이 장차 굶주리게 될 것을 알고 오곡을 비처럼 내린 것이다.' 하였다. 蒼頡始視鳥跡之文造書契 則詐僞萌生 詐僞萌生則去本趨末 棄耕作之業而務錐刀之利 天知其將餓 故爲雨粟

가르쳤으므로 지금까지 학자들이 그를 유학의 종주로 받든다.[542]
–『삼국사기』 제46권 열전 설총

설총은 나면서부터 예민하여 경전과 역사서에 두루 통달하니 신라 10현(十賢) 중의 한 분이다. 우리말로써 중국과 동이의 각 지방 풍속과 사물 이름에 통달하여 6경(六經)과 문학(文學)을 훈해(訓解)하였으니, 지금도 해동에서 명경(明經)을 전업으로 하는 학자들이 전수하여 끊이지 않는다.[543]
–『삼국유사』 4권, 원효전

『삼국사기』에서는 9경(九經)이라 하고, 『삼국유사』에서는 6경(六經)과 문학(文學)을 훈해 하였다고 했으나, 6경에 문학의 3종을 더한 것이니 실제로는 같은 것이다. 이와 같이 설총은 신라에서 기존에 사용하던 이두(吏讀)를 집대성하여 유교경전을 총 망라한 9경을 번역하고 주석을 덧붙여 간행하여 유학을 중흥시킨 공로로 고려 현종은

---

541 혹은 태어나면서부터 저절로 알고, 혹은 배워서 알고, 혹은 많은 노력을 한 뒤에야 안다. 그들이 알고 나서는 한가지이다. 或生而知之 或學而知之 或困而知之 及其知之一也 –『중용(中庸)』 제20장. 태어나면서 저절로 아는 사람은 상등 자질이고, 배워서 아는 사람은 그보다 한 등급이 낮은 자질이고, 많은 노력을 들여 배운 자는 또 그 다음 자질이다. 生而知之者 上也 學而知之者 次也 困而學之 又其次也 –『논어』 계씨(季氏)

542 聰性明銳生知道術 以方言讀九經 訓導後生 至今學者宗之

543 聰生而睿敏 博通經史 新羅十賢中一也 以方音通 會華夷方俗物名 訓解六經文學 至今海東業明經者 傳受不絶

홍유후(弘儒侯)라는 시호를 하사하고 문묘(文廟)에 배향하게 하였다.

앞서 살펴보았듯이 지금부터 4천3백여 년 전인 중국의 요순시대에 간행된 『산해경』 곽박(郭璞, 276~324)의 전(傳)에서 조선은 천축국이라 하였고, 당시 조선에는 고유의 문자와 화폐 등이 있었다고 하였다. 또 신라 국호인 서라벌(徐羅伐), 시라(尸羅) 등은 모두 범어(梵語)라는 사실을 살펴보았다.

이것은 이미 수천 년 전부터 우리가 사용하는 고유의 언어 중에 범어가 다수 섞여 있고, 이미 상고시대부터 인도와의 교류가 빈번했다는 증거이다. 이리하여 최치원이 지은 지증대사 비문에서도 '언어가 범음(梵音)을 답습하여 혀를 굴리면 족히 패다라(貝多羅, 불경)의 글자가 되었다.'[544]라고 한 것이다.

또 고려 문종 때에 지은 『균여전(均如傳)』에 이런 말이 있다.

> 다만 한스러운 것은 우리나라의 재자(才子) 명공(名公)들은 당시가(詩歌)를 읊을 줄 알지마는 중국의 거유 석덕들은 향가를 알지 못한다. 하물며 당나라 문장은 인드라 망이 잘 짜여진 것과 같아서 우리나라 사람들도 쉽게 읽지마는, 향찰(鄕札)은 범서(梵書)를 잇

---

544 語襲梵音 彈舌足多羅之字. 다라는 산스크리트어로 tāla의 음역이며 다라수(多羅樹)라 한다. 또는 안수(岸樹)·고송수(高竦樹)라고도 한다. 인도 등지의 해안가 모래밭에 무성하게 자라는 나무로 높이는 약 22척 정도이고 종려과(棕櫚科)에 속하는 열대 교목(喬木)이다. 그 잎은 길고 넓으며 평평하고 단단하기에 부처님이 열반하신 직후에 가섭존자가 칠엽굴에서 최초로 불경을 결집할 때 다라수 잎에 새겼기 때문에 불경을 패다라라고 한다.

달아 펼쳐놓은 것 같아서 중국 사람은 알기 어렵다.
양(梁)과 송(宋)의 주옥같은 작품은 우리나라로 자주 동방으로 흘러들어왔지마는, 진한(秦韓, 신라)의 비단에 수를 놓은 것 같은 문장은 서쪽으로 전해감이 드물었다.[545]
–『균여전(均如傳)』 제8

세종은 언문청(諺文廳)을 설치하여[546] 신숙주, 성삼문 등에게 명하여 언문(諺文)을 제작하게 하니, 처음에 초종성(初終聲)이 8자(八字), 초성이 8자, 중성(中聲)이 12자였다. 그 글자체는 범자(梵字)를 의거하여 만들어졌으며, 본국과 여러 나라 언어의 발음을 문자로써 표기치 못하는 것도 모두 막힘없이 기록할 수 있다.[547]
–『용재총화(慵齋叢話)』 제7권

우리 고유의 글로 지은 향가 중에 범어가 많이 섞여 있어 중국인들은 동국 명사들이 지은 향찰의 깊은 뜻을 이해하지 못한다는 말이다.

범어(梵語)의 기원은, 태초에 천지가 창조되고 나서 범천(梵天)의

545 而所恨者 我邦之才子名公 解吟唐什 彼土之鴻儒碩德 莫解鄕謠 矧復唐文如帝網交羅 我邦易讀 鄕札似梵書連布 彼土難諳 使梁宋珠璣 數托東流之水 秦韓錦繡 希隨西傳之星 –『균여전(均如傳)』 제8

546 세종 28년(1446) 11월 8일, 마침내 언문청을 설치하였다. 遂置諺文廳 –『조선왕조실록』

547 世宗設諺文廳 命申高靈成三問等製諺文 初終聲八字 初聲八字 中聲十二字 其字體依梵字爲之 本國及諸國語音文字 所不能記者 悉通無礙 –『慵齋叢話』 제7권

광음천(光音天) 천인들이 지상에 내려와 낙원에서 저절로 생겨나는 지비(地肥)를 먹고 지내는 동안 점차 퇴화하여 범천으로 다시 돌아가지 못하고 지구에 남아 인류의 조상이 되었는데, 이들이 광음천에서 살 때 사용하던 언어이기 때문에 범어라고 한다.

훈민정음 역시 범어의 음운 원리에 의거하여 만들어졌으며, 당시의 고승으로 범어에 능통하였던 신미(信眉)대사가 훈민정음 창제의 숨은 주역이라 할 수 있다. 이러한 공로로 세종이 세상을 떠나고 문종이 즉위하여 세종의 유명(遺命)에 따라 신미대사에게 '혜각존자(慧覺尊者)'라는 파격적인 작호를 하사했다.[548]

이와 같이 우리나라는 상고시대부터 한자와는 별도로 동이족 고유의 문자와 화폐 등이 있는 고도의 문명국이었다는 사실이 분명하게 드러나 있는데도 불구하고, 그로부터 3,700여 년이 지난 이조시대에 와서 세종이 조선은 아직까지 고유의 문자도 없는 문맹국이라고 자처하면서 실제로는 설총이 이미 집대성한 이두를 약간 변형시켜 새로운 문자를 창제했다고 자랑하고 있다.

또한 인류 역사에서 최초로 문자를 창제하여 결승의 정치를 대신하였던 복희씨가 동방의 제왕이라는 것은 중국 정사와 『주역』에 실려 있는데도 불구하고 세종은 친히 지은 서문에서 '우리나라 언어의 발음이 중국 한자와 달라 서로 유통되지 못하므로 … 운운'하며 한자를 중국 문자로 단정 지으며 역사를 왜곡하며 백성을 속이고 있다.

동방의 찬란했던 역사와 문화, 그리고 동방의 황제인 삼황오제를

---

548 『조선왕조실록』 문종 즉위 원년(1450) 7월 16일

통째로 중국에 가져다 바치고 중국의 속국임을 자처하며 세종이 세상을 떠난 지 6백여 년이 지난 지금까지도 세종의 우상화 노름에 혈안이 되어 한자는 중국 문자이니 교과서나 공문서에 혼용해서는 안 된다는 현실을 어떻게 받아들여야 할까?

집현전(集賢殿)이란 조정에서 역사와 경전을 총괄하여 연구하는 기관으로 이 방면에 당대 최고의 수재들이 모인 곳이다. 더구나 세종이 조정 중신들의 극렬한 반대에도 불구하고 훈민정음 반포를 강행했던 저의는 설총이 이두를 집대성하여 유교경전을 주해하였던 전적들을 없애버리려고 하는 데 있기 때문에 이러한 사실을 누구보다도 잘 알고 있는 집현전 학사들이 목숨을 걸고 집단 반발하게 된 것이다.

현재 사용되고 있는 만 원권 지폐를 보면 세종이 한글을 처음 창제하고 장영실이 천문 관측기구인 선기옥형(璿璣玉衡, 혼천의)을 만들었다는 취지로 지폐에 그려져 있다. 그러나 한글이 그렇듯이 천문 관측기구인 선기옥형도 이미 4천 300여 년 전에 만들어 사용하였다는 기록이 중국 정사인 『사기』에 실려 있다.

> 이에 요임금이 늙어 순(舜)에게 천자의 정사를 대신하여 섭정하도록 명하니, 순은 이에 천명인지를 선기옥형(璿璣玉衡)[549]으로 살펴

549 정현(鄭玄)은, '선기옥형은 혼천의(渾天儀)이고, 七政은 해와 달과 水星·火星·木星·金·星·土星의 다섯 가지 별이다.' 하였다. 鄭玄曰 璿璣 玉衡 渾天儀也 七政 日月五星也. -『사기집해(史記集解)』. 요임금이 순을 등용하여 시험기간을 거친 뒤 순에게 섭정하도록 명하였으나 순은 사양하면서 자신의 섭정이 천명인지를 직접 확인하고 즉위한 것이다.

일월성신이 가지런한지 관찰하였다. … 마침내 그해 2월에 순(舜)은 동쪽을 순수하여 태산(泰山)에 이르러 시제(柴祭)를 지내고, 아울러 동국의 명산대천에 제사지내고 마침내 동방(東方)의 군장(君長, 단군)을 알현하고 사시(四時)의 절기와 12달, 정월 초하루를 통합하고, 율(律)·도(度)·량(量)·형(衡)을 통일하고 오례(五禮)를 편수하였다.[550]

–『사기(史記)』 오제본기

『상서』 우서(虞書)에, 〔순(舜)이 동방의 군장을 알현하고 예악과〕 율·도·량·형을 천하가 동일하게 하여 멀고 가까운 나라에서 가지런히 통일시킨 까닭으로 백성들이 믿고 사용하는 것이다.
복희씨가 만물의 수(數)에 기인(起因)하여 팔괘(八卦)를 그리고부터 황제(黃帝)와 요순시대에 이르기까지 율력(律曆)이 크게 정비되었고, 하·은·주 삼대에 옛 사적을 상고하여 법도가 더욱 분명해졌다. 주나라가 쇠락하여 역관(曆官)이 없어지자 공자(孔子)가 후대 왕에게 역법을 진술하였다.[551]

–『한서』 율력지(律歷志)

건륭(乾隆) 3년(963) 봄에 〔송 태조가 고려 광종에게〕 제서(制書)를

550 於是帝堯老 命舜攝行天子之政 以觀天命 舜乃在璿璣玉衡 以齊七政 … 歲二月東巡狩 至於岱宗柴 望秩於山川 遂見東方君長 合時月正日 同律度量衡 脩五禮

551 虞書曰 乃同律度量衡 所以齊遠近立民信也 自伏羲畫八卦 由數起 至黃帝堯舜而大備 三代稽古法度章焉 周衰官失 孔子陳後王之法

내려 이르기를, "옛날 선대의 명철한 제왕이 중구(中區, 동방)에 살며 통치할 적에는 어찌 일찍이 문자와 수레의 너비가 만방에 통일되고 성교(聲教)가 사해에 미치지 아니하였겠는가." 하였다.[552]

-『송사(宋史)』 열전 고려

유교경전인 『예기』 왕제(王制)에, 천자는 5년에 한 번씩 제후를 순수(巡守)하는데, 그해의 2월에는 순임금의 행적과 같이 '동쪽으로 순수하여 동방의 군장을 접견하고 예악(禮樂)의 제도와 의복을 천하가 동일하도록 바로 잡는다.'라고 규정하고 있다.

그러므로 상소문 첫머리에 나오는 '지금 천하의 수레가 바퀴의 폭이 같고 문서는 같은 문자를 쓰는 때를 당하여'라는 구절은 사대주의 발상에서 나온 것이 아니라, 바로 이것을 말하는 것으로 이미 요순시대 이전부터 사해(四海)[553]가 한집안처럼 되어 문물과 제도가 정비되어 천하가 공유하고 있음을 밝힌 것이다. 그렇기 때문에 우(禹)가 범람하는 홍수를 다스릴 때에도 국경의 구분 없이 천하를 구주(九州)로 구분하여 치수사업을 하였던 것이고, 구주 중에 조선은 청주(青州)에 해당한다. 이로써 중국 정사를 통하여 고조선 단군의 존재가 확연히 드러난다. 설총이 이두로 9경을 번역하였던 전적(典籍)은 고려시대까지도 '지금

---

552 建隆三年十月 昭遣其廣評侍郎李興祐·副使李勵希·判官李彬等來朝貢. 四年春降制曰 古先哲后 奄宅中區 曷嘗不同文軌於萬方 覃聲教於四海 -『송사(宋史)』 외국열전 고려

553 구이(九夷) 팔적(八狄) 칠융(七戎) 육만(六蠻)을 사해(四海)라고 부른다. 九夷·八狄·七戎·六蠻 謂之四海 -『이아(爾雅)』 석지(釋地)

도 해동에서 명경(明經)을 전업으로 하는 학자들이 전수하여 끊이지 않는다.'고 하였다.

또한 조선왕조실록 세종 13년(1431) 5월조에 다음과 같은 기록이 보인다.

> 상정(詳定)하는 부서에서 아뢰기를 "이두(吏讀)로 된 『속원육전(續元六典)』은 태조 때에 이미 이룩된 법전이며, 또 중외(中外)의 관리들의 견문(見聞)이 익어서 준행하기가 편하고 쉬우니, 그것이 있는 강원도로 하여금 각판(刻板)의 깨어진 곳을 기워서 인쇄하여 중외에 반행(頒行)하게 하고, 『상정원육전(詳定元六典)』은 거두어서 쓰지 말게 하시기를 청하나이다." 하니, 그대로 따랐다.[554]

육조(六曹)의 법전인 『원육전(元六典)』을 이미 조선 태조 때에 이두로 작성하여 관아에서 시행하고 있었다는 말이다. 이리하여 정인지의 훈민정음 서문에서도, '옛날에 신라의 설총(薛聰)이 처음으로 이두(吏讀)를 만들어 관부(官府)와 민간에서 지금까지 이를 시행하고 있지마는 …' 이라고 하였다. 이와 같이 설총이 집대성한 이두와 유교의 근본경전인 9경을 훈해하였던 전적들이 세종 당시까지 전해지고 있는 것으로 분명하게 드러나고 있는데, 이씨조선이 유교을 국교로 표방하면서도 정작 설총이 훈해한 유교 전적들을 모두 없애버린 것은 실로 크나큰 모순이고 망국적인 발상이 아닐 수 없다.

---

554 詳定所啓 吏(續)元六典 太祖時已成之典 且中外官吏見聞習熟 遵守便易 請令所在江原道 修補板子刓缺處印之 頒行中外 詳定元六典 則收取勿用 從之

상소문 2항에 '역대로 중국에서 모두 우리나라는 기자(箕子)의 남긴 풍속이 있다 하고, 문물과 예악을 중화에 견주어 말하기도 하는데…' 라고 하였고, 3항에서 '우리 국가에서 오래 쌓아 내려온 문명의 교화가 점차로 땅을 쓸어버린 듯이 없어질까 두렵습니다.' 라는 구절은 설총이 이두로 번역한 유교의 9경을 없애버릴 경우를 우려한 내용으로 풀이된다. 설총의 아버지는 원효대사이기 때문에 불교에도 익숙하고 유교전적을 번역할 때에도 친히 대사의 가르침을 받았을 것이니, 오히려 주자학을 능가하는 유학사의 전무후무한 걸작임에 틀림없다.

가령 신라 최치원이 지은 「선안주원 벽기(善安住院壁記)」 하나만 보더라도 상고시대 동방의 역사체계나 유교경전에 대한 이해가 요즘과는 전혀 다르다는 사실이 이를 뒷받침한다.

이두와 훈민정음의 차이는 가령 임어당(林語堂)을 예로 든다면, 이두 발음은 린위탕이고 훈민정음 발음은 한자 발음대로 임어당으로 표기하는 정도의 차이일 것이다. 그리하여 상소문에서는 기존에 사용하고 있는 이두를 그대로 쓰자는 것이고, 세종은 이두의 발음이나 문법을 변형시켜 반포하여 자신의 치적을 남기고 싶었던 것이다.

순임금이 즉위하여 동방의 군장(君長, 단군)을 알현하고 양국 간에 24절기와 12달, 정월 초하루를 통합하고, 율·도·량·형 등을 통일하여 사용하였듯이 두 나라의 교류가 빈번하기 때문에 언어 역시 동양의 공통어인 한자 발음에 근사한 이두를 쓰는 것이 소통이 원활하게 되는 것이지, 새롭게 독자적인 훈민정음을 반포하여 쓰게 되면 여러 가지 폐단이 발생하게 된다는 지적이다.

이조 조정에서는 건국 직후 민심을 수습하기 위하여 역사서의 개간

(改刊)을 서두른다. 중국의 정사인 『한서』 지리지의 주(注)에서 단군조선·기자조선·위만조선 등 3조선의 도읍지에 대해 분명하게 밝히고 있는데도 불구하고, 평양이 3조선의 도읍지이고, 경주가 신라 도읍지라는 설은 이때 생겨난 것이다. 그러다보니 설총이 주해한 유교경전의 내용과 배치되는 내용이 섞여 있어 학자들 사이에서 자주 회자되고 논란이 되었던 것이다.

이리하여 세종 때에 이르러 부득이하게 설총의 전적들을 없애버리기 위한 목적으로 훈민정음 반포라는 사단이 벌어지게 된 것이다. 거듭하여 세종은 팔도지리지인 『세종실록지리지』[555]와 『동국여지승람』을 편찬하여 고조선 도읍지는 평양으로, 신라 도읍지는 경주로 치밀하게 개작하여 조상인 이성계가 시작한 역사왜곡 사업을 완수하였던 것이다.

신라는 오히려 불교국가이면서도 최치원이나 설총 같은 유학의 거장인 십현(十賢)이 배출되었으나, 조선은 비록 유학을 국교로 표방하면서도 유교경전과 한국사를 올바로 이해하는 걸출한 유학자는 찾아보기 어렵다. 유교경전에서 지향하는 이상향은 요임금이 희중을 살게 했던 우이(嵎夷)이며, 공자가 뗏목을 타고 가서 살고 싶어 했던

---

555 조선시대 전국 지리지의 편찬은 1424년(세종 6) 11월 세종이 변계량(卞季良)에게 지지의 편찬을 명함으로써 시작되었다. 1425년에 『경상도지리지(慶尙道地理志)』가 먼저 편찬되었으며, 이어 나머지 도의 지리지가 순차적으로 완성되었다. 이를 재편집하여 1432년(세종 14)에 전국 지리지인 『신찬팔도지리지(新撰八道地理志)』로 완성되었다. 1450년(세종 32) 세종이 승하한 후 1452년(문종 2)에 『세종장헌대왕실록』을 편찬할 때 지리지(地理志) 8권이 수록되었다.

구이(九夷)이다. 이곳이 바로 단군·기자·신라로 이어지는 세 왕조의 3천년 도읍지이다. 그럼에도 불구하고 오히려 역사서를 교묘하게 날조하여 우이 지역을 은폐시켜 놓았으니, 그 후로는 아무리 유교경전과 역사서를 연구하더라도 뜻이 통하지 않게 만들어 놓았다.

따라서 이씨조선이 유교를 국교로 표방했던 것은 불교를 배척하기 위한 방편에 불과한 것이었고, 실제로는 백성들의 우민화에 목적이 있었던 것이며 실로 유교를 숭상했던 왕조가 아니다.

이씨조선 말기에 태극기를 처음 제작한 박영효(朴泳孝)를 중심으로 조정의 중신들과 고종은 한국사의 진실을 익히 알고 있었던 것으로 보인다. 고종 35년(1897) 국호를 대한제국(大韓帝國)으로 고치고 광무(光武)라는 연호를 사용하며 조선은 제후국이 아닌 천자의 나라임을 내외에 천명하였는데, 이것은 일종의 양심선언이라 할 수 있다.

태극기는 동방의 제왕인 복희씨가 창제한 『역경(易經)』의 음양오행설을 도안으로 응용한 것이고, 거기에는 우주를 다스리는 태극(太極, 태일)과 사계절을 다스리는 복희·신농·황제·소호·전욱 등 삼황오제가 본래 동방의 제왕이라는 의미가 포함되어 있다. 그러면서도 고종은 자신의 선조가 자행하였던 역사 왜곡의 만행은 차마 밝힐 수가 없었다.

역사의 질곡(桎梏), 질곡이란 죄인들에게 채우는 수갑과 족쇄이다. 나라의 기강을 바로 세우는데 역사체계를 바로 세우는 것 만한 것이 없는데도 불구하고, 불행하게도 이씨조선은 건국 직후에 사대주와 우민화 정책의 일환으로 서둘러 시행했던 것이 역사 왜곡이었고, 그로부터 어언 6백여 년의 세월이 흘러갔다.

너무 오랜 세월을 그렇게 길들여지고 적응하며 살다보니 이제는 어느 것이 진실이고 어느 것이 거짓인지 분간할 수도 없고, 어쩌면 관심조차 없는지도 모른다. 그렇지 않다면 어찌 중국 정사와 경전, 그리고 최치원 선생의 문집에 이르기까지 이렇게 분명하게 밝히고 있음에도 불구하고 못 본체 할 수 있다는 말인가!

〔훈민정음 상소문 원문〕

庚子/集賢殿副提學崔萬理等 上疏曰 臣等伏覩諺文制作 至爲神妙 創物運智 夐出千古 然以臣等區區管見 尙有可疑者 敢布危懇 謹疏于後 伏惟聖裁

一, 我朝自祖宗以來 至誠事大 一遵華制 今當同文同軌之時 創作諺文 有駭觀聽 儻曰諺文皆本古字 非新字也 則字形 雖倣古之篆文 用音合字 盡反於古 實無所據 若流中國 或有非議之者 豈不有愧於事大慕華

一, 自古九州之內 風土雖異 未有因方言 而別爲文字者 唯蒙古 西夏 女眞 日本 西蕃之類 各有其字 是皆夷狄事耳 無足道者 傳曰 用夏變夷 未聞變於夷者也 歷代中國皆以我國有箕子遺風 文物禮樂 比擬中華 今別作諺文 捨中國而自同於夷狄 是所謂棄蘇合之香 而取螗螂之丸也 豈非文明之大累哉

一, 新羅薛聰吏讀 雖爲鄙俚 然皆借中國通行之字 施於語助 與文字元不相離 故雖至胥吏僕隷之徒 必欲習之 先讀數書 粗知文字 然後乃用吏讀 用吏讀者 須憑文字 乃能達意 故因吏讀而知文字者頗多 亦興學之一助也 若我國 元不知文字 如結繩之世 則姑借諺文 以資

一時之用猶可 而執正議者必曰 與其行諺文以姑息 不若寧遲緩而習中國通行之文字 以爲久長之計也 而況吏讀行之數千年 而簿書期會等事 無有防礎者 何用改舊行無弊之文 別創鄙諺無益之字乎 若行諺文 則爲吏者專習諺文 不顧學問文字 吏員岐而爲二 苟爲吏者以諺文而宦達 則後進皆見其如此也 以爲 二十七字諺文 足以立身於世 何須苦心勞思 窮性理之學哉 如此則數十年之後 知文字者必少 雖能以諺文而施於吏事 不知聖賢之文字 則不學墻面 昧於事理之是非 徒工於諺文 將何用哉 我國家積累右文之化 恐漸至掃地矣 前此吏讀 雖不外於文字 有識者尙且鄙之 思欲以吏文易之 而況諺文與文字 暫不干涉 專用委巷俚語者乎 借使諺文自前朝有之 以今日文明之治 變魯至道之意 尙肯因循而襲之乎 必有更張之議者 此灼然可知之理也 厭舊喜新 古今通患 今此諺文不過新奇一藝耳 於學有損 於治無益 反覆籌之 未見其可也

一, 若曰如刑殺獄辭 以吏讀文字書之 則不知文理之愚民 一字之差 容或致冤 今以諺文直書其言 讀使聽之 則雖至愚之人 悉皆易曉而無抱屈者 然自古中國言與文同 獄訟之間 冤枉甚多 借以我國言之 獄囚之解吏讀者 親讀招辭 知其誣而不勝棰楚 多有枉服者 是非不知招辭之文意而被冤也明矣 若然則雖用諺文 何異於此 是知刑獄之平不平 在於獄吏之如何 而不在於言與文之同不同也 欲以諺文而平獄辭 臣等未見其可也

一, 凡立事功 不貴近速 國家比來措置 皆務速成 恐非爲治之體 儻曰諺文不得已而爲之 此變易風俗之大者 當謀及宰相 下至百僚國人皆曰可 猶先甲先庚 更加三思 質諸帝王而不悖 考諸中國而無愧 百

世以俟聖人而不惑 然後乃可行也 今不博採群議 驟令吏輩十餘人訓習 又輕改古人已成之韻書 附會無稽之諺文 聚工匠數十人刻之 劇欲廣布 其於天下後世公議何如 且今淸州椒水之幸 特慮年歉 扈從諸事務從簡約 比之前日 十減八九 至於啓達公務 亦委政府 若夫諺文非國家緩急不得已及期之事 何獨於行在而汲汲爲之 以煩聖躬調變之時乎 臣等尤未見其可也

一, 先儒云 凡百玩好 皆奪志 至於書札 於儒者事最近 然一向好着亦自喪志 今東宮雖德性成就 猶當潛心聖學 益求其未至也 諺文縱曰有益 特文士六藝之一耳 況萬萬無一利於治道 而乃硏精費思 竟日移時 實有損於時敏之學也 臣等俱以文墨末技 待罪侍從 心有所懷 不敢含默 謹罄肺腑 仰瀆聖聰

上覽疏 謂萬理等曰 汝等云 用音合字 盡反於古 薛聰吏讀 亦非異音乎 且吏讀制作之本意 無乃爲其便民乎 如其便民也 則今之諺文 亦不爲便民乎 汝等以薛聰爲是 而非其君上之事 何哉 且汝知韻書乎 四聲七音 字母有幾乎 若非予正其韻書 則伊誰正之乎 且疏云 新奇一藝 予老來難以消日 以書籍爲友耳 豈厭舊好新而爲之 且非田獵放鷹之例也 汝等之言 頗有過越 且予年老 國家庶務 世子專掌 雖細事固當參決 況諺文乎 若使世子常在東宮 則宦官任事乎 汝等以侍從之臣 灼知予意 而有是言可乎 萬理等對曰 薛聰吏讀 雖曰異音 然依音依釋 語助文字 元不相離 今此諺文 合諸字而竝書 變其音釋而非字形也 且新奇一藝云者 特因文勢而爲此辭耳 非有意而然也 東宮於公事則雖細事 不可不參決 若於不急之事 何竟日致慮乎 上曰 前此金汶啓曰 制作諺文 未爲不可 今反以爲不可 又鄭昌孫曰 頒布三綱行

實之後 未見有忠臣孝子烈女輩出 人之行不行 只在人之資質如何耳 何必以諺文譯之 而後人皆效之 此等之言 豈儒者識理之言乎 甚無用之俗儒也 前此 上教昌孫曰 予若以諺文譯三綱行實 頒諸民間 則愚夫愚婦 皆得易曉 忠臣孝子烈女 必輩出矣 昌孫乃以此啓達 故今有是教 上又教曰 予召汝等 初非罪之也 但問疏內一二語耳 汝等不顧事理 變辭以對 汝等之罪 難以脫矣 遂下副提學崔萬理 直提學辛碩祖 直殿金汶 應教鄭昌孫 副校理河緯地 副修撰宋處儉 著作郎趙瑾于義禁府 翌日 命釋之 唯罷昌孫職 仍傳旨義禁府 금문전후변사계達事由 其鞫以聞

『朝鮮王朝實錄』

III. 후한서 동이전

『예기(禮記)』 왕제(王制)에 이르기를 "동방(東方)을 이(夷)라고 한다." 하였다. 이(夷)라는 것은 근본이다. 어질고 생육(生育)하기를 좋아하며 만물이 동방에 뿌리를 내리고 나온다는 말이다.[556] 그러므로 천성이 유순하고 도리로 다스리기가 쉬우니, 군자국(君子國)과 불사국(不死國)이 있기까지 하다. 〔『산해경(山海經)』에, '군자국이 그 북쪽에 있는데 의관에 검을 차고, 짐승을 잡아먹으며, 두 가지 무늬가 있는 호랑이를 곁에 두고 부린다. 그 사람들은 사양하기를 좋아하여 다투지 않는다. 또 죽지 않는 사람들이 교경국(交脛國)의 동쪽에 있다. 그 사람들은 검은빛이고 수명이 죽지 않는다. 나란히 東方에 있다.' 하였다.〕

동이(東夷)는 아홉 부족이 있으니, 견이(畎夷)·우이(于夷)·방이(方夷)·황이(黃夷)·백이(白夷)·적이(赤夷)·현이(玄夷)·풍이(風夷)·양이(陽夷) 등이다.

그러므로 공자도 구이(九夷)[557]에 가서 살고 싶어 하였다.[558]

---

556 제왕은 진(震)에서 나오고 만물이 震에서 나오니, 震은 東方이다. 帝出乎震 萬物出乎震 震 東方也. -『주역(周易)』 설괘전(說卦傳). 공자(孔子)가 말하기를, 오행(五行)의 일을 운용함에 먼저 木이 일어나는데, 木은 동방이며 만물이 모두 처음 나오는 곳이다. 孔子曰 五行用事 先起於木 木東方 萬物之初皆出焉 -『공자가어(孔子家語)』 오제(五帝)

557 하우씨가 동방으로 가서 구이(九夷)를 교화하다가 도중에 세상을 떠나니 종료하고 회계산(會稽山)에 장사지냈다. 大禹去東方教化九夷 在半路死了 葬在會稽山上 -『묵자(墨子)』 6권, 절장(節葬)下

옛날 요임금이 희중(羲仲)에게 명하여 우이(嵎夷)에 살게 하였다. 이곳을 양곡(暘谷)이라고도 하니 대개 해가 뜨는 곳이다. 〔공안국의 『상서(尙書)』전(傳)에, '동방의 땅을 우이(嵎夷)라고 칭한다. 양곡(暘谷)에서 해가 떠오르고, 희중(羲仲)은 동방을 다스리는 관직이다.' 하였다.〕

王制云 東方曰夷. 夷者柢也 言仁而好生 萬物柢地而出〔事見風俗通【集解】惠棟曰, 風俗通作觝 又風俗通云, 萬物觝觸地而出〕故天性柔順 易以道御 至有君子·不死之國焉〔山海經曰 君子國衣冠帶劒食獸 使二文虎在旁 外國圖曰 去琅邪三萬里 山海經又曰 不死人在交脛東 其爲人黑色, 壽不死 並在東方也.【集解】惠棟曰, 括地圖云, 君子民好讓 古爲君子國 說文云, 東夷從大 大人也 夷俗仁 仁者壽 有君子·不死之國.〕夷有九種〔竹書紀年曰 后芬發 卽位三年 九夷來御也.〕曰畎夷 于夷 方夷 黃夷 白夷 赤夷 玄夷 風夷 陽夷〔竹書紀年曰 后泄二十一年 命畎夷 白夷 赤夷 玄夷 風夷 陽夷 后相卽位二年征黃夷 七年 于夷來賓 後少康卽位 方夷來賓也.〕故孔子欲居九夷也.〔【集解】惠棟曰 論語疏云 九夷 一曰 元菟 樂浪 高麗 滿飾 鳧臾 索家 東屠 倭人 天鄙.〕昔堯命羲仲宅嵎夷 曰暘谷 蓋日之所出也.〔孔安國 尙書注曰 東方之地曰嵎夷 暘谷 日之所出也〕

---

558 【집해(集解)】『논어(論語)』 소(疏)에, 구이(九夷)는 현도(玄菟)·낙랑(樂浪)·고구려(高麗)·만식(滿飾)·부유(鳧臾)·색가(索家)·동도(東屠)·왜인(倭人)·천비(天鄙)라 하였다.

〔해설〕

『설문해자』에, '이(夷)는 大+弓의 합성어로 동방(東方)의 사람이다.'[559] 하였고, 『강희자전』에서도, 이(夷)는 우이(嵎夷)의 동표(東表) 땅으로 『상서』 요전에, 희중을 '우이(嵎夷)에 살게 했다.' 한 것이 이것이라고 했다.[560] 또 동이전 말미에 찬양하는 글에서, '우이(嵎夷)에 궁전을 짓고 살며 동방을 다스리니 곧 양곡(暘谷)이라 한다.' 하였다. 이와 같이 전체적인 문맥을 보면, 동이·동방·구이·우이·양곡 등은 우주에서 해가 처음 떠오르는 구역의 지명으로 바로 여기에 복희씨로부터 전욱에 이르기까지 오제(五帝)의 도읍지인 궁상(窮桑)은 바로 이곳이고, 단군조선·기자조선·신라 천년으로 이어지는 역대 왕조의 궁궐이 시대와 왕조를 초월하여 우이(嵎夷)에 있었으므로 동방의 역사를 동이전이라 하고, 여기에서 퍼져나간 민족을 동이족이라고 하는 것이다.

『일주서』 왕회해(王會解) 편은, 주(周)나라 초기인 성왕(成王) 때 주공(周公)과 태공(太公)이 섭정하여 천하가 태평해지자, 제후들과 중국 밖의 사방 나라와 부족이 주나라에 조회하러 오고 공물(貢物)을 바친 일을 기술한 내용이다.

직신(稷愼)의 특산품은 큰 사슴이다. 〔직신(稷愼)은 곧 숙신(肅愼)이다. 조공하는 큰 사슴은 사슴과 흡사하다.〕 예(濊) 사람은 전아(前

559 夷, 從大從弓 東方之人也.

560 夷, 嵎夷 東表之地 書堯典 宅嵎夷

兒)인데, 원숭이처럼 생겼고 서서 다니며, 어린애와 같은 소리를 낸다. 〔예(穢)는 한(韓)의 예(穢)이며 동이의 별종이다.〕 양이(良夷)는 재자(在子)이다. 재자는 (자라) 몸에 사람의 머리로 그 배는 살지고, 콩잎으로 뜸을 뜨면 '재자(在子)'라고 소리 내면서 운다. 〔양이(良夷)는 낙랑(樂浪)의 이(夷)로 기이한 짐승을 조공한다.〕 발(發) 사람은 큰 사슴이다. 큰 사슴은 사슴과 같고 빠르게 달린다. 〔발(發) 역시 동이(東夷)이다.[561] 빠르게 달린다.〕 청구(青丘)는 여우인데, 꼬리가 아홉 개이다. 〔청구는 해동의 지명이다.〕 주두(周頭)는 휘저(煇羝)이다. 휘저는 양이다. 〔주두 역시 해동의 이(夷)이다.〕 흑치(黑齒)는 흰 사슴과 흰말을 조공한다. 〔흑치는 서쪽 먼 지역의 이(夷)이며 흰 사슴과 흰 말을 조공한다.〕 백민(白民)은 승황(乘黃)이다.[562] 승황은 여우와 흡사하며 그 등에 두 개의 뿔이

561 제 환공(齊桓公, B.C 716~B.C 643)이 관중(管仲)에게 묻기를, '내 들으니 사해 안에 옥폐(玉幣)로 쓰는 7가지가 있다는데 얻을 수 있는 방법은 없는가?' 관중(管仲)이 대답하기를 (그 중에 하나가) '발(發)과 조선(朝鮮)의 무늬 있는 가죽입니다.' 하였다. 桓公問管子曰 吾聞海內玉幣 有七筴 可得而聞乎 管子對曰 發朝鮮之文皮 一筴也 - 『관자(管子)』 규도(揆度)

562 백민(白民)의 나라가 용어(龍魚)의 북쪽에 있다. 흰 몸에 머리는 풀어헤쳤다. 승황(乘黃)이 있는데, 그 모양이 여우와 같고 그 등위에 뿔이 있다. 승황을 타면 2천년의 수명을 누린다. 白民之國在龍魚北 白身被髮 有乘黃 其狀如狐其背上有角 乘之壽二千歲 용어(龍魚)에 능어(陵魚)가 그 북쪽에 살고 있다. 모양이 살쾡이와 같은데, 일설에는 도룡뇽과 같다고 한다. 즉 신성(神聖)이 있어 이것을 타고 천상의 구야(九野)를 돌아다닌다. 龍魚陵居在其北 狀如狸一曰鰕 卽有神聖乘此 以行九野 - 『산해경』 海外西經. 능어(陵魚)는 사람 얼굴인데, 물고기 몸에 손발이 있고 바다에 산다. 陵魚人面 手足魚身 在海中

있다. 〔백민(白民) 역시 동남의 이(夷)이다.〕 … 고이(高夷)는 겸양(嗛羊)이다. 겸양(嗛羊)이란 양인데 뿔이 네 개다. 〔고이(高夷)는 동북의 이(夷)로 고구려이다.〕 고죽(孤竹)은 거허(距虛)이다. 〔고죽(孤竹)은 동북의 이(夷)다. 거허(距虛)는 들짐승으로 당나귀와 노새 종류이다.〕 불령지(不令支)는 현모(玄模)이다. 〔불령지는 다 동북의 이(夷)이다. 맥(貘)은 흰여우이고 현맥(玄貘)은 곧 검은 여우이다.〕 부도하(不屠何)는 푸른 곰이다. 〔부도하 역시 동북의 이(夷)이다.〕[563]

-『일주서(逸周書)』 왕회해(王會解)

『일주서』의 주(注)는 진(晉)나라의 오경박사(五經博士) 공조(孔晁)가 주석한 것으로 주나라 초기에 당시 조선의 여러 부족국가의 명칭과 특산물에 대해 풀이하고 있다.

하후씨(夏后氏)의 태강(太康)이 덕을 잃자, 동이 사람들이 처음으로

-『산해경』 海內北經.

563 稷愼大麈〔稷愼 卽肅愼也 貢麈似鹿〕穢人前兒 前兒若獼猴立行 聲似小兒〔穢韓穢 東夷別種〕. 良夷在子 在子幣〔鼈?〕身人首 脂其腹 炙之藿 則鳴曰在子〔良夷 樂浪之夷也 貢奇獸〕. 發人 麃 麃者 若鹿 迅走〔發 亦東夷 迅疾〕青丘狐九尾〔青丘 海東地名〕周頭煇羝 煇羝者 羊也〔周頭 亦海東夷〕黑齒白鹿白馬〔黑齒 西遠之夷也 貢白鹿白馬〕白民乘黃 乘黃者 似狐 其背有兩角〔白民 亦東南夷〕… 高夷嗛羊 嗛羊者 羊而四角〔高夷 東北夷高句驪〕孤竹 距虛〔孤竹 東北夷 距虛 野獸 驢騾之屬.〕不令支玄模〔不令支 皆東北夷 貘白狐 玄貘則黑狐〕不屠何青熊〔不屠何 亦東北夷也〕

배반하기 시작하였다. 〔태강은 계(啓)의 아들이다. 사냥터에 백일 동안이나 머무르면서 백성들을 구휼하지 않으니 동이족인 예(羿)가 축출하였다.[564]〕

소강(少康) 이후부터는 대대로 왕실의 교화에 감복되어 왕실에 조회하고 그들의 음악과 춤을 바치게 되었다. 〔소강(少康)은 제(帝) 중강(仲康)의 손자로 제 상(相)의 아들이다. 『죽서기년(竹書紀年)』에, 제 발(帝發)이 즉위한 원년에 제이(諸夷)가 하(夏)의 조정에 빈객으로 와서 동이의 춤을 바쳤다.[565]〕

걸(桀)이 포학해지니 동이족이 침입하여 왔는데, 은(殷)의 탕(湯)이 혁명하고 이들을 정벌하여 평정하였다. 중정(仲丁) 때에 이르러 남이(藍夷)가 침범하였다. 이로부터 혹은 복종하고 혹은 배반하기를 3백여 년간 계속하였다.

---

564 천제는 동이(東夷)에 예(羿)를 내려 보내 하(夏)나라 백성의 재앙을 혁신하라고 하였다.〔제(帝)는 천제이다. 이예(夷羿)는 제후로 하(夏)의 왕인 태강을 축출하고 그의 아우 중강(仲康)을 왕위에 오르게 하고 뒤에서 권력을 전횡하였다. 마침내 예(羿)가 대를 이어 즉위한 상(相)을 시해하고 천자의 지위에 올랐으나 그 역시 황음하여 사냥만을 일삼았으므로 하나라의 도가 변경되고 만백성의 우환이 되었다는 말이다.〕 帝降夷羿 革孽夏民〔帝 天帝也 夷羿 諸侯 弑夏後相後者也 言羿弑夏家 居天子之位 荒淫田獵 變更夏道 爲萬民憂患〕 - 『초사(楚辭)』 천문(天問). 괄호 안은 왕일(王逸)의 주(注).

565 제분(帝芬) 3년 구이(九夷)가 내조하였다. 帝芬 三年 九夷來御 제 발(帝發) 원년 을유에 즉위하니 제이(諸夷)가 왕문(王門)에 빈객으로 왔다. 재차 상지(上池)에서 보용(保墉)의 회맹을 하니 제이(諸夷)가 들어와 춤을 추었다. 帝發元年乙酉 帝卽位 諸夷賓于王門 再保墉會于上池 諸夷入舞 - 『죽서기년(竹書紀年)』

무을(武乙)에 이르러 〔은이〕 쇠약해지자, 동이(東夷)가 점차 강성해져서 드디어 회수(淮水)와 대산(岱山, 태산)으로 나뉘어 옮겨오더니 점차 중국 영토에까지 뻗어와 살게 되었다. 〔무을(武乙)은 제왕 경정(庚丁)의 아들이다. 무도하여 가죽 주머니에 피를 담아 우러러 쏘며 명하기를 '천신(天神)을 쏘았다'고 하였다.〕

주 무왕이 〔은의〕 주(紂)를 멸망시킴에 이르러 숙신(肅愼)이 와서 석노(石砮)[566]와 호시(楛矢)[567]를 바쳤다.[568] 관숙(管叔)과 채숙(蔡叔)이 주나라를 배반하고 이적(夷狄)을 불러서 권유하였는데, 주공(周公)이 이들을 정벌함으로서 동이가 드디어 평정되었다. 〔『상서(尙書)』에, 무왕이 승하하자 삼감(三監)[569]과 회이(淮夷)가 배반하니 주공(周公)이 그들을 정벌하고 대고(大誥)를 지었다. 또 성왕(成王)이 이미 관숙과 채숙을 토벌하고 회이(淮夷)를 멸하였다.〕

강왕(康王) 때에 숙신(肅愼)이 다시 왔다.

그 후에 서이(徐夷, 서언왕)가 왕이라 참칭하며 구이(九夷)를 거느리

---

566 돌로 갈아 만든 화살촉.

567 싸리나무로 만든 화살대.

568 옛날 숙신(肅愼)은 마땅히 곧 위(魏) 시대의 읍루(挹婁)이다. 주나라 초기부터 호시(楛矢)와 석노(石砮)를 조공하였다. 후위(後魏) 이후로는 물길국(勿吉國)이라 하고, 지금은 말갈(靺鞨)이라 한다. 古之肅愼 宜卽魏時挹婁 自周初貢楛矢石砮 後魏以後曰勿吉國 今則曰靺鞨焉 - 『통전(通典)』 변방전(邊防典) 동이상(東夷上)

569 관숙(管叔)·채숙(蔡叔)·곽숙(霍叔)은 모두 주나라 문왕(文王)의 아들이고 주공(周公)의 형제인데, 무경(武庚)을 끼고 유언비어를 퍼뜨리다가 삼감(三監)의 난을 일으켜 주공에게 토벌 당하였다.

고 호경(鎬京)을 쳐서 서쪽으로 황하의 상류에까지 이르렀다. 〔『예기(禮記)』단궁(檀弓)에, 서국(徐國)의 용거(容居)가 말하기를, '옛날 나의 선군(先君) 구왕(駒王)이 서쪽으로 황하를 건너 토벌하였다.'고 하였다.〕

목왕(穆王)은 그 세력이 한창 떨침을 두려워하여 동방의 제후를 분리시켜 서언왕(徐偃王)에게 명하여 주재하게 하였다. 〔『박물지(博物志)』에, 서(徐)나라 임금의 궁녀가 임신하여 알을 낳았는데, 상서롭지 못하다 하여 물가에 버렸다. 그런데 홀로 외로이 사는 한 노파에게 곡창(鵠蒼)이라는 개가 있었는데, 버려진 알을 물고 들어오므로 노파는 따뜻하게 덮어놓으니 마침내 작은 아기가 태어났는데, 누워있었으므로 이름을 언(偃)이라고 했다. 궁실에서 듣고 다시 거두어 기르니 장성하자 왕위를 계승하여 서군(徐君)이 되었다. 『시자(尸子)』에, 서언왕(徐偃王)은 근육은 있으나 뼈가 없으므로 언(偃)이라고 한다고 했다. 『죽서기년』에, 목왕(穆王) 6년 봄에 서자(徐子) 탄(誕)이 조빙하니 서백(徐伯)에 봉하였다고 하였다.〕

언왕(偃王)은 황지(潢池)의 동쪽에 거처하였으며 지방이 5백 리였다. 〔『수경주(水經注)』에, 황수(黃水)는 일명 왕수(汪水)라고 하는데, 포수(泡水)와 합류하여 패(沛)땅에 이르러 사수(泗水)에 들어간다. 산양군(山陽郡)의 동쪽에서부터 해릉군(海陵郡)의 북쪽까지가 그 땅에 해당한다.〕 인의(仁義)를 행하니 육지로 조회하는 나라가 36국(國)이나 되었다.[570]

목왕은 후에 적기(赤驥)·녹이(騄耳) 등의 천리마를 얻어서 타고

---

570 『예기(禮記)』 단궁(檀弓) 下

〔『사기(史記)』에, '조보(造父)가 말을 잘 몰아 주 목왕이 적기(赤驥)·도려(盜驪)·화류(驊騮)·녹이(騄耳) 등 네 필의 천리마가 끄는 수레를 타고 서쪽으로 순수하여 즐거움에 돌아올 것을 잊었다.'고 하였다.[571]〕 이에 조보(造父)로 하여금 그 말을 몰고 초(楚)나라에 알려서 서언왕을 치게 하니, (조보는) 하루만에 (초나라에) 도착하였다. 〔조보(造父)는 채옹(蔡邕)의 전기에 보인다.〕 이에 초 문왕(楚文王)이 군사를 크게 일으켜 그들을 멸하였다.

언왕(偃王)이 어질기만 하고 권도(權道)가 없어서 차마 그 백성들에게 싸우게 하지 못하였으므로 패망하기에 이른 것이다. 이리하여 북으로 팽성(彭城) 무원현(武原縣) 동산(東山) 아래로 달아났는데, 따라간 백성이 만여 명이나 되었으며, 이로 말미암아 그 산의 이름을 서산(徐山)이라고 하였다. 〔무원현의 옛 성(城)이 지금도 사주(泗州)에 있다. 하비현(下邳縣)의 북쪽으로 서산(徐山)은 그 북쪽에 있다. 『박물지(博物志)』에, 서언왕의 괴이함은 범상치 않았다. 무원현 동쪽 10리에 서산(徐山)이 있고 석실의 사당을 볼 수 있다. 언왕은 진(陳)과 채(蔡)의 사이로 운하를 준설하다가 붉은 활과 붉은 화살을 얻어 자기는 하늘의 상서를 얻었다고 하며 자칭 언왕(偃王)이라고 하자, 목왕이 그 소문을 듣고 조보로 하여금 수레를 타고 하루 만에 초(楚)에 이르러 그들을 정벌하였다. 언왕은 어질기만 하여 차마 백성들을 싸우게 할 수 없어 초(楚)에 패하여

---

571 목왕 17년에 목왕은 서쪽으로 순행하여 곤륜산에 올라 서왕모를 뵙고, 그해에 서왕모가 내조하여 소궁(昭宮)에서 접견하였다. 穆王十七年 王西征昆侖丘 見西王母 其年 西王母來朝 賓于昭宮 -『죽서기년』 목왕(穆王)

북쪽으로 이 산으로 달아났다.〕

여왕(厲王)이 무도하자, 회이(淮夷)[572]가 쳐들어 왔다. 왕이 괵중(虢仲)에게 명하여 정벌하였으나 이기지 못하였는데, 선왕(宣王)이 다시 소공(召公)에게 정벌하도록 명하여 그들을 평정하였다. 〔모시서(毛詩序)에, 『시경(詩經)』 강한(江漢)은 윤길보(尹吉甫)가 주 선왕(周宣王)을 찬미한 시라고 하였다. 선왕은 회이가 침범하자 군사를 일으켜 난을 평정하였다. 소목공(召穆公)에게 명하여 회이(淮夷)를 평정하게 하니 그 시에, '강수(江水)와 한수(漢水)는 넘실대고 무사들이 배 타고 도도히 나아가도다. 편안하게 유람하는 것이 아니라 회이(淮夷)가 침범해 와서 평정하려는 것이라네. 선왕께서 소목공에게 명하여 사방을 개척하여 우리 강토를 구획하도록 하였네.' 하였다.〕

유왕(幽王) 시대에 이르러 음란해지자 사이(四夷)가 번갈아 침범하여 왔는데, 제(齊) 환공(桓公)이 패업을 닦고서 물리쳤다. 초 영왕(靈王)이 신(申)에서 회맹(會盟)할 적에는 그들도 회맹에 참여하였다. 〔『춘추좌전』에 초 영왕(楚靈王)·채후(蔡侯)·진후(陳侯)·정백(鄭伯)·허남(許男)·회이(淮夷)가 신(申)에서 회맹하였다.〕

그 뒤 월(越)이 낭사(琅邪)로 옮기고 나서 동이족과 함께 전쟁을 일으켜, 마침내 중화의 여러 나라들을 능멸하고 작은 나라들을

---

572 회이(淮夷)는 진주조개와 진주와 어물을 바친다. 그들의 대광주리에 짙고 섬세하게 짠 명주를 담아 회수(淮水)와 사수(泗水)에 배를 띄워 황하에 도달한다. 淮夷蠙珠暨魚 厥篚玄纖縞 浮于淮泗 達于河. －『상서(尙書)』 우공(禹貢) 서주(徐州). *회이(淮夷)의 강역은 구주(九州) 중에 서주(徐州)에 해당한다.

침략하여 멸망시켰다.

〔해설〕

『산해경』에 조선은 군자국이라고 하였다. 요임금에 이어 천자의 지위에 오른 순(舜)이 동이족이라는 사실은 맹자가 밝혔고, 하우(夏禹) 역시 동이에서 출생하였다고 한다.[573]

하우씨가 천하의 홍수를 다스릴 때 7년 동안을 노심초사 하며 노력해도 성과가 없었다. 이 무렵 동이족의 하나인 현이(玄夷)의 창수 사자(蒼水使者)가 하우씨 꿈속에 나타나 가르침에 따라 3달 동안 재계하고 치수의 비법이 담긴 신서(神書)를 얻어 마침내 천하의 대 재앙인 홍수를 성공적으로 다스리고 천자의 지위에 올랐다.[574]

---

573 대우(大禹)는 동이(東夷)에서 태어나고, 문왕(文王)은 서강(西羌)에서 태어났으니, 성인과 현인의 출생지가 어찌하여 반드시 일정한 장소인가. 大禹生於東夷 文王生於西羌 賢聖所出 何必常處 -『세설신어(世說新語)』 언어(言語). 하우(夏禹)는 동이(東夷)에서 출생하였다. 夏禹出於東夷 -『파사론(破邪論)』 상권. 곤(鯀)은 유신씨(有莘氏)의 딸에게 장가들었으니 여지씨(女志氏)라고 하며 문명〔文命, 우(禹)〕을 낳았다. 鯀娶于有莘氏之子 謂之女志氏 產文命 -『대대례기(大戴禮記)』 제계(帝繫). 또 김알지는 '신령한 삼신산(仙岳)에서 탄생하여 비로소 조정에 임하여 옥난간(玉欄)을 대하니, 처음 계림(鷄林)에서 상서를 드리움이 마치 우(禹)가 석뉴산(石紐山)에서 금 가마에 앉은 모습을 보는 것과 같았다. 誕靈仙岳 肇臨◯◯ 以對玉欄 始蔭祥林 如觀石紐 坐金輿而. -「신라 문무왕릉비」. 『여씨춘추』에, 유신씨의 여자가 공상(空桑)에서 뽕잎을 따다가 이윤(伊尹)을 얻었다고 했는데, 공상은 해 뜨는 양곡(暘谷, 동방)에 있다는 신목(神木)이다.

574 『오월춘추』 월왕무여외전(越王無余外傳)

또 하우씨는 홍수를 다스리느라 30세가 되어도 결혼을 못하였는데, 이 무렵 동방에 산다는 구미호(九尾狐)가 나타나 마침내 결혼하여 아들 계(啓)를 낳아 후사를 잇게 되었다.

하우씨는 30세가 되어도 아직 장가들지 못하였는데, 가다가 도산(塗山)에 이르러 혼기를 놓쳐 그 제도를 상실하여 후사를 잇지 못할 것을 두려워하여 이에 말하기를, '내가 장가드는데 반드시 감응이 있을 것이다.' 하였다. 드디어 흰 여우가 있어 아홉 개의 꼬리로 우에게 다가왔다. 우가 말하기를, '흰 것은 나의 옷 빛깔이고, 그 아홉 개의 꼬리는 왕이 된다는 증거이다.' 하였다. 도산(塗山)의 노래 가사에, '제 짝을 찾는 흰 여우 아홉 개의 꼬리가[575] 복슬복슬하네. 우리 집안의 큰 경사라네. 와 계신 손님은 왕이시니 가정을 이루고 집을 이루니 내가 들어가자 그가 창성하네. 하늘과 사람의 관계에 있어서 이에 곧바로 도리를 행하라는 조짐이 분명하도다.' 하였다. 우는 이로 인하여 도산씨(塗山氏)에게 장가들어 그녀를 여교(女嬌)라 불렀다. 아내를 맞이하고 〔대상(臺桑)[576]에서〕

---

575 『시경』 위풍(衛風) 유호(有狐)에, '제 짝을 찾는 구미호가 저 기수(淇水)의 돌다리 가에 있네. 마음 속 근심은 그이의 옷이 없으려나.(有狐綏綏 在彼淇梁 心之憂矣 之子無裳)' 하였다.

576 우(禹)는 어찌 저 도산씨의 여인을 얻어 대상(臺桑)에서 정을 통했을까?〔하우씨가 치수하던 도중에 도산씨의 여인에게 장가들어 대상(臺桑) 땅에서 부부의 도리로 통정하였다는 말이다.〕 焉得彼嵞山女 而通之於臺桑〔言禹治水 道娶嵞山氏之女 而通夫婦之道於臺桑之地〕 - 『초사(楚辭)』 천문. 괄호 안은 왕일(王逸)의 주(注).

단지 신(辛)·임(壬)·계(癸)·갑(甲) 4일이 지난 후 우는 또다시 치수하러 떠났다. 열 달이 되어 아내 여교는 아들 계(啓)를 낳았다. 계는 태어나서 아빠를 보지도 못하고 밤낮으로 응애응애 소리 높여 울었다.[577]

–『오월춘추(吳越春秋)』 월왕무여외전(越王無余外傳)

청구국(青丘國)이 그 북쪽에 있다. 〔그 사람들은 오곡을 주식으로 삼고 명주와 비단옷을 입는다.〕 그곳의 여우는 네 개의 발에 꼬리가 아홉 개이다. 〔급군(汲郡)에서 출토된 『죽서기년(竹書紀年)』에, 백저자(柏杼子)가 즉위 8년에 동해를 순행하다 왕수(王壽)에 이르러 한 마리 여우를 얻었는데 꼬리가 아홉 개였다고 하였으니 바로 이런 종류이다. 태평성대가 되면 곧 출현하여 상서를 나타낸다.〕 일설에 조양(朝陽)의 북쪽에 있다고 한다.[578]

–『산해경』 제9, 해외동경

『시경』 권아(卷阿)에, '봉황이 우는구나, 저 높은 곤륜산에서, 오동나무가 무성하게 자라는 저 조양(朝陽)에서[579]'라고 하여 봉황이 사는

---

577 禹三十未娶 行到塗山 恐時之暮 失其度制 乃辭云 吾娶也 必有應矣 乃有白狐九尾造於禹 禹曰 白者 吾之服也 其九尾者 王之證也 塗山之歌曰 綏綏白狐九尾痝痝 我家嘉夷 來賓爲王 成家成室 我造彼昌 天人之際 於玆則行 明矣哉 禹因娶塗山 謂之女嬌 取辛壬癸甲 禹行 十月 女嬌生子啓 啓生不見父 晝夕呱呱啼泣

578 青丘國在其北〔其人食五穀 衣絲帛〕 其狐四足九尾〔汲郡竹書曰 柏杼子征于東海 及王壽 得一狐九尾 卽此類也. 太平則出而爲瑞也〕一曰在朝陽北.

곳을 곤륜산의 조양이라고 하였다.

또 『일주서(逸周書)』에, '청구(青丘)의 특산품은 여우인데, 꼬리가 아홉 개이다.' 하였다. 이에 대해 공조(孔晁)의 주(注)에 '청구는 해동의 지명'이라고 하였다.[580] 봉황과 구미호가 사는 조양(朝陽)은 서왕모가 사는 곤륜산이며, 이곳이 바로 신라 도읍지의 선도산(仙桃山, 지리산)이다.

1948년 대한민국 정부수립 이후 지금까지 봉황 문양을 한국 대통령의 상징으로 사용하고 있는 것은, 봉황이 사는 곳이 바로 동방의 군자국이고 그곳이 단군의 도읍지 아사달이기 때문이다.

하나라의 태강(太康)이 덕을 잃자 예(羿)가 축출하였다. 하(夏)나라 말기에 걸(傑)임금이 폭정을 일삼으며 황음무도하니, 성탕(成湯)[581]을 도와 은(殷)나라를 일으킨 재상 이윤(伊尹)은 공상(空桑, 동방)에서 출생하였다.[582] 공상(空桑)[583]이란 해 돋는 양곡(暘谷)에 자라는 신령한

---

579 鳳凰鳴矣 于彼高岡 梧桐生矣 于彼朝陽 - 『시경』 대아(大雅) 권아(卷阿)

580 青丘狐九尾〔青丘 海東地名.〕 - 『逸周書』 王會解

581 은나라를 일으킨 탕(湯)의 시조인 설(契)의 어머니는 간적(簡狄)이다. 그녀는 유융씨(有娀氏)의 딸이며 제곡(帝嚳)의 왕비로 설을 낳았다. 순(舜)은 설을 사도(司徒)로 등용하여 백성들에게 오륜(五倫)을 가르치게 하였다. - 『사기』 은본기

582 공상(空桑)은 해 뜨는 양곡(暘谷)에 있다는 신령한 뽕나무로 부상(扶桑) 또는 궁상(窮桑)이라고도 한다. 이윤(伊尹)은 공상(空桑)에서 탄생하였다. 伊尹生乎空桑 - 『열자(列子)』 천서(天瑞). 『여씨춘추』에, 유신씨(有侁氏)의 여자가 뽕잎을 따다가 공상(空桑)에서 갓난아기를 얻어 그 임금에게 바쳤다. 그 임금은 요리사에게 기르도록 하였다. 그 사연을 조사하니, 그 어머니가 이수(伊水)의

뽕나무를 말하는 것으로, 이것을 부상(扶桑) 또는 궁상(窮桑)이라고도 하며 해 뜨는 동방을 뜻하는 대명사로 쓰인다.

본문에 나오는 회이(淮夷)·숙신(肅愼)·남이(藍夷)·서국(徐國) 등은 모두 구이(九夷) 중의 하나이다. 하나라 말기에 천하가 어지러워진 이래로 중국에 가장 위협적인 존재는 구이(九夷)였다.

물가에 살면서 잉태하였는데, 꿈속에 신(神)이 나타나 "절구에서 물이 나오면 동쪽으로 달아나되 돌아보지 말라."라고 하였다. 다음 날 절구에서 물이 나오는 것을 보고 그 이웃에게 알리고 동쪽으로 10리쯤 달아나다가 돌아보니 고을이 물에 모두 잠겼으며 몸은 뒤를 돌아본 것으로 인하여 변화하여 공상(空桑)이 되었다. 그러므로 이윤(伊尹)이라고 부르는 것은 이 이윤이 공상(空桑)에서 탄생하였기 때문이다. 성장하자 어진 행실이 있어 탕(湯)이 이윤에 대해 듣고 사신을 보내 유신씨에게 청하였다. 그러나 유신씨는 안 된다 하였고, 이윤은 또한 탕에게 귀의하려고 했다. 탕은 이에 혼인하여 부인으로 삼겠다고 청하니 유신씨는 기뻐하여 이윤은 그녀의 하인으로 따라 보냈다. 有侁氏女子採桑 得嬰兒于空桑之中 獻之其君 其君令烰人養之 察其所以然曰 其母居伊水之上孕 夢有神告之曰 臼出水而東走毋顧 明日 視臼出水 告其鄰 東走十里而顧其邑盡爲水, 身因化爲空桑 故命之曰伊尹 此伊尹生空桑之故也 長而賢 湯聞伊尹 使人請之有侁氏 有侁氏不可 伊尹亦欲歸湯 湯於是請取婦爲婚 有侁氏喜 以伊尹爲媵送女 -『여씨춘추』 본미(本味)

583 지기(地祇)에 지내는 제사에는 "영고(靈鼓)와 영도(靈鼗), 손죽(孫竹)의 피리, 공상(空桑)의 거문고, 함지(咸池)의 춤을 하지(夏至)에 연못가운데 네모난 제단에서 연주하여 악무가 여덟 번 반복해서 완주하면 사직의 신이 모두 와서 흠향하면 예(禮)를 갖춘 것이다. 靈鼓靈鼗, 孫竹之管 空桑之琴瑟 咸池之舞 夏日至 於澤中之方丘奏之 若樂八變 則地示皆出 可得而禮矣 -『주례(周禮)』 춘관종백(春官宗伯) 대사악(大司樂)

> 탕(湯)이 걸(桀)을 정벌하려고 하자, 이윤(伊尹)이, 공직(貢職)을 저지하고 줄여서 그가 하는 행동을 보기를 청하였다. 걸이 노하여 구이(九夷)의 군사를 일으켜 정벌하였는데, 이윤이 말하기를, "아직 안 됩니다. 걸은 아직도 구이의 군사를 일으킬 수가 있습니다. 이것은 죄가 우리에게 있는 것입니다." 하였다. 탕이 걸에게 사죄하고 다시 공물을 바쳤다.
>
> 다음해에 또 공물을 바치지 않자, 걸이 노하여 구이의 군사를 일으키려 하였으나 구이의 군사가 일어나지 않았다. 이에 이윤이, 이제 된다고 하였다. 탕이 이에 군사를 일으켜 정벌한 다음 걸을 남소(南巢)에 옮겨 살게 하였다.[584] –『설원(說苑)』 권모(權謀)

은(殷)나라 말기에 주(紂) 임금이 무도하자 문왕과 무왕을 보좌하여 폭군 주(紂)를 멸하고 주(周)나라를 일으킨 태공망(太公望, 여상) 역시 동이(東夷)의 선비라고 하였다.[585]

주 목왕이 8준마가 끄는 수레를 타고 곤륜산에 가서 서왕모와 요지(瑤池)의 못가에서 성대한 연회를 베풀었는데, 서왕모가 산다는 곤륜산은

---

584 湯欲伐桀 伊尹曰 請阻乏貢職 以觀其動 桀怒 起九夷之師以伐之 伊尹曰 未可 彼尙猶能起九夷之師 是罪在我也 湯乃謝罪請服 復入貢職 明年 又不供貢職 桀怒 起九夷之師 九夷之師不起 伊尹曰 可矣 湯乃興師 伐而殘之 遷桀南巢氏焉 –『설원(說苑)』 권모(權謀)

585 태공망은 동이(東夷)의 선비이다. 한 시대를 평정하고자 하였으나 그 군주가 없어 문왕(文王)이 어질다는 소문을 듣고 위수(渭水)에서 낚시하며 관망(觀望)하였던 것이다. 太公望 東夷之士也 欲定一世而無其主 聞文王賢 故釣於渭以觀之 –『여씨춘추』 14권 효행람(孝行覽) 수시(首時)

신라 도읍지의 선도산(仙桃山)을 가리킨다.

요순 이래로 천하를 안정시켜야 할 중국이 폭정을 일삼으면 어김없이 동이족이 응징하여 바로잡는다. 이리하여 중국이 예(禮)를 잃으면 사이(四夷, 동이)에서 구한다는 말이 있는 것이다.

이와 같은 설이 불교에서도 전하고 있는데, 신라 낭혜화상(朗慧和尙) 비문에, 훗날 중국이 선(禪)을 잃으면 장차 동이(東夷)에서 묻는다.[586] 고 하였으니 신라를 동이라고 한다는 사실이 확인된다.

이리하여 신라 진성여왕이 왕위를 사양하는 표문에서 '해 돋는 우이(嵎夷)에 살면서 희중(羲仲)의 관직에 있는 것은 신의 본분이 아니고[587]…'라고 한 것이다.

진(秦)나라가 6국을 합병한 후 회수(淮水)와 사수(泗水) 지방의 동이족을 모두 분산시켜 진(秦)의 백성으로 만들었다.
진섭(陳涉)이 군대를 일으켜 진(秦)의 천하가 허물어지자, 연(燕)나라 사람 위만(衛滿)이 조선으로 피난하여 〔『한서(漢書)』에, 조선왕 위만(衛滿)은 연(燕)나라 사람이다. 처음 연나라가 전성기였던 때에 일찍이 진번 조선(眞番朝鮮)을 침략하여 복속시키고, 관리를 두기 위하여 성을 쌓았다. 한(漢)나라가 일어나 복속되자 연왕 노관(盧綰)은 배반하여 흉노로 들어가니, 위만은 동쪽으로 달아나 망명하여 패수(浿水)를 건너 진(秦)의 옛 빈 터인 상하장(上下障)에 살았다. 점차 조선과 만이(蠻夷) 및 옛 연(燕)·제(齊)의 유민들을

586 他日中國失禪 將問之東夷耶

587 日邊居羲仲之官 非臣素分

복속시켜 거느리고 왕이 되어 왕험(王險)에 도읍을 정하였다.〕 그 나라의 왕이 되었다. 백 년쯤 지나서 한 무제가 그를 멸망시키니, 이에 동이(東夷)가 비로소 상경(上京)에 통하게 되었다.

왕망(王莽)이 왕위를 찬탈하자, 맥인(貊人)이 변경에 쳐들어와서 노략질하였다. 건무(建武, 25~55) 초에는 다시 와서 조공하였다. 이때 요동태수 제융(祭肜)의 위세가 북방을 떨게 하고 명성이 해외에까지 진동하니, 이에 예(濊)·맥(貊)·왜(倭)·한(韓) 등이 만 리 밖에서 조공하였다. 그리하여 장제(章帝)·화제(和帝) 시대 이후로 사절이 왕래하다가 영초(永初) 연간(107~113)에 재난이 많아지게 되자, 비로소 후한(後漢)을 침입하여 노략질하였으며, 환제(桓帝)·영제(靈帝)가 잘못된 정치를 하여 어지럽게 되자 이런 일이 점점 증가하고 만연하게 되었다.

한(漢)나라가 중흥한 뒤로부터 사이(四夷)의 빈공(賓貢)이 비록 때에 따라 어기거나 배반함은 있었으나, 사신과 역참이 끊이지 않았다. 〔【집해】 유반(劉攽)은 사역(使驛)이 끊어지지 않았다고 하였다. 살펴보면, 우역(郵驛)은 중국에만 있고 사이(四夷)와는 통하지 않는다고 하였다. 『한서』에는 모두 사역(使譯)이라 하였는데, 사(使)는 곧 사신이고 역(驛)은 역인(驛人)이다. 그러므로 합하여 사역(使譯)이라 한다. 이 책 안에 사역(使驛)이라 한 곳은 후인이 이해하지 못하여 망령되이 고친 것이 분명하다. 하작(何焯)은 말하기를, 서역전(西域傳)의 논(論)에, 요해(要害)의 길에 우역(郵驛)을 두루 설치하여 명을 받아 역참에 달려가게 하여 날짜와 달을 넘기지 않게 하였다고 하였다. 곧 서역도호소(西域都護所)의 관할이다.

또한 우역(郵驛)이 있는 것이 다만 어찌 사이(四夷)의 사역(使驛)에 해당하지 않겠는가. 마땅히 『한서』에 사역(使譯)이라고 한 것을 따라야 한다.〕

그러므로 그 나라의 풍속과 풍토를 대략 기록할 수 있게 되었다. 동이(東夷)는 거의 모두 토착민으로서, 술 마시고 노래하며 춤추기를 좋아하고, 관(冠)으로는 고깔(弁)을 쓰고 비단옷을 입으며, 그릇은 조두(俎豆)를 사용하였으니, 이른바 중국이 예(禮)를 잃으면 사이(四夷, 동이)[588]에서 구했던 것이다.〔『춘추좌전(春秋左傳)』 노나라 소공(昭公) 17년에, 담자(郯子)가 내조(來朝)하였는데, 숙손소자(叔孫昭子)가 소호씨(少皞氏)는 새 이름으로 관직명을 쓰는 이유에 대해 묻자, 담자는 소호씨는 자신의 조상이며 즉위하자 마침 봉황이 궁정에 날아드는 상서가 있었기 때문이라고 하였다. 이윽고 공자가 사람들에게 "나는 들으니, 천자가 직분을 잃으면 사이(四夷, 동이)에서 배운다고 하였는데, 그 말이 믿을 만하다."고 하였다.〕

무릇 만(蠻)·이(夷)·융(戎)·적(狄)을 통틀어 사이(四夷)라고 부르는 것은 공(公)·후(侯)·백(伯)·자(子)·남(男)을 모두 제후라고 부

---

588 사이(四夷)는 구이(九夷)와 구한(九韓)과 예(穢)와 맥(貊)이다. 『주례(周禮)』에, 직방씨(職方氏)가 '사이와 구맥(九貊)을 관장했다.'고 하는 것은 동이(東夷)의 종족으로, 즉 구이(九夷)이다. 四夷九夷·九韓·穢·貊 周禮 職方氏 掌四夷九貊者 東夷之種 卽九夷也 - 『삼국유사』 1권 마한(馬韓). 중국이 예(禮)를 잃으면 동이(東夷)에서 구한다는 설은 최치원이 지은 '무염화상(無染和尙) 비문'에도 나오는데, "훗날 중국에서 선(禪)을 잃으면 장차 동이(東夷)에 가서 물어야 할 것이다. 他日中國失禪 將問之東夷耶" 하였다.

르는 것과 같다.

夏后氏 太康失德 夷人始畔〔太康 啓之子也 槃于游田 十旬不反 不恤人事 爲羿所逐也〕自少康已後 世服王化 遂賓於王門 獻其樂舞.〔少康 帝仲康之孫 帝相子也. 竹書紀年曰 后發卽位元年 諸夷賓于王門 諸夷入舞〕桀爲暴虐 諸夷內侵 殷湯革命 伐而定之 至于仲丁 藍夷作寇〔仲丁 殷太戊之子也 竹書紀年曰 仲丁卽位 征于藍夷也〕自是或服或畔 三百餘年. 武乙衰敝 東夷寖盛 遂分遷淮·岱 漸居中土〔武乙 帝庚丁之子 無道 爲革囊盛血 仰而射之 命曰 射天也.〕及武王滅紂 肅愼來獻石砮楛矢 管·蔡畔周 乃招誘夷狄 周公征之 遂定東夷〔尙書 武王崩 三監及淮夷畔 周公征之 作大誥 又曰 成王旣伐管叔·蔡叔 滅淮夷〕康王之時 肅愼復至 後徐夷僭號 乃率九夷以伐宗周 西至河上〔【集解】沈欽韓曰, 禮檀弓, 徐容居曰 昔我先君駒王 西討濟於河, 卽此.〕穆王畏其方熾 乃分東方諸侯, 命徐偃王主之.〔博物志曰 徐君宮人娠而生卵, 以爲不祥, 棄於水濱. 孤獨母有犬名鵠倉 持所棄卵 銜以歸母 母覆煖之 遂成小兒 生而偃 故以爲名 宮人聞之 乃更錄取 長襲爲徐君 尸子曰 偃王有筋而無骨 故曰偃也【集解】惠棟曰, 竹書紀年云 穆王六年春 徐子誕來朝 錫命爲伯〕偃王處潢池東 地方五百里〔水經注曰 黃水一名汪水 與泡水合 至沛入泗 自山陽以東 海陵以北 其地當之也.〕行仁義 陸地而朝者三十有六國 穆王後得驥騄之乘〔史記曰 造父以善御幸於周繆王 得赤驥 盜驪驊騮 騄耳之駟 西巡狩 樂而忘歸〕乃使造父御以告楚 令伐徐 一日而至〔造父, 解見蔡邕傳.〕於是楚文王大擧兵而滅之 偃王仁而無權

不忍鬪其人 故致於敗 乃北走彭城 武原縣 東山下 百姓隨之者以萬數 因名其山爲徐山.〔武原縣 故城在今泗州 下邳縣北 徐山在其東 博物志曰 徐王妖異不常 武原縣東十里 見有徐山石室祠處 偃王溝通陳·蔡之間, 得朱弓朱矢 以己得天瑞 自稱偃王 穆王聞之 遣使乘駟, 一日 至楚 伐之 偃王仁 不忍鬪 爲楚所敗 北走此山也.〕厲王無道 淮夷入寇 王命虢仲征之 不克 宣王復命召公伐而平之.〔毛詩序曰 江漢, 尹吉甫美宣王也 能興衰撥亂 命召公平淮夷 其詩曰 江漢浮浮 武夫滔滔 匪安匪游 淮夷來求 王命召虎 式辟四方 徹我土疆〕及幽王淫亂 四夷交侵 至齊桓修覇 攘而卻焉 及楚靈會申 亦來豫盟〔左傳 楚靈王·蔡侯·陳侯·鄭伯·許男·淮夷會于申〕後越遷琅邪 與共征戰 遂陵暴諸夏 侵滅小邦

秦幷六國 其淮泗夷皆散爲民戶 陳涉起兵 天下崩潰 燕人衛滿避地朝鮮〔前書曰 朝鮮王滿燕人 自始全燕時 嘗略屬眞番朝鮮 爲置吏築障. 漢興屬 燕王 盧綰反入匈奴 滿亡命東走 渡浿水 居秦故空地, 稍役屬朝鮮蠻夷 及故燕齊亡在者 王之 都王險也〕因王其國 百有餘歲 武帝滅之 於是東夷始通上京 王莽篡位 貊人寇邊〔前書 莽發高句麗兵當伐胡 不欲行 郡縣彊迫之 皆亡出塞 因犯〔法〕爲寇 州郡歸咎於高句麗侯 騶 嚴尤奏言貉人犯法 不從騶起 宜慰安之〕建武之初 復來朝貢 時遼東太守祭肜 威讋北方 聲行海表 於是濊·貊·倭·韓萬里朝獻 故章·和已後 使聘流通 逮永初多難 始入寇鈔 桓·靈失政 漸滋曼焉. 自中興之後 四夷來賓 雖時有乖畔 而使驛不絕〔【集解】劉攽曰 使驛不絕 案郵驛中國可有之 不可通於四夷 自前書 皆言使譯 使卽使者 譯則譯人 故合作使譯 此書內有自作使驛處 明是後人不曉 妄改之

何焯曰 案西域傳論云 列郵置於要害之路 馳命走驛 不絶於時月 則西域都護所領者 亦有郵驛 但不何以該四夷使驛 當如前書從譯耳〕故國俗風土 可得略記 東夷率皆土著 憙飮酒歌舞 或冠弁衣錦 器用俎豆 所謂中國失禮 求之四夷者也.〔左傳曰 仲尼學 鳥名〔官〕於郯子 旣而告人曰 吾聞之, 天子失官 學在四夷 其信也〕凡蠻·夷·戎·狄總名四夷者 猶公·侯·伯·子·男皆號諸侯云.

논평한다.

옛날 기자(箕子)가 쇠망하는 은(殷)나라의 운수를 피하여 조선 땅에 피난하였다. 처음엔 그 나라의 풍속이 알려진 바 없었으나, 8조(八條)의 규약을 시행하여 사람들에게 해서는 안 되는 것을 알게 하니, 마침내 그 읍락에 음란한 행동과 도둑이 없어져서 밤에도 문을 잠그지 않았으며, 완고하고 야박한 풍습을 바꾸고 너그럽고 간략한 법을 이루어 수백천 년 동안 행하여졌다.

그러므로 동이(東夷)의 전체가 유순하고 삼가는 풍속이 되어 삼방(三方, 남만·서융·북적)의 풍속과는 다르게 되었으니, 진실로 정교가 창달되면 도의가 있게 마련인 것이다. 중니(仲尼, 공자)가 분연히 구이(九夷)에 가서 살고자 하였더니 어떤 이가 그곳은 누추한 곳이 아닌가 하므로, 공자가 '군자가 살고 있으니 어찌 그곳이 누추하겠는가.' 한 것도 그런 까닭이 있어서 일 것이다.

그 뒤 드디어 통상을 하게 되고 점차 상국(上國)과 교역하더니, 연(燕)나라 사람 위만(衛滿)이 그들의 풍속과 섞이어 어지럽히자, 이에 따라서 경박하게 달라졌다.

노자(老子)는 '법령이 불어날수록 도적이 많아진다.'고 하였다. 기자(箕子)가 법조문을 간략하게 하고 신의로 다스린 따위는 성현의 법을 만든 근본취지를 얻었다 하겠다.

찬양한다.
우이(嵎夷)에 도읍을 정하니 곧 양곡(暘谷)이라 한다. 산과 바다에 사는 것을 아홉 부족으로 구분하였다.
진(秦)나라 말년에 정치가 혼란해지자 연(燕)나라 사람이 피난하여 〔위만(衛滿)을 말한다.〕 중화의 풍속과 섞이고 (조선의) 풍속까지 경박하게 하였다. 〔위만이 조선에 들어가니 이미 중화의 풍속과 섞이고 또 그들 본래 교화까지 경박하게 되었다가 마침내 한(漢)나라와 통하게 되었다.〕
아득하고 멀리서 통역하자니 혹은 따르고 혹은 배반도 하는구나.

論曰, 昔箕子違衰殷之運 避地朝鮮 始其國俗未有聞也 及施八條之約 使人知禁 遂乃邑無淫盜 門不夜扃 回頑薄之俗 就寬略之法 行數百千年 故東夷通以柔謹爲風 異乎三方者也. 苟政之所暢 則道義存焉 仲尼懷憤 以爲九夷可居 或疑其陋 子曰 君子居之 何陋之有 亦徒有以焉爾 其後遂通接商賈 漸交上國 而燕人衛滿 擾雜其風. 於是從而澆異焉 老子曰 法令滋章 盜賊多有 若箕子之省簡文條而用信義 其得聖賢作法之原矣 贊曰 宅是嵎夷 曰乃暘谷 巢山潛海 厥區九族 嬴末紛亂 燕人違難〔謂衛滿也〕雜華澆本 遂通有漢.〔衛滿入朝鮮 既雜華夏之風 又澆薄其本化 以至通於漢也.〕 眇眇偏譯 或從或畔.

〔해설〕

기자(箕子)의 교화는 칭송하면서 반면에 위만(衛滿)은 순후한 조선의 풍속을 어지럽힌 무도한 왕조라고 비판하고 있다. 단군왕검(王儉)은 우이(嵎夷, 아사달)에 도읍을 정하고 천여 년을 다스리고, 은나라 말기에 장당경(藏唐京)에 은거하다가 아사달산에 돌아와 신이 되었다.

그 후 은나라가 멸망하자 기자(箕子)가 조선에 와서 단군을 계승하여 다시 우이(嵎夷)에 도읍을 정하고 기자조선을 건국하여 자손이 대를 이어 천여 년을 다스리다가 41대 준왕(準王)에 이르러 위만(衛滿)에게 나라를 빼앗겼다. 위만조선은 한나라와 접경지대인 요동군 왕험(王險)에 도읍을 정하고 88년간 존속하다가 위만의 손자 우거(右渠) 때에 한 무제가 정벌하였다. 따라서 단군조선과 기자조선은 2천여 년을 우이(嵎夷)에 도읍하였고, 위만은 왕험에 도읍하였으므로 서로 다른 곳이다.

『후한서』 동이전 말미에 왜국(倭國, 일본)에 관한 기사가 수록되어 있고, 『한서』 지리지에 기자조선을 소개하며 말미에 '낙랑의 해중(海中)에 왜인(倭人)이 있는데 백여 개의 나라로 나뉘어져 있다.'고 하였다. 『이아주소(爾雅注疏)』에도 구이(九夷) 중에 왜(倭)가 포함되어 있다. 이는 일본인들의 조상이 동이에서 갈라져 나간 민족이라는 사실을 뒷받침한다.

또 『삼국유사』에, '후한시대 건안(建安, 196~220) 연간에 마한 남쪽의 대황(大荒)의 지역으로써 남대방군을 삼았으니 마침내 왜(倭)와 한(韓)이 여기에 속하였다는 것이 바로 이것이다.'[589]고 하였다.

589 後漢建安中 以馬韓南荒地 爲帶方郡 倭韓遂屬是也. 『삼국유사』1권, 南帶方주(注).

제2장 세계의 중심 지리산

지리산은 백두대간의 남단에 위치하여 전남 구례군, 전북 남원군, 경남의 함양군·산청군·하동군 등 3도 5군에 걸쳐 그 주위가 8백여 리나 되며, 최고봉인 천왕봉(天王峰, 해발 1,915m)을 비롯하여 반야봉(般若峰, 1,732m), 노고단(老姑壇, 1,507m) 등 해발 1,500m가 넘는 봉우리만도 열 손가락을 헤아린다.

옛날 나라를 다스리는 군주들은 국태민안을 빌기 위하여 명산대천의 신에게 제사지내는 것이 군주가 갖추어야 할 중요한 덕목 중의 하나였다. 사마천은 『사기』에서 말하기를 '태고에 천명을 받은 제왕치고 명산대천의 신에게 제사 지내는 의식을 행하지 않은 예가 없었다.'고 잘라 말하고 있으며 이러한 전통은 우리나라에서도 예외는 아니었다.

전라남도 구례군에서는 해마다 4월 20일 곡우절을 기하여 지리산 남악제(南岳祭)라는 이 고장 특유의 성대한 문화행사를 거행한다.

남악제는 지리산 산신에 대한 제사의식으로 그 기원은 삼국시대 이전으로 거슬러 올라간다. 『삼국사기』에 의하면 신라의 명산대천을 대사(大祀)·중사(中祀)·소사(小祀)로 구분하여 제사를 지냈다는 기록이 있는데, 지리산은 5악(五岳) 중의 남악(南岳)으로 중사(中祀)에 포함하고 있다.

그런데 다른 측면에서 살펴보면 아득한 전설시대의 여신인 마고(麻姑) 성모가 지리산신이라는 기록이 있는가 하면, 일설에는 석가여래의 어머니 마야부인이 지리산 산신이라 하여 최근까지도 천왕봉에 사당을 짓고 마야부인의 석상을 모셔왔다는 사실도 전해지고 있다. 고조선 시대에는 국조 단군의 어머니라는 설이 있고, 삼국시대에 와서는 신라 시조인 박혁거세의 어머니 선도성모(仙桃聖母)가 지리산 산신이라 하였고, 고려에 와서는 태조 왕건의 어머니 위숙왕후가 본래 지리산 산신이라는 기록이 있다.

이렇듯 지리산 산신은 언제나 그 시대를 상징하는 가장 위대한 여신으로서 공통되며, 나라를 수호하고 이끌어가는 성모로서 민족적 원시신앙의 대상이 되어왔다. 이제 지리산의 실체를 밝히기 위해 삼신산 및 지리산 산신과 관련된 여러 가지 설 등을 시대별로 구분하여 살펴보기로 한다.

1. 삼신산(三神山)

예로부터 지리산은 금강산, 한라산과 더불어 해동 삼신산의 하나로 방장산(方丈山)이라 하여 고대인들의 숭앙을 한 몸에 받아온 민족의 영산이다.

『세종실록지리지』에는 지리산을 다음과 같이 소개하고 있다.

지리산은〔일명 지리(地理), 또는 방장(方丈), 또는 두류(頭流)라 한다.〕 남원(南原)에 있으며 그 동쪽은 진주·곤양, 북쪽은 함양·산청, 서쪽은 구례, 남쪽은 광양이다.
웅장하게 높이 하늘 끝까지 우뚝 솟아, 산허리에 간혹 구름이 끼어 비가 오고 천둥과 번개가 치는 날에도 그 위는 맑게 개어 평상시와 같으며, 가을에 서늘해지면 매 떼가 모여들어 그물로 잡아다가 나라에 바친다. 속설에 전하기를, '태을(太乙)이 그 위에 살고, 여러 신선이 모이는 곳이며, 용상(龍象)의 무리가 살고 있다.' 고 한다. 두보(杜甫)의 시에 이른바 '방장은 삼한 밖이라.' 한 주(注)와 『통감집람』에, '방장(方丈)은 대방군(帶方郡, 남원) 남쪽에 있다.' 한 것은 이 산이다.[590] -『세종실록지리지』 전라도

방장주(方丈洲)는 동해의 중심에 있다. 동서남북의 언덕은 평등하다. 방장산(方丈)의 사방은 각각 5천 리이다. 그 위에는 오로지 용(龍) 무리가 모이는 곳으로 금과 옥으로 장식한 유리궁(琉璃宮)이 있고, 삼천(三天)[591] 사명(司命)의 치소가 있는 곳이다.
선인들은 승천하려 하지 않고 다 이 방장주를 왕래하며, 『태현경(太

590 智異山〔一云地理 一云方丈 一云頭流〕在南原 其東晋州 昆南 北咸陽 山陰 西求禮 南光陽 穹隆高大 峻極于天 山腰或有雲雨雷電 其上晴朗如常 秋涼鷹隼集 羅取而貢進 諺傳太乙居其上 群仙之所會 衆龍之所居也 杜甫詩所謂 方丈三韓外 註及通鑑輯覽云 方丈在帶方郡之南 是也. -『세종실록지리지(地理志)』 전라도

591 삼천(三天)이란, 도교의 청미천(淸微天)·우여천(禹余天)·대적천(大赤天)을 말한다. 불교에서는 욕계(欲界)·색계(色界)·무색계(無色界)라고 한다.

玄經)』의 장생의 비결을 받는다. 선인들이 사는 집은 수십만 호이고 밭을 일구어 지초(芝草)를 심는데, 밭두둑으로 구분하고 그 모양이 벼를 심어놓은 것과 같다. 또한 옥석(玉石)에서 물이 나오는 샘이 있고 위에 있는 구원 장인(九源丈人)이 궁전의 주인이다. 천하의 수신(水神) 및 용, 뱀, 큰 고래, 음(陰)의 정령인 바다짐승 무리를 거느린다.[592] -『해내십주기(海內十洲記)』

지리산은 남해 가에 있는데 이는 백두산의 큰 줄기가 다한 곳이다. 그래서 일명 두류산(頭流山)이라고도 한다.
세상에서 금강산을 봉래(蓬萊)라 하고, 지리산을 방장(方丈)이라 하며, 한라산을 영주(瀛州)라고 하는데 이른바 삼신산(三神山)이다. 세종실록지리지에, 지리산은 태을(太乙)이 사는 곳으로 신선 무리가 모이는 곳이라고 하였다.[593] -『택리지(擇里志)』

지리산은 태을(太乙)이 사는 곳으로 신선 무리가 모이는 곳이라는 구절에 심오한 뜻이 담겨 있다. 태을(太乙)이란 북극성에 사는 신으로 태일(太一)·태극(太極)·호천(昊天)·황천(皇天)·천황(天皇)·요백보(耀魄寶) 등은 모두 그의 별호이다. 우주의 중심에 북극성이 있고

---

592 方丈洲在東海中心 西南東北岸正等 方丈方面各五千里 上專是群龍所聚 有金玉琉璃之宮 三天司命所治之處 群仙不欲升天者 皆往來此洲 受太玄生籙 仙家數十萬 耕田種芝草 課計頃畝 如種稻狀 亦有玉石泉 上有九源丈人宮主領天下水神 及龍蛇巨鯨陰精水獸之輩 -『해내십주기(海內十洲記)』

593 智異山在南海上 是爲白頭之大盡脉 故一名流山 世以金剛爲蓬萊 以智異爲方丈 以漢拏爲瀛州 所謂三神山也 地志 以智異爲太乙所居 群仙所會

모든 별이 북극성을 에워싸고 도는 것이니, 이른바 태을이 사는 곳이 우주의 중심이다. 태을의 아래에서 일월의 출입을 주재하는 신과 오제(五帝)가 보좌하며 우주를 경영한다.

『제왕운기』에 의하면, 금(金)나라에서는 고려를 조상의 나라(父母鄕)라고 하였다. 주석에서 말하기를, 금나라 사람의 시에 "거친 땅 신선굴(神仙窟) 삼한은 부모의 나라"[594]라고 하였는데, 이는 근본을 잃지 않겠다는 뜻일 것이라고 했다.

신선굴이란 신선이 사는 곳으로 봉래·영주·방장 삼신산을 말한다. 이리하여 고려와 금나라는 천자와 제후가 아닌 형제로 맺어 사신이 왕래하였는데, 그 예로 이승휴가 일찍이 식목집사(式目執事)가 되어 도감(都監)의 문서를 보다가 우연히 금나라 조서(詔書) 두 통을 보았다. 그 서문에 모두 이르기를,

> 대금국(大金國) 황제는 고려국 황제에게 글을 부칩니다. 운운 하였으니, 이는 형제를 맺은 확실한 증거가 된다고 했다.[595]

이는 『삼국유사』에서 신라 국왕들의 죽음에 대하여 붕(崩)이라는 글자를 쓰고 있는 것과 통하는 것인데, 천자(天子)의 죽음을 붕(崩)이라 하고 제후의 죽음을 홍(薨)이라 한다.

중국에서 우리나라를 조상의 나라 혹은 군자국(君子國)이라고 일컫

594 金人詩云, '蕪地神仙窟, 三韓父母鄕.' 蓋不忘本也 -『제왕운기』卷上 金國
595 '大金國皇帝 寄書于高麗國皇帝云云.' 此結兄弟之訂也. -『제왕운기』卷上 金國

는 것은 모두 삼신산에 근거를 두고 있는 것이다.

『산해경』에는 삼신산을 5제(五帝)의 시조인 소호(少昊)의 도읍지라고 하였다.

동해의 밖 대학(大壑)은 소호(少昊)의 도읍지이다. 소호가 전욱(顓頊)을 이곳에서 키우고 그때의 거문고를 남겨두었다.
감산(甘山)이라는 곳이 있어 감수(甘水)가 여기에서 나와 감연(甘淵)을 이룬다.[596]

여기에 대학(大壑)이란 삼신산이 있는 곳을 말한다.

『열자(列子)』에는 삼신산에 관해 다음과 같이 말했다.

발해(渤海)의 동쪽으로 몇 억만 리나 되는지는 알지 못하지만 그곳에 대학(大壑)이 있는데, 실은 바닥이 없는 골짜기여서 그 아래엔 바닥이 없으며 그곳을 귀허(歸墟)라 부른다. 온 세상 팔방의 물과 은하수의 흐르는 물이 모두 그곳으로 흘러들지만 물은 늘지도 않거니와 줄지도 않는다. 그 가운데에 다섯 개의 산이 있는데, 첫째는 대여(岱輿), 둘째는 원교(員嶠), 셋째는 방호(方壺, 방장산)[597], 넷째는 영주(瀛洲), 다섯째는 봉래(蓬萊)이다.

---

596 東海之外大壑 少昊之國 少昊孺帝顓頊于此 棄其琴瑟 有甘山者 甘水出焉 生甘淵 -『산해경』 제14 대황동경.

597 『습유기(拾遺記)』 고신(高辛)에 "삼호(三壺)는 곧 바다 가운데 삼신산(三神山)이다. 첫째는 방호(方壺)이니 곧 방장(方丈)이요, 둘째는 봉호(蓬壺)이니 곧 봉래

그 산들은 높이와 둘레가 3만 리이며 그 꼭대기에는 9천 리 넓이의 평평한 곳이 있다. 산들 중간의 거리는 7만 리인데 그곳에서는 이웃처럼 지내고 있다. 그 위의 누대(樓臺)와 궁관(宮觀)들은 모두가 금과 옥으로 장식되어 있고 그 위의 새와 짐승들은 모두가 순백색이다. 주옥(珠玉)으로 된 나무들은 모두가 떨기로 자라고 있고 그 꽃과 열매들은 모두 맛이 좋아서 그것을 먹으면 누구나 늙지도 않고 죽지도 않는다. 그곳에 사는 사람들은 모두가 신선과 성인의 무리이다. 하루 낮이나 하루 저녁에 날아서 서로 왔다 갔다 하는 사람들이 이루 헤아릴 수 없을 정도이다.

그런데 다섯 산의 뿌리는 연결되어 붙은 곳이 없다. 언제나 조류와 물결을 따라서 올라갔다 내려왔다 하여 잠시도 멎어 있는 일이 없다. 신선과 성인들은 이것을 근심하여 그 사실을 상제(上帝)에게 하소연하였다. 상제는 서쪽 끝으로 표류하여 여러 성인들이 살 곳을 잃게 될까 두려워하시어 곧 우강(禺彊)에게 명하여 거대한 자라(金鼇) 15마리로 하여금 머리를 들고 다섯 신산(神山)을 머리에 이고 있게 하였는데, 세 마리가 한 조가 되어 번갈아가며 6만 년 만에 한 번씩 교대하도록 되었다. 다섯 산은 이에 비로소 우뚝 솟아 움직이지 않았다.

그런데 용백국(龍伯國)에 대인(大人)이 있어서 발을 들어 수천 걸음을 다 채우지도 않아서 다섯 산이 있는 곳에 이르렀다. 그는 한

(蓬萊)요, 셋째는 영호(瀛壺)이니 곧 영주이다. 형상이 병과 같이 생겼다.(三壺則海中三山也 一曰方壺 則方丈也 二曰蓬壺 則蓬萊也 三曰瀛壺 則瀛洲也 形如壺器)" 하였다.

낚시로 여섯 마리의 자라들을 연달아 낚아 가지고 모두 짊어진 다음, 잽싸게 그의 나라로 돌아와 그것을 구워 먹고는 뼈를 헤아렸다. 이에 대여(岱輿)와 원교(員嶠)의 두 산은 북극으로 표류하다가 대해(大海) 속에 가라앉아서 옮겨오는 신선과 성인들이 수억을 헤아릴 정도였다. 상제는 이에 크게 노하여 용백의 나라를 좁게 줄이어 막히게 하고, 용백의 백성을 점차 축소시켜 작게 만들었다. 복희(伏羲)와 신농(神農) 시대에 이르기까지도 그 나라 사람들은 그래도 키가 수 백 척(尺)이나 되었다.[598]

이와 같이 삼신산은 원래 5신산(五神山)이었는데, 대여(岱輿)와 원교(員嶠) 두 산은 바다 속에 침몰되어 버리고, 지금은 방호(方壺)[599]·영주(瀛州)·봉래(蓬萊) 등 삼신산이 되었다는 것이다.

중국을 통일한 진시황은 삼신산에 있다는 신선과 불로장생의 영약을

---

598 渤海之東 不知幾億萬里 有大壑焉 實惟无底之谷 其下無底 名曰歸墟 八紘九野之水 天漢之流 莫不注之 而無增無減焉 其中有五山焉 一曰岱輿 二曰員嶠 三曰方壺 四曰瀛洲 五曰蓬萊 其山高下周旋三萬里 其頂平處九千里 山之中間相去七萬里 以爲鄰居焉 其上臺觀皆金玉 其上禽獸皆純縞 珠玕之樹皆叢生 華實皆有滋味 食之皆不老不死 所居之人皆仙聖之種 一日一夕飛相往來者 不可數焉 而五山之根 無所連箸 常隨潮波上下往還 不得蹔峙焉 仙聖毒之訴之於帝 帝恐流於西極 失群仙聖之居 乃命禺彊使巨鼇十五擧首而戴之 迭爲三番 六萬歲一交焉 五山始峙而不動 而龍伯之國 有大人 擧足不盈數千而暨五山之所 一釣而連六鼇 合負而趣 歸其國 灼其骨以數焉 於是岱輿員嶠二山流於北極 沈於大海 仙聖之播遷者巨億計 帝憑怒 侵減龍伯之國使阨 侵小龍伯之民使短 至伏羲神農時 其國人猶數十丈. -『열자(列子)』 탕문(湯問)

599 방장(方丈)을 방호(方壺)라고도 한다.

구하기 위해 목욕재계한 동남·동녀 수천 명을 보냈다는 사실은 유명한 일화이다.

> 제(齊)의 위왕(威王)·선왕(宣王), 연(燕)의 소왕(昭王)이 사람을 시켜 바다를 건너 봉래(蓬萊)·방장(方丈)·영주(瀛洲)의 삼신산(三神山)을 찾게 하는 일을 시작했다. 이 삼신산은 전하여 내려오는 말로는 발해(渤海) 가운데에 있다고 하며 그렇게 멀리 떨어져 있지는 않으나, 다만 배가 닿을 듯하면 바람에 밀려 자꾸 멀어지는 것이 걱정이라는 것이다. (그럼에도 불구하고) 그곳에 도달한 사람도 있었다고 한다. 그곳에는 여러 신선 및 불사약도 모두 있으며 그곳의 물건 및 짐승은 모두 흰색이고 황금·은으로 지은 궁궐도 있다고 한다. 그곳에 도착하기 전에 바라보면 마치 구름 같으나, 도착해 보면 삼신산은 도리어 물 밑에 있으며 가까이 가면 바람에 밀려 멀어지기 때문에 끝내 도달할 수 없다고 한다. (이런 소문 때문에) 세상의 군주들 치고 여기에 가고 싶어 하지 않은 사람이 없었다. 진시황(秦始皇)이 천하를 통일한 후 해안지방에 도착하자 수많은 방사(方士)들이 삼신산에 대하여 상주하였다. 시황은 자신이 직접 바다로 나아가도 그곳에 도달하지 못할 것이 두려워 다른 사람을 시켜 동남·동녀를 거느리고 바다로 나아가 그것을 찾도록 하였다. 그 배들은 해상에서 서로 만나 모두 바람을 핑계대기로 하고 '비록 도착하지는 못하였지만 (멀리서) 바라보았다.'고 보고하였다. - 『사기(史記)』 봉선서(封禪書)

천자(天子, 한 무제)가 태산에서 봉선(封禪)의 제사를 마칠 때까지 비와 바람의 재앙이 없었다. 그리하여 방사들이 봉래산(蓬萊山) 등의 삼신산을 찾을 수 있을 것이라고 또 아뢰자, 천자는 기뻐하며 어쩌면 삼신산을 볼 수 있을 것으로 믿고 다시 동쪽으로 가서 해상에 이르러 조망하면서 봉래산을 볼 수 있기를 바랐다. 그런데 봉거도위 곽자후(霍子侯)가 갑자기 병이 나서 하루 만에 죽었으므로, 천자는 그곳을 떠나서 해변을 따라서 북상해 갈석(碣石)에 도착했다.[600] -『사기』 효무본기(孝武本紀)

이와 같이 '삼신산은 바다에 떠 있는데 그곳에는 여러 신선 및 불사약(不死藥)도 모두 있으며, 그곳의 물건 및 짐승은 모두 희고 황금과 은으로 지은 궁궐도 있다.'는 말은 도를 터득한 선인(仙人)들이 혜안으로 보고 밝혀 놓은 것이기 때문에 일반인들의 육안으로는 확인하기 어렵다. 다만 우리나라의 금강산·지리산·한라산이 삼신산이라는 사실은 옛 성현들이 누차 밝히고 있는 사실이니 의심할 여지는 없는 것이다. 전북 남원의 광한루는 삼신산 숭배신앙의 전형으로 중국에서는 이미 오래 전부터 황실에서 삼신산을 조영하고 동경하였던 자취가 역력하다.

한 무제는 순수를 마치고 돌아와 백량대(柏梁臺)에서 화재가 났기

---

600 天子旣已封禪泰山 無風雨菑 而方士更言蓬萊諸神山若將可得 於是上欣然庶幾遇之 乃復東至海上望 冀遇蓬萊焉 奉車子侯暴病 一日死 上乃遂去 并海上北至碣石

때문에 감천궁(甘泉宮)에서 조회하며 연말 보고를 받았다. 공손경이 아뢰기를 "옛날 황제(黃帝)께서 청령대(青靈臺)를 지은 지 겨우 12일 만에 화재를 당하여 소실되자 다시 명정(明庭)을 지었는데, 명정이란 곧 감천궁입니다." 하였다. 많은 방사(方士)들도 고대 제왕 가운데 감천에 도읍을 정한 제왕이 있었다고 아뢰었기 때문에 천자는 감천궁에서 제후의 조회를 받고 감천에 제후가 머물 저택을 지었다. 용지(勇之)가 "월(越)의 풍속에는 화재가 발생한 후에 다시 집을 지을 때는 반드시 원래의 것보다 크게 지어서, 집의 크기로 재앙을 제압합니다."라고 아뢰었다. 이에 감천(甘泉)에 건장궁(建章宮)이라는 대규모의 궁궐을 새로 지었는데, 그 북쪽에 높이 2백여 척의 수중 누대가 세워진 거대한 연못을 만들고 이름을 태액지(泰液池)라고 하였다. 그 안에 바다 가운데 삼신산을 상징하는 봉래(蓬萊)·방장(方丈)·영주(瀛洲)의 세 섬과 호량(壺梁, 오작교)·구어(龜魚, 금오) 등을 만들어 설치하였다. … 이 해를 태초 원년(太初元年, B.C 104)으로 삼았다.[601]

–『사기(史記)』 효무본기(孝武本紀)

백제 무왕 35년(634) 3월에 왕은 궁궐의 남쪽에 연못을 파고 물을

601 上還 以柏梁災故 朝受計甘泉 公孫卿曰 黃帝就青靈臺 十二日燒 黃帝乃治明庭 明庭 甘泉也 方士多言古帝王有都甘泉者 其後天子又朝諸侯甘泉 甘泉作諸侯邸 勇之乃曰 越俗有火災 復起屋必以大 用勝服之 於是作建章宮 … 其北治大池 漸臺高二十餘丈 名曰泰液池 中有蓬萊 方丈 瀛洲 壺梁 象海中神山龜魚之屬 … 因爲太初元年

20여 리 밖에서 끌어 들였으며 네 언덕에 버드나무를 심고 연못가운데 크고 작은 섬을 만들어서 방장선산(方丈仙山)에 비기었다.[602]
–『삼국사기』 백제본기 무왕

이로 미루어 보면 대규모의 연못을 만들어 삼신산을 조영하는 풍속은 이미 황제 헌원 시절에도 있었다는 사실을 알 수 있고 한 무제는 옛 전통을 본받은 것이다. 백제 무왕 역시 삼신산을 매우 동경하였음을 알겠고 그 연못과 누각이 화려하게 꾸며졌음을 짐작케 한다. 푸른 연못가운데에 삼신산이 있고 연못가에는 무성한 버드나무 숲과 백척의 화려한 누각이 삼신산을 바라보며 날아갈 듯하게 자리하고 있던 그 그윽한 정경을 지금은 볼 수 없지만, 이와 유사한 것을 전북 남원의 광한루(廣寒樓)에서 볼 수 있다.

광한루의 정문에 들어서면 '청허부(清虛府)'라는 현판이 걸려 있다. 여기에서 청허부란 천상의 백옥경(白玉京)을 들어서면 옥황상제가 기거한다는 궁궐이 있어 여기에는 '광한청허지부(廣寒清虛之府)'라고 쓰여 있다 하는데, 광한이나 청허부는 여기에서 따온 이름이다.

그 구조를 살펴보면 바다 가운데 신선이 살고 있다는 삼신산의 하나인 방장산(方丈山, 지리산)의 골짝 골짝에서 흘러내린 천 갈래 만 갈래의 맑은 물이 합치고 어울리어 남원의 요천강(蓼川江)이 되었으니, 이 물을 끌어 들여 연못에 담아 바다 가운데 삼신산을 상징하는 세 섬을 만들었는데 이른바 영주·봉래·방장산이다.

---

602 三十五年 三月 穿池於宮南 引水二十餘里 四岸植以楊柳 水中築島嶼 擬方丈仙山

이 삼신산에는 자그마한 다리를 놓아 서로 건너다닐 수 있도록 하였고, 영주 섬에는 영주각(瀛洲閣)이 세워져 있고, 방장 섬에는 방장정(方丈亭)이 세워져 있다. 금강산은 여러 이름이 있는데 여름 산을 봉래산이라 한다.

또 요천강에서 끌어들인 수정같이 맑은 물줄기는 천상의 은하수를 상징한다 하여 견우와 직녀가 1년에 한 번 칠월 칠석, 이날 밤 은하수를 건너 서로 만나기 위하여 건너간다는 오작교(烏鵲橋)를 삼신산의 아래에 연못을 동서로 가로질러 설치하였다. 연못가에는 돌로 깎은 자라상(像)이 연못을 향하고 있는데, 삼신산을 머리로 이고 있다는 동해의 큰 자라(金鼇)를 상징하고 있는 것이다. 그 곁에는 물 가운데 삼신산을 바라보고 있는 거대한 누각이 있는데 이른바 광한루(廣寒樓)이다. 광한루는 처음에 황희 정승이 양녕대군의 세자 폐위를 반대하다 낙향하여 이곳에 광통루(廣通樓)라는 누각을 짓고 고을 어른들과 시인들이 경치를 감상하며 놀던 곳이다.

그 후 세종 16년(1443)에 민여공(閔汝恭)이 누각을 새로 짓고 주변을 단장하였다. 그로부터 3년 후에 부사 유지례(柳之禮)가 단청을 곱게 하였다.

세종 26년(1443)에 관찰사 정인지(鄭麟趾)가 광통루에 올라 아름다움에 감탄한 나머지 광한루(廣寒樓)로 이름을 고치도록 하였다. 선조 15년(1582) 전라도 관찰사로 부임한 정철(鄭澈)이 중수하였다. 정유재란으로 인하여 소실된 것을 선조 40년(1607)년 부사 원신(元愼)이 작은 누각을 복원하였다.

인조 4년(1626) 부사 신감(申鑑)이 현재의 광한루를 복원하였다.

정조 19년(1794) 영주각(瀛洲閣)이 세워지고 1964년 방장정(方丈亭)이 세워졌다.

공자는 중국에 도가 행해지지 않음을 안타깝게 여겨 뗏목을 타고 바다를 건너 구이(九夷, 조선)에 가서 살고 싶어 하였다.[603]

이것을 고려 문종 29년(1075)에 혁련정(赫連挺)이 지은 『균여전』에서는 '공자께서 이 땅에 와서 살고자 했으나 자라 머리 이르지 못하였다.'[604]고 하였다. 여기에 자라 머리(鼇頭)란 선인들이 산다는 신선세계인 삼신산을 머리에 이고 있다는 금오(金鼇)가 이고 있다는 삼신산을 말하는 것으로 공자가 동경하여 살고 싶어 했던 곳도 삼신산이며, 조선조 유림들이 광한루를 조영하고 삼신산을 동경했던 이유도 여기에 있는 것이다.

이렇듯 삼신산은 고대인들에게 있어 영산의 차원을 넘어 신앙의 대상이었으며, 그 삼신산의 중심은 방장산으로 지금의 지리산이다.

2. 지리산 산신에 관한 여러 가지 설

1) 마고성모(麻姑聖母) 설

마고성모가 사는 곳은 신선세계로 삼신산의 하나인 방장산(方丈山)이다. 마고선녀가 실제 모습을 드러냈던 사실이 『신선전(神仙傳)』에

---

603 『논어』 자한(子罕)

604 魯文宣欲居於此地 未至鼇頭

실려 있다.

후한 환제(桓帝) 때에 신선 왕원(王遠), 자(字)는 방평(方平)이 채경(蔡經)의 집에 내려왔다. … 잠시 후에 마고(麻姑) 또한 내려오므로, 채경과 식구들도 그를 알현하였다. 그는 아름다운 여자로, 나이는 18, 9세 정도인데, 머리끝은 묶은 머리를 하고 나머지 머리카락은 허리까지 늘어져 있었다. 그녀의 옷은 채색의 무늬로 비단옷은 아니지만 광채가 눈이 부실정도여서 자태를 묘사할 방법이 없으며 다 세상에서 볼 수 없는 것이었다.
마고가 들어와 왕원에게 두 번 절하니, 왕원 또한 일어나 영접하였다. 자리를 정해 앉은 후에 하늘 주방의 음식을 내오는데, 모두 금 쟁반과 옥잔으로, 음식 대부분은 꽃과 과일로 향기가 실내외로 퍼져나갔다. 이어서 육포를 여러 사람이 먹도록 나누어주었는데, 모양이 마치 잣나무 열매처럼 생겼으며, 기린의 육포라고 하였다. 마고는 스스로 말하기를, "예전에 접대한 이래로 이미 동해가 세 번이나 뽕나무밭으로 변한 것을 보았습니다. 봉래(蓬萊)에 가서 바닷물을 보니 또 지난번 만났을 때보다 수심이 얕아져서 대략 절반이 되니, 어찌 장차 다시 구릉과 육지로 변하지 않겠습니까?" 하니 방평이 웃으며, "성인들이 모두 말하기를, 동해는 다시 마를 것이고 흙먼지가 날릴 것이라고 합니다." 하였다.[605]

605 漢孝桓帝時 神仙王遠字方平 降于蔡經家… 麻姑至 蔡經亦擧家見之 是好女子 年十八九許 于頂上作髻 餘髮垂至腰 其衣有文章 而非錦綺 光彩耀目 不可名狀 皆世之所無也 入拜方平 方平爲之起立 坐定 召進行廚 皆金盤玉杯 肴膳多

-『신선전』 7권 마고(麻姑)

뽕나무밭이 푸른 바다가 되었다는 의미의 상전벽해(桑田碧海)는 여기에서 나온 것이다. 노고단(老姑壇)이라는 지명을 글자대로 풀이하면 '늙은 시어미 제사 터'인데 이는 시대를 초월하여 최초의 인간을 탄생시킨 마고성모의 제사 터라는 뜻이다. 또한 노고단을 다른 측면에서 풀이할 때 노(老)는 존칭의 의미로, 고(姑)는 마고(麻姑)를 뜻한다고 하여 이곳이 마고성모의 제사 터라는 해석이 있는데 역시 같은 말이다. 『장자』에는 마고성모를 막고야산의 여신이라 소개하고 있다.

견오(肩吾)가 연숙(連叔)에게 물어 말했다.
"내가 접여(接輿)에게서 이야기를 들었는데, 그 이야기는 크고 끝이 없어서 앞으로 나아가기만 하고 돌아올 줄을 몰랐소. 나는 그의 이야기가 은하수처럼 끝이 없었기 때문에 놀라고 두려움마저 느꼈소. 너무나 상식 밖의 이야기여서, 이 인간 세상에 있다고 생각할 수 없는데…." 연숙이 말했다.
"그의 이야기가 어떤 것이었소." 견오가 말하기를,
"'막고야산(藐姑射山)에[606] 신인(神人)이 살고 있는데, 피부가 얼음

是諸花果 而香氣達於內外 擘脯行之 如柏實 云是麟脯也 麻姑自說云 接待以來 已見東海三爲桑田 向到蓬萊 水又淺于往者 會時略半也 豈將復爲陵陸乎 方平笑曰 聖人皆言 東海行復揚塵也 -『神仙傳』 7권 麻姑

606 『산해경』 곽박의 주(注)에, '막고야산은 기자(箕子)가 봉해진 곳이라고 하였고, 고려 인종 때 곽동순(郭東珣)이 지은 「팔관회 선랑의 하표(八關會仙郎賀表)」'에,

과 눈처럼 희고 자태가 아름다운 처녀와 같다. 오곡을 먹지 않으며, 바람을 호흡하고 이슬을 마신다. 구름을 타고 하늘을 나는 용을 몰아 뜻대로 사해(四海)의 밖에까지 가서 노닌다. 그 신기(神氣)가 집중되면, 만물이 병드는 일 없이 성장하며, 해마다 곡식이 잘 익는다.'는 것이었소. 나는 그 이야기를 허황되다고 생각하기에 믿을 수가 없소." 연숙이 말했다.

"그렇겠지, 장님은 함께 문장을 볼 수 없고, 귀머거리는 함께 종과 북의 소리를 들을 수 없네. 그런데, 어찌 육체에 있어서만 귀머거리와 장님이 있겠는가. 대저 지혜에 있어서도 또한 장님이나 귀머거리가 있는 법이라네. 이 말은 바로 자네와 같은 사람을 두고 하는 말이지. 그 여신의 덕은 만물에 널리 퍼져 오직 하나의 큰 근본에서 움직이네. 그러므로 세상 사람들이 다스려주길 원해 안달하고 애써도, 무엇 때문에 천하를 다스리는 고달픈 일 따위를 하겠는가. 그 신인은 어떠한 것도 피해를 입힐 수가 없다네. 물이 하늘에 닿는 큰 홍수가 나도 빠지지 않으며, 큰 가뭄이 들어 쇠와 돌이 녹아 흐르고 흙과 산이 다 타도 타지 않는다네.

이 신인은 세속의 겨와 쭉정이 같은 따위로도 능히 요순(堯舜)같은 성인으로 만들 수 있는데, 무엇 때문에 스스로 나서 만물을 다스리려 하겠는가!"

'저 막고야산에 있다는 신인(神人)은 완연히 월성(月城)의 네 국선(國仙)이다. (彼藐姑射之有神人 宛是月城之四子)'라고 하였다. 월성(月城)은 신라 도읍지의 선도산(仙桃山)에 있는 궁전을 가리키는 것이니, 막고야산은 지금의 지리산을 가리키고 여기에 기자조선과 신라의 궁전이 있었다.

송宋나라 사람이 장보관(章甫冠)[607]을 팔려고 월(越)나라 여러 지방을 돌아다녔으나 월나라 사람들은 머리를 자르고 문신을 하기 때문에 그것이 소용이 없었다. 요 임금은 천하의 백성을 다스리고, 사해의 정사를 바로잡았다. 그런데도 막고야산에 가서 네 선인(仙人)을 만나본 다음, 분수(汾水)의 평양(平陽)에 돌아와서는 그만 멍하니 그 천하를 잊어버렸다.[608] -『장자(莊子)』 소요유(逍遙遊)

열고야산(列姑射山)은 동해의 하주(河洲) 가운데에 있다. 산 위에 신인(神人)이 살고 있는데, 바람을 호흡하고 이슬을 마시며 오곡을 먹지 않는다. 마음은 깊은 샘과 같고 모습은 처녀와 같다. 가까이하지도 않고 사랑하지도 않으며 선인과 성인을 신하로 삼는다. 위압적이지도 성내지도 아니하여 신중하고 성실한 이들이 그의 부림을 받는다. 베풀지도 은혜를 입히지도 않으나 물건은 절로 풍족했고 모으지도 주지도 않으나 부족한 것이 없었다. 음양은 항상 조화를

607 유생(儒生)들이 머리에 쓰는 관(冠)

608 肩吾問於連叔曰 吾聞言於接輿 大而無當 往而不反 吾驚怖其言 猶河漢而無極也 大有逕庭 不近人情焉 連叔曰 其言謂何哉 曰藐姑射之山 有神人居焉 肌膚若氷雪 綽約若處子 不食五穀 吸風飮露 乘雲氣 御飛龍 而遊乎 四海之外 其神凝 使物不疵癘而年穀熟 吾以是狂而不信也 連叔曰 然瞽者無以與乎文章之觀 聾者無以與乎鍾鼓之聲 豈唯形骸有聾盲哉 夫知亦有之 是其言也 猶時女也 之人也 之德也 將旁礴萬物 以爲一世蘄乎亂 孰弊弊焉以天下爲事 之人也 物莫之傷 大浸稽天而不溺 大旱金石流 土山焦而不熱 是其塵垢粃糠 將猶陶鑄堯舜者也 孰肯以物爲事 宋人資章甫而適諸越 越人斷髮文身 無所用之 堯治天下之民 平海內之政 往見四子 藐姑射之山 汾水之陽 窅然喪其天下焉

이루고 해와 달은 언제나 밝게 비추었다. 사계절은 언제나 계절답고 바람은 순조롭고 비는 고르게 내렸다. 번식과 양육은 때에 맞았고 해마다 곡식은 풍년이 들었다. 토지에는 병해충이 없고 사람은 요절과 악질이 없고 만물에 병폐가 없고 귀신의 요사스런 웅성거림이 없었다.[609] -『열자(列子)』 황제(黃帝)

마고성모(관세음보살)

막고야산은 열고야산이라고도 하는데 도교의 이상향이며, 이 산에 산다는 신인은 마고성모를 가리킨다. 여기에 고(姑)는 마고(麻姑)를,

609 列姑射山在海河洲中 山上有神人焉 吸風飮露 不食五穀 心如淵泉 形如處女 不偎不愛 仙聖爲之臣 不畏不怒 愿慤爲之使 不施不惠 而物自足 不聚不歛 而己無愆 陰陽常調 日月常明 四時常若 風雨常均 字育常時 年穀常豐 而土無箚傷 人無夭惡 物無疵厲 鬼無靈響焉

야(射)는 벼슬 이름인 복야(僕射)의 약칭으로 노고단의 노고(老姑)와 같은 의미로 풀이된다. 불교에서는 관세음보살이 나는 용을 타고 다니면서 중생들을 제도한다고 하는데 마고성모와 흡사하다. 그러므로 『법화경(法華經)』에 이르기를 '관세음보살은 가지가지 형상으로 여러 국토에 노닐며, 중생을 제도하여 해탈케 하느니라.'[610] 하였다.

고려 인종 때 곽동순(郭東珣)은 임금께 지어 올린 「팔관회 선랑하표(八關會仙郎賀表)」에서 풍류(風流)의 역사적 연원을 밝히면서 복희씨가 태어나고 도읍한 곳이고, 황제 헌원이 꿈속에서 노닐었다는 화서씨(華胥氏)의 나라, 그리고 신인이 산다는 막고야산은 신라 궁궐이 있었던 월성(月城, 선도산)이라고 하였다. 또한 『산해경』에서도 단군조선 도읍지가 열고야산에 있으며 이곳이 바로 주 무왕이 기자를 봉한 곳이라고 하였다. 이렇게 볼 때 마고가 사는 막고야산은 지리산을 가리키는 것이다.

2) 단군의 어머니 설

지리산의 산신을 선도성모(仙桃聖母)라고 한다. 『삼국사기』에 의하면 송(宋)나라의 사신 왕양(王襄)이 고려에 와서 지리산 산신께 제사지낸 제문에 '현인을 잉태하여 처음으로 나라를 세웠다.(娠賢肇邦)'라는 구절이 있다. 그런데 서산대사가 지은 석가세존의 금골사리(金骨舍利) 부도비(浮圖碑)의 비문에 석가모니의 행적과 우리나라에 부처님 사리

---

610 『묘법연화경』 관세음보살 보문품

의 유통경로를 자세히 밝히고 있으며 아울러 고조선의 도읍지 아사달과 단군의 출생에 관해 언급하고 있다.

> 또한 우리 동방에는 처음에 군장(君長)이 없었고 제후(諸侯)도 줄지어 있지 않았다. 신인(神人) 단군(檀君)이 태백산 신단수(神檀樹) 밑에서 출생하여 일어나 시조 왕이 되니, 중국 요임금과 나란히 서게 되었다. 그렇다면 태백산은, 태백산이 처음으로 한 나라의 왕을 잉태하여 조선 국민으로 하여금 동쪽 오랑캐라는 이름을 아주 벗게 하였고, 마침내 삼계(三界)의 스승을 봉안하여 또 동방의 백성들로 하여금 부처가 될 인연을 잃지 않게 하였으니 이것이 어찌 산의 신령스러움이 아니겠는가.

서산대사가 임진왜란 직후에 황룡사 구층탑이 있던 옛터에 다시 석탑을 세워 부처님 사리를 봉안하고 비문을 친히 지어 세운 내력에 관해서는 장을 바꾸어 화엄사 편에서 살펴보기로 한다.

단군조선 도읍지의 위치에 관해 『한서』 지리지 응소(應劭)의 주(注)에, 낙랑군 소속 25개 현(縣)을 관장하는 치소가 있는 조선현(朝鮮縣)이라고 하였고, 서산대사는 비문에서 좀 더 구체적으로 신라 도읍지에 창건된 황룡사 터라고 밝히고 있다. 또한 「대화엄사 사적(事蹟)」에, 지리산 화엄사가 바로 신라 황룡사라고 하였다.

서산대사는 화엄사에서 출가하였고, 불도를 터득하고 나서 지은 이른바 오도송(悟道頌)에 이미 지리산에 계림이 있다는 사실이 드러나 있으며, 거듭하여 비문에서 고조선 기에 나오는 태백산은 바로 지리산이고 지리산 산신이 단군을 낳은 것이라고 하였다.

3) 마야부인(摩耶夫人) 설

예로부터 지리산 최고봉인 천왕봉(天王峯)에 지리산 산신을 모신 사당이 있었다.

신라 제54대 경명왕(景明王)이 매를 부리기 좋아하더니 일찍이 선도산(仙桃山)에 올라서 매를 날렸다가 잃었다. 이에 성모에게 기도하기를 "만약 매를 얻게 되면 벼슬을 봉하리라." 했더니 조금 있다가 매가 날아와 탁자 위에 앉았다. 이로 인하여 천왕(天王)으로 봉했다.[611] -『삼국유사』

지리산은 진주 서쪽에 있다. 〔일명 두류산(頭流山)이며 대천왕사(大天王祠)가 있다.〕[612] -『세종실록지리지』

성모사(聖母祠) : 지리산 천왕봉 꼭대기에 있다. 성모의 석상이 있는데 이마에 칼 흔적이 있다. 속설에, "왜구가 우리 태조에게 격파 당해서 궁하게 되자, 천왕이 돕지 않은 탓이라 하며 분함을 이기지 못하여 칼로 찍고 갔다." 한다.[613]

---

611 『삼국유사』 5권, 선도성모 수희불사

612 智異山在州西〔一名頭流山, 大天王祠在焉〕 세종실록 地理志 晉州牧

613 聖母祠: 在智異山天王峯頂 有聖母像 其頂有劍痕 諺云 倭寇爲我太祖所破窮

향적사(香積寺) : 천왕봉 아래에 있는데, 성모묘(聖母廟)의 향화(香火)를 성대하게 지내기 위해서 세운 것이다.[614]
-『신증동국여지승람』 진주목

옛날에 개국 조사(祖師) 도선(道詵)에게 지리산(智異山)의 주인 성모 천왕(天王)이, "만일 세 곳의 암사(三巖寺)를 창건하면 삼한(三韓)이 합하여 한 나라가 되고 전쟁이 저절로 종식될 것이다." 한 비밀스러운 부탁으로 인하여 이에 세 곳의 암사(巖寺)를 창건하였으니, 곧 지금의 선암사(仙巖寺)·운암사(雲巖寺)와 이 절이 그것이다. 그러므로 이 절이 국가에 대하여 큰 비보(裨補)가 되는 것은 고금 사람들이 함께 아는 일이다.[615]
고려 박전지(朴全之, 1250~1325)가 지은 -『영봉산 용암사 중창기(靈鳳山龍巖寺重創記)』

〔보림사 창건주 원표(元表)대사가〕 반드시 그 적합한 절터를 얻고자 지팡이를 짚고 느린 걸음으로 방황하고 머뭇거릴 때에 한 선아(仙娥, 선녀)를 보았는데, 안색은 가냘프게 아리땁고 주옥으로 장식하고 화관(花冠)을 단정히 쓰고 옷자락을 가벼이 끌며 연못

甕 以爲天王不助不勝 其憤斫之而去 -『신증동국여지승람』晉州牧 祠廟

614 香積寺: 在天王峯下 爲聖母廟香火大而建. -『신증동국여지승람』晉州牧 佛宇

615 昔開國祖師道詵 因智異山主 聖母天王 密囑曰 若創立三巖寺 則三韓合爲一國 戰伐自然息矣 於是創三巖寺 卽今仙巖雲巖與此寺是也 故此寺之於國家 爲大裨補 古今人之所共知也『동문선(東文選)』제68권 기(記).

위에서 나와 절하자 그 까닭을 물으니, 곧 대답하기를
"나는 방장산(方丈山, 지리산) 제일 상봉 위의 천왕(天王)의 딸입니다. 나도 역시 성모 천왕(天王)으로서 이 땅에 온 지 여러 해 되었는데, 대지가 용신(龍神)이 웅거해 산 지가 오래인지라 한쪽 곁에서 마음대로 할 수 없습니다. 바라건대 부처님 가피력을 입으시어 길이 거처할 곳으로 삼으소서. 또 보아하니 동쪽 주변의 가파른 산등성이의 평평한 터는 하늘이 지은 터전입니다." 하였다.[616]
–「가지산 보림사 사적(迦智山寶林寺事蹟)」

지리산신이 석가여래의 어머니 마야부인이라는 사실은 김종직(金宗直, 1431~1492)의 「유두류록(遊頭流錄)」에서 거론되고 있다.

이것은 김종직이 함양 군수로 있을 때 일행과 함께 지리산을 등정하였던 일을 기행문으로 엮은 것이다. 이때에 천왕봉에 올라보니 그 아래에 성모의 석상이 모셔진 자그마한 사당이 있어 관대를 갖추고 세수하고 사당에 들어가 제사를 드리고 나서,

또 묻기를 "여기에 모셔진 성모는 세상에서 어떤 신이라 이르느냐?"
하니 대답이 "석가(釋迦)의 어머니 마야부인이라 한다."
"아! 이럴 수가 있느냐. 서축(西竺, 인도)이 동진(東震, 조선)과 더불

---

616 必欲得其眞扶笻 緩步彷徨 躑躅之際 見一仙娥 顔色綽約 瓊珮綝纚 整花冠曳霞於出拜池上 問之則曰 我是方丈第一峰上 天王之女也 我亦以聖母天王來此地有年 而大地久爲龍神所據了處 一傍不能自專 願蒙佛力 永爲之所 又見東邊 一巖巒爲天作之臺 –「가지산 보림사 사적(迦智山寶林寺事蹟)」

어 천백세계가 가로 막혔는데 가유국 부인이 어떻게 이 땅의 신이 되겠는가. 나는 일찍이 이승휴의 『제왕운기』를 읽어보니 성모가 도선에게 명하는 구절의 주석에 지금 '지리산의 천왕(天王)'은 고려 태조의 어머니 위숙왕후를 가리킨 것이라고 하였다.

고려 사람이 선도성모(仙桃聖母)의 이야기를 익히 들었기로 그 임금의 계통을 신성화하기 위하여 이 이야기를 만든 것이다. 이것을 이승휴가 믿고서 『제왕운기』에 적어 놓았으나 이것 또는 증빙할 수 없거늘 하물며 승려들의 허무맹랑한 말에 있어서랴."[617]

-「유두류록(遊頭流錄)」

라고 하면서 불쾌감을 드러내며 반박하고 있다. 내용을 요약하면 지리산 산신에 관해 불교계에서는 석가의 어머니 마야부인이라 하였으나, 김종직은 반박하면서 원래 박혁거세의 어머니 선도성모인데 고려 김부식 일행이 송나라에 사신으로 갔을 때 선도성모에 관해 자세하게 들은 바 있으므로 고려에서도 그 임금의 계통을 신성화하기 위하여 태조 왕건의 어머니 위숙왕후가 지리산 산신이라고 했다는 말이다.

남효온(南孝溫 1454~1492)의 「지리산일과(智異山日課)」에서도 지리산 산신이 마야부인이라는 내용이 거론되고 있다.

---

617 又問 聖母世謂之何神也 曰釋迦之母 摩耶夫人也 噫有是哉 西竺與東震 猶隔千百世界 迦維國夫人 焉得爲玆土之神 余嘗讀李承休帝王韻紀 聖母命詵師 註云 今智異天王乃指高麗太祖之妣威肅王后也 高麗人習聞仙桃聖母之說 欲神其君之系 創爲是談 承休信之 筆之韻記 此亦不可徵 矧緇流妄誕幻惑之言乎 『점필재집(佔畢齋集)』 제2권 「유두류록(遊頭流錄)」

정미년(1487, 성종18) 9월 30일,

의문, 일경선사와 함께 향적사(香積寺)에서 상봉(上峰, 천왕봉)으로 올라갔다. 구름에 묻히고 바람에 깎이어 나무는 온전한 가지가 없고 초목은 푸른 잎이 없었다. 서리가 매섭고 땅이 얼어 추위가 산 아래보다 갑절이나 더하였다. 구름사다리와 석굴(통천문)은 겨우 한 사람이 지나갈 정도였는데 우리들이 뚫고서 올라갔다. 상봉에 올랐을 때에 이른바 천왕(天王)이라는 석상을 보았다. 승려가 말하기를 "이는 석가의 어머니 마야부인(摩耶夫人)이 이 산의 신령이 된 것으로, 세상의 재앙과 복(福을 담당하다가 장래에 미륵불(彌勒佛)이 대를 이어 태어날 것입니다." 하였다. 그 말이 한결같이 이리 요원하여 문헌으로 의거할 수 없단 말인가. 나는 사당 모퉁이의 바위 부리에 앉았다.[618]

마야부인에 관해서는 『화엄경』에 자세하게 실려 있다. 불교에 관해 전문 지식이 없고 불교를 배척하였던 조선시대의 유학자들은 지리산 산신이 마야부인이라는 설에 대하여 비판적인 소견을 보이고 있음을 볼 수 있다.

이에 대해 『구례읍지』에는 다음과 같이 말하였다.

---

618 丙寅 與義文及冏師自香積登上峯 雲埋風磨 木無完枝 艸無青葉 霜嚴地凍 天寒倍於山下 雲梯石竇 僅出一人 余等穿土 及登上峯 見所謂天王者 僧曰 此釋伽母摩倻夫人爲此山神 禍福當世 將來代生彌勒佛者 其言一何遼遠而無文據 余坐堂隅石角 -『추강집(秋江集)』 지리산일과(智異山日課)

지리산 산신을 마야부인이라고 한다. 천왕봉에 성모의 사당이 있었는데 부인의 석상과 그림이 있었다. 어느 시대에 세워져 언제 폐지된 것인지는 알 수 없다.
동인(東人, 고려의 김부식)이 중국에 사신으로 갔을 때 중국인이 한 오래된 그림의 여자 선녀상(女仙像)을 보여주면서 말하기를 "이것이 조선의 지리산신입니다."고 하였다. 지금도 성모천왕의 옛 석상(石像)이 남아 있다.[619]

『삼국유사』에 이런 구절이 있다.

『화엄경』에 마야부인 선지식이 제11지(地)에 머물면서 부처를 낳아 대원지환해탈문(大願智幻解脫門)을 보임과 같다.[620]

마야부인은 도의 경지가 제11지(地)에 머물러 있기 때문에 중국 화엄종의 조사(祖師)인 지엄(智儼)을 비롯하여 법장(法藏), 징관(澄觀) 등이 모두 『화엄경』 입법계품에 선재동자가 만난 선지식들의 수행 지위를 밝히면서 마야부인은 미륵과 함께 부처의 경지로 제 11지인 등각(等覺)에 해당한다고 하였다. 『화엄경』에는 보살(菩薩)의 지위를

---

619 『구례속지』 명승고적. 智異山神 稱摩耶夫人 天王峰有聖母祠畵夫人像 刱廢不知何時 東人入中國 中國人 示一本古畵女像曰 此朝鮮智異山神 今聖母天王古碣尙存

620 『삼국유사』 3권 남백월 2성 노힐부득 달달박박. 華嚴經 摩耶夫人善知識寄十一地 生佛如幻解脫門

10지로 구분하는데, 제11지는 보살의 경지를 벗어난 것으로 부처의 경지이다. 부처의 경지에도 두 단계가 있으니 제11지는 부처와 대등하다고 하여 등각(等覺)이라 하고, 제12지는 묘각(妙覺)으로 완전한 부처를 이루는 수행의 마지막 지위이다.

현재 도솔천에 머무는 미륵(彌勒)은 제11지인 등각(等覺)의 경지에 해당하고, 석가모니 역시 제11지인 등각의 경지로 도솔천에 머물다 인간 세상에 내려와 마야부인을 어머니로 탄생하고 마침내 출가하고 성불하여 제12지인 묘각(妙覺의 경지에 오른 것이다.

이와 같이 부처(佛)나 여래(如來)라는 말은 보살 10지의 수행을 마치고 신통력과 지혜가 완성의 경지를 뜻하는 말이다.

선재동자가 만난 53선지식 중에 보현(普賢)은 제12지인 묘각위(妙覺位)에 머물러 있는데도 불구하고 경전에서 보살이라고 호칭하는 이유에 대해 '여래의 처소에서 보살행을 닦아 쉼 없이 설한다면 이를 보살이라 이름 한다.'고 밝히고 있다.

마야부인이 제11지라고 했으니 관세음보살과 같이 도의 경지가 이미 부처요, 사는 곳은 불국토이며 신통력이 자유자재하였다.

> 가비라성과 여러 마을이며 다른 나라에 있는 남자·여자거나 사내아이거나 계집아이거나 간에 귀신에 들린 이로서, 보살의 어머니(마야부인)를 보기만 하여도 모두 저절로 나아버리며, 혹은 여러 가지의 병든 중생으로서 중풍과 황달·담기(痰氣)·장님·귀머거리·벙어리·몸의 마비·치통·연주창·문둥병·소갈증·미치광이·혹·부스럼·흉터 등 갖가지의 모든 병은 보살의 어머니가 손을

펴서 이마를 만져주면 저절로 사라져 없어져버리며, 설령 이런 병이 있는 중생이 몸소 가서 보살의 어머니를 뵙지 못한다 하더라도 성후(聖后, 마야부인)가 그때에 풀을 꺾어서 산가지를 만들어 내려 주시면 겨우 산가지를 붙잡는 그때에 모든 병의 고통은 다 싹 가시어서 평상대로 회복되어 본래와 같이 되느니라.[621]

앞에서 이미 지리산신이 석가여래의 어머니 마야부인이라는 여러 기록을 보았다. 과연 가능한 말일까? 『화엄경』에는 선재동자가 마야부인 선지식을 직접 만나 마야부인은 모든 것을 밝히고 있다.

선남자여, 마지막 몸을 받은 한량없는 보살들이 이 세계에서 가지가지 방편으로 태어남을 보일 적에 나는 그들의 어머니가 되었느니라. 선남자여, 이 세계의 현겁(賢劫) 중에서 이와 같이 지나간 세상의 구류손불(拘留孫佛)·구나함모니불(拘那含牟尼佛)·가섭불(迦葉佛), 그리고 지금의 세존이신 석가모니불이 출현하여 탄생하실 적에도 내가 그들의 어머니가 되었고, 오는 세상에 미륵(彌勒)보살이 도솔천에서 신(神)으로 내려오실 적에 큰 광명을 놓아 법계에 두루 비추며 모든 보살이 태어나는 신통변화를 나타내어 인간에서 훌륭한 가문에 탄생하여 중생을 조복하는 때에도 나는 그의 어머니가 되느니라. 이와 같이 차례차례로 사자불(獅子佛), 법당불(法幢佛), 선안불, 정화불, 화덕불, 제사불, 불사불, 선의불 -(중략)- 무량현불, 보수순자재불, 최존천불이며 이렇게 누지(樓至)여래에

621 『방광대장엄경(方廣大莊嚴經)』 제2권

이르기까지 현겁 동안에 이 삼천대천세계에서 부처님 되실 이의 어머니가 되느니라. 이 삼천대천세계에서와 같이 이 세계에 있는 시방의 한량없는 세계와 모든 겁(劫)에서 보현의 행원(行願)을 모두 닦아서 모든 중생들을 교화하려는 이에게도 나의 몸이 그들 모두의 어머니가 되는 것을 내가 보노라.[622]

–『대방광불화엄경』 76권 입법계품.

마야부인은 선재동자에게 석가모니가 도솔천에서 내려와 태속에 들어 머물고 출생할 때의 신통 자재한 일들을 소상히 밝히면서 석가모니 부처님뿐만이 아니라 과거의 구류손불·구나함모니불·가섭불 등이 모두 마야부인을 어머니로 출생하였고, 앞으로 출현할 미륵으로부터 누지여래(樓至如來)에 이르기까지 무려 195명의 부처님 되실 이의 이름을 차례차례로 거명하면서 그들 모두의 어머니가 되리라고 말하고 있다. 아울러 마야부인은 평범한 왕비가 아니라 본래 관세음보살과 같이 도의 경지가 보살의 경지를 벗어난 부처의 경지에 들어가 있어

---

622 善男子 有無量最後身菩薩 於此世界 種種方便 示現受生 我皆爲母. 善男子 如此世界賢劫之中,過去世時 拘留孫佛 拘那含牟尼佛 迦葉佛及 今世尊釋迦牟尼佛 現受生時 我爲其母 未來世中 彌勒菩薩從兜率天 將降神時 放大光明 普照法界 示現一切諸菩薩衆受生神變 乃於人間 生大族家 調伏衆生 我於彼時 亦爲其母. 如是次第 有師子佛 法幢佛 善眼佛 淨華佛 華德佛 提舍佛 弗沙佛 善意佛 –중략– 無量賢佛 普隨順自在佛 最尊天佛 如是乃至樓至如來 在賢劫中 於此三千大千世界 當成佛者 悉爲其母 如於此三千大千世界 如是於此世界海 十方無量諸世界一切劫中 諸有修行普賢行願 爲化一切諸衆生者 我自見身 悉爲其母.

신통변화가 자재한 여신임을 밝히고 있다.

그렇다면 마야부인과 지리산은 어떤 관련이 있는 것일까?

「대화엄사 사적」에는 석가모니의 생애에 관해 이렇게 적고 있다.

주(周)나라 소왕(昭王) 26년 갑인(甲寅, B.C 1027) 4월 8일에 석가씨(釋迦氏)가 서역 정반왕궁의 마야부인 태(胎)에서 탄생하였다. 태어난 지 7일 만에 마야부인은 세상을 떠나 도리천에 태어났다.
소왕 44년 임신(壬申 BC 1009)에 출가를 하니 그때 나이는 19세였다.
목왕(穆王) 3년 계미(癸未 BC 1000)에 성도(成道)하시니 그때 나이는 30세였다.
53년 임신(壬申 B.C 949)년에 입적하시니 그때 나이는 79세였다.

석가모니 부처님이 탄생하신 해를 혹은 소왕 즉위 24년 갑인년이라고도 한다. 이 해를 불기(佛紀) 원년으로 삼으니 금년은 불기 1027+2018=3045년이다. 출가한 시기에 관해 29세에 출가하여 35세에 성도하고 45년간 교화하였다는 설도 있으나, 대체로 19세에 출가하여 30세에 성불하고 79세에 열반하였다는 것이 정설이다.

마야부인은 태자가 태어난 지 7일 만에 세상을 떠나 도리천에 태어났다고 한다.

마야부인이 말씀하셨다.
"옛날에 내가 백정왕의 왕궁에서 태자를 낳은 지 겨우 7일 만에 그만 세상을 떠나고 말았다. 그래서 손수 이를 안아서 키우면서 모자간의 정을 펼쳐 보지도 못하고 이모인 마하파사바제에게 부탁하여 그로 하여금 젖을 먹여서 키우게 하였던 것이다. 그리고 차츰 장대하여 나이가 19세에 이르자 한밤중에 성(城)을 넘어서 출가하였으므로 온 궁성의 안팎이 모두 슬퍼하고 괴로워하지 않은 자가 없었다."[623] -『마하마야경(摩訶摩耶經)』 하권.

『장아함경(長阿含經)』에서도 부처님의 어머니가 목숨을 마친 뒤에는 도리천에 태어나는데, 이것은 모든 부처님의 공통된 법이라고 하였다.

석가모니 부처님은 비구들에게 말씀하셨다.
"비바시(毘婆尸) 보살이 도솔천(兜率天)에서 내려와 어머니의 태에 드실 때 생각을 오로지하여 어지럽지 않았다. 그 어머니는 5계(五戒)를 받들어 지녀 범행(梵行)이 청정하고 신심이 돈독하여 어질어 남을 사랑하였다. 모든 선행을 성취하고 안락하여 두려움이 없었다. 그래서 몸을 마친 뒤에는 도리천에 태어났으니, 이것이 (모든 부처님의) 공통된 법이다."[624]

---

623 昔日在於白淨王宮 始生七日 我便命終 竟未抱育 展母子情 付囑摩訶波闍波提 令其姨母 而乳養之 及已長大 至年十九 便於中夜 踰城而出 擧宮內外 莫不悲惱

624 佛告比丘 毘婆尸菩薩 從兜率天 降神母胎 專念不亂 其母奉持五戒 梵行淸淨 篤信仁愛 諸善成就 安樂無畏 身壞命終 生忉利天 此是常法 -『장아함경(長阿含經)』 大本經.

이와 같이 마야부인이 살고 있는 곳은 도리천이다.

신라 27대 선덕여왕이 기미를 미리 알아차린 세 가지 일이 있으니, 그 셋째,

왕이 건강한 때에 군신(群神)들에게 '내가 아무 해 아무 달 아무 날에 죽을 것이니 도리천에 장사하라.' 하였다. 신하들이 그곳을 알지 못하여 '어디입니까?' 하니 왕이 대답하기를 '낭산(狼山)의 남쪽이니라.' 하였다. 과연 그달 그날에 세상을 떠나니 군신들이 낭산의 양지에 장사하였다. 그 후 10여 년에 문무대왕이 사천왕사(四天王寺)를 왕의 무덤 아래에 창건하였다.
불경(佛經)에 이르기를 사천왕천(四天王天)의 위에 도리천이 있다고 하였다. 이에 선덕왕이 신령한 성인이었음을 알게 되었다.[625]
–『삼국유사』 1권 善德王 知幾三事.

선덕여왕의 죽음에 관해 다음과 같이 말하였다.

즉위 16년(647) 봄 정월에 비담(毗曇)과 염종(廉宗) 등이 말하기를, "여자 임금은 나라를 잘 다스릴 수 없다." 하고 반역을 꾀하여 군사를 일으켰으나 이기지 못하였다. 이해 정월 8일에 세상을 떠나니 시호를 선덕(善德)이라 하고 낭산(狼山)에 장사지냈다.[626]

---

625 王無恙時 謂君臣曰 朕死於某年某月日 葬我於忉利天中 群臣罔知其處 奏云何所 王曰 狼山南也 至其月日 王果崩 群臣葬於狼山之陽. 後十餘年 文虎大王創四天王寺 於王墳之下 佛經云 四天王天之上 有忉利天 乃知大王之靈聖也

이로 미루어보면 도리천은 낭산(狼山)의 양지에 있고 그 아래에 사천왕사가 창건되었음을 알 수 있다. 신라의 낭산은 일찍부터 영지(靈地)로 보호되고 있었다.

신라 실성왕 12년(413) 가을 8월에 구름이 낭산(狼山)에서 일어났는데, 그것을 바라보니 흡사 누각과 같았고 향기는 강렬히 풍기며 오랫동안 사라지지 않았다. 이에 왕은 "이는 반드시 신선이 내려와 노니는 것이니 응당 이곳은 복지(福地)일 것이다." 하여 이후로부터 사람들이 수목을 베는 것을 금하게 했다.[627]

낭산 아래 신유림(神遊林)에 창건된 사천왕사는 나당 연합군이 백제와 고구려를 차례로 치고 신라가 3국을 통일하자, 전쟁이 채 끝나기도 전에 이번에는 당나라가 신라를 정벌하려고 50만 대군을 비밀리에 훈련시켜 국경을 침범하여 나라가 위기에 놓였으나 기도의 힘으로 국난을 면하게 한 호국사찰이다.[628]

원효, 의상 등과 더불어 신라 10성(十聖)의 한 분으로 흥륜사의 금당에 봉안되었던 안함(安含, 579~640)은 수(隋)나라에 들어가 5년간 유학하고 본국에 돌아와 참서(讖書, 예언서) 1권을 지었는데 그 요지에,

---

626 『삼국사기』 신라본기

627 『삼국사기』 신라본기. 十二年, 秋八月 雲起狼山 望誌如樓閣 香氣郁然 久而不歇 王謂是必仙靈降遊 應是福地 從此後 禁人 斬伐樹木

628 『삼국유사』 2권 문무왕 법민 참조

① 제일여주(第一女主) 장도리천(葬忉利天)

② 급천리전군지패(及千里戰軍之敗) 사천왕사지성(四天王寺之成)

③ 왕자환향지세(王子還鄕之歲) 대군성명지년(大君盛明之年)[629]

라고 하였다.

여기서 ①의 '제일여주 장도리천'은 신라 최초의 여왕인 선덕여왕(632~646 재위)이 '내가 죽거든 도리천에 장사하라.'라는 유촉에 따라 낭산(狼山)의 남쪽에 장사지낸 것과 통한다.

②의 '급천리전군지패 사천왕사지성'은 당의 50만 대군이 신라를 침범하자 명랑법사(明朗法師)가 낭산의 남쪽 신유림에 임시로 사천왕사를 가설하여 문두루비밀법으로 당병을 물리치고 그 뒤에 다시 5만 명의 군사를 보냈으나, 또 그렇게 하여 문무왕 19년(679)에는 그곳에 사천왕사가 정식으로 완공되는 것과 통한다.

③의 '왕자환향지세 대군성명지년'은 신라가 반당작전으로 볼모로 소환 투옥되었던 왕자 김인문이 환향함으로써 나당관계가 다시 원만해져 문무왕의 통일 대업이 안정된 것과 통한다.

안함이 입적한 해는 선덕왕 9년(640)인데 그의 예언은 눈으로 보듯이 맞아떨어지고 있는 것이다. 문두루를 신인(神印)이라고도 하는데 고려시대에도 사천왕사와 신인종(神印宗) 사찰에서 자주 행해졌음을 『고려사』는 전하고 있다.

「대화엄사 사적」의 의상전(義湘傳)에서 말하였다.

---

629 『해동고승전』 석 안함

본국의 승상 김인문(일명 흠순), 양도(良圖) 등이 당나라에 볼모로 잡혀와 옥에 갇혀 있었는데, 당 고종이 장차 대병을 일으켜 신라를 정벌하려 한다는 사실을 의상대사에게 알리자 함형(咸亨) 원년 경오(庚午, 670)년에 귀국하여 조정에 이 사실을 알리니, 신인종(神印宗)의 대덕 명랑법사에게 명하여 문두루비밀법을 화엄사에 가설하고 기도하여 나라가 마침내 위기를 면하였다.[630]

『삼국유사』에는 사천왕사가 세워진 곳이 낭산 남쪽의 신유림이라고만 하여 정확한 장소를 고증하기 어려웠으나, 「화엄사 사적」의 의상전에는 문두루법을 지리산 화엄사에 설치했다고 지적하여 사천왕사가 창건된 신유림이 화엄사 지역에 속해 있음을 밝히고 있다.

이렇게 볼 때 낭산의 도리천과 그 남쪽 아래 신유림에 창건된 사천왕사는 지금의 화엄사 지역에 속해 있으며, 도리천에 살고 있다는 마야부인이 지리산신이라는 사실을 알 수 있다.

실제 대장경에서도 삼신산의 하나인 방장산(方丈山)이 불경에서 말하는 수미산(須彌山)이며 수미산의 정상에 도리천이 있다고 한다.

선덕여왕은 진평왕의 맏딸이고, 왕에게 아들이 없어 신라 최초의 여왕이 된 것이다. 진평왕의 이름은 백정(白淨)이고, 왕비는 김씨 마야부인으로 석가모니의 부모와 같은 이름을 쓰고 있다.

---

630 本國丞相 金仁問(一名欽純)良圖等 往囚於唐 唐高宗將大擧東征 欽純等密遣湘師誘而先之以 唐高宗 咸亨元年庚午 還國聞事於朝 命神印大德設密壇法於華嚴寺 禳之國乃免禍 －「大華嚴寺 事蹟」

4) 선도성모 설

김종직은 지리산신이 마야부인이라는 당시의 주장에 대해 이승휴의 『제왕운기』를 인용하여 고려 태조 왕건의 어머니 위숙왕후라는 주장을 하면서, 고려 사람이 선도성모(仙桃聖母)의 이야기를 익히 들었기로 그 임금의 계통을 신성화하기 위해 그런 이야기를 만들어 냈다는 논리를 펴고 있다. 김종직도 송나라 조정의 우신관(佑神館)에 모셔진 선도성모가 지리산의 산신이라는 사실은 인정하고 있다. 여기에 고려 사람은 김부식 일행이 당시 송(宋)나라에 사신으로 갔을 때 중국에서 선도성모에 관해 들었던 일을 말하는 것으로, 그 내용이 국사에 실려 자세히 전해지고 있다.

김부식은 『삼국사기』의 신라본기를 마감하면서 이렇게 말하였다.

> 정화(政和, 1111~1117) 연간에 우리 조정(고려)에서는 상서(尙書)[631] 이자량을 송나라에 보내어 조공했을 때, 신 부식(富軾)은 문필의 임무를 띠고 같이 가서 우신관(佑神館)[632]에 참배하고 한 사당에 여자 신선상(女仙像)을 모셔둔 것을 보았다.
> 관반학사(館伴學士)[633]인 왕보(王黼)는 말했다. "이것은 귀국(貴國)

---

631 상서(尙書): 고려의 관직. 육부(六部)의 각 장관.

632 우신관(佑神館): 우신(佑神)은 천우신조(天佑神助)의 약어. 송나라 조정에서 나라의 복을 비는 신사(神祠)이다.

633 관반학사(館伴學士): 송대(宋代) 한림원(翰林院)을 관각(館閣)이라 하였고 반(伴)은 한림원의 한림학사를 말한다.

의 신(神)인데 공들은 이를 아십니까?" 마침내 말했다.

"옛날 제실(帝室)의 공주가 있었는데 남편이 없는데도 아이를 잉태하여 남에게 의심을 받게 되자, 이에 바다를 건너 진한에 이르러 아들을 낳으니 해동의 첫 임금이 되었으며, 제왕의 딸은 지선(地仙, 산신)이 되어 길이 선도산(仙桃山)에 있다는데, 이것은 그 선인의 상(像)입니다." 부식은 또 송나라 사신 왕양(王襄)이 지은 동신성모(東神聖母)에게 제사 드리는 글에 '성현을 잉태하여 나라를 세운다.'는 구절이 있는 것을 보고 그제야 동신(東神)이 곧 선도산(仙桃山)의 신성(神聖)임을 알았다.

그러나 그 아들이 어느 때 임금을 한 것인지는 알 수 없다.[634]

역대로 중국 황실에서 서왕모 신앙이 성행하였고, 송나라 우신관에 모셔진 성모상 역시 곤륜산 서왕모이다. 그런데 송나라 조정의 한림학사가 고려 사신들에게 여기에 봉안된 성모가 바로 선도산 성모라고 밝히고 있다. 그렇다면 신라도읍지의 선도산이 바로 곤륜산이고, 서왕모가 선도성모라는 의미이다. 선도(仙桃)는 서왕모가 곤륜산에 심어 가꾼 복숭아이기 때문에 서왕모를 선도성모라고도 부르는 것이다. 『삼국유사』에는 선도성모가 진한의 선도산에 와서 낳은 아들은 바로

634 政和中 我朝遣尚書李資諒 入宋朝貢 臣富軾 以文翰之任輔行 詣佑神館 見一堂設女仙像 館伴學士王黼曰 此貴國之神 公等知之乎 遂言曰 古有帝室之女不夫而孕 爲人所疑乃泛海 抵辰韓生子 爲海東始主 帝女爲地仙 長在仙桃山此其像也 臣又見大宋國信使王襄祭東神聖母文 有娠賢肇邦之句 乃知東神則仙桃山神聖者也 然而不知其子王於何時

신라의 시조인 박혁거세임을 밝히고 선도성모에 관해 자세하게 기록하고 있다.

선도성모 진영 (장흥 보림사 소장)

신라 진평왕 때에 지혜(知惠)라는 비구니가 있어 착한 행적이 많았다. 안흥사(安興寺)에 살면서 불전을 새로 수축하려 하나 힘이 모자랐다. 꿈에 한 선녀가 아름다운 위품으로 주옥과 비취를 장식하고 와서 위로하기를,

"나는 선도산 성모인데, 네가 불전을 수리하려는 것이 기뻐서 금 10근을 주어 그 일을 돕고자 한다. 마땅히 내 자리 밑에서 금을 가져다가 주불 세 존상을 만들고, 벽 위에는 53불과 6류성중(六類聖衆) 및 모든 천신과 5악신군(五嶽神君, 토함산·지리산·계룡산·태백산·팔공산)을 그리고, 매년 봄가을 두 계절에 10일 동안 선남선녀를

모아서 일체 함령을 위하여 점찰법회를 여는 것을 연례행사로 삼아라." 하였다.

지혜는 놀라 깨어 무리를 거느리고 신모 사당의 자리 밑으로 가서 황금 160량을 파내어 불전 수리의 일을 이루었는데, 모두 신모가 가르치던 대로 행하였다. 그 절은 지금도 남아 있으나 법사(法事)는 폐지되었다.

신모는 원래 중국 제실의[635] 공주였는데 이름은 사소(娑蘇)였다. 일찍이 신선의 술법을 터득하여 해동에 와서 머물러 오랫동안 돌아가지 않았다. 그의 아버지인 황제는 편지를 솔개의 발에 묶어 보내면서 "이 솔개가 멈추는 곳에 집을 삼으라." 하였다. 사소가 편지를 받고 솔개를 날리니 이 산(선도산)에 와 그치므로 드디어 와서 터를 정하고 살다가 지선(地仙)이 되었다. 그래서 산 이름을 서연산(西鳶山)이라고도 한다.

신모가 이 산에 오래 머물면서 나라를 도와 영이한 일이 심히 많았다. 나라를 소유한 이래로 항상 3사(三祀)[636]의 하나가 되어 지위가 산천에 지내는 모든 제사의 위에 있었다.

제54대 경명왕이 매를 부리기 좋아하더니 일찍이 여기에 올라서

---

635 『삼국사기』에는 '옛날 제실의 공주가 있었는데(古有帝室之女)'라고 했는데, 여기에는 개간하면서 모화사상을 심어놓기 위하여 중국(中國)이라는 글자가 추가되어 있다. 『환단고기』에는 고조선의 후예인 부여(夫餘) 제실의 공주였다고 했다.

636 3사(三祀): 신라시대에 명산대천을 대사(大祀), 중사(中祀), 소사(小祀)로 구분하여 제사지냈다. 요임금 때에 순(舜)이 섭정하여 처음 단군조선을 순방하였는데, 이때 동국의 산천에 차례대로 제사하였다.

매를 날렸다가 잃었다. 이에 성모에게 기도하기를 "만약 매를 얻게 되면 벼슬을 봉하리라." 했더니 조금 있다가 매가 날아와 탁자 위에 앉았다. 이로 인하여 천왕(天王)[637]으로 봉했다.

성모가 처음 진한에 와서 성자(聖子)를 낳아 동국의 첫 임금이 되었다 하니, 대개 박혁거세와 알영부인 두 성인의 유래이다. 그러므로 계룡(雞龍)·계림(雞林)·백마(白馬) 등으로 일컬어지는데 계림(雞林)이 서쪽에 속해 있기 때문이다. 일찍이 제천(諸天)의 선녀들에게 비단을 짜게 하고 붉은 물을 들여 조정의 의복을 만들어 그의 남편에게 주었으니 나라 사람들이 비로소 그의 신령한 영험을 알게 되었다. …(중략)…

이제 금을 시주하여 불법을 받들고 중생을 위하여 향화(香火)를 열어 나루터의 다리를 만들었으니, 어찌 다만 오래 사는 술법만 배워 아득한 속에 있는 자이랴!

예찬한다.

서연산(西鳶山)에 와서 산 지 몇십 성상(星霜)인가
선녀를 불러 선인(仙人)의 옷을 짜고
장생술도 반드시 무생법인과 다르지 않는데
과거의 부처님을 뵈옵고 옥황상제가 되었도다.[638]

---

637 삼국유사 원문에 대왕(大王)은 천왕(天王)의 오기. 『제왕운기』에 고려 태조 왕건의 어머니는 지리산의 天王이라고 했다. 신라 경명왕이 성모를 천왕(天王)으로 봉했기 때문이다.

638 眞平王朝 有比丘尼名智惠 多賢行 住安興寺 擬新修佛殿而力未也 夢一女仙

-『삼국유사』5권 선도성모 수희불사

앞서 인용한『구례속지』에는 김부식 일행이 송나라에 사신으로 갔을 때 선도성모에 관해 들었던 일을 소개하면서, 이것이 지리산 산신이며 마야부인이라고 단정하고 있다.

실제 선도성모를 기리는 찬문의 말미에 '과거의 부처님을 뵈옵고 옥황상제가 되었도다.(故謁金仙 作玉皇)'라는 구절은 선재동자가 마야부인에게 "이 해탈을 얻은 지는 얼마나 오래 되었나이까?" 즉 '언제부터 어떤 이유로 여러 부처님의 어머니가 되었습니까?'라는 질문에 마야부인이 대답하기를 '아득히 헤아릴 수 없는 옛날 도량 맡은 신이 되어 있을 때 대위덕이라는 전륜왕이 악마들을 물리치는 일을 보고 한량없

風儀婥約 珠翠飾鬟 來慰曰 我是仙桃山神母也 喜汝欲修佛殿 願施金十斤以助之 宜取金於予座下粧點主尊三像 壁上繪五十三佛 六類聖衆 及諸天神 五岳神君(羅時五岳 謂東吐含山 南智異山 西鷄龍 北太伯 中父岳 亦云 公山也) 每春秋二季之十日 叢會善男善女 廣爲一切含靈 設占察法會 以爲恒規 惠乃驚覺 率徒往神祠座下 堀得黃金一百六十兩 克就乃功 皆依神母所諭 其事唯存 而法事廢矣 神母本中國帝室之女 名娑蘇 早得神仙之術 歸止海東 久而不還 父皇寄書繫(鳶)足云 隨鳶所止爲家 蘇得書放鳶 飛到此山而止 遂來宅爲地仙 故名西鳶山 神母久據玆山 鎭祐邦國 靈異甚多 有國已來 常爲三祀之一 秩在群望之上 第五十四景明王好使鷹 嘗登此放鷹而失之 禱於神母曰 若得鷹 當封爵 俄而鷹飛來止机上 因封爵大(天)王焉 其始到辰韓也 生聖子爲東國始君 蓋赫居閼英二聖之所自也 故稱雞龍雞林白馬等 雞屬西故也 嘗使諸天仙 織羅緋染作朝衣 贈其夫 國人因此始知神驗 …(중략)… 今能施金奉佛 爲含生開香火 作津梁 豈徒學長生 而囿於溟濛者哉 讚曰 來宅西鳶幾十霜 招呼帝子織霓裳 長生未必無生異 故謁金仙作玉皇

이 기뻐하면서 당시 부처님의 발에 엎드려 절하고 "이 전륜성왕이 여러 곳에 태어날 적마다 또는 필경에 부처를 이룰 때에 내가 항상 그의 어머니가 되게 하소서."라고 원을 세우고, 10나유타 부처님께 기원하고 공양하여 소원이 성취되었던 일과 통한다. 이것은 마야부인이 바로 옥황상제임을 뜻하는 말이다.

또 송나라 사신 왕양이 고려에 와서 선도성모에게 제사지낸 제문에 '현인을 낳아 나라를 세운다.(娠賢肇邦)'라는 구절은 마야부인이 여러 부처님뿐만이 아니라 '보현의 행과 원을 모두 닦아서 모든 중생들을 교화하려는 이에게도 나의 몸이 그들의 어머니가 되는 것을 내가 보노라.'[639]라는 말과 통한다.

이렇듯 마야부인과 선도성모는 서로 다른 여신이 아니다. 이러한 맥락에서 본다면 선도성모는 송나라에서 우신관(佑神館)이라는 신사(神祠)에 사당을 짓고 모셔졌던 사실이나 본국에서는 '나라가 선 이래로 항상 3사(三祀)의 하나가 되어 지위가 산천에 지내는 모든 제사의 위에 있었다.'[640]라는 등의 기록에서 신격(神格)이 잘 드러나 있으며 대사(大祀)의 하나임을 알 수 있다.

신라 시조 박혁거세의 어머니는 제실의 공주였는데 이름은 사소(娑蘇)였다. 남편이 없는데도 아이를 잉태하여 남에게 의심을 받게 되자 이에 바다를 건너 진한에 이르렀다.

일찍이 신선의 술법을 터득하여 해동에 와서 머물러 오랫동안 돌아가지 않았다. 그의 아버지인 황제는 편지를 솔개의 발에 묶어 보내면서

---

639 諸有修行 普賢行願 爲化一切諸衆生者 我自見身 悉爲其母

640 有國已來 常爲三祀之一 秩在群望之上

'이 솔개가 멈추는 곳에 집을 지으라.' 하였다. 사소는 편지를 받고 솔개를 날리니 이 산(선도산)에 와 그치므로 그곳에 집을 짓고 지선(地仙, 산신)이 되었다. 그래서 산 이름을 서연산(西鳶山)이라고도 한다.

근래에 정신문화연구원에서 간행된 대백과사전의 노고단(老姑壇) 조에,

> 노고단이라는 지명은 할미당에서 유래한 것으로 할미는 도교(道教)의 국모신(國母神)인 서술성모(西述聖母) 또는 선도성모(仙桃聖母)를 일컫는다.

라고 하였다. 지리산 산신을 선도성모라고 하는데, 선도성모는 바로 곤륜산 서왕모(西王母)를 가리키는 말이다.

『서유기(西遊記)』에 의하면 곤륜산에는 반도원(蟠桃園)이라는 과수원에 모두 3천6백 주의 복숭아나무가 있는데 이것은 모두 서왕모가 직접 심어 가꾼 것이라고 한다.

> 제천대성은 한창을 둘러보더니 토지신에게 물었다. "이 복숭아나무가 몇 그루나 되나요?" 토지신은 대답하였다. "모두 3천6백 그루가 있는데, 앞쪽의 1천2백 그루는 꽃과 열매가 작고 3천 년에 한번 열매가 익으며 사람이 먹으면 신선이 되어 도를 깨닫고 신체가 건강하고 가벼워진다. 중간에 있는 1천2백 그루는 꽃이 여러 겹으로 피고 열매는 달며 6천 년에 한번 익으며 사람이 먹으면 노을을 타고 날아다니며 불로장생한다. 뒤쪽에 있는 1천2백 그루는 자줏빛

무늬에 씨는 담황색으로 9천 년에 한번 익고 사람이 먹으면 천지일월과 더불어 수명이 같아진다."[641] 하였다.

서왕모는 매년 자신의 생일인 3월 3일에 잘 익은 복숭아와 천상의 진기한 음식을 마련하고 석가여래를 비롯하여 관음보살, 태상노군 등 천상의 존귀한 신들을 초대하여 곤륜산에 있는 요지(瑤池)의 못가에서 성대한 잔치를 여는데 이것을 반도대회(蟠桃大會)라고 한다.

『심청전』을 보면, 심청은 본래 곤륜산 서왕모의 딸로 어느 날 반도대회에 반도를 진상하러 가는 길에 옥진비자를 잠깐 만나 이야기하다 시간을 놓쳐 상제께 득죄하여 인간 세상에 떨어지는데, 석가의 지시로 심 봉사의 딸로 태어나게 되었다고 하였다.

이 복숭아를 천도(天桃), 선도(仙桃), 반도(蟠桃) 삭도(索桃)라고 하는데, 옛날 주 목왕(穆王은 여덟 마리의 준마가 끄는 수레를 타고 곤륜산(崑崙山)에 가서 요지(瑤池)의 못가에서 서왕모와 시를 주고받으며 즐기느라 돌아올 것을 잊었다고 하며,[642] 한 무제(武帝) 때에는 서왕모가 무제의 궁전에 내려왔는데 이때 선도 7개를 가져와 나누어 먹었다고 한다.[643]

---

641 大聖看玩多時 問土地道 此樹有多少株數 土地道 有三千六百株 前面一千二百株 花微果小 三千年一熟 人吃了成仙了道 體健身輕 中間一千二百株 層花甘實 六千年一熟 人吃了霞擧飛昇 長生不老 後面一千二百株 紫紋細核 九千年一熟 人吃了與天地齊壽 日月同庚

642 목천자전(穆天子傳)

643 한무내전(漢武內傳)

그러므로 대장경에, '동해 가운데에 방장(方丈, 지리산)이라는 산이 있는데, 또한 곤륜산(崑崙山)이라고도 부른다.'[644]고 하여 지리산이 바로 곤륜산이라고 하였다.

현재 학계에서는 선도산의 위치에 관해 경주에 있는 선도산(仙桃山)[645]이라는 설이 지배적이다. 그러나 정작 신라의 대문호인 최치원은 『법장화상전(法藏和尙傳)』에서 화엄십찰의 종찰(宗刹)인 화엄사가 있는 지리산이 선도산이라는 사실을 분명하게 밝히고 있다.

> 처음에 법장(法藏, 현수)과 해동의 의상법사가 동문수학하였는데, 그 후에 법장이 지엄의 가르침을 이어 받아 현의(玄義)의 과목을 연술(演述)하여 의상에게 보내면서 서신을 보냈는데, … 또한 해동 화엄종의 각모(覺母)는 의상이 시조이다. 그러나 처음에는 동쪽 집의 구(東家丘, 공자)[646]와 같을 뿐이었는데, 법신(法信)이 멀리서 전해지자 미혹한 무리들이 두루 환히 알게 되었다. 이것은 실로 촉룡(燭龍)의 눈이 열려 문득 광명을 놓았고, 불길 속에 사는 쥐의 털로 화완포(火浣布)를 짜는데 더욱 기특함을 나타내어 교화는 온 나라에 미쳤고, 화엄종은 10산(山)에 두루 하였으니 화엄종이

---

644 東海中 山名方丈 亦名崑崙.

645 선도산(仙桃山): 부(府)의 서쪽 7리에 있다. 신라 때에는 서악(西嶽)이라 불렀다. 혹은 서술(西述)·서형(西兄)·서연(西鳶)이라 부르기도 하였다. 在府西七里 新羅號西嶽 或稱西述 或稱西兄 或稱西鳶 - 『신증동국여지승람』 경주부 산천

646 동가구(東家丘)는 동쪽 집의 공구(孔丘, 공자)라는 뜻이다. 공자의 서쪽 이웃에 살던 한 어리석은 자가 공자가 성인인 줄을 모르고 "저 동쪽 집의 공구를 내가 안다."라고 한 데서 온 말이다. - 『孔子家語』 卷9 本姓解

반도산(蟠桃山, 선도산)에서 무성하게 빛나게 된 것도 역시 법장의 힘이었다. 해가 뜨고 달이 달리는 것이 모두 동방에 있으니 돈교(頓敎)와 점교(漸敎)가 모두 원만하고 문장과 뜻이 쌍으로 아름다웠다.[647] – 최치원이 지은 『법장화상전(法藏和尙傳)』

신라 의상대사가 당나라에 유학하여 중국 화엄종의 조사인 지엄(智儼)의 문하에서 법장(法藏)과 동문이 되어 『화엄경』을 공부하고 귀국하여 지리산 화엄사에 주석하며 전국 십여 곳의 화엄종 사찰에 화엄대학을 설립하고 화엄종을 전파하였다. 이 무렵 중국에서 동문수학하던 현수(賢首, 법장)국사로부터 서신과 함께 법장이 지은 『화엄경』 관련 저술이 신라에 전해져 불교계에서 교재로 사용되었다.

이 무렵 의상대사는 문무왕의 명을 받아 지금 화엄사 각황전 자리에 장육전(丈六殿)을 건립하고 대법당의 사방 석벽에 『화엄경』을 새겼다. 지리산 화엄사는 절 이름이 말해주듯이 해동 화엄종의 종찰(宗刹)이요, 중심 도량이다.

『신증동국여지승람』 경주부 산천 조에, 신라 도읍지 관련 지명인 선도산(仙桃山), 낭산(狼山), 금강산(金剛山), 금오산(金鼇山), 여근곡(女根谷) 등이 경주 일대에 있다고 기록되어 있으나 자세히 들여다보면

---

647 初藏與海東義想法師同學 其後藏印 師說演述義科寄示於想 仍寓書曰 … 且海表覺母 想爲始祖 然初至止若東家丘 及法信遐傳得 羣迷徧曉 斯實闔燭龍之眼頓放光明 織火鼠之毛益彰寄特 誘令一國學徧十山 雜華盛耀蟠桃 蓋亦藏之力爾 日出月走俱在於東 頓漸兩圓文義雙美. – 최치원이 지은 『법장화상전(法藏和尙傳)』 한국불교전서 3권.

『삼국유사』에 수록된 내용과 부합되지 않는다.

서왕모(선도성모)는 인류 역사에 지대한 영향을 끼치고 있다.

황제(黃帝)와 치우(蚩尤)가 천하의 패권을 놓고 치열한 전투를 벌일 때, 서왕모는 사자인 구천현녀(九天玄女)를 보내 비결을 주어 황제의 승리로 이끌게 하고 난 뒤 다시 지도(地圖)를 전해주어 천하를 구주(九州)로 구획하게 하였다.

그 후에 순(舜)이 섭정하자 서왕모는 사자를 보내 순(舜)에게 백옥환(白玉環)을 주고, 순이 즉위하자 익지도(益地圖)를 또 전해주니 드디어 황제(黃帝)의 9주를 넓혀 12주가 되었다.[648]

한 무제가 신선을 친견하기 위하여 여러 누대를 지으며 공력을 기울이자 원봉(元封) 원년 7월 7일 밤에 한나라 궁전에 강림하였다.

제실의 공주인 사소(娑蘇)는 부왕의 명에 따라 선도산의 솔개가 멈춘 곳에 살면서 시조를 낳아 그곳에 도읍을 정하고 나라를 세웠으며, 그곳의 산신이 되었다. 신라는 그 후로 한 번도 도읍지를 옮긴 적이 없다. 다만 신문왕(神文王) 9년(689) 8월에 도읍을 달구벌(達句伐)로 옮기려 하였으나 실현하지 못하였다. 또 5소경(小京)이 있었다.

진흥왕 18년(557) 국원(國原, 충주)에 소경을 설치

선덕여왕 8년(639) 하슬라주(何瑟羅州, 명주)에 소경을 설치하였으나 무열왕 5년(658)에 폐지하였다.

---

648 『태평광기(太平廣記)』 서왕모

문무왕 18년(678) 북원(北原, 원주)에 소경을 설치
문무왕 20년(680) 금관(金官, 김해)에 소경을 설치
신문왕 5년(685) 서원(西原, 청주)과 남원南原에 소경을 설치하였다.[649]

박혁거세를 낳아 신라를 건국한 사소(娑蘇)는 원래 부처님의 어머니인 마야부인(서왕모)의 화신(化身)으로 현인을 낳아 나라를 세우기 위하여 제실의 공주로 태어나 신통변화를 나타낸 것이다.

신라 제2대 남해왕 3년(서기 6년)에는 시조의 사당(始祖廟)을 짓고 역대 왕이 친히 제사하였으며, 제21대 소지왕(炤知王) 9년(487)에는 시조가 처음 태어났던 곳에 신궁(神宮)이라는 사당을 짓고, 그 이후로는 역대 모든 왕이 즉위하면 친히 제사를 지내고 죄수들을 크게 사면하였다.

신라에서 산천의 신에게 제사지내는 대사(大祀)의 대상으로는 나력(奈歷)·골화(骨火)·혈례(穴禮) 등 세 곳인데 현재 위치가 밝혀지지 않고 있다. 『삼국유사』 김유신의 전기를 보면, 유신이 화랑으로 있을 때 백제의 첩자인 백석(白石)이란 자에게 유인되어 위기에 처하자 세 여자가 문득 나타나 신(神)으로 변하여 유신에게 말하기를 "우리들은 나림(奈林)·혈례(穴禮)·골화(骨火) 등 세 곳의 호국신(護國神)입니다. 지금 적국의 사람이 낭을 유인하는데도 낭은 그것을 알지 못하고 따라가므로 우리는 낭을 말리려고 여기 온 것입니다." 하였으니 대사의

649 『삼국사기』 신라본기

대상이 모두 여신(女神)임을 알 수 있다.

마고 마야와 함께 신라에서 대사(大祀)의 대상으로 추정되는 여신으로 희화(羲和)를 들 수 있다. 희화는 해 뜨는 곳인 양곡(暘谷)에서 일월(日月)의 출입을 주관하는 여신이다. 신라의 풍속에 '정월 초하루에는 서로 경축하며 이날 일월신(日月神)께 예배한다.'[650]고 하였다.

5) 위숙왕후 설

지리산 산신을 거론할 때 빼놓을 수 없는 것이 고려 태조 왕건의 어머니 위숙왕후(威肅王后)가 원래 지리산 산신이었다는 설이다.

이것은 이미 앞에서 김종직과 김일손 등에 의해서 제기된 바 있고, 『제왕운기』의 왕건 출생에 관한 부분에,

> 어언 간에 지리산 성모(智異聖母, 지리산 天王)는 성자(왕건)를 낳고…[651]

라는 구절에 주석을 달아 여기에 성모는 '지리산의 천왕(天王)'이라고 하여 왕건의 어머니 위숙왕후가 지리산 산신임을 밝히고 있다. 김종직이 말한 지리산 산신이 위숙왕후라는 근거는 바로 이것이다.

왕건의 출생에 관해 『고려사』에서 다음과 같이 말하였다.

---

650 『신증동국여지승람』 21권 경주부 풍속

651 於焉誕聖智聖母(智異山 天王也)

세조(왕융)는 용모가 빼어나게 훌륭하고 수염이 아름다웠으며, 포부와 도량이 굉장히 커서 삼한을 병합할 뜻을 가졌다. 어느 날 꿈에 한 아름다운 여자를 만나 부부가 되기를 약속하였다. 후에 송악(개성)으로부터 영안성(永安城)으로 가다가 한 여자를 만났는데, 꿈에 본 그 여자의 얼굴과 꼭 같으므로 드디어는 그와 혼인을 하였으나 그가 어디로부터 온지 알 수 없는 까닭으로 세상에서는 몽부인(夢夫人)이라 부르고, 혹은 그가 삼한의 어머니가 되었으므로 드디어는 성을 한(韓)씨라고 하였는데 이가 곧 위숙왕후(威肅王后)이다.

세조는 송악(松嶽)의 옛집에 살다가 그 남쪽에 또 새집을 짓고자 하였는데, 그 터는 곧 연경궁(延慶宮) 봉원전(奉元殿)의 터였다. 이때 동리산(桐裏山) 조사(祖師) 도선(道詵)이 당나라에 들어가서 일행(一行)에게서 지리법(地理法)을 얻고 돌아와서 백두산으로 올라갔다가 곡령(鵠嶺)에 이르러서 세조가 새로 지은 집을 보고 '제(穄)를 심을 땅에다 왜 삼(麻)를 심었을까?' 하는 말을 남기고 가므로 몽부인(夢夫人)은 이 말을 듣고 곧 세조에게 이를 알리자, 그는 급히 도선국사를 쫓아가서 만나보았는데 곧 친히 알던 사람과 같이 대하게 되어 드디어는 함께 곡령으로 올라갔는데, 그는 산수의 맥을 살펴 위로는 천문을 보고 아래로는 시수(時數)를 살핀 다음 말하기를 "이 지맥(地脉)은 임방(壬方) 백두산 수모목간(水母木幹)으로부터 뻗어내려 와서 마두(馬頭)에 떨어진 명당(明堂)이라. 그대는 수명(水命)이니 마땅히 물의 대수(大數)를 따라 집을 육육(六六)으로 짓고 36구(區)로 만들면 천지의 대수가 부응하여 명년에는 반드시 신성한 아들을 낳을 것이니, 이름을 왕건(王建)이라 짓는 것이 좋겠다." 하고 이에 관계되는 글을 지어 봉하고 겉봉투에 쓰기를 '삼가 글을 받들고 백 번 절하면서 이 글을 써서 장차 삼한을 통합할 주인 대원군자(大原君子)의 발아래에 올리나이다.' 라고 했다. 이때는 당 희종僖宗 건부 3년(乾符三年, 신라 헌강왕 2년, 876) 4월이었다. 세조는 도선의 말을 따라 집을 짓고 여기에서 살았는데, 이달에 꿈에서 본 부인 곧 위숙왕후는 아이를 배어 드디어는 태조 왕건을 낳았다. - 『고려사』 고려세계

또 서산대사는 태조 왕건의 출생에 관해 이렇게 말하였다.

당나라 일행선사(一行禪師)가 일찍이 말하기를 '골짜기의 물이 거슬러 흐르면 내 도를 전할 사람이 올 것이다.' 하여 그 문인(門人)들이 그 말을 기록했더니, 하루는 그 문인 한 사람이 달려와 알리기를 '오늘 골짜기 물이 거슬러 흐릅니다.'고 하였다.
일행은 그 말을 듣고 곧 위의(威儀)를 갖추고 문밖에 나갔더니 우리나라의 도선이 갑자기 왔었다. 일행은 '기다린 지 오래입니다. 왜 그리 더디십니까.' 하고 서로 크게 기뻐하며 도선을 맞아들여 여러 달을 머물게 하였다. 도선은 그 술법을 모두 배운 뒤에 하직을 고하였다. 일행은 전송하면서 '내 법이 동쪽으로 갔소, 부디 진중하시오.' 하고 봉(封)한 단서(丹書) 하나를 주면서 경계하되 '삼가 빨리 열지 말고 왕씨(王氏)의 집에 부탁해 두었다가 7년 뒤에 열어 보아야 한다.'고 하였다.

도선은 그 훈계를 받고 개성(開城)으로 가서 왕융(王隆)의 집에 자면서 천문(天文)을 우러러 관찰하고 지리를 굽어 살펴보다가 감탄하며 말하기를 '명년에는 반드시 귀한 아들을 낳아 백성들을 도탄(塗炭)의 괴로움에서 구제할 것이다.' 하였다. 왕융은 그 말을 듣고 너무 기뻐 신을 거꾸로 신고 나왔었는데 그 이듬해에 과연 왕건 태조를 낳았다.[652]

위숙왕후 역시 마야부인이 다시 환생하여 고려를 건국하기 위하여 왕융의 아내로 나타났던 것이다. 신라 말기의 대 문호인 최치원은 진성여왕(眞聖女王)의 정사(政事)가 문란해지자 왕건이 천명을 받아 장차 고려를 일으킬 것을 미리 알고, '계림은 누른 잎이요, 곡령은 푸른 솔이라.'[653]는 말을 남기고 가족들을 데리고 가야산에 들어가 은거하다가 자취를 감추었다.

고려 태조 26년 여름 4월에 왕은 중신인 박술희(朴述希)를 내전으로 불러 친히 훈요10조(訓要十條)를 지어 주며 모든 후사(後嗣)에게 조석으로 펴보며 영원히 귀감으로 삼도록 하였다. 제6조에,

짐이 원하는 바는 연등(燃燈)과 팔관(八關)에[654] 있었는데, 연등은 부처(佛)를 섬기는 까닭이고 팔관은 천지신령과 오악(五嶽) 명산대

---

652 『청허당집(淸虛堂集)』 7권, 양창해(楊滄海)에게 답하는 서신

653 鷄林黃葉 鵠嶺靑松

654 고려시대에 모두 일정하지는 않지만 대부분 팔관회(八關會)는 매년 11월 14일, 연등회(燃燈會)는 매년 2월 14일에 열렸다

천 용신(龍神)을 섬기는 까닭이었다. 후세에 간신들이 가감(加減)할 것을 건의하여도 일체 마땅히 금지할 것이다.

내 또한 당초에 마음에 맹서하여 회일(會日)에 국기(國忌)[655]를 범하지 않고 군신들과 같이 즐겼으니, 마땅히 공경하며 이를 시행할 것이다.[656]

라고 하였다. 실제로 태조 즉위 원년(918) 11월에 처음으로 팔관회를 베풀고 왕은 의봉루(儀鳳樓)에 나가서 이를 관람하고 이로부터 해마다 연례행사로 하였다. 불교에서 현세(現世)에는 복을 누리고 오는 세상에는 좋은 곳에 태어나는 비결에 관해 8계(八戒)를 지킬 것을 권한다.

1) 살생하지 말 것
2) 주지 않는 것을 가지지 말 것
3) 삿된 음행을 하지 말 것
4) 거짓말을 하지 말 것

---

655 국기(國忌): 재일(齋日)에 앞서 임금과 집사관이 재계(齋戒)를 행하던 산재(散齋)와 제사를 지내기 바로 앞서 행하는 치재(致齋)를 말한다. 임금은 별전(別殿)에서, 행사집사관(行事執事官)은 본사(本司)에서, 조상(弔喪)과 문병(問病)을 하지 않고 음악을 듣지 않고 형살 문서(刑殺文書) 등을 계문하지 않았다. 그 기간을 제사에 따라 일정하지 않는데, 대사(大祀)에는 4일 동안, 중사(中祀)에는 3일 동안, 소사(小祀)에는 2일 동안 재계하였다.

656 朕所至願 在於燃燈八關 燃燈所以事佛 八關所以事天靈 及五嶽 名山大川 龍神也 後世姦臣建白加減者 切宜禁止 吾亦當初誓心 會日不犯國忌 君臣同樂 宜當敬依行之

5) 술 마시지 말 것

6) 음식은 때를 맞추어 먹을 것

7) 높고 넓은 평상에 처하지 말 것

8) 풍류를 멀리하고 향이나 꽃으로 몸을 꾸미지 말 것[657]

이 8계를 설명하고 지킬 것을 권하는 불교행사를 일컬어 팔관재(八關齋) 또는 포살(布薩)이라고 한다. 불교에서는 한 달에 6재일(六齋日)이 있는데, 8·14·15·23·29일[658] 등이다.

『장아함경』에 따르면, 매달 8일에는 사천왕(四天王)이 그의 신하들을 보내 세상을 두루 살펴보게 하고 보고를 받는다. 14일에는 사천왕이 그 태자(太子)를 내려 보내 온 천하를 두루 돌아다니면서 사람들의 선행과 악행을 살펴보게 하고 보고를 받는다. 15일에는 사천왕이 몸소 내려와 천하를 돌아다니면서 모든 중생을 관찰하고 선법당(善法堂)에 나아가 제석천왕에게 보고한다.[659]

이와 같이 6재일에는 천신이 인간의 선악을 살피는 날이기 때문에 특히 계율을 지키고 금기하며 선행을 베풀어야 한다는 가르침이다.

근래에 이르러 옛 성인의 가르침을 따르지 않고 근본도 모른 채 남녀평등 운운하며 인륜의 기강이 무너지고 있다. 유교경전인 『예기』에서도 이르기를 '예(禮)는 반드시 태일(太一)에 근본을 둔다.'[660]고

---

657 『증일아함경(增一阿含經)』

658 혹은 16일이 6재일에 포함되기도 하고 작은 달은 28일이다.

659 『장아함경(長阿含經)』 20권, 도리천품

660 대저 예(禮)는 반드시 태일(太一)을 근본으로 하는 것이니, 나뉘어 하늘과

하였다. 이는 삼강오륜의 기강이 인위적으로 제정한 것이 아니라 우주 만물을 창조하고 경영하는 태일(太一)이 정한 천명이라는 뜻이다.

『한서』에 나오는 기자조선의 범금8조(犯禁八條) 중에 살인, 상해, 도둑질 등 3조항이 소개되어 있는데, 나머지 5조항도 팔관회의 8계와 대동소이했을 것으로 보인다.

훈요10조에서 말하는 팔관회는 천지신령 및 오악(五嶽) 명산대천과 용신(龍神) 등에 제사지내는 의식을 병행하고 있는데, 이는 우리나라에서만 볼 수 있는 독특한 경우이다. 고려시대 곽동순(郭東珣)이 지은 「팔관회 선랑(仙郎)의 하표」에서 고려의 팔관회는 상고시대 복희씨 이래로 동방에서 전승되던 풍류도의 풍속을 경신하여 제작한 것이라고 하였다. 마야부인이 살고 있다는 도리천이 있는 곳이 신라 도읍지의 선도산에 해당한다.

또 『화엄경』에, 금강산에는 법기보살이 살고 있는 곳이라고 하였다.

> 바다 가운데 금강산이 있으니 옛적부터 여러 보살들이 거기 있었으며, 지금은 법기보살(法起菩薩)이 그의 권속 1천2백 보살들과 함께 항상 그 가운데 있으면서 법을 연설하느니라.[661]

땅이 되고 전환하여 음양이 되며 변하여 4계절이 되고 분열하여 귀신이 된 것이다. 태일이 천명을 내리고 그 직무는 하늘에서 정한 것이다. 夫禮必本於太一 分而爲天地 轉而爲陰陽 變而爲四時 列而爲鬼神 其降曰命 其官於天也 –『예기(禮記)』 예운(禮運)

661 海中有處 名金剛山 從昔已來 諸菩薩衆 於中止住 現有菩薩 名曰法起 與其眷屬 諸菩薩衆 千二百人俱 常在其中 而演說法 –『화엄경』 45권 제보살주처품(諸菩薩住處品).

또한 삼신산의 하나로 영주(瀛洲)라 불리는 한라산은 16나한 중에 발타라 존자가 그의 권속 9백 아라한을 거느리고 사는 곳이라고 하였다.

> 여섯 번째 존자의 이름은 발타라(跋陁羅)로서 그는 그 권속 9백 아라한과 함께 탐몰라주(耽沒羅洲, 한라산)에 흩어져 산다.
> -『법주기(法住記)』

이렇듯 삼신산이 골격을 이루고 있는 우리의 국토가 곧 불보살(佛菩薩)이 살고 있는 불국토라는 인식에서 비롯된 것이다.

이와 같이 한반도는 국토가 본래 천신들이 사는 신주(神州)이기 때문에 한국사 역시 신화적인 요소가 농후하다.

6) 삼황오제의 어머니 설

앞서 살펴본 바와 같이 지리산 산신은 본래 석가모니의 어머니 마야부인인데, 단군을 낳아 고조선을 건국하고, 박혁거세를 낳아 신라를 건국하였으며, 태조 왕건을 낳아 고려를 건국하였다. 이리하여 지리산 산신께 제사하는 제문에 '성현을 잉태하여 나라를 세운다.'고 한 것이다. 지리산과 마야부인 관련 자료를 요약하면 다음과 같다.

> ① 부식은 또 송나라 사신 왕양이 지은 동신성모(東神聖母)에게 제사 드리는 글에 '성현을 잉태하여 나라를 세운다.'는 구절이 있는 것을 보고 그제야 동신(東神)이 곧 선도산(仙桃山)의 신성(神

聖)임을 알았다. 그러나 그 아들이 어느 때 임금을 한 것인지는 알 수 없다. -『삼국사기』

②성모가 처음 진한에 와서 성자(聖子)를 낳아 동국의 첫 임금이 되었다 하니, 대개 박혁거세와 알영부인 두 성인의 유래이다. -『삼국유사』

③나라를 소유한 이래로 항상 3사(三祀)의 하나가 되어 지위가 산천의 신께 지내는 모든 제사의 위에 있었다. -『삼국유사』

④신인(神人) 단군이 태백산 신단수 밑에서 출생하여 일어나 시조왕이 되니 중국 요임금과 나란히 서게 되었다. 그렇다면 태백산은, 태백산이 처음으로 한 나라의 왕을 잉태하여 조선 국민으로 하여금 동쪽 오랑캐라는 이름을 아주 벗게 하였고, 마침내 삼계(三界)의 스승을 봉안하여 또 동방의 백성들로 하여금 부처가 될 인연을 잃지 않게 하였으니 이것이 어찌 산의 신령스러움이 아니겠는가. -「석가세존의 금골사리 부도비」

⑤이와 같이 이 세계에 있는 시방의 한량없는 세계와 모든 겁(劫)에서 보현(普賢)의 행원(行願)을 모두 닦아서 모든 중생들을 교화하려는 이에게도 나의 몸이 그들의 어머니가 되는 것을 내가 보노라. -『80화엄경』

『삼국유사』에는 지리산 산신인 선도성모가 낳은 아들은 박혁거세라고 밝히고 있으나, 『삼국사기』에서는 '그 아들이 어느 때 임금을 한 것인지는 알 수 없다.'고 하였다. 신라본기 총론에서 선도성모에 관해 자세하게 밝히고 있으면서도 정작 그렇게 매듭을 짓고 있는 것은 그 아들이 박혁거세라는 사실을 부인하려는 것이 아니라, 고려를 건국한 태조 왕건 역시 선도성모의 아들이라는 설이 있고, 단군 역시 선도성모의 아들이라는 설이 있기 때문이다. 또 서산대사가 지은 비문에, '태백산이 처음으로 한 나라의 왕을 잉태하여' 라는 구절은 '성현을 잉태하여 나라를 세운다.'는 구절과 같은 의미이다.

문제는 여기에서 그치는 것이 아니다. 상고시대 천하를 다스린 복희씨를 비롯하여 신농·황제·소호·전욱으로 이어지는 이른바 삼황오제의 도읍지가 모두 궁상(窮桑)이라고 하였다. 궁상이란 해 뜨는 곳에 있다는 신목(神木)으로 혹은 부상(扶桑)이라고도 하며, 이 뽕나무가 있는 해 뜨는 구역의 지명을 우이(嵎夷) 또는 양곡(暘谷)이라고 한다. 우이(嵎夷)는 단군과 기자의 궁전이 있었던 곳이며, 신라 역시 고조선의 정통을 계승하여 바로 이곳에 도읍을 정하고 천년을 누렸고 신라 궁궐은 선도산에 있었다. 실제로 삼황오제의 도읍지 궁상은 신라 도읍지와 같은 곳이다.

『삼국유사』에서 선도산 산신인 선도성모는 '나라를 소유한 이래로 항상 3사(三祀)의 하나가 되어 지위가 산천에 지내는 모든 제사의 위에 있었다.'고 하였으니 삼황오제를 낳은 성모 역시 마야부인이라는 추론이 가능하다. 따라서 『화엄경』에 마야부인은 '석가모니를 비롯한 모든 부처님의 어머니일 뿐만이 아니라, 보현의 행원을 닦아서 모든 중생들을 교화하려는 이에게도 나의 몸이 그들의 어머니가 되는 것을 내가 보노라.' 라는 구절은 삼황오제를 비롯하여 단군조선, 신라, 고려로 이어지는 세 왕조의 건국신화가 허구가 아니라 사실임을 인증하는 귀중한 자료가 된다.

3. 구례군의 풍수지리

어느 날부터 서서히 진면목을 드러내는 구례군의 산천은 참으로 경이로운 광경이었다. 솔개가 날아들고 흰 연꽃이 피어나며 봉황은 둥지에 날아들어 알을 품고 동해의 큰 자라는 삼신산을 머리에 이고 거대한 용(龍)은 긴 몸을 늘어뜨리고 붉은 노을 속에서 여의주를 희롱한다.

세상에서 말하기를 금강산이 천하의 절경이라고 하지만 실제로 삼신산의 중심은 방장산(方丈山)이며, 화엄사를 중심으로 한 구례군 일대의 산천을 자세히 들여다보면 마치 하늘이 빚어놓은 조각 공원처럼 신화 속의 여러 동물들이 각각 산 이름에 걸맞은 형상을 하고 화엄사를 향해 에워싸고 있어 금강산에서는 볼 수 없는 또 다른 비경을 간직하고 있다.

예로부터 지리산에는 마고와 마야 두 여신이 모셔지고 있었고, 두 여신을 제사지내던 신사(神祠) 역시 별도로 있었다. 그 중에 하나는 노고단(老姑壇)으로 아득한 태고 적부터 마고성모를 제사지내던 곳이다. 다른 하나는 신궁(神宮)으로 신라 소지왕(炤知王) 9년(487) 조에,

> 봄 2월에 신궁(神宮)을 나을(奈乙)에 설치했다. 나을은 시조가 처음 탄생하신 곳이다.[662]

라고 하였다. 이후로 신라의 역대 국왕들이 즉위하면 모두 신궁(神宮)

---

662 『삼국사기』 신라본기. 春二月 置神宮於奈乙 奈乙始祖初生之處也

에 친히 제사지내고 죄수들을 크게 사면하였다. 이 기록은 신궁이 세워졌던 정확한 장소를 고증하는 데 결정적인 근거 자료가 되며 수준 높은 역사 기술방식이다. 결론부터 말하자면, 한반도를 몸으로 삼는 마고성모와 이와는 별도로 규모는 작지만 지리산에 마야부인이 성모의 몸을 갖추고 있고 신궁(神宮)이 세워진 나을(奈乙)은 처음에 백마가 울고 시조가 태어난 알이 있던 곳으로, 마야부인(선도성모)의 음부형상을 한 봉우리라는 말이다. 비록 지리산 산신이 제실의 공주로 현신하였더라도 시조 혁거세를 낳을 때는 성모의 음부형상을 한 곳에서 낳았다는 말이다. 신라의 선도성모와 고려 위숙왕후는 다른 여신이 아니라 마야부인이 보현의 행원(行願)을 닦아 일체 중생을 교화하려는 성현을 낳아 나라를 세우기 위하여 다시 현신(現身)한 것으로 실제로는 같은 여신이다.

동진시대 곽박(郭璞, 276~324)이 지은 『금낭경(錦囊經)』에서는 천하 제일의 명당에 관해 다음과 같이 말하였다.

> 모든 강물이 바다에 흘러들고, 모든 별들이 북극성을 에워싸고 있는 듯한 형국이다. 〔뭇 물이 흘러들어 마침내 모이는 것이 모든 강물이 바다에 모이는 것과 같고, 천산(千山)이 에워싸 호위하는 것이 모든 별이 북극성을 둘러싸는 것과 같다는 말이다.〕[663]

공자가 이르기를, '덕으로써 정치를 하는 것은 비유하자면 북극성이

663 朝海拱辰〔言衆流畢會 如百川朝海 千山環衛 如萬宿拱辰也〕- 『금낭경』 산세편

그곳에 머물고 모든 별이 에워싸고 도는 것과 같다.'[664]고 하였다. 지금 구례군의 화엄사를 중심으로 지리산 일대에는 마치 하늘이 빚어놓은 조각 공원처럼 여러 가지 동물 형상을 하고 있는 여러 산이 화엄사를 향해 에워싸고 있다.

이를테면 마산(馬山, 말), 오산(鼇山, 자라), 계림(雞林, 닭), 봉성산(鳳城山, 봉황), 오봉산(五鳳山, 다섯 봉황), 용방산(龍方山, 용), 계족산(雞足山, 닭발), 응봉(鷹峰, 매), 토고미(兎顧尾, 토끼) 등이 있는데, 각각 그 이름에 걸맞은 형상을 하고 있다.

또한 화엄사 사리탑에서 남쪽으로 멀리 섬진강을 바라보면 강줄기가 태극선을 이루며 화엄사를 향해 들어오는 형국이다. 이렇듯 구례군의 산천은 풍수지리의 가장 이상적인 천하 대명당의 조건을 갖추고 있으며, 지리산의 진면목과 이 고장의 역사를 바로 알기 위해서는 우선 구례군의 산천 형상을 살펴보아야 한다.

또한 산신이 여신인 지리산 역시 여자의 몸 형상을 하고 있다. 예를 들면 생명의 탄생지인 여근곡(女根谷), 유방, 엉덩이(반야봉), 음부(陰部) 등이 선명하게 모양을 갖추고 있다.

신라의 개국신화에 '솔개가 그치는 곳을 따라 집을 삼으라.'[665] 하였고, 또 시조가 처음 태어난 곳에는 '한 백마가 무릎을 꿇어 절하고 있는 형상이 있었다.'고 하였으며 왕비 알영부인이 태어날 때에도 계룡(鷄龍)이 나타나 상서를 나타내고, 김알지가 계림에서 출현할 때에도 금궤 아래에서 흰 닭이 울고 있었다고 하였다.

---

664 子曰 爲政以德 譬如北辰居其所 而衆星共之 -『논어』 위정(爲政)

665 隨鳶所止爲家

여기에 흰 말(馬山)이나 계림(雞林)의 흰 닭, 용(龍山), 솔개 역시 산의 형상이 그런 모양을 하고 있고, 그 산의 산신이 현신하여 성인이 출현하였음을 세상에 알리는 것이다.

지리산 화엄사는 구례군 마산면(馬山面)에 속하는데, 노고단에서 흘러내린 한 준령이 마산면의 진산(鎭山)을 이루고 그 형상이 마치 거대한 말이 화엄사를 향해 무릎을 꿇어 울고 있는 듯한 형상이라 하여 마산(馬山)이라고 한다. 이리하여 「화엄사 사적」의 서문 첫머리에서도 '구례읍에서 동북쪽으로 두 소의 울음소리가 들리는 곳에 한 총림(叢林)이 있으니 대 화엄(大華嚴)이라고 한다.'고 하였다.

구례읍에서 동쪽으로 멀리 지리산을 바라보면 말 형상의 마산(馬山)이 보이고, 그 너머에 또 육중한 체구의 황소와도 같은 능선이 나란히 화엄사를 향해 쭈그려 앉아있는 듯한 형상을 볼 수 있다.

또 화엄사의 대법당인 각황전(覺皇殿) 앞에서 동쪽으로 산기슭을 바라보면 금정암(金井庵)이라는 암자가 보이는데, 그 뒷 봉우리를 보면 두 무덤을 나란히 앉혀 놓은 듯 똑같은 모양의 두 봉우리가 있다. 두 봉우리 위를 짙푸른 노송(老松)들이 덮고 있는데 어찌 보면 유방이요, 어찌 보면 푸른 노송들로 이루어진 선이 마치 솔개가 날아드는 형상이다. 판본 「화엄사 사적」에는 이곳이 바로 솔개가 멈춘 곳임을 밝혀주고 있다.

대 화엄이라고 하는 절은 혹 제왕의 조칙이 멀리서 미쳐와 단봉(丹鳳)[666]이 조서를 물고오기도 하였다.[667]

신라 시조 박혁거세의 어머니 선도성모는 원래 제실의 공주였는데 이름은 사소(娑蘇)였다. 남편도 없이 아이를 잉태하여 남에게 의심을 받게 되자 바다를 건너 해동에 와서 머물렀다. 부왕은 편지를 솔개의 발에 묶어 보내면서 이르기를 '솔개가 그치는 곳을 따라 집을 삼으라.'고 하였다. 사소가 편지를 받고 솔개를 날리니 이 산에 와서 그치므로 그곳에 집을 짓고 살면서 시조를 낳았고 후에 이 산의 산신이 되었다.

또 금정암에 올라가 화엄사의 중심 법당인 각황전의 뒷 봉우리를 보면 두툼하게 적당히 부어오른 등성이에 오래된 노송들로 음모(陰毛)처럼 그곳을 소복하게 덮고 있는데. 이른바 여기가 마야부인의 음부(陰部)이다. 이 봉우리 앞에 화엄사의 대법당인 각황전을 건립하여 마야부인이 낳은 과거 현재 미래의 삼존불(三尊佛)을 봉안하여 봉우리의 중요성을 강조하고 있다.

신궁(神宮)은 생명의 탄생지인 음부 형상을 하고 있는 바로 이 봉우리의 입구에 세워졌던 것으로 보이는데, 신궁의 유지(遺址)로 보이는 옛 축대가 각황전 뒤편에 지금도 남아 있다.

그런데 지리산에는 여자의 음부 형상을 하고 있는 봉우리가 또 있는데, 이것이 지리산에 두 여신이 모셔지게 된 배경이다.

해발 1,732m의 거봉 지리산 반야봉은 여자 엉덩이 형상을 하고 있고, 그 남쪽에 있는 노고단은 드러누운 여체의 음부 형상이다.

---

666 천자의 조서는 단봉(丹鳳, 붉은 칠을 한 나무로 깎은 봉황)의 입에 물리어 조서를 전하고, 제후의 조서는 황곡(黃鵠, 누런 칠을 한 나무로 깎은 고니)의 입에 물리어 전했다고 한다.

667 大華嚴爲寺也 或有綸言遠 及丹鳳御書

노고단(老姑壇)이라는 지명은 한반도를 몸으로 삼은 마고성모의 생명을 잉태하고 탄생시키는 음부라는 뜻이다. 단(壇)이라는 한자는 제사 터라는 뜻으로 쓰이고 있으나, 원래는 성모의 음부를 뜻하는데, 산신이 여신일 때에는 음부 형상을 한 봉우리에 사당이 세워지고 제사 터가 되기 때문이다. 단군을 한자로 표기할 때 檀君과 壇君 두 가지로 쓴다. 단(檀)은 한국에서 박달나무로 풀이하고 있으나 중국의 『강희자전』에는 향나무를 뜻한다고 하였으니, 박달나무로 풀이하는 것은 단군을 비하하는 신조어이고, 원래는 수목 중에서 가장 신성시되는 전단향(栴檀香) 나무 아래에서 탄생하신 임금을 뜻한다.

또 단군(壇君)은 지리산 산신인 마야부인의 몸에 잉태하여 탄생하신 임금이라는 뜻이다. 마야부인은 모든 부처님을 낳을 뿐만이 아니라 보현의 행원을 닦아 모든 중생을 교화하려는 성자에게도 어머니가 되기 때문이다. 그러므로 단군과 박혁거세를 낳은 선도성모와 부처님의 어머니 마야부인, 그리고 곤륜산 서왕모가 실제로는 같은 여신이다. 신궁은 선도성모를 모신 신전이었고, 각황전은 마야부인이 낳은 부처님을 모신 법당이다.

또 노고단의 서쪽, 지금의 천은사가 있는 골짜기는 여자의 생식기가 활짝 벌어진 형상의 여근곡(女根谷)이다. 지리산을 혹은 두류산(頭流山)이라고도 한다. 한반도의 골격을 이루고 있는 백두대간의 큰 준령이 백두산에서부터 남으로 면면하게 이어져 이곳에 이르렀다고 하여 붙여진 이름이다. 신라 선덕여왕이 기미를 미리 알아차린 세 가지 중에 여근곡에 관해 해설하면서 음양오행설을 인용하여 '여자를 음(陰)이라 하고 그 색은 백(白)이다.'[668]라는 구절이 있다. 이렇듯 백두산의

白은 여성을 상징하는 것이며, 또한 삼신산(三神山)의 삼신은 우리 민간신앙의 삼신할머니를 말하는 것이다.

그러므로 백두산은 성모의 머리 산이며, 금강산은 가슴에 해당하고, 여자 엉덩이 형상을 한 반야봉이나 음부형상의 노고단은 광대한 규모로 지리산에 웅거하고 있으나 실은 백두대간을 몸으로 삼은 마고성모의 골반 부위를 형성하고, 천은사가 있는 골짜기인 여근곡(女根谷)은 최초의 인간이 탄생할 때 생식기가 활짝 벌어진 형상을 하고 있는 것이다. 이렇게 볼 때 신라 조정에서 오악(五嶽)은 중사(中祀)의 예로 제사하고, 이와는 별도로 대사(大祀) 세 곳은 모두 여신으로 마고와 마야, 그리고 해 뜨는 양곡(暘谷)에서 일월의 출입을 주관하는 희화(羲和)의 사당이 모두 지리산 일대에 있었음을 추론할 수 있다.

박혁거세가 처음 태어난 곳에 신궁(神宮)을 세웠다는 사실에서 드러나듯이, 산신이 여신일 때에는 생명의 탄생지인 음부형상을 한 곳에 사당이 세워지기 때문이다. 「화엄사 사적」에는,

> 반야(般若)라고 하는 봉우리는 백두대간을 비조(鼻祖)로 삼고, 봉래(蓬萊, 금강산) 영주(瀛洲, 한라산)를 백숙(伯叔)으로 삼아 세상에서 말하는 해동 삼신산의 하나이다.[669]

라고 하였다. 여기에서의 백두는 백두산만을 지목한 것이 아니라, 백두산에서 지리산에 이르기까지 면면히 이어지는 백두대간의 준령에

668 女爲陰也 其色白

669 般若之爲峰也 以白頭爲鼻祖 以蓬萊瀛洲爲伯叔 世稱海東三神山之一也

삼신산이 포함되어 있다는 말이다. 과거 일본인들은 한반도를 토끼 형국으로 비하하였고 요즘에는 호랑이 형국으로 묘사하고 있으나, 사실은 최초의 인간을 탄생시킨 성모의 몸을 형성하고 있는 것이다.

신라 법흥왕 때에 불교가 국교로 정해진 후의 신라와 고려는 제정일치사회였다고 해도 좋을 만큼 불교가 융성했기 때문에 고려시대에 와서도 지리산신의 신격이나 신사(神祠)에 변화가 있었을 것으로 보이지는 않는다. 전북 남원의 읍지인 『용성지(龍城誌)』에는 조선 초 이태조 때에 지리산 신사가 본래의 자리에서 지금 구례군 광의면 온당리 당촌 마을로 옮겨진 후의 사정을 비교적 자세하게 기록하고 있다.

조선 태조 2년(1393) 조정에서 전국의 명산대천의 신에게 봉작을 내리는데, 지리산은 호국백(護國伯)이라 하였다.

태종 14년(1414) 예조에서 산천의 사전(祀典) 제도를 올렸는데, 지리산은 중사에 해당하고 중사(中祀)는 2품의 관리를 보내 제향(祭享)하도록 제정하였다.[670] 세종 19년(1437) 지리산은 중사(中祀)이고, 사당의 위판은 지리산지신(智異山之神)이라고 했다.[671]

매년 봄·가을, 그리고 정월 초하루에 언제나 왕이 친히 향과 축원문을 내리고 관찰사를 보내 헌관을 삼고 고을의 수령으로 하여금 대축을 삼아 제례를 행하였다. 이처럼 유서 깊은 행사가 1908년 11월 2일 마침내 폐사(廢祀)하였다.

---

670 『세종실록지리지』에 '지리산은 오악중의 남악(南嶽)이며 중사(中祀)로 하였고, 봄·가을에 향과 축문(香祝)을 내리어 관찰사로 하여금 제사지내게 한다.'고 했다.

671 『조선왕조실록』

제3장 신라 천년의 도읍지는 지리산에 있었다

『화엄경』에, "세간에서나 출세간에서나 세상에서 가장 신성한 시라(尸羅) 땅에 의지하라."고 하였다. 시라(尸羅)는 신라의 국호이면서 또한 신라 도읍지의 지명이기도 하다.

이제까지 지금의 경주 지역이 신라 천년의 도읍지로 의심 없이 받아들여지고 있지만, 정작 국사인 『삼국사기』의 열전 최치원 조에 보면 신라 도읍지의 명승지인 금오산과 계림이 신선이 산다는 삼신산 인근에 있었음이 분명하게 드러나 있다. 이것은 곧 신라 천년의 도읍지가 지금의 경주 지역이 아닌 삼신산에 있었다는 것을 말하는 것이다.

1. 지리산 일대의 신라 도읍지 관련 명승지

지리산 산신을 신라 시조 박혁거세의 어머니 선도성모(仙桃聖母)라고 한다. 그리고 여기에 용산·금오산·계림·여근곡 등은 이곳이 신라 도읍지라는 사실을 입증하는 천연적인 물증(物證)이 되고, 또한 여러 가지 동물형상을 한 산들은 이곳이 지상낙원 에덴동산이라는 사실을 밝혀주는 단서가 된다. 『구약성서』 창세기에 태초에 천지가 창조되고 에덴에서 흙으로 사람을 지으시고, 또 '하나님이 흙으로 각종 들짐승과 공중의 각종 새를 지으시고'라고 하여 최초의 인간과 모든 동물들 역시 에덴동산에서 처음 출현하였다고 하였다.

1) 용산(龍山)

고려 명종 때의 문장가인 김극기(金克己)가 구례군의 아름다운 풍광을 노래한 시가 있다.

> 봉황이 하늘가에서 춤추고 산은 올망졸망하여 이 지방에 큰 뱀이 서리어 있고 근처 강물은 망망하여라.
> 저물녘에 부슬부슬 내리는 비, 문득 서늘함을 보내니, 반짝이는 섬진강 물빛, 지리산 빛이 점차 창망하여라.
> 강남의 좋은 경치는 참으로 빼어나 그림 같은데,
> 푸른 벼와 붉은 연꽃이 10리에 향기로워라.[672]
> –『신증동국여지승람』 구례현

또한 『신이경(神異經)』을 보니, '곤륜산(崑崙山)의 서쪽에 큰 뱀이

---

672 金克己詩 鳳舞天端 山簇簇 蛇盤地 際水茫茫 前人詩 晩雨踈踈 忽逝涼 溪光嶽色 漸蒼茫 江南勝景眞堪畵 綠稻紅蕖十里香 –『신증동국여지승람』 40권, 구례현(求禮縣) 제영(題詠)

있어 산을 둘러 있는데 그 길이가 3만 리이다.' 하였다. 몸길이가 3만 리나 되는 큰 뱀이 곤륜의 서쪽에 점거하여 서리어 있다면 서역의 여러 나라들이 응당 그 비늘조각 아래에서 유목 생활을 했을 터인데, 세상에 어찌 그런 일이 있을 수 있겠는가?[673]
-『규원사화』 단군기

신라 시조 박혁거세는, 나라를 다스린 지 61년에 왕은 시신이 하늘로 올라갔다가 7일 뒤에 유체(遺體)가 땅으로 흩어져 떨어졌다. 왕후도 따라 죽으므로 나라 사람들이 합장하려 했으나 큰 뱀이 있어 쫓아다니며 방해하므로 각각 장사지냈다. 오체(五體)를 오릉(五陵)이라 하는데, 또는 사릉(蛇陵)이라고도 한다.[674]
-『삼국유사』 신라 시조 혁거세왕

『신이경』에 곤륜산 서쪽에 거대한 뱀이 서리어 있다고 하였으니, 이 뱀을 찾으면 그 동쪽에 있는 산이 바로 신화속의 곤륜산이라는 말이다. 또한 에덴동산에서 하와에게 권유하여 먹지 말라던 선악과를 따먹게 했던 뱀도 바로 이 뱀이요,[675] 신라 건국신화에 등장하는 큰

---

673 又看神異經曰 崑崙之西 有大蛇繞山 長三萬里云云 長三萬里大蛇 盤據於崑崙之西 則西域諸國 應遊牧於鱗角之下 世間寧有是事耶

674 理國六十一年 王升于天 七日後 遺體散落于地 后亦云亡 國人欲合而葬之 有大蛇逐禁各葬 五體爲五陵 亦名蛇陵.

675 『요한계시록』 20장 1~2: 또 내가 보매 천사가 무저갱(無底坑) 열쇠와 큰 쇠사슬을 그 손에 가지고 하늘로서 내려와서 용(龍)을 잡으니 곧 옛 뱀이요 마귀요 사단이라.

뱀 역시 이것을 말하는 것이다.

박혁거세는 나라를 다스린 지 61년에 왕은 시신이 하늘로 올라갔다가 7일 뒤에 유체(遺體)가 땅으로 흩어져 떨어졌다고 하였다.

이것은 마치 『전등록』에, 선종의 제2조인 아난(阿難)이 '정법안장을 부촉하고 나자, 몸을 허공으로 솟구쳐 18가지 변화를 지은 뒤에 풍분신(風奮迅) 삼매에 들어가 몸을 4등분으로 나누었다.'[676]는 장면을 연상케 한다. 이것만 보아도 박혁거세는 평범한 인간의 혈통이 아니라, 보현보살의 행원(行願)을 닦아 일체 중생을 구원하려 했던 대 보살(大菩薩)이요, 진정한 구세주라고 할 수 있다.

대장경에는 『십주기(十洲記)』를 인용하여 이렇게 말했다.

> 동해 가운데 방장(方丈)이라는 산이 있는데, 또는 곤륜(崑崙)이라고도 부른다.[677]

여기에 방장산은 봉래 영주와 함께 삼신산의 하나로 지리산을 지목한 것이며, 지리산이 바로 곤륜산이라는 말이다.

이와 같이 곤륜산의 서쪽에 큰 뱀이 있다는 말은 최치원이 지은 「지증대사 비문」에 '계림(鷄林) 땅은 오산(鼇山)의 곁에 있다.'[678]라는 구절과 같이 천연적인 산천의 형상을 응용하여 신화 속의 곤륜산이

---

676 第二祖阿難 付法眼藏竟 踊身虛空作十八變 入風奮迅三昧分身四分 –『景德傳燈錄』

677 十洲記云 東海中 山名方丈 亦名崑崙

678 鷄林地在鼇山側

어느 곳에 있는 산인지를 분명하게 밝혀주고 있는 것이다.

구례읍에서 북쪽으로 읍내를 벗어나면 용방면(龍方面)이라는 곳이 있다. 이곳을 용방(龍方)이라고 하는 것은 이 지역에 길게 뻗어 서쪽 성(城)을 이루고 있는 해발 7백 미터 가까이 되고 20여 리에 걸쳐 길게 늘어진 산이 있는데, 한 마리 거대한 용(龍)의 형상을 하고 있기 때문이다.

용(龍)의 형상을 보기 위해서는 산 전체를 한눈에 볼 수 있는 광의면 연파리에서 구만리로 이어지는 하천 둑에서 바라보면 잘 보인다. 행정구역상으로 용방면에 해당하는 사림리 뒷산에서부터 산동면과의 경계인 죽정리 뒷산에 이르기까지 구렁이처럼 길게 늘어진 산 전체를 한 마리 용으로 보면 된다. 그러니까 농협 연수원 뒷산은 용의 오른쪽 발이고, 두동(斗洞) 마을 뒷산은 용의 머리이며, 죽정리 뒷산의 높은 언덕은 용의 엉덩이 부분이고 꼬리를 구만리 뒷산으로 둘렀다.

종일 내리던 비가 그치고 대지에 깔리던 안개구름이 서둘러 하늘로 오르면 몸길이가 20여 리에 이르고 몸뚱이는 해발 7백여 미터가 되는 용이 구름 속을 헤치며 비늘을 번득이고 거대한 몸뚱이를 꿈틀거리며 남쪽으로 내려가다가, 동쪽의 지리산을 향해 머리를 돌리고 두 앞발을 힘 있게 버티고서 금방이라도 지축을 흔들며 거대한 몸이 움직일 듯한 역동적인 형상을 하고 있다.

이 용은 가끔씩 모습을 달리하여 신비스런 모습을 보여주기도 하는데 매서운 찬바람과 함께 눈보라가 몰아치는 날에는 새하얀 백설로 옷을 갈아입고 거대한 몸을 꿈틀거리며 찬바람을 즐기고, 때로는 붉은 노을과 어우러져 노을 속을 헤엄치는 듯한 위용을 떨치기도 한다.

이른바 풍수지리에서 말하는 회룡고조(回龍顧祖), 즉 용이 고개를 돌려 모든 산의 조종(祖宗)인 곤륜산을 바라보는 형국이다.

2) 금오산(金鼇山)

『열자』 탕문(湯問)에 "발해에 대여·원교·방호(方壺, 방장)·영주·봉래 등 다섯 산(五山)이 떠 있는데, 늘 산더미 같은 파도를 따라 표류하므로, 상제(上帝)가 우강(禺彊)을 시켜 금오(金鼇) 15마리로 하여금 다섯 산을 이고 있게 하여 안정되었다. 그런데 용백국에 대인(大人)이 있어 6마리의 자라를 한꺼번에 낚아버려 대여와 원교 두 산은 침몰되고 나머지 삼신산만이 남게 되었다."고 하였다.

또 『초사(楚辭)』 천문(天問)에, '금오(金鼇)는 삼신산을 머리에 이고 손뼉을 치는데, 어찌 편안한 것일까?'[679]라고 하였다. 금오(金鼇)가 역사서에 등장한지는 아득한 상고시대로 거슬러 올라간다. 복희씨 말년에 제후 공공(共工)씨가 천하의 패권을 차지하려고 마침내 축융(祝融)과 더불어 싸웠으나 이기지 못하자 분노하여 이에 머리로 부주산(不周山)을 들이받자 산이 무너졌다. 하늘을 받치는 기둥이 꺾이고 땅을 붙드는 밧줄이 이지러지니 여와(女媧)씨가 이에 오색 돌을 다듬어 기울어진 하늘을 보수하고, 금오(金鼇)의 다리를 잘라 사방의 기둥을 다시 세워

---

679 鼇戴山抃 何以安之

천하의 재앙을 구제하였다. 또한 황제와 치우가 치열한 전투를 벌일 때에도 금오(金鼇)가 부신(符信)을 입에 물고 강에서 나와 황제를 승리로 이끌게 하였다.

「황제출군결(黃帝出軍訣)」에, '옛날 치우(蚩尤)가 정권을 총괄하려고 하였으나 무도하여 잔혹하기 그지없었다. 황제(黃帝)가 탁록의 들판에서 토벌하는데, 난폭한 군사들이 중원을 휩쓸었다. 황제는 하늘을 우러르며 탄식하고 근심하다가 잠이 들었다.
꿈에 서왕모(西王母)가 사람을 보냈는데, 검은 여우 가죽의 갖옷을 입고 부신(符信)을 주면서 말하기를, "태일(太一)이 앞에 있고 천일(天一)이 뒤에서 대비하니 부신에 기록된 병법을 터득하면 전투에서 이길 것이다." 하였다. 황제는 잠에서 깨어 그 부신을 생각하며 단(壇)을 세우고 기원하며 요청하였다. 태뢰(太牢)로써 제사하고 천신의 도움으로 부신을 구하여 사용하려고 한 것이다.
잠시 후 검은 거북과 거대한 금오(金鼇)가 부신을 입에 물고 강에서 나와 설치한 제단으로 기어갔다. 황제는 이마가 땅에 닿도록 두 번 절하고 친히 부신을 받아서 보니 꿈에서 보던 것이었다.
이에 황제가 부신을 지니고 공격하니 바로 그날 치우를 포로로 잡았다.[680]고 하였다. -『태평어람』

---

680 黃帝出軍訣曰 昔者蚩尤總政無道 殘酷無己 黃帝討之於涿鹿之野 暴兵中原 黃帝仰天嘆息 愀然而睡 夢西王母遣人披玄狐之裘 以符授之曰 太一在前 天一備後 得兵契信 戰則克矣 黃帝悟思其符 立壇請而祈之 祭以太牢 用求神佑 須臾 玄龜巨鼇銜符出從水中 置壇中而去 黃帝再拜稽首 親自授符 視之乃所

지리산은 신선이 산다는 삼신산의 하나로 방장산(方丈山)이라고 하며, 삼신산을 머리에 이고 있다는 거대한 금오(金鼇)는 여전히 그 자리에서 선명하게 모습을 드러내고 있다.

구례읍에서 남쪽으로 십여 리 떨어진 섬진강 건너에 우뚝 솟은 산이 있는데 산 전체가 한 마리 거대한 자라 모양을 하고 있어 오산(鼇山),[681] 또는 금오산(金鼇山)이라고 한다.

자라형상의 금오산(金鼇山, 해발 530m)

자라 형상을 보려면 구례의 여러 산이 그렇듯 산 전체를 하나의 거대한 수석처럼 생명체로 보아야 하는데, 산의 북쪽 그러니까 구례읍이나 마산면 화엄사 방면에서 한눈에 바라보면 마치 한 마리의 거대한

夢也 於是黃帝珮之以攻 卽日欠獏尤 -『태평어람』 방술부(方術部) 제17, 부(符)

681 鼇=鰲 큰 자라 오, 삼신산을 머리에 이고 있다는 신화 속의 신령한 자라를 뜻한다.

자라가 동쪽으로 목을 빼고 가다가 멈추어 있는 듯한 모양인데, 산 주위를 드넓은 섬진강이 휘감고 있어 전체적으로 보면 큰 자라가 물 위에 떠 있는 형국이다.

오산은 계림(鷄林)과 같이 신라 도읍지의 상징물이며 숱한 역사와 전설을 간직하고 있는 명산이다. 최치원이 당나라에서 귀국할 때에 중국인 고운(顧雲)이 지어 준 시를 다시 보기로 하자.

내 들으니 바다 위에 금오(金鼇) 셋이 있어
금오는 머리에 높고 높은 삼신산을 이고 있다네.
산 위에는 진주궁전, 보석대궐, 황금전각이 있고
산 아래는 천리만리 넓은 물결이라네.
그 곁에 한 점 계림(雞林)이 푸른데
오산(鼇山)의 빼어난 정기 기특한 인재 낳았도다.
12세에 배를 타고 건너와 문장으로 중국을 감동시켰네.
18세에 과거에 나아가 한 화살 쏘아 과녁을 깨쳤다네.[682]

시를 보면 신라 도읍지는 신선세계인 삼신산에 있었으며, 삼신산을 머리에 이고 있다는 금오산 곁에 계림이 있다는 사실이 뚜렷이 드러나 있다. 최치원은 오산의 정기를 받아 태어났다고 하며, 『계원필경』에서도 '아무개는 사는 곳이 자라봉(鰲峯) 근처이다.'[683]라고 하였다.

금오는 용이나 봉황 같은 신화 속의 신령한 동물이다.

---

682 『삼국사기』 46권 열전

683 某居近鰲峯 - 『계원필경(桂苑筆耕)』 獻生日物狀

금오산 관련 자료를 더 보기로 하자.

계림(鷄林) 땅은 오산(鼇山)의 곁에 있는데
예로부터 유·불·선 3교(三敎)에 기특한 인재가 많았다.
가련하게도 희중(羲仲)이 직분에 소홀하지 않아
다시 불일(佛日)을 맞아 공과 색을 분변하였다.[684]
–「지증대사 비명(智證大師碑銘)」

오산(鼇山)은 구례현의 남쪽 15리에 있다. 산 정상에 바위 하나가 있고 바위에 빈틈이 있는데 그 깊이를 헤아릴 수 없다. 세상에 전하기를, 고승 도선(道詵)이 일찍이 이 산에 살면서 천하의 지리(地理)를 그렸다고 한다.[685] –『신증동국여지승람』

오산(鰲山)의 기이한 경치(鰲山奇勝)

동해 위의 금오산은 조망이 참 좋건만
풍류와 문물이 예전과는 다르구나.
깨진 비석엔 간혹 김생(金生)의 글씨가 보이고
옛 절엔 일찍이 최치원이 머물며 시를 남기었네.[686]

---

684 鷄林地在鼇山側 仙儒自古多奇特 可憐羲仲不曠職 更迎佛日辨空色

685 鼇山: 在縣南十五里 山頂有一岩 岩有空隙 深不可測 俗傳 僧道詵嘗住此山 畵天下地理 –『신증동국여지승람』 제40권 구례현

686 海上金鼇眺望宜 風流文物異前時 破碑或見金生字 古寺曾留致遠詩

–『사가집(四佳集)』 보유(補遺) 제3권

금송정(琴松亭): 금오산(金鰲山)의 꼭대기에 있으니, 옥보고(玉寶高)가 거문고를 타면서 놀고 즐기던 곳이다. 옥보고는 신라의 사찬(沙粲) 공영(恭永)의 아들로서 경덕왕 때 사람이다. 지리산 운상원(雲上院, 칠불암)에 들어가서 50년 동안 거문고를 배워 스스로 새 곡조 30곡을 지어서 연주하니, 어떤 검은 학이 와서 춤을 추었으므로 현학금(玄鶴琴)이라고 하였다. 또는 현금(玄琴)이라고도 한다. 세상에서 전하기를, '옥보고가 신선의 도를 얻었다'고 한다.[687]
–『신증동국여지승람』 경주부 고적(古跡)

구성대(九聖臺): 금오산에 있는데, 속설에 신라 때 아홉 명의 성인이 노닐던 곳이라 한다.[688]

오산(鰲山)의 정상에 암자가 있고 암자의 위에 바위가 있는데 바위에 백길(百丈)이나 되는 빈틈이 있어 속칭 용암(湧巖)이라고 한다. 암자 주위에 바위 12대(臺)가 있어 각각 이름이 있다.
그 기이한 형세와 괴이한 형상이 금강산과 같아서 소금강산(小金剛山)이라고도 한다. 산허리의 바위에 석굴이 있는데 깊이를 측량할

687 琴松亭: 在金鰲山頂 玉寶高遊樂之處 寶高新羅沙粲恭永之子 景德王時人也 入智異山雲上院 學琴五十年 自製新調三十曲 彈之有玄鶴來舞 遂名玄鶴琴 又云 玄琴 世傳寶高得仙道

688 九聖臺: 在金鰲山 諺傳 新羅時 九聖所遊之處 –『신증동국여지승람』 경주부 고적(古跡)

수 없으며 아래로 동해와 통한다. 고승 도선이 일찍이 이 산에 살면서 동국 산천을 다 그렸으며, 풍수지리의 비법을 전해 준 이인(異人)의 형상을 바위벽에 새겼는데 속칭 영자대(影子臺)라고 한다.[689]

산허리의 바위에 석굴이 있는데 깊이를 측량할 수 없으며 아래로 동해(東海)와 통한다고 하였다. 이는 삼신산이나 금오산이 동해의 위에 떠 있다는 전설과 통하는 것이며 산 아래에 동해라는 마을이 지금도 있다.

오산은 보는 위치에 따라 모양이 달라지는데 산의 서쪽, 그러니까 구례읍 봉서리 산정이나 오봉마을 버스승강장 근처에서 바라보면 탄탄하게 부풀은 여자 유방 형상인데, 산의 정상에 거무스레한 바위들이 모여서 젖꼭지 모양을 이루고 있으며 그 바위들이 양지에 암자 하나가 들어 앉아 있다. 그 암자의 위치는 물 위에 떠 있는 자라의 등 위에 올라 앉아 있고 유방의 유두 속에 있다.

바라보고 있노라면 가히 하늘이 빚은 조각품이라 아니할 수 없다.

이 암자에서 원효·의상·도선·진각국사 네 성인이 수도하였던 곳이라 하여 지금은 사성암(四聖庵)이라 부르며, 네 성인과 관련된 여러 일화가 전해지고 있다.

암자의 동쪽으로 모퉁이를 돌아가면 바위벽에 마애불이 새겨져

---

689 山之頂有庵 庵之上有巖 巖有百丈空隙 俗稱湧巖 巖有十二臺 臺各有名 其奇形怪狀 如金剛山 故稱小金剛山 山腰有石窟 深不可測 下通東海云 僧道詵 嘗住此山 畵東國山川 而刻其像於石壁 俗稱影子臺 －『봉성지(鳳城誌)』 산천

있는데 이것은 도선에게 풍수지리 비결을 전해준 이인(異人)의 모습을 새긴 것이라고 한다. 도선국사는 15세에 화엄사에서 출가하였는데, 그가 이곳에서 수도하고 있을 때 천하의 지리를 통달하였다고 한다. 암자 뒤편으로 가면 도선이 수도하였다는 도선굴(道詵窟)이 있다. 암자의 뒤편으로 가서 강줄기를 내려다보면 경치가 그윽한데, 산을 휘감고 흐르는 강물이 마치 큰 활의 형상과도 같고, 잔잔한 수정빛 강줄기는 옥대(玉帶)를 연상하게도 한다.

한민족을 동이족이라 하는데, 『설문해자』에, 이(夷)는 大+弓의 합성어로 동방 사람을 뜻한다고 하였다.

이 산의 기이한 형상이 금강산과 같아 소금강산(小金剛山)이라고 하였다. 신라도읍지의 금강산은 이차돈의 순교와도 인연이 있는 곳인데 '이윽고 목을 베니 목에서 흰 젖과 같은 피가 한길이나 솟았으며 그 머리는 날아가 금강산 꼭대기에 떨어졌다.'고 한다.

신라에는 네 곳의 신령한 땅이 있어 나라의 큰일을 의논할 때는 대신들이 그곳에 모여서 모의하면 그 일이 반드시 이루어졌다고 하는데, 서라벌의 금강산은 네 영지(靈地) 중의 하나이다.[690]

최치원 선생의 문집에 의하면 신라 48대 경문왕은 오산(鰲岑)에서 탄생하였으며,[691] 49대 헌강왕은 오수(鰲岫)에서 세상을 떠났다고 한다.[692]

---

690 『삼국유사』 1권 진덕왕

691 대왕은 오잠(鰲岑)에서 탄생하시었다. 大王 鰲岑降跡 -「崇福寺 碑文」. 岑은 작고 우뚝한 산 잠.

692 헌강대왕은 갑자기 오수(鰲岫)에서 돌아가실 기한을 독촉하였다. 君也 遽促還

3) 계림(雞林)

최치원 선생이 지은 「봉암사 지증대사 비문」에 '계림(雞林) 땅은 오산(鼇山)의 곁에 있다.'고 하였다. 또한 최치원이 귀국할 때 중국인 고운(顧雲)이 지은 송별 시 중에도 '오산 곁에 한 점 계림이 푸른데'라고 하여 계림이 오산의 근처에 있음을 밝히고 있다. 금오산(金鼇山)은 신선세계인 삼신산을 머리에 이고 있다는 자라형상의 산을 말하는 것이고 그 곁에 계림이 있다고 하였으니, 바로 삼신산의 하나인 지리산에 닭 형상의 계림이 있다는 말이다. 이것은 천연적인 산천의 형상을 응용하여 수천 년의 세월이 흘러 역사가 왜곡되고 지명이 바뀌어도 역사 속의 명승지를 분명하게 밝힐 수 있는 수준 높은 역사 기술 방식이다. 조선시대에 간행된 지리지 『신증동국여지승람』 경주부 조에, 신라 도읍지의 지명으로 낙랑(樂浪)·계림(鷄林)·금오(金鰲) 등이 있다고 하였다. 현재 상고사의 쟁점이 되고 있는 낙랑의 위치는 평양이 아니라 바로 신라 도읍지를 가리키고, 이를 뒷받침하는 물증으로는 계림과 금오산이 된다. 계림에 관해 다음과 같이 말하였다.

> 탈해왕 9년(65) 봄 3월에 왕이 밤에 금성(金城)의 서쪽에 있는 시림(始林)의 수목 사이에서 닭 우는 소리가 나는 것을 듣고 날이 샐 무렵에 호공(瓠公)을 보내어 살펴보게 하였는데, 금빛 작은 궤짝이 나뭇가지에 걸려 있고 흰 닭이 그 밑에서 울고 있었다. 호공이 돌아와서 아뢰니 왕이 사람을 시켜 궤짝을 가져오게 하여

期於鰲岫. 岫는 산굴 수 - 「華嚴寺 事蹟」

열어보니, 자그마한 사내아이가 그 속에 있는데 자태와 용모가 기이하고 컸다. 왕은 기뻐하여 측근의 신하들에게 말했다.

"이것이 어찌 하늘이 나에게 후사(後嗣)를 준 것이 아니랴!"

이에 거두어 길렀는데 성장하자 총명하고 지략이 많았으므로 이름을 알지(閼智)라 하고, 금궤에서 나왔으므로 성을 김(金)씨라 했으며, 시림(始林)을 고쳐서 계림(雞林)이라 이름하고 그대로 국호로 삼았다.[693]

영평 3년 경신(庚申, 60)년 8월 4일에 호공(瓠公)이 밤에 월성(月城) 서쪽 마을을 가다가 큰 광명이 시림(始林) 가운데에서 비치는 것을 보았다. 자줏빛 구름이 하늘로부터 땅에 뻗쳤는데 그 구름 속에 황금 궤가 나뭇가지에 걸려 있고, 그 빛은 궤 속에서 나오고 있었다. 또한 흰 닭이 나무 밑에서 울고 있었다. 이 상황을 왕에게 아뢰자, 왕이 그 숲에 행차하여 궤를 열어보니 어린 사내아이가 누워 있었는데 곧 일어났다. 마치 혁거세의 고사(故事)와 같았으므로 그 말에 따라 알지(閼知)라고 이름했다. 알지란 곧 우리말로 어린아이를 일컫는 말이다. 그 아이를 안고 대궐로 돌아오니 새와 짐승들이 서로 따르면서 기뻐하여 뛰놀고 춤을 추었다.

---

693 脫解尼師今. 九年 春三月 王夜聞金城西 始林樹間 有鷄鳴聲 遲明遣瓠公視之 有金色小櫝 掛樹枝 白雞鳴於其下 瓠公還告 王使人取櫝開之 有小男兒 在其中 姿容奇偉 上喜謂左右曰 此豈非天遺我以令胤乎 乃收養之及長聰明多智略 乃名閼智 以其出於金櫝 姓金氏 改始林 名雞林 因以爲國號 -『삼국사기』 신라본기

왕은 좋은 날을 가려 태자로 책봉했다. 후에 파사왕(婆娑王)에게 사양하고 왕위에 오르지 않았다. 금궤에서 나왔으므로 성을 김(金)씨라 했다.[694]

이와 같이 계림은 본래 시림이라고 했는데 이곳에서 김씨의 시조인 김알지가 출현하였으며, 흰 닭이 울고 있었으므로 계림이라 고치고 이것을 국호로 삼았다. 『사기』에는 계림이 있는 곳을 금성(金城)의 서쪽이라고 했고 『유사』에는 월성(月城)의 서쪽이라고 했다. 금성과 월성은 모두 궁실이 있었던 곳이다.

이 계림이 구례군에 있음을 시사하는 서산대사의 시가 있다.

봉성(鳳城)을 지나다 한낮에 닭 우는 소리를 듣고 /過鳳城聞午鷄

터럭은 희어도 마음은 희지 않으니 /髮白非心白
옛 사람이 일찍이 누설하였다. /古人曾漏洩
이제 한 가닥 닭 우는 소리 들으니 /今聽一聲鷄
대장부 할 일을 다 했구나. /丈夫能事畢

---

694 『삼국유사』 1권, 金閼智 脫解王代. 永平三年庚申 八月四日 瓠公夜行月城西里 見大光明於始林中 有紫雲從天垂地 雲中有黃金櫃 掛於樹枝 光自櫃出 亦有白雞鳴於樹下 以狀聞於王 駕幸其林 開櫃有童男 臥而卽起 如赫居世之故事 故因其言 以閼智名之 閼智卽鄉言小兒之稱也 抱載還闕 鳥獸相隨 喜躍蹌蹌 王擇吉日 冊位太子 後讓於婆娑 不卽王位 因金櫃而出 乃姓金氏

홀연히 우리나라의 근본을 깨닫고 보니 /忽得自家底
화두마다 단지 이것이로구나. /頭頭只此爾
팔만대장경이 /萬千金寶藏
원래 하나의 빈 종이일세.[695] /元是一空紙

시의 제목에 봉성(鳳城)은 구례의 별호이다.

가섭(迦葉)과 아난(阿難)에 이어 선종의 제3대 조사인 상나화수가 시자인 우바국다에게 어느 날 묻기를 “그대 나이 몇 살인가?” 하니 대답하기를 “제 나이 열일곱입니다.” 하였다. 존자(尊者)가 다시 묻기를 “몸이 열일곱 살인가, 성품이 열일곱 살인가?” 하니 시자가 도리어 묻기를 “스님 머리가 이미 희신데 머리가 힙니까, 마음이 힙니까?” 존자가 대답하기를 “나는 머리만이 희다. 마음이 희지 않다.” 시자도 덧붙이기를 “저도 몸이 열일곱 살일지언정 성품이 열일곱 살인 것은 아닙니다.” 하였다. 상나화수는 그가 법기(法器)임을 알고 3년 후에 우바국다에게 법(法)을 전하여 선종의 제4대 조사가 되었다.[696]

이어서 ‘이제 한 가닥 닭 우는 소리 들으니’ 라는 구절은 신라 김알지 탄생 신화의 흰 닭을 뜻하는 것으로, 시의 제목과 연결 지어 풀이하면 ‘서산대사가 구례를 지나다가 낮에 흰 닭이 울고 있는 것을 보았는데, 이것은 김알지 탄생신화에 이미 누설된 일이다.’라는 요지이다.

이것을 서산대사가 지은 ‘석가세존의 금골사리 비문’에서 구체적으로 밝히고 있는데, 신라 도읍지의 황룡사 터는 본래 단군의 도읍지

---

695 『청허당집(淸虛堂集)』

696 『전등록(傳燈錄)』 제1권

아사달과 같은 곳으로, 실제 계림과 아사달이 같은 곳이며, 이곳은 단순한 도읍지가 아닌 수미산 정상의 도리천(忉利天)이 있는 불국정토라는 심오한 뜻이 담겨 있다.

이는 최치원이 지은 『지증대사 비문』에 '계림(雞林) 땅은 오산(鼇山)의 곁에 있는데 … 가련하게도 희중(羲仲)이 직분에 소홀하지 않아'라는 구절과 같은 내용이다. 계림(鷄林)이란 자라 형상의 금오산과 같이 닭이 양 날개를 활짝 펴고 있는 형상을 하고 있는 산을 말하는 것이다.

계림

구례읍에서 북쪽으로 읍내를 1km쯤 벗어나 멀리 동쪽의 지리산 앞자락을 바라보면 짙푸른 숲으로 이루어진 선이 마치 거대한 한 마리의 닭이 양 날개를 펴고 화엄사를 향하여 울고 있는 듯한 형상을 볼 수 있다.

이른바 풍수지리에서 말하는 금계포란(金鷄抱卵)으로 닭이 알을 품은 형국이다. 흰 닭이 울고 있었다는 신라 도읍지의 계림은 바로 이곳을 말하는 것이다. 계림의 흰 닭이란 이 산의 닭 신이 인간 세상을 구제할 성인이 출현하였음을 알리기 위해 현신한 것으로, 이 닭을 천계(天鷄) 또는 금계(金鷄)라고 한다. 지리산은 삼신산의 하나인 방장산인데 사마천의 『사기(史記)』에서 '삼신산에는 여러 신선 및 불사약도 모두 있으며 그곳의 물건 및 새와 짐승은 희고 황금과 은으로 지은 궁궐도 있다.'[697]고 하였다. 박혁거세가 처음 태어났던 곳에도 백마가 울고 있었다고 하였는데, 이것 역시 마산(馬山)의 천마(天馬)가 현신하여 성인이 출현하였음을 세상에 알린 것으로 계림이나 마산이 삼신산에 있다는 말이 된다.

『삼국유사』에 이런 말이 있다.

> 천축 사람들은 해동(海東)을 일컬어 '구구타예설라'라고 하는데,
> 구구타란 닭(雞)을 말하고, 예설라는 귀하다(貴)는 말이다.
> 천축에서는 서로 전하여 말하기를
> "그 나라[신라]는 닭 신(雞神)을 받들어 공경하여 거룩하게 여기기
> 때문에 닭의 깃털을 관에 꽂아서 장식하여 쓴다."[698] 하였다.

---

697 『史記』 봉선서(封禪書). 諸僊人及不死之藥皆在焉 其物禽獸盡白 而黃金銀爲宮闕

698 『삼국유사』 4권, 천축으로 간 여러 법사(歸竺諸師). 天竺人呼海東云 矩矩吒䃿說羅 矩矩吒言雞也 䃿說羅言貴也 彼土相傳云 其國敬雞神而取尊 故戴翎羽

그렇다면 신라의 왕실은 어디에 있었던 것일까?

처음에 시조 혁거세와 알영왕후가 탄생하자 '궁실을 남산(南山)의 서쪽 기슭에 짓고 두 성스런 아기를 봉양하였다.'[699]고 하였다.

『삼국사기』에 의하면,

> 박혁거세 21년(B.C 37) 서울에 성을 쌓아 이름을 금성(金城)이라 했다. 26년(B.C 32) 봄 정월에 궁궐을 금성에 지었다.
> 후에 파사왕(婆娑王) 22년(101) 봄 2월에 성을 쌓아서 월성(月城)이라 하고, 여름 7월에 왕이 월성에 옮겨 거처했다.

라고 하였다. 이와 같이 신라는 금성과 월성에 대궐을 짓고 거처하면서 나라를 다스렸다. 그런데 『사기』에는 계림이 금성의 서쪽에, 『유사』에는 월성의 서쪽에 있다고 하였다. 이로 미루어 보면 금성과 월성은 똑같이 계림의 동쪽, 즉 지금 화엄사 골짜기에 있었음을 알 수 있다. 후에 진흥왕 14년(553) 봄 2월에 담당관청에 명하여 새 궁궐을 월성의 동쪽에 짓게 했는데 황룡이 그 땅에서 나타났다. 왕이 이를 이상히 여겨 고쳐 절로 삼고 이름을 내려 황룡사(皇龍寺)라 했다.

금성과 월성이 계림의 동쪽에 있고 황룡사 역시 월성의 동쪽에 있으니, 신라의 왕실과 황룡사가 거의 같은 지역에 있었음을 알 수 있다.

조선 중기의 고승 월저 도안(月渚道安)이 지은 시 '부상(扶桑)에서 떠오르는 해(扶桑曉日)'를 음미해 보기로 하자.

而表飾也

699 『삼국유사』 신라시조 혁거세왕. 營宮室於南山西麓 奉養二聖兒

양곡(暘谷)의 천계(天雞)가 비로소 날개를 치며 우니[700]
부상(扶桑) 나무 위에 자줏빛 노을이 서린다.
태양(火珠)이 솟아오르매 천지가 새벽인데
눈부신 태양이 우주의 광명이 되누나.
동식물과 날고 잠기는 동물이 비춤을 은혜 입고
크고 작은 동식물이 모두 햇살 받고 자란다.
이같이 이미 사사로운 은택이 없거니
어찌하여 먹구름은 팔방을 어둡게 가리는가.[701]

시의 첫머리에 양곡(暘谷)은 우이(嵎夷)라고도 하는데 해가 뜨는 곳으로, 고조선과 신라의 궁궐이 있던 곳이다. 그리고 천계(天雞)는 바로 계림의 흰 닭을 가리키는 말이다. 부상(扶桑)은 해 뜨는 곳에 있다는 신목(神木)으로, 해가 뜰 때에는 이 나뭇가지를 흔들고서 올라온다고 한다. 이때 금계(金雞)가 한 번 크게 울면 천하의 닭이 모두 따라 울면서 새벽이 밝아 온다고 한다.[702]

---

700 동남쪽에 도도산(桃都山)이 있고, 산 위에 거대한 복숭아나무가 있어 이름을 도도(桃都)라고 한다. 가지가 3천 리에 서리어 있고 그 나무에 천계(天鷄)가 있는데, 해가 처음 떠오르면서 이 나무를 비추면 천계가 바로 울면 천하의 닭들이 모두 따라 운다. 東南有桃都山 上有大樹 名曰桃都 枝相去三千里 上有天雞 日初出照此木 天雞則鳴 天下雞皆隨之鳴 - 『술이기(述異記)』 卷下

701 『월저당대사집(月渚堂大師集)』 한국불교전서 9책, 暘谷天雞始鼓翙 扶桑樹上紫霞揚 火珠湧出乾坤曉 赤暈輪囷宇宙光 動植飛潛皆荷照 洪纖草物盡傾陽 既能如許無私澤 何有雲遮暗八荒

702 『신이경(神異經)』 동황경(東荒經)

이 시는 차천로(車天輅, 1556~1615)의 시를 차운한 것인데, 차천로가 지은 시의 첫머리에 '금계(金雞)가 새벽을 알리고 삼족오(金烏)[703]가 날아오르니 양곡(暘谷)의 새벽노을이 멀리까지 펼쳐진다.'[704] 하였고 마지막 구절에서 '동이를 덮어 쓰고 누가 감히 암담하다고 원망하는가.'[705]라고 하였는데 이 구절은 당시 조선왕조에서 역사를 날조한 사실을 백성들에게 모두 동이를 덮어씌운 것에 비유하여 암담한 세상을 만들어 놓았다는 사실을 풍자한 시이다.

4) 여근곡(女根谷)

신라 제27대 선덕여왕(善德女王, 632~647 재위)이 기미를 미리 알아낸 세 가지 일이 있는데 그 중 둘째,

> 영묘사(靈廟寺)의 옥문지(玉門池)에 겨울철에 많은 개구리가 모여 삼사일 우니, 나라 사람들이 이상하게 여겨 왕에게 물었다. 왕은 급히 각간(角干) 알천 필탄 등을 시켜 "훈련된 정예 병력 2천 명을 데리고 속히 서쪽 교외로 나가서 여근곡(女根谷)이란 곳을 물어 가면 반드시 적병이 있을 것이니 습격하여 잡아라." 하였다. 두 장군이 명을 받들어 각각 군사 천명을 거느리고 서쪽

---

703 금계(金雞)는 천계(天雞)와 같고, 금오(金烏)는 태양속의 세발 까마귀(三足烏)로 해가 부상(扶桑)에서 막 떠오르는 광경을 묘사한 것이다.

704 金雞警曉織烏翔 暘谷晨霞啓遠揚

705 覆盆誰敢怨荒荒

교외로 가서 물으니 부산(富山) 아래에 과연 여근곡이 있었다. 백제 군사 5백 명이 그곳에 와서 숨어 있었으므로 모두 잡아 사살했고, 백제 장군 우소(于召)가 남산(南山) 고개의 바위 위에 숨어 있었으므로 에워싸 사살했다.또한 후속부대 1천2백 명이 오는 것도 사살하여 한 사람도 남기지 않았다.
당시에 여러 신하들이 왕에게 "어떻게 개구리의 기미가 그러한 줄을 알았습니까?" 하니 왕은 "개구리의 성난 모습은 군사의 형상이며, 옥문(玉門)이란 여근(女根, 여자의 생식기)이다. 여자를 음(陰)이라 하고 그 색은 백(白)이며 백(白)은 서방(西方)이다. 그러므로 군사들이 서방에 있음을 알았고, 남근(男根)이 여근(女根)에 들어가면 반드시 곧 죽으므로 쉽게 잡을 것을 알았다." 하니 군신들이 모두 성스런 지혜에 탄복하였다.[706]

백제 무왕(武王) 37년(636) 여름 5월에 왕은 장군 우소(于召)에게 명하여 군사 5백 명을 이끌고 가서 신라의 독산성(獨山城)을 습격하려 하였다. 우소가 옥문곡(玉門谷)에 이르자 해가 지므로 안장을 풀고 군사를 쉬게 하였는데, 신라의 장군 알천(閼川)이 군사를

---

706 『삼국유사』 1권 善德王 知幾三事. 於靈廟寺玉門池 冬月衆蛙集鳴三四日 國人怪之 問於王 王急命角干閼川 弼呑等 鍊精兵二千人 速去西郊 問女根谷 必有賊兵, 掩取殺之 二角干旣受命 各率千人問西郊 富山下果有女根谷 百濟兵五百人 來藏於彼 並取殺之 百濟將軍亏召者 藏於南山嶺石上 又圍而射之殪 又有後兵一千二百人來 亦擊而殺之 一無了遺 當時君臣啓於王曰 蛙有怒形兵士之像 玉門者 女根也女爲陰也 其色白白西方也 故知兵在西方 男根入於女根 則必死矣 以是知其易捉 於是君臣 皆服其聖智

이끌고 엄습하여 와서 무찔렀다. 우소는 큰 바위 위에 올라가서 활을 당겨 항거하다가 화살이 다하여 사로잡히었다.

–『삼국사기』 백제본기

대궐의 서쪽 교외에 있는 부산(富山) 아래에 과연 여근곡이 있다고 하였다. 우선 여근곡이 있는 부산(富山)은 어느 산인지 보기로 하자. 이중환의 『택리지(擇里志)』에서 말하였다.

지리산(智異山)은 남해 가에 있는데 이는 백두산의 큰 줄기가 다한 곳이다. 그래서 일명 두류산(頭流山)이라고도 한다.

세상에서 금강산을 봉래(蓬萊)라 하고, 지리산을 방장(方丈)이라 하고, 한라산을 영주(瀛州)라고 하는데 이른바 삼신산(三神山)이다. 지리지(地理志)에, 지리산은 태을(太乙)이 사는 곳이며 여러 신선들이 모이는 곳이라고 하였다.[707] 계곡이 서리어 깊고 크며 땅 성질이 또한 두툼하고 기름지어 온 산이 모두 사람 살기에 적당하다. 산속에는 백 리나 되는 긴 골짜기가 많은데 밖은 좁고 안쪽은 넓어서 왕왕 사람이 알지 못하는 곳이 있어 세금을 내지 아니하는 수가 있다. 땅이 남해에 가깝고 기후가 온난하여 산속에 대나무가 많고 또 감과 밤도 대단히 많아서 가꾸는 사람이 없어도 저절로 열고 저절로 떨어진다. 높은 봉우리 위에 기장과 조를

---

707 『세종실록지리지(地理志)』에, 속설에 전하기를, '태을(太乙)이 그 위에 살고, 신선 무리가 모이는 곳이며, 용상(龍象)같은 무리가 살고 있다.'고 한다. 諺傳 太乙居其上 群仙之所會 衆龍之所居也

뿌려도 무성하지 않는 곳이 없다. 평지의 밭에도 거의 심을 수 있으므로 산속의 촌거(村居)는 승사(僧寺)와 섞이어 산다. 스님이나 속인이나 대나무를 꺾고 감과 밤을 주워서 살아 노력하지 않고도 생리(生利)를 얻을 수 있다. 농부와 공인들도 역시 그리 노력을 하지 않아도 모두 풍족하다. 이런 까닭으로 온 산이 풍년과 흉년을 모르고 지내므로 부산(富山)이라 부른다.

이상의 기록을 자세히 분석해 보면 몇 가지 중요한 사실을 알 수 있다.

첫째, 여근곡이 있는 부산(富山)은 신라 도읍지에 있는 산인데, 『택리지』에는 지리산이 바로 부산이라고 하였다.

둘째, 여근곡에 숨어 있던 백제 군사 5백 명은 모두 사살되고 장군인 우소는 남산(南山) 고개의 바위 위에 숨어 있었다고 했는데, 이로 미루어 부산과 남산이 같은 산임을 알 수 있다.

셋째, 우소가 거느린 백제 군사 5백 명이 별다른 교전도 없이 아침에 백제에서 출발하여 해질 무렵에 신라 도읍지에 있는 여근곡에 무사히 도착하여 숨어 있었는데도 왕의 측근 신하들이 아무도 그 사실을 모르고 있었으며, 또한 백제의 후속부대 1천2백여 명이 여근곡에 즉시 투입되고 있다.

이것은 신라 도읍지가 영토의 중심부에 있었던 것이 아니라 백제와의 접경지대에서 멀지 않은 곳에 있었음을 짐작케 하는 것이다.

넷째, 옥문지는 여근곡에 있는 연못을 뜻하는 것이고, 영묘사에 옥문지가 있었으므로 여근곡에 영묘사가 있었다. 영묘사는 신라도읍지에 있는 전불(前佛)시대 일곱 절터중의 하나이다.

여근곡을 옥문곡(玉門谷)이라고도 하는데 진덕여왕 때에도 이곳에서 백제군과의 치열한 전투가 있었다.

> 드디어 고을의 군사들을 선발하여 훈련시켜 적에게 나아가게 하여 대량성(大梁城) 밖에 이르렀는데, 백제가 미리 방어하고 있었다. 이기지 못하여 도망치는 체하면서 옥문곡(玉門谷, 여근곡)까지 이르니 백제가 그들을 가볍게 여겨 많은 병사들을 거느리고 왔다. 복병이 그 앞뒤에서 일어나 공격하여 백제군을 크게 물리쳤는데, 백제 장군 8명을 사로잡고 죽이거나 사로잡은 이가 1천 명에 달하였다.[708]

여근곡

그렇다면 여근곡은 현재 어디에 있는 것일까?

구례읍에서 동북쪽으로 20여 리 떨어진 천은사(泉隱寺) 입구에 용전

708 『삼국사기』 제41권 열전 김유신 상

(龍田)이라는 마을이 있다. 이 마을의 입구에서 동쪽의 천은사 골짜기를 바라보면 멀리 차일봉(遮日峰)이라는 높은 봉우리가 보이고 그 앞에 시루봉(甑峰)이 불쑥 솟아 있는데 시루봉을 가운데 두고 주위의 능선들이 꽃잎처럼 겹겹이 에워싸고 있다. 산의 형상을 무심코 바라보고 있노라면 마치 신성한 향기를 머금고 갓 피어나는 한 송이의 연꽃을 보는 듯 하고 어찌 보면 출산할 때나 볼 수 있는 여근(女根)의 양문이 활짝 열려지면 그 속에 감추어진 신비스러운 국토를 펼쳐놓은 듯한 절묘한 형국을 볼 수 있다. 이것이 풍수지리에서 말하는 연화부수(蓮花浮水), 즉 한 송이 연꽃이 물 위에 떠 있는 형국으로 부용봉(芙蓉峰)이라고도 한다.

이른바 여기가 백련(白蓮)이요, 여근곡이다. 불교에서는 서방정토 극락세계를 백련이라고도 한다. 왕의 해설에 여근곡을 서방(西方)이라고 한 것이 우연한 말이 아님을 알 수 있다.

백련을 노래한 서산대사의 시가 있다.

합장하고 서쪽을 향해 앉아
마음을 모아 아미타불을 부르네.
한평생 그리는 일은
항상 백련화(白蓮花)에 있네.[709]

왕은 이곳의 지형을 설명하기를 '옥문이란 여근을 말한다. 남근(男

709 合掌向西坐 凝心念彌陀 平生夢想事 常在白蓮花

根)이 여근에 들어가면 반드시 곧 죽으므로 쉽게 잡을 것을 알았다.'고 하여 침입한 백제 병사들을 남근에 비유하고 산세가 여근이 활짝 벌려진 형국임을 밝히고 있다. 혹자는 경주 인근 건천 지역에 여자의 음부(陰部) 형상을 한 그곳이 여근곡이라고 하지만, 그곳은 음문(陰門)이 닫힌 형상이라서 그 속으로 병사들이 잠입해 들어갈 수가 없으므로 그곳은 역사 속의 여근곡이 아니다.

이 산자락의 아래에 대전(大田)이라는 마을이 있는데, 글자대로 풀이하면 큰 밭이라는 말이다. 여기서의 밭이란 농작물을 가꾸어 내는 땅이라는 뜻이 아니다. 옛 말에 여자를 밭(田)이라 하고 남자를 씨(種)라고 한다. 여자를 밭이라고 하지만 좀 더 구체적으로는 옥문을 밭이라 한다. 대전(大田)은 여근곡을 지목한 것인데, 혹은 우리말로 한밭이라고도 한다. 충청도에 있는 대전이라는 지명 역시 여기에 근거를 둔 것이다. 여근곡에 들어앉아 있는 천은사는 본래 감로사(甘露寺)라고도 불리었는데, 이 절의 창건에 대해 극락보전에 걸린 상량문을 보면 '당 희종 2년(875)에 연기(緣起, 도선)가 가람을 건설하고 덕운(德雲)이 증수(增修)하였다.'고 했다. 그런데 1922년에 간행된 『구례속지』에는 상량문을 잘못 해석하여 신라 흥덕왕 3년(828)에 덕운조사(德雲祖師)가 창건하였다고 했으나 덕운(德雲)은 도선 국사 이후에 천은사를 증수한 것이지 창건주는 아니다. 이 상량문이 조선시대 배불의 와중에서 지은 것이라 창건에 관해 정확하게 밝히고 있지 않지만, 여근곡에 자리 잡은 천은사는 처음에 영묘사로 창건된 것이다.

영묘사는 선덕여왕 4년(635)에 왕이 친히 창건하고 양지법사(良志法師)가 장육존상(丈六尊像) 등을 조성하였다. 봉덕사종은 바로 성덕대왕신종을 말하는데, 조선 세조 때에 영묘사에 옮겨 달았다고 한다.

> 봉덕사종(奉德寺鍾): 신라 혜공왕(惠恭王)이 주조한 종으로 구리 12만 근이 들었다. 치면 소리가 백여 리까지 들린다. 뒤에 봉덕사가 북천(北川)에 침몰하자, 천순(天順) 4년 경진년(庚辰年, 1460)에 영묘사(靈妙寺)에 옮겨 달았다.[710]

5) 봉성산(鳳城山)

구례읍의 서쪽에 있으며 대숲이 무성한 곳으로 구례읍의 진산(鎭山)이다. 이곳은 산세가 비봉포란(飛鳳抱卵) 형국인데 산의 동쪽, 즉 마산면 쪽에서 산 전체를 한눈에 바라보면 봉황이 이제 막 둥지에 날아들어 양 날개를 활짝 펴고 알을 품는 듯한 형국이며, 바람결에 일렁이는 대숲을 보고 있노라면 봉황의 앞가슴에 난 보드라운 솜털을 연상케 한다. 이른바 풍수지리에서 말하는 봉황귀소(鳳凰歸巢)이다.
이리하여 봉황이 구례읍의 서쪽에 성(城)을 이루며 날아드는 형국이라 하여 봉성산(鳳城山)이라 하며, 구례읍은 봉황의 둥지가 되어 절묘한 조화를 이루고 있는 천하의 명당이다.

봉황은 신령한 새로 수컷을 봉(鳳)이라 하고 암컷을 황(凰)이라 한다. 오동나무가 아니면 깃들지 않고 대나무 열매가 아니면 먹지 않고[711], 예천(醴泉)이 아니면 마시지 않는다고 하며[712] 봉황이 나타나면

---

710 『신증동국여지승람』 제21권 경주부

711 鳳凰靈鳥也 雄曰鳳 雌曰凰 鳳凰之性 非梧桐不棲 非竹實不食『詩經集傳』

천하에 태평성대가 열리는 상서로운 징조라고 한다. 구례군의 별호를 봉성(鳳城)이라고 하며 구례군의 역사를 기록한 『봉성지(鳳城誌)』가 있다. 『산해경』에는 봉황새에 관해 다음과 같이 소개하고 있다.

> 또 동쪽으로 5백 리를 가면 단혈산(丹穴山)인데, 그 산에 금과 옥이 많다. 단수(丹水)가 여기에서 나와 남쪽으로 흐르다가 발해로 흘러들어간다. 새가 있는데, 그 생김새가 닭과 같고 오색의 무늬가 있으며 이름을 봉황(鳳皇)이라고 한다. 머리 무늬는 덕(德)을, 날개 무늬는 의(義)를, 등의 무늬는 예(禮)를, 가슴의 무늬는 인(仁)을, 복부의 무늬는 신(信)을 나타낸다. 이 새는 먹고 마심이 자연스럽고 스스로 노래하고 스스로 춤춘다. 봉황이 나타나면 곧 천하가 안녕해진다.[713]

6) 오봉산(五鳳山)

구례읍에서 남쪽으로 십여 리 떨어진 섬진강 건너에 오산(鰲山)이

712 남방에 새가 있는데, 그 이름을 원추(鵷鶵)라고 한다. 원추는 남해에서 출발하여 북해로 날아가지만 오동나무가 아니면 그치어 쉬지 않고, 연실(練實) 아니면 먹지 않으며, 예천(醴泉)의 물이 아니면 마시지 않는다. 南方有鳥 其名爲鵷鶵 夫鵷鶵發於南海而飛於北海 非梧桐不止 非練實不食 非醴泉不飮 －『장자(莊子)』 추수(秋水)

713 又東五百里 曰丹穴之山 其上多金玉 丹水出焉 而南流注于渤海 有鳥焉 其狀如雞 五采而文 名曰鳳皇 首文曰德 翼文曰義 背文曰禮 膺文曰仁 腹文曰信 是鳥也, 飮食自然 自歌自舞 見則天下安寧 －『산해경』 1권 南山經

우뚝 솟아 있고, 그 산의 동쪽에 병풍처럼 나지막하게 다섯 봉우리가 나란히 열 지어 있는데, 섬진강을 앞에 두고 지리산과 마주하고 있다.

이 산을 강 건너에서 멀리 바라보면 다섯 신하가 의관을 갖추고 지리산을 향해 큰 절을 올리고 있는 듯한 형상으로 보이고, 어찌 보면 다섯 마리의 큰 새가 금방이라도 지리산을 향해 날아갈 듯한 형상을 하고 있는데, 다섯 마리의 봉황이라고 하여 오봉산(五鳳山)이라고 한다. 이 산은 봉성산과 좋은 조화를 이루고 있는데 봉성산은 어미 봉황이 알을 품고 있는 형상이며, 오봉산은 그 가족들이 지리산을 향해 금방이라도 날아갈 듯한 모습으로 열 지어 있다.

봉황의 생김새에 대해 『설문해자』에서 다음과 같이 말하였다.

> 봉(鳳)은 신조(神鳥)이다. 천로(天老)[714]가 말하기를, '봉황의 생김새는 앞에서 보면 기러기 같고 뒤에서 보면 기린을 닮았다. 뱀의 목에 물고기 꼬리, 황새의 이마에 원앙의 수염, 용 무늬에 범의 등, 제비의 턱에 닭의 부리를 닮고, 빛깔은 오방색을 모두 갖추었다. 동방(東方)의 군자국(君子國)에서 나와 사해(四海)의 밖까지 날아다니다 곤륜산을 지나 지주(砥柱)에서 물을 마시고, 약수(弱水)에서 깃털을 씻고 저물면 단혈(丹穴)에서 묵는다.
> 봉황이 나타나면 곧 천하가 크게 안녕해지며 봉황의 소리에 모든 새들이 따른다.' 하였다.[715]

---

714 황제(黃帝) 시대의 신하

715 鳳神鳥也 天老曰 鳳之象也 鴻前麐後 蛇頸魚尾 鸛顙鴛思 龍文虎背 燕頷雞喙 五色備舉 出於東方君子之國 翱翔四海之外 過崐崘 飲砥柱 濯羽弱水 莫宿風

1948년 대한민국 정부수립 이후로부터 지금까지 한국 대통령의 상징으로 봉황문양을 사용하고 있는데, 이는 봉황이 사는 곳이 동방의 군자국이라는 설에 의거한 것이다. 오봉산의 동쪽 모퉁이에 봉산사(鳳山祠)가 있고 그 옆에 오봉정사(五鳳精舍)가 있는데, 구한말 면암 최익현의 제자인 경당(警堂) 임현주(林顯周)가 후학들을 가르치던 서원이다. 신라는 전한 선제(宣帝) 오봉 원년(五鳳元年, B.C 57)에 개국하였다. 오봉정사 주련에 이런 글귀가 있다.

조양(朝陽, 동방)의 빈 터에 다시 머무르니
봉황은 떠나고 성인의 시대 멀다.
모든 강줄기는 동방에서 흘러나와 다시 유입되고[716]
에워싼 높고 낮은 산 준령이 모두 모여드네.[717]

(丹)穴 見則天下大安寧 從鳥凡聲 -『설문해자(說文解字)』 5권 鳥部

716 모든 강물이 동방으로 유입되는데도 넘치지 않는데, 누가 그 이유를 아는가? 〔모든 강물이 동방으로 유입되는데도 가득차서 넘치지 않는 이유를 알 수 없으니, 누가 그 이유를 알고 있느냐는 말이다. 東流不溢 孰知其故 〔言百川東流 不知滿溢 誰有知其故也〕 -『초사(楚辭)』천문. 대장경에 설산(雪山)에 있는 아뇩달지에서 대지를 적시는 4대강이 흘러나온다고 하였다. 또 『열자(列子)』 탕문(湯問)에 천하의 모든 물이 삼신산의 대학(大壑)으로 흘러드는데, 이곳을 귀허(歸墟)라고 한다 하였다.

717 朝陽空復留 鳳去聖人遠 萬水自東流 衆巒皆北拱. 북공(北拱), 공진(拱辰), 공북(拱北) 등은 같은 뜻으로 북극성을 중심에 두고 모든 별이 에워싸고 시계방향으로 도는 것을 말한다.

공자가 이르기를 '덕(德)으로써 정치를 하는 것이 비유하면 북극성이 제자리에 있으면 뭇별들이 함께 우러러 향하는 것과 같다.' 하였다. 子曰 爲政以德

시를 보면 지리산의 진면목과 구례군 일대의 풍수지리를 익히 알고 후학들을 일깨우기 위해 한 수의 시로 압축해 놓은 걸작이다.

아침 해가 처음 뜨는 동방의 에덴에서 대지를 적시는 4대강이 흘러나오고, 수미산 도리천이 있는 불국토(화엄사)를 향해 이곳을 에워싼 높고 낮은 봉우리와 강줄기가 모두 모여든다.[718]

옛날 이곳은 나루터였다고 하는데, 별은 드물고 달 밝은 밤이면 강 위의 작은 배는 사람이 없어도 스스로 양쪽 기슭을 왔다 갔다 했다고 한다. 세상에 전하기를, 오봉산에 선인이 있어 지리산에 왕래하고 있어 그렇다고 한다.

『시경(詩經)』에 조양(朝陽)의 봉황을 노래한 시가 있다.

봉황이 우는구나, 저 높은 곤륜산에서[719]
오동이 자라는구나, 저 조양(朝陽)에서
오동나무숲 무성하게 우거지니
봉황의 울음소리 화락하도다.[720]

조양은 해 뜨는 양곡(暘谷)을 가리키는 것으로 단군의 궁전이 있었던

譬如北辰 居其所而衆星共之 - 『논어』 위정(爲政).

718 조해(朝海)는 모든 강줄기가 바다에 흘러든다는 의미로서 화엄사 사리탑에서 섬진강을 바라보면 강줄기가 태극선을 이루며 북으로 역류하여 들어온다.

719 천자문에 '옥(玉)은 곤륜산에서 난다.(玉出崑岡)' 하였다.

720 鳳凰鳴矣 于彼高岡 梧桐生矣 于彼朝陽 菶菶萋萋 雝雝喈喈 - 『시경』 대아(大雅) 권아(卷阿).

아사달이다. 삼황오제 중에 소호(少昊)의 어머니 황아(皇娥)가 양곡(暘谷)에서 사랑을 속삭일 때에 '오동나무 동산 무늬 좋은 재목은 천 길이나 곧게 자라니, 베어다 거문고와 비파를 만들어야지.'[721]라는 구절이 있다. 봉황이 사는 동방의 군자국은 바로 이곳을 가리킨다.

7) 토고미(兎顧尾)

판소리 수궁가 중 별주부가 용왕의 병을 치료하기 위해 토끼의 간을 구하려고 용궁에서 나와 수면에 떠올라 처음 대하는 주변경관을 묘사한 대목에 이렇게 시작된다.

> 고고천변(皐皐天邊) 일륜홍(日輪紅) 부상(扶桑)에 높이 떠, 양곡(暘谷)에 잦은 안개 월봉(月峯)[722]으로 돌고 돌아, 어장촌(漁場村) 개 짖고 회안봉(廻雁峯) 구름이 떴구나. 노화(蘆花, 갈대꽃)는 다 눈되고 부평(浮萍)은 물에 둥실, 어룡(魚龍)은 잠자고 자고새는 펄펄 날아든다.

수궁가는 별주부전(鼈主簿傳)이라고도 하는데, 별(鼈)은 자라이고 주부(主簿)는 벼슬이름으로 내의원(內醫院)에 해당한다. 용왕이 병이

---

721 桐峰文梓千尋直 伐梓作器成琴瑟 -『습유기(拾遺記)』 1권 소호(少昊).

722 화엄사 앞에 큰 계곡이 있고 동쪽에는 일류봉(日留峯) 서쪽에는 월류봉(月留峯)이 있다. 寺前有大溪 東有日留峯 西有月留峯. -『신증동국여지승람』 제40권 구례현 화엄사(華嚴寺).

들어 토끼 간이 효험이 있다고 하여 토끼를 구하러 내의원인 자라가 뭍으로 나온 것으로 고고천변은 단가로도 널리 애창되고 있다.

내용을 보면, 별주부가 처음 하늘가에 이르러 느릿느릿 육지에 기어올라 주변 경관을 묘사하는데, '둥글고 붉은 해가 부상(扶桑)에서 높이 떠 양곡(暘谷)의 잦은 안개…' 하고 있다. 부상(扶桑)은 열 개의 태양이 대기하는 신목(神木)이고, 양곡(暘谷)은 우주에서 해가 처음 뜨는 구역의 지명으로 우이(嵎夷)라고도 한다. 바로 이곳이 지상낙원이고 단군이 처음 조선을 건국하여 도읍하였던 아사달이다.

구례군 문척면 섬진강변의 오봉산 남쪽에 토고미(兎顧尾)라는 마을이 있는데, 인근의 높은 산 능선이 마치 토끼가 달아나다가 뒤를 돌아보는 형상으로, 이것을 풍수지리에서는 달나라 옥토끼가 달을 바라본다는 의미의 '옥토망월(玉兎望月)'이라고 한다. 험준한 바위가 토끼 꼬리 모양을 한 봉우리는 산 아래에서 쉽게 볼 수 있으나 토끼 전체의 몸통을 보려면 산의 규모가 광대하기 때문에 섬진강 건너 북쪽으로 멀리 떨어진 구례군 토지면 방향에서 바라보면 전체적인 토끼 형태를 볼 수 있다.

이 토끼 모양의 산은 자라 형상의 오산(鼇山)과 절묘한 조화를 이루어 환상적인 장면을 연출한다. 토끼가 별주부의 꼬임에 빠져 용궁에 들어갔다가 꼼짝없이 죽게 되었지만, 토끼의 번득이는 기지로 자라 등에 타고 용궁을 나와 육지에 이르자 토끼는 펄쩍 뛰어내려 수풀 속으로 달아나다가 잠시 자라를 돌아보며, 또 다시 재담을 늘어놓는다.

"병든 용왕을 살리랴 허고 성한 토끼 내가 죽을소냐, 내 돌아간다, 백운청산으로 내 돌아간다."

토끼를 놓친 자라는 멍한 모습으로 고개를 빼고 듣고 있다. 이런 유형의 우화는 『삼국사기』에도 김춘추가 사신으로 고구려에 가서 억류되어 있다 극적으로 빠져 나온 대목에도 나오고, 불경에도 원숭이로 되어 있지만 같은 유형의 내용이 실려 있어 그 유래가 이미 오래되었음을 말해 준다. 이렇게 볼 때 양곡과 부상이 있는 구역과 수궁가의 중심 무대가 신선세계의 자라와 토끼 형상의 산이 있는 바로 구례군 일대라는 사실을 알 수 있다.

8) 계족산(鷄足山)

오봉산의 동남쪽에 있는 큰 산인데 산의 북쪽에서 멀리 바라보면 마치 닭발(雞足)과 같이 생겼다. 계족산은 석가모니의 수제자인 가섭존자(迦葉尊者)가 부처님의 금란가사(金欄袈裟)를 가지고 미륵불(彌勒佛)이 탄생하시기를 기다리고 있다는 산이다. 최치원의 사산비명(四山碑銘) 중의 하나인 「숭복사(崇福寺) 비문」에 이런 말이 있다.

> 주변의 수승한 경관을 돌아보더라도 변방에서 경치가 걸출한 곳이다. 좌측의 나지막한 산봉우리는 닭의 발(鷄足)이 구름을 움켜쥐는 것 같고, 우측의 언덕과 습지는 용의 비늘이 햇살에 번득이는 것 같다. 앞을 굽어보면 메기 형상의 산 능선이 검푸르게 늘어서 있고, 뒤를 돌아보면 봉황 같은 봉우리가 갈고리처럼 이어져 있다.[723] 그리하여 멀리서 바라보면 가파르면서 기이하고 가까이에서

723 오봉산(五鳳山)을 가리킨다.

관찰하면 상쾌하면서 수려하니, 낙랑(樂浪)의 선경(仙境)은 참으로 즐거운 나라요, 초월(初月)이라는 명산은 진실로 환희의 동산(初地)[724]이라고 이를 만하다.[725]

『한서』 지리지에, 기자(箕子)가 다스리는 나라를 일컬어 낙랑조선(樂浪朝鮮)이라고 하였다. 숭복사(崇福寺)는 신라 도읍지의 남쪽 변두리에 있었고, 비문에서 숭복사 주변의 경관을 묘사하면서 '낙랑(樂浪)의 선경(仙境)'이라고 하였다. 한사군 중의 하나인 낙랑군에 소속된 25개 현(縣)을 관장하는 치소가 조선현(朝鮮縣)에 있었는데, 학계에서 쟁점이 되고 있는 낙랑의 위치는 평양이 아니다. 낙랑은 조선현의 별호이고, 또한 신라 도읍지의 별호이다. 『조선왕조실록』 세종실록지리지에, 신라 도읍지의 '별호는 낙랑(樂浪)이다.' 하였고, 『신증동국여지승람』에서도 역시 신라 도읍지의 지명으로 낙랑(樂浪)·계림(鷄林)·금오(金鰲) 등이 있다고 하였다.

9) 마산(馬山)

구례읍에서 동북쪽으로 멀리 지리산을 바라보면 노고단에서 남쪽으로 흘러내린 한 준령이 마치 천마도(天馬圖)에서 보는 것처럼 거대한

---

724 『화엄경』 십지품(十地品)에, 보살(菩薩)의 제1지는 환희지(歡喜地)라고 하였다.

725 就觀勝槩傑出遐陬 左峰巒則鷄足挐雲 右原隰則龍鱗閃日 前臨則黛列鯷嶠 後睇則鉤連鳳崗 故得遠而望也峭而奇 迫而察也爽而麗 則可謂 樂浪仙境 眞是樂邦 初月名山 便爲初地. -『大崇福寺碑銘』

말이 화엄사를 향해 쭈그리고 앉아있는 형상이라고 하여 이 산을 마산(馬山)이라고 하며, 이 지역을 마산면(馬山面)이라고 한다.

신라 시조 박혁거세의 출생에 관해, 진한(辰韓) 육부의 촌장들이 함께 높은 산에 올라가 남쪽을 바라보니 양산(楊山) 아래 나정(蘿井) 곁에 이상한 기운이 번개처럼 땅에 드리우고 백마 한 필이 무릎을 꿇고 절하는 형상을 하고 있었다. 가서 살펴보니 자줏빛 알 하나가 있고 말은 사람을 보더니 길게 울며 하늘로 올라갔다. 그 알을 쪼개보니 용모가 단정하고 아름다운 사내아이가 있었다.

태초에 흙으로 가지가지의 동물을 빚어 거기에 생기를 불어 넣으니 마침내 생령(生靈)이 되어, 때에 따라 동물로 현신하여 계림에 흰 닭이 울고 마산의 백마가 출현하여 상서를 나타내는 것이다.

10) 솔개봉(鳶峰)

화엄사 각황전 앞마당에서 동쪽으로 산기슭을 바라보면 금정암(金井庵)이라는 암자가 보이는데, 암자 뒤편으로 유방처럼 생긴 두 봉우리가 나란히 있는데, 두 봉우리가 짙푸른 노송들로 덮여 있어 마치 솔개가 날아드는 형상이다.

11) 섬진강

섬진강은 전북 진안군 팔공산(1,151m)에서 발원하여 북서쪽으로 흐르다가 순창·임실·남원을 지나 전남 곡성군의 압록에 이르러 석곡 방면에서 흐르는 보성강과 합류하며 비로소 큰 강의 면모를 갖추어 남쪽으로 흐르다가, 구례구역 부근에서 S자형의 태극선을 이루며 북쪽으로 역류하다가 다시 동쪽으로 흘러 경남 하동을 지나 남해로 흘러 들어간다. 『주역』이나 태극기에 나오는 S자형의 태극선은 화엄사 사자탑이나 연기암(緣起庵)에서 섬진강을 바라보면 잘 보인다.

또 오산(鼇山) 정상에 있는 사성암의 뒤편에서 북쪽으로 구례군 일대를 바라보면 섬진강이 오산을 휘감고 흐르는데, 마치 큰 활의 형상과 같다. 한민족을 동이(東夷)족이라고 하는데 이(夷)자에 관해 『설문해자』에, 이(夷)는 大와 弓의 합성어로 동방의 사람을 뜻한다고 하였다.[726] 섬진(蟾津)이라는 강 이름은 하동방면 강변에서 매화축제가 열리는 광양군 다압면 아래 강변을 바라보면 천연적으로 된 거대한 바위가 두꺼비 형상을 하고 하동을 바라보며 강변을 지키고 있다. 예로부터 이곳은 하동과 광양을 오가는 나루터(津)이기 때문에 두꺼비(蟾) 바위가 있는 나루터라는 뜻으로 붙여진 지명이다.

이 강은 원래 곡성에서 구례를 지나 하동에 이르기까지 나루터가 있는 구역마다 각기 다른 명칭이 있었으나, 근세에 와서 섬진강으로 통합하여 부르는 것은 하동에 이르러서야 비로소 넓게 펼쳐진 백사장과 도도히 흐르는 강물에 물고기와 물새가 유유히 노니는 아름다운 강변의 풍광을 만끽할 수 있기 때문이다. 『삼국유사』에 이런 말이 있다.

---

726 夷 : 從大從弓 東方之人也

동도(東都, 신라 도읍지) 남산(南山)의 남쪽에 돌기처럼 솟아오른 봉우리가 있는데 세속에서 고위산(高位山)이라 한다. 산의 양지에 절이 있는데 속칭 고사(高寺) 혹은 천룡사(天龍寺)라고 한다. 『토론삼한집(討論三韓集)』에, 계림(雞林, 신라 도읍지)의 땅 안에 객수(客水) 두 줄기와 역수(逆水) 한 줄기가 있는데, 그 역수(逆水)와 객수의 두 근원이 천재(天災)를 진압하지 못하면 천룡사(天龍寺)가 뒤집혀 몰락하는 재앙이 생긴다고 한다.
속전(俗傳)에 이르기를, 역수는 이 고을 남쪽 마등오촌(馬等烏村)의 남쪽에서 흘러 들어오는 시내가 이것이다. 또 이 물의 근원이 천룡사에 도달한다고 한다.
중국에서 온 사신 악붕구(樂鵬龜)가 와서 보고 말하기를, "이 절을 파괴하면 곧 나라가 망할 것이다."라고 했다. 또 서로 전하는 말에, 옛날 단월(檀越, 불교신도)에게 딸 둘이 있어서 이름을 천녀(天女)와 용녀(龍女)라 하였는데, 부모가 두 딸을 위해서 절을 세우고 (이름의 첫 글자를 따서) 천룡사라고 이름을 지었다.
이곳은 경치가 기이하고 불도(佛道)를 돕는 도량이었는데, 신라 말기에 와서 쇠잔하여 파괴된 지 오래되었다.[727]

---

727 東都南山之南 有一峰屹起 俗云高位山 山之陽有寺 俚云高寺 或云天龍寺 討論三韓集云 雞林土內 有客水二條 逆水一條 其逆水客水二源 不鎭天災 則致天龍覆沒之災 俗傳云 逆水者州之南馬等烏村南流川是 又是水之源 致天龍寺 中國來使 樂鵬龜來見云 破此寺 則國亡無日矣 又相傳云 昔有檀越 有二女曰天女龍女 二親爲二女 創寺因名之 境地異常助道之場 羅季殘破久矣 －『삼국유사』3권 天龍寺

신라 도읍지에 돌기처럼 솟아오른 고위산(高位山)은 현재 구례구역 섬진강 강변에 있는 병방산(丙方山)으로 추정된다. 또 신라 도읍지에 객수(客水) 두 줄기와 역수(逆水) 한 줄기가 있다고 하였다.

객수 두 줄기는 첫째가 석곡 방면에서 흐르는 보성강이 곡성·압록에서 섬진강과 합류하는 것이고, 둘째는 순천·월등 방면에서 흐르는 시내가 구례구역 인근에서 섬진강에 합류한다. 거슬러 흐르는 역수(逆水) 한 줄기는 화엄사 사리가 봉안된 4사자 3층 석탑에서 남쪽으로 멀리 섬진강을 바라보면 강줄기가 태극선을 이루며, 북쪽으로 역류하다가 다시 동쪽의 하동 방향으로 흐른다.

태극선을 이루며 북쪽으로 역류하는 섬진강. 강변에 돌기처럼 솟아오른 작은 봉우리가 보인다.

또 신라 도읍지에는 동쪽으로 흐르는 강이 있는데, 신라 풍속에 매년 6월 보름이면 서라벌 사람들은 이 강물에 재계하고 잔치를 벌인다고 하였다.

『동국세시기』에 이런 말이 있다.

> 6월 15일을 우리나라 풍속에서는 유두날〔流頭日〕이라고 한다. 고려 김극기(金克己)의 문집에 "동도(東都)의 옛 풍속에 6월 보름날 동쪽으로 흐르는 물에 목욕하고 머리를 감고 불계(祓禊)하여 상서롭지 못한 것들을 제거하는데, 이것을 계음(禊飮)이라하며 유두잔치(流頭宴)라고 한다. 나라 풍속에서도 이것을 이어받아 세속의 명절이 되었다.[728]

『후한서』에, 중국에서는 이와 같은 풍속이 3월 첫 번째 사일(巳日)에 행해졌다고 한다.

> 3월 첫째 사일(巳日)에 관리와 백성들이 모두 동쪽으로 흐르는 물가에서 불계(祓禊)하는데, 묵은 허물과 액운을 세탁하여 제거하는 의식으로 근본을 깨끗하게 하는 것이다. 결(潔)이란 봄날에 양기가 펼쳐지면 만물이 소생하므로 비로소 재계한다는 말이다.[729]

---

728 六月十五日 東俗稱流頭日 按金克己集 東都遺俗六月望日 浴髮於東流水 祓除不祥因爲禊飮 謂之流頭宴 國俗因之爲俗節 - 『동국세시기』 六月

729 三月上巳 官民皆絜於東流水上 曰洗濯祓除去 宿垢疢爲大絜. 絜者 言陽氣布暢 萬物訖出 始絜之矣 - 『후한서(後漢書)』 예의지(禮儀志) 上

제4장 에덴동산에 신라 궁궐이 있었다

태초에 천지가 창조되어 만물이 갖추어지고, 거듭하여 지상에 출현한 최초의 인간은 과학자의 말대로 원숭이가 진화된 것일까, 아니면 창조된 것인가. 그리고 불교에서는 천지창조와 최초 인간의 출현에 관해 어떻게 설해지고 있는 것일까?

『구약성서』에 따르면 하나님이 흙으로 빚은 최초의 인간이 지상낙원 에덴동산에서 평화롭게 살다가 뱀의 유혹에 빠져 허락 없이 선악과를 몰래 따먹고 그 죄로 에덴에서 추방되어 인류가 고난의 길을 면치 못하고 있다고 하는데, 선악과는 무슨 과일이며 에덴동산이 여전히 지상에 존재한다면 지금의 어느 지역을 말하는 것일까?

1. 창세기

우선 『구약성서』 창세기를 살펴보기로 하자.

여호와 하나님이 흙으로 사람을 지으시고 생기를 그 코에 불어넣으시니 사람이 생령이 된지라. 여호와 하나님이 동방의 에덴에 동산을 창설하시고 그 지으신 사람을 거기두시고 여호와 하나님이 그 땅에서 보기에 아름답고 먹기에 좋은 나무가 나게 하시니 동산 가운데에는 생명나무와 선악을 알게 하는 나무도 있더라.

강이 에덴에서 발원하여 동산을 적시고 거기서부터 갈라져 네 근원이 되었으니 첫째의 이름은 비손이라 금이 있는 하윌라 온 땅에 둘렸으며 그 땅의 금은 정금이요 그곳에는 베델리엄과 호마노도 있으며 둘째 강의 이름은 기혼이라 구스 온 땅에 둘렸고 셋째 강의 이름은 힛데겔이라 앗수르 동편으로 흐르며 넷째 강은 유브라데더라.

여호와 하나님이 그 사람을 이끌어 에덴동산에 두사 그것을 다스리며 지키게 하시고 여호와 하나님이 그 사람에게 명하여 가라사대 동산 각종 나무의 실과는 네가 임의로 먹되 선악을 알게 하는 나무의 실과는 먹지 말라. 네가 먹는 날에는 정녕 죽으리라 하시니라.

여호와 하나님이 흙으로 각종 들짐승과 공중의 각종 새를 지으시고 아담이 어떻게 이름을 짓나 보시려고 그것들을 그에게로 이끌어 이르시니 아담이 각 생물을 일컫는 바가 곧 그 이름이라.

아담이 모든 육축과 공중의 새와 들의 모든 짐승에게 이름을 주니라. 아담이 돕는 배필이 없으므로 여호와 하나님이 아담을 깊이 잠들게 하시니 잠들매 그가 그 갈빗대 하나를 취하고 살로 대신 채우시고 여호와 하나님이 아담에게서 취하신 그 갈빗대로 여자를 만드시고 그를 아담에게로 이끌어 오시니 아담이 가로되, 이는 내 뼈 중의 뼈요, 살 중의 살이라, 이것을 남자에게서 취하였은즉 여자라 칭하리라 하니라. 이러므로 남자가 그 부모를 떠나 그 아내와 연합하여 둘이 한 몸을 이룰지로다.

아담과 그 아내 두 사람이 벌거벗었으나 부끄러워 아니하니라. 여호와 하나님의 지으신 들짐승 중에 뱀이 가장 간교하더라. 뱀이 여자에게 물어 가로되, '하나님이 참으로 너희더러 동산 모든 나무의 실과를 먹지 말라 하시더냐.'

여자가 뱀에게 말하되 '동산 나무의 실과를 우리가 먹을 수 있으나 동산 중앙에 있는 나무의 실과는 하나님의 말씀에 너희는 먹지도 말고 만지지도 말라, 너희가 죽을까 하노라 하셨느니라.'

뱀이 여자에게 이르되 '너희가 결코 죽지 아니하리라 너희가 그것을 먹는 날에는 너희 눈이 밝아 하나님과 같이 되어 선악을 알줄을 하나님이 아심이니라.'

여자가 그 나무를 본즉 먹음직도 하고 보암직도 하고 지혜롭게 할 만큼 탐스럽기도 한 나무인지라 여자가 그 실과를 따먹고 자기와 함께한 남편에게도 주매 그도 먹은지라. 이에 그들의 눈이 밝아 자기들의 몸이 벗은 줄을 알고 무화과나무 잎을 엮어 치마를 하였더라. 그들이 날이 서늘할 때에 동산에 거니시는 여호와 하나님의 음성을 듣고 아담과 그 아내가 여호와 하나님의 낯을 피하여 동안 나무 사이에 숨은지라,

여호와 하나님이 아담을 부르시며 그에게 이르시되, '네가 어디 있느냐.' 가로되, '내가 동산에서 하나님의 소리를 듣고 내가 벗었으

므로 두려워하여 숨었나이다.' 가라사대 '누가 너의 벗었음을 너에게 고하였느냐, 내가 너더러 먹지 말라 명한 그 나무 실과를 네가 먹었느냐.' 아담이 가로되, '하나님이 주셔서 나와 함께하게 하신 여자 그가 그 나무 실과를 내게 주므로 내가 먹었나이다.'
여호와 하나님이 여자에게 이르시되, '네가 어찌하여 이렇게 하였느냐.' 여자가 가로되 '뱀이 나를 꾀므로 내가 먹었나이다.'
여호와 하나님이 뱀에게 이르시되, '네가 이렇게 하였으니 네가 모든 육축과 들의 모든 짐승보다 더욱 저주를 받아 배로 다니고 종신토록 흙을 먹을지니라. 내가 너로 여자와 원수가 되게 하고 너의 후손도 여자의 후손과 원수가 되게 하리니 여자의 후손은 네 머리를 상하게 할 것이요, 너는 그의 발꿈치를 상하게 할 것이니라.' 하시고 또 여자에게 이르시되 '내가 네게 잉태하는 고통을 크게 더하리니 네가 수고하고 자식을 낳을 것이며 너는 남편을 사모하고 남편은 너를 다스릴 것이니라.' 하시고 아담에게 이르시되 '네가 네 아내의 말을 듣고 내가 너더러 먹지 말라한 나무 실과를 먹었은즉 땅은 너로 인하여 저주를 받고 너는 종신토록 수고하여야 그 소산을 먹으리라. 땅이 네게 가시 덤풀과 엉겅퀴를 낼 것이라. 너의 먹을 것은 밭의 채소인즉 네가 얼굴에 땀이 흘러야 식물을 먹고 필경은 흙으로 돌아가리니 그 속에서 네가 취함을 입었음이라. 너는 흙이니 흙으로 돌아갈 것이니라.' 하시니라. 아담이 그 아내를 하와라 이름 하였으니 그는 모든 산 자의 어미가 됨이더라. 여호와 하나님이 아담과 그 아내를 위하여 가죽옷을 지어 입히시니라.

여호와 하나님이 가라사대 '보라 이 사람이 선악을 아는 일에 우리 중 하나 같이 되었으니 그가 그 손을 들어 생명나무 실과도 따먹고 영생할까 하노라.' 하시고 여호와 하나님이 에덴동산에서 그 사람을 내어 보내어 그의 근본 된 토지를 갈게 하시니라.
이같이 하나님이 그 사람을 쫓아내시고 에덴동산 동편에 그룹들과 두루 도는 화염검을 두어 생명나무의 길을 지키게 하시니라.[730]

지상낙원 에덴동산이 현재의 어느 지역인가를 밝히는 일은 알고 보면 그다지 어려운 일이 아니다. 왜냐하면 인류의 기원과 모든 인류가 동경하는 이상향에 관해서는 시대를 초월하여 공통된 관심사이기 때문에 『구약성서』 외에도 이미 여러 경전이나 역사서 등에 밝혀져 있기 때문이다. 에덴동산의 위치에 관해 『구약성서』에서도 '동방의 에덴에 동산을 창설하시고' 라고 하여 에덴동산이 있는 곳을 동방이라고 분명하게 밝히고 있다.

이 구절에 관해 많은 연구가들이 이스라엘의 동쪽 어디쯤이 아니냐는 추정을 하지만, 여기에 동방이라는 말은 불교에서 극락세계를 서방(西方)이라고 하듯이 해가 처음 뜨는 곳을 뜻하는 지명이요, 고유명사이다. 이렇게 볼 때 예로부터 우리나라를 동방이라고 하여 동방예의지국이나 인도의 시성(詩聖) 타고르의 동방의 등불이라는 시 등에서 알 수 있듯이 '동방의 에덴'이라는 구절 역시 우리나라와 깊은 관련이 있는 것이 분명하다. 그리고 에덴동산에는 지구를 적시는 4대강의 발원지가 있고, 아담과 하와가 따먹었다는 선악과가 있으며, 인간

---

730 창세기 2:7~3:24

세상을 다스리는 하나님이 살고 있는 곳이기 때문에 이곳은 지상에 있는 천국(天國)임에 틀림없다.

신라 혜공왕(惠恭王) 7년(771)에 주조한 성덕대왕신종(봉덕사종)에 새겨진 명문(銘文)에는 한국형 창세기라고 해도 손색이 없을 만큼 신라인의 우주관과 역사인식이 잘 드러나 있다.

하늘에 일월성신을 드리우고, 대지에 비로소 방위가 열리니
산과 물이 자리 잡고 나라들이 벌여졌다.
동해의 삼신산(三神山)은 신선 무리가 사는 곳
땅은 선도산(仙桃山) 골짜기에 터전을 잡고
경계는 부상(扶桑)에 접하였다.
여기에 우리나라가 있어 통합하여 한 고향이 되었다.
임금들의 성스러운 덕이 대(代)가 오래될수록 더욱 새롭고
묘하고 묘한 맑은 교화는 멀고 가까운 데 두루 미치었다.
은혜를 가지고 먼 곳까지 덮으니 만물과 더불어 고르게 은택에
젖는다. -(중략)-
사람과 신(神)이 힘을 도와 진기한 그릇(종)이 위용을 이루니
능히 마귀를 항복시키고 물고기와 용까지도 구제한다.
위엄이 양곡(暘谷)[731]에 떨치고 소리는 삭봉(朔峯)에까지 맑게 들

731 요임금이 희중(羲仲)에게 나누어 명하여 우이(嵎夷)에 살게 하니 양곡(暘谷)이라고 한다. 떠오르는 해를 공손히 맞이하여 봄 농사를 고르게 다스리도록 하였다. -『상서(尙書)』 요전(堯典). 양곡(暘谷)은 우이(嵎夷)라고도 하며, 바로 여기에 열 개의 태양이 대기하는 나무인 부상(扶桑)이 있다.

리리.[732]

이 명문(銘文)을 자세히 풀이해 보면 한국사의 중심에 있는 신라 도읍지의 정확한 위치와 『구약성서』 창세기에서 아직 베일에 가려진 의문점까지도 분명하게 드러난다.

첫 구절은 천지창조를 말한 것이다. 동해의 삼신산(三神山)은 봉래(蓬萊, 금강산)·방장(方丈, 지리산)·영주(瀛洲, 한라산)이고, 그 중에 방장산에 해당한다. 선도산(仙桃山)은 신라 도읍지에 있는 산으로 신라 궁궐이 있었던 곳이다. 선도(仙桃)는 반도(蟠桃)라고도 하는데, 선인들이 먹는 복숭아로 이것이 바로 선악과이다. 부상(扶桑)은 해 뜨는 양곡(暘谷)에 있다는 신령한 뽕나무를 가리키는 것으로 열 개의 태양이 대기하는 신목(神木)이다. 이어서 '여기에 우리나라가 있어 통합하여 한 고향이 되었다.' 라는 구절은 이곳에 고조선과 신라 궁궐이 있어 이곳이 바로 모든 인류와 동물들의 고향임이 천하에 드러났다는 말이다. 이리하여 말미에서, '위엄이 양곡(暘谷)에 떨치고' 라고 하였는데, 이는 『상서』 요전에, '우이(嵎夷)를 양곡(暘谷)이라고도 한다.'는 구절에서 인용한 것으로, 우이와 양곡은 해 뜨는 구역의 지명이고, 동방의 에덴동산은 바로 이곳을 가리킨다. 창세기에 보듯이 태초에 천지가 창조되고 에덴에서 흙으로 사람을 지으시고, 또 '하나님이

---

732 『신증동국여지승람』 21권 경주부. 紫極懸象 黃輿啓方 山河鎭列 區宇分張 東海之上 衆仙所藏 地居桃壑 界接扶桑 爰有我國 合爲一鄕元元聖德 曠代彌新 妙妙淸化 遐邇克臻 將恩被遠 與物霑均 …(中略)… 人神獎力 珍器成容 能伏魔鬼 救之魚龍 震威暘谷 淸韻朔峯

흙으로 각종 들짐승과 공중의 각종 새를 지으시고' 라고 하여 모든 동물들 역시 에덴동산에서 처음 출현하였고, 그 여러 가지 동물형상의 산들이 지금도 선명하게 모습을 드러내고 있다는 사실에 주목해야 한다.

도리천과 에덴동산

동양의 유·불·선 3교(三敎)에도 저마다 그들이 동경하는 이상향이 있듯이 기독교의 이상향은 동방의 에덴동산이고, 불교의 이상향은 『화엄경』에서 극찬하고 있는 바와 같이 시라(尸羅, 신라) 땅이다. 신라 27대 선덕여왕이 기미를 미리 알아차린 세 가지 일이 있으니 그 셋째,

> 왕이 건강할 때에 군신(群神)들에게 '내가 아무 해 아무 달 아무 날에 죽을 것이니 도리천에 장사하라.' 하였다. 신하들이 그곳을 알지 못하여 '어디 입니까?' 하니 왕이 대답하기를 '낭산(狼山)의 남쪽이라.' 하였다.
> 과연 그달 그날에 세상을 떠나니 군신들이 낭산의 양지에 장사하였다. 그 후 10여 년에 문무대왕이 사천왕사(四天王寺)를 왕의 무덤 아래에 창건하였다. 불경(佛經)에 이르기를 사천왕천(四天王天)의 위에 도리천이 있다고 하였다. 이에 선덕여왕이 신령한 성인이었음을 알게 되었다. -『삼국유사』 1권

이로 미루어보면 도리천은 신라 도읍지에 있는 낭산(狼山)의 양지에 있고 그 아래에 사천왕사가 창건되었음을 알 수 있다. 신라의 낭산은 일찍부터 신성구역으로 보전되고 있었다.

> 신라 실성왕 12년(413) 가을 8월에 구름이 낭산(狼山)에서 일어났는데, 그것을 바라보니 흡사 누각과 같았고 향기는 강렬히 풍기며 오랫동안 사라지지 않았다. 이에 왕은 "이는 반드시 선인(仙人)들이 내려와 노니는 것이니 응당 이곳은 복지(福地)일 것이다." 하여 이후로부터 사람들이 수목(樹木)을 베는 것을 금하게 했다.[733]
> –『삼국사기』 신라본기.

불교의 세계 설에 따르면, 세계의 중심에 수미산이 우뚝 솟아 있고 수미산의 중턱에 불국토를 수호하는 사천왕이 사는 곳인 사천왕천(四天王天)이 있고, 수미산 정상에 도리천이 있는데, 이 수미산을 중심으로 욕계(欲界) 6천(六天), 색계(色界) 18천(十八天), 무색계(無色界) 4천(四天) 등 28곳의 불보살이 살고 있는 천국(天國)이 모두 수미산을 의지해 분포되어 있다고 한다. 이 욕계·색계·무색계를 합쳐 삼계(三界)라고 한다.

도리천은 『화엄경』의 일곱 곳의 설법무대 중 하나이며, 부처님이 어머니 마야부인을 위하여 3달 동안 설법했던 곳이기도 하다.

그러므로 신라 도읍지에 도리천이 있다는 말은 역사적으로나 종교적

---

733 十二年, 秋八月 雲起狼山 望誌如樓閣 香氣郁然 久而不歇 王謂是必仙靈降遊 應是福地 從此後 禁人 斬伐樹木

으로 실로 엄청나게 심오한 뜻이 내포되어 있는 것이다.

황룡사 불전(佛殿, 장육전) 후면에 '가섭불 연좌석(宴坐石)'이 있었다고 하였다. 연좌석은 가섭불(迦葉佛)과 석가모니불이 설법하실 때 앉았던 좌석으로, 지금 석굴암 본존불은 부처님 생존 당시의 모습과 크기가 같은 장육존상이기 때문에 연좌석의 크기나 모양 역시 현재 좌대와 흡사했을 것이다. 이렇게 볼 때 황룡사의 연좌석이 있었던 곳이 불경에 나오는 수미산 정상의 도리천이라는 말이다. 황룡사가 신라 불교의 중심 사찰이고 신성시되는 이유가 바로 여기에 있다. 신라 진흥왕 때에 도리천의 동쪽에 황룡사가 창건되었으니 지금의 화엄사이고, 거듭하여 문무왕 때에 도리천의 남쪽 아래에 사천왕사가 창건되었다.

에덴이라는 단어는 페르시아어 헤덴(Heden)에서 유래된 히브리어로 '환희의 동산', 또는 태고의 정원이라는 뜻을 가지고 있다.

불교의 『마하마야경(摩訶摩耶經)』 첫머리에 이런 구절이 있다.

> 어느 때 석가모니 부처님께서 도리천 환희원(歡喜園)에 있는 파리질다라수(波利質多羅樹) 아래에서 3달 동안 안거(安居)하였는데, 이때 대비구의 무리 1,250명과 함께 있었다.[734]

석가모니 부처님은 열반하시기 한 해 전에 도리천에 올라가 3달 동안 머무르며 어머니 마야부인을 위하여 설법하였다. 환희원(歡喜園)

---

734 一時 佛在忉利天 歡喜園中 波利質多羅樹下 三月安居 與大比丘衆一千二百五十人俱

은 제석과 천인(天人)들이 유희하는 도리천의 네 동산 중의 하나로 불경에 자주 등장하는 용어이다. 이렇게 볼 때 하나님이 살고 있다는 지상천국 에덴동산은 곧 불교에서 제석(帝釋)이 다스린다는 도리천의 환희원과 정확하게 부합되고 있음을 알 수 있다.

최치원이 지은 「숭복사 비문(嵩福寺碑文)」에 이런 말이 있다.

> 하물며 부처님 옥호(玉毫)의 광채가 밝게 비춘 곳과 부처님의 게송(偈頌)이 유통하여 전하는 것이 서역의 생령에게만 사사로이 은택을 입히는 것이 아니라, 여기의 동방 세계에까지 미치었으니〔부처님이 『법화경』을 설할 때에 두 눈썹 사이의 흰 털에서 빛을 놓아 동방의 1만 8천 리를 비추었다고 한다.〕 즉 우리 태평(太平)[735]의 신성한 땅은, 이곳의 성품이 유순(柔順)하고 〔동방은 오상(五常) 중의 인(仁)에 해당하므로 유순하다.〕 기운이 합하여 만물이 발생한다.[736]〔동방에서 처음 만물이 발생한다.〕[737]

---

735 동쪽으로 해가 뜨는 곳에 이르면 이곳을 태평(太平)이라고 한다. 태평 사람들은 어질다. 東至日所出爲太平 太平之人仁 –『이아(爾雅)』 석지(釋地). 태평은 우이(嵎夷)와 같이 신라 도읍지의 별호이다.

736 만물이 진(震)에서 나오니, 진(震)은 동방이다. 萬物出乎震 震東方也 –『주역』 설괘전, 제5장. 오상〔五常, 仁·義·禮·智·信〕의 방위를 나눌 때 동방(動方)에 배속된 것을 인(仁)이라고 한다. 五常分位 配動方者 曰仁 –「지증대사 비문」

737 矧乃玉毫光所燭照 金口偈所流傳 靡私於西土生靈 爰及於東方世界〔佛說法華時 放眉間瑞光 照東方萬八千里云〕則我太平勝地也 性玆柔順〔東方配五常則仁故柔順〕氣合發生〔東方始生萬物〕–「숭복사 비문(嵩福寺碑文)」. 괄호 안은 중관 해안(中觀海眼)대사의 주(注)이다. 해안대사는 서산대사의 뛰어난

승복사는 신라 도읍지의 남쪽 변두리에 있었던 사찰로 신라 원성왕의 명복을 빌기 위해 창건되었다. 이 문장에서 신라 도읍지가 얼마나 신성한 땅인가를 그대로 드러내고 있다.

『법화경』에서 말하였다.

그때 부처님은 미간의 백호상(白毫相)[738]으로 광명을 놓으시어 동방(東方)의 1만 8천의 세계를 비추시니, 두루 미치지 않은 데가 없어 아래로는 아비지옥(阿鼻地獄)[739]에 이르고, 위로는 아가니타천(阿迦尼吒天)[740]에까지 이르렀다. … 미륵보살은 이 뜻을 거듭 펴려고 문수사리(文殊師利)에게 게송(偈頌)으로 물었다.

"이 인연으로써 땅이 모두 엄정하며 이 세계가 여섯 가지로 진동하도다. 이때에 사부대중 서로 모두 환희하여 몸과 의식이 상쾌하니

제자로 「대화엄사 사적」을 편찬하고, 아울러 최치원의 문집 중에서 『사산비명(四山碑銘)』에 주(注)를 덧붙여 별책으로 간행하였다.

738 백호(白毫): 부처님 32상(相)의 하나로 부처님의 두 눈썹 사이에 난 흰 털이다. 오른쪽으로 말려 있으며, 백호에서 광명을 발한다고 한다.

739 철위산(鐵圍山)에 있는 여덟 곳의 대지옥(八大地獄) 중 가장 밑에 있는 지옥으로, 무간지옥(無間地獄)이라고도 한다.

740 색계(色界) 18천(天)의 맨 위에 있는 천국으로 한역하여 색구경천(色究竟天) 또는 유정천(有頂天)이라고 한다. 신라 성덕대왕신종의 명문(銘文)에, "신령한 그릇(종)이 화하여 이루어지니, 모양은 산악(山岳)이 서 있는 것 같고, 소리는 용(龍)의 울음 같다. 종소리가 위로는 유정천(有頂天) 꼭대기까지 들리고, 아래로는 잠기어 바닥이 없는 귀허(歸墟)의 아래까지 통하리라. 보는 자는 기이하다고 칭송하고, 듣는 자는 복을 받는다." 하였다. 神器化成 狀如岳立 聲若龍音 上徹於有頂之巓 潛通於無底之下 見之者稱奇 聞之者受福

일찍이 없었던 일이로다. 두 눈썹 사이의 옥호에서 놓은 광명이 동방을 비추어 1만 8천 국토마다 금빛처럼 찬란하니, 아래로는 아비지옥에서 위로는 유정천(有頂天)에 이르기까지 그 여러 세계 중에 여섯 갈래 중생의 나고 죽어 가는 곳과 선악의 업과 인연, 좋고 추하게 받는 과보를 받는 것을 여기에서 다 보도다."[741]

부처님이 성불하신 이래로 49년간의 교화를 마감하면서 마지막으로 영취산에서 헤아릴 수 없이 많은 사부대중과 천신이 운집한 가운데 『법화경』 설법을 시작하면서 삼매에 들어, 두 눈썹 사이의 흰 털인 백호(白毫)에서 빛을 발산하여 동방의 불국토를 비추어 마치 위성 중계하듯이 사부대중이 모두가 볼 수 있도록 하였던 장면을 묘사한 내용이다. 여기에 펼쳐지는 세계가 다 동방에 해당하고 불경에서 천국이 있는 수미산과 지옥이 있는 철위산이 다 동방에 있다는 말이다. 따라서 하나님이 산다는 동방의 에덴동산과 신라 도읍지의 도리천이 다르지 않은 것이다.

신라 국호를 부처님이 사는 궁성이라는 의미의 서라벌이라 하고 『산해경』에, 조선이 천축국이라는 근거가 바로 여기에 있다.

이것은 마치 서산대사가 득도하여 깨달은 바를 오도송(悟道頌)에서

---

741 爾時 佛放眉間白毫相 光照東方萬八千世界 靡不周遍 下至阿鼻地獄 上至阿迦尼咤天.於此世界 … 於是 彌勒菩薩 欲重宣此義 以偈問曰, 以是因緣 地皆嚴淨 而此世界 六種震動 時四部衆 咸皆歡喜 身意快然 得未曾有 眉間光明 照于東方萬八千土 皆如金色 從阿鼻獄 上至有頂 諸世界中 六道衆生 生死所趣 善惡業緣 受報好醜 於此悉見. -『묘법연화경』 서품(序品) 제1.

두 수의 게송으로 드러냈지만 일반인들은 심오한 뜻을 알기 어렵고, 말년에 입적을 앞두고 석가세존의 비문을 통하여 황룡사 터가 본래 단군의 도읍지 아사달이라는 사실을 구체적으로 밝혀 본색을 드러낸 것과 유사하다.

선덕여왕이 말한 낭산(狼山) 기슭의 도리천이 일반인들의 육안(肉眼)으로 보면 그저 평범한 산기슭으로 보일지 모르지만, 득도한 성인들의 혜안으로 보면 그곳이 실제로 불경에 나오는 도리천이고, 신라 궁궐이 있었던 동방(東方)이라는 구역도 실제로는 불가사의한 세계가 펼쳐진 신성구역이라는 말이다. 신라 도읍지의 낭산(狼山) 기슭에 도리천이 있다는 것은 함축적인 표현이고, 『법화경』에서는 좀 더 구체적으로 욕계·색계·무색계의 모든 천국이 있는 수미산과 팔대지옥이 있는 철위산, 그리고 우주를 다스리는 불보살이 운집하여 사는 곳이 바로 동방이라고 밝히고 있다. 그렇다면 대장경에 나오는 도리천을 비롯하여 모든 천국과 동방의 불국세계에 대한 모든 기록이 신라 도읍지에 해당한다는 말이다.

이와 같이 창세기에 '동방의 에덴'이라는 구절은 이스라엘 동쪽에 에덴동산이 있다는 뜻이 아니라, 동방은 해 돋는 우이(嵎夷)를 가리키는 지명이고, 불교의 도리천이 있는 곳과 같은 곳이다.

2. 4대강 발원지와 선악과

강이 에덴에서 발원하여 동산을 적시고 거기서부터 갈라져 네 근원이 되었으니 첫째의 이름은 비손이라 금이 있는 하윌라 온 땅에 둘렸으며 그 땅의 금은 정금이요 그곳에는 베델리엄과 호마노 도 있으며, 둘째 강의 이름은 기혼이라 구스 온 땅에 둘렸고, 셋째 강의 이름은 힛데겔이라 앗수르 동편으로 흐르며, 넷째 강은 유브라데더라.

에덴동산에서 흘러나오는 4대강 중의 하나가 중국의 황하라고 한다. 그렇다면 황하의 근원을 찾는 것이 곧 에덴동산을 찾는 일과 같은 것이다. 진시황이 삼신산의 신선과 불사약을 구하기 위해 방사(方士)를 보내 찾아 나섰고, 한(漢)나라 때에도 장건(張騫)이 무제(武帝의 명을 받고 대하(大夏)에 사신으로 나가서 황하(黃河)의 근원을 찾았는데, 이때 뗏목을 타고 은하수로 올라가서 견우(牽牛)와 직녀(織女)를 만나고 왔다고 한다.[742]

사마천은 『사기』에서 이렇게 말했다.

『우본기(禹本紀)』에 '황하는 곤륜산에서 발원한다. 곤륜산은 그 높이가 2천5백여 리이고 해와 달이 서로 피하여 (낮과 밤의) 광명이 된다. 그 위에 예천(醴泉)과 요지(瑤池)가 있다.'고 한다.
이제 장건(張騫)이 대하(大夏)에 사신으로 다녀온 후 황하의 원류를 궁구(窮究)하였지만 어찌 『우본기』의 이른바 곤륜산 따위는 본 사람이 있겠는가? 그러므로 구주(九州)의 산천에 대한 기재는 『상서(尙書)』에 있는 것이 진실에 가깝다. 『우본기』와 『산해경』에 기재되어 있는 괴물들에 대해서는 나는 감히 말하지 않겠다.[743]

742 『천중기(天中記)』 2권

황하의 발원지에 관해 주(注)에서 이르기를, 『상서』 우공(禹貢)에 적석산(積石山)에서 황하를 인도하였다고 했고, 『서역전(西域傳)』에 적석산 남쪽에서 나와 중국의 황하가 된다고 하였다.

적석산은 본래 황하의 발원지가 아니다. 즉 황하는 본래 곤륜산(崑崙山)에서 발원하여 지하로 잠행하여 흐르다 우전(于闐)에 이르고 다시 동쪽으로 흘러, 적석산에 이르러 비로소 지상에 흘러 나와 중국에 흘러든다고 하였다.[744]

또 『산해경』에서 다음과 같이 말하였다.

> 황하는 곤륜산의 동북쪽 모퉁이에서 나와 그 북쪽으로 흐르다가 서남으로 향하고, 또 발해(渤海)에 흘러들어갔다가 다시 발해 밖으로 나온다. 즉 서쪽으로 흐르고 다시 북쪽으로 향하고 우(禹)가 물길을 이끈 적석산(積石山)으로 흘러든다. 〔우가 치수사업을 할 때 다시 개척하여 황하가 지상으로 흘러나오도록 했다. 그러므로 황하를 적석산에서 이끌어 냈다고 하는 것이다.〕[745]

---

743 禹本紀言 河出崑崙 崑崙其高二千五百余里 日月所相避隱爲光明也 其上有醴泉瑤池 今自張騫使大夏之後也 窮河源 惡睹本紀所謂崑崙者乎 故言九州山川 尙書近之矣 至禹本紀 山海経所有怪物 余不敢言之也 – 『사기』 대완열전(大宛列傳).

744 尙書曰 導河積石 西域傳云 南出積石山 爲中國河 積石本非河之發源 則河源本崑崙而潛流至于闐 又東流至積石始入中國

745 『산해경』 제11 해내서경(海內西經). 河水出東北隅 以行其北 西南又入渤海 又出海外 卽西而北 入禹所導積石山 〔禹治水 復決疏出之 故云 導河積石〕 괄호 안은 곽박의 주석.

이와 같이 황하는 곤륜산에서 발원하여 지하로 잠행하여 우전(于闐)에 이르고, 다시 동쪽으로 흘러 적석(積石)에서 비로소 지상에 흘러나와 중국에 흘러든다. 그러나 사마천이 『우본기』를 인용하여 곤륜산의 실체를 소개하고 있으면서도 '나는 감히 말하지 않겠다.'라고 하면서 자세하게 밝히지 않은 것은 서역의 적석산에서 처음 지표면에 흘러나와 중국으로 유입되어 황하가 되는 것은 설명이 가능하겠지만, 그 이전 '곤륜산에서 발원하여 지하로 잠행하여 우전(于闐)에 이르고 다시 동쪽으로 흘러…' 라는 대목은 일반인들의 육안(肉眼)으로는 확인할 수 없는 부분이기 때문일 것이다.

1) 4대강 발원지 아뇩달지

불교의 대장경에서는 이미 오래 전에 지구를 적시는 4대강의 발원지에 관해 자세하게 거론되어 있고, 또한 현재의 어느 나라, 어느 지방인지까지도 밝히고 있다. 몇 가지 관련 자료를 보기로 한다.

부처님께서 비구들에게 말씀하셨다.
"설산(雪山)이라는 산이 있는데, 이 산의 가로와 세로는 각각 5백 유순(由旬)이고 깊이도 5백 유순이며, 동쪽과 서쪽은 바다로 들어가 있다. 설산 중간에는 보배 산이 있는데, 높이는 20유순이다. 설산의 봉우리는 그 높이가 100유순이며, 그 산꼭대기에는 가로와 세로가 각각 50유순인 아뇩달지(阿耨達池)가 있는데 가로와 세로가 각각 50유순이며, 그 물은 맑고 시원하고 더러움이란 찾아볼 수 없이 깨끗하다.…

아뇩달지 동쪽에는 항가하(恒伽河, 항하)가 있는데, 소의 입에서 흘러나와 5백의 물줄기를 합쳐서 동해로 들어간다. 아뇩달지 남쪽에는 신두하(新頭河)가 있는데, 사자 입에서 나와 5백 강물을 합쳐서 남해로 들어간다. 아뇩달지 서쪽에는 파차하(婆叉河)가 있는데, 말의 입에서 나와 5백 강물을 합쳐서 서해로 들어간다.

아뇩달지 북쪽에는 사타하(斯陀河)가 있는데, 코끼리 입에서 나와 5백 강물을 합쳐서 북해로 들어간다. 아뇩달지 궁중에는 다섯 개의 기둥으로 된 집이 있는데 아뇩달지 용왕은 항상 그 속에서 산다."

부처님께서 말씀하셨다.

"무엇 때문에 아뇩달이라 이름하며 아뇩달이란 무슨 뜻인가? 이 염부제(閻浮提)에 있는 용왕은 모두 세 가지 우환이 있지만 오직 아뇩달 용왕만은 세 가지 우환이 없다. 어떤 것이 세 가지인가?

첫째는 염부제에 있는 모든 용은 다 뜨거운 바람과 뜨거운 모래가 몸에 닿아 가죽과 살을 태우고, 또 골수를 태우므로 괴로워하고 번민한다. 그러나 오직 아뇩달 용왕만은 이런 근심이 없다.

둘째는 염부제에 있는 모든 용궁은 모진 바람이 사납게 일어나 그 궁 안으로 불어오면 보배로 장식된 옷이 벗겨져 용의 몸이 저절로 드러남으로써 괴로워하고 번민한다. 그러나 오직 아뇩달지 용왕만은 이런 근심이 없다.

셋째는 염부제에 있는 모든 용왕이 각각 궁중에서 서로 놀고 있을 때 큰 금시조(金翅鳥)가 궁중에 들어와 용왕들을 덮치기도 하고,

혹은 처음 태어날 때 방편으로 용을 잡아먹으려 하기 때문에 모든 용은 겁내고 두려워하여 항상 심한 괴로움(熱惱)을 겪는다. 그러나 오직 아뇩달 용왕만은 이런 근심이 없다.
만일 금시조가 거기에 머물려는 생각을 내면 곧 목숨이 끊어진다. 그러므로 아뇩달 〔아뇩달은 중국어로는 무열뇌(無熱惱)이다.〕이라 한다."[746]

『수경(水經)』에 '무열뇌산(無熱惱丘)이 곧 곤륜산이다.'라고 하였고, 또 『부남전(扶南傳)』에서 '아뇩달산(阿耨達山)은 곧 곤륜산이다.'라고 하였다. … 또 『십주기(十洲記)』에서 "곤륜능(崑崙陵)이 곧 곤산(崑山)이다. 북해의 해지(亥地)에 있고 해안에서 13만 리 높이이다."고 하였는데, 이것은 불경의 수미산(蘇迷山)을 요약하여

---

746 『장아함경(長阿含經)』 제18권 「세기경(世記經)」 염부제주품(閻浮提州品). 有山名雪山 縱廣五百由旬 深五百由旬 東西入海 雪山中間 有寶山高二十由旬 雪山埵出 高百由旬 其山頂上有阿耨達池 縱廣五十由旬 其水清冷 澄淨無穢…阿耨達池東有恒伽河 從牛口出 從五百河 入于東海 阿耨達池 南有新頭河 從師子口出 從五百河 入于南海 阿耨達池西有婆叉河 從馬口出 從五百河 入于西海 阿耨達池北有斯陁河 從象口中出 從五百河 入于北海 阿耨達宮中有五柱堂 阿耨達龍王恒於中止 佛言 何故名爲阿耨達 阿耨達其義云何 此閻浮提所有龍王盡有三患 唯阿耨達龍無有三患 云何爲三 一者擧閻浮提所有諸龍皆被熱風 熱沙著身 燒其皮肉 及燒骨髓 以爲苦惱 唯阿耨達龍無有此患 二者擧閻浮提所有龍宮 惡風暴起 吹其宮內 失寶飾衣 龍身自現 以爲苦惱 唯阿耨達龍王無如是患 三者擧閻浮提所有龍王各在宮中 相娛樂時 金翅大鳥入宮搏撮 或始生方便 欲取龍食 諸龍怖懼 常懷熱惱 唯阿耨達龍無如此患 若金翅鳥生念欲往 即便命終故 名阿耨達〔阿耨達秦言無惱熱〕

가리킨 것이다. 또 '동해 가운데 방장(方丈)이라는 이름의 산이 있는데, 또한 곤륜산(崑崙山)이라고도 한다.'고 하였다. … 그러므로 『이아(爾雅)』에 황하는 곤륜산에서 나온다고 하였고, 곽박의 도찬(圖贊)에, 곤륜산은 3층으로 천주(天柱)라고 부르며 실로 물의 영부(靈府)라고 하였다. 『서경』의 우공(禹貢)편에서 황하를 적석(積石)에서 인도(引導)하였다고 했는데, 다만 지하로 잠복하여 흐르는 출처에 의거해서 이름 했을 뿐이니, 만일 그 근본 원류를 검토한다면 진실로 유래가 있는 것이다.

그러므로 불경(佛經)에서 이 무열뇌지(無熱惱池) 동쪽에는 은(銀)으로 된 소의 입에서 긍가하(殑伽河)가 나오는데 곧 옛날에 말하던 항하(恒河)로서 오른편으로 못의 둘레를 돌아서 동남쪽의 바다로 흘러 들어가고, 남쪽에는 금 코끼리 입에서 신도하(信度河)가 나오는데 곧 옛날의 신두하(辛頭河)로서 오른편으로 못의 둘레를 돌아서 서남쪽의 바다로 흘러 들어간다. 서쪽에는 유리(瑠璃)로 된 말의 입에서 박추하(縛芻河)가 나오는데 곧 옛날의 박차하(博叉河)로서 위에서와 같이 못을 돌아 서북쪽의 바다로 흘러 들어간다. 북쪽에는 파지(頗胝)로 된 사자의 입에서 사다하(徙多河)가 나오는데 곧 옛날의 사다하(私陁河)로 위에서와 같이 못을 돌아 동북쪽의 바다로 흘러 들어간다.[747]

---

747 고려대장경 『석가방지(釋迦方志)』 상권, 제3 중변편(中邊篇). 水經云 無熱丘者 卽崑崙山 又扶南傳云 阿耨達山卽崑崙山… 又十洲記云 崑崙陵卽崑山也 在北海亥地 去岸十三萬里 此約指 佛經蘇迷山也 又東海中 山名方丈 亦名崑崙… 故爾雅云 河出崑崙墟 郭璞圖贊云 崑崙三層 號曰天柱 實惟河源水之靈

섬부주(剡浮洲)[748] 가운데 있는 연못을 아나파답다지(阿那婆答多池), 중국어로는 무열뇌지(無熱惱池)라고 하며 구역(舊譯)에서는 아뇩달지라고 하였는데, 향산(香山)의 남쪽, 설산(雪山)의 북쪽에 있으며 둘레는 8백 리이다. 금·은·유리·파지(頗胝)가 그 가장자리를 장식하고 있는데 금모래가 가득 찼고 맑은 물결은 거울과 같다. 제8지(地) 보살이[749] 원력을 세워 용왕으로 변신하여 그 연못 속에서

府 案禹貢云 導河自積石者 但據伏流所出處而名之 若討本源誠有由矣 故佛經云 此無熱池 東有銀牛口出殑伽河 卽古所謂恒河也 右繞池帀流入東南海 南有金象口出信度河 卽古辛頭河也 右繞池帀流入西南海 西有瑠璃馬口出縛芻河 卽古博叉河也 如上繞池入西北海 北有頗胝師子口出徙多河 卽古私陁河也 如上繞池入東北海

748 섬부주(剡浮洲)〔이 주(洲)를 혹은 염부(閻浮)라고 하고 섬부(剡浮)·섬부(贍部)라고도 하는데 모두가 음(音)을 취한 것이므로 같지 아니하다.〕라 함은 바로 나무의 이름(樹名)이다. 수미산왕(須彌山王)은 대해(大海)의 한가운데이며 그 사방에 4주(洲)가 있고 이 주가 곧 1천하(天下)이다. 이 나무는 남쪽 주(南洲)의 북쪽에 나 있고 가지는 큰 바다에 뻗쳐 있으며 바다 밑에는 금(金)이 있는데 그 금을 염부(閻浮)라 하고 광명이 물 위에 떠 있다. 때문에 이 주(洲)의 이름은 그 금 때문에 붙여진 것이다.

당(唐)나라의 번역에 의하면 염부는 으뜸가는 금(上勝金)이요, 제(提)는 바로 주라는 말이어서 이것은 곧 상승주(上勝洲)라는 의미이다. 대하(大夏)의 천축은 그 중심에 있다.

剡浮洲者〈此洲 或名閻浮 剡浮 贍部 皆取音不同〉是樹名也 須彌山王大海正中 四方四洲 洲卽一天下也. 此樹生於南洲之北 枝臨大海 海底有金 金名閻浮, 光浮水上 故此洲名從金受稱. 若據唐譯,閻浮者上勝金也,提者洲也. 此上勝洲 大夏天竺居其心矣. －『석가씨보(釋迦氏譜)』

749 보살의 제8地는 부동지(不動地)이다.

숨어 지내면서 그 속의 은신처로부터 청량한 물을 내뿜어 섬부주에 공급한다. … 연못의 북쪽에는 파지(頗胝)로 된 사자의 입에서 사다하(徙多河)가 나오는데 못을 돌아 동북쪽의 바다로 흘러 들어간다. 혹은 땅 속으로 잠겨 흐르다가 적석산(積石山)으로 뿜어져 나온 것이 곧 사다하의 물줄기가 되니 이것이 중국 황하의 원천이라고 한다.[750]

당나라 때의 고승 도선(道宣, 596~667)이 편찬한 『석가방지(釋迦方志)』에는 곤륜산에 관해 깊이 있게 거론하고 있다. 불경에 나오는 아뇩달산(阿耨達山)이 바로 곤륜산이고, 또 수미산은 이 산을 요약하여 가리킨 것이라고 하였다.

또한 삼신산의 하나인 방장산(方丈山)이 바로 곤륜산이라고 하였다. 그렇다면 삼신산의 하나인 방장산, 즉 지금의 지리산이 혜안(慧眼)으로 보면 바로 불교의 수미산이요, 곤륜산이며 여기에 에덴동산에 있다는 4대강의 발원지인 아뇩달지가 있다는 결론이 된다.

『삼국유사』에 신라 도읍지에 도리천이 있다고 하였다.

천상에 있는 수미산 정상에 도리천이 있고 수미산에서 흘러내린 산자락에 설산·향산·흑산 등이 있다고 한다. 설산(雪山)에 아뇩달지가 있어 설산을 아뇩달산이라고도 한다. 설산의 아뇩달지에서 황하만 흘러나오는 것이 아니라 지구를 적시는 4대강의 발원지가 된다는 것이다.

최치원이 지은 『법장화상 전기』에서 말하였다.

---

750 현장(玄奘)법사의 『대당서역기(大唐西域記)』

처음에 법장(法藏)과 해동의 의상법사가 동문수학하였는데, 그 후에 법장이 지엄의 가르침을 이어 받아 현의(玄義)의 과목을 연술(演述)하여 의상에게 보내면서 서신을 보냈는데, …
또한 해동 화엄의 각모(覺母)는 의상이 시조이다. 그러나 처음에는 동쪽 집의 구(東家丘)[751]와 같을 뿐이었는데, 법장의 서신이 멀리서 전해지자 미혹한 무리들이 두루 환히 알게 되었으니 이것은 실로 촉룡(燭龍)의 눈이 열려 문득 광명을 놓았고,[752] 불길 속에 사는

---

751 공자가 성인인 줄을 모르는 노(魯)나라 사람이 '우리 동쪽 집에 사는 구(丘)라는 사람(我東家丘)'이라고 마구 불렀다는 고사에서 나온 것이다. –『안씨가훈(顔氏家訓) 모현(慕賢)』

752 적수(赤水)의 북쪽에 장미산(章尾山)이 있는데, 신(神)이 있어 사람얼굴에 뱀의 몸뚱이로 붉고 몸길이가 천리나 되며, 눈은 세로로 찢어지고 정승(正乘)이다. 그 눈을 감으면 천지가 어두워지고 눈을 뜨면 천지가 밝아진다. 먹지 않고 자지 않고 숨 쉬지 않으며 풍백(風伯)과 우사(雨師)가 알현한다. 이것이 구음(九陰)의 깊숙한 곳까지 밝히는데, 이를 촉룡(燭龍)이라고 한다. 赤水之北 有章尾山 有神人面蛇身而赤〔身長千里者也〕直目正乘其瞑乃晦 其視乃明 不食不寢不息 風雨是謁 是燭九陰 是爲燭龍 –『山海經』17권 大荒北經.
종산(鍾山) 신(神)의 이름은 촉음(燭陰)이라고 한다.〔촉룡(燭龍)이다. 이 신은 구음(九陰)까지 비추므로 붙여진 이름이다.〕눈을 뜨면 낮이 되고 눈을 감으면 밤이 되며 숨을 삼키면 겨울이 되고 숨을 내쉬면 여름이 된다. 마시지 않고 먹지 않으며 숨을 쉬지 않는데 숨을 내쉬면 바람이 된다. 몸 길이는 천리나 되며 무계(無啓)의 동쪽에 있다. 그 신물(神物)은 사람얼굴에 뱀의 몸이며 붉은 색으로 종산(鍾山) 아래에 산다.〔회남자(淮南子)에, 용의 몸에 다리가 하나라고 한다.〕 鍾山之神 名曰燭陰〔燭龍也 是燭九陰因名云〕視爲晝 瞑爲夜 吹爲冬 呼爲夏 不飮不食不息 息爲風 身長千里 在無啓之東 其爲物 人面蛇身 赤色 居鍾山下〔淮南子曰 龍身一足〕 –『山海經』8권, 海外北經

> 쥐의 털을 짜는데 더욱 기특함을 나타내어 교화는 온 나라에 미쳤고 화엄학(華嚴學)은 10산(山)에 두루 하였으니 잡화(雜花, 화엄경)가 반도산(蟠桃山, 곤륜산)에서 무성하게 빛나게 된 것도 역시 법장의 힘이었다. 해가 뜨고 달이 달리는 것이 모두 동방에 있으니, 돈교(頓敎)와 점교(漸敎)가 모두 원만하고 글과 뜻이 쌍으로 아름다웠다.[753]

최치원은 사마천이 『산해경』에 기재되어 있는 황하의 발원지 곤륜산과 괴물들에 대해서는 '나는 감히 말하지 않겠다.'라는 말에 비웃기라도 하듯이 곤륜산의 괴물들을 거론하며 반도(蟠桃)가 있는 곤륜산이 해동에 있음을 분명하게 밝히고 있다. 이것은 송나라 조정의 우신관(佑神館)에 모셔진 여신에 관해 한림학사인 왕보(王黼)가 고려 사신 일행에게 신라도읍지의 선도산(仙桃山)이 서왕모(선도성모)가 사는 곤륜산이라고 밝힌 사실에서도 확인된다.

신라 의상대사가 당나라에 유학하여 중국 화엄종의 조사(祖師)인 지엄(智儼)의 문하에서 법장(法藏)과 동문이 되어 화엄경을 공부하고 귀국하여 지리산 화엄사에 주석하며 전국 십여 곳의 사찰에 화엄대학을 설립하고 화엄경을 전파하였다. 이때 법장이 정리한 화엄경 관련 저술을 교재로 사용하였기 때문에 '화엄종이 반도(蟠桃, 선도산)에서

---

753 『법장화상전(法藏和尙傳)』 한국불교전서 3권. 初藏與海東義想法師同學 其後藏印 師說演述義科寄示於想 仍寓書曰… 且海表覺母 想爲始祖 然初至止若東家丘 及法信遐傳得 羣迷徧曉 斯實闔燭龍之眼頓放光明 織火鼠之毛益彰寄特 誘令一國學徧十山 雜華盛耀蟠桃 蓋亦藏之力爾 日出月走俱在於東 頓漸兩圓文義雙美

무성하게 빛나게 된 것도 역시 법장의 힘이었다.'고 한 것이다.

이 무렵 의상 대사는 문무왕의 명을 받아 지금 화엄사 각황전 자리에 장육전(丈六殿)을 건립하고 법당의 사방 석벽에 화엄경을 새겼다. 지리산 화엄사는 절 이름이 말해주듯이 해동 화엄종의 근본 도량이다.

2) 화염검(火焰劍)

『산해경』에 이런 말이 있다.

> 곤륜산에 신(神)이 있는데 인간 얼굴에 범의 몸이며 무늬가 있고 꼬리가 있으며 흰 반점이 있다. 그 아래에 약수(弱水)의 깊은 물길이 돌아 흐른다. 〔그 물은 기러기 털도 잠겨버린다.〕 약수의 밖에 염화산(炎火山)이 있는데 물건을 던져 넣으면 모두 타버린다. 〔그 산은 비록 장마철에도 항상 불이 타고 있다. 불길 속에 흰 쥐가 살고 있어 이따금 산 주변에 나와 먹이를 구한다. 사람들이 그것을 포획하여 그 쥐의 털로 베를 짜는데 지금의 화한포(火澣布)가 이것이다.〕 신인(神人)이 있어 머리에 비녀를 꽂고 범 이빨에 표범 꼬리를 하고 굴에 사는데 이름을 서왕모(西王母)라 한다.[754]

---

754 『산해경』 제16 대황서경(大荒西經). 昆侖之丘 有神 人面虎身 有文有尾 皆白處之 其下有弱水之淵環之(其水不勝鴻毛) 其外有炎火之山 投物輒然(其山雖霖雨火常然 火中有白鼠 時出山邊求食 人捕得之 以毛作布 今之火澣布是也) 有人戴勝 虎齒有豹尾穴處 名曰西王母. 괄호 안은 곽박의 주석.

서왕모가 사는 곤륜산 주위에 기러기 털조차도 가라앉아 버린다는 약수(弱水)라는 강줄기가 돌아 흐르고, 비록 장마철에도 항상 불길이 타오르는 염화산(炎火山)이 있어 선인들이 사는 곤륜산에 아무나 왕래할 수 없도록 물길과 불길로 차단되어 있다는 말이다.

아담과 하와가 뱀의 유혹에 빠져 몰래 선악과를 따 먹은 죄로 에덴의 동편으로 추방하고 다시 들어오지 못하도록 '두루 도는 화염검(火焰劍)을 두어 생명나무의 길을 지키게 하시니라.' 라는 구절은 바로 언제나 불길이 치성한 염화산을 두고 하는 말이다. 염화산의 불길 속에 흰 쥐가 사는데, 이 쥐의 털로 짠 베를 화한포(火澣布)라고 하고, 때가 끼면 물에 빨지 않고 불속에 넣으면 다시 깨끗해진다고 한다.

아담과 이브가 에덴에서 추방된 후로 지상낙원 에덴동산은 인간세상과 영원히 격리된 것으로 생각하지만 석가모니 생존 시에 부처님과 그 제자로 도를 얻은 아라한들은 천궁과 아뇩달지를 자유롭게 왕래하며 법을 설하기도 하였다.

3) 선악과 반도(蟠桃)

지리산 산신을 불교계에서는 석가모니의 어머니 마야부인이라고 하고, 신라에서는 시조 박혁거세의 어머니 선도성모(仙桃聖母)라고 한다. 『서유기(西遊記)』에 의하면 곤륜산에는 반도원(蟠桃園)이라는 과수원에 모두 3천6백 주의 복숭아나무가 있는데 이것은 모두 서왕모가 직접 심어 가꾼 것이라고 한다.

그 중에 천이백 그루는 천년 만에 한 번씩 익는데 그것을 사람이 먹으면 몸이 튼튼하고 가볍게 된다. 그리고 중간에 천이백 주는 6천 년 만에 한 번씩 익는데 사람이 이것을 먹으면 안개를 타고 날아다니며 불로장생한다. 나머지 천이백 주는 9천 년 만에 한 번씩 익는데 그것을 사람이 먹으면 천지일월(天地日月)과 수명을 같이 하게 된다.

서왕모는 매년 자신의 생일인 3월 3일에 잘 익은 복숭아와 천상의 진기한 음식을 마련하고 석가여래를 비롯하여 관음보살 태상노군 등 천상의 존귀한 신들을 초대하여 곤륜산에 있는 요지(瑤池)의 못가에서 성대한 잔치를 여는데, 이것을 반도대회(蟠桃大會)라고 한다.

『심청전』을 보면 심청은 본래 곤륜산 서왕모의 딸로, 어느 날 반도대회에 반도를 진상하러 가는 길에 옥진비자를 잠깐 만나 이야기하다 때를 놓쳐 상제께 득죄하여 인간 세상에 떨어지는데 석가의 지시로 심 봉사의 딸로 태어나게 되었다고 하였다. 이 복숭아를 천도(天桃), 선도(仙桃), 반도(蟠桃), 삭도(索桃)라고도 하는데, 옛날 주 목왕(穆王)이나 한 무제(武帝)는 서왕모를 만나 이 복숭아를 얻어먹었다고 한다. 『한무내전』에는 서왕모가 한 무제의 궁전에 내려온 사실을 이렇게 적고 있다.

> 서왕모는 궁전에 올라 동쪽을 향하여 앉았는데 황색 비단의 긴 적삼을 입고 있었다. 적삼에 새겨진 무늬는 선명하고, 빛나는 자태는 아름답고 위엄이 있으며 영비의 큰 끈을 가지고, 허리에는 분두 검을 차고, 머리에는 태화(太華) 상투를 틀었고, 태진신영(太眞晨嬰)의 관을 썼으며, 검은 옥으로 장식되고 봉황 무늬가 그려진 신을 신고 있었다. 보아하니 나이는 30세쯤 되었고 키가 적당하였

으며, 타고난 자태가 온화하고 얼굴이 빼어나게 아름다워 정말 신령스런 사람이었다.…
또 시녀에게 다시 명하여 삭도(索桃) 과일을 가져오라고 하자 잠시 후에 선도(仙桃) 7개를 옥쟁반에 담아 왕모에게 드리는데, 크기는 오리 알만 하고 모양은 둥글고 푸른빛이었다.
서왕모는 4개를 무제에게 주고 3개는 자신이 먹었다. 복숭아는 맛이 감미로워 입에 그 맛이 가득하였다. 무제가 먹고 나서 문득 그 씨를 수거하였다. 왕모가 묻자 무제가 말하였다. "심으려고 합니다." 왕모가 말하였다. "이 복숭아는 3천 년에 한 번 열매를 맺는데 중국 땅은 척박하여 심어도 자라지 않습니다."
무제가 이에 그만 두었다.[755]

서왕모와 선도(仙桃)에 대해 잘 묘사되어 있다. 앞서 살펴본 바와 같이 수미산, 곤륜산, 방장산이 실제로는 같은 산이듯이 마야부인과 선도성모, 그리고 곤륜산 서왕모가 실제로는 같은 여신이며, 에덴동산의 선악과 역시 이 선도(仙桃)를 말하는 것이다.

---

755 王母上殿 東向坐 著黃錦袷襡 文采鮮明 光儀淑穆 帶靈飛大綬 腰分頭之劍 頭上太華結 戴太眞晨嬰之冠 履元璚鳳文之舄 視之可年三十許 修短得中 天姿掩藹 容顏絶世 眞靈人也…又命侍女更索桃果 須臾 以玉盤盛仙桃七顆 大如鴨卵 形圓青色 以呈王母 母以四顆與帝 三顆自食 桃味甘味 口有盈味 帝食輒收其核 王母問帝 帝曰 欲種之 母曰 此桃三千年一生實 中夏地薄 種之不生 帝乃止

3. 신라의 건국

성경을 연구하는 대부분의 학자들은 태초에 아담과 이브가 하나님이 사는 천국이고 4대강의 발원지인 아뇩달지가 있는 지상낙원 에덴동산에서 평화롭게 살고 있었는데, 뱀의 유혹에 빠져 하나님이 먹지 말라는 선악과를 몰래 따먹는 바람에 그 죄로 에덴에서 추방되는 사태가 빚어지고, 이것이 원죄(原罪)가 되어 인간의 고통이 시작되었다고 말한다. 그런데 이렇게 악역을 맡은 그 뱀은 여전히 지금까지도 에덴동산에 길게 서리어 있고, 더욱이 신라 건국에 한 몫을 하며 신라 역사에 뚜렷이 족적을 남기고 있다면 매우 흥미로운 사실이 될 것이다. 에덴동산에 도읍을 정하고 개국한 신라 건국신화에 보면 여러 가지 동물이 등장하고 있다. 지리산 산신을 박혁거세의 어머니 선도성모(仙桃聖母)라고 하며, 불교에서는 석가의 어머니 마야부인이라고 한다.

『화엄경』에 마야부인은 모든 부처를 낳는 불모(佛母)일 뿐만이 아니라 보현(寶賢)의 행원(行願)을 닦아 일체 중생을 교화하려는 이들에게도 그들의 어머니가 된다고 하였다. 따라서 박혁거세 탄생은 후자에 해당하고, 『화엄경』에 의거하여 사실로 인증된다.

이제 신라의 개국과 관련된 문헌을 보기로 하자.

> 시조의 성은 박(朴)씨 이름은 혁거세이다. 전한 효선제 오봉(五鳳) 원년(B.C 57) 갑자 4월에 왕위에 오르니 왕호는 거서간(居西干)이다. 그때 나이는 13세였으며 나라 이름을 서나벌(徐那伐)이라 했다. 이보다 앞서 고조선(朝鮮)의 유민들이 여러 산골짜기에 흩어져

살면서 여섯 마을을 이루고 있었다. 첫째는 알천 양산촌, 둘째는 돌산 고허촌, 셋째는 취산 진지촌, 넷째는 무산 대수촌, 다섯째는 금산 가리촌, 여섯째는 명활산 고야촌이라 했다.

이들이 후에 진한(辰韓)의 6부(部)가 된다.

고허촌장 소벌공(蘇伐公)이 양산(楊山)[756] 기슭 나정(蘿井) 옆에 있는 숲 사이에 말이 무릎을 꿇고 울고 있음을 바라보고 가보니 문득 말은 볼 수 없고 다만 커다란 알 하나만 있었다.

그것을 깨어보니 갓난아기가 나왔다. 데려다 길렀는데 나이 10여 세가 되자 기골이 준수하고 숙성하였다.

6부 사람들은 그 출생이 신기하고 이상했으므로 그를 높이 받들고 존경했는데, 이때에 이르러 세워서 임금으로 삼았다. 진한 사람들은 표주박을 박(朴)이라 했는데, 처음에 큰 알이 표주박과 같았으므로 박으로 성을 삼았다.

-『삼국사기』 신라본기

전한 지절(地節) 원년 임자(壬子, B.C 69)년 3월 초하루에 6부의 조상들이 각각 자제들을 거느리고 모두 알천 언덕에 모여 의논하되

---

756 양산(楊山)은 버드나무 산이라는 뜻이다. 현재 화엄사 대웅전 주련에 다음과 같은 게송(偈頌)이 걸려 있다. "4, 5백 그루의 버드나무 휘늘어진 거리에 겹겹의 누각이 펼쳐진 연화장세계로다. 2, 3천 곳의 관현악을 연주하는 누대의 자줏빛 비단휘장 안에 진주를 뿌리도다." 四五百株垂柳巷 樓閣重重華藏界 二三千處管鉉樓 紫羅帳裏撒眞珠. 이 게송은 『선문염송(禪門拈頌)』에서 인용한 것으로 옛 조사(祖師)가 혜안(慧眼)으로 본 연화장세계인 화엄사 일대의 풍광을 묘사한 것이다.

"우리들이 위에 백성을 다스릴 임금이 없으므로 백성들이 모두 방일하여 제 나름대로 따라가니 덕 있는 사람을 찾아서 임금을 삼아 나라를 세우고 도읍을 만들어야 하지 않겠는가?" 하고 높은 곳에 올라 양산(楊山) 아래 나정(蘿井) 옆에서 번개 같은 이상한 기운이 땅 위에 드리우고 한 백마(白馬)가 엎드려 절하는 형상이 있는지라, 찾아가 보니 자줏빛 알 하나가 있었다.
백마는 사람을 보더니 길게 울더니 하늘로 올라갔다.
그 알을 깨어 사내아이를 얻으니 모양이 단정하고 아름다웠다. 동쪽 샘에서 목욕을 시키니 몸에서 광채가 나고 새와 짐승들이 춤을 추고 천지가 진동하며 해와 달이 청명하므로 이름을 혁거세왕(赫居世王)이라고 하였다.〔해설하는 자는 말하기를, 이는 서술성모(西述聖母)가 낳은 것이다. 그러므로 중국 사람이 선도성모(仙桃聖母)를 찬양하여, '성현을 잉태하여 나라를 세운다(娠賢肇邦)'는 구절이 있으니 바로 이것이라고 한다. 또 계룡(雞龍)이 상서를 나타내어 알영(閼英)을 낳았다는 것도 어찌 서술성모가 상서를 나타낸 것이 아니겠는가.〕
위호(位號)를 거슬한(居瑟邯)이라 하였다.
사람들이 서로 치하하되 '이제는 천자(天子)가 이미 강림하였으니 마땅히 덕 있는 여군(女君)을 찾아 배필로 정하자.' 하더니 이날 사량리 알영정(閼英井) 주변에 계룡(鷄龍)이 나타나 있어 왼쪽 옆구리로 여자 아이를 낳았는데, 자태와 용모가 수려하였으나 입술이 닭의 부리 같았다. 월성(月城)의 북쪽 시내로 데려다 목욕을 시키니 그 부리가 빠져 떨어졌다. 이로 인하여 그 시내의 이름을 발천(撥川)

이라고 했다.

궁실을 남산(南山)의 서쪽 기슭에 짓고 두 성스런 아기를 봉양하였다. 남자는 알에서 나왔고 그 알은 박만 하였다. 방언에 박을 박(朴)이라 하여 곧 박(朴)으로 성을 삼았다. 여자는 태어난 우물 이름으로 이름을 삼았다.

두 성인의 나이 13세가 된 오봉원년(五鳳元年, B.C 57) 갑자에 남자는 왕이 되고 여자는 왕후가 되었다. 나라 이름을 서라벌(徐羅伐) 또는 서벌(徐伐), 〔지금 풍속에 京자의 음훈(音訓)을 서울이라고 하는 것은 이 때문이다.〕 혹은 사라(斯羅) 또는 사로(斯盧)라고 하였다. 처음에 왕후가 계정(鷄井)에서 탄생하였으므로 혹은 계림국(鷄林國)이라고도 하는데 그때 계룡(鷄龍)이 상서를 나타냈기 때문이다. 일설에는 탈해왕 때에 김알지를 얻었는데 닭이 숲속에서 울었으므로 이에 나라 이름을 고쳐 계림(鷄林)이라고 했다가 뒤에 신라(新羅)로 정하여 불렀다.

나라를 다스린 지 61년에 왕은 하늘로 올라갔다가 7일 뒤에 유체(遺體)가 땅으로 떨어졌다. 왕후도 따라 죽으므로 나라 사람들이 합장하려 했으나 큰 뱀이 있어 방해하므로 각각 장사지냈다. 오체(五體)를 오릉(五陵)이라 하는데 또는 사릉(蛇陵)이라고 한다.[757]

---

757 前漢地節元年 壬子三月朔 六部祖各率子弟 俱會於閼川岸上議曰 我輩上無君主臨理蒸民 民皆放逸自從所欲 盍覓有德人爲之君主立邦設都乎 於時乘高南望 楊山下蘿井傍異氣如電光垂地 有一白馬跪拜之狀 尋撿之有一紫卵 馬見人長嘶上天 剖其卵得童男形儀端美 驚異之俗於東泉 身生光彩鳥獸率舞 天地振動日月淸明 因名赫居世王〔說者云 是西述聖母之所誕也 故中華人讚仙桃聖母 有娠賢肇邦之語是也 乃至雞龍現瑞產閼英 又焉知非西述聖母之听現

-『삼국유사』1권, 신라시조 혁거세왕

김부식은『삼국사기』신라본기를 마감하면서 다음과 같이 말하였다.

> 신라의 박씨, 석씨는 다 알에서 태어났고, 김씨는 금궤(金櫃)에 들어가 하늘에서 내려왔다거나 혹은 금수레(金車)를 탔다고도 한다. 이는 더욱 괴이해서 믿을 수 없으나, 그러나 세속(世俗)에서는 서로 전하며 이것이 실제 있었던 사실이라고 한다.

앞서 여러 문헌을 통해 살펴보았듯이 신라는 신선이 산다는 삼신산의 하나인 방장산(方丈山), 즉 지금의 지리산에 도읍을 정하고 건국하였다. 지리산은 그 규모가 방대하여 산의 둘레가 8백여 리에 달하며 3도 5군에 걸쳐 있으나, 신라 도읍지의 구체적인 위치는 문헌 자료를 종합해 볼 때 지리산 화엄사를 중심으로 전남 구례군 일대가 여기에

耶 位號曰居瑟邯 時人爭賀曰 今天子已降 宜覓有德女君配之 是日沙梁里閼英井 井邉有雞龍現 而左脇誕生童女 姿容殊麗. 然而唇似雞觜將浴於月城北川其觜撥落 因名其川曰撥川 營宮室於南山西麓 奉養二聖兒 男以卵生卵如瓠 鄕人以瓠爲朴 故因姓朴 女以所出井名名之 二聖年至十三歲 以五鳳元年甲子男立爲王 仍以女爲后 國號徐羅伐又徐伐〔今俗訓 京字云徐伐 以此故也〕或云斯羅 又斯盧 初王生於雞井故 或云雞林國 以其雞龍現瑞也 一說 脫解王時得金閼智 而雞鳴於林中 乃改國號爲雞林 後世遂定新羅之號 理國六十一年王升于天 七日後遺體散落于地 后亦云亡 國人欲合而葬之有大蛇逐禁 各葬五體爲五陵 亦名蛇陵.

해당된다. 또한 신라는 단군과 기자조선을 계승하여 고조선 도읍지 아사달에 다시 도읍을 정하였으며, 박혁거세를 시조로 추대하고 신라를 건국한 6부촌 사람들 역시 고조선의 유민들이라고 하였다.

신라 건국신화에 보면 특이하게도 여러 동물이 등장하고 있다.

가령 박혁거세가 처음 태어난 곳에 흰 말(白馬)이 울고 있었고, 알영왕후가 태어날 때에는 닭과 용(鷄龍)이 나타났으며, 혁거세가 세상을 떠나고 알영부인도 세상을 떠나자 나라 사람들이 합장(合葬)하려 할 때에는 큰 뱀(大蛇)이 나타나 방해하였다.

또 제실의 공주인 시조의 어머니 사소(娑蘇)에게 황제가 친서를 발에 묶어 보낸 솔개(鳶), 그리고 김알지가 강림했던 계림(鷄林)에서는 흰 닭(白鷄)이 울어 성인이 출현하였음을 세상에 알렸다.

삼신산을 머리에 이고 있다는 금오산(金鼇山)이 실제로 산 전체가 거대한 한 마리 자라 모양을 하고 있듯이, 지금 구례군의 지리산 화엄사를 중심으로 지리산 일대에는 마치 하늘이 빚어놓은 조각 공원처럼 여러 가지 동물 형상을 하고 있는 여러 산이 화엄사를 향해 에워싸고 있다.

이를테면 마산(馬山, 말)·오산(鼇山, 자라)·봉성산(鳳城山, 봉황)·오봉산(五鳳山, 다섯 봉황)·용산(龍山, 용)·계족산(雞足山, 닭발)·매봉(鷹峰, 매)·계림(雞林, 닭)·솔개봉(鳶峰, 솔개)·토고미(兎顧尾, 토끼) 등이 있는데 각각 그 이름에 걸맞은 형상을 하고 있다.

이렇듯 산신이 여신(女神)인 지리산 역시 여자의 몸 형상을 하고 있으므로 신라의 선도산(仙桃山)은 지리산을 가리키는 것이며, 애초에 이 산의 성모가 제실의 공주로 현신하여 시조를 낳아 신라를 건국하고 다시 산신이 된 것이다. 마야부인은 석가를 낳은 지 7일 만에 세상을 떠나 본래의 처소인 도리천에 왕생하였고, 곤륜산 서왕모의 딸인 심청도 곽씨부인이 심청을 낳은 지 7일 만에 세상을 떠났다고 하였다. 이와 같이 마야부인이 구세주를 낳고서는 인간 세상에 오래 머물지 않는다.

지리산에는 여성의 생식기가 활짝 벌어진 형상의 여근곡(女根谷)·유방·엉덩이(반야봉), 그리고 생명의 탄생지인 음부(陰部) 등이 선명하게 모양을 갖추고 있다. 이른바 창세기에서 에덴동산에 '하나님이 흙으로 사람을 지으시고' 라고 하였고, 또 '하나님이 흙으로 각종 들짐승과 공중의 각종 새를 지으시고' 라는 구절은 바로 이것을 말하는 것이다. 그 중에 아담과 하와에게 선악과를 몰래 따먹게 했다는 에덴동산의 뱀 역시 시조를 장사지내려 할 때 나타났던 큰 뱀과 동일한 것이다.

이와 같이 신라 건국신화에 등장하는 백마(馬山)·흰 닭(鷄林)·큰 뱀(龍山)·솔개(鳶峰) 등은 모두 금오산(金鼇山)과 같이 각각 그 산 이름에 걸 맞는 형상을 하고 현재 구례군 일대에 분포되어 있다.

1) 새 시대의 도읍지 계룡산의 위치

예언서인 『격암유록(格庵遺錄)』에 조선왕조가 멸망한 후 계룡산(鷄龍山)에 새 시대의 도읍지가 있다는 설이 있다. 계룡(雞龍)에 관해 '닭이 울고 용이 절규하는 곳(鷄鳴龍叫)'이라고 하였으니, 신라 건국신화에 등장하는 계룡(鷄龍)과 같은 것으로 계룡이란 합성된 하나의 동물이 아니라 계림(鷄林)의 흰 닭과 용산(龍山)의 용이 동시에 나타난 것이다.

이날 사량리(沙梁里) 알영정(閼英井) 주변에 계룡(雞龍)이 나타나 있어 왼쪽 옆구리에서 동녀(童女)가 탄생하니 자태와 용모가 수려하였다. … 처음 왕후가 계정(鷄井)에서 탄생하였으므로 혹은 계림국(鷄林國)이라고도 하는데, 그때 계룡(鷄龍)이 상서를 나타냈기 때문이다. –『삼국유사』 신라시조 혁거세왕

박혁거세의 왕비가 된 알영왕후의 출생에 관한 기록이다. 『격암유록』에서 말하는 새 시대의 도읍지인 계룡산은 계림(鷄林)과 용산(龍山)이 있는 신라 도읍지를 가리키는 것이고, 대전(大田)이라는 지명 역시 신라 도읍지에 있는 여근곡(女根谷)을 가리킨다.

『격암유록』에, 새 시대 도읍지의 위치에 관해 다음과 같이 밝히고 있다.

정씨(鄭氏)의 나라 도읍지는 어디인가?
닭이 울고 용이 절규하는 곳이 새로운 도읍지라네.
이씨조선 이후 정씨 도읍지는 맑은 물이 흐르는
산 아래에 천년의 도읍지 있거늘
물욕이 가려 혼미하여 군자를 방문하여 도리를 묻지 않고
우물 안 개구리 같은 지식으로
하늘계룡(天鷄龍)을 깨닫지 못하고 지명인 계룡산만 찾는구나.[758]
–『격암유록(格庵遺錄)』 제56장 도부신인(桃符神人)

---

758 鄭氏國都何處地 鷄鳴龍叫新都處 李末之後鄭都地 清水山下千年都 物欲交蔽 訪道君子 井中之蛙智識 天鷄龍不覺 地鷄龍

이 장(章)의 제목에 도부 신인이란, 설날 세시풍속인 도부(桃符)의 주인공인 신도(神荼)와 울루(鬱壘) 두 신인(神人)을 가리키는 것으로 이들이 아침 해가 떠오를 무렵에 매일 귀신들을 검열하는 반도산(蟠桃山, 선도산)이 다시 새 시대의 도읍지가 되기 때문에 실제 계룡산의 위치를 분명하게 밝히기 위해 도부 신인이라고 한 것이다.

이씨조선이 멸망한 이후 새 시대의 도읍지는 '닭이 울고 용이 절규하는 곳'이라고 하여 이곳을 계룡산(鷄龍山)이라고 한다.

여기에 닭이 우는 곳이란 신라 김알지가 처음 출현한 곳에서 흰 닭이 울어 인간 세상을 구제할 성인이 출현하였음을 알렸던 곳으로 신라 도읍지에 있는 계림(鷄林)을 가리킨다. 그리고 용이 절규하는 곳이란 계림의 서쪽에 몸체가 20여 리에 걸쳐 길게 서리어 거대한 용 형상을 하고 있는 용산(龍山)을 가리키는 것으로, 현재 지리산의 서쪽 끝자락에 있다.

현재 정부에서는 『정감록(鄭鑑錄)』에 의거하여 충남 계룡산 일대를 새로운 도읍지로 설정하고 정부청사를 이 지역으로 옮기는 작업이 진행되고 있으나, 계룡산이나 대전은 신라 도읍지를 가리키는 지명일 뿐, 그곳이 예언서에서 말하는 새 시대의 도읍지는 아니다. 이성계가 조선을 건국할 때에도 그 지역을 도읍지로 삼으려고 공사가 일부 진행되었으나 다시 논의하여 현재의 한양에 도읍을 정한 것이다.

계룡산의 지명 변천사에 관해 조선 초기의 사관인 서거정(徐居正)은 「계룡산 가섭암 중신기(鷄龍山迦葉菴重新記)」에서 다음과 같이 밝히고 있다.

장백산(長白山)의 한 줄기가 바다를 끼고 남쪽으로 내려와 계림(鷄林, 신라)에 이르러 원적산(圓寂山, 영취산)이 되었고, 원적산으로부터 서쪽으로 꺾어 웅진(熊津)에 이르러 응축되어 큰 산을 이룬 것이 계룡산(鷄龍山)이니, 계룡산은 신라 오악(五嶽) 가운데 하나이다. 처음에는 선도산(仙桃山)이라 불렀고 다음에 서연산(西鳶山)이라 하다가 최후로 계룡산이라는 이름을 얻은 것이다.[759]

현재 충청도에 있는 계룡산은 신라 도읍지에 있는 선도산에 근거를 두고 지어 붙인 지명일 뿐, 그곳이 새 시대의 도읍지는 아니며 『격암유록』에서 바로 이 점을 지적하고 있는 것이다. 따라서 새 시대의 도읍지는 계림과 용산이 있는 서라벌이 다시 도읍지가 된다는 말이다.

성경의 예언서인 요한계시록에도 유사한 설이 있다.

또 보매 다른 천사가 살아계신 하나님의 (천부)인을 가지고 해 돋는 데로부터 올라와서 땅과 바다를 해롭게 할 권세를 얻은 네 천사를 향하여 큰 소리로 외쳐 가로되, 우리가 우리 하나님의 종들의 이마에 인치기까지 땅이나 바다나 나무나 해하지 말라 하더라.[760]

인류를 구원할 새로운 구세주가 해 돋는 데서 다시 출현하여 천년왕

---

759 長白一脉傍海南 至鷄林爲圓寂山 自圓寂西折 遇熊津 縮爲大山 曰鷄龍 新羅五岳之一 始號仙桃 次曰西鳶 最後得是名焉 -『사가집(四佳集)』 제2권 기(記)

760 요한계시록 7:2

국의 낙원을 건설한다는 것이다. 물론 여기에 해 돋는 곳 역시 에덴동산이 있는 양곡(暘谷)을 가리키는 것으로, 『정감록』의 계룡산 도읍지설과 내용면에서 동일한 것이다.

이와 같이 신라 건국신화를 자세히 해석해 보면 태초에 인간과 동물이 어떤 형식으로 출현하게 된 것이며, 구세주가 어떻게 태어나 어떻게 천년왕국을 건설하느냐 하는 문제까지도 국사(國史)에 기재된 문헌을 통해 확연히 밝힐 수 있는 것이다.

지구상에서 가장 축복받은 국토와 유구한 역사를 간직한 한국에서 이씨조선 5백년은 역사의 암흑기였고, 도읍지인 한양(漢陽)의 풍수지리 역시 지기(地氣)가 그리 좋지 않은 땅이기에 결국에는 나라의 주권을 일본에 빼앗기고 식민지 백성으로 전락하여 온갖 수난을 겪어야 했던 비운의 땅이다. 그런데도 무슨 미련이 남아서인지 정부수립과 함께 다시 한양이 남한의 수도가 되고 현재에는 남한의 절반에 가까운 인구가 수도권에 운집해 있다.

아무리 비옥한 토양이라도 인삼을 재배하고 5,6년이 지나면 수확하고 땅을 쉬게 해야지, 그렇지 않으면 심어둔 인삼은 썩어버린다.

이미 지력(地力)이 다했기 때문이다. 한양의 지기(地氣) 역시 구한말에 이미 쇠진한 땅이기 때문에 백성들의 정신이 병들어 크고 작은 나라의 재앙이 끊이지 않는 것이다.

2) 선도성모

시조 박혁거세의 어머니 선도성모에 관해 살펴보기로 하자.

정화(政和, 1111~1117) 연간에 고려 조정에서 상서(尙書) 이자량(李資諒)을 사신으로 보내 송(宋)나라에 들어가 조공하였는데, 신부식은 문필의 임무를 맡고 보좌하며 수행하였다. 우신관(佑神館)에 참배하니 한 사당에 여자 신선상(女仙像)이 모셔져 있었다. 관반학사(館伴學士) 왕보(王黼)는 말했다. "이것은 귀국(貴國)의 신인데 공들은 이를 알고 있습니까?" 마침내 말했다.

"옛날 제실(帝室)의 공주가 있었는데 남편이 없이 잉태하여 사람들에게 의심을 받게 되자, 이에 바다를 건너 진한(辰韓)에 가서 아들을 낳아 해동의 시조가 되었으며, 공주는 지선(地仙)이 되어 길이 선도산(仙桃山)에 사는데, 이것이 그 신모의 상(像)입니다."

부식은 또 송(宋)나라 사신 왕양(王襄)이 고려 조정에 와서 동신성모(東神聖母)를 제사지내던 제문에 '성현을 잉태하여 나라를 세운다(娠賢肇邦)'는 구절이 있었다. 이에 동신(東神)이 곧 선도산의 신성(神聖)이라는 사실을 알았다.

그러나 그 아들이 어느 시대의 왕이었는지는 알 수 없다.[761]

-『삼국사기』 신라본기

『삼국유사』에는 선도성모가 진한의 선도산에 와서 낳은 아들은

---

761 新羅朴氏昔氏皆自卵生 金氏從天入金樻而降 或云乘金車 此尤詭怪 不可信然世俗相傳 爲之實事. 政和中 我朝遣尙書李資諒入宋朝貢 臣富軾以文翰之任輔行 詣佑神舘 見一堂設女仙像 舘伴學士王黼曰 此貴國之神 公等知之乎. 遂言曰 古有帝室之女 不夫而孕 爲人所疑 乃泛海 抵辰韓生子 爲海東始主 帝女爲地仙 長在仙桃山 此其像也. 臣又見大宋國信使王襄 祭東神聖母文 有娠賢肇邦之句 乃知東神則仙桃山神聖者也 然而不知其子王於何時

바로 신라의 시조인 박혁거세임을 밝히고 성모에 관해 자세하게 기록하고 있다. 지리산 산신은 여신으로 석가모니의 어머니 마야부인이라고 하는데, 혹은 단군의 어머니라고 하며, 신라에서는 박혁거세의 어머니 선도성모라고 하고, 고려에서는 태조 왕건의 어머니 위숙왕후(威肅王后)라고 한다. 이와 같이 선도성모가 성현을 낳아 나라를 세운 것이 박혁거세가 처음이 아니기 때문에 '그 아들이 어느 시대의 왕이었는지는 알 수 없다' 고 한 것이다.

또한 선도(仙桃)라는 이름에서 이미 곤륜산의 서왕모(西王母)라는 사실이 드러나고 있으며, 성모가 불사(佛事)를 자신의 일처럼 기쁜 마음으로 황금을 시주하며 돕는 것은 그가 바로 석가모니의 어머니 마야부인이기 때문이다. 또한 송나라 조정의 우신관이라는 사당에 모셔진 성모는 고대로부터 중국에서 널리 성행하였던 곤륜산 서왕모 신앙이다. 그런데도 송나라 한림학사인 왕보(王黼)가 고려 사신들에게 여기에 봉안된 성모가 바로 선도성모라는 사실을 밝히면서 아울러 신라도읍지의 선도산(仙桃山)이 도교 경전에 나오는 곤륜산이라는 사실을 함께 밝힌 것이다.

서왕모에 관해 『산해경』을 비롯하여 도가(道家)의 서적에 단편적인 자료가 보이고 있으나 성모의 진면목은 『화엄경』에 자세히 밝히고 있으니 마야부인은 선재동자가 만난 53선지식 중의 한 분이기 때문이다. 『화엄경』에 의하면, 마야부인은 도의 경지가 관세음보살과 같이 부처의 경지인 제11 등각지(等覺地)에 오른 성모로서 '지나간 세상의 구류손불·구나함모니불·가섭불·석가모니불을 낳았을 뿐만 아니라' 앞으로 미래세상의 미륵(彌勒)을 비롯하여 모든 부처를 낳을 불모(佛

母)이며, 아울러 '보현의 행원(普賢行願)을 모두 닦아서 모든 중생들을 교화하려는 이에게도 나의 몸이 그들의 어머니가 되는 것을 내가 보노라.'[762] 하였으니 단군조선·신라·고려에 이르기까지 건국 시조가 모두 후자에 해당한다.

그리하여 송나라의 사신 왕양(王襄)이 선도성모에게 제사지낸 제문에, '성현을 잉태하여 나라를 처음 세운다'는 구절이 있다고 한 것이다. 이렇게 해서 단군조선·신라·고려로 계승되는 세 왕조의 건국신화가 국왕의 계통을 신성화하기 위하여 창작된 것이 아니라, 『화엄경』에 의거해 인증(引證)된다는 사실을 알 수 있다.

4. 불교의 종말론과 천지창조

인간에게 생로병사가 있듯이, 불교에서 세계는 성·주·괴·공(成住壞空)의 네 가지의 겁(劫)을 반복한다고 한다. 성겁(成劫)은 세계(世界)가 이루어져서 인류가 살게 된 최초의 시대를 말하는데, 태초에 사람과 동물은 모두 화생(化生)하였으며 인간의 수명은 8만 세였다고 한다.

주겁(住劫)은 이 세계가 존재하는 기간을 말하고, 괴겁(壞劫)은 이 세계가 괴멸하는 기간을 말하고, 공겁(空劫)은 괴겁 다음에 이 세계가 완전히 없어졌을 때부터 다시 다음 성겁에 이르기까지의 시기를 말한다. 그러므로 종말론은 우주가 괴멸되는 괴겁(壞劫)을 말하고, 천지창조는 성겁(成劫)을 말하는 것이다.

---

762 諸有修行 普賢行願 爲化一切諸衆生者 我自見身 悉爲其母. -『80화엄경』 76권 입법계품

『구약성서』의 창세기는 최초에 우주가 창조된 사실을 말하고 불교에서는 성주괴공이 이미 여러 차례 반복되고 현재의 우주가 창조된 내력과 최초 인간의 출현에 관한 내용이다.

1) 우주의 종말론

불교의 『증일아함경(增壹阿含經)』에서 말하였다.

> 비구들이여 마땅히 알라.[763]
> 만약 때가 되어 이 세계가 부서지려 할 때면 하늘이 비를 내리지 않아 심은 모종이 자라지 않고 모든 작은 하천과 샘의 근원이 모두 다 고갈된다.
> 일체의 모든 행은 다 무상으로 돌아가 오래 머무르지 못하느니라.
> 비구들이여 마땅히 알라.
> 언젠가 때가 되면 이 네 개의 큰 강, 이른바 긍가하(恒伽河)·사두하(私頭河)·사타하(死陁河)·바차하(婆叉河)의 강도 역시 고갈되어 남은 것이 없게 된다. …(중략)…
> 언젠가 때가 되어 이 세상에 두 개의 해가 나타나면 이때 온갖 초목은 모두 시들어 떨어진다. 비구들이여 이와 같이 무상하여 오래 머무르지 못한다.
> 이때 온갖 샘과 작은 시내는 모두 고갈된다.

---

763 이하의 인용문 중간에 거듭 반복되는 "비구들이여 마땅히 알라." 라는 구절을 일부 생략하였다.

만일 두 개의 해가 나타나면 이때 사방의 큰 바닷물이 백 유순이나 말라버리고 점점 더해 7백 유순까지 바닷물이 말라버린다.
언젠가 때가 되어 이 세상에 3개의 해가 출현하면 사방의 큰 바닷물이 천 유순이나 말라버리고 점점 더해 7천 유순까지 바닷물이 말라버린다.
만일 4개의 해가 세상에 출현할 때에는 네 큰 바닷물의 깊이가 천 유순 밖에 되지 않는다. 이와 같이 비구들이여 일체의 행이 모두 다 무상하여 오래 머물지 못하느니라.
언젠가 때가 되어 이 세상에 5개의 해가 나타나면 이때 사방의 바닷물은 7백 유순 밖에 남지 않고 물은 점점 줄어 백 유순에 이른다.
언젠가 때가 되어 이 세상에 5개의 해가 나타나면 이때 바닷물은 1유순 밖에 남지 않고 그것도 점점 물이 말라 남은 것이 없게 된다. 만일 5개의 해가 나타나면 이때 바닷물은 7자 밖에 남지 않았다가 5개의 해가 나타날 때 바닷물은 남김없이 모두 말라버린다. 이와 같이 비구들이여 일체의 행이 모두 다 무상하여 오래 머물지 못하느니라.
언젠가 때가 되어 6개의 해가 나타나면 6만 8천 유순 깊이까지 모두 연기가 나고 수미산 역시 점점 녹아 부서지게 된다.
만일 6개의 해가 나타날 때 이 삼천대천세계는 모두 녹아 부서지게 된다. 마치 불가마 속에 도자기와 기와를 굽는 것과 같다. 이때 삼천대천세계도 역시 이와 같아서 온 세계가 빈틈없이 벌겋게 타오른다.

만일 6개의 해가 나타날 때 여덟 곳의 큰 지옥(八大地獄) 역시 다시 소멸되어 인민들은 목숨을 마친다.

수미산을 의지하고 있는 다섯 종류 천국(天國)도 역시 수명이 다한다. 33천(도리천)·염천〔豔天, 염마천(焰摩天)〕 나아가 타화자재천까지도 역시 수명이 다하고 궁전은 모두 비게 된다.

만일 6개의 해가 나타날 때, 이때 수미산과 삼천대천세계가 모두 활활 타올라 남은 것이 없게 된다. 비구들이여, 이와 같이 일체의 행이 모두 다 무상하여 오래 머물지 못하느니라.

언젠가 때가 되어 7개의 해가 나타나면, 이때 이 땅 6만 8천 유순 깊이까지, 그리고 삼천대천세계가 모두 불길이 일어난다. 만일 다시 7개의 해가 나타나면 이 수미산도 점점 녹아내려 백천 유순 높이가 자연히 무너져 내려 흔적도 없게 되니, 티끌이나 연기도 볼 수 없는데 하물며 재를 볼 수 있겠는가.

이때 33천과 나아가 타화자재천의 궁전은 모두 활활 타올라 그 불길이 범천(梵天)까지도 올라간다. 범천에 새로 태어난 천자들은 지금까지 괴겁(壞劫)의 말기에 일어나는 불길을 본 적이 없으므로 그 불길을 보고는 모두 불에 탈까봐 두려워한다. 그러나 옛적에 태어난 천자들은 일찍이 이 불길을 본 적이 있으므로 곧 뒤에 태어난 천자들을 찾아가 이렇게 위로한다.

"너희들은 두려워하지 말라. 저 불길은 결코 여기까지 오지 않는다."

7개의 해가 나타날 때 이 세상에 여섯 천국과 나아가 삼천대천세계가 모두 재가 되고 어떤 형태의 물질도 없게 된다. 비구들이여, 이와 같이 일체의 행이 모두 다 무상하여 오래 보존할 수 없고 모두 소멸로 돌아가고 마는 것이니라.

그때 사람들은 목숨을 마치고 모두 타방세계에 태어나거나 혹은 천상에 태어난다. 설사 지옥에 있는 중생이라도 묵은 죄가 이미 다했다면 천상에 태어나거나 혹은 타방세계에 태어난다. 지옥에 있는 중생으로서 묵은 죄가 아직 끝나지 않았으면 다시 타방세계로 옮겨 간다.

만일 7개의 해가 나타날 때면 해와 달의 광명과 별의 비춤이 없게 된다. 이때 해와 달은 이미 없어져 다시는 낮과 밤이 없다. 비구들이여, 이른바 인연의 과보로 말미암아 이렇게 파괴되는 것이니라.[764]

2) 천지창조

비구들이여, 또 마땅히 알라.

그 무너진 겁(劫)이 다시 이루어 질 때 언젠가 때가 되면 불길이 저절로 꺼지고 허공에서 큰 구름이 일어나 점점 비가 내린다. 그때 이 삼천대천세계는 물이 가득 차 범천(梵天)까지 이르게 될 것이다.

이때 그 물은 점차 정지했다가 저절로 소멸된다. 거기에 다시 바람이 일어나는데 이름을 수람(隨嵐)이라고 한다. 그 바람은 이 물을 불어 한곳에 모으고 다시 천(千) 수미산, 천 기미타산, 천 니미타산, 천 구라산, 천 이사산, 천 비나산, 천 철위산(鐵圍山), 천 대철위산을 만들고, 다시 8천 지옥(地獄)이 생기고 다시 천

764 『증일아함경(增一阿含經)』 제34권 칠일품(七日品)

마두산(馬頭山), 천 향적산(香積山), 천 반도파산(般荼婆山), 천 우도가산(優閣伽山), 천 염부제(閻浮提), 천 구야니(瞿耶尼), 천 불우체(弗于逮), 천 울단왈(鬱單曰)이 생기고 다시 천 바닷물이 생기고 다시 천 사천왕궁(四天王宮), 천 삼십삼천(三十三天, 도리천), 천 염천(豔天), 도솔천(兜術天), 천 화자재천(化自在天), 천 타화자재천(他化自在天)이 생기느니라.

언젠가 때가 되면 물이 없어지고 대지가 다시 환생(還生)한다.[765] 이때 지상에는 자연히 지비(地肥)가 있어 너무도 향기롭고 맛있는 것이 감로(甘露)보다 훌륭하다. 그 지비(地肥)의 향기와 맛이 궁금한가? 마치 포도주의 달콤한 맛과 같다.[766]

3) 최초 인류의 출현

비구들이여, 마땅히 알라.

언젠가 때가 되면 광음천(光音天)의 천인들이 서로 말하기를, "우리 저 염부제(閻浮提)로 가서 그 지형을 살펴보고 곧장 돌아오자." 하고 광음천의 천자(天子)들이 세간에 내려와서 지상(낙원)에 있는 그 지비(地肥)를 보고는 곧장 손가락으로 찍어 맛을 보고는 집어 먹었다. 이때 지비를 많이 먹은 천자는 점점 위신(威神)이 없어지고, 또 광명이 없어지고 몸이 무거워지며 뼈와 살이 생겨 곧 신족(神足)을 잃고 다시는 허공을 날아다닐 수 없었다. 그러나 지비를

765 이것이 천지창조이다.

766 『증일아함경(增壹阿含經)』 칠일품(七日品)

적게 먹은 천자는 몸이 무거워지지 않고 신족도 잃지 않아 다시 허공을 날아 갈 수 있었느니라.

그때 신통력을 잃어버린 천자들은 모두가 통곡하며 서로에게 말하기를, "우리는 이제 너무도 처량한 처지가 되었다. 신통력을 잃어버려 지상에 머물러 다시는 천상(天上)으로 돌아가지 못하게 되었으니, 이것은 지비를 먹었기 때문이다."고 하며 각각 서로의 안색(顏色)을 바라보았다. 그때 탐욕이 많은 천자는 문득 여인의 몸이 되어 마침내 정욕(情欲)을 행하면서 함께 서로 즐겼다.[767]

비구들이여, 처음 세상이 이루어졌을 때 이런 음행하는 법이 있어 세간에 유포되었으니, 이것은 옛날부터 항상 있었던 법이다.

세상에는 반드시 여인이 있게 마련이니, 이는 지금에만 적용되는 것이 아니라 옛날부터 항상 있었던 법이었다. 이때 나머지 광음천 천자들은 타락한 이들에게 모두 와서 욕하고 꾸짖으며 말하기를, "너희들은 어찌하여 이런 부정(不淨)한 짓을 하느냐?"

이때 타락한 중생들은 다시 이렇게 생각했다. '우리는 마땅히 방법을 궁리해 남들이 보지 못하게 하고 같이 자자.' 그렇게 해서 집을 짓고 비로소 그 몸뚱이를 가리게 되었다. 비구들이여, 이른바 이런 인연으로 지금의 주택이 있게 되었느니라.

언젠가 때가 되면 지비는 자연히 땅으로 들어간 후에 다시 멥쌀이 생기는데, 그것은 지극히 곱고 깨끗하며 또 껍질이 없고 향기도 좋아 사람을 살찌우고 피부를 하얗게 한다. 아침에 거두면 저녁에 다시 나고 저녁에 거두면 아침에 다시 난다.

---

767 이것이 최초 인류의 출현이다.

비구들이여, 그때 처음으로 이른바 쌀이라는 이름이 생겼다.

비구들이여, 언젠가 때가 되어 사람들은 게을러져 부지런히 생활하지 않고 어떤 사람이 이렇게 생각하였다. '내가 지금 무엇 하러 날마다 이 멥쌀을 수확하는가? 응당 이틀에 한 번씩 거두리라.' 그래서 그 사람은 이틀에 한 번씩 쌀을 거두었다.
여인들이 차차 임신을 하게 되고 이로 말미암아 태어남이 있게 되었다. 다시 어떤 중생이 다른 중생에게 "우리 같이 쌀을 거두러 가자." 하고 말하니 그 사람이 "나는 이틀 식량을 준비해 놓았다."고 대답하였다. 이 사람이 듣고 나서 '그럼 나는 마땅히 나흘 식량을 쌓아 두리라.' 생각하고는 즉시 나흘 치 식량을 준비하였다. 또 어떤 중생이 그 중생에게 "우리 함께 밖에 쌀을 거두러 가자."고 말하자 그 사람이 "나는 나흘 식량을 준비해 놓았다."고 대답하자 그 사람이 듣고 나서 문득 '그럼 나는 여드레 치 식량을 준비하리라.' 하고 생각하며 곧 여드레 치 식량을 쌓아두었다. 이때부터 그 쌀은 다시는 나지 않았다.
이때 중생들은 각자 이렇게 생각했다. '세상에 큰 재앙이 닥쳤다. 이제 그 멥쌀이 마침내 본래처럼 나지 않게 되었으니 지금 마땅히 이 쌀을 즉시 분배해야 한다.' 그때 어떤 중생이 다시 이렇게 생각하였다. '나는 이제 내 쌀을 감추어 두고 마땅히 남의 쌀을 훔쳐야겠다.' 그래서 그 중생은 문득 자기 쌀은 감추어 두고 남의 쌀을 훔쳤다. 그 주인은 쌀을 도둑질하는 것을 보고 그에게 이렇게 말했다. "너는 왜 내 쌀을 가져가느냐? 이번만은 네 죄를 용서해 주겠으니 이후로 다시는 범하지 말라."

그때 이 세상에는 처음으로 도둑질하는 마음이 생겼다.

이때 또 어떤 중생이 이 말을 듣고 다시 스스로 이렇게 생각했다. '나도 이제 내 쌀을 감추고 마땅히 남의 쌀을 훔치리라.' 이때 그 중생은 자기 몫은 놔두고 남의 몫을 가져왔다. 주인은 그것을 보고 그에게 말했다.

"네가 지금 어찌하여 내 쌀을 가져가느냐?" 그러나 그는 잠자코 대답하지 않았다. 그때 쌀 주인은 즉시 주먹으로 상대를 때리면서 말했다. "지금 이후로부터 다시는 서로 침범하지 말라."

그때 많은 사람들이 중생들이 서로 도둑질 한다는 소식을 듣고 모두 모여 서로 말했다.

"세간에 서로 훔치는 나쁜 법이 있다. 이제 마땅히 우리의 토지를 지킬 사람을 세워 토지를 지키게 하자. 총명하고 재주가 뛰어난 사람을 우리의 토지를 지킬 사람으로 추대하자." 이때 그들은 곧 토지의 수호자를 뽑고 그에게 말했다. "그대들은 반드시 알아야 합니다. 세간에는 도둑질하는 나쁜 법이 있으니, 그대들은 이제 토지를 지켜준다면 마땅히 그 직세(直稅, 세금)를 내겠으니 모든 인민들이 남의 쌀을 훔치는 자는 곧 그 죄를 응징하시오."

그때 토지의 수호자를 두게 되었다. 비구들이여 마땅히 알라. 이때 그 지도자를 찰리종(刹利種, 임금)[768]이라고 불렀느니라.

---

768 『장아함경』 제22권에서는, '이에 비로소 백성의 주인(民主, 임금)이라는 이름이 생기게 되었다.(於是始有民主之名)'고 하였다. 그렇다면 현재 사용하고 있는 民主主義라는 정치제도는 백성이 주인이라는 뜻이 아니라 '백성의 주인'을

이것은 다 옛날 법으로서 지금의 법은 아니니라.

-『증일아함경(增壹阿含經)』 칠일품(七日品)

이제까지 살펴 본 바와 같이 인류문명의 발상지와 종교의 이상향이 실제로는 같은 곳이기 때문에 옛날부터 제정일치 사회였고 경전을 섭렵하지 못하고서는 역사도 올바로 이해하기 어려운 것이며, 특히 그 중심에 있는 한국사는 더욱 그렇다.

조선왕조는 숭유억불과 사대주의 정책의 일환으로 도리천이 있는 불국정토이고 인류문명의 발상지이며 에덴동산인 신라 도읍지를 엉뚱한 곳에 날조하여, 이로 인하여 한국사는 물론이고 세계사가 초토화되어 버렸다. 이것은 마치 동굴 속 미로(迷路)의 출구를 막아버린 암담한 결과를 초래하여 이로 인하여 천하가 대책 없이 어지러워지고 천지신령마저도 인간 세상을 외면하는 지경에 이르렀다. 그러나 이제라도 왜곡된 역사를 바로 세우면 천하는 다시 안정을 되찾을 수 있을 것이다.

선출하여 권력을 맡기는 정치제도이다.

제5장 신라 황룡사는 지리산 화엄사이다

1. 화엄사 최초의 창건

화엄사 최초의 창건과 창건주에 관해 조선 인조 14년(1636)에 화엄사에서 편찬된 『대화엄사 사적(事蹟)』에 이르기를,

산중의 대덕 중관대사(中觀大師)에게 경례(敬禮)를 표하였는데 기러기 마냥 줄 지어 서서 엎드려 절을 하고 손톱을 맞추어 잡고 소리를 모두 내어 말하기를, "우리 화엄사는 옛 노장들에게 들은 바에 의하면 범승(梵僧) 연기(烟起)가 창건했다고 하는데, 이루어졌다 헐어지고 헐어졌다가 이루어지기를 몇 천 년이 지났는지 알 수 없습니다.[769]" 하였고, 또 "부처님(黃面)께서 처음 창건하신 일과[770] 운운" 하였다. 이에 대해 사적기의 본문에서 다음과 같이 밝히고 있다.

---

769 吾華嚴寺 聞之古老 梵僧烟起之所建也 成而毁 毁而成 不知幾千年

770 黃面權輿之事

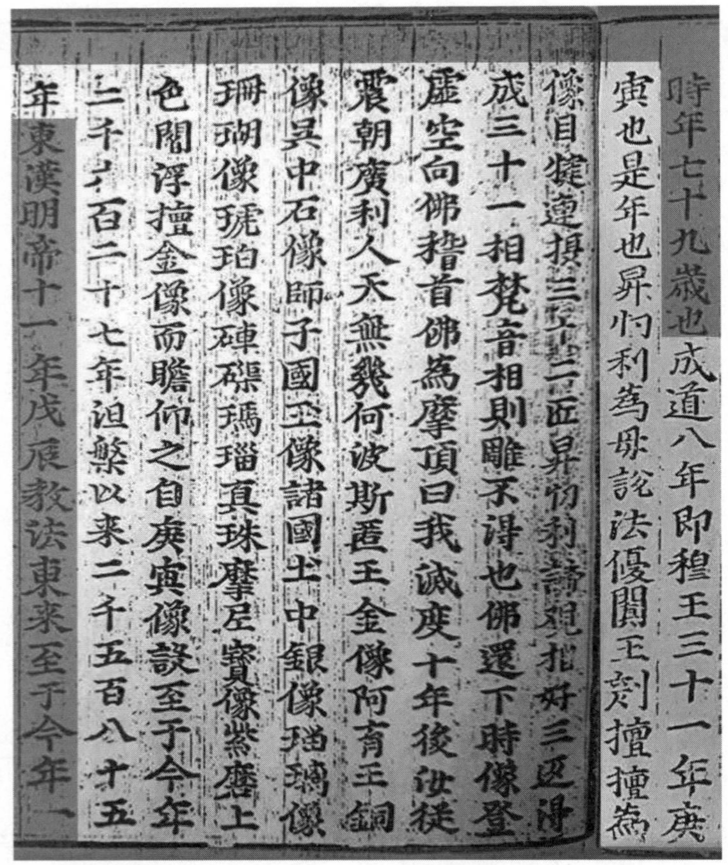

時年七十九歲也成道八年卽穆王三十一年庚
寅也是年也昇忉利爲母說法優闐王剋擅擅爲
像目揵連挕三十二匠昇忉利諦視相好三匠得
成三十一相梵音相則雕不得也佛還下時像登
虛空向佛稽首佛爲摩頂曰我滅度千年後汝從
震朝廣利人天無幾何波斯匿王金像阿育王銅
像吳中石像師子國玉像諸國土中銀像瑠璃像
珊瑚像琥珀像硨磲瑪瑙眞珠摩尼寶像紫磨上
色閻浮擅金像而瞻仰之自庚寅像設至于今年
二千六百二十七年泪槃以來二千五百八十五
年東漢明帝十一年戊辰教法東來至于今年一

판본 「대화엄사 사적(事蹟)」 인조 14년(1636) 중관대사(中觀大師) 撰

부처님이 성도(成道)하신지 8년[771]째 되는 해가 바로 주 목왕(穆王) 31년 경인(庚寅 B.C 991)년이다. 이 해에 부처님은 도리천(忉利天)에 올라가 어머니 마야부인을 위하여 설법을 했다. 이때 우전왕(優塡王)은 임의대로 조각하여 불상을 만들려고 하자 목건련(目犍連)

---

771 원문에 8년은 48년의 오기이다.

이 장인을 데리고 도리천에 올라가 부처님의 32상(相) 80종호를 살피기를 세 번이나 반복하여 31상(相)을 이룩했다. 그러나 범음(梵音 목소리)의 상(相)만은 조각할 수 없었다.

부처님이 도리천에서 지상에 내려오실 때에 불상이 허공에 올라가 부처님을 향하여 머리를 조아리니 부처님이 불상의 이마를 어루만지며 말씀하시기를, "내가 멸도 한 천년 후에 네가 동방의 조정(震朝)으로 나아가 인간과 하늘을 널리 이롭게 하라" 하였다.[772]

얼마 안 되어 파사익왕(波斯匿王)의 황금불상(金像)과 아육왕의 동상(銅像)과 오중(吳中)의 석상(石像)과 사자국(師子國)의 옥상(玉像)과 여러 국토중의 은상(銀像)과 유리상(瑠璃像)·산호상(珊瑚像)·호박상(琥珀像)·자거상(硨磲像)·마노상(瑪瑙像)·진주상(眞珠像)·마니보상(摩尼寶像)과 자마금빛의 염부단금상(閻浮檀金像)[773]을 봉안하고 우러러보며 예경하였으니 경인(庚寅)년에 불상을 설

---

772 판본 원문에 十年은 千年의 오기, 필사본에는 千年으로 기록되어 있다. 신라 남해왕 원년 서기 4년에 문수보살이 황금으로 주조한 53불상이 바다에 떠 와서 유점사를 창건하고 봉안되었다. 그로부터 60여 년 후인 후한 명제 때에 이르러 중국에 불교가 유입되었다.

773 양나라 무제 때에 고승 지공(志公) 등이 지은『자비도량참법』에, "시방의 다함없는 법계의 무량한 형상(形像)인 우전왕의 금상과 아육왕의 동상과 오중(吳中)의 석상(石像)과 사자국의 옥상(玉像)과 여러 국토 중의 금상·은상·유리상·산호상·호박상·자거상·마노상·진주상·마니보상·자마금빛의 염부단금상(紫磨上色閻浮檀金像)께 귀의합니다." 하였다. 歸依十方盡虛空界 無量形像 優塡王金像旃檀像 阿育王銅像 吳中石像 師子國玉像 諸國土中金像 銀像 瑠璃像 珊瑚像 琥珀像 硨磲像 瑪瑙像 眞珠像 摩尼寶像 紫磨上色閻浮檀金像『자비도량참법(慈悲道場懺法)』 제4권 출지옥(出地獄)

치하고부터 금년(1636)까지 2,627년이다. 부처님이 열반하신 이래로 2585년이다.[774]

필사본으로 전해지던 화엄사 사적(事蹟)을 처음 판본으로 간행하고 말미에 발문(跋文)을 지은 조선 숙종 대의 고승 백암 성총(栢庵性聰)의 『치문경훈(緇門警訓)』 주석에서 부처님이 도리천에 올라가 설법하신 때는 열반하시기 한해 전인 여래의 나이 78세였다고 했다.

그렇다면 주 목왕(穆王) 52년 신미(辛未 B.C 950)년이 되고, 이것이 화엄사 최초의 창건 연대이다. 석가세존이 도리천에서 어머니를 위해 설법하였던 내용이 『마하마야경(摩訶摩耶經)』에 실려 있는데, 이 경을 일명 『불승도리천위모설법경(佛昇忉利天爲母說法經)』이라고도 한다. 이 경(經)에 보면 부처님이 도리천에서 지상에 내려와 이듬해에 열반에 들었다. 부처님은 30세에 성불하여 49년간 교화하다가 79세에 열반하였으니 도리천에서 설법하던 해는 성도하신지 48년이다. 부처님이 지상에 처음 내려오신 곳에 큰 절이 창건되었는데, 이것이 화엄사 최초의 창건이다.

서두의 내용은 신수대장경의 『삼보감응 요약록』을 인용한 것인데,

---

774 成道八年 卽穆王三十一年庚寅也 是年也 昇忉利爲母說法 優闐王刻擅擅爲像 目犍連三十二匠昇忉利 諦觀相好三返 得成三十一相 梵音相 則離不得也 佛還下時 像登虛空 向佛稽首 佛爲摩頂曰 我滅度千年後 汝從震朝 廣利人天無幾何 波斯匿王金像 阿育王銅像 吳中石像 師子國玉像 諸國土中銀像 瑠璃像 珊瑚像 琥珀像 硨磲 瑪瑙 眞珠 摩尼寶像 紫磨上色閻浮檀金像 而瞻仰之 自庚寅像設 至于今年 二千六百二十七年 涅槃以來 二千五百八十五年

그 원문에 48년이 8년으로 잘못 기재된 것에 기인하여 '주 목왕 31년 경인(庚寅 B.C 991)년'이라고 착오를 범한 것이다. 따라서 사적기 본문에 성도한지 8년은 48년의 오기이고, 경인(庚寅)은 신미(辛未)의 오기이며, 주 목왕 52년 신미년(B.C 950)에 부처님을 영접하러 나왔던 다섯 나라 국왕이 파사익왕이 주조한 황금불상 등을 봉안하고 화엄사가 처음 창건된 해로부터 사적기를 지은 인조 14년까지 2586년이고 금년 2018년까지는 창건된 지 2958년으로 창건 당시는 이곳이 기자조선 도읍지에 해당한다.

이것은 비단 화엄사 창건에 국한되는 것이 아니라 기자조선의 역사이고 고조선의 불교 전래 역사에 빼놓을 수 없는 귀중한 역사자료이다.

또한 도리천은 신라도읍지에 있다고 하였으니, 부처님이 도리천에서 설법한 『화엄경』을 비롯하여 『마하마야경』 이나 『증일아함경』의 해당 부분과 『관불삼매경』『조상공덕경』 등에 부처님이 처음 지상에 내려와 설법하신 경전은 모두 당시 기자조선에서 설해진 것이다.

이와 관련된 대장경의 기록을 보기로 하자.

우전왕과 파사익왕의 석가 금불상과 전단목불상의 감응

출전: 『증일아함경』『관불삼매경(觀佛三昧經)』『조상공덕경(造像功德經)』 유력기(遊歷記) 율장(律藏) 및 서국전(西國傳) 지(誌) 고(誥) 등이다.

석가모니 부처님께서 성도하신지 8년[775]에 어머니 마야부인(摩耶夫

人)의 은혜를 보답하려고 생각하여 기원정사(祇洹精舍)에서 도리천(忉利天)에 올라가 선법강당(善法講堂)의 금석(金石) 위에 결가부좌 하시니[776] 이때 마야부인은 양쪽 유두에서 젖이 흘러나와 세존의 입술을 적시니 친 아들의 인연임을 보고 부처님은 어머니를 위하여 설법하였다.

이때 인간세상의 사부대중은 여래를 보지 못하여 애타게 그리워하고 근심하는 것이 마치 부모의 상(喪)을 당한 것과 같고 가슴에 화살이 박힌 것 같았다. 〔우전왕과 파사익왕은〕 함께 세존이 계신 곳을 두루 찾았지만 어디에도 부처님은 없어 애절한 그리움만이 배로 더하여 스스로 억누르지 못하고 시자인 아난(阿難)에게 물었다. "여래께서는 지금 어디 계십니까?" 아난은 보고했다. "나 역시 알지 못합니다." 두 왕은 여래를 사모하여 마침내 괴로운 근심을 얻었다.

이때 우전왕(優塡王)은 칙령으로 나라 안의 모든 기교가 출중한 장인들에게 포고하였다. "나는 지금 불상을 만들려고 한다." 기교 있는 장인들은 왕에게 아뢰었다. "우리들은 부처님의 미묘한 상(妙相)을 만들 수 없습니다. 가령 비수갈마천(毘首羯摩天)이 만든다 하더라도 역시 여래와 흡사한 불상은 만들기는 어려울 것입니다. 만일 우리가 명을 받아 만든다면 단지 소라머리(螺髮)이나 옥호(玉毫)[777] 등 사소한 부분을 모방할 수는 있겠지만 나머지 모든 상호(相

---

775 원문에 8년은 48년의 오기.

776 爾時 天上善法講堂 有金石 縱廣一由旬 爾時 世尊石上 結加趺坐 遍滿石上 『증일아함경』 제28권 청법품(聽法品)

好)[778]와 광명과 위덕은 미치기 어렵습니다. 그런데 누가 능히 할 수 있겠습니까? 세존께서 당연히 하늘에서 내려오실 터인데, 조성한 형상이 만일 이지러지거나 잘못되었다면 저희들의 명예는 모두 잃게 됩니다. 몰래 함께 모여서 계책을 상의해 보았지만 감히 만들 수 있는 이가 없습니다."

다시 왕에게 말했다. "지금 불상을 조성하시려면 순수한 자줏빛 전단향(梅檀香) 목재의 무늬와 재질이 단단하고 좋은 점을 응용하여야 합니다. 다만 그 형상을 좌상(坐像)인지, 입상(立像)인지 하는 것과 크기는 어느 정도로 조성할 것인가 하는 것입니다."

우전왕은 이 말을 신하들에게 물으니 지혜로운 신하가 있어 왕에게 아뢰었다. "마땅히 앉은 불상(坐像)을 만들어야 합니다. 일체의 모든 부처님이 큰 깨달음을 얻고 바른 법륜을 굴리며 큰 신통변화를 나타내어 큰 불사(佛事)를 지을 때에 모든 부처님이 앉은 채로 하시기 때문에 응당 사자좌에 결가부좌하고 앉은 불상이어야 합니다.

그때 비수갈마천이 장인으로 변신하여 모든 예리한 조각 기구를 가지고 궁성의 문에 와서 말했다. "내가 이제 대왕을 위하여 불상을 조성하려고 합니다." 왕은 마음으로 크게 기뻐하여 왕은 곧 창고를 주관하는 대신과 함께 내전의 창고 안에서 전단향나무를 선택하여 몸소 어깨에 메어다가 비수갈마천 장인에게 주면서 말하기를 "능인

777 나발(螺髮)은 소라처럼 생긴 머리털, 옥호(玉毫)는 두 눈썹 사이에 있는 흰 털을 말한다. 모두 부처님 32(相)의 하나이다.

778 부처님의 32(相)과 80(種好)를 합쳐 相好라고 한다.

(能仁, 석가)의 상(像)을 만들려면 여래의 형상(形相)과 같아야 한다." 하였다. 그때 대 목건련에게 청하여 부처의 신통력으로 장인들과 함께 도리천에 올라가 상호를 그려서 다시 돌아와 장인이 도끼를 잡고 향나무를 쪼개니 그 소리가 위로 도리천까지 관통하여 부처님 계시는 곳까지 미치었다.

그때 부처님 위신력으로 소리가 미치는 곳에서 중생이 들은 자는 죄업과 허물이 다 녹아 없어지고 장님은 눈을 뜨고, 귀머거리는 능히 들으며, 벙어리는 능히 말을 하고, 추한 자는 단정해지고, 가난한 자는 복을 얻고, 나아가서 삼악도에서는 고통을 여의고 즐거움을 얻어 일체가 일찍이 없었던 이익을 얻었으니 모두 그 자리에서 일어난 현상이었다.

이때 비수갈마천 장인이 그날 날이 저물기 전에 불상을 조성하여 마치니 높이는 7척, 혹은 5척으로 근기에 따라 다르게 보이는 것이다. 불상의 얼굴과 손발은 다 자마금빛이었다. 우전왕은 상호(相好)를 보고 마음에 청정한 믿음이 생겨 유순인(柔順忍)을 얻어 업장과 번뇌가 일시에 녹아 없어졌다. 그러나 오직 일찍이 성인(聖人, 부처님)에게 나쁜 말의 업(業)을 지었던 이들은 제외되었다.

그때 파사익왕(波斯匿王)도 다시 나라의 기교가 뛰어난 장인을 불러 불상을 조성하려고 이런 생각을 하였다. 여래의 형체는 순금과 같으시다. 곧 순수한 자마금으로 높이 5척의 금불상을 주성(鑄成)하였다. 이리하여 이때 염부제 안에 비로소 이 두 불상이 있게 되었다.

이때 여래는 하안거 90일이 다 지나가자 사부대중에게 알렸다.

'7일 후에 마땅히 염부제 승가시국(僧伽尸國)의 큰 못 물가에 내려가리라.[779]' 그때 천제(天帝, 제석)은 자재천(自在天) 천자에게 수미산 꼭대기에서 승가시국 못가에 이르기까지 금·은·수정으로 세 지름길을 닦게 하였다. 혹은 그때 지상에서 만들었다 하고 혹은 정거천(淨居天)이 만들었다고도 한다. 이때 여래는 가운데 금으로 된 길(金道)을 밟고 내려왔다.[780]

당시 다섯 나라 왕이 부처님이 내려오신다는 곳에 가려고 가시국(迦尸國)의 파사익왕, 발차국(拔嗟國)의 우전왕(優塡王), 다섯 도시

---

779 『조상공덕경(造像功德經)』에, 부처님이 내려오신 곳의 구체적인 위치에 관해 승가시성(僧伽尸城)이라고 했다. 이곳이 신라도읍지의 황룡사 터라고 전제하면, 당시 기자(箕子) 조선의 궁성이 있던 곳이다. 대장경의 『찬집삼장급잡장전(撰集三藏及雜藏傳)』 서두에 부처님께서 열반하신 후에 가섭과 아난이 마갈국(摩竭國) 승가시성(僧伽尸城) 북쪽에서 삼장(三藏)과 잡장(雜藏)을 찬집(撰集)한 전기라고 하였다. 佛涅槃後 迦葉阿難於摩竭國僧伽尸城北 撰集三藏及雜藏傳. 최치원이 지은 '해인사 결계도량의 기문(海印寺結界場記)'에, 국호를 시라(尸羅, 신라)라고 한 것은 실로 바라제목차(波羅提木叉, 계율)의 법(法)이 흥기한 곳이라고 했다. 國號尸羅 實波羅提興法之處.

780 그때 염부제 안에서는 왕들과 백성들과 사부 대중이 승가시성(僧伽尸城)을 겹겹으로 두루 둘러싸고 가득하여 혹은 향화(香花)를 흩으며, 혹은 깃발과 일산을 받들어 소라를 불고 북을 쳐서 갖가지 음악으로 허공을 향하여 공양하며, 손을 들어 합장하여 부처님을 우러러보며, 인간과 하늘의 이름난 꽃이 아래위로 엇갈리며 어지러이 흩어져서 무릎까지 쌓이니, 모든 외도들도 이 일을 보는 이는 모두 또한 발심하여 귀의하고 예경하였다. 于時 閻浮提內王及臣人幷四衆等 周帀遍滿 僧伽尸城 或散香花 或持幡蓋 吹螺擊鼓 種種音樂 向空供養擧手合掌 瞻仰於佛 人天名花上下交散 繽紛而下積至於膝 諸外道衆見斯事者 咸亦發心歸依禮敬. 『조상공덕경(造像功德經)』 상권.

인민의 군주인 악생왕(惡生王), 남해의 군주인 우다연왕(優陀延王)[781], 마갈타국(摩竭陀國)의 병사왕(甁沙王) 등이 와서 머리를 조아려 부처님 발에 예배하였다.[782]

이때 우전왕은 불상(佛象)을 머리에 이고 여러 가지 진기한 공양물을 준비하여 못 가에 이르렀다. 일시에 세존께 받들어 올리니 이때 전단상(旃檀像)이 자리에서 일어나 마치 살아있는 부처님처럼 발로 허공을 밟고 발아래에 꽃을 흩으며 광명을 놓아 내려오시는 세존을 영접하고 합장하고 차수하며 세존께 예배하는 것이 부처님과 똑 같았다.[783] 그리고 게송으로 말하였다.

"부처님이 도리천에서 어머니를 위해 설법하실 때 하늘 장인이 불상을 조각하는 소리가 멀리 선법강당까지 들려 33천(도리천)의 대중이 같은 음성으로 모두 따라서 기뻐하였습니다. 오는 세상에 불상을 조성하면 한량없이 수승한 복을 얻을 것입니다."

---

781 우다연(優陀延)은 범어로 한역하여 '해 뜨는 곳(日出處)'이다.

782 이때 다섯 국왕과 인민의 대중은 그 수를 헤아릴 수 없었다. 세존께서 내려오신 곳에 이르러 각자의 이름을 밝혔다. "저는 가시국(迦尸國)의 왕 파사익(波斯匿)입니다. 저는 발차국(拔嗟國)의 왕으로 이름은 우전(優塡)입니다. 저는 다섯 도시 인민의 군주인 악생(惡生)입니다. 저는 남해의 군주인 우다연(優陀延)입니다. 저는 마갈국(摩竭國)의 왕 빈비사라(頻毗娑羅)입니다." 하였다. 是時五王及人民之衆 不可稱計 往至世尊所 各自稱名 我是迦尸國王 波斯匿. 我是拔嗟國王 名曰優塡 我是五都人民之主 名曰惡生 我是南海之主 名優陁延 我是摩竭國 頻毘娑羅王. 『증일아함경(增壹阿含經)』 제28권 청법품(聽法品)

783 그때 황금으로 주조한 불상도 합장하고 차수(叉手)하며 세존을 위하여 예를 행하였다. 時鑄金像合掌叉手 爲佛作禮 『관불삼매해경(觀佛三昧海經)』

이때 세존 역시 다시 불상을 향해 장궤합장[784]하고 허공에 있던 백 천의 화불(化佛)도 역시 모두 합장하니 그 불상이 몸소 머리를 숙였다. 세존이 친히 정수리를 어루만지며 수기(授記)하여 말하되, "내가 열반에 든 지 천년 후에 마땅히 이 국토에서 人天을 위하여 크게 풍요롭고 이익 되게 하라. 〔내가 멸도한 후에는〕 나의 모든 제자들을 너에게 맡기노라.

만일 어떤 중생이 부처님이 열반한 후에 불상을 조성하고 당기(幡旗, 깃발)와 꽃 그리고 여러 가지 향을 가지고 공양하면 이 사람은 오는 세상에 반드시 부처를 보게 되고 생사의 고통을 벗어나리라" 하였다. 이때 우전왕은 세존께 여쭈어 말했다.[785]

"전불(前佛)이 멸도하시고 불상을 조성한 자가 아직도 세상에 있습니까, 아닙니까?" 부처님이 대답하였다. "내가 불안(佛眼)으로 두루 시방(十方) 세계를 살펴보아도 전불이 멸도한 후에 불상을 조성한 자는 다 시방의 부처의 처소에 나고 한 사람도 아직 생사에 머문 이가 없다. 다만 옛적에 보살상(菩薩像)을 조성하고 세상에 있는 이가 있으니 바로 병사왕(瓶沙王)이니라."

이때 전단향나무불상이 생불(生佛)에게 말하기를 "세존 앞에 나아가 정사(精舍)에 들어가도 되겠습니까?" 세존 역시 불상에게 말하

---

784 장궤합장(長跪合掌): 두 무릎을 꿇고 허리를 세워 합장하며 행하는 의식.

785 부처님께서 구염유국(拘鹽惟國)에 이르렀을 때에 여러 수목원이 있었는데, 주인 이름은 구익(拘翼)이고, 당시 국왕의 이름은 우전(優塡)이며 나이는 14세였다. 佛至拘鹽惟國 有諸樹園 主名拘翼. 時國王名優塡, 年十四『불설작불형상경(佛說作佛形像經)』

기를 "그만두어라, 그만두어라. 다시 말할 것이 없느니라. 나의 인연은 장차 다하여 열반에 드는 것이 오래지 않았다. 너는 세간에 있으면서 오래도록 중생을 이롭게 해야 한다. 앞에 있을 때 멸도에 들면 만일 뒤에 있는 자의 인생은 업신여기느니라." 두세 번 왕복하다 그 불상이 뒤로 물러나 본래 자리로 돌아갔다.

이에 세존은 스스로 절 주변의 작은 정사(精舍) 안으로 옮겨 불상과 다른 곳에 거처하니 서로의 거리가 20보(步)였다.[786]

우전왕은 너무 기뻐 어쩔 줄을 몰라 하였다.

이때에 다섯 왕은 세존께 물었다.[787] "마땅히 어떻게 신사(神寺, 절)를 세워야 합니까?" 이때 세존께서 오른손을 펴니 땅 속에서 가섭불(迦葉佛) 시대의 절이 출현하였다. "이것으로써 법식을 삼으라." 하시니 당시 다섯 왕은 그곳에 큰 절(神寺)을 세워 그 불상을 안치하고 돌아갔다.[788]

---

786 파사닉왕이 부처님을 뵙고 싶은 생각에 우두전단을 깎아 여래의 상을 만들어 부처님께서 앉으셨던 자리에 모셔 두었다. 부처님께서 뒤에 정사(精舍)에 돌아오시자 형상이 나오며 부처님을 영접하였으므로, 부처님께서 '돌아가 앉으라.'고 말씀하셨다. "내가 열반한 후에는 4부 대중을 위하여 법식(法式)을 지어야 될 것이니라." 불상은 이내 자리로 돌아가 앉았다. 이 형상이 뭇 불상의 맨 시초가 되어 뒷사람들의 본보기가 되었다. 부처님께서는 이에 주변의 작은 정사로 옮기셨는데, 전단불상이 있는 곳과 20보(步)정도 떨어진 거리였다. 『경률이상(經律異相)』 * 전단상은 우전왕이 조성하였고 파사닉왕은 황금으로 불상을 주조하였다.

787 이때 다섯 왕이 부처님께 그곳에 큰 절을 세울 것을 요청하였다. 『증일아함경(增壹阿含經)』 제28권 청법품(聽法品)

788 優塡王 波斯匿王 釋迦金木像感應: 〔出阿含 觀佛 造像 遊歷記 律及西國傳

誌諸等〕釋迦牟尼如來 成道八年 思報母摩耶恩 從祇洹寺起往忉利天 於善法堂中金石之上 結跏趺坐爾時摩耶出兩道乳 潤世尊唇 示親子緣 佛爲說法 是時人間四衆 不見如來 渴仰憂愁 如喪父母 如箭入心 共往世尊所住處 園林庭宇 悉空無佛 倍加悲戀 不能自止 問阿難言 如來今日竟爲所在 阿難報曰 我亦不知 二王思都如來 遂得苦患 爾時優塡王 勅國界內諸奇巧師匠 而告之曰 我今欲作佛像 巧匠白王言 我等不能作佛妙相 假使毘首羯摩天 而有所作 亦不能得似於如來 我若受命者 但可摸擬螺髻玉毫 少分之相 諸餘相好光明威德難 及誰能作耶 世尊來會之時所造形像 若有戲誤 我等名稱普並皆退失 竊共籌量 無能敢作 復白王言 今造像應用純紫栴檀之木 文理體質堅密之者 但其形相 爲座爲立 高下若何 王以此語問臣 智臣白王言 當作坐像 一切諸佛得大菩提 轉正法輪 現大神變 作大佛事 皆悉坐故 應作坐師子座結跏趺坐之像 時毘首羯摩變身爲匠 持諸刻器 到於城門白言 我今欲爲大王造像 王心大喜 與主藏臣 於內藏中 選擇香木 肩荷負持 與天匠而謂之言 仁爲造像 令與如來形相似 時大目連請 佛神力 往令圖相 還返操斧破木 其聲上徹忉利天 至佛會所 以佛力聲所及處 衆生聞者 罪垢皆得消除 盲者得眼 聾者能聞 啞者能言 醜者端正 貧者得福 乃至三途離苦得樂 一切未曾有益 皆悉現起 是時天匠不日而成 高七尺 或云五尺 機見不同 面及手足 皆紫金色 王見相好 心生淨信 得柔順忍 業障煩惱並消除 唯除曾於聖人起惡語業 是時波斯匿王 復召國中巧匠 欲造佛像 而生此念 如來形體 莫如眞金 卽純以紫摩金 而作高五尺 爾時閻浮之內 始此二如來像 爾時如來 過夏經九十日已 告四衆言 却後七日 當下至閻浮提僧伽尸國 大池水測 時天帝告自在天 從須彌頂至池水 作三徑路 金銀水精 或時地作 或淨居天作也 是時如來踏金道 時五王往詣佛所 迦尸國波斯匿王 拔嗟國優塡王 五都人民之主惡生王 南海主優陀延王 摩訶陀國甁沙王 頭面禮足 爾時優塡王 頂戴佛像 并諸上供珍異之至佛所 而一奉獻佛 時木像從座而起 如生佛足步虛空 足下雨華 放光明來迎世尊 合掌叉手 爲佛作禮 少似於佛 而說偈言 佛在忉利天 爲母說法時 大工造像聲 遠聞善法堂 三十三天衆 同音皆隨喜 未來世造像 獲無量勝福 爾時世尊 亦復長跪合掌向像 於虛

–『삼보감응 요약록(三寶感應要略錄)』 제1

양(梁)나라 형주(荊州) 우전왕(優塡王) 전단상(栴檀像)의 인연

양(梁)나라 시조 무제는 천감(天鑒) 원년(502) 정월 8일에 전단상(栴檀像)이 양나라에 들어오는 꿈을 꾸고 곧 조서로 모집하여 그것을 맞이해 오라 하였다. 『불유천축기(佛遊天竺記)』 및 두 권(雙卷) 『우전왕경(優塡王經)』에서 말하였다.

부처님께서 도리천에 올라가 한 여름 동안 그 어머니를 위해 설법하셨다. 왕과 신하들은 모두 부처님을 그리워하며 뵙고 싶었다. 이에 우전국왕(優塡國王)은 32명의 장인(匠人)을 보내 전단향나무를 준비하고 대 목건련에게 신통력을 부려 도리천에 장인들과 함께 가서 부처님 상호(相好)를 그려 오라고 청했다. 이미 소원하는 바와 같이 상호를 다 그려 돌아오자 좌불(坐佛)의 높이 5척(尺)의

空中 百千化佛 亦皆合掌 其像躬低頭 世尊親爲摩頂授記曰 吾滅後一千年外當於此土爲人天 作大饒益 我諸弟子 以付屬汝 若有衆生 於佛滅後造像 幡華衆香持用供養 是人來世 必得見佛 出生死苦 爾時優塡王 白世尊言 前佛滅度造像者 猶在世不 佛言 我以佛眼普見十方 前佛滅度後造像者 皆生十方佛前無有一人猶在生死 但造菩薩像者 故留在世 甁沙王是也 爾時木像 白生佛言世尊前進 可入精舍 世尊亦語像言 止止不須說 我緣將盡 入滅不久 汝在世間久利衆生 在前而入滅 若在後者 人生輕慢 再三往復 其像進却還本位 於是世尊 自移於寺邊 小精舍之內 與像異處 相去二十步 優塡王 歡喜不能自勝 於時五王白世尊曰 當云何造立神寺 爾時世尊申右手 從地中出迦葉佛寺 以此爲法 時五王卽於彼處 起大神寺 安置其像而去云云. 신수대장경(新修大藏經) 제51책, 「삼보감응 요약록(三寶感應要略錄)」 상권

불상을 조각하여 기원정사에 있는데 지금까지 공양하고 있다.
무제는 이 불상을 청하려 맞이해 오려고 당시 결승장군(決勝將軍) 학건(郝騫)과 사문화(謝文華) 등 80인이 모집에 응하여 천축으로 가서 이 사정을 자세히 이야기하고 불상을 청하였다.
사위국왕(舍衛國王)은 말하였다.
"이 중천(中天)의 정상(正像)이 변방에 갈 수 없다."
이에 32명의 장인(匠人)을 시켜 다시 자단목(紫檀木)에 새기되, 장인 한 사람이 한 상(相)을 그리게 했다. 묘시(卯時)에 시작하여 오시(午時)에 모두 마치니, 상호가 원만하고 그 정수리에서 광명을 놓으며 보슬비가 내리고 함께 이상한 향기가 있었다.
그러므로 『우전왕경』에 '진신(眞身)이 숨고 나니 다음에 두 불상이 나타나 널리 중생들을 위하여 크나큰 이익이 되게 하였다.' 고 한 것이 바로 이것이다.[789]
–『법원주림(法苑珠林)』 제14권

그 때 신하들이 우전왕에게 아뢰었다.

---

789 梁荊州 優塡王 栴檀像緣: 梁祖武帝 以天鑑元年 正月八日 夢檀像入國 因發詔募往迎 案佛游天竺記 及雙卷優塡王經云 佛上忉利天 一夏爲母說法 王臣思見 優塡國王 遣三十二匠及齎栴檀 請大目連神力運 往令圖佛相 旣如所願圖了還返 坐高五尺 在祇桓寺 至今供養 帝欲迎請此像, 時決勝將軍郝騫謝文華等八十人 ,應募往達 具狀祈請 舍衛王曰 此中天正像 不可適邊 乃令三十二匠, 更刻紫檀,人圖一相 卯時運手至午便就 相好具足而像頂放光 降微細雨幷有異香 故優塡王經云 眞身旣隱 次二像現 普爲衆生 深作利益者是也『법원주림(法苑珠林)』 제14권 경불편(敬佛篇)

"저희들이 여래의 형상을 조성하고자 합니다. 그러면 공경하고 섬기며 예배할 수도 있을 것입니다." 왕은 이 말을 듣고 너무 기뻐 어쩔 줄을 몰라 하면서 신하들에게 말하였다.

"훌륭하구나. 그대들의 말이 참으로 미묘하구나."

신하들이 아뢰었다.

"어떤 보배로 여래의 형상을 조성하오리까?" 그 때 왕은 곧 온 나라 안의 기교가 있는 조각가들에게 명령하였다.

"내가 지금 여래의 형상을 조성하고자 하노라."

기교 있는 장인(匠人)이 대답하였다. "그렇게 하겠습니다, 대왕이시여." 그 때 우전왕은 곧 우두전단(牛頭栴檀) 재목으로 높이 다섯 자 되는 여래상을 만들었다.

그 때 파사익왕은 우전왕이 높이 다섯 자 되는 여래상을 만들어 공양한다는 소식을 들었다. 파사익왕도 나라 안의 교묘한 장인들을 소집하여 명령하였다. "내가 지금 여래의 형상을 조성하고자 한다. 너희들은 즉시 준비하라." 이 때 파사익왕은 이렇게 생각하였다.

'어떤 보배로 여래의 형상을 조성할까?'

조금 있다가 다시 생각하였다. '여래의 몸은 마치 순금처럼 누렇다. 이제 순금으로 여래의 형상을 만들리라.' 그래서 파사닉왕은 순전한 자마금(紫磨金)으로 높이 5척의 여래상을 만들었다. 그 때 염부제(인간 세상) 안에 비로소 두 개의 여래형상이 있게 되었다. -(중략) - 그 때 다섯 국왕이 세존께 아뢰었다. "지금 이 곳은 묘한 복을 받은 가장 신성한 땅이니, 여래께서 비로소 도리천[790]에서

790 원문에 두술천(兜術天)은 도리천의 오기이다. 신수대장경 각주에 의하면 "원

내려와 이곳에서 설법하셨기 때문입니다. 지금 이 땅에 절을 세워 영구히 보존해 없어지지 않게 하고 싶습니다."

세존께서 말씀하셨다. "너희들 다섯 왕은 이곳에 절(神寺)을 세우면 긴 세월동안 복을 받으며 절은 끝내 썩어 무너지지 않을 것이다."

다섯 왕이 여쭈었다. "마땅히 절은 어떻게 세워야 합니까?"

그 때 세존께서 오른손을 펴니 땅 속에서 가섭불(迦葉佛) 시대의 절이 출현하였다. 다섯 왕에게 보이면서 말씀하셨다. "절을 지으려거든 반드시 이것을 법식으로 삼으라."

다섯 왕은 곧바로 그 곳에 큰 절을 창건하였다.[791]

–『증일아함경(增壹阿含經)』 제28권, 청법품(聽法品)

우전왕 때에 천상의 장인 비수갈마천이 전단향 목재에 조각한 전단(栴檀) 불상은 훗날 인도 기원정사에 당나라 시대까지도 그대로 봉안되

(元)・명(明) 두 본에는 도술천(兜術天)이 도리천(忉利天)"으로 되어있다.

791 是時 王卽勅國界之內 諸奇巧師匠 而告之曰 我今欲作形像 巧匠對曰 如是大王 是時 優塡王卽以牛頭栴檀 作如來形像 高五尺 是時 波斯匿王聞優塡王 作如來形像 高五尺而供養 是時 波斯匿王 復召國中巧匠 而告之曰 我今欲造如來形像 汝等當時辦之 時波斯匿王而生 此念 當用何寶作如來形像耶 斯須復作是念: 如來形體黃如天金 今當以金作如來形像 是時 波斯匿王 純以紫磨金作如來像 高五尺. 爾時 閻浮里內 始有此二如來形像 … 爾時 五王白世尊言 此處福妙 最是神地 如來始從兜術(忉利)天來下 至此說法 今欲建立此處 使永存不朽 世尊告曰 汝等五王於此處 造立神寺 長夜受福 終不朽敗 諸王報曰 當云何造立神寺? 爾時 世尊申右手 從地中 出迦葉如來寺 視五王 而告之曰 欲作神寺者 當以此爲法 爾時 五王卽於彼處,起大神寺

어 있었다. 또 파사익왕이 황금으로 주조한 황금불상은 부처님이 도리천에서 지상에 처음 내려와 설법하였던 땅에 큰 절이 창건되어 그 곳에 봉안되었는데, 화엄사 사적에는 그 절이 바로 화엄사 최초의 창건이라고 하였다.

이와 같이 최초 불상의 기원에 관해 대장경에서 분명하게 밝히고 있는데도 불구하고 현재 불교계나 학계에서는 부처님의 탄생 연도를 실제보다 500여년 끌어내려 『전등록』의 33조사 설을 무력화시키고, 불상의 기원에 대해서도 실제보다 무려 천 여 년을 끌어내려 기원후에 출현한 것으로 간주하고 '간다라, 마투라 운운' 하며 소설을 쓰고 있다.

신라 선덕여왕은 도리천이 신라도읍지에 있다고 하였다.

> 신라 27대 선덕여왕이 기미를 미리 알아차린 세 가지 일이 있으니 그 셋째, 왕이 건강할 때에 '내가 아무 해 아무 달 아무 날에 죽을 것이니 도리천(忉利天)에 장사하라' 하였다. 신하들이 그곳을 알지 못하여 '어디 입니까?' 하니 왕이 대답하기를 '낭산(狼山)의 남쪽이니라.' 하였다. 과연 그달 그날에 승하하시니 신하들이 낭산의 양지에 장사하였다. 그 후 10여년에 문무왕이 四天王寺를 왕의 무덤 아래에 창건하였다. 불경(佛經)에 이르기를, 四天王天의 위에 도리천이 있다고 하였으니, 이에 선덕여왕이 신령한 성인이었음을 알게 되었다. -『삼국유사』 1권

도리천과 사천왕사의 위치에 관해 판본 화엄사 사적의 의상대사 전기에, 당 고종이 50만 대군으로 신라를 정벌하려고 이미 해상에

침범할 때에 '신인종(神印宗)의 대덕 명랑법사(明朗法師)에게 명하여 화엄사에 문두루비밀법을 가설하고 시행하여 나라의 위기를 면하였다[792]' 라고 하여 도리천과 사천왕사가 화엄사 경내에 있다고 하였다. 도리천은 수미산 정상에 있다는 천국으로 『화엄경』을 설법한 곳의 하나이고, 석가모니 부처님이 3달 동안 어머니를 위하여 설법하신 곳이며, 수미산 중턱에 사천왕천이 있다.

또한 고조선 기에 나오는 환인(桓因, 제석)은 도리천을 다스리는 임금이고 그 서자인 환웅이 처음 태백산 정상에 내려와 단군을 낳아 조선을 건국하였던 신시(神市)는 바로 선덕여왕을 장사지낸 신라도읍지의 도리천과 같은 곳이다. 이곳이 육안으로 볼 때는 평범한 산기슭 같지만 실제로는 석가모니 부처님이 『법화경』을 설하시기에 앞서 두 눈썹 사이의 옥호(玉毫)에서 빛을 놓아 동방의 수미산을 중심으로 펼쳐진 불국토를 비추어 보여준 바와 같이 이곳이 실제로는 불보살이 사는 불국정토라는 말이다. 이러한 사실을 후세에 길이 전하기 위해 최치원이 지은 숭복사 비문에서 이것을 다시 거론한 것이다.

> 옥룡집(玉龍集)과 자장전(慈藏傳), 또는 제가(諸家)의 전기에 모두 말하였다. 신라 월성(月城)의 동쪽, 용궁(龍宮)의 남쪽에 〔석가모니와〕 가섭불(迦葉佛)의 연좌석(宴坐石)[793]이 있는데, 그 지역은 곧

---

792 命神印大德設密壇法 於華嚴寺 禳之國乃免禍 『大華嚴寺 事蹟』

793 후에 대덕 자장(慈藏)이 당나라에 유학하여 오대산(五臺山)에 이르자 문수보살이 감응하여 몸을 나타내어 비결을 주고 거듭 부촉하여 말하기를 "너희 나라의 황룡사는 바로 석가모니와 가섭불(迦葉佛)이 강연하시던 땅으로 연좌

전불(前佛)[794] 시대의 가람(伽藍, 절) 터이다. 지금 황룡사 지역은 곧 일곱 가람의 하나이다.' 국사에 의하면, 진흥왕 즉위 14년인 개국(開國) 3년, 계유(553) 2월에 월성 동쪽에 새로운 궁전을 건축했는데, 황룡(黃龍)이 그 곳에 출현하여 있으므로 왕은 이를 의아하게 여겨 고쳐서 황룡사(皇龍寺)로 삼았다.

연좌석은 불전(佛殿, 장육전)의 후면에 있다. 일찍이 한 번 참배하였는데 돌의 높이는 5, 6척 정도 되고 중간의 둘레는 겨우 3주(肘)였다. 우뚝 섰는데 위는 평평했다. 진흥왕이 절을 창건한 이래로 두 번 화재를 겪어 돌에 갈라진 곳이 있었으므로 절의 스님이 쇠를 붙여 연좌석을 보호했다.

이에 찬양하는 시가 있다.

불일(佛日)이 잠기고 빛남이 몇 년인지 기록할 수 없는데
유독 연좌석(宴坐石)만은 의연하게 남아 있구나.
상전(桑田)이 변해 몇 번이나 창해(滄海)가 되었는데
애석하게도 우뚝한 채 그 자리에 남았구나.

이윽고 몽고병란 이후에 불전(佛殿)과 구층탑은 모두 불타서 잿더

석(宴坐石)이 그대로 있다." 고 하였다. 後大德慈藏 西學到五臺山 感文殊現身授訣仍囑云 汝國皇龍寺 乃釋迦與迦葉佛 講演之地 宴坐石猶在『삼국유사』 3권, 황룡사 장육존상

794 전불(前佛)이란, 먼 과거로부터 비바시불(毘婆尸佛) 시기불(尸棄佛) 비사바불(毘舍婆佛) 구루손불(拘樓孫佛) 구나함불(拘那含佛) 가섭불(迦葉佛) 석가모니불(釋迦牟尼佛)에 이르기까지 과거 7불(佛)을 가리킨다.『장아함경』 대본경(大本經).

미가 되고 이 연좌석도 역시 매몰(埋沒)되어 거의 지면과 같이 평평해졌다.[795]

– 『삼국유사』 3권, 가섭불 연좌석

가섭불(迦葉佛)은 석가모니 이전의 부처이며, 당시의 인간 수명은 2만세였고 불교 경전에 의거하여 가섭불 시대로부터 고려 충렬왕 당시까지 계산하면 200만 여년이 지났다고 한다.

연좌석이란, 부처님이 도리천의 선법강당에서 3달 동안 설법하실 때 앉았던 금석(金石)으로 된 좌대(座臺)이다. 현재 석굴암 본존불과 화엄사 각황전에 봉안된 불상은 부처님 생존 시기의 모습과 같은 크기로 조성된 장육존상(丈六尊像)이다. 그러므로 연좌석 역시 현재 석굴암 본존불상이 앉아있는 연좌대(蓮座臺)와 모양과 크기가 흡사했을 것이다.

그런데 연좌석의 행방에 관해 '몽고병란 이후에 불전(佛殿)과 구층탑은 모두 불타서 잿더미가 되고, 이 연좌석도 역시 매몰되어 거의 지면과 같이 평평해졌다.'고 하였다.

황룡사 장육존상이 봉안된 불전(佛殿)은 진흥왕이 처음 창건할 당시

---

795 玉龍集及慈藏傳 與諸家傳紀皆云 新羅月城東 龍宮南 有迦葉佛宴坐石 其地卽前佛時伽藍之墟也 今皇龍寺之地 卽七伽藍之一也. 按國史 眞興王卽位十四開國三年癸酉二月築新宮於月城東, 有皇龍現其地, 王疑之改爲皇龍寺. 宴坐石在佛殿後面 嘗一謁焉 石之高可五六尺 來圍僅三肘 幢立而平頂 眞興創寺已來 再經災火 石有拆裂處 寺僧貼鐵爲護 乃有讚曰 惠日沉輝不記年 唯餘宴坐石依然 桑田幾度成滄海 可惜巍然尙未遷. 旣而西山大兵已後 殿塔煨燼 而此石亦夷沒 而僅與地平矣.

는 목조법당이었으나 그로부터 100여년이 지난 문무왕 14년(674)에 태풍이 불어 황룡사 불전(佛殿)이 무너졌다. 이때 의상대사가 왕명을 받들어 2층 석조 장육전(丈六殿)을 세워 사면 벽에 『화엄경』을 새겼는데, 이것이 현재 화엄사 각황전의 전신이고 조선시대 정유재란 때에 왜적들에 의해 파괴되어 부서진 파편들이 지금의 화엄석경이다.

그렇다면 황룡사는 고려 몽고병란으로 폐사된 것이 아니고, 연좌석 역시 원래 있던 부근에 묻혀있다는 말이다. 고려는 불교국가이고 『삼국유사』를 편찬한 일연(一然)은 고려 충렬왕 당시 국존(國尊)의 지위에 있었는데, 연좌석이 매몰되어 있으면 다시 복구하여 예전대로 보존하면 되는데, 어찌하여 개탄만 하고 있을까? 이것이 전혀 사리에 맞지 않는 기록이며, 이는 조선시대에 『삼국유사』를 개간하면서 조잡하게 날조된 구절이라는 단서가 된다. 연좌석은 황룡사 불전(佛殿, 장육전)의 후면에 있다 하였고, 현재 장육존상이 봉안된 화엄사 대법당인 각황전 뒤로 108계단을 오르면 사리탑이 있으니, 이곳이 도리천이고 화엄사가 황룡사라는 설을 뒷받침한다.

신라도읍지에는 흥륜사 영흥사 황룡사 분황사 영묘사 사천왕사 담엄사 등 전불시대의 절터 일곱 곳이 있는데, 신라 시대에도 흥륜사를 시작으로 일곱 곳에 모두 절이 창건되었다. 전불(前佛)이란 석가모니를 포함하여 과거 7불(七佛)을 가리키며, 과거 7불이 출현할 때마다 전불시대의 일곱 가람 터에 반드시 절이 창건된다는 말이다.

조선시대 조정에서 간행된 팔도지리지인 『신증동국여지승람』에 화엄사 창건과 창건주에 관해 다음과 같이 밝히고 있다.

화엄사는 지리산 기슭에 있다. 범승(梵僧) 연기(烟氣)는 어느 시대 사람인지 알 수 없는데 이 절을 창건했다. …… 어머니가 이고 서 있는 석상(石像)이 있는데, 세속에서 연기(烟氣)와 그 어머니가 화신(化身)한 땅이라고 한다.[796]

–『신증동국여지승람』 40권, 구례현.

화신(化身)이란 불·보살이 중생을 구제하기 위하여 출현한 몸을 가리키며 '창건주 연기와 그 어머니가 화신(化身)한 땅'이란 부처님이 도리천에서 어머니를 위하여 설법했던 사실을 가리킨다. 여기에 창건주 연기(烟氣)는 주 목왕 52년 신미(辛未, B.C 950)년에 도리천에서 지상에 내려와 당시 영접하러 나왔던 다섯 나라 국왕에게 그곳에 큰 절을 창건하도록 명하여 가섭불 시대의 가람을 모방하여 파사닉왕이 주조한 황금불상 등을 봉안하고 화엄사를 최초로 창건하도록 하였던 석가모니 부처님이고, 그 어머니는 지리산 산신이고 도리천에 산다는 마야부인이며 사리탑이 세워진 곳이 바로 도리천이라는 말이다.

따라서 육안으로 볼 때에는 부처님이 도리천에서 지상에 내려오신 곳과 환인(桓因, 제석)의 아들 환웅이 도리천에서 지상에 내려와 단군을 낳아 조선을 건국하였던 신시(神市, 아사달)는 서로 같은 곳이다.

그래서 서산대사가 지은 석가세존 부도비의 비문에서도 황룡사 세존사리탑이 세워진 곳이 바로 단군이 조선을 건국하였던 땅이라고

---

796 華嚴寺在智異山麓 僧烟氣 不知何代人 建此寺. … 有石像 戴母而立 俗云 烟氣與其母 化身之地.『신증동국여지승람』40권 구례현.

밝힌 것이다. 그곳이 바로 인간세상을 널리 이롭게 하기에 가장 적합한 곳이고 『화엄경』에서 찬양한 시라(尸羅, 신라) 땅이다.

이리하여 황룡사 장육존상을 찬양하는 시에서 말하였다.

세상 어디인들 진향(眞鄕, 불국토)이 아니랴만[797] /塵方何處匪眞鄕
향화(香火, 불교)의 인연은 우리나라가 최고이다. /香火因緣最我邦
아육왕(阿育王)이 손을 대기 어려운 것이 아니라 /不是育王難下手
월성(月城)의 옛 행장(行藏) 찾아온 것이다. /月城來訪舊行藏
-『삼국유사』 황룡사 장육존상

말미에 '월성(月城)의 옛 행장'이란, 중국 오대산에서 문수보살이 현신하여 자장법사에게 이르기를, "너희 나라의 황룡사는 바로 석가와 가섭불(迦葉佛)이 강연하시던 땅으로 연좌석(宴坐石)이 그대로 있다." 고 하였고, 부처님이 도리천에서 지상에 내려와 그곳에 큰 절을 창건하였던 사실을 가리킨다. 또 신라도읍지에 도리천이 있다고 하였으니 연좌석이 있던 곳이 실제로 도리천이라는 말이다. 따라서 부처님이 도리천에서 설법하실 때 앉았던 연좌석과 지상에 내려온 곳에 큰 절을 창건했던 곳이 바로 황룡사 터이며, 이것이 현재의 화엄사라는 사실을 알 수 있다. 당시 승가시성은 기자조선의 도읍지이고, 인간과 하늘 세계를 잇는 상징적인 의미를 지닌 신성구역으로 지금도 불교의 8대 성지 중의 하나로 꼽힌다.

화엄사 창건주가 석가모니 부처님이라는 사실은 장육존상이 봉안된

---

797 법신(法身)인 비로자나불(毗盧遮那佛)은 법계(法界)를 몸으로 삼는다.

화엄사의 대법당 각황전 주련에 대각국사 의천이 화엄사 창건주 연기(緣起)를 찬양한 시가 걸려있다는 사실에서도 이를 뒷받침한다.

이조시대 숭유억불 정책의 최대 희생양은 황룡사였다. 만약 황룡사의 진실을 그대로 드러내고 불교를 배척한다면 누가 보더라도 반민족적인 패륜행위에 해당하기 때문에 조선 불교사의 진실을 은폐하기 위하여 부득이하게 황룡사가 있는 신라 천년의 도읍지를 공권력을 동원하여 기존의 역사서를 개간하고 경주에 가짜 봉분까지 만들어가며 치밀하게 날조하였던 것이다. 경주 지역에서 출토되는 유물은 인위적으로 옮길 수 있는 것이지만, 신라 도읍지는 원래 신선세계인 삼신산에 있었고, 화엄사를 중심으로 구례군 일대에 산재해 있는 닭 형상의 계림(鷄林), 자라 형상의 오산(鼇山), 여근곡 등은 규모가 광대하고 천연적으로 이루어진 것이기 때문에 인위적으로 조작이 불가능하다.

또 판본 「대화엄사 사적(事蹟)」에는 삼국시대 화엄사의 창건 유래에 관해 다음과 같이 기록하고 있다.

〔번역문〕

〔옛 가람이라 일컫는 대 화엄(大華嚴)이라는 절은〕[798]
양(梁)나라 천감(天監) 13년 갑오(甲午, 514)년에 신라 법흥왕이 즉위하고 15년 무신(戊申, 528)년에 불법이 크게 성행하여 어머니 영제부인(迎帝夫人)과 왕비 기축부인(己丑夫人)이 출가하여 여승

---

798 이 문장 앞에 稱古伽藍曰 大華嚴者라는 구절이 있다. 이어지는 문장이 화엄사 창건에 관한 내용이라는 뜻이다.

이 되었다. (법흥왕은) 법명을 법류(法流)라 하였으며 율령(律令)을 지키고 행하였다. 이리하여 혹은 화엄불국사(華嚴佛國寺) 혹은 화엄법류사(華嚴法流寺) 혹은 화엄법운사(華嚴法雲寺)라고 하는데, 계림고기(雞林古記)에는 혹 황둔사(黃芚寺)[799]라고도 한다.

간좌곤향(艮坐坤向)[800]이니 뒤로는 노을 이는 봉우리에 기대고, 앞으로는 구름 이는 시내를 굽어보며 진압한다.

양 무제 대동(大同) 12년[801] 신라 진흥왕 5년 갑자(甲子, 544)년에

---

799 신라 선덕여왕이 당 정관(貞觀) 7년 계사(癸巳 633)에 약사여래상(藥師如來像)을 주조하여 안치하도록 하고 절 이름을 황둔사(黃芚寺)라고 했다. 후에 소성왕(昭聖王)때 5년이나 가뭄이 심해 초목이 말랐는데 홀로 이 산만은 따뜻한 봄날과 같이 시냇물이 흐르고 촉촉함을 더하여 초목이 젖어 있었다 한다. 이리하여 산 이름을 은점(隱霑)이라고도 하였고 절 이름도(황둔사를) 황룡사(黃龍寺)로 고쳐 불렀다. -「불국사 고금창기」

800 간(艮)은 동북의 괘(卦)이다. 만물이 이루어져 마치는 곳이고, 이루어짐이 시작되는 곳이다. 그러므로 간방(艮方)에서 이루어진다고 말한 것이다. 곤(坤)이란 땅이니, 만물이 모두 땅에서 양육된다. 그러므로 곤(坤)에 일을 맡긴다고 한 것이다. 艮東北之卦也 萬物之所成終 而所成始也 故曰成言乎艮. 坤也者地也 萬物皆致養焉 故曰 致役乎坤 -『주역(周易)』 설괘전(說卦傳). 모든 중생이나 초목 일체가 나서 성장할 적에 땅을 의지하듯이, 세간에서나 출가해서나 모든 선근(善根)은 가장 신성한 시라(尸羅, 신라) 땅에 의지하라. 如諸衆生及草木 一切生長咸依地 世及出世諸善根 皆依最勝尸羅地 -『40화엄경』 제17권, 입부사의해탈경계 보현행원품(入不思議解脫境界普賢行願品). 여기에 '시라(尸羅) 땅'은 『주역』에서 말한 간좌곤향(艮坐坤向)과 같은 곳으로 바로 화엄사가 있는 구역에 해당한다.

801 大同 원년은 535년으로 본문은 大同 10년의 오기.

개기(開基, 창건)했다.[802]

이 해에 진흥왕이 어머니 지소부인(只召夫人)[803]을 위하여 흥륜사(興輪寺)를 창건하고 사람들을 제도하여 중과 여승이 되도록 하고 널리 불찰(佛刹)을 일으켰는데, 말년에는 머리를 깎고 승복을 입고 스스로 법호를 법운자(法雲子)라고 했다.
또 황룡사(皇龍寺)를 낙성하고 장육동상(丈六銅像)을 주조했는데 무게가 5만 5천7근斤이요, 황금 1백2냥을 도금(鍍金)했다.[804]

당 명황 천보(天寶) 13년, 신라 경덕왕 13년 갑오(甲午, 754)년에 조술(祖述)했다.

이 해에 경덕왕이 어머니 소덕태후(炤德太后)를 위하여 황룡사종(皇龍寺鍾)을 주조하였는데 길이가 10척 3촌(一丈三寸)이요, 두께가 9촌(寸)이며 무게가 49만 7천5백81근(斤)이었다.[805]

---

802 원문에 한 글자 올려 쓴 문장은 본문이고 내려 쓴 문장은 본문에 대한 부연설명, 즉 주석과 같은 것이다.

803 진흥왕의 아버지는 법흥왕의 동생 입종(立宗) 갈문왕(葛文王)이고, 어머니는 지소부인(只召夫人)으로 식도부인(息道夫人)이라고도 하며, 박(朴)씨이다. - 『삼국유사』 왕력

804 진흥왕 35년 봄 3월에 황룡사(皇龍寺)의 장육존상(丈六尊像)을 주조하였는데, 구리의 무게가 3만 5천 7근이고 도금한 금의 무게가 1만 1백9십8푼이었다. - 『삼국사기』 신라본기

805 신라 제35대 경덕대왕이 천보(天寶) 13년 갑오(甲午 754)년에 황룡사의 종을

이 시기에 또 김대성(金大城)이 창건한 토함산의 불국사(佛國寺)가 있으니 뒷사람들은 절 이름에 현혹됨이 없도록 하라.

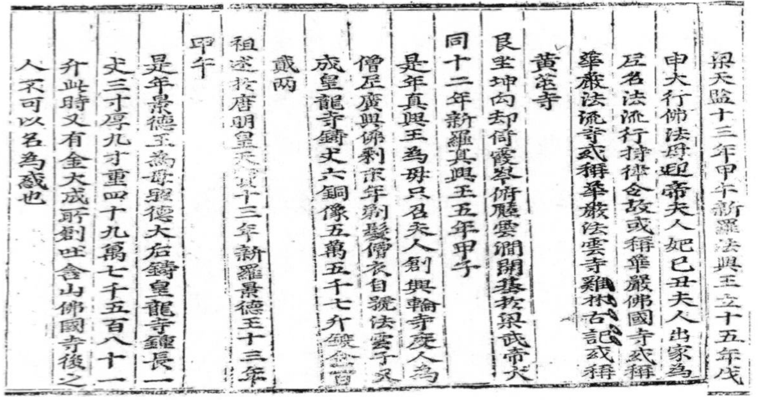
梁天監十三年甲午新羅法興王立十五年戊
申大行佛法母迎帝夫人妃巳丑夫人出家為
尼名法流行持律令故或稱華嚴佛國寺或稱
華嚴法流寺或稱華嚴法雲寺雞林古記或稱
黃花寺
良坐坤向却倚霞峯俯瞰雲淵開基於梁武帝大
同十二年新羅真興王五年甲子
是年真興王為母只召夫人創興輪寺度人為
僧尼廣興佛刹末年剃髮僧衣自號法雲子又
成皇龍寺鑄丈六銅像五萬五千七斤鍍金百
貳兩
祖述於唐明皇天寶十三年新羅景德王十三年
甲午
是年景德王為母照德大后鑄皇龍寺鐘長一
丈三寸厚九寸重四十九萬七千五百八十一
斤此時又有金大成所創吐含山佛國寺後之
人不可以名為惑也

「大華嚴寺 事蹟」 1636년 撰, 숙종 23년(1697) 목판본으로 개간

〔해설〕

조선시대에 간행된 구례읍지인 『봉성지(鳳城誌)』에는 화엄사의 연혁에 관해 이렇게 적고 있다.

양 무제 대동(大同) 10년(544)에 신라 진흥왕이 창건한 곳이다. 당 정관(貞觀) 신라 선덕여왕(善德王) 때에 자장(慈藏)대사가 사리탑을 세웠다.

주조했는데, 길이는 10척 3촌(寸)이요, 두께는 9촌, 무게는 49만 7,581근이었다. 시주는 효정이왕(孝貞伊王) 삼모부인(三毛夫人)이요, 장인은 이상택(里上宅)의 하전(下典)이었다. –『삼국유사』 3권 황룡사 종

당 고종(高宗) 신라 진덕왕(眞德王)때에 원효대사가 해회당(海會堂)
에서 설강(設講)하였다.
문무왕 때에 국사(國師) 의상(義湘)이 왕명을 받들어 석판(石板)에
80권 『화엄경』을 새기고 이 절에 머물렀다.
경덕왕 때에 칙령(勅令)으로 거듭 새롭게 중창했는데 그때에는
큰 절이 여덟 곳이고 소속 암자가 81곳이었다.
헌강왕 때에 도선 국사가 계승하여 중창하고 수도하였다.[806]

신라 법흥왕 때에 이차돈의 순교로 인하여 신라에 불교가 공식적으로 도입되고 법흥왕 때에 절 짓는 공사가 시작되어 진흥왕 즉위 5년(544) 봄 2월에 흥륜사(興輪寺)를 낙성하였는데, 이것이 화엄사 최초의 창건이며, 흥륜사 창건주는 아도화상이고, 아도화상은 고려 대각국사 문집에 나오는 화엄사 창건주 연기조사이다.

화엄사 연기조사(緣起朝師)[807] 진영에 예찬하다

『대승기신론』과 『화엄경』을 통달하지 못한 것이 없고

---

806 梁武帝 大同十年 新羅眞興王所刱 唐貞觀 新羅善德王時 慈藏大師建塔 唐高宗 新羅眞德王朝 元曉大師設講 於海會堂 文武王時 國師義湘 承命 以石板 刻華嚴經八十卷 留于寺 景德王朝 勅令重新 其時 大寺八 屬菴八十一 憲康王時 道詵國師 繼創修道 -『봉성지(鳳城誌)』 불우(佛宇) 화엄사.

807 창건주 연기는 신라 대승불교의 조사(祖師)이기 때문에 緣起祖師라고 하는데, 제목에서 朝師라고 하였으니 이는 國師와 같은 의미이다.

(대사는 평소 『화엄경』과 『기신론』을 강연하였다.)
일생동안 홍호(弘護)하여 깊은 공덕이 있다.
3천 명의 제자가 등불을 나누어 밝히니
원교종(圓敎宗)[808]의 바람이 해동에 가득하였다.
(본전(本傳)에, 전교한 의학(義學) 수가 3천 명이었다.)[809]
-『대각국사 문집』 제17권

또 대각국사 의천이 지은 『신편제종교장총록(新編諸宗敎藏總錄)』에, 연기(緣起)는 신라의 고승으로 연기가 저술한 목록을 다음과 같이 밝히고 있다.

『화엄경요결(華嚴經要決)』 12권, 『화엄개종결의(華嚴開宗決疑)』 30권, 『대승기신론주강(大乘起信論珠綱)』 3권, 『기신론사번취요(起信論捨繁取要)』 1권.
-『신수대장경(新修大藏經)』

개산조 연기대사는 오로지 마명(馬鳴)과 용수(龍樹)의 대승불교를 전파하여 깊은 공로가 있다. 『화엄경』과 『대승기신론』의 그윽하고

---

808 대승의 진실 원만한 교의를 종지로 하는 종파를 가리키는 것으로, 화엄이나 천태(天台) 같은 종파를 원교(圓敎)의 종(宗)이라고 한다.

809 華嚴寺禮緣起朝師影 偉論雄經罔不通(師平昔講演 起信花嚴) 一生弘護有深功 三千義學分燈後 圓敎宗風滿海東(本傳云 傳敎義學數三千) -『대각국사 문집』제17권

현묘한 뜻을 3천의 의학에게 가르쳐 양성하여 해동에 유통시켰으므로 승사(僧史)에서 해동 화엄종의 비조(鼻祖)로 추앙한다.[810]
–『구례속지(求禮續誌)』

화엄사는 지리산 기슭에 있다. 고승 연기(煙氣)는 어느 시대 사람인지 알 수 없는데 이 절을 창건했다. 어머니가 이고 서 있는 석상(石像, 4사자 3층 석탑)이 있는데, 세상에서 연기(煙氣)와 그 어머니가 화신(化身)한 곳이라고 한다.
–『신증동국여지승람』 40권 구례현

우리 화엄사는 옛 노장들에게 들은 바에 의하면 범승(梵僧) 연기(烟起)가 창건했다고 하는데, 이루어졌다 헐어지고 헐어졌다가 이루어지기를 몇 천 년이 지났는지 알 수 없다.

'부처님께서 처음 창건하신 일과[811] 청오(靑烏)의 역법(曆法)을 설명한 자취를 감히 청하건대 시작과 끝을 더듬어 적어서 산문에 남겨두어 썩혀지지 않게 남겨 두었으면 하오니 두려워하지 마소서.' 하였

---

810 開山祖 緣起大師 專宗馬鳴龍樹 大乘佛教深功 華嚴起信之幽玄妙旨 教養三千義學 流通海東 故僧史 推爲海東華嚴宗鼻祖 –『求禮續誌』

811 황면 권여지사(黃面 權輿之事): 석가모니 부처님의 피부가 황금색이므로 부처님을 황면(黃面)이라고 한다. 또 저울을 만들 때 저울 추(權)를 먼저 만들고 수레를 만들 때 수레 집(輿)을 먼저 만드는 것이므로 권여(權輿)는 일의 시초를 말한다. 여기에서는 화엄사가 처음 부처님이 창건하였던 사실을 밝히고 있다.

다.[812]

– 이상 『대화엄사 사적(事蹟)』

아도(我道)가 가르침을 받들고 계림(鷄林)에 와서 왕성(王城)의 서쪽 마을에 우거했는데, 때는 미추왕 즉위 2년 계미(癸未, 263)년이었다. 제19대 눌지왕때 사문(沙門) 묵호자(墨胡子)가 고구려로부터 일선군(一善郡)에 이르렀다. 21대 비처왕(毗處王, 소지왕) 때 아도(我道)화상이 시자 세 명과 함께 역시 모례(毛禮)의 집에 왔다. 양나라 대통 원년(527) 3월 11일에 아도(阿道)가 일선군에 들어오니 천지가 진동하였다.

이른바 묵호자라는 것도 진짜 이름이 아니라 그저 지목한 말이다. 마치 양나라 사람들이 달마를 가리켜 벽안호(碧眼胡)라고 하고, 진(晉)나라에서 고승 도안(道安)을 조롱하여 칠도인(柒道人)이라고 한 것과 같은 것이다. 즉 아도가 위태로운 일을 하느라고 이름을 숨겨 법명을 말하지 않은 까닭이다.

– 이상 『삼국유사』

고승 아도(阿道)는 혹은 본래 천축(天竺) 사람이라고도 하고, 혹은 오(吳)나라에서 왔다고도 하며, 혹은 고구려에서 위나라로 들어갔다가 뒤에 신라로 돌아왔다고도 하지만 어느 말이 옳은지는 알 수 없다. 그는 풍모와 위의가 특이하고 신통변화는 더욱 기이하였

---

812 黃面權輿之事 靑烏曆詮之迹 敢請原 始要終貽 厥山門不朽之爲幸 無憚

다. 항상 돌아다니면서 교화하는 것을 자신의 임무로 삼았으며, 강연을 시작할 때마다 하늘에서 묘한 꽃비가 내렸다.

불교가 동국으로 전해 오자 믿고 헐뜯음이 번갈아 일어났지만, 처음 전교하여 그 광명이 드러나자 대대로 그 사람 있었으니, 아도나 묵호자 같은 이는 모두 형상 없는 법신(法身)을 가지고 숨었다 나타났다 함을 자유롭게 하였다.
혹은 앞서거나 혹은 뒤서며, 같기도 하고 다르기도 하면서, 마치 바람을 붙잡고 그림자를 포박하는 듯하여, 그 자취를 잡아 정할 수가 없었다. 다만 그 먼저 옳음을 시험한 뒤에야 시행함을 열었고, 처음에는 해를 피해 도망갔지만 마침내 공을 이루었다.
- 이상 『해동고승전』

화엄사는 석가모니 부처님 생존 시에 부처님이 마야부인이 사는 도리천(忉利天)에 올라가 3달 동안 어머니를 위하여 설법하시고 지상에 내려오신 곳에 부처님의 가르침에 따라 당시 영접하러 나왔던 다섯 국왕이 그곳에 큰 절을 창건하였는데, 이것이 화엄사 최초의 창건이다.

삼국시대에 이르러 신라 제13대 미추왕 때부터 제23대 법흥왕 때에 이르기까지 아도 또는 묵호자가 여러 차례 출현하여 전교하며 흥륜사(興輪寺)를 창건하였으나, 실제로는 석가모니가 불교를 다시 일으키기 위하여 현신한 것으로 화엄사는 전통적으로 부처님이 창건하였다는 말이다. 이리하여 화엄사 대법당인 각황전 주련에 창건주 연기조사를 찬탄한 시가 걸려있는 것이다.

그리고 거듭하여 이 골짜기에 황룡사가 창건되었는데, 진흥왕 14년(553) 봄 2월에 왕명으로 담당 관청에 명하여 새 궁궐을 월성(月城)의 동쪽에 짓게 했는데 누런 용이 그곳에 나타났다. 왕은 이를 이상히 여겨 궁전을 고쳐 절로 삼고 이름을 내려 황룡사라고 했다.

이것이 신라 최대의 사찰인 황룡사이다.

화엄사의 원래 이름은 화엄불국사이니, 이는 이곳이 『화엄경』의 설법 무대이고 불보살이 살고 있다는 수미산 도리천이 있는 불국토라는 말이고, 화엄법류사와 화엄법운사의 법류는 법흥왕의 법호이고 법운은 진흥왕의 법호에서 유래한 것이다.

이어서 경덕왕이 화엄사를 크게 중창하고 화엄사상을 크게 부흥시켰던 사실로 이어지는데, 이 내용은 『삼국유사』에 실려 있는 것으로 경덕왕 13년 갑오(甲午, 754)년에 왕이 화엄종의 대덕 법해에게 청하여 황룡사에서 『화엄경』을 강설하게 하였다.

이듬해 〔천보 13년〕 갑오(甲午, 754)년 여름, 경덕왕은 또 대덕 법해(法海)를 청하여 황룡사에서 『화엄경』을 강설하게 하고, 친히 가서 향을 피웠다. 조용히 법해에게 말했다.

"지난해 여름에, 태현(太賢)법사가 『금광명경(金光明經)』을 강설하니 우물의 물이 일곱 길이나 치솟아 올랐소. 스님의 법도(法道)는 어떠하오?" 법해는 말했다.

"자질구레한 일이온데 무엇을 그렇게 특별히 칭찬하십니까? 즉시 창해(滄海)를 기울여 동악(東岳)을 잠기게 하고 서울을 떠내려가게 하는 것도 또한 어렵지 않습니다." 왕은 아직 그 말을 믿지 않고 농담으로 여겼다. 정오에 『화엄경』을 강설할 때에 이르러 향로를 당겨 잠잠히 있으니 잠깐 사이에 궁중에서 갑자기 통곡하는 소리가 들리더니, 궁리(宮吏)가 달려와서 보고 했다.

"동쪽 못이 이미 넘쳐흘러서 내전(內殿) 50여 칸이 떠내려갔습니다." 왕은 망연자실하였다. 법해는 웃으면서 말했다.

"동해물이 기울어 쏟아지려고 수맥(水脈)이 먼저 넘친 것입니다."

왕은 자기도 모르는 사이에 일어나 절을 하였다. 그 이튿날 감은사(感恩寺)에서 아뢰었다. "어제 정오에 바닷물이 넘쳐흘러 불전(佛殿)의 계단 앞에까지 들어왔다가 오후 늦게 물러갔습니다."

왕은 법해를 더욱 믿고 공경했다.

찬양한다.

법해(法海)의 파란을 보라, 법계는 넓기도 하다지만
사해(四海)를 넘치게 하고 줄이는 것도 어려울 것 없다.
백억의 수미산을 크다고 말하지 말라,
모두 우리 대사의 한 손가락 끝에 있도다.[813]

---

813 明年甲午夏 王又請大德法海 於皇龍寺講華嚴経 駕幸行香 從容謂曰 前夏大賢法師講金光經 井水湧七丈 此公法道如何 海曰 特爲細事何足稱乎 直使傾滄海襄東岳流京師亦非所難 王未之信謂戲言爾 至午講引爐沉寂 須臾 內禁忽有哭泣聲 宮吏走報曰 東池已溢 漂流內殿 五十餘間 王茫然自失 海笑謂之曰 東海欲傾水脉先漲爾 王不覺興拜 翌日感恩寺奏 昨日午時海水漲溢 至佛殿階前 晡時而還 王益信敬之 讚曰 法海波瀾法界寬 四海盈縮未爲難 莫言百億

이리하여 경덕왕이 이 해에 화엄사(황룡사)를 크게 중창하면서 무게가 봉덕사종의 4배에 해당하는 49만 7천5백81근의 황룡사 대종을 주조하였다고 부연설명하고 있다. 그리고 이 대종을 매달았던 범종각(梵鍾閣)이 3층 3칸의 규모로 화엄사에 있었다고 밝히고 있다.[814]

앞서 석가모니불과 가섭불이 앉아 설법하였던 연좌석이 황룡사 불전(佛殿, 장육전) 후면에 있다고 하였는데, 이곳이 바로 지금 화엄사 4사자 3층 석탑이 있는 곳이라고 하였다. 또 고려 몽고병란 이전까지도 자장법사가 화엄사 장육전 아래에 세운[815] 구층 세존사리탑이 있었다고 했다. 이것은 지금의 화엄사가 바로 황룡사라는 사실을 분명히 밝히고 있는 것이다.

조선시대 간행된 구례읍지인 『봉성지』에 의하면, '신라 경덕왕 때에 칙령으로 화엄사를 거듭 새롭게 중창하였는데, 그때에는 큰 절이 여덟 곳이요, 여기에 81암자가 속해 있었다.'[816]라고 하였다.

이 8寺 81암자에 각각 이름이 있었으며 이를 통칭 화엄불국사(華嚴佛國寺)라고 한다. 판본 사적에는 흥륜사(興輪寺)·황룡사(皇龍寺)·사천왕사(四天王寺)·망덕사(望德寺), 그리고 신라 말기의 대 문호인 최치원 선생이 머물렀다는 월류봉(月留峰) 아래의 청량사(淸凉寺)가 모두 화엄사 골짜기에 있었던 것으로 나타나고 있다.

신라 전성기에 8寺 81암자가 어우러져 화엄불국세계를 이루던 화엄

須彌大 都在吾師一指端. -『삼국유사』 4권, 유가종의 태현과 화엄종의 법해

814 梵鐘閣 三層三間

815 한국의 사찰 ⑧ 화엄사

816 景德王朝 勅令重新 其時大寺八屬庵八十一

불국사는 점차 규모가 축소되어 임진왜란으로 인하여 소실된 것을 예전의 가람(伽藍)을 다 복원하지 못하고 현재의 화엄사는 8寺 중에 중심 사찰인 황룡사를 우선 복원한 것이다.

황룡사가 창건된 위치에 관해 『삼국유사』 가섭불 연좌석 조에, '신라 월성(月城)의 동쪽, 용궁(龍宮)의 남쪽[817]' 이라고 하였다.

여기에 월성(月城)은 신라 궁궐 외곽의 도성이다. 김알지가 출현한 계림(鷄林)의 위치에 관해 『삼국사기』에, 금성(金城)의 서쪽이라 했고, 『삼국유사』에는 월성(月城)의 서쪽이라고 하였다. 이로써 본다면 신라 궁성인 월성과 금성은 인근에 있었고 궁성 서쪽 너머에 계림이 있으니 황룡사는 김알지가 출현한 계림의 동쪽에 있었다.

또 조선 초기의 사관인 서거정(徐居正, 1420~1488)은 '영남으로 유람 가는 일암(一菴) 전 상인(專上人)을 전송하며(送一菴專上人遊嶺南)'라는 시에서 이렇게 말했다.

곧장 계림(鷄林)에 이르러 좋은 경치 찾노라면
황룡사는 옛 여섯 자라(六鼇) 머리에 있다네.[818]

최치원이 지은 지증대사 비문에, '계림(鷄林) 땅은 오산(鼇山) 곁에 있다' 고 하였다. 서거정의 시에 육오두(六鼇頭) 역시 육오(六鼇)는 삼신산을 머리에 이고 있다는 신령한 자라인 금오산(金鼇山)을 가리키고, 금오의 머리란 삼신산을 가리킨다.

---

817 용궁의 남쪽에 황룡사가 있고, 용궁의 북쪽에 분황사(芬皇寺)가 창건되었다.

818 直到鷄林探勝景 黃龍寺古六鼇頭 -『사가시집(四佳詩集)』 제21권 시류(詩類).

『열자(列子)』 탕문(湯問) 편에 '발해(渤海)에 선인들이 사는 5신산(五神山)이 있었는데, 첫째는 대여(岱輿), 둘째는 원교(員嶠), 셋째는 방호(方壺, 방장산), 넷째는 영주(瀛州), 다섯째는 봉래(蓬萊)이다.

그런데 용백국(龍伯國)에 대인(大人)이 있어 한 낚시로 두 산을 머리에 이고 있던 여섯 마리의 자라들을[819] 연달아 낚아버려, 이에 대여(岱輿)와 원교(員嶠)의 두 산은 큰 바다 속에 가라앉아서 지금은 방호(方壺, 방장산)·영주(瀛州)·봉래(蓬萊) 삼신산만 남아 있다.'는 고사(故事)에서 인용한 것이다. 그러므로 여섯 자라의 머리라는 구절은 자라형상의 오산(鼇山) 근처에 있는 삼신산의 하나인 방장산(方丈山, 지리산)에 황룡사가 있다는 뜻으로, 화엄사 사적에 현재의 화엄사가 신라 황룡사라는 설을 뒷받침하고 있는 것이다.

서거정은 『동국통감』 등을 편찬한 조선 초기의 사관이고, 전 상인(專上人)은 시문에도 능한 당대의 고승으로 서로 여러 편의 시를 지어 주고받는 친밀한 관계였다. 시를 보면 황룡사를 계림의 대표 명승지로 추천하면서 황룡사의 위치에 관해 삼신산을 머리에 이고 있다는 자라형상의 오산(鼇山) 곁의 삼신산에 있다고 밝히고 있다. 이것은 서산대사가 지은 '석가세존의 금골사리 부도비'의 비문에 황룡사 구층탑의 옛 터에 다시 사리탑을 세웠다는 사실과 함께 고려 몽고병란으로 소실된 것으로 알려진 황룡사가 임진왜란 이후까지도 건재했고 현재의 화엄사라는 사실을 뒷받침한다. 화엄사가 신라 불교의 중심 사찰인 황룡사라는 사실은 이미 『삼국유사』에서도 그 단서가 보인다.

---

819 금오 3마리가 1조가 되어 솥발처럼 삼신산을 머리에 이고 받치고 있다.

> 원성대왕이 하루는 황룡사(皇龍寺)의〔주석(注): 어떤 책에는 화엄사(華嚴寺)라고 했다. 또 금강사(金剛寺)라는 것도 대개 절 이름과 경 이름을 혼동한 것이다.〕 고승 지해(智海)를 대궐로 청해 들여 『화엄경』을 50일 동안 강연하게 했다.[820]

신라 38대 원성대왕(元聖大王, 785~798 재위) 때에 왕실에서 황룡사 지해(智海)를 초청하여 50일 동안 『화엄경』을 강설하게 하였는데, 원문의 주석에서 다른 책에는 『화엄경』을 강설했던 화엄종의 대덕이 '화엄사의 지해(智海)'라고 기록되어 있다는 말이다.

그런데 지난 1978년 민간인으로부터 입수하여 국보 제196호로 지정된 「신라백지묵서화엄경」이 발견되어 새로운 국면을 맞게 된다. 그 조성기인 발문(跋文)[821]에서 다음과 같이 밝히고 있다.

> 천보(天寶) 13년 갑오년(754) 8월 1일에 시작하여 을미년(755) 2월 14일에 1부를 두루 마치어 이루었다. 제작하도록 발원한 이는 황룡사(皇龍寺) 연기법사(緣起法師)이니, 제1은 은혜를 주신 부모를 위한 것이고, 제2는 법계(法界)의 일체 중생이 모두 불도를 이루도록 서원하였다.[822]

---

820 『삼국유사』 2권 원성대왕. 王一日請皇龍寺(注 或本云華嚴寺 又金剛寺者蓋以寺名經名亦混之也) 釋智海入內 講華嚴經五旬

821 『미술자료(美術資料)』(24호) 1979년, 황수영 「신라백지묵서화엄경(新羅白紙墨書華嚴經)」

822 天寶十三載 甲午八月一日初 乙未載 二月十四日 一部周了成內之 成內願旨者

또한 조성기의 말미에 사경(寫經)에 참여한 인물의 관직과 성명이 기록되어 있는데, 황룡사가 있는 대경(大京, 서라벌)을 중심으로 남원, 정읍, 광주, 장성 등 모두 전라도 지역의 관리로 분포되어 있다.

황수영 박사는 이 사경을 입수하게 된 조사 보고서에서 당초에 민간인 소장자는 호남지방에서 입수한 것이라고 하였으며, 이에 따라 황수영은 이 사경이 화엄사 4사자 3층 석탑에 봉안되었던 것으로 추정하고 조성기에 나오는 연기법사(緣起法師)가 바로 그동안 베일에 가려진 화엄사 창건주라고 주장하였다. 이리하여 현재 학계에서는 필사본 화엄경의 발문에 나오는 황룡사 연기법사를 화엄사 창건주와 동일한 인물로 간주하고 화엄사의 창건 연대를 경덕왕 13년(754)으로 200여 년 끌어내리고 있다. 그러나 이 같은 주장을 하는 자들의 공통점을 보면 『삼국유사』에 경덕왕이 바로 그 해에 황룡사에서 성대한 화엄경법회를 베풀었다는 사실을 은폐하고 있다.

신라 경덕왕 대의 화엄사 관련 기록을 종합하면 다음과 같다.

① 천보(天寶) 13년 갑오년(754) 8월 1일에 시작하여 을미년(755) 2월 14일에 〔80화엄경〕 1부를 두루 마치어 이루었다. -『신라백지묵서화엄경』 조성기

② 이듬해 〔천보(天寶) 13년〕 갑오년 여름에 경덕왕이 또 대덕 법해(法海)에게 청하여 황룡사(黃龍寺)에서 화엄경(華嚴經)을 강론하게 하고 가마를 타고 행차하여 친히 향을 피웠다. -『삼국유사』

③ 천보(天寶) 13년, 신라 경덕왕 13년 갑오(甲午, 754)년에 〔화엄사

皇龍寺緣起法師 爲內賜 第一恩賜父親爲內弥 第二法界一切衆生 皆成佛道.

상을] 조술(祖述)했다. 이 해에 경덕왕이 어머니 소덕태후(炤德太后)를 위하여 황룡사종을 주조하였는데 길이가 10척 3촌(寸)이요, 두께가 9촌이며 무게가 49만 7천5백81근(斤)이었다. -『대화엄사 사적』

④ 경덕왕 때에 칙령으로 화엄사를 거듭 새롭게 중창했는데, 그때에는 큰 절이 여덟 곳이고 소속 암자가 81곳이었다. -『봉성지(鳳城誌)』

내용을 보면, 이 사경(寫經)은 경덕왕 때에 황룡사에서 제작된 것이 분명하다. 앞서 살펴본 바와 같이 신라도읍지는 삼신산에 있었고 현재 화엄사가 황룡사라는 풍부한 역사 자료가 갖추어져 있다.

또한 연기(緣起)라는 법호는 신라 헌강왕 때의 도선 국사도 연기라고 부르기도 하였기 때문에 이들 세 연기는 동명이인일 뿐, 동일한 인물이 아니다. 만약 발문에 나오는 연기법사가 화엄종의 조사(祖師)라고 가정한다면 경덕왕 때에 화엄법회에서 법해(法海)가 아니라 마땅히 연기법사가 『화엄경』을 강설해야 맞는 것이며, 오히려 이 사경의 조성기는 화엄사가 황룡사라는 사실을 뒷받침하는 결정적인 단서가 된다.

또한 백지묵서화엄경은 보존 상태로 보아 불상의 뱃속에 봉안된 복장(腹藏)을 도굴한 것이지 석탑에 보존된 것이 아니다. 당시 민간인 소장자가 잘 알면서 안전하게 거래하기 위하여 사실을 은폐한 것이다.

신라 경덕왕 13년(754) 8월 1일부터 경덕왕은 황룡사(=화엄사)에서 화엄도량을 개설하였는데, 이때 화엄종의 대덕 법해(法海)에게 청하여

『화엄경』을 강설하게 하고 아울러 현재 국보 196호로 지정된 「신라백지묵서화엄경」을 제작하고 화엄사를 중창하면서 무게가 성덕대왕신종(에밀레종)의 4배에 달하는 49만 7천5백81근의 황룡사 대종을 주조하였던 것이다. 이 무렵 화엄사 골짜기에는 흥륜사 황룡사 태화사 사천왕사 망덕사를 포함하여 8寺 81암자가 있었다.

이와 같이 화엄사가 황룡사라는 문헌자료와 물증이 두루 갖추어져 있는데도 불구하고 현재 학계에서는 '황룡사 복원 운운' 하며 경주지역 들판의 민가를 철거하고 지금까지 어언 40여 년 동안 조사 연구비로만 실로 천문학적인 규모의 혈세를 탕진하고 있다. 서투른 반풍수(半風水)가 집안 망친다는 속담은 이런 경우를 두고 나온 말이다.

신라 진흥왕 때의 연기(緣起)에 관해 고려 대각국사 의천이 지은 『신편제종교장총록(新編諸宗教藏總錄)』에, 연기는 신라의 고승으로 연기가 저술한 목록을 다음과 같이 밝히고 있다.

> 『화엄경요결(華嚴經要決)』 12권, 『화엄개종결의(華嚴開宗決疑)』 30권, 『대승기신론주강(大乘起信論珠綱)』 3권, 『기신론사번취요(起信論捨繁取要)』 1권[823]

또 대각국사가 화엄사에 머물며 연기조사 진영에 참배하고 다음과 같은 게송을 남겼다.

---

823 신수대장경(新修大藏經)

『대승기신론』과 『화엄경』을 두루 통달하고
(대사는 평소 『화엄경』과 『기신론』을 강연하였다.)
일생동안 널리 옹호하여 깊은 공덕이 있네.
3천의 제자가 등불을 나누어 밝히니
화엄종의 바람이 해동에 가득하였다.
〔본전(本傳)에, 전교한 의학(義學) 수가 3천 명이었다.〕[824]
-『대각국사 문집』 제17권

현재 이 게송이 화엄사 대법당인 각황전 주련에 걸려 있다.

창건주 연기(緣起)는 법흥왕과 진흥왕 때의 고승으로 『화엄경』과 『기신론』을 두루 통달하여 3천 명의 제자들에게 가르쳐 유통시켰으므로 해동 화엄종의 조사(祖師)로 추앙하여 연기조사라고 부른다.

또 문무왕 때에 이르러서는 의상대사가 지정한 화엄십찰의 중심도량으로 『삼국유사』와 최치원이 지은 「법장화상전」 등에 기재되어 있고, 화엄사는 해동 화엄종의 종찰(宗刹)이기 때문에 현재 각황전 자리에 의상대사가 중건하였던 장육전(丈六殿) 석벽에 『화엄경』을 새겨 임진왜란 때에 부서진 파편이 그대로 보존되어 있는데, 학계에서 이것은 어떻게 설명할 것인가?

경덕왕 13년 갑오(甲午, 754)년에 왕이 화엄종의 대덕 법해(法海)에게 청하여 황룡사에서 『화엄경』을 강설하게 하였는데, 경덕왕 대의

---

824 華嚴寺禮緣起朝師影 偉論雄經罔不通(師平昔講演 起信花嚴) 一生弘護有深功 三千義學分燈後 圓敎宗風滿海東(本傳云 傳敎義學數三千) -『대각국사 문집』

필사본 화엄경은 이때 제작된 것이고, 이 무렵 화엄사는 이미 8寺 81암자가 어우러져 화엄불국세계를 이루고 있었다.

또한 신라 49대 헌강대왕이 세상을 떠나자 왕비 권씨는 출가하여 여승이 되어 법호를 수원(秀圓)이라고 하였는데 재물을 희사하여 화엄사에 31칸(間)의 대강당인 광학장(光學藏)을 세우고, 대를 이어 즉위한 정강왕은 형인 헌강왕의 명복을 빌기 위하여 대왕을 비롯한 왕실의 친척과 조정의 대신들을 중심으로 하여 화엄사에서 '화엄경사(華嚴經社)'를 결성하고 대덕 현준법사(賢俊法師)를 초청하여 광학장에서 『화엄경』을 강의하도록 하고 아울러 명필로 하여금 『화엄경』을 필사(筆寫)하도록 하였다. 이리하여 매년 두 번씩 화엄사 광학장에 모여 『화엄경』을 전독(轉讀)[825]하는 것을 연례행사로 하였다는 내용이 판본 사적기에 수록되어 있다.

이렇게 볼 때 화엄사는 진흥왕 5년(544)에 창건된 이래로 100년을 주기로 진흥왕 대의 연기, 문무왕 대의 의상, 경덕왕 대의 법해, 정강왕 때의 현준법사 등이 계승하여 화엄사상을 크게 진작시켰다.

이어서 "경덕왕 때에 또 김대성(金大城)이 창건한 토함산의 불국사가 있으니 뒷사람들은 절 이름에 현혹됨이 없도록 하라."고 했는데 이것은 바로 불국사 사적기를 두고 한 말이다.

화엄사의 원래 이름은 화엄불국사인데 토함산 불국사에서 불국사라

825 전독(轉讀)은 1부(部)의 경(經)을 처음부터 끝까지 다 읽는 진독(眞讀)과 상대되는 말로, 불경이 너무 방대한 점을 감안해서 법회 때에 불경의 처음과 중간과 마지막의 중요한 대목만 뽑아 읽는 것을 말한다.

는 이름에 현혹되어 화엄사의 역사를 토함산 불국사의 역사인 양 착각하여 역사를 어지럽히고 있다는 말이다.

불국사는 『삼국유사』에 밝힌 대로 신라 경덕왕 때에 김대성이 창건한 절이다. 그런데 불국사 사적기의 구성을 보면, 마치 『삼국유사』의 축소판을 보는 착각을 일으킬 정도로 불국사와 직접 관련이 없는 고조선기·신라 건국·아도화상이 신라에 불교를 전래한 사실, 이차돈의 순교로 인하여 법흥왕 때에 이미 불국사가 창건된 것처럼 기술하고 그 말미에 김대성이 중창한 것처럼 기술하고 있다.

현재 불국사에 전래되고 있는 「불국사 사적」이 범한 오류를 지적해 보기로 한다.

* 「불국사 사적」은 경력(慶歷) 6년(1046)에 일연(一然)이 지은 것이라고 하며 이를 강희(康熙) 47년(1708)에 개간(改刊)했다.

이때 계천(繼天)이 글씨를 쓰고 재숙(載肅)이 교정을 보았다.

그런데 사적기를 지은 (송나라 인종의 연호인) 경력(慶歷) 6년은 일연(一然, 1206~1289)이 태어나기 150여 년 이전이 된다.

이것만 보아도 이 사적기가 후대에 서투른 학자가 허술하게 날조한 내용이라는 사실을 여실히 드러내고 있다.

* 불국사 사적의 말미에 최치원 선생이 지은 비로자나불상, 아미타불상, 석가여래상 등의 찬문(讚文)이 실려 있다. 그런데 같은 내용이 지리산 화엄사에 소장된 판본 「대화엄사 사적」에는 최치원이 화엄사에서 지은 것으로 기록되어 있다. 그 중에 아미타불상 찬문은 대각국사

문집인『원종문류(圓宗文類)』에 '화엄불국사 아미타불화상찬(華嚴佛國寺 阿彌陀佛畵像讚)'이라 하였고 찬문 첫머리에 이렇게 시작된다.

동해의 동산에 한 절이 있으니
화엄불국(華嚴佛國)으로 이름 삼았네.
주인 종곤(宗袞, 법흥왕)이 친히 터를 닦아 세웠으니
표제의 네 글자에 깊은 의미가 들어 있네.[826]

석가여래상의 찬문에 관해서도『동문선』에는 '화엄불국사 수 석가여래상번찬(華嚴佛國寺 繡釋迦如來像幡贊)'이라고 했다. 이와 같이 화엄불국사, 즉 화엄사 측의 사료임을 알 수 있으나 불국사라는 이름에 현혹되어 화엄불국사를 '화엄종 불국사(華嚴宗佛國寺)'로 개조하고 본문까지도 경주 불국사에 맞도록 원문을 조작하고 있다.

토함산 불국사는『삼국유사』에서 밝힌 대로 신라 경덕왕 때에 김대성이 처음 창건한 절이며, 불국사 사적에 수록된 경덕왕 이전의 기록들을 자세히 분석해 보면 불국사라는 이름에 현혹되어 일부 윤색된 부분을 제외한다면「화엄사 사적기」로서의 체재를 훌륭하게 갖추고 있다.

현재 전해지는 토함산 불국사 사적기의 서두에 이런 말이 있다.

『계림고사(雞林古史)』및『원위서(元魏書)』[827]에 살펴보면, 2천 년

---

826 東海東山有住寺 華嚴佛國爲名號 主人宗袞親修置 標題四語有深義

827 당나라 시대 배안시(裴安時)가 편찬한『원위서(元魏書)』30권을 가리키는 것으

전에 성군(聖君) 왕후(王侯)가 있어 아사달(阿斯達)에 도읍을 정하고 개국하여 국호를 조선(朝鮮)이라 하였는데, 이것이 바로 고조선이다. 중국의 요임금과 같은 시대에 개국하였으며 1,500년간 나라를 다스렸다.
주 무왕이 천자로 즉위한 원년 기묘년에 기자(箕子)를 조선의 왕으로 봉하므로 단군은 장당경(藏唐京)으로 옮기고 후에 아사달에 돌아와 숨어 산신이 되었으니 1,908세를 누렸다.
신라에 이르러, 시조 혁거세가 전한 선제(宣帝) 오봉(五鳳) 원년 갑자년에 즉위하여 국호를 서라벌(徐羅伐) 또는 서벌(徐伐) 또는 사로(斯盧) 혹은 계림(鷄林)이라 하였는데, 그때 닭과 용이 나타나 상서로웠으며 60년간 나라를 다스렸다.
제15대 기림왕 즉위 원년 무오(戊午)는 서진 혜제 원강(元康) 10년으로 이 해에 국호를 신라로 정하였다. 아들에게 또는 현인에게 왕위를 전하여 3성(姓)이 합하여 56왕이 992년을 누렸다.[828]

「화엄사 사적」에서 밝히고 있듯이 현재의 화엄사는 신라도읍지의

로, 현재 실전되어 전하지 않는다. 이로써 삼국유사 고조선기에 인용된 위서(魏書)는 바로 이것이라는 사실을 알 수 있다.

828 按雞林古史及元魏書 乃往二千載 有聖君王侯 都阿斯達開國号朝鮮 此卽古朝鮮 與高同時 御國一千五百年 周武王卽位元年己卯 封箕子於朝鮮 檀君乃移於莊(藏)唐京 後還隱於阿斯達爲山神 壽一千九百八歲 逮至新羅始祖赫居世前漢宣帝五鳳元年 甲子卽位 國号徐羅 又徐伐 又斯盧 或雞林 以其雞龍現瑞也 理國六十年 第十五代 基臨王卽位元年戊午 西晋惠帝元康十年 國号新羅傳子傳賢 凡易三姓 合五十六主 凡九百九十二年也. -『불국사 사적(事績)』

황룡사이고, 이곳은 애초에 단군이 여기에 궁궐을 짓고 고조선을 개국하였던 신시(神市)이기 때문에 이 내용이 화엄사 사적기로서의 체재를 훌륭하게 갖추고 있다고 한 것이다. 이것은 예로부터 전해지던 일연(一然)이 지은 화엄불국사(화엄사)의 사적기가 있었음을 짐작케 하는 대목이다.

황룡사의 창건에 관해 『삼국사기』에서 다음과 같이 말하였다.

진흥왕 14년(553년) 봄 2월에 왕이 담당 관청에 명하여 월성(月城)의 동쪽에 새로운 궁궐을 짓게 하였는데, 황룡(黃龍)이 그곳에서 나타났다. 왕이 이상하게 여겨서 바꾸어 절로 창건하고 이름을 황룡사(皇龍寺)라고 하였다.
27년(566) 황룡사 짓는 공사가 끝났다.
35년(574) 봄 3월에 황룡사의 장육존상이 주성(鑄成)되었는데 구리의 무게가 3만 5천7근이요, 금으로 도금한 무게가 1만 1백98푼分이었다. 36년(575) 황룡사의 장육존상이 눈물을 내서 발꿈치까지 흘러내렸다.
선덕여왕 14년(645) 3월에 황룡사의 탑을 처음 조성했는데 이는 자장의 청에 따른 것이다.

황룡사의 위치에 관해 '월성(月城)의 동쪽'이라고 했다.

파사왕 22년(101년) 봄 2월에 성을 쌓고 이름을 월성(月城)이라고 했다. 이해 가을 7월에 왕이 월성으로 거처를 옮겼다.[829]

이와 같이 황룡사와 신라 궁궐은 거의 같은 구역에 있었으므로 황룡사의 정확한 현재의 위치를 밝히는 것은 신라 천년의 도읍지가 어디인가를 밝히는 중요한 단서가 된다.

판본 「대화엄사 사적」은, 임진왜란으로 소실된 화엄사를 팔도도총섭(八道都摠攝)이 되어 팔도의 승군(僧軍)을 불러 모아 남한산성을 쌓았던 벽암(碧巖)대사가 1630년부터 1636년까지 7년에 걸쳐 중건하였다. 이때 화엄사 문도들이 임진왜란 당시 서산대사의 휘하에서 승장으로 활약하였던 산중의 대덕 중관 해안(中觀海眼, 1569~?)대사에게 「화엄사 사적기」를 편찬해 줄 것을 간곡히 요청하여 화엄사가 중건되던 해인 1636년에 중관대사가 필사본으로 편찬한 것이다.

이로부터 60년 후인 1697년에 화엄사에서 필사본을 판본으로 개간(改刊)하였는데, 판본 사적의 서문에서, '뒷사람들로 하여금 이 절의 창건과 중건한 바를 알게 함이 벽암대사와 토굴 사문(沙門, 중관)이 서로 한마음이 되었다.'고 밝히고 있다.

이 사적기를 지은 중관(中觀), 화엄사를 중건하였던 벽암(碧巖), 그리고 판본으로 개간하는 일을 주선하고 말미에 발문(跋文)을 쓴 백암 성총(栢庵性聰) 등은 조선시대 중기 불교계의 지도자이며 찬란한 업적을 남긴 고승들이다. 또한 사적기를 지은 중관대사는 임진왜란으로 소실되기 이전인 선조 20년(1587) 약관 20세의 나이로 화엄사에서 열린 고승들의 법석(法席)에서 대장경을 강설하였던 고승이기 때문에

829 『삼국사기』 신라본기

풍부한 자료와 화엄사가 임진왜란으로 소실되기 이전의 규모를 누구보다도 잘 알고 있었다.

지금까지도 국보급 역사서인 「대화엄사 사적」은 불교계에서 조차도 배척당하고 있다. 그런데 배불정책이 극에 달했던 이조시대에 화엄사 사적을 사실대로 기록하여 전한다는 것이 얼마나 위태로운 선택이었겠는가!

화엄사의 연혁

대장경에 이르기를, 삼신산의 하나인 방장산(方丈山, 지리산)이 바로 수미산(須彌山)이요, 또한 곤륜산(崑崙山)이라고 하였다.

주 목왕(穆王) 52년 신미(辛未)년은 기원전 950년이다.

이 해에 석가모니 부처님은 수미산 정상에 있는 도리천(忉利天) 천국에 올라가 어머니 마야부인을 위하여 3달 동안 설법을 했다.

이때 인도 우전왕이 불상을 만들려고 하자 목건련이 32명의 장인을 거느리고 도리천에 올라가 부처님의 상호를 세 번이나 반복하여 관찰하고 천상의 장인 비수갈마천이 전단향 목재에 조각한 실제의 모습과 같은 최초의 불상이 만들어지고, 거듭하여 파사익왕도 황금으로 불상을 주조하여 인간 세상에 최초로 두 구의 불상이 조성되었다.

이듬해 부처님은 열반에 들었다.

도리천은 신라 도읍지의 낭산(狼山) 기슭에 있으며 또한 황룡사를 중심으로 신라 도읍지의 일곱 절터는 전불(前佛) 시대의 절터라고 하였다. 전불이란 과거 7불(七佛)을 가리킨다. 황룡사 불전(佛殿, 장육전) 후면에 있었던 연좌석(宴坐石)은 가섭불과 석가세존이 도리천에서 설법하실 때 앉았던 좌석이라고 하였다. 또 화엄사 4사자 3층 석탑이 있는 곳이 창건주 연기와 그 어머니가 화신(化身)하신 곳이라고 하였으니, 연좌석이 있던 곳이 도리천이며 석가모니 부처님이 도리천에서 처음 지상에 내려와 설법하신 곳에 큰 절이 창건되었다.

이 내용은 『증일아함경』에 실려 있으며, 판본 「대화엄사 사적(事蹟)」에는 부처님이 도리천에서 지상에 내려와 설법하시던 곳에 당시 영접하러 나왔던 서역의 다섯 나라 국왕이 부처님의 가르침에 따라 파사익왕이 주조한 황금불상 등을 봉안하고 큰 절을 창건하였는데, 이것이 화엄사 최초의 창건이라고 하였다.

이렇게 볼 때 금년 2018년은 화엄사가 창건된 지 2968년이다.

삼국시대에 이르러, 신라 진흥왕 5년(544)에 흥륜사(興輪寺)라는 이름으로 창건하였다. 흥륜사는 이차돈의 순교로 인하여 신라 조정에 불교가 받아들여지면서 법흥왕 때에 절을 짓기 시작하여 진흥왕 5년에 이르러 창건되었다. 법흥왕과 진흥왕은 국왕의 몸으로 출가하여 승려가 되었으며 『해동고승전』에 법흥왕은 법호를 법공(法空)이라 하였고, 진흥왕은 법호를 법운(法雲)이라 하여 신라의 고승으로 소개되고 있다. 흥륜사는 이보다 앞서 신라 미추왕(味鄒王) 3년(264)에도 창건되었는데, 미추왕이 세상을 떠나자 절도 폐사되었다.

화엄사 창건주 연기(緣起)[830]는 법흥왕 때에 신라 조정에 불법을 전하여 흥륜사(興輪寺)를 창건한 아도화상(阿道和尙)을 말하는 것으로, 대승불교인 『화엄경』과 『대승기신론』을 두루 통달하여 이곳 화엄사에서 3천 명의 제자들에게 가르쳐 양성하여 해동에 유통시켰다. 이것이 신라에 대승불교가 유통된 시초이며 연기조사를 해동 화엄종의 비조(鼻祖)로 추앙한다.

현재는 화엄사로 불리어지고 있으나 화엄사의 전성기인 신라 시대에는 화엄사 골짜기에 흥륜사(興輪寺)·황룡사(黃龍寺)·사천왕사(四天王寺)·망덕사(望德寺)·청량사(淸凉寺)·태화사(太和寺)를 포함하여 8寺 81암자가 어우러져 있었다. 이를 통칭 화엄불국사(華嚴佛國寺), 화엄법류사(華嚴法流寺), 화엄법운사(華嚴法雲寺)라고 한다.

현재의 화엄사는 임진왜란으로 소실되자 8寺 중의 중심사찰인 황룡사를 우선 중건한 것이다.

백제 법왕(法王, 599~600년 재위)을 혹은 효순왕(孝順王)이라고 하는데, 즉위하여 조서를 내려 살생을 금지하고 이듬해에 30여 명을 화엄사에 출가시켜 신라 대승불교를 전승하도록 했다.

신라 선덕여왕 때에 자장법사가 석가모니 진신사리 100과(顆)와 유골 등을 모셔와 황룡사 태화사 통도사 등 세 곳에 나누어 봉안하였는데, 그 중에 화엄사에 구층 세존사리탑과 4사자 3층 석탑을 세우고 석가모니의 사리와 유골을 봉안하였다. 구층 세존사리탑은 황룡사

---

830 화엄사 창건주 연기(緣起)는 연기(烟起) 연기(煙氣)로도 표기한다.

구층탑이고, 4사자 3층 석탑이 세워진 곳은 태화사이다.

신라 진덕여왕 때에 원효대사가 화엄사 해회당(海會堂)에서 설강(設講)하였다. 『송고승전』 원효의 전기에 '황룡사 원효' 라고 하였다.

신라 문무왕 때에 의상대사가 이곳을 화엄10찰의 종찰(宗刹)로 삼아 화엄사 해장전(海藏殿)에서 『화엄경』을 전교하였으며, 왕명을 받들어 지금 각황전 자리에 2층 석조법당인 장육전(丈六殿)을 세우고 사면 석벽에 『화엄경』을 새겼다.[831]

신라가 당나라와 연합하여 백제와 고구려를 차례로 치고 삼국통일의 대업이 성취될 무렵, 이번에는 당나라가 신라마저 정벌하려고 나·당 전쟁이 전개되고 당나라는 50만 대군을 동원하여 해상으로 침범하였으나 명랑법사(明朗法師)가 화엄사에 있는 신유림(神遊林)에 임시로 단을 설치하고 문두루비밀법을 시행하여 돌풍을 일으켜 당나라 전선을 모두 침몰시켜 격퇴하였다. 후에 단을 설치하고 기도했던 곳에 사천왕사를 창건하였고, 그 남쪽에 다시 망덕사(望德寺)가 창건되었다.

신라 효소왕 때에 정식으로 망덕사를 창건하고 왕이 친히 낙성하는 재(齋)를 베풀었는데, 이때 석가모니의 진신(眞身)이 비구 모습으로 현신하여 공양을 받았다.

---

831 丈六殿: 二層四面七間 四壁石刻華嚴經 – 『대화엄사 사적』

신라 경덕왕 13년(754)에 왕은 당시 화엄종의 대덕 법해(法海)에게 청하여 황룡사(=화엄사)에서 『화엄경』을 강설하게 하고 왕이 친히 거둥하여 향을 피우고 법문을 들었다. 이때 법해의 불가사의한 신통력에 감동한 경덕왕은 화엄사를 크게 중창하고 무게가 무려 성덕대왕신종의 4배에 달하는 황룡사 대종을 주조하고, 현재 국보 196호로 지정된 '신라백지묵서화엄경(新羅白紙墨書華嚴經)'을 제작하였다.

그 당시 화엄사 골짜기에는 8寺 81암자가 어우러져 있었다.

신라 말기의 도선 국사는 신라 문성왕 4년(842) 15세 되던 해 이곳 화엄사에서 출가하였으며 화엄사를 크게 중창하고 고려의 창업을 도왔다.

신라 49대 헌강대왕이 세상을 떠나자 왕비 권씨는 출가하여 여승이 되어 법호를 수원(秀圓)이라고 하였는데 재물을 회사하여 화엄사에 31칸(間)의 강당인 광학장(光學藏)을 세우고, 대를 이어 즉위한 정강대왕은 형인 헌강왕의 명복을 빌기 위하여 대왕을 비롯한 왕실의 친척과 조정의 대신들을 중심으로 하여 화엄사에서 화엄경사(華嚴經社)를 결성하고 대덕 현준법사(賢俊法師)를 초청하여 광학장에서 『화엄경』을 강의하도록 하고 아울러 명필로 하여금 『화엄경』을 필사하도록 하였다. 이리하여 매년 두 번씩 화엄사 광학장에 모여 『화엄경』을 전독(轉讀)하는 것을 연례행사로 하였다.

신라 말기의 대문호인 고운 최치원은 중국에서 문장으로 명성을 떨치고 귀국하여 화엄사에 머물며 정강왕이 결성한 화엄경사에 참여하여 여러 편의 축원문을 지었고 아울러 화엄사와 관련된 많은 문집을 남기고 있는데, 그 일부가 현재 「화엄사 사적」에 실려 전해지고 있다.

신라 마지막 임금인 경순왕(敬順王) 9년(935) 겨울 10월에 신라의 국력은 약해지고 형세가 위태로워져 스스로 보전하기가 어렵게 되자 왕은 신하들과 의논하여 김봉휴(金封休)에게 국서(國書)를 보내어 고려 태조에게 항복하기를 청했다.

이에 태자는 울면서 왕을 하직하고 바로 개골산(皆骨山, 금강산)으로 들어가서 바위를 집으로 삼고 삼베옷을 입고 풀뿌리를 캐어 먹다가 세상을 마쳤다. 그리고 막내 왕자는 화엄사에서 출가하여 법명을 범공(梵空)이라 했다.

『제왕운기』에 의하면, 고려 태조 왕건의 어머니 위숙왕후는 원래 지리산의 산신이라고 하며 고려의 창업을 도왔던 도선국사가 출가한 곳이 이곳 화엄사이기 때문에 고려 조정에서 화엄사에 대한 배려는 각별하였다.

고려 문종(文宗)의 왕자였던 대각국사 의천이 한때 화엄사에 머물렀는데, 이때 문종은 3도(道)에서 조정에 세금으로 내는 모곡(耗穀)을 화엄사에 헌납하는 것을 허락하였다.

조선 세종 6년(1424) 조정에서 불교의 여러 종파를 선종(禪宗)과

교종(敎宗)으로 통합하였는데, 이때 화엄사는 남부지방 선종(禪宗) 사원을 관장하는 본사(本寺)로 승격하였다.

부용 영관(芙蓉靈觀)대사의 문하에서 휴정(休靜, 서산), 부휴(浮休) 두 대 법안(大法眼)이 배출되어 조선 불교를 만회하였다.

중종 15년(1520) 숭인장로(崇仁長老)가 청련암(靑蓮庵)에서 선회(禪會)를 결성하여 석희(釋熙), 육공(六空), 신명장로(信明長老) 등을 도우(道友)로 삼아 수선(修禪)하였다. 이 시기에 청허휴정(淸虛休靜, 서산)대사가 숭인장로를 양육사(養育師)로 삼아 화엄사 원통암(圓通庵)에서 출가하였다.

명종 때에 화엄사 산중대덕 신명장로(信明長老) 문하에서 부휴 선수(浮休善修)가 17세에 지리산에 들어가 신명장로(信明長老)에게서 머리를 깎고, 다시 부용영관(芙蓉靈觀)대사를 뵙고 심인(心印)을 모두 얻었다.

선조 25년(1592) 임진왜란이 일어나자 그해 7월에 조정에서는 폐지했던 승통(僧統)을 다시 설치하고 휴정(休靜, 서산)을 불러 팔도십육종도총섭(八道十六宗都總攝)으로 삼아 그로 하여금 승려들을 모집하여 승군(僧軍)을 조직하도록 하였다. 휴정이 여러 절에서 불러 모아 수천여 명을 얻었는데 제자 의엄(義嚴)을 총섭(總攝)으로 삼아 그들을 거느리게 하고, 또 격문을 보내 제자인 관동의 유정(惟政, 사명)과 호남의 처영(處英)을 장수로 삼아 각기 본도에서 군사를 일으키게 하여 위기에서 나라를 구하여 청사에 길이 빛날 업적을 남겼다.

팔도도총섭 자운당(慈雲堂) 윤눌(潤訥)대사는 임진왜란 때에 통제사 이순신의 부장(副將)으로 종군하여 진주성(晋州城)이 함락될 때 같이 공훈을 세웠다. 그리하여 조정에서 직첩(職帖)을 내리고 충무사(忠武祠)에 이순신과 함께 배향되었다.

인조 2년(1624) 벽암(碧巖)대사가 팔도도총섭(八道都摠攝)이 되어 팔도의 승군(僧軍)을 불러 모아 남한산성을 쌓았다.

임진왜란으로 인하여 소실된 화엄사를 벽암대사가 1630년부터 1636년까지 7년에 걸쳐 중건하였다. 화엄사 중건을 마치던 해인 1636년 병자호란이 일어나자 벽암대사는 3천 명의 승군을 조직하여 항마군(降魔軍)이라 이름하고 청군과 맞서 싸우려고 북상하다가 화의가 이루어졌다는 소식을 듣고 해산하였다.

이 해에 중관 해안(中觀海眼) 대사가 「대화엄사 사적(事蹟)」을 편찬하였다.

효종(孝宗) 원년(1650)에 조정에서 화엄사를 팔도 선종 사원을 관장하는 선종대가람(禪宗大伽藍)으로 승격하였다.

숙종(肅宗) 28년(1702) 팔도도총섭 성능(聖能)이 백암 성총(栢庵性聰)대사의 법석에서 깨달음을 얻고 각황전 중건과 함께 조정에서는 화엄사를 한국 불교의 총 본산인 선교양종(禪敎兩宗) 대 가람으로 승격하였다.

2. 화엄사 4사자 3층 석탑

화엄사 4사자 3층 석탑(국보 제35호)

지리산 화엄사 각황전 뒤로 108계단을 오르면 자장법사가 문수보살에게서 받아 가져온 석가모니 부처님 진신사리 100과(顆) 중에 73과와 유골이 함께 봉안된 석가여래의 부도(浮屠)가 있다. 이 부도에 관해 만우(曼宇)스님이 집록한 「대화엄사 사적」에는 신라 '선덕여왕 14년 을사(乙巳, 645)년 자장율사가 당에서 돌아와 (황룡사 구층탑) 다음에 세운 화엄사 사리탑'[832]이라고 하였다.

또 조선시대에 간행된 구례읍지인 『봉성지(鳳城誌)』에서도 '당 정관(貞觀) 신라 선덕여왕 때에 자장(慈藏)대사가 사리탑을 세웠다.'[833]고 했다. 현재는 탑의 모양을 따라 4사자 3층 석탑이라 불리어지고 있으며 국보 제35호로 지정되어 있다.

신라의 부처님 진신사리 전래에 관하여 다음과 같이 말하였다.

> 『삼국사기』에 이르기를, 진흥왕 태청(太淸) 3년 기사(己巳 549)년에 '양(梁)나라에서 심호(沈湖)를 보내어 사리 약간의 알(若干粒)을 보내왔다.'고 했다. 선덕여왕 때인 정관(貞觀) 17년 계묘(癸卯, 643)년에 자장법사(慈藏法師)가 가지고 온 부처님의 두골과 어금니와 부처님 사리 1백 알(百粒)과 부처님이 입던 붉은색 깁에 금점이 있는 가사 한 벌이 있었는데, 그 사리는 3등분하여 한 부분은 황룡사(皇龍寺) 탑에, 한 부분은 태화사(太和寺) 탑에, 한 부분은 가사와 함께 통도사(通度寺) 계단(戒壇)에 각각 봉안하였으며, 그 나머지는 소재가 상세하지 않다.[834]

자장은 변방에 태어난 것을 스스로 탄식하고 중국으로 가서 큰

---

832 善德大王 十四年 乙巳 慈藏律師 自唐還 次建 華嚴寺 舍利塔

833 唐貞觀 新羅善德王時 慈藏大師建塔

834 『삼국유사』 3권 전후소장사리(前後所藏舍利). 國史云 眞興王 太淸三年己巳 梁使沈湖 送舍利 若干粒 善德王代 貞觀十七年癸卯 慈藏法師所將 佛頭骨 佛牙 佛舍利 百粒 佛所著 緋羅金點袈裟 一領 其舍利分爲三 一分在皇龍塔 一分在太和塔 一分幷袈裟 在通度寺戒壇 其餘未詳所在

교화를 희망했다. 인평(仁平) 3년 병신(丙申, 636)년에 왕명을 받아 문인 승실(僧實) 등 10여 명과 함께 서쪽 당나라에 들어가 청량산(清凉山)으로 갔다. 이 산에는 문수보살의 소상(塑像)이 있는데, 그 나라 사람들이 서로 전해 말하기를, "제석천왕(帝釋天)이 공인(工人)을 데리고 와서 조각해 만든 것이다."고 한다.

자장은 소상 앞에서 감응이 있기를 기도하니, 꿈에 소상이 그의 이마를 만지면서 범어로 된 게송을 주었는데 깨어서도 알 수가 없었다. 이튿날 아침 이상한 중이 오더니 이것을 해석하여 주고 또 말하기를, "비록 만 가지 가르침을 배운다 해도 이것에 지나지 않는다." 하고는 가사(袈裟)와 사리(舍利) 등을 주고 사라졌다.[835]

처음에 자장법사가 중국 오대산(五臺山) 문수보살의 진신(眞身)을 친견하려고 신라 선덕여왕 때인 정관 10년 병신(丙申, 636)년에 당나라로 들어갔다. 처음에 중국 태화지(太和池) 주변의 문수보살의 석상(石像)이 있는 곳에 이르러 경건히 7일 동안 기도했더니, 꿈에 문득 문수보살이 나타나 네 구절의 게송을 주는 것이었다. 잠에서 깨어서도 기억은 하겠으나 모두가 범어(梵語)이므로 그 뜻은 전혀 풀 수가 없었다. 이튿날 아침에 한 노승(老僧)이 붉은 비단에 금색 점이 있는 가사 한 벌과 부처의 발우 하나와 부처의 머리뼈 한 조각을 가지고 법사 곁으로 와서 "어찌해서 무료한가?" 하고 물으니 이에 법사는 대답했다.

"꿈에 네 구절의 게송을 받았으나 범어이므로 풀지 못하기 때문입니

---

835 『삼국유사』 제4권, 자장 계율을 정하다.

다." 노승은 그것을 번역하여 말했다. '가라파좌낭'은 일체의 법을 깨달아 안다는 말이요, '달예치구야'는 자성(自性)은 있는 바 없다는 말이요, '낭가희가낭'은 이와 같이 법성(法性)을 이해한다는 말이요, '달예노사나'는 노사나불(盧舍那佛)을 곧 본다는 말이다." 말을 마치자 가져온 가사 등을 법사에게 주면서 부촉했다.

"이것은 본사(本師) 석가세존이 쓰시던 도구(道具)이니 네가 잘 보호해 가져라." 하고 또 말했다. "너의 본국의 동북방 명주(溟州) 경계에 오대산(五臺山)이 있는데 1만의 문수보살이 상주(常住)하는 곳이니 너는 가서 친견하도록 하라." 말을 마치자 보이지 않았다. 법사는 신령한 유적을 두루 답사하고 본국으로 돌아오려 하는데, 태화지(太和池)의 용이 현신해서 재(齋)를 청하고 7일 동안 공양하고 나서 법사에게 말했다.

"지난 번 게송을 풀어 주던 노승(老僧)이 바로 문수보살의 진신(眞身)입니다." 이렇게 말하며 또 절을 창건하고 사리탑을 세울 일을 정성스럽게 당부하던 일이 있었는데, 이 일은 별전(別傳)에 자세히 실려 있다.[836]

---

836 『삼국유사』 제3권, 오대산 5만 진신. 初法師欲見中國 五臺山文殊眞身 以善德王代 貞觀十年丙申 入唐 初至中國太和池邊 石文殊處 虔祈七日 忽夢大聖授四句偈 覺而記憶 然皆梵語 罔然不解 明旦忽有一僧 將緋羅金點 袈裟一領 佛鉢一具 佛頭骨一片 到于師邊 問何以無聊 師答 以夢所受四句偈 梵音不解爲辭 僧譯之云 呵囉婆佐曩 是曰了知一切法 達嚟哆佉嘢 云自性無所有 曩伽呬伽曩 云如是解法性 達嚟盧舍那 云卽見盧舍那 仍以所將袈裟等 付而囑云 此是本師 釋迦尊之道具也 汝善護持 又曰 汝本國艮方 溟州界 有五臺山 一萬文殊常住在彼 汝往見之 言已不現 遍尋靈迹 將欲東還 太和池龍 現身請齋 供養七日

자장이 오대산에서 받아 가져온 사리 100과(顆)를 황룡사 구층탑과 통도사 계단(戒壇)과 태화사(太和寺) 탑에 나누어 모셨으니, 이것은 태화지 가에서 보았던 용(龍)의 청에 따른 것이다.
탑을 세운 후에 천지가 형통하고 삼한(三韓)이 통일되었으니 어찌 탑의 영험이 아니겠는가. 그 후에 고려왕이 신라를 치려고 모의하다가 말했다. "신라에는 세 가지 보배가 있어 침범할 수 없다고 하니 이는 무엇을 말하는 것이냐?"라고 물으니,
"황룡사 장육존상과 구층탑, 그리고 진평왕의 천사옥대(天賜玉帶)입니다." 하였다. 마침내 그 침범할 계획을 중지하였다.[837]
– 이상『삼국유사』

이와 같이 자장이 오대산에서 받아 가져온 사리 100과(顆)를 황룡사 구층탑·통도사 계단(戒壇)·태화사(太和寺) 탑 등 세 곳에 나누어 모셨으니, 이것은 태화지에서 보았던 용왕의 청에 따른 것이다.

현재 화엄사에 있는 사리탑에 관해 1882년 경원(警圓)스님이 지은 「탑전 중수기(塔殿重修記)」에 의하면 '자장법사가 가져온 사리 100과 중에 73과와 성골(聖骨)이 함께 봉안된 신령스런 탑으로 해마다 수차례 방광(放光)을 하는데, 칠흑과 같이 어두운 밤중에도 밝기가 밝은 달이

乃告云 昔之傳偈老僧 是眞文殊也 亦有叮囑創寺 立塔之事 具載別傳

837 『삼국유사』 제3권, 황룡사 구층탑. 慈藏以五臺所授舍利百粒 分安於柱中 幷通度寺戒壇 及太和寺塔 以副池龍之請 樹塔之後 天地開泰 三韓爲一 豈非塔之靈蔭乎 後高麗王將謀伐羅 乃曰 新羅有三寶 不可犯也 何謂也 皇龍丈六 幷九層塔 與眞平王天賜玉帶 遂寢其謀

뜬 것과 같다.'고 하였다. 그렇다면 화엄사 사리탑은 자장이 세 곳에 나누어 모신 곳 중에 하나인 태화사 탑이라는 말이다.

우선 통도사 사리에 관해 살펴보면, 고려 고종 때인 1235년에 왕명에 의해 통도사 계단의 사리함을 열어보았는데 "유리통 속에는 사리가 다만 네 알뿐이었다.(瑠璃筒 筒中舍利 只四粒)"고 밝히고 있다.

그러니까 지금 불보(佛寶) 사찰로 알려진 통도사 계단에는 자장이 가져온 사리 100과(顆) 중 4과가 모셔졌을 뿐이고, 나머지 적멸보궁이라고 알려진 사찰들도 고문헌에 의거하여 검증하기 어렵다.

목은 이색(李穡)이 지은 「양주 통도사 석가여래 사리 기문(梁州通度寺 釋迦如來 舍利之記)」[838]에 따르면 통도사에 모셔진 사리는 고려 우왕 7년(1380)에 당시 통도사 주지였던 월송(月松)이 왜구의 약탈을 피하기 위하여 고려 왕실에 가져갔는데, 왕명에 의해 당시 수도인 개성(開城)의 송림사(松林寺)에 봉안하도록 했으니 이때에도 '석가여래의 머리뼈(頂骨) 1개, 사리(舍利) 4과, 비라금점가사(毗羅金點袈裟) 1벌, 보리수잎(패엽경) 약간'이라고 기록하고 있다.

그리고 다시 조선을 건국한 이태조 때에 왕명에 의해 새 도읍지인 한양(漢陽)에 흥천사(興天寺)를 창건하고 그 사리와 두골 등을 옮겨 봉안하였다.

조선 태조 5년(1396): 부처의 두골(頭骨)과 사리(舍利), 보리수잎경

838 『동문선』 제73권 기(記)

(菩提樹葉經)이 예전에 통도사에 있던 것을 왜구로 인하여 유후사(留後司)가 송림사(松林寺)에 옮겨 안치하였는데, 사람을 보내어 가져오게 하였다.[839] 태조 7년(1398) 주상이 흥천사(興天寺)에 행차하여 사리탑(舍利塔)을 구경하였다.[840]

정종(定宗) 원년(1399) 10월에 태상왕(태조)이 새 도읍지(한양)에 거둥하였으니, 흥천사(興天社)의 사리전(舍利殿)이 낙성되고, 또 수륙재(水陸齋)를 베풀어 선왕(先王)·선비(先妣)와 현비(顯妣), 그리고 여러 죽은 아들과 사위 및 고려의 왕씨(王氏)를 천도하기 위함이었다.[841]

그 후 어느 시기인지 알 수 없으나 이 사리와 두골 등이 원래의 자리로 돌아와 임진왜란 당시에는 통도사에 봉안되어 있었다.

화엄사 사리탑을 살펴보면 위로 3층이 있고, 그 아래 중앙에 어머니 상(像)이 동쪽을 향하여 합장하고 서 있고, 주위에는 희·노·애·락의 표정을 한 네 마리의 사자 상(像)이 어머니를 호위하면서 네 귀퉁이에 앉아 어머니와 함께 탑을 머리로 받치고 있다. 머리에 이고 있는 바로 윗간에 석문(石門)이 조각되어 있고 신장이 그 문을 지키고 있는

839 『조선왕조실록』. 佛頭骨 舍利 菩提樹葉經 舊在通度寺 因倭寇移置 留後司松林寺 遣人取來

840 『조선왕조실록』. 上幸興天寺, 觀舍利塔

841 『조선왕조실록』. 太上王幸新都 爲興天社之舍利殿落成也 且設水陸齋 以薦先王先妣 若顯妣諸亡子壻 及前朝王氏

데, 부처님의 사리와 유골은 이곳에 봉안된 것으로 보인다.

발아래 기단의 석벽에는 선녀상이 양각되어 있는데 천의(天衣)를 휘날리며 각양각색의 모습을 하고 있다. 이 탑의 동쪽 바로 앞에는 자그마한 아들 탑이 있는데, 아들이 부모님을 향해 우슬착지(右膝着地) 즉 오른발 무릎을 꿇고 앉아 차(茶)를 바치는 모습이며 머리 위에는 석등을 이고 있다.

『삼국유사』 황룡사 구층탑 조에서 말하였다.

> 자장이 중국의 태화지(太和池) 가를 지나는데 문득 신인(神人, 서해 용왕)이 출현하여 물었다.
>
> "어떻게 이곳에 왔소?" 자장은 대답했다.
>
> "깨달음을 구하고자 함입니다." 신인은 예배하고 또 물었다.
>
> "그대 나라에 어떤 어려운 일이 있소?"
>
> "우리나라는 북으로 말갈에 연해 있고, 남으로는 왜인들과 접해 있고, 고구려와 백제 두 나라가 번갈아 변경을 침범하여 이웃의 도적이 횡행하니 이것이 백성들의 걱정입니다." 신인이 말했다.
>
> "지금 그대 나라는 여자로 임금을 삼았으므로 덕은 있으나 위엄이 없어 그것 때문에 이웃 나라가 침략을 도모하니, 그대는 속히 본국으로 돌아가야 하오."
>
> "돌아가서 장차 무슨 유익한 일을 해야 합니까?" 신인은 말했다.
>
> "황룡사의 호법용(護法龍)은 나의 맏아들이오, 범왕(梵王)의 명을 받고 그 절에 와서 보호하고 있으니 본국으로 돌아가 절 안에 구층탑을 세우면 이웃 나라는 항복하고 구한(九韓)은 조공하여

올 것이며 왕조는 길이 평안할 것이오. 탑을 세운 뒤에는 팔관회(八關會)를 베풀고 죄인을 놓아주면 외적이 침해하지 못할 것이오. 다시 나를 위하여 경기(京畿)[842]의 남쪽 언덕에 정려(精廬, 전각) 한 채를 지어 함께 내 복을 빌어주오. 나 역시 그 은덕을 갚겠소." 말을 마치자 옥(玉)을 바치고 문득 사라졌다.

정관(貞觀) 17년 계묘(癸卯, 643)년 3월 16일에 자장법사는 당나라 황제가 준 불경, 불상, 가사, 폐백(幣帛) 등을 함께 가지고 본국으로 돌아와서 탑 세울 일을 임금에게 아뢰었다.

선덕여왕이 여러 신하들에게 이 일을 의논하니 신하들은 말하기를, "백제에서 기술자를 청해야만 될 것입니다." 이에 보물과 비단으로써 백제에 청했다. 아비지(阿非知)라는 장인이 명을 받고 와서 목재와 석재로써 경영하고 이간(伊干) 용춘(龍春)[843]이 그 공사를 주관하는데 거느린 소장(小匠)이 2백 명이었다.

처음 찰주(刹柱)를 세우던 날, 아비지의 꿈에 본국 백제가 멸망하는 형상을 보았다. 장인은 의심이 나서 일손을 멈추었다. 갑자기

---

842 경기(京畿): 경사(京師)의 오기. 도성이 있는 곳을 경사(京師)라고 하며 도성을 중심으로 한 그 주위의 지방을 경기(京畿)라고 한다. 자장이 서해 용왕의 가르침에 따라 사리와 유골을 3등분하여 봉안한 곳은 황룡사·태화사·통도사이고, 서해 용왕을 모신 전각은 태화사 사리탑 부근에 있었다. 현재 유통되는 『삼국유사』에 '태화사는 아곡현(阿曲縣) 남쪽에 있는데 지금의 울주(蔚州)이며 또한 자장이 창건한 곳이다.'라는 주석이 덧붙여져 있으나, 이것은 조선시대에 『삼국유사』를 개간하면서 원문에 경사(京師)를 경기(京畿)로 고치고 아울러 이 주석을 덧붙인 것으로 보인다.

843 原註: 혹은 용수(龍樹)라고 한다.

> 대지가 진동하더니 어두컴컴한 속에서 노승(老僧) 한 사람과 장사(壯士) 한 사람이 금전(金殿)의 문에서 나와 그 기둥을 세우고는 그들은 모두 사라지고 보이지 않는 것이었다. 장인은 이에 마음을 고쳐먹고 그 탑을 완성시켰다. 찰주기(刹柱記)에 이르기를, 철반(鐵盤) 이상의 높이는 42척이고 철반 이하는 183척이라 했다.
> –『삼국유사』 황룡사 구층탑

화엄사 4사자 3층 석탑은 '황룡사에 9층탑을 세우면 이웃 나라는 항복하고 구한(九韓)은 조공하여 올 것이오.'라는 신인의 가르침이 그대로 나타나 있다. 가운데 어머니상은 성모의 몸을 하고 있는 한반도(신라)를 상징하고, 네 마리 사자는 당시 말갈·왜국·고구려·백제 등 이웃 침략국을 상징하며, 그 앞의 아들 상은 구한(九韓)이 조공하는 것을 상징하는 것이다. 요즘 국제정세로 말하면 네 마리 사자는 한반도를 에워 싼 미국, 일본, 중국, 러시아에 비유된다.

조선왕조에서 간행한 『신증동국여지승람』에, 화엄사 사리탑에 관해 이렇게 말했다.

> 화엄사는 지리산 기슭에 있다. 범승(梵僧) 연기(煙氣)는 어느 시대 사람인지 알 수 없는데 이 절을 창건했다. … 어머니가 이고 서 있는 석상(石像)이 있는데, 세속에서 연기(煙氣)와 그 어머니가 화신(化身)한 땅이라고 한다.[844]

---

844 『신증동국여지승람』 40권 구례현. 華嚴寺在智異山麓 僧煙氣 不知何代人 建此寺. … 有石像 戴母而立 俗云 煙氣與其母 化身之地.

이 사리탑에 관해 '어머니가 이고 서 있는 석상(石像)이 있는데, 세속에서 이르기를 연기(煙氣)와 그의 어머니가 화신(化身)하신 곳'이라고 하였다. 화신이란 부처나 보살이 중생을 교화하기 위하여 몸을 나타내는 것을 말한다.

지리산 산신을 석가모니의 어머니 마야부인이라고 한다. 석가모니 부처님은 78세 때에 마야부인이 살고 있는 도리천의 환희원(歡喜園)에 올라가 3달 동안 어머니를 위하여 설법하였다. 이때 이루어진 경전을 『마하마야경(摩訶摩耶經)』이라 하고, 일명 『불승도리천위모설법경(佛昇忉利天爲母說法經)』이라고도 하는데, 부처님이 도리천에 올라가 어머니를 위하여 설법하신 경이라는 말이다. 그 이듬해 부처님은 사라쌍수 아래에서 열반에 들었다.

고려 대각국사 의천(義天, 1055~1101)이 화엄사에 머물며 지은 시가 있다.

지리산 화엄사에 머물며(留題智異山華嚴寺)

적멸보궁(寂滅寶宮)[845] 앞에는 수승한 경치도 많고
길상봉(吉祥峰) 정상엔 티끌도 끊겼네.
하루 종일 방황하며 지난 일 생각하니
저문 날 자비의 바람 효대(孝臺)에 감도네.[846]

---

845 석가세존의 진신사리와 유골을 봉안한 황룡사 구층탑을 가리킨다.

846 留題智異山華嚴寺 寂滅堂前多勝景 吉祥峯上絶纖埃 彷徨盡日思前事 薄暮悲風起孝臺 -『대각국사문집』 제17권.

이 시에 길상봉(吉祥峰)은 수미산을 말하는 것이고, '저문 날 자비의 바람 효대(孝臺)에 감도네.'라는 구절은 부처님이 열반하시기 한 해 전에 수미산 정상에 있는 도리천에서 어머니 마야부인을 위하여 설법하였던 일을 회상하며 지은 것이다. 그래서 이 탑을 효대(孝臺)라고도 한다. 그러므로 '창건주 연기(煙氣)와 그의 어머니가 화신(化身)하신 곳'이라는 말은 바로 이곳이 도리천이며 연기(煙氣)는 석가모니 부처님을, 그의 어머니는 지리산 산신인 마야부인을 일컫는 것이며, 이 해에 화엄사가 창건되었다는 말이다.

그런데 이것이 와전(訛傳)되어 조선 성종 때 남효온이 지은 「지리산일과」에서는 '네 사자 가운데 어머니상은 비구니인 어머니이고, 그 앞의 작은 탑에 반 무릎을 꿇어 머리에 석등을 이고 어머니를 향하고 있는 비구상은 창건주 연기조사이다. 연기는 옛날 신라 사람으로, 그 어머니를 따라 이 산에 들어와서 절을 세웠다고 한다. 제자 천 명을 거느리고서 화두(話頭)를 정밀히 궁구하니, 선림(禪林)에서 조사(祖師)라고 부른다.' 라고 잘못 알려지고 있다.

또 자장(慈藏)이 중국에 유학하여 오대산에 이르러 문수보살이 감응하였는데 현신하여 비결을 주며 부촉하기를, "너희 나라 황룡사는 석가(釋迦)와 더불어 가섭불(迦葉佛)이 설법하시던 곳인데, 연좌석(宴坐石)이 지금도 남아 있다."[847]고 하였다.

이 말은 석가모니가 생존 시에 이곳에 와서 설법하였다는 하나의 단서가 되고 이곳이 바로 황룡사 장육전 후면에 연좌석이 있었던

---

847 황룡사 장육존상

도리천이라는 말이다. 황룡사를 중심으로 신라 도읍지에 있는 일곱 절터는 전불(前佛)시대의 절터라고 하였다.[848] 전불(前佛)이란 석가모니불과 가섭불에 국한되는 것이 아니라, 과거 7불(七佛)을 가리키며 『화엄경』에서는 석가모니불을 비롯하여 가섭불·구나함모니불·구류손불·비사부불·시기불·비바시불·불사여래·제사여래·파두마불·연등불 등이 모두 성불하신 후에 도리천 궁전에 와서 설법하신 곳이기 때문에 이곳은 가장 길상(吉祥)한 곳이라고 하였다.

이리하여 대각국사 시에 수미산을 길상봉(吉祥峰)이라고 한 것이다.

그때 세존께서는 신통력으로 보리수 아래를 떠나지 않으시고 수미산 정상에 있는 도리천에 올라 제석(帝釋)의 궁전으로 향하셨다.

이때에 제석(帝釋)[849]이 묘승전(妙勝殿) 앞에서 부처님이 오시는 것을 멀리서 보고 즉시 신통의 힘으로 가지가지 보석으로 장엄한 자리를 만들고 그 자리 위에 값진 비단을 겹겹으로 깔았다.

수많은 천자(天子)와 범왕(梵王)들이 앞뒤로 에워싸니 가지가지의 광명이 찬란하게 빛났다.

이때 제석이 여래를 위하여 사자좌를 차려 놓은 후에 허리를 굽혀 합장하고 공경히 부처님을 향하여 이렇게 말하였다.

"잘 오시나이다. 세존이시여 바라옵건대 저희들을 가엾이 여기사 이 궁전에 계시옵소서."

이때 세존께서 곧 그 청을 받으시고 묘승전에 들어가셨다.

---

848 아도화상 신라불교의 기초를 닦다. - 『삼국유사』 3권,

849 제석(帝釋): 고조선기에 나오는 환인(桓因)을 말한다.

그때 부처님의 위신력으로 모든 궁전 안에 있던 풍악소리는 자연히 고요해졌다. 이때 제석은 지난 세상에 여러 부처님 계신데서 선근(善根)을 닦은 일을 생각하며 게송(偈頌)으로 말하였다.

"가섭불(迦葉佛)은 대비심을 구족하시어 모든 길상(吉祥) 중에 최상이었습니다. 그 부처님이 이 궁전에 오신 일이 있으니 그러므로 이곳은 가장 길상(吉祥)한 곳입니다.

구나함모니불(拘那含牟尼佛)은 장애 없는 지혜를 보이고 모든 길상 중에 최상이었습니다. 그 부처님이 이 궁전에 오신 일이 있으니 그러므로 이곳은 가장 길상한 곳입니다.

가라구타불(迦羅鳩馱佛, 구류손불)의 몸은 금산(金山)과 같고 모든 길상 중에 최상이었습니다. 그 부처님이 이 궁전에 오신 일이 있으니 그러므로 이곳은 가장 길상한 곳입니다.

비사부불(毘舍浮佛)은 세 가지 때(三垢)가 없고 모든 길상 중에 최상이었습니다. 그 부처님이 이 궁전에 오신 일이 있으니 그러므로 이곳은 가장 길상한 곳입니다.

시기불(尸棄佛)은 모든 분별 여의시고 모든 길상 중에 최상이었습니다. 그 부처님이 이 궁전에 오신 일이 있으니 그러므로 이곳은 가장 길상한 곳입니다.

비바시불(毘婆尸佛)은 마치 보름달과 같아 모든 길상 중에 최상이었습니다. 그 부처님이 이 궁전에 오신 일이 있으니 그러므로 이곳은 가장 길상한 곳입니다.

불사불(弗沙佛)은 제일의(第一義)를 밝게 통달하여 모든 길상 중에 최상이었습니다. 그 부처님이 이 궁전에 오신 일이 있으니 그러므로 이곳은 가장 길상한 곳입니다.
제사여래(提舍如來)는 변재가 걸림이 없어 모든 길상 중에 최상이었습니다. 그 부처님이 이 궁전에 오신 일이 있으니 그러므로 이곳은 가장 길상한 곳입니다.
파두마불(波頭摩佛)은 때가 없이 청정하시고 모든 길상 중에 최상이었습니다. 그 부처님이 이 궁전에 오신 일이 있으니 그러므로 이곳은 가장 길상한 곳입니다.
연등불(然燈佛)은 큰 광명이 있고 모든 길상 중에 최상이었습니다. 그 부처님이 이 궁전에 오신 일이 있으니 그러므로 이곳은 가장 길상한 곳입니다."

이와 같이 도리천의 왕인 제석은 여래의 위신력으로 과거 열 부처님의 공덕을 게송으로 찬탄하였다. 이때 세존께서 묘승전에 드시어 결가부좌하시니 이 궁전이 홀연히 넓어져서 도리천 대중을 수용할 수 있는 처소와 같이 광활하였다.

–『80화엄경』 제16권, 승수미산정품(昇須彌山頂品)

판본 「화엄사 사적(事蹟)」에서는 석가모니 부처님이 도리천에서 어머니 마야부인을 위하여 설법하시던 해에 지상에 내려와 설법하시던 땅에 큰 절을 창건되었는데, 이것이 화엄사 최초의 창건이라고 하였다. 조선 세조 12년(1466) 3월 예조참판 강희맹(姜希孟, 1424~1488)은 「금강산 서기송(金剛山瑞氣頌)」을 왕께 지어 올렸는데, 이런 말이 있다.

이 불법(佛法)이 동방의 조정에 유입된 지는 몇 천 백 년이 되었는지 알지 못하며, 당시 세상의 군주들도 귀의하여 숭배하고 받들었는데 그 수효 또한 얼마인지도 알지 못합니다. 그 사이에 비록 부처님의 섭수(攝受)하심을 입어 기이한 감응이 이른 이도 있었으니 혹은 꿈속에 나타나기도 하고, 혹은 사람의 힘으로 할 수 있는 것에 감응하기도 하였으나, 불교를 비방하는 자들로 하여금 시비할 여지가 있었으므로 후세에 의심이 없을 수 없었는데, 어찌 오늘날처럼 나타난 상서로운 감응이 행사를 시작하자 곧 나타나 하늘을 뒤덮고 우주를 감싸 눈이 있는 사람은 보지 못한 자가 없었으니 사람의 공력으로는 이룩할 수 없는 것이었습니다.[850]

강희맹은 이 글에서 조선시대 숭유억불 정책으로 감추어져 밝히기 어려운 한국 불교사(佛教史)의 진실을 잘 드러내고 있다.

한편 황룡사 구층탑은 고려 몽고병란 때에 소실되어 복원되지 못하였고, 태화사 탑은 현재 어느 절에 있는 사리탑을 말하는 것인지 분명하게 밝혀지지 않고 있다. 『삼국유사』 구층탑 조의 주(注)에 '태화사는 아곡현(阿曲縣) 남쪽에 있는데 지금의 울주이며 또한 자장이 창건한 것이다.'[851]라는 주석이 덧붙여져 있으나 지금 울산에 태화사는

---

850 是法流于震朝 不知其幾千百年 而時君世主 歸依崇奉 又不知其幾也 其間雖蒙佛攝受 獲致奇應然 或感於夢寐之中 或應於人力之所及 使詆佛者 容喙於其間 不能無疑於後世 豈若我今日瑞應之臻 有叩輒應 率皆昭回天表 轇轕宇宙 無人不矚 有目咸覩 有非人功之所能致者哉 -『조선왕조실록』 세조 12년(1466).

이미 폐사되어 없고, 다른 고문헌을 종합해 볼 때 이 주석은 조선시대에 삼국유사를 개간하면서 날조한 것으로 보인다. 태화사는 자장법사가 중국의 태화못(太和池) 가를 지날 때에 서해의 용왕이 신인(神人)으로 나타나 황룡사에 구층탑을 세울 일을 설명하고 아울러 석가모니의 사리와 유골을 봉안할 부도(浮屠)를 세우고 그곳에 '다시 나를 위하여 경사(京師)의 산기슭 남쪽에 전각을 세워 함께 나의 복을 빌어 주오. 나 역시 그 은덕을 갚겠소.'라는 부탁에 따라 세워진 절이다.

그런데 본문에 경사(京師)를 경기(京畿)로 개작하고, 경주 인근의 울산에 태화사가 있었던 것처럼 주석을 덧붙여 날조한 것이다.

신라 경문왕 때에 박거물(朴居勿)이 왕명을 받들어 지은 「황룡사(皇龍寺) 찰주본기(刹柱本記)」에 이런 말이 있다.

> 이에 이간(伊干) 용수(龍樹)[852]를 감군(監君)으로 임명하고 대장(大匠)인 백제의 아비지(阿非知) 등과 소장(小匠) 2백 인을 거느리고 이 탑을 조성하도록 하였다.
> 선덕여왕 14년 을사(乙巳, 645)년에 처음 건립하기 시작하였는데 그해 4월에 찰주(刹柱)를 세우고 이듬해에 공사를 마치었다.[853]

국사에 의하면, 황룡사 구층탑은 자장이 선덕여왕 12년(643) 3월에

---

851 太和寺 在阿曲縣南 今蔚州 亦藏師所創也

852 태종 무열왕의 아버지로 혹은 용춘(龍春)이라고도 한다.

853 乃命監君 伊干龍樹 大匠百濟阿非(知)等 率小匠二百人 造斯塔焉 其十四年歲次乙巳 始構建 四月○○立刹柱 明年乃畢功

귀국하여 2년 후인 동왕 14년(645) 3월에 황룡사 구층탑이 완성되었다. 그런데 '찰주본기'에서는 구층탑이 완성되고 난 직후인 '선덕왕 14년 을사(乙巳, 645)년 4월에 처음 건립하기 시작하여 4월에 찰주(刹柱)를 세우고 이듬해에 모두 마치었다.'고 했다. 이것은 두 기록에 착오가 있는 것이 아니라 찰주본기에 기록된 사리탑 건립 연대는 현재 화엄사 사리탑 조성에 관한 기록이다.

판본 「대화엄사 사적」의 자장법사 전기에서 말하였다.

법사는 귀국하여 문수보살이 범승(梵僧)으로 화신하여 일러준 말과 서해의 용왕이 부탁하던 말들을 모두 왕에게 아뢰었다. 이에 왕은 배수(拜受)하며 자장을 대국통(大國統)으로 삼고 그 말대로 황룡사를 중창하고 구층탑을 세워 사리를 봉안하고 다음으로 월정사와 태화사(太和寺)를 창건하고 아울러 화엄사에 부탁하여 사리를 봉안하도록 했다. 그런 뒤에 취서산(鷲栖山, 영취산) 아래 독룡(毒龍)의 신지(神池)에 가서 설법하고 계를 주어 악한 마음을 조복하고 연못을 메워 계단(戒壇)을 축조하여 사리와 골절 가사 패엽경 등을 안치하였는데 절 이름을 통도사라고 부른다.[854]

또한 사적기에, 자장이 세운 구층 세존사리탑이 화엄사에 있었다고

---

854 師還國 以文殊所化梵僧之說 及西海龍王之所囑 具白於王 王拜爲國統 如其言 創皇龍寺 立九層塔而安舍利 次創月精寺太和寺 兼囑華嚴寺安舍利 然後到 鷲栖山下 毒龍神池說法授戒 調伏惡心塡池 築壇安舍利骨節袈裟經等 號曰 通度寺也-『대화엄사 사적』

했다. 그렇다면 자장은 귀국하여 맨 처음 구층탑을 세워 사리를 봉안하고 거듭하여 4사자 3층 석탑을 세워 사리를 봉안하고 그 곁에 서해 용왕을 모신 전각을 세워 태화사(太和寺)를 창건하고, 그런 후에 통도사를 창건하여 세 곳에 사리를 나누어 모셨다는 사실이 드러난다.

지금 화엄사 4사자 3층 석탑 곁에 암자 규모의 절이 있다. 이곳을 부도전(浮屠殿) 또는 탑전(塔殿)이라고 하는데, 이곳이 바로 태화사이고 서해 용왕을 모신 전각으로 추정된다. 「화엄사 사적」의 자장전에, "강이 바라보이는 언덕에 태화사를 창건하고 사리를 탑에 봉안하면 내가 동해 용왕과 함께 날마다 세 번씩 가서 에워싸면서 같이 법음(法音)도 듣고 불보(佛寶)도 보호하리라."[855]라고 하였다.

태화사는 비록 황룡사와 구분하여 기록하고 있으나 실제로는 황룡사(화엄사) 근처의 부속 암자이기 때문에 사리탑의 조성연대가 황룡사 찰주본기에 기록된 것이다. 황룡사 찰주본기는 구층탑을 처음 세운 뒤 2백여 년이 지나 탑이 동북쪽으로 기울어지자 경문왕 임진(壬辰, 872)년에 옛 탑을 헐고 다시 세웠는데, 이때 기록된 것으로 복원된 구층탑의 높이가 220척(尺)이라고 하였다.

한편 조선시대 서산대사가 지은 「석가세존의 금골 사리 부도비」의 비문에 보면 임진왜란 때에 사리 유통 경로를 자세하게 밝혀 주고 있다.

유독 영남 통도사의 신승(神僧) 자장(慈藏)이 옛적에 봉안한 석가세

855 江岸創寺 安舍利塔 我與東海龍王 日三往遶 同聞法音 護佛寶. -『대화엄사 사적』

존의 금골 사리(金骨舍利) 부도(浮圖)가 자못 신기한 영험이 많아, 마침내 천문(千門)으로 하여금 선(善)에 들게 하였고, 또 한 나라로 하여금 인(仁)을 일으키게 하였으니 과연 세상의 거룩한 보배라 할 만하다.

그러나 불행히도 만력(萬曆) 20년(1592)에 이르러 일본 해병이 우리나라 남쪽 지방에 침입하여 헐고 불살라 수많은 백성들이 모두 어육(魚肉)이 될 때 그 화가 부도에 미쳐와 그 보배를 잃을 뻔하여 몹시 고민하고 답답해할 즈음에, 마침 승군(僧軍) 대장 유정(惟政, 사명)이 군사 수천 명을 거느리고 마음을 다해 수호한 힘을 입어 안전하게 되었다. 그러나 유정은 후환이 없을 수 없다 하여 금골사리 두 함을 몰래 이 병로(病老, 서산)에게 주면서 금강산에 봉안하는 것이 좋을 듯하다 하였다. 이 병로는 감격하여 그것을 받아 봉안하려다가 다시 가만히 생각하였다.

금강산은 수로(水路)에 가까우므로 뒷날 반드시 이런 우환이 있을 것이니 금강산에 봉안하는 것은 장구한 계책이 아니다. 전날 그 해병들이 부도를 해친 것은 금보(金寶)를 가지고자 함이요, 사리에 있지 않으므로 금보만 취하면 사리는 흙과 같이 여길 것이다. 그렇다면 차라리 옛터를 수리하여 거기에 봉안하는 것만 못하다 하고, 나는 곧 한 함을 유정에게 돌려주었다. 유정은 그 계책을 그럴 듯하다 생각하고 함을 받아 곧 옛터로 돌아가 석종(石鍾, 부도)에 넣어 봉안하였다. 그리고 한 함은 이 병로(病老)가 받들고 삼가 태백산에 들어가 부도를 창건(創建)하려 하였으나 혼자 힘으로는 어찌할 수 없었다. 제자 지정(智正)과 법란(法蘭) 등 무리들에게 명하여 그 일을 맡아 석종에 봉안하라 하였다.

두 선자(禪子)는 지성으로 널리 모금하여 몇 달이 못 되어 부도를 만들고 봉안하였다. 그 아름다운 공덕에 대해서는 『묘법연화경』의 여래수량품(如來壽量品) 가운데 이미 널리 적혀 있으니 내가 또 무슨 군말을 하겠는가.

또한 우리 동방에는 처음에 군장(君長)이 없었고 제후(諸侯)도 줄지어 있지 않았다. 신인(神人) 단군(檀君)이 태백산 신단수(神檀樹) 밑에서 출생하여 일어나 시조(始祖) 왕이 되매, 중국 요임금과 나란히 서게 되었다. 그렇다면 태백산은, 태백산이 처음으로 한 나라의 왕을 낳아 조선 국민으로 하여금 동쪽 오랑캐라는 이름을 아주 벗게 하였고, 마침내 삼계(三界)의 스승[856]을 봉안하여 또 동방의 백성들로 하여금 부처가 될 인연을 잃지 않게 하였으니 이것이 어찌 산의 신령스러움이 아니겠는가.

위대 하여라!

이것은 한갓 산만 중한 것이 아니라 나라도 또한 중하며, 한갓 나라만 중한 것이 아니라 사람도 또한 중한 것이다. 그 품질을 말한다면 유정선자(惟政禪子)는 자장법사보다 못하지 않고, 태백산은 영취산보다 못하지 않은 것이다. 이튿날 지정과 법란 두

---

856 지금 모든 사찰에서 시행하는 새벽예불문의 첫머리에 '삼계도사 사생자부 시아본사 석가모니불(三界導師 四生慈父 是我本師 釋迦牟尼佛)'이라는 구절이 있다. 풀이하면 욕계(欲界), 색계(色界), 무색계(無色界) 삼계의 태생(胎生), 난생(卵生), 습생(濕生), 화생(化生) 등 네 가지로 태어나는 모든 중생을 인도하시는 자비로운 아버지이고 우리의 본사(本師, 교주)이신 석가모니 부처님께 귀의한다는 뜻이다.

선자가 부도를 낙성하는 성대한 재(齋)를 베풀었다.[857]

서산대사가 지은 이 비문은 판본「대화엄사 사적」과 함께 조선시대의 고승들이 조선시대 숭유억불 정책으로 심각하게 왜곡된 우리나라의 역사를 바로잡는 귀중한 역사자료가 되므로 내용을 세심하게 살펴보아야 한다. 앞서 신라 천년의 도읍지는 삼신산의 하나인 방장산(方丈山)에 있었는데, 지금의 지리산으로 이곳은 본래 고조선 도읍지 아사달이었으며, 신라 황룡사는 지리산 화엄사이고, 이러한 사실이 화엄사에 소장된 판본 사적이나 구례군 소재 금오산 등의 물증자료를 통해서 확인되고 있다는 사실을 이미 밝혔다.

---

857 唯嶺南通度寺神僧慈藏 古所安釋迦世尊金骨舍利浮啚 頗多神驗 竟使千門入善 又令一國興仁 可謂世之尊寶也 不幸至萬曆二十年 日本海兵入國之南 焚之蕩之 億兆爲魚肉 禍及浮啚其寶將爲散失 悶鬱之際 適蒙 僧大將惟政 領兵數千 盡心守護得完全 然政不無後慮 故以金骨舍利二函 密似乎金剛 使病老安焉 病老感受 欲安之 然病老竊念 金剛近水路 後必有此患 安金剛非長久計也 向海兵之 撥浮啚 全在金寶 不在舍利也 取寶後視舍利如土也 然則不若寧修古基 而安焉云云 卽以一函 還付于政 政然其計 受函卽還古基而安鍾焉 其一函則病老自受持 謹入太白山 創建浮啚 靜獨力無何 命門人智正法蘭之輩 幹其事使安鍾 二禪子 至誠廣募 不數月 鍊浮啚而安之 美矣其功德 蓮經壽量品中已開列 余何贅焉 且我東方 初無君長 不列諸侯 神人檀君 出興於太白山神檀樹下 爲始祖王 與堯幷立也 然則太白 太白始胎于一國王 使朝鮮國民永脫東夷之號 終安于三界師 亦使東方羣氓 不失成佛之因 此非山之靈也耶 偉哉非徒山重 國亦重也 非徒國重 人亦重也 論諸品秩 則惟政禪子 不下慈藏法師也 太白山 不下靈鷲山也 翌日正蘭二禪子 開設浮啚 落成大齋. - 한국불교전서 7권 『청허당집(淸虛堂集)』 보유(補遺).

자장이 문수보살로부터 석가모니의 사리와 유골을 받고 나서 중국 태화지(太和池) 주변을 지날 때에 홀연히 서해 용왕이 나타나 사리를 봉안할 장소와 방법을 알려주면서 "본국으로 돌아가 황룡사에 9층탑을 조성하면 이웃나라가 항복하고 구한(九韓)이 와서 조공하며 왕조가 길이 평안할 것이다."고 하였다. 그 후 20여 년에 과연 나당연합군이 백제와 고구려를 차례로 정벌하고 나서는 다시 신라와 당나라의 전쟁에서 신라는 문두루비밀법을 시행하여 불보살의 도움에 힘입어 당나라 대군을 격파하고 완승을 거두어 천하를 통일하였다. 비문에서 자장이 봉안한 사리가 유독 신기한 영험이 많았다고 하는 것은 바로 이것이다. 또한 서산대사는 비문을 통해 자장이 석가모니의 사리와 유골을 봉안한 황룡사 터가 본래 단군이 탄생하고 조선을 건국하였던 신시(神市)라고 하였다. 그렇다면 고조선 기문에 나오는 태백산 정상은 불교에서 수미산 정상에 있다는 도리천이며, 지리산 산신인 마야부인이 단군을 낳았다는 의미로 풀이된다.

한편 임진왜란 때에 통도사에 모셔진 사리에 관하여 사명대사가 지은 「만력계묘중수기(萬曆癸卯重修記)」에 의하면, 만력(萬曆) 21년(1593) 통도사 금강계단에 모셔진 사리는 왜적에게 약탈당했는데, 다행히 동래(東萊)에 사는 옥백(玉白)이라는 사람이 포로로 잡혀 있다가 이를 온전히 되찾아 도망쳐 왔다고 한다. 그리하여 사명대사는 임진왜란이 끝난 후인 만력 31년(1603) 계묘년에 경잠(敬岑)에게 명하여 황폐화된 통도사 계단을 중수하고 다시 사리를 봉안하게 하였는데, 이 일은 의령(儀靈)과 지명(智明) 등이 화주(化主)가 되어 이루어졌다고 기록하고 있다.[858] 그러므로 사명대사가 서산대사에게 가져온 금골사리 두 함은 통도사에 모셔진 사리와는 무관한 것이다.

또 지난 1995년 8월 17일 화엄사 서오층석탑을 해체하다가 녹색 유리병 속에 영롱한 부처님의 사리 22과와 유골 등이 함께 출토되었다.[859] 신성한 사리를 보석함에 봉안하지 않고 재물로서의 가치가 없는 녹색 유리병에 봉안한 것은 비문에 '왜구들이 부도를 해친 것은 금보(金寶)를 가지고자 함이요, 사리에 있지 않으므로 금보만 취하면 사리는 흙과 같이 여길 것이다.'고 하였듯이 먼 훗날까지 안전하게 보전되도록 하기 위한 조치로 풀이된다.

그런데 이 사리가 언제 어떤 경로에 의해 이 탑에 모셔지게 되었는지, 출토된 지 20여 년이 지난 현재까지도 밝혀지지 않고 있다. 그러나 판본 「대화엄사 사적」에는 화엄사가 황룡사라고 구체적으로 밝히고 있고, 또 화엄사에 '구층 세존사리탑 1좌(坐)가 있었다.[860]'고 하였다.

임진왜란 때에 사명대사가 사리탑을 해체하여 서산대사에게 가져온 사리 두 함은 원래 현재 국보 35호로 지정된 화엄사 사리탑에 봉안되었던 것으로 보인다. 그리고 화엄사 서오층석탑에서 출토된 사리 22과와 유골은 원래 황룡사 구층탑에 모셔졌던 것으로 고려 몽고병란 때에 황룡사 구층탑이 불타서 복원되지 못하자 사리를 수습하여 그동안 화엄사 사자탑에 함께 모셔져 있던 것을 서산대사가 사리 두 함 중에 한 함을 임진왜란 이후에 구층 세존사리탑이 세워졌던 자리에 새로 석탑을 만들어 봉안했던 것으로 추정된다.

---

858 통도사 사지(寺誌) 참조

859 표지 날개의 사리 사진 참조

860 世尊舍利塔 九層 一坐

자장이 가져온 사리 1백과(顆)는 신인(神人)의 가르침에 따라 3등분하여 통도사와 태화사 탑, 그리고 황룡사 구층탑에 모셔졌는데, 비문에서 원래 사리가 모셔져 있던 부도가 있는 곳에 관해 '왜구들이 우리나라 남쪽 지방에 침입하여 … 그 화가 부도(浮圖)에 미쳐와 그 보배를 잃을 뻔하여' 라고 하였다. 그렇다면 화엄사와 통도사가 여기에 해당하는데, 임진왜란 당시 통도사 사리에 관해서는 앞에서 언급했듯이 사명대사가 지은 '만력계묘중수기'에 별도로 기록되어 있기 때문에 비문에 있는 내용은 통도사에 있는 사리와는 관련이 없다.

또 비문에서 금강산에 새로 부도를 만들어 모시는 것보다는 '그렇다면 차라리 옛터를 수리하여 거기에 봉안하는 것만 못하다 하고, 나는 곧 한 함을 유정에게 돌려주었다. 유정은 그 계책을 그럴 듯하다 생각하고 함을 받아 곧 옛터로 돌아가 석종(石鍾, 부도)에 넣어 봉안하였다.'고 하였다. 여기에 '차라리 옛터를 수리하여 거기에 봉안하는 것만 못하다'는 구절에 사리 한 함은 사명대사가 원래 있던 부도(태화사 탑)에 다시 봉안하고, 또 하나의 사리함 역시 서산대사가 황룡사 구층탑이 있었던 옛터를 수리하여 그 자리에 부도(서오층석탑)를 새로 조성하여 사리를 봉안한 것이 분명하다.

이렇게 볼 때 화엄사는 자장이 가져온 석가모니 진신사리 100과(顆) 중에 73과가 4사자 삼층석탑에 봉안되어 있고, 또 서오층탑에서 22과와 유골이 출토되었으니 총 95과가 화엄사에 봉안되어 있는 것이다. 여기에 통도사 사리 4과를 합하면 총 99과로 세 곳에 나누어 모셨다는 설이 입증된 셈이다.

이 비문은 서산대사가 84세에 친히 짓고 친필로 써서 선조 36년(1603)

3월 비석에 새겨 부도를 낙성할 때 같이 세운 것이다. 그리고 이듬해 갑진년(1604) 1월 23일에 묘향산 원적암(圓寂菴)에서 85세를 일기로 입적(入寂)하였다. 이 비석은 현재 평안북도 영변군 묘향산에 있는 보현사(普賢寺)에 있는 것으로 알려지고 있고, 비문은 문집에 남아 있는 것으로 보아 역사적으로 민감한 내용이기 때문에 조선 조정에서 고의로 비석을 다른 곳에 옮겨버린 것으로 보인다.

이러한 정황들은 조선 숙종 31년(1705년)에 화엄사 각황전을 중건한 고승 성능(聖能)이 통도사 계단도 함께 중수했는데, 이때 채팽윤(蔡彭胤)이 비문을 지어 통도사에 세운 「양산 통도사 석가 부도비(梁山通度寺釋迦浮圖碑)」에서도 드러나고 있는데, 비문에 이렇게 적고 있다.

> 다시 만력(萬曆) 20년 우리 선조(宣祖) 임진년(1592)에 왜구가 대거 침입하여 영남 남쪽 지방은 먼저 왜구의 침공을 받아 백성을 살육하고 불태웠는데, 비록 계단(戒壇)도 이를 면할 수 없었다.
>
> 마침 사명(四溟)대사 유정(惟政, 1544~1619년)이 의승장(義僧將)으로서 힘을 다해 사리를 완전하게 하고 뒤에 약탈될까 염려하여 크고 작은 두 개의 사리함을 몰래 담아 금강산에 있던 휴정(休靜, 서산)대사에게 보냈다. 휴정이 생각하여 말하기를 '어찌 남녘만 왜적에게 당하겠느냐. 이 산 또한 동쪽으로 바다와 접해 있어 만전을 기할 곳이 못된다. 저 영취산의 수승함은 문수보살의 명을 받은 자리이다. 불행히도 계율을 지키지 않는 이들은 그 의도를 보면 빼앗고자 하는 것은 금주(金珠, 보석)이지 신보(信寶, 사리)가 아니다. 예전처럼 계단에 봉안하고 중수하도록 하라.' 하며 마침내

> 한 함을 유정에게 돌려보냈다. 이미 태백산(太白山) 갈반사(葛蟠寺, 정암사)는 그 신령함이 밝게 드러난 곳이니 소홀히 할 수 있겠는가.' 하고는 두 문인에게 명하여 한 함을 서쪽에 봉안하게 하고 비문을 지어 비석에 새겼다. 이로 말미암아 서쪽과 남쪽에 두 개의 부도(浮圖)가 있게 되었다.[861]

이 구절은 서산대사의 비문을 인용한 것처럼 보이지만 내용을 자세히 들여다보면 전혀 다른 내용으로 날조하고 있다. 우선 사명대사가 가져온 사리 두 함은 원래 통도사 계단에 모셔졌던 사리라고 하였으나 임진왜란 당시 통도사 사리에 관해서는 사명대사가 지은 '만력계묘중수기'에 자세하게 기록되어 있고, 또 비문에서 '태백산은 영취산보다 못하지 않은 것이다.'라고 하였기 때문에 서산대사가 지은 비문에 있는 내용은 통도사에 있는 사리와는 관련이 없다.

이리하여 이 비석의 뒷면에 성능(聖能)이 지어 새긴 발문(跋文)이 있는데 '만력 임진년(1592년)의 병란 무렵의 일은 송운(松雲, 사명)대사가 기록해 두었다.'고 하여 앞면에서 범한 오류를 뒷면에서 곧바로 지적하며 바로잡고 있다.

---

861 越萬曆二十年我宣廟壬辰 海寇大入 嶺以南實先受兵 虔劉而焚刦之者 雖戒壇不得免焉 會惟政大師 以義僧將至力完之 慮有後敗 密盛以大小二函 使遺休靜師于金剛山 靜策曰豈以南爲迫於賊耶 玆山亦東並海 非萬全之所 夫以鷲山之勝而文殊之所命也 不幸而有不戒者 彼觀其意 所攫金珠 非信寶 則如仍舊壇而修之便 遂以一函還政 旣而曰 葛盤太白山昭其靈也 其忽諸乃命二門人奉其一函而西爲文而刻之 由是有西南二浮圖焉

또한 채팽윤은 사리 두 함 중에 한 함은 서산대사가 지금의 정암사가 있는 강원도 태백산에 사리를 모시고 비석을 세운 것으로 서술하고 있으나 비석은 오히려 북한 땅인 묘향산 보현사에 있는 것으로 알려지고 있다. 강원도 태백산은 단지 지명일 뿐 고조선 도읍지와 관련이 없으며, 자장이 가져온 사리 100과를 가르침에 따라 황룡사·태화사·통도사 등 세 곳에 나누어 모셨는데, 이 세 곳과도 아무런 관련이 없다. 그렇다면 서산대사가 사리 한 함을 자장이 봉안하였던 원래의 구층탑 터에 다시 부도(석탑)를 세워 사리를 봉안하고 그 내력을 기록하여 비석을 세우는 일에 무슨 이유로 조선 조정에서는 이렇게 민감하게 반응했던 것일까?

서산대사가 지은 비문의 말미에서도 당시의 정황에 관해 '팔만 악마의 무리들의 훼방은 바람을 잡아매는 것과 같다.'고 적고 있다.

사실 서산대사가 원래의 자리에 다시 모신 사리는 황룡사 구층탑에 모셔졌던 사리인데, 서산대사는 비문에서 이곳이 바로 단군이 도읍하였던 아사달이고, 또한 황룡사는 신라도읍지에 있는 사찰이고 몽고병란 때에 소실되어 폐사된 것으로 알려지고 있기 때문에 조선왕조에서 고조선 도읍지는 평양으로, 황룡사가 있는 신라도읍지는 경주로 치밀하게 날조한 역사를 비문을 통해 바로잡고 있기 때문이다.

숙종 때에 통도사 계단을 중수할 때에 『택리지(擇里志)』를 지은 이중환(李重煥)도 사리를 친견했는데, 이때 비문을 채팽윤이 짓고 당시 형조참판이었던 이중환의 부친 이진휴(李震休)가 비문을 쓴 인연으로 함께 간 것이다.

통도사는 당나라 초기에 자장(慈藏)법사가 입당하여 천축 석가모니의 머리뼈(頭骨)와 사리(舍利) 유물을 얻어 와서 절의 뒤편에 탑을 세워 모신 곳이다. 오랜 세월이 흘러 조금 기울어지자 숙종 을유(乙酉, 1705)년에 고승 성능(聖能)이 중수하려고 탑을 헐었더니 그 안에 '외도(外道) 성능(聖能)이 중수하다.'고 쓰여 있고 은함엔 비단 보자기로 두골(頭骨)을 싸 두었는데 크기가 물동이(盆盎)만 하였다. 비단 보자기는 이미 천여 년이 지났는데도 상하지 않고 새것 같았다. 또 작은 금함에는 사리를 담아 놓았는데 그 빛이 눈이 부셨다.[862]

통도사에 봉안된 사리에 대해 삼국유사와 고려 말기에 이색(李穡)이 지은 기문에 '석가여래의 정골(頂骨) 1개, 사리(舍利) 4과, 비라금점가사(毗羅金點袈裟) 1벌, 패엽경 약간[863]' 이라고 하였다. 그런데 근래에 와서 통도사 고문헌에 기록된 '정골사리사매(頂骨·舍利四枚)'라는 구절을 잘못 해석하여 부처님 머리뼈에서 나온 사리 4과로 풀이하여 삼보사찰 중에 으뜸인 불보(佛寶) 사찰로 추앙되고 있다. 그러나 통도사는 자장이 가져온 사리 100과 중에 4과에 불과하고 정골(頂骨)과 사리 4알을 함께 모셨다는 뜻이지, 머리뼈에서 나온 사리라는 뜻이 아니다.

---

862 『택리지(擇里志)』 복거총론 산과 강. 通度則唐初慈藏法師入 天竺得釋迦頭骨及舍利座 寺後作塔以鎭 歲久少傾 肅廟乙酉僧聖能 欲重修毁塔 則內書外道聖能重修 而以銀函錦袱 貯頭骨 大如盆盎 錦已千有餘年 不朽如新 又有小金盒貯舍利 光奪人目

863 釋迦如來頂骨一 舍利四 毗羅金點袈裟一 菩提樹葉若干

반면에 화엄사에는 사리 95과와 유골이 함께 봉안되어 있으므로 마땅히 화엄사가 불보사찰이 되어야 한다.

화엄사 대웅전 아래에 동서로 같은 시기에 건립된 것으로 보이는 5층 석탑이 나란히 세워져 있는데, 지난 1999년 10월에 또 동 5층 석탑을 해체하였을 때에 탑의 기단부에서 조선시대 정유재란 때에 부서진 화엄석경(華嚴石經) 조각들이 다량 내장되어 있었는데, 이것은 이 탑이 임진왜란 이후에 서오층석탑과 함께 세워진 탑이라는 사실을 입증하는 것이다.

이렇게 볼 때 태화사 탑은 현재 화엄사 사리탑을 말하고, 95년에 서오층 석탑에서 출토된 사리 22과와 유골 등은 황룡사 구층탑에 모셔졌던 석가모니 진신사리가 분명하다. 이것은 현재의 화엄사가 황룡사라는 사실을 입증하는 물증(物證)이 되는 것이다.

「대화엄사 사적」에 태화지 못가에서 나타나 자장에게 구층탑 세울 일을 가르쳐 준 신인(神人)은 서해의 용왕이라고 하였다. 그리고 「황룡사 찰주본기」에 종남산(終南山)의 원향선사(圓香禪師)가 자장에게 '관심(觀心)으로 공의 나라를 보니 황룡사에 구층탑을 세우면 해동(海東)의 모든 나라가 그대 나라에 항복하게 될 것이다.'고 하였다.

또한 조선 숙종 31년(1705)에 통도사 계단을 중수하였던 성능(性能) 대사가 지은 비문에서는 '성스러운 유골과 여러 도구들은 한 결 같이 문수보살의 위촉에 따라 터를 가려 봉안한 것이니 천세 만세토록 영원히 동국의 큰 보배가 될 것이다.'[864]라고 했다. 이와 같이 자장이

---

864 聖骨諸具 一依文殊之囑 卜地安焉 千萬世 永爲東國之大寶也

가져온 사리 100과는 문수보살의 위촉에 따라 서해의 용왕이 신인(神人)의 모습으로 태화지 못가에 나타나 황룡사·태화사·통도사 등 세 곳에 나누어 봉안하라는 계시에 따른 것이다.

이제 화엄사 사리탑을 현대적인 시각에서 바라보면, 가운데 어머니상(像)은 백두산을 머리로, 금강산을 가슴으로, 지리산을 골반으로 성모의 몸을 하고 있는 한반도를 상징하고, 어머니 머리에 이고 서 있는 석가세존의 사리는 모든 중생들의 아버지를 상징한다.

그리고 희·노·애·락의 표정을 하고 있는 네 마리 사자는 한반도를 에워 싼 미국, 일본, 중국, 러시아에 비유된다. 지구촌을 하나의 가정에 비유한다면 한반도는 가정의 어머니에 해당한다. 현재로서는 가정을 안정시켜야 할 어머니가 본분을 망각하고 있기 때문에 주변의 네 강대국은 자기네 영토도 아니면서 이해관계로 첨예하게 대립하며 한반도를 위협하고 있다.

그 앞의 아들 탑(조공탑)은 부처님을 아버지로 삼신산을 어머니로 하여 태어난 세계의 모든 인류를 상징한다. 자식이 부모의 성품을 그대로 닮듯이 성모의 품속에서 살고 있는 한민족은 삼신할머니의 품에서 자비를 배우고 지리산 산신인 마야부인 품에서 도를 터득하여 세계라는 큰 가정에서 어머니(보살)의 역할을 해야 할 의무와 책임을 지고 있는 민족이다. 이리하여 조선을 군자국이라고 한다.

이제 우리 국토에 감추어진 진실이 세상에 드러나고 한민족이 세계라는 큰 가정에서 어머니(보살)의 역할을 올바로 하게 되면 주변의 강대국들은 인류문명의 발상지이고 여러 종교의 이상향인 성스러운

조공상

국토를 호위하게 되며, 해외의 나라들은 모두가 철이 들어 부모님이 계시는 국토에 스스로 찾아와 조공하게 된다는 가르침이다.

성덕대왕신종의 명문(銘文)에 이런 말이 있다.

성덕대왕께서는 덕은 산하(山河)와 함께 드높았고 명성은 해와 달처럼 높이 걸렸으며, 충성스럽고 어진 사람을 등용하여 풍속을 어루만지고 예악(禮樂)을 숭상하니 풍교(風敎)가 볼만하였다. 들에서는 근본인 농사를 힘쓰고 시장에서는 넘치는 물건이 없었다. 당시 사람들은 금과 옥(金玉)을 싫어하고 문재(文才)를 숭상하였다. 40여 년 동안을 나라에 군림하며 정치에 부지런하여 한 번도 전란이 백성들을 놀래거나 시끄럽게 한 적이 없었다.
그런 까닭에 사방의 이웃나라들이 만 리 에서 조공을 바치고 돌아가서 다만 임금의 풍화(風化)를 흠모함이 있을 뿐, 일찍이 화살을 날려 엿보는 일이 없었다.

신라 황룡사는 고려 몽고병란으로 인하여 소실(燒失) 되어 폐사(廢寺)된 것으로 알려지고 있다. 그러나 이것은 조선시대 숭유억불 정책의 일환으로 조정에서 고의로 역사를 치밀하게 날조한 것이다.

화엄사는 황룡사이고, 신라 의상대사가 세운 석조 법당으로 각황전의 전신인 장육전(丈六殿)이 임진왜란 이전까지도 건재했다는 사실이 이를 뒷받침한다.

고려는 불교국가이고 황룡사는 신라 삼보(三寶) 중에 구층탑과 장육존상이 봉안된 시대를 초월하여 국가 제일의 비보(裨補)[865]사찰이기 때문에 구층탑만 복원되지 못하였을 뿐 모든 가람은 이미 고려시대 몽고병란 직후에 곧바로 중건되었던 것이다. 이것은 마치 조선시대 임진왜란으로 인해 우리나라 대부분의 사찰들이 소실되었지만 숭유억불의 와중에서도 전란이 끝난 후 주요 사찰들이 대부분 중건되었던 경우와 같다.

---

865 비보(裨補): 인체에 병이 나면 의원이 혈맥을 찾아 뜸을 뜨거나 침을 놓아 치료하듯이, 국토도 이와 같아서 국토의 혈맥에 절을 창건하거나 탑을 세워 국가의 재앙을 예방하는 시설을 말한다.

3. 화엄사 각황전

각황전

각황전(覺皇殿)의 본래 이름은 장육전(丈六殿)이며 부처님의 몸을 일컬어 장육금신(丈六金身)이라고 한다. 장육금신이란 석가모니 부처님이 16척(尺)의 키에 황금색 피부를 하고 있었음을 뜻하는 것이다.

그때 세존께서는 바라나국으로부터 우루빈라가섭의 형제 세 사람과 천명의 아라한과 같이 마가다국에 이르렀다. 이때에 빈바사라왕(頻婆娑羅王)은 말하였다.

"보살이 불도(佛道)를 이루어 증득하고, 16척(尺)의 거대한 몸에 자마금빛 피부에 32상(相)과 80종호(種好)와 열 가지 명호를 원만히 갖추고 지견(知見)을 이미 얻고 5안(五眼)[866]을 성취하였으며, 6신통(六神通)[867]을 증득하여 얻었고, 범천왕·제석·사천왕이 모두 받들어 섬긴다 함을 들은 지 오래인데, 이제 우리나라에 들어오시니 마음이 매우 기쁘다. 나와는 본래 부처님이 되시면 제도하겠다고 함께 약속하셨는데 잊으시지는 않고 나의 소원을 따르시는구나." 그리고는 곧 나라 안에 칙명으로 도로를 깨끗하게 장엄하고 왕은 보배 수레를 타고 대신과 백관들은 앞뒤로 인도하고 따르게 하면서 천 수레, 만의 기병으로 성을 나가 부처님을 맞이하였느니라.[868]

부처님 생존 시와 똑같은 모습과 크기로 만든 불상을 장육존상(丈六尊像)이라고 한다. 현재 각황전에 모셔진 불상 역시 장육존상이며[869] 화엄사의 중심 법당이다.

신라 진흥왕 때에 황룡사를 창건하면서 처음 세운 대법당이 신라 3보(三寶) 중의 하나인 장육존상이 모셔진 장육전(丈六殿)이다.

판본 「대화엄사 사적(事蹟)」에, 화엄사 창건에 관해 진흥왕 5년(544)에 홍륜사를 창건하고 거듭하여 '또 황룡사를 낙성하고 장육동상(丈六銅像)을 주조하였는데, 무게가 5만 5천7근(斤)이요, 금 1백2냥을 도금(鍍金)했다.'고 하였다. 또 '신라 경덕왕 13년 갑오(甲午, 754)년에

---

866 5안(五眼): 육안(肉眼), 천안(天眼), 혜안(慧眼), 법안(法眼), 불안(佛眼)을 말한다.

867 6신통(六神通): 신족통(神足通), 천안통(天眼通), 천이통(天耳通), 타심통(他心通), 숙명통(宿命通), 누진통(漏盡通)을 말한다.

868 『방광대장엄경(方廣大莊嚴經)』 제12권 전법륜품(轉法輪品) 2

869 석굴암 본존불도 결가부좌하고 앉은 불상 높이 326cm로 장육존상이다.

〔화엄사상을〕 조술(祖述)했다. 이 해에 경덕왕이 어머니 소덕태후(炤德太后)를 위하여 황룡사종(皇龍寺鍾)을 주조하였는데 길이가 10척 3촌(一丈三寸)이요, 두께가 9촌(寸)이며 무게가 49만 7천5백81근(斤)이었다.'라고 하였다.

현재의 화엄사는 황룡사이고 진흥왕이 장육존상을 봉안하였던 대법당이 각황전과 같은 곳이라는 말이다. 황룡사 장육존상이 이루어진 내력에 관해 다음과 같이 말하였다.

> 신라 제24대 진흥왕 즉위14년 계유(癸酉, 553)년 2월에 장차 궁궐을 용궁(龍宮)의 남쪽에 지으려 했는데 그곳에 황룡이 나타나 있었으므로 이에 고쳐 짓고 절로 삼았는데 호를 황룡사(黃龍寺)[870]라고 했다. 기축(己丑, 569)년에 주위에 담장을 쌓고 17년 만에 비로소 끝마쳤다.
>
> 얼마 후 바다 남쪽에 큰 배 한 척이 떠와서 하곡현의 사포(絲浦)에 정박했다. 이 배를 조사해 보니 편지가 있었다. 편지에 이르기를, "서축(西竺) 아육왕(阿育王)은 구리 5만 7천 근과 황금 3만 푼을 모아서 장차 석가 3존상을 주조하려 했으나 이루지 못하고 배에 실어 바다에 띄워 보내면서 축원하기를, 원컨대 인연 있는 국토에 가서 장육존상(丈六尊像)을 이루어 달라."고 하면서 한 부처와 두 보살상의 모양도 함께 실려 있었다. 이에 현의 관리가 문서로 왕께 아뢰었다. 왕은 칙사를 보내 그 고을 성(城) 동쪽의 높고 전망 좋은 곳을 골라 동축사(東竺寺)[871]를 창건하고 그 3존상을

870 황룡사의 황黃과 황皇을 같이 쓴다.

모셨다. 그 금과 구리는 서울로 수송하여 대건 6년 갑오(甲午, 574) 3월에 장육존상을 주조하였는데 단번에 이루어졌다. 무게는 3만 5천7근이고 황금 1만 1백98푼이 들었다. 두 보살상에는 구리 1만 2천근과 황금 1만 1백36푼이 들었다. 황룡사에 봉안하였는데 이듬해(575)에 장육존상이 눈물을 발꿈치까지 흘러내려 바닥이 1척 가량이 젖었다. 이는 진흥왕이 승하하실 조짐이었다.

별본(別本)에는 이렇게 적혀 있다.

아육왕이 서축 대향화국에서 부처가 세상을 떠난 백여 년 후에 태어났으므로 진신(眞身 석가)에 공양하지 못함을 한스럽게 여겨 금과 구리 약간을 모아서 세 번이나 불상을 주조하려 했으나 이루지 못하였다. 그때 왕의 태자가 홀로 이 일에 참여하지 않았으므로 왕이 까닭을 물으니 태자가 아뢰었다. "홀로 힘쓰는 것은 공덕이 아니므로 일찍이 이루어지지 않을 줄 알고 있었습니다." 하니 왕은 그렇게 여겨 그것을 배에 실어 바다에 띄워 보냈다.

남염부제 16대국과 5백 중국 십천(十千)소국 8만 촌락을 두루 돌아다니지 않는 데가 없었으나 모두 주조하지 못하고, 최후로 신라국

---

871 동축사(東竺寺): 인도를 서축(西竺)이라 하고 서라벌을 동축(東竺)이라고 한다. 신라 선덕여왕은 세 가지 예언에서 수미산의 정상에 있다는 도리천(忉利天)이 서라벌에 있다고 했다. 또한 『산해경(山海經)』에서 조선(朝鮮)은 천축국이라고 했다. 신라 국호는 원래 서라벌(徐羅伐) 또는 시라(尸羅)였다. 서라벌은 불경에 나오는 실라벌(室羅伐)과 같은 것으로 범어이며 부처님이 사는 궁성이라는 뜻이다. 시라(尸羅) 역시 범어로 불교의 계율을 뜻한다. 인도는 화신불인 석가모니가 탄생하신 곳이기 때문에 서축이라 하고, 신라는 보신불(報身佛)이 사는 도리천이 있기 때문에 절 이름을 동축사(東竺寺)라고 한 것이다.

에 이르러 진흥왕이 문잉림(文仍林)에서 주조하여 불상을 이룩하니 상호가 모두 갖추어졌다. (범어인) 아육(阿育)은 한역하여 무우(無憂)라고 한다.

후에 대덕 자장(慈藏)이 중국에 유학하여 오대산에 이르러 문수보살이 감응하였는데, 현신하여 비결을 주며 부촉하였다. "너희 나라 황룡사는 석가(釋迦)와 더불어 가섭불(迦葉佛)이 강연하시던 곳인데 연좌석(宴坐石)이 지금도 남아 있다. 그러므로 천축 아육왕이 구리 약간을 모아 바다에 띄웠는데 1천3백여 년이 지나서 너희 나라에 도착하여 불상이 이루어져 그 절에 모셔진 것이다.

대개 위덕의 인연으로 그렇게 된 것이다." 불상이 이루어진 후 동축사(東竺寺) 3존상도 역시 이 절에 옮겨 와 봉안하였다.

절에 있는 기록에는 진평왕 6년 갑진(甲辰, 584)에 이 절의 금당(金堂)[872]이 조성되었으며, 선덕왕 때의 첫 사주(寺主)는 진골 환희법사(歡喜師)였고, 두 번째는 자장 대국통이요, 다음은 국통 혜훈(惠訓)이고, 다음은 상률법사(廂律師)라 했다.

찬양한다.

세상 어느 곳인들 진향(眞鄕, 불국토)이 아니랴만
향화(香火, 불교)의 인연은 우리나라가 최고이다.
아육왕(阿育王)이 손을 대기 어려운 것이 아니라

872 금당(金堂): 금당은 그 절의 중심법당을 말하는 것으로 대웅전을 말한다. 지금 화엄사에도 장육존상이 봉안된 각황전이 있는데도 불구하고 대웅전이 별도로 있다. 진평왕 때에 조성된 금당은 대웅전을 말한다.

월성(月城)의 옛 행장(行藏) 찾아온 것이다.

-『삼국유사』 3권, 황룡사 장육존상

진흥왕 35년(574) 봄 3월에 황룡사의 장육존상이 주성되어 장육전에 봉안되고, 그로부터 백 년이 지나 문무왕 14년(674) 7월에 태풍이 불어 황룡사의 불전(佛殿, 장육전)을 무너뜨렸다.[873] 이때 의상대사가 유학을 마치고 귀국하여 화엄사를 화엄 10찰(十刹)의 종찰(宗刹)로 삼고, 왕명을 받들어 2층 장육전을 중건하고 법당의 사면 석벽에 『화엄경』을 새겼다. 조선시대에 간행된 『신증동국여지승람』에는 이 법당에 관해 이렇게 말했다.

> 화엄사에 한 불전(佛殿)이 있는데 사면 벽에 진흙을 바르지 않고 모두 푸른 석벽(石壁)을 만들어 그 위에 『화엄경』을 새겼다. 세월이 오래 되었으나 석벽이 아름답고 문자가 닳아 없어져 읽을 수가 없다.[874]

이 내용은 임진왜란으로 인하여 화엄사가 소실되기 이전 지금의 각황전 자리에 세워졌던 장육전(丈六殿)을 소개하고 있는 것이다. 이 장육전은 조선시대 정유재란 때에 왜적들에 의해 파괴되었다. 장육전 사면 석벽에 새겨진 『화엄경』을 화엄석경이라고 하는데, 부서

---

873 『삼국사기』 신라본기

874 中有一殿 四壁不以土塗 皆用青壁 刻華嚴經於其上 歲久壁壞文字刓沒 不可讀
- 『신증동국여지승람』 40권 구례현.

진 조각들이 보물로 지정되어 화엄사와 국립박물관에 보관되어 있다.

현재의 각황전은 조선 숙종 때에 계파 성능(桂波聖能)대사에 의해 조정의 시주금으로 건립된 것으로 숙종 25년(1699)에 시작하여 동왕 27년(1701)년에 상량되었고, 이듬해인 1702년에 모든 장엄이 끝나 낙성되었다. 각황전 중건과 함께 조정에서 화엄사를 한국 불교의 총 본산인 선·교 양종(禪教兩宗) 대가람으로 승격하였다.

현재 봉안된 3여래 4보살상은 1703년에 조성된 것이다.

이때 조선 조정에서 장육전을 각황전(覺皇殿)으로 현판을 바꾸었다. 절이 창건된 이후 천년 넘게 내려오던 대법당의 현판을 이때 바꾼 이유는 이 법당이 황룡사 장육전이라는 사실을 은폐하기 위해서일 것이다. 황룡사는 고려 몽고병란으로 불타서 폐사된 것으로 알려져 있는데, 오히려 장육전은 신라 문무왕 때에 의상대사가 중건한 이래로 임진왜란 이전까지도 건재했으며 화엄사가 황룡사라는 내용의 사적기가 유통되고 있었기 때문이다. 각황전 중건에 관해 설암 명안(雪嵒明眼) 선사의 기문(記文)에 다음과 같이 적고 있다.

숭정(崇禎) 3년 경오(庚午, 1630)년에 국일도대선사 벽암화상(碧巖和尙)이 왕명을 받들어 화엄사를 중건하였으나 아직 장육전(丈六殿)은 복구하지 못하고 훗날 인연 시절을 기약하라는 유명(遺命)을 문도들에게 남기고 입적하였다.

청나라 강희(康熙) 병자(丙子, 1696)년 학가산(鶴駕山)의 도인 성능(性能)이 남쪽 지방을 유력(遊歷)하다가 백암대사(栢庵大師)를 찾아 뵙고 입실하여 3년간 수업(受業)하였다. 백암(栢庵)은 그가 비범한 인물임을 알고 장육전을 중건하라는 벽암대사의 유명(遺命)을 성능(性能)에게 위촉하였다.

스승은 이미 대중으로부터 부탁을 받고 있던 터라 수락하고 스스로 서원하기를, "모기나 등에가 산을 짊어진다는 것은 가히 어려운 일이라 하겠지만, 두레박으로 바닷물을 퍼내어 구슬을 취한다는 것은 의지만 있으면 가히 이룰 수 있을 것이다. 큰 불사를 이룸에는 몸과 마음을 다하여 허물을 참회하고 불보살에게 지성으로 기도하여 먼저 천신의 감응을 구하고 그런 후에 실행하리라." 하였다.

그러자 어느 날 밤 꿈에 한그루 소나무가 솟아오르는데, 그 중에 줄기와 잎사귀가 빽빽하여 사방에 분포되었다 거기에 눈썹이 긴 한 노승(老僧)이 비단 여덟 필을 길게 펼쳐 그 소나무에 묶어 흰옷을 입은 두 사람으로 하여금 좌우에서 서로 잡아당기도록 했다.

또 금빛의 연꽃 일곱 줄기를 가지고 소나무 아래 줄지어 심어놓고 말하기를 "이곳에 마땅히 불전(佛殿)을 세우는데, 먼저 하나의 기둥을 세워 잡아당겨 견고하게 하여 오래도록 번성하게 하라." 하였다.

흰옷 입은 두 사람이 대사의 앞에 와서 무릎 꿇어 절하고 말하기를 "옛날 자장법사의 성스런 법회에서 대사와 제가 오랜 인연이 있어서 먼저 와서 기다리고 있었습니다. 이제 그 일을 경영하심에 우리들이 저승에서 도울 것이니 의심하거나 걱정하지 마시기 바랍니다." 하고 말을 마치자 문득 보이지 않았다. 후에 시주를 구하던 곳에서 여러 번 신기한 일을 징험(徵驗)하였던 일은 사람들이 들으면 놀라고 의심할까 두려워 자세히 기록하지 않는다.

이에 사대부들이 마음으로 귀의하여 단월(檀越)이 되어 금전(金錢)과 비단 쌀 등을 다투어 실어와 마치 구름더미처럼 쌓였다. 대법당을 중건하는 데 거스르는 자가 없으니 고을 사람들이 자재를 운반하고 노반(魯般)과 공수(工倕)와 같은 뛰어난 대목이 목재를 다듬어 다투어 절묘한 솜씨를 보여주었으니, 기묘년 봄에 처음 시작하여 임오(壬午, 1702)년 겨울에 이르기까지 4년 만에 공사를 끝마친 것이다.[875]

장육전 상량문에 보면, 장육전(각황전)은 당시 숙종의 왕자 연잉군(延礽君)과 왕자의 어머니 숙빈(淑嬪) 최씨의 수명장수를 위한 원당(願堂)으로 이들이 대시주(大施主)가 되었다고 하였다. 불보살의 가피일까? 훗날 영조(연잉군)는 52년간 재위하였고 83세를 누렸다.

---

875 雪嵒明眼禪師記云 崇禎三年庚午 國一碧巖老和尙 奉旨繼刱古寺迄復舊貫而猶未及丈六殿 且待時緣未期和尙化去遺命尙在矣 淸康熙丙子 鶴駕山道人性能 遊方南邁 詣栢庵之室 受業三年 庵知其脫穎 以遺命囑于師 師旣已又被衆請 乃量力度事 而自誓曰 蚊虻負山可謂難矣 戽海取珠有志可成 盡已爲心神理照鑒運心冥禱 先求神應 然後乃行卽曰 夜夢一株松湧出 其中枝葉鬱密分布四方 有應眉老僧 張大絹八匹 繫於其樹 使二白衣人 左右引而挽之 又持金色蓮花七莖 列植樹下曰 此地當建佛殿 先立一柱引挽 令固植華旅之 二白衣人跪拜師前曰 昔於慈藏聖會中 與師久有因緣故 先來待之 今之經營 吾等冥助 幸毋疑阻 言訖不見 後之於化緣之處 屢有徵驗 恐駭人聽故不具述也於是士大夫 歸心檀越 爭輸金帛 粒米如雲而聚 檀磎運村人無枝梧 般倕攻木爭呈妙技 始於己卯之春 至于壬午之冬 閱四載而訖功焉 일제 강점기 만우(曼宇)스님이 지은 -『대화엄사 사적』

황룡사의 가장 두드러진 특징은 진흥왕 35년(574)에 신라 3보(三寶) 중의 하나인 장육존상이 이루어져 장육전에 모셔졌는데[876] 그로부터 10년 후인 '진평왕 6년 갑진(甲辰, 584)년에 이 절의 금당(金堂, 대웅전)이 조성되었다'[877]고 하였다.

이것은 두 기록에 모순이 있는 것이 아니라 지금 화엄사에도 장육존상이 모셔진 각황전이 있는데도 절의 금당인 대웅전이 별도로 있다. 이것 또한 화엄사가 신라 황룡사라는 하나의 단서가 된다.

장육전은 신라 문무왕 때에 의상대사가 왕명을 받들어 조성한 것인데 사면 벽에 흙을 바르지 않고 석판(石版)에 『화엄경』을 새겼으나, 임진왜란으로 인하여 파괴되고 조선 숙종 때에 그 자리에 현재의 각황전을 중건한 것이다.

고려 대각국사 의천이 화엄사에 머물며 창건주 연기(緣起)의 진영(眞影)에 참배하고 지은 시가 있다.

화엄사 연기조사의 진영에 예찬하다(華嚴寺 禮緣起朝師影)

기신론과 화엄경을 통달하지 못한 것이 없고
일생동안 홍호(弘護)하여 깊은 공덕이 있다.
3천명의 의학(義學)이 등불을 나누어 뒤를 밝히니

---

876 진흥왕 35년 봄 3월에 황룡사의 장육상(丈六像)을 주조하였는데, 구리의 무게가 3만 5천7근이고 도금한 금의 무게가 1만 1백9십8푼이었다. -『삼국사기』 신라본기

877 『삼국유사』 황룡사 장육존상.

원교종(圓敎宗)의 바람이 해동에 가득하였네.
-『대각국사문집』 17권.

현재 화엄사 각황전의 주련(柱聯)에는 이 시와 조선시대의 고승 설암 추붕(雪巖秋鵬, 1651~1706)이 지은 '화엄사 장육전(丈六殿)'이라는 제목의 시 중에,

서역에서 온 하나의 등불이 삼세(三世)에 전하여
남국(南國)에서 천년 동안 오종(五宗)을 열어 드날렸네.
소요하느라 증가하는 청정한 빚은 갚아야 하는데
흰 구름에 고개 돌리면 〔중생들은〕 누구와 함께 하랴.[878]

라는 구절이 걸려 있다. 일반적으로 주련은 그 법당에 모셔진 부처의 공덕을 기리는 내용이다. 그런데도 장육존상을 봉안한 총림의 대법당에 창건주 연기조사를 찬양하는 게송을 게시한 것은 창건주 연기조사가 실제로는 석가모니 부처님의 후신(後身)이라는 사실을 뒷받침한다. 주련에 '서역에서 온 하나의 등불' 이란 '월성(月城)의 옛 행장 찾아온 것이다'라는 구절과 같이 석가모니 부처님이 도리천에서 지상에 내려와 화엄사를 창건하였던 일을 의미한다. 이리하여 유학자인 강희맹이 지은 금강산 서기송(金剛山瑞氣頌)에서, "이 불법(佛法)이 동방의 조정에 흘러들어온 지는 몇 천 백 년이 되었는지 알지 못한다." 하였고

878 西來一燭傳三世 南國千年闡五宗 遊償此增淸淨債 白雲回首與誰同『설암선사난고(雪巖禪師亂藁)』 2권

또 「대화엄사 사적」에서도 "우리 화엄사는 옛 노숙에게 들은 바에 의하면 범승(梵僧) 연기(烟起)가 창건했다고 하는데, 이루어졌다 헐어지고 헐어졌다가 이루어지기를 몇 천 년이 지났는지 알 수 없습니다."[879] 하였다. 또 중관대사에게 사적기를 지어 달라고 요청하는 대목에서 "부처님께서 처음 창건하신 일과[880] 청오(靑烏)의 역법을 설명한 자취를 바라옵건대 시작과 끝을 더듬어 적어서 산문에 남겨두어 썩지 않게 해줬으면 하오니 괴로움을 꺼리지 마소서." 하였다.

삼국시대에 화엄사는 처음 흥륜사(興輪寺)로 창건되었고 흥륜사 창건주는 아도화상이다. 그렇다면 아도와 화엄사 창건주 연기는 동일한 인물이며 석가모니의 후신이라는 결론이 된다.

신라에 불교가 전래될 때에는 반드시 아도화상이 출현하여 전불시대의 가람 터인 천경림(天鏡林)에 흥륜사를 창건하는데, 신라 13대 미추왕, 19대 눌지왕(묵호자), 21대 소지왕, 23대 법흥왕 때에도 출현하여 전교하였다. 이른바 아도나 묵호자는 원래 이름이 아니라 그저 지목하여 부르는 호칭으로 실제는 석가모니의 후신이며 모두 형상 없는 법신(法身)을 가지고 숨었다 나타났다 함을 자유롭게 하였다.

---

879 吾華嚴寺 聞之古老 梵僧烟起之所建也 成而毁 毁而成 不知幾千年

880 황면 권여지사(黃面 權輿之事): 석가모니 부처님의 피부가 황금색이라고 하여 부처님을 黃面이라고 한다. 또 저울을 만들 때 저울 추(權)를 먼저 만들고 수레를 만들 때 수레 집(輿)을 먼저 만드는 것이므로 권여(權輿)는 일의 시초를 말한다. 여기에서는 화엄사가 처음 부처님이 창건하였던 사실을 밝히고 있다.

4. 화엄사 주요 전각 주련

대웅전 주련

4, 5백 그루의 버드나무 휘늘어진 거리에
겹겹의 누대와 전각이 펼쳐진 연화장세계로다.
2, 3천 곳의 관현악을 연주하는 누대의
자줏빛 비단휘장 안에 진주를 뿌리도다.
중생에게 유익한 보배가 허공 가득 내리는데
중생들은 그릇에 따라 이익을 얻는다.
四五百株垂柳巷 樓閣重重華藏界 二三千處管鉉樓
紫羅帳裏撒眞珠 雨寶益生滿虛空 衆生隨器得利益

명부전 주련

자비의 인연으로 적선하여 중생을 구제하기를 서원하시니
만약 지성으로 귀의하면 어찌 감응이 늦으리오.
손바닥 위의 밝은 구슬의 광명은 대천세계를 비추고
손에 잡은 육환장을 진동하여 지옥문을 열어주네.
항상 지혜의 칼을 휘둘러 죄업의 뿌리를 잘라 없애고
업경대 앞에서는 십대왕이 조율하시네.
慈因積善誓救衆生 倘切歸依奚遲感應 掌上明珠光攝大千
手中金錫振開王門 常揮慧劍斷滅罪根 業鏡臺前十殿調律

원통전 주련

한 떨기 붉은 연꽃이 바다 가운데 있으니
푸른 파도 깊은 곳에 신통력을 나타내시네.
어젯밤 보타락가산에 계시던 관자재보살께서
오늘은 도량 가운데에 강림하시네.
一葉紅蓮在海中 碧波深處現神通
昨夜寶陀觀自在 今日降赴道場中

나한전 주련

모든 대아라한 성중이 떨치고 일어나 현묘하게 날아다니며
모든 중생을 한 몸과 같이 교화하시네.
인간 세상을 손바닥 뒤집어보듯 통찰하시고
재앙을 소멸하고 복을 내려 모두 해탈하기를 원하시네.
諸大聖衆振玄飛 敎化羣生一體同
洞察人間如反掌 消災降福願皆脫

5. 황룡사 찰주본기〔보물 제1870호〕

시독(侍讀) 우군대감(右軍大監)이며 성공(省公)을 겸한 신 박거물(朴居勿)이 왕명을 받들어 지음.

상고하건대, 황룡사 구층탑은 선덕대왕 때에 세운 것이다.

옛날 선종랑(善宗郞)이라는 진골 귀인(貴人)이 있었다. 그는 소년시절에 살생을 좋아하여 매를 놓아 꿩을 잡았는데, 그 꿩이 눈물을 흘리며 울자 이에 감동하여 발심하고 출가하여 불도에 들어갈 것을 청하고 법호를 자장(慈藏)이라고 하였다.

선덕대왕 즉위 7년 당 정관 12년, 우리나라 인평(仁平) 5년 무술(戊戌, 638)년에 신라 사신 신통(神通)을 따라 당나라에 들어갔다. 선덕대왕 12년 계묘(癸卯, 643)년 신라에 돌아오고자 하여 종남산(終南山) 원향선사(圓香禪師)에게 정례(頂禮)하고 작별인사를 하니 선사가 이르기를, "내가 관심(觀心)으로써 공의 나라를 관찰하니 황룡사에 구층 솔도파(窣堵波, 탑)를 세우면 해동의 모든 나라가 모두 그대 나라에 모두 항복할 것이다." 하였다. 자장은 이 말을 명심하고 귀국하니 신라 조정에서 이 말을 듣고 이에 이간(伊干) 용수(龍樹)를 감독관으로 임명하고 대장(大匠) 백제인 아비지(阿非知) 등이 소장(小匠) 2백 인을 거느리고 이 탑을 조성하였다.

전자(鐫字) 승려 총혜(聰惠)

선덕여왕 14년 을사(乙巳, 645)년 4월에 처음 찰주(刹柱)를 세우고 공사를 시작하여 이듬해에 마침내 공사를 마쳤다.[881] 철반(鐵盤, 탑의 상륜부) 이상의 높이는 42척(尺),[882] 이하의 높이는 183척이었다. 과연

---

881 十二年(643) 三月 入唐求法 高僧慈藏還. 十四年(645) 三月 創造皇龍寺塔從慈藏之請也 -『삼국사기』 신라본기. 眞興王癸酉創寺後(14년 계유(癸酉 553)) 善德王代 貞觀十九年乙巳 塔初成 -『삼국유사』

삼한이 통합되고 군신이 안락하였으니 지금까지 이에 힘입은 것이다.

그 후 195년을 지나 문성대왕 시대에 이르니 해가 이미 오래 되어 탑이 동북쪽으로 향하여 기울어졌다. 국가에서 무너질까 두려워 장차 고쳐 세우고자 여러 재목을 모은 지 30여 년이 되어도 아직 고쳐 세우지 못하였다. 경문왕이 즉위한 11년인 함통(咸通) 신묘(辛卯, 871)년에 그 탑이 기울어진 것을 한스럽게 여기고 이에 친동생으로 상재상(上宰相)인 이간(伊干) 위홍(魏弘)을 감수성탑사(監脩成塔事)로 삼고 〔황룡사〕 사주(寺主) 혜흥(惠興)을 문승(聞僧)이자 수감전(脩監典)으로 삼아 그들과 대통(大統) 정법화상(政法和尙)인 대덕 현량(賢亮), 대통 겸 정법화상인 대덕 보연(普緣)과 강주(康州)의 보중(輔重), 아간(阿干)인 견기(堅其) 등 승려와 관리들이 그해 8월 12일, 처음으로 낡은 탑을 헐고 새로 조성하도록 했다.[883]

전자(鐫字) 신 소연전(小連全)

그 안에 다시 『무구정광대다라니경(無垢淨光大陀羅尼經)』에 의거하여 소 석탑(小石塔) 99구(軀)를 안치하고 각각의 소 석탑마다 사리 1개씩을 넣고 다라니 4종(種)과 경(經) 1권을, 경의 위에 사리 1구(具)를 철반의 위에 안치하였다. 이듬해 7월에 구층탑을 완성하였다. 그러나 비록 찰주(刹柱)는 움직이지 않았으나 주상께서 찰주에 본래 봉안된 사리가 어떠한지 염려하여 신하인 이간(伊干)인 승지(承旨)에게 임진

---

882 6척(尺)을 1보(步)라고 한다.

883 경문왕(景文王) 11년(871), 봄 정월에 왕이 담당 관리에게 명해 황룡사 탑을 고쳐 세우게 하였다. -『삼국사기』 신라본기

년 11월 6일에 여러 관료들과 함께 가보도록 하였다. 기둥을 들게 하고 보니 초석(礎石)의 홈 안에 금과 은으로 장식한 고좌(高座)가 있고 그 위에 사리가 든 유리병을 봉안하였다. 그 보물은 불가사의한데 다만 조성한 날짜와 사유를 적은 기문이 없었다. 25일에 본래대로 해두고 다시 사리 백 알과 법 사리(法舍利) 2종(種)을 추가로 봉안하였다. 오로지 탑을 처음 세운 근원과 고쳐 세운 사유를 대략 기록하도록 명하여 만겁토록 후세에 미혹되지 않게 기록하여 보이도록 하였다.[884]

함통 12년 임진(壬辰, 872)년 11월 25일에 기록하다.

숭문대랑(崇文臺郎) 겸 춘궁 중사성(春宮中事省) 신 요극일(姚克一)이 왕명을 받들어 쓰다.

전자(鐫字) 조박사(助博士) 신 연전(連全)

성전(成典)

감수성탑사(監脩成塔事) 수병부령(守兵部令) 평장사(平章事) 이간(伊干) 신 김위홍(金魏弘)

상당(上堂) 전 병부대감(兵部大監) 아간(阿干) 신 김이신(金李臣)

창부경(倉部卿 일길간(一吉干) 신 김단서(金丹書)

적위(赤位) 대내마(大奈麻) 신 신김현웅(新金賢雄.)

청위(青位) 내마(奈麻) 신 신김평긍新金平矜) 내마 신 김종유(金宗猷)

내마 신 김흠선(金歆善) 대사(大舍) 신 김신행(金愼行)

---

884 경문왕 13년(873), 가을 9월에 황룡사 탑이 완성되었는데, 9층으로 높이가 220척(尺)이었다. -『삼국사기』 신라본기

황위(黃位) 대사 신 김긍회(金兢會) 대사 신 김훈행(金勛幸)
대사 신 김심권(金審卷) 대사 신 김공립(金公立)

도감전(道監典)
전 국통(國統) 승려 혜흥(惠興)
전 대통(大統) 정법화상(政法和尙) 대덕 현량(賢亮.)
전 대통 정법화상 대덕 보연(普緣)
대통 승려 담유(談裕). 정법화상 승려 신해(神解)
보문사(普門寺) 상좌(上座) 승려 은전(隱田. 황룡사 상좌(上座) 승려 윤여(允如)
승려 영범(榮梵) 승려 양숭(良嵩) 승려 연훈(然訓 승려 흔방(昕芳) 승려 온융(溫融.)
유나(維那) 승려 훈필(勛筆) 승려 함해(咸解) 승려 입종(立宗) 승려 수림(秀林)

속 감전俗監典)
패강진도호(浿江鎭都護) 중아간(重阿干) 신 김견기(金堅其)
집사시랑(執事侍郞) 아간(阿干) 신 김팔원(金八元)
내성경(內省卿) 사간(沙干) 신 김함희(金咸熙)
임관군 태수(臨關郡太守) 사간(沙干 신 김욱영(金昱榮)
송악군 태수(松岳郡太守) 대내마 신 김일(金鎰)
황룡사 대유나(大維那)
승려 항소(香素) 승려○○ 승려 원강(元强)

황룡사 도유나(都維那) 승려◯◯

감은사(感恩寺) 도유나 승려 방령(芳另) 승려 연숭(連嵩)

유나 승려 달마(達摩) 승려◯◯ 승려 현의(賢義) 승려 양수(良秀)

승려 교일(敎日) 승려 진숭(珎嵩) 승려 우종(又宗) 승려 효청(孝淸)

승려 윤교(允皎) 승려◯◯ 승려 숭혜(嵩惠) 승려 선유(善裕)

승려 행림(幸林) 승려◯◯ 승려 총혜(聰惠) 승려 태일(太逸)

사리(舍利) 신 충현(忠賢)

皇龍寺 刹柱本記

侍讀 右軍大監 兼省公 臣 朴居勿 奉敎 撰

詳夫皇龍寺九層塔者 善德大王代之所建也. 昔有善宗郎 眞骨貴人也 少好殺生 放鷹擊雉 雉出涙而泣 感此發心 請出家入道 法號慈藏 大王卽位七年 大唐貞觀十二年 我國 仁平五年 戊戌歲 隨我使神通入於西國. 王之十二年 癸卯歲 欲歸本國, 頂辭南山圓香禪師 禪師謂曰 吾以觀心 觀公之國 皇龍寺 建九層窣堵波 海東諸國 渾降汝國. 慈藏持語而還 以聞乃命監君 伊干龍樹 大匠 百濟阿非等 率小匠二百人 造斯塔焉.

鐫字 僧聰惠

其十四年歲次乙巳 始構建四月◯◯ 立刹柱 明年乃畢功

鐵盤已上 高七步 已下高卅步三尺 果合三韓 以爲◯◯ 君臣安樂 至今賴之. 歷一百九十五年 暨于文聖大王之代 年◯旣久 向東北傾

國家恐墜 擬將改作 ◯致衆材 三十餘年 其未改構. 今上卽位十一年 咸通辛卯歲 恨其◯傾 乃命親弟上宰相 伊干魏弘爲◯臣 寺主惠興 爲聞僧及脩監典 其人前大統 政法和尙 大德賢亮 大統兼政法和尙 大德普緣 康州輔重阿干堅其等 道俗 以其年八月十二日 始廢舊造新.

鐫字 臣 小連全

其中更依無垢淨經 置小石塔九十九軀 每軀納 舍利一枚 陀羅尼四種 經一卷 卷上安舍利一具 於鐵盤之上 明年七月 九層畢功. 雖然刹柱不動 上慮 柱本舍利如何 令臣伊干承旨 取壬辰年十一月六日 率群僚而往 專令擧柱觀之 礎臼之中 有金銀高座 於其上 安舍利琉璃甁 其爲物也 不可思議 唯無年月事由記◯ 卄五日還依舊置 又加安舍利 一百枚 法舍利二種 專命記題事由 略記始建之源 改作之故 以示萬劫 表後迷矣.

咸通十二年 歲次壬辰 十一月 卄五日記.

崇文臺郎 兼春宮中事省 臣 姚克一 奉敎書.

鐫字 助博士 臣 連全

成典

監脩成塔事守兵部令平章事伊干臣金魏弘

上堂前兵部大監阿干臣金李臣

　　倉府卿一吉干臣金丹書

赤位大奈麻臣新金賢雄

青位奈麻臣新金平矜奈麻臣金宗猷

奈麻臣金歆善　大舍臣金愼行

黃位大舍臣金兢會　大舍臣金勛幸

大舍臣金審卷　大舍臣金公立

道監典

前國統僧惠興

前大統政法和尙 大德賢亮 前大統政法和尙 大德普緣

大統僧談裕　政法和尙 僧神解

普門寺上座僧隱田　當寺上座 僧允如

僧榮梵　僧良嵩　僧然訓　僧昕芳

僧溫融

維那僧勛筆　僧咸解　僧立宗　僧秀林

俗監典

浿江鎭都護重阿干 臣金堅其

執事侍郎阿干 臣金八元

內省卿沙干 臣金咸熙

臨關郡太守沙干 臣金昱榮

松岳郡太守 大奈麻 臣金鎰

當寺大維那

僧香素　僧○○　僧元强　當寺都維那　僧○○

感恩寺都維那 僧芳另　僧連嵩

維那 僧達摩　僧○○　僧賢義　僧良秀

僧敎日 僧珎嵩 僧又宗 僧孝淸

僧允皎 僧○○ 僧嵩惠 僧善裕

僧幸林 僧○○ 僧聰惠 僧太逸

舍利 臣忠賢

6. 신라 백지묵서 화엄경 발문(跋文)〔국보 제196호〕

천보(天寶) 13년 갑오년(754) 8월 1일에 시작하여 을미년(755) 2월 14일에 1부를 두루 마치어 이루었다. 제작하도록 발원한 이는 황룡사(皇龍寺) 연기법사(緣起法師)가 하셨으니, 제1은 은혜를 주신 부모를 위한 것이고, 제2는 법계(法界)의 일체 중생이 모두 불도를 이루게 하고자 서원하였다.

사경(寫經)을 제작하는 법은, 닥나무 뿌리에 향수를 뿌려 나무에 스며들어 자라게 하며, 연후에 닥나무 껍질을 벗기고, 벗겨낸 껍질을 연마한다. 지작백사(紙作伯士)나 사경필사(經寫筆師)나 경심장(經心匠)이나 불·보살상 필사(佛菩薩像筆師)나 잡역을 맡은 사람이나 보살계를 받도록 하고 재식(齋食)을 먹게 한다. 이상의 모든 사람이 만약 대소변(大小便)을 하거나 취침하거나 먹고 마시거나 하면 향수를 사용하여 목욕하고 제작하는 곳에 나아가게 한다.

모두 순정(淳淨)을 하는데, 새 정의(淨衣) 곤(褌) 수의(水衣) 비의(臂衣) 관(冠) 천관(天冠) 등으로 장엄하게 한다. 다만 두 명의 청의(靑衣) 동자가 관정침(灌頂針)을 받들며, 또 청의 동자에 4명의 기악인 등을 붙여 모두 악기를 연주하며, 또 한 사람이 향수를 가는 길에 뿌리며,

또 한 사람이 꽃을 받들어 가는 길에 뿌리며, 또 한 법사가 향로를 받들고 인도하며, 또 한 법사가 범패(梵唄)를 부르며 이끌고, 모든 필사(筆師) 등이 각기 향과 꽃을 받들어서 우념(右念)하며 행렬을 지어 사경하는 곳에 이르면 삼보(三寶)에 귀의하고 세 번 반복하여 정례(頂禮)하고 불·보살께 화엄경 등에 공양한 이후에 자리에 올라 경을 베껴 쓴다. 경심(經心)을 만들며 부처와 보살의 상을 제작할 때에 청의동자와 기악인 등을 제외하고 나머지 순정(淳淨)하는 법은 앞에서와 같다.

경심 안에 1개씩 사리를 넣는다.

내가 이제 서원하노니 미래세계가 다하도록
이루어진 경전이 문드러져 훼손되지 말지어다.
설령 삼재(三災)가 대천세계를 파괴하더라도
이 경만은 허공과 더불어 무너져 흩어지지 않으리라.
만약 어떤 중생이 이 경의 부처를 보고 경문을 들으며
사리를 공경하고 보리심을 내어 물러나지 않으며
보현의 행원을 닦으면 이로 인하여 신속히 성불하리라.

지작인(紙作人) 구질진혜현(仇叱珍兮縣, 장성) 황진지(黃珍知) 내마(奈麻)

경필사(經筆師) 무진이주(武珍伊州, 광주) 아간(阿干) 내마,
이순(異純) 한사(韓舍), 금모(今毛) 대사(大舍)
의칠(義七) 대사, 효적(孝赤) 사미(沙彌)

남원경(南原京, 남원) 문영(文英) 사미, 낭효(郎曉) 대사.

고사부리군(高沙夫里郡, 정읍) 양순(陽純) 내마,

인년(仁年) 대사, 시오(屎烏) 대사, 인절(仁節) 대사.

경심장(經心匠) 大京 능길(能吉) 내마, 울고내(亐古奈)

불·보살상 필사(佛菩薩像筆師) 대경(大京) 의본한(義本韓) 내마,

정득(丁得) 내마, 광득(光得) 사지(舍知), 두오(豆烏) 사경(舍經).

제필사(題筆師) 대경(大京) 동지(同智) 대사, 6두품(六頭品)으로 부친은 길득(吉得) 아찬(阿飡)이다.

天寶十三載 甲午八月一日初 乙未載 二月十四日 一部周了成內之 成內願旨者 皇龍寺緣起法師 爲內賜 第一 恩賜父親爲內弥 第二 法界一切衆生 皆成佛道欲爲以成賜乎 經成內法者 楮根中香水散尓 生長令內弥 然後中若楮皮脫那 脫皮練那 紙作伯士那 經寫筆師那 經心匠那 佛菩薩像筆師 走使人那 菩薩戒授令弥 齊食弥 右諸人等 若大小便爲哉 若師宿哉 若食喫哉 爲者香水用尓 沐浴令 只但作作處中 進在之經寫時中 並淳淨爲內 新淨衣褌水衣臂衣冠天冠等 莊嚴令 只者二青衣童子灌頂針捧弥 又青衣童子 著四伎樂人等 並伎樂爲弥 又一人香水行道中散弥 又一人花捧行道中散弥 又一法師香爐捧引弥 又一法師梵唄唱引弥 諸筆師等 各香花捧尓 右念行道爲作處中至者三歸依尓 三反頂禮爲內 佛菩薩華嚴經等 供養爲內 以後中坐中昇經寫在如 經心作弥 佛菩薩像作時中 青衣童子伎樂人等 除余淳淨法者上同之 經心內中 一收舍利尓 入內如.

我今誓願盡未來 所成經典不爛壞 假使三災破大千 此經與空不散破

若有衆生於此經 見佛聞經敬舍利 發菩提心不退轉 脩普賢因速成佛
紙作人 仇叱珎兮縣 黃珎知 奈麻 經筆師 武珎伊州 阿干 奈麻 異純
韓舍 今毛 大舍 義七 大舍 孝赤 沙彌 南原京 文莫 沙彌 郎曉 大舍
高沙夫里郡 陽純 奈麻 仁年 大舍 屎烏 大舍 仁節 大舍 經心匠
大京 能吉 奈麻 兲古奈 佛菩薩像筆師 同京 義本韓 奈麻 丁得 奈麻
光得 舍知 豆烏 舍經 題筆師 同京 同智 大舍 六頭品 父吉得 阿飡[885]

7. 사바세계 교주이신 석가세존의 금골 사리(金骨舍利) 부도비

은퇴하여 금강산에 물러난 국일도대선사 선교도총섭 사자 부종수 교 겸 등계보제대사 늙고 병든 휴정(休靜)은 삼가 짓고 쓰다.[886]

삼가 생각하오면 우리 현겁(賢劫)의 거룩하신 석가모니 부처님은 바로 천축국(天竺國) 정반왕(淨飯王)의 태자로서 지나간 세상에 도를 이루시고 진실하고 영원한 법신(法身)을 증득(證得)하신 지 오래이다.

비결에 말하기를, 석가(釋迦)는 성(姓)이니 이것은 능인(能仁)이라 하는데 자비(慈悲)로 만물을 이롭게 한다는 뜻이다. 모니(牟尼)는 자(字)이니 이것은 적묵(寂默)이라 하는데 지혜로 어리석은 중생을 다스

885 楮皮脫(닥나무 껍질을 벗기는 이), 脫皮練(벗긴 껍질을 다듬는 이), 紙作伯士(종이를 만드는 기술자), 經寫筆師(경을 베끼는 필사), 紙作人(종이를 만드는 장인).

886 선조 35년(1602)에 선조는 임진왜란 당시 승군을 일으켜 위기에서 나라를 구한 공로로 서산대사에게 정2품에 해당하는 품계와 '休靜爲國一都大禪師 禪敎都摠攝扶宗樹敎 普濟登階者'라는 교지(敎旨)를 하사했다.

린다는 뜻이다. 자비와 지혜를 아울러 활용하기 때문에 생사에도 열반에도 머무르지 않는다. 그러나 부처님은 오로지 만물을 이롭게 하는 것으로 자기의 임무를 삼기 때문에 물에 비치는 달과 같은 응신(應身)을 시방(十方) 세계에 나타내어 겁(劫)이 다하도록 중생을 구제하시되 싫증이 없으시다. 이미 그 지위가 일생보처(一生補處)에 올라 도솔천(兜率天)에 나시어 이름을 호명대사(護明大士)라 하고 한창 하늘 무리들을 구제하고 계셨다.

『보요경(普曜經)』에 말하기를, 석가가 도솔천에서 왕궁에 내려와 몸으로 광명을 놓으면서 발로 연꽃을 밟고 사방으로 일곱 걸음을 걷고는 하늘과 땅을 가리키면서 사자처럼 외쳐 세 가지 방편을 보이셨다고 하였는데, 주(周)나라 소왕(昭王) 24년 갑인년(甲寅年, B.C 1027)이었다.

태자의 이름은 실달다(悉達多)이니 이것은 길(吉)이라는 뜻이다. 문무(文武)에 능하고 음양(陰陽)을 잘 알아서 인간이나 천상의 모든 일을 배우지 않고도 낱낱이 신통하게 이해하였으므로 부왕(父王)은 매우 사랑하여 왕위를 전하는 날을 7일 뒤로 정하였다.

어느 날 태자는 사대문(四大門) 밖에 나가 놀다가 기쁘고 슬픈 일들을 보고 출가(出家)할 마음을 내었다. 부왕이 듣고 놀라 온 나라 사람들로 하여금 더욱 호위하게 하여 출입을 일체 금하고 오직 정거천인(淨居天人)만 통하게 하였다. 하룻밤에 성을 넘어 집을 나가니 태자의 나이는 19세였다.

처음에 단특산(檀特山)에서 들어갔다가, 세 가지 선정(禪定)을 버리고 드디어 상두산(象頭山)에 들어가 6년 동안 앉아 고행(苦行)하다가 새벽의 샛별을 보고 도를 깨닫고 천인사(天人師)라 이름 하였으니 그때의 나이 30이었다. 그리하여 녹야원(鹿野苑)에서 교진여(憍陳如) 등 다섯 비구를 위하여 도과(道果)를 논하시고 영취산(靈鷲山)에서 『법화경(法華經)』을 설하시고 49년 동안 세상에 머무르시면서 미묘한 정법안장(正法眼藏)을 대가섭(大迦葉)에게 부촉(付囑)하시고 다시 아난(阿難) 시자(侍者)에게 분부하여 법을 전하고 교화하는 것을 끊이지 않게 하시면서 각각 법의 게송(偈頌)을 전하셨다.

그 뒤에 구시라국(拘尸羅國) 희련성(熙蓮城)의 사라쌍수(娑羅雙樹) 아래에서 오른쪽으로 누워 발을 포개고 고요히 열반에 드셨는데 다시 관(棺)에서 일어나 그 어머님을 위해 설법하시고 이내 무상게(無常偈)를 읊으셨다.

모든 행은 무상하나니 /諸行無常
이것이 나고 사라지는 법이다. /是生滅法
나고 사라짐마저 사라진 뒤에는 /生滅滅已
적멸하나니 이를 즐거움이라고 한다. /寂滅爲樂

조금 뒤에 금관(金棺)이 자리에서 떠오르면서 삼매(三昧)의 불로 그 몸을 사르니, 사리가 공중에서 비와 같이 쏟아져 여덟 섬 네 말이나 되었으니, 주 목왕(穆王) 53년 임신년이었다.

아아!, 지금도 부처님은 세상에 계시면서 중생의 감동이 있으면 만 가지 덕의 몸으로 응해 주시고 감동이 없으면 삼매에 들어 있을 뿐이요, 가고 오는 것에 관계가 없으시다.

처음에 이 세상에 강생(降生)하고 출가하고 도를 이루고 법을 설하심은 늙은 할머니가 나뭇잎을 가지고 아이의 울음을 그치게 한 것과 같고, 그 뒤에 꽃을 집어 들고 자리를 나누고 열반에 들고 관에서 발등을 보이심은 늙은 아버지가 미친 아들을 다스린 것이요, 의사가 약을 두고 타향으로 떠난 것과 같다.

당시의 사리(舍利)는 그 회상에 있는 보살·연각(緣覺)의 성스런 대중들과 또 인천(人天)의 팔부 신중(八部神衆)들이 나누어 각각 받들어 가져 티끌 같은 여러 세계에 흩어, 탑을 세우고 석종을 만들어 공양하는 이가 얼마나 많은지 모른다.

그러나 애석하게도 인연이 없는 국토의 사람들은 이 당시에도 듣지도 보지도 못하였으니, 저 사위국 3억의 집과 중국의 한 모퉁이가 바로 그렇다. 다만 중국에 있어서는 그 뒤로 천년을 지나 후한(後漢)의 영평(永平) 8년에 임금이 어느 날 꿈에 감응하여 신하를 시켜 그 교법을 전해 받았을 뿐이다.

유독 영남 통도사(通度寺)의 신승(神僧) 자장(慈藏)이 옛적에 봉안한 석가세존의 금골사리(金骨舍利) 부도(浮圖)가 자못 신기한 영험이 많아, 마침내 천문(千門)으로 하여금 선(善)에 들게 하였고, 또 한 나라로 하여금 인(仁)을 일으키게 하였으니 과연 세상의 거룩한 보배라 할 만하다.

그러나 불행히도 만력(萬曆) 20년(1592)에 이르러 일본 해병이 우리나라 남쪽 지방에 침입하여 헐고 불살라 수많은 백성들이 모두 어육(魚肉)이 될 때 그 화가 부도에 미쳐와 그 보배를 잃을 뻔하여 몹시 고민하고 답답해할 즈음에 마침 승군(僧軍) 대장 유정(惟政, 사명대사)

이 군사 수천 명을 거느리고 마음을 다해 수호한 힘을 입어 안전하게 되었다. 그러나 유정은 후환이 없을 수 없다 하여 금골사리 두 함을 몰래 이 병로(病老, 서산대사)에게 주면서 금강산에 봉안하는 것이 좋을 듯하다 하였다. 이 병로는 감격하여 그것을 받아 봉안하려다가 다시 가만히 생각하였다. 금강산은 수로(水路)에 가까우므로 뒷날 반드시 이런 우환이 있을 것이니 금강산에 봉안하는 것은 장구한 계책이 아니다. 전날 그 해병들이 부도를 해친 것은 금보(金寶)를 가지고자 함이요, 사리에 있지 않으므로 금보만 취하면 사리는 흙과 같이 여길 것이다. 그렇다면 차라리 옛터를 수리하여 거기에 봉안하는 것만 못하다 하고, 나는 곧 한 함을 유정에게 돌려주었다.

유정은 그 계책을 그럴 듯하다 생각하고 함을 받아 곧 옛터로 돌아가 석종(石鍾, 부도)에 넣어 봉안하였다. 그리고 한 함은 이 병로(病老)가 받들고 삼가 태백산에 들어가 부도를 창건하려 하였으나 혼자 힘으로는 어찌할 수 없었다. 제자 지정(智正)과 법란(法蘭) 등 무리들에게 명하여 그 일을 맡아 석종에 봉안하라 하였다. 두 선자(禪子)는 지성으로 널리 모금하여 몇 달이 못 되어 부도를 만들고 봉안하였다. 그 아름다운 공덕에 대해서는 『묘법연화경』의 여래수량품(如來壽量品) 가운데 이미 널리 적혀 있으니 내가 또 무슨 군말을 하겠는가.

또한 우리 동방에는 처음에 군장(君長)이 없었고 제후(諸侯)도 줄지어 있지 않았다. 신인(神人) 단군(檀君)이 태백산 신단수(神檀樹) 밑에서 출생하여 일어나 시조(始祖) 왕이 되매, 중국 요임금과 나란히 서게 되었다. 그렇다면 태백산은, 태백산이 처음으로 한 나라의 왕을 낳아 조선 국민으로 하여금 동쪽 오랑캐라는 이름을 아주 벗게 하였고,

마침내 삼계(三界)의 스승을 봉안하여 또 동방의 백성들로 하여금 부처가 될 인연을 잃지 않게 하였으니 이것이 어찌 산의 신령스러움이 아니겠는가.

위대 하여라!

이것은 한갓 산만 중한 것이 아니라 나라도 또한 중하며, 한갓 나라만 중한 것이 아니라 사람도 또한 중한 것이다. 그 품질을 말한다면 유정선자(惟政禪子)는 자장법사보다 못하지 않고, 태백산은 영취산보다 못하지 않은 것이다. 이튿날 지정과 법란의 두 선자가 부도를 낙성하는 성대한 재(齋)를 베풀었다.

이 병로는 법석(法席)에 올라가 여러 사람들에게 말하였다.

오늘 이 모임에 과연 어떤 장부로서 우리 세존께서 도리어 탑묘(塔廟) 속에 들어가시지 않은 줄을 아는 이가 있는가? 만일 부처님이 탑묘 속에 드시지 않은 줄을 아는 이가 있다면 그는 인간과 천상의 공양을 받을 수 있을 것이다. 옛사람이 견고한 법신을 물었을 때 조사는 산의 꽃과 시내의 물이라고 대답하였다. 오늘 이 병로는 탄식하며 꽃을 들고 말하노니 청컨대 대중들은 이리 와서 세존께 예배하라. 만일 석가의 진신(眞身)을 말하면 그것은 지극히 고요하되 지극히 묘하며, 지극히 크되 지극히 작으며, 함이 없기도 하되 하지 않음도 없다. 백억의 성스러운 대중의 찬탄은 허공을 헤아리는 것 같고, 팔만 악마의 무리들의 훼방은 바람을 잡아매는 것과 같다.

그렇지만 오늘의 이 모임 가운데 이익도 손해도 있다는 것을 과연 아는 이가 있는가? 믿는 사람은 부처님을 공경하기 때문에 결정코 즐거움의 언덕에 오를 것이요, 믿지 않는 사람은 법을 비방하기 때문에 괴로움의 바다에 떨어질 것이니, 마치 유교경전에 이른바 네게서 나온 것이 네게로 돌아간다는 말과 같은 것이다.[887]

아아!

각각 빛을 돌려 자기 마음을 비추어 보라. 옛날 공부자(孔夫子)가 상태재(商太宰)의 물음에 대답하기를 "서방의 큰 성인은 다스리지 않아도 어지럽지 않으므로 넓고도 넓어 백성으로는 능히 무어라 이름할 수 없다."고 하였으니, 과연 성인이라야 능히 성인을 알 수 있다고 말할 만한 것이다.

휴정은 금년 나이 84세로서 정신은 황홀하고 눈은 어두우며 손은 떨리면서 다른 사람의 간청에 얽매여 글을 짓고 돌에 글씨를 쓰지마는 문장과 글자가 모두 거칠어 후인의 비웃음을 면하지 못할 것이니 황송하고 부끄럽다. 오직 바라노니 통달한 군자(君子)는 다행히 용서하시라.

만력 31년(선조 36, 1603) 3월 초 길일(吉日)에 세우다.

娑婆敎主 釋迦世尊金骨舍利 浮圖碑

金剛山退隱 國一都大禪師 禪敎都摠攝 賜紫扶宗樹敎 兼登階普濟大師 病老休靜 謹撰 并書

887 '자신에게서 나온 것이 자신에게 되돌아간다.(出乎爾者 反乎爾者)'라는 말은, 『맹자』 양혜왕(梁惠王) 下에 나온다.

恭惟我賢劫尊釋迦牟尼佛 乃天竺國淨飯王太子也 往世成道 證眞常法身已久矣 訣曰釋迦 姓也 此云能仁 慈悲利物義 牟尼字也 此云寂默 智慧冥理義 悲智並運 故生死涅槃俱不住 然佛專以利物爲己任 故於十方界 現水月應身 窮劫度生無厭爾 旣位登補處 生兜率天 名護明大士 方度天衆 普耀經云 釋迦從兜率降王宮 身放光明 足踏蓮花 四方行七步 指天地作獅子吼 示三方便云云 乃周昭王二十四年甲寅歲也 太子號悉達 此云吉也 能文武善陰陽 凡及人天事法 不習而自然一一神解 父王愛極 限七日欲傳位也 太子一日遊四門 見悲喜事生出家心 父王聞而駭之 令國人尤加衛護 洞禁出入 只與淨居天人通焉 一夜逾城而出 時年十九也 初入檀特山 捨三種定 遂入象頭山坐六年示苦行 見明星悟道 號天人師 時年三十也 旣而鹿野苑中 爲憍陳五人輩 論道果俄就靈鷲山 說大法 因住世四十九年 以微妙正法眼藏 付大迦葉 幷勅阿難 副貳傳化 無令斷絶 各付法偈 後至拘尸羅熙蓮雙樹下 右脇累足 泊然而寂 復從棺起 爲母說法 因說無常偈 諸行無常 是生滅法 生滅滅已 寂滅爲樂 已而金棺從座而擧 以三昧火自焚身 空中舍利如雨 數至八斛四斗 乃穆王五十三年壬申歲也 吁 今佛之住世 群生有感則應萬德身 無感則入三昧定而已 非干往來也 其前際降生也 出家也 成道也 說法也 此等法老婆將葉止兒啼耶 其後際拈花也 分座也 涅槃也 示趺也 此等法 老父治狂子耶 醫師留藥去他鄕耶 當時舍利 則會上菩薩緣覺聖衆 及人天八部神衆 各分受持 散入微塵 諸刹建塔 安鍾供養者 不知其幾 可惜無緣國土人 則當此時 不聞不見 如舍衛三億家 及支那一隅類是也 但支那則過千年至後漢永平八年 帝感一夢 使臣傳敎而已 唯嶺南通度寺神僧慈藏

古所安釋迦世尊金骨舍利浮啚 頗多神驗 竟使千門入善 又令一國興仁 可謂世之尊寶也 不幸至萬曆二十年 日本海兵入國之南 焚之蕩之億兆爲魚肉 禍及浮啚其寶將爲散失 悶鬱之際 適蒙僧大將惟政 領兵數千 盡心守護得完全 然政不無後慮 故以金骨舍利二函 密似乎金剛使病老安焉 病老感受欲安之 然病老竊念金剛近水路 後必有此患安金剛非長久計也 向海兵之撥浮啚 全在金寶 不在舍利也 取寶後視舍利如土也 然則不若寧修古基 而安焉云云 卽以一函 還付于政 政然其計 受函卽還古基而安鍾焉 其一函則病老自受持 謹入太白山創建浮啚靜獨力無何 命門人智正法蘭之輩 幹其事使安鍾 二禪子至誠廣募 不數月 鍊浮啚而安之 美矣其功德 蓮經壽量品中已開列 余何贅焉 且我東方初無君長 不列諸侯 神人檀君 出興於太白山神檀樹下 爲始祖王 與堯幷立也 然則太白 太白始胎于一國王 使朝鮮國民永脫東夷之號 終安于三界師 亦使東方羣氓 不失成佛之因 此非山之靈也耶 偉哉非徒山重 國亦重也 非徒國重 人亦重也 論諸品秩 則惟政禪子 不下慈藏法師也 太白山不下靈鷲山也 翌日正蘭二禪子 開設浮啚 落成大齋 病老陞座法席 謂諸人曰 今日會中其有丈夫 還知我世尊 不入塔廟中者麽 若知佛不在塔廟中 則堪受人天供爾 古人問堅固法身 祖師答曰 山花澗水 今日病老咄 擧華曰 請大衆 叅禮世尊若擧釋迦眞身 則至寂至玅 至大至小 無爲無不爲 百億聖衆之讚歎如量空也 八萬魔軍之毁謗如繫風也 雖然今日會中 有益有損 還知麽信者敬佛故 決登樂岸 不信者謗法故 必落苦海 如儒典所謂出乎爾者反乎爾 咄 各回光斷看 昔孔夫子答商太宰問曰 西方大聖人 不治不亂 蕩蕩乎民無能名焉云 則可謂唯聖能知聖也 休靜今年八十四歲

精神恍惚 眼昏手戰 拘於外人之懇 撰文書石 文字俱荒 不免後譏 惶愧惶愧 惟通達君子幸垂恕

萬曆三十一年 三月 初吉 建[888]

888 한국불교전서 제7권, 『청허당집(淸虛堂集)』

제6장 신라 최초의 사찰 금강산 유점사

금강산(金剛山)을 삼신산의 하나인 봉래산(蓬萊山)이라고도 하며, 『80화엄경』에 금강산은 법기(法起)보살이 1천2백 명의 보살 권속을 거느리고 상주하는 곳이라고 하였다. 신선이 산다는 삼신산(三神山)이 국토의 골격을 이루고 있는 우리나라는 아득한 옛적부터 상서롭고 기이한 자취가 많았다. 우리나라의 불교전래에 관해 고구려 소수림왕 2년(372)을 해동 불교의 시초로 알려져 있지만, 불교 측 사료(史料)들을 살펴보면 이와는 사뭇 다르다.

예컨대 기원전 950년 여름에 석가모니 부처님이 도리천에 올라가 마야부인을 위해 설법하시고 지상에 처음 내려오신 땅에 큰 절이 창건되었으니 그 절이 지리산 화엄사이고 그 시기와 장소는 기자조선 도읍지에 해당한다. 또한 이 무렵 삼신산의 하나인 한라산에는 16나한 중의 여섯 번째인 발타라(跋陁羅) 존자가 그의 권속 9백 아라한과 함께 탐몰라주(耽沒羅洲, 제주)에 와서 사는데, 그곳을 한라산 기슭의 존자암(尊者庵)이라고 한다.

또 금강산 유점사는 신라 제2대 남해왕 원년(서기 4년)에 인도에서 부처님이 열반하신 직후에 문수보살이 주조한 종과 황금불상 53구가 950여년을 바다에 표류하다 저절로 금강산 포구에 떠 와서 유점사가 비로소 창건되었고, 제3대 유리왕 5년(28)에 불교 가악(歌樂)인 도솔가(兜率歌)를 제작하여 백성들에게 보급하였으니, 중국의 불교전래 시기보다도 60여년 빠르다. 옛날 석가세존이 도리천에서 지상에 내려오실 때, 우전왕이 조성한 최초의 전단불상에게 세존이 친히 정수리를 어루만지며 수기(授記)하여 말하되, "내가 열반에 든 지 천년 후에 마땅히 이 국토에서 人天을 위하여 크게 풍요롭고 이익 되게 하라." 하셨으니 53구의 황금불상이 저절로 와서 유점사가 창건된 시기와 은연중에 부합된다.

또한 신라도읍지의 황룡사를 중심으로 일곱 곳의 가람 터는 전불(前佛) 시대의 절터이며 황룡사 불전 후면에 석가모니와 가섭불(迦葉佛) 설법하시던 연좌석(宴坐石)이 있었다고 했다.[889]

이리하여 유학자인 강희맹이 세조 대왕을 위해 지어 올린 글에서도, '이 불법이 동방의 조정에 유입된 지는 몇 천 백년이 되었는지 알지 못하며, 때로는 임금도 귀의하여 숭배하고 받들었는데 그 수효 또한 얼마인지도 알지 못합니다.' 하였다.

---

889 『삼국유사』 3권, 황룡사 장육존상

1. 금강산 유점사 사적기

고려국 평장사 여흥부원군 시호 문인공(文仁公)
민지(閔漬, 1248~1326) 지음

금강산은 그 이름이 다섯이 있으니 1, 개골 2, 풍악 3, 열반 4, 금강 5, 지달(枳怛)이다. 앞의 셋은 이 지방 고기(古記)에서 나왔고 뒤의 둘은 『60화엄경』에서 나왔다.[890]

주본(周本)인 80화엄경에 이르되, "해중(海中)에 보살이 상주하는 곳이 있으니, 이름은 금강산이고 보살의 이름은 법기(法起)인데 그 권속들과 함께 항상 머물며 연설하고 있다.[891]" 하였다.

진본(晉本)인 60화엄경[892]에 이르되, "해중(海中)에 보살이 상주하는

890 금강산은 산 이름이 여섯 개이다. 개골(皆骨)이라 하고 풍악(楓嶽)이라 하고 열반(涅槃)이라 하는 것은 방언(方言)이다. 지달(枳怛)이라 하고 금강이라 하는 것은 『화엄경(華嚴經)』에서 나왔고, 중향성(衆香城)이라는 것은 『마하반야경(摩訶般若經)』에서 나왔다. 山名有六 一曰皆骨 一曰楓岳 一曰涅槃者 方言也 一曰枳怛 一曰金剛者 出華嚴經 一曰衆香城者 出摩訶般若經 - 『秋江集』 제5권 기(記) '유금강산기(遊金剛山記)'

891 『80화엄경』 45권 제보살주처품(諸菩薩住處品)에, "바다 가운데 금강산이 있으니 옛적부터 보살들이 거기 있었으며 지금은 법기(法起)보살이 그의 권속 1천2백 보살과 함께 그 가운데 있으면서 법을 연설하느니라." 하였다.(海中有處 名金剛山 從昔以來 諸菩薩衆 於中止住 現有菩薩 名曰法起 與其眷屬 諸菩薩衆 千二百人俱 常在其中 而演說法)

892 『60화엄경』 29권 보살주처품(菩薩住處品) 27에, "네 큰 바다 가운데 보살들의 사는 곳이 있는데 이름은 지달(枳怛)로서 과거에 여러 보살들이 거기 살았고,

곳이 있으니, 산 이름은 지달(枳怛)인데 보살의 이름은 담무갈(曇無竭)로서 1만 2천 보살권속과 함께 항상 설법하고 있다." 하였다.

청량국사 소(疏)[893]에 이르되,

현재에는 담무갈 보살이 거기 살면서 만 2천 권속들과 함께 항상 설법하고 있느니라." 하였다. 四大海中 有菩薩住處 名枳怛 過去諸菩薩 常於中住 彼現有菩薩 名曇無竭 有萬二千菩薩眷屬 常爲說法

893 청량국사 징관(澄觀, 738~839)의 『화엄경 소(疏)』에, "금강산은 동해의 동쪽 근처에 산이 있는데 이름을 금강이라고 한다. 비록 산 전체가 금은 아니나 상하 사방의 주위 내지 산간에 흐르는 물속의 모래가 모두 금강이 있어 멀리 바라보면 전체가 금과 같다고 말한 것이다. 또 해동 사람들은 예로부터 서로 전하기를 "이 산에 왕왕 성인이 출현한다." 하였다. 그러나 진본(晉本 60화엄경)에는 이곳이 제9, 제10 장엄굴로서 함께 바다 가운데 있기 때문에 지금 이곳에 산다는 것이 이 팔방의 안쪽 동북방을 포섭한다는 뜻이기 때문이다. 만약 그렇지 않다면 어찌하여 홀연히 팔방이 바다라고 바로 말하겠는가? 또 진본(晉本)에, "바다 가운데 두 주처(住處)가 있으니 일명, 지달나(枳怛那)이다. 현재 담무갈이라는 이름의 보살이 있는데 1만 2천 보살권속이 있다." 하였다. 지달이라는 것은 갖추어 말하면 일지다(昵枳多)로 여기 말로는 용출(踊出)이다. 금강은 체(體)를 말하고 용출은 형상을 말한다. 담무갈이라는 것은 여기말로는 법생(法生)이라 하고 또는 법용(法勇) 또는 법상(法尙)이라 하는데, 지금의 법기와 법생 법용과 더불어 뜻이 같은 것이다." 하였다. 金剛山謂東海近東有山 名之爲金剛 雖非全体是金 而上下四周 乃至山間流水砂中 皆悉有金 遠望卽謂全體是金 又海東人自古相傳 此山往往有聖人出現 然晉本此處當其第九以與第十莊嚴窟 俱在海中故 而今居此者意是八方之內 東北方攝故 若不然者何以正說 八方忽然語海 又晉本海中有二住處 一名枳怛那 現有菩薩名曇無竭 有萬二千菩薩眷屬 言枳怛者 具云昵枳多 此云踊出 金剛語體 踊出語狀 曇無竭者 此云法生 亦云法勇 亦云法尙 今言法起 與生勇義同

금강(金剛)은 그 체(體)를 말하고, 지달(枳怛)은 그 형상을 말한다. 금강이란 말은 그 산의 모양이 마치 백금(白金)을 깎아 세워 일체(一體)를 이루어 씻어 놓은 것과 같기 때문이고, 지달이라는 말은 범어(梵語)인데 그 산의 형상이 우뚝 우뚝 높이 솟아 있는 모양이기 때문이다. 그곳에 머무는 보살의 이름은 법기(法起), 또는 담무갈(曇無竭)이라고 한다. 소(疏)에 이르기를, 담무갈은 범어인데 한역하여 법기라고 한다. 또 산은 실제로 육지에 있는데 경에서 해중(海中이라고 하였는데 이치를 알면 옳은 것이다.

왜냐하면, 산맥은 본래 백두산에서 나왔는데 백두산은 숙신(肅愼)의 옛 경계인 여진(女眞)의 땅에 있다. 그 산의 한 맥이 바다에 들어와서 처음엔 줄기가 미세하였으나 줄기가 등나무처럼 얽히고 서리어 삼한의 땅을 이루었다. 그러므로 천축(天竺)에서 그러는 것만은 아니다. 중국의 모든 나라가 또한 우리를 가리켜 해중(海中)이라고 하니 곧 또한 의심할 것이 없다.

고려 건국 초기에 도선국사가 신통한 도안(道眼)으로 그 지리를 밝히고 점쳐서 말한 가운데 백에 하나도 차이가 없었다.

도선이 이 산에 대하여 이르기를 "구름에 높이 솟아 바다에 잇닿은 황룡(黃龍)의 형세이다. 골짜기 안에 세 구역 특별한 지평이 있는데 턱 밑의 한 구역은 불국(佛國)이라 하고 뱃속의 두 방죽은 인성(人城)이다." 하였는데 지금의 마하연(摩訶衍)은 바로 턱밑의 한 구역이다.

신라 고기에 이르되, 의상법사가 처음 오대산에 들어갔다가 다음에 이 산에 들어왔는데 담무갈 보살이 현신하여 고하기를 "오대산은 행(行)이 있어야 몇 사람이 출세(出世)할 땅이고, 이 산은 행이 없어도 무수한 사람이 출세할 땅이라." 하였다.

세상에 전하기를 의상은 금산보개여래(金山寶蓋如來)[894]의 후신(後身)이라고 한다. 만약 그렇다면 반드시 잊지 않도록 이 말을 전해야 할 것이다. 과연 지금 산 아래에 정양(正陽), 장연(長淵) 두 절의 노비와 인근 지역 주민, 남녀노소 부지런하고 게으르고 현명하고 어리석은 사람을 논할 것 없이 임종 때에는 모두가 소연(蕭然)히 앉아서 해탈하니 어찌 눈앞의 징험이 아니겠는가!

산의 동쪽 골짜기에 절이 있어 유점(楡岾)이라고 하는데 53불(佛) 존상(尊像)이 있다. 『고기』에 살펴보면 이르기를,

옛날 주나라 소왕(昭王) 26년 갑인(甲寅, B.C 1027)년 4월 8일에 우리 부처님 석가여래께서 중천축 가비라국 정반왕궁에서 탄강하시었다. 나이 19세에 성을 넘어 출가하여 설산(雪山)에 들어가 고행한지 6년 만에 정각(正覺)을 이루어 79년간 세상에 머무르다 주나라 목왕 임신(壬申, B.C 949)년 2월 15일 밤 열반에 들었다.

부처님이 세상에 머무실 때 사위성에 9억 가(九億家)가 있었는데 3억 가는 부처님을 보고 법문을 들었으며 3억 가는 들었으나 보지는 못하고 3억 가는 듣지도 못하고 보지도 못하였다.

우리 부처님이 멸도하신 후 문수보살이 부처님의 유촉을 받아 여러 대사(大士)들과 함께 성중(城中)에서 교화를 행하고 있었다. 위에서 본 것과 같이 부처님을 보지 못한 3억 가가 애통함을 이기지 못하자 문수보살이 가르쳐 이르되, "너희들이 우리 부처님을 지성으로 경모한

894 『금광명경(金光明經)』에 나오는 부처의 명호이다.

다면 불상을 주조하여 공양하는 것 만한 것이 없다." 하였다. 이에 3억가에게 권하여 각각 불상 하나씩을 주조할 수 있도록 금을 모으도록 하였다. 황금을 불에 들어가자 거부하여 뛰어오른 것은 받아서 돌려보내 주었다. 각각 나온 바에 따라 많고 적고 간에 불상을 이루었다. 금이 이미 균등하지 않으니 불상도 크고 작은 것이 있었다. 혹은 한 자(尺)가 넘고 혹은 한 자 정도 되었다.

이미 불상이 만들어지자 다시 종(鐘) 하나를 주조하였다. 모든 불상 가운데 상호를 온전히 갖춘 것을 가리니 53구(軀)였다. 합하여 종 안에 봉안하고 또 그 일을 기록하여 문서를 만들고 덮개를 주조하여 그 종을 덮어 바다에 띄우며 축원하기를 "오직 우리 본사(本師) 석가 53상(像)은 인연 있는 국토에 가서 머무르소서. 나 역시 머무는 곳에 따라 가서 말세중생을 설법하여 제도하고 해탈케 하리라." 하였다.

바다에 띄우기를 마치자 곧바로 신룡(神龍)이 있어 머리에 이고 떠나갔다. 월지국(月氏國)에 이르자 그 나라 왕의 이름은 혁치(赫熾)인데, 이미 불상이 담긴 종을 얻어 불상을 발견하고 몸소 그 글을 기록하니 서로 공경하고 중히 여기는 마음이 생겼다. 곧 한 법당을 지어 봉안하였는데 갑자기 불이나 불전이 재가 되어버렸다.

혁치 왕이 또 지으려고 하자 곧 부처가 왕의 꿈에 나타나 말하기를 "나는 여기에 머물지 않을 것이니 왕을 나를 붙들고 말리지 말라." 하였다. 왕이 놀라 깨어 다시 예전처럼 종에 봉안하고 장차 바다에 띄우려고 하면서 서원을 세워 말하기를 "오직 우리 불상과 종은 마땅히 인연 있는 국토로 향하소서. 나와 더불어 권속 수천 명은 반드시 호법선신이 되어 항상 따르며 옹호 하겠습니다." 하였다.

이에 백금(白金)으로 덮개 하나를 별도로 만들어 그 서원을 새겨서 종 안에 두고 다시 원래의 덮개를 덮어 몸소 바다에 띄워 보냈다. 이리하여 지금도 이 절에 월지국왕의 사당이 있다.

종은 이미 바다에 떠서 여러 나라를 다 거쳐서 이 산의 동쪽 안창현(安昌縣) 포구에 닿았다. 이때는 곧 신라 제2대 남해왕(南解王) 원년, 즉 전한 평제(平帝) 원시(元始) 4년(서기 4년) 갑자(甲子)였다.

고을 사람이 기이한 일을 발견하고 관청에 달려가 관리에게 고하였다. 그날 저녁 불상과 종을 마주 들어 뭍에 내리고 고을 태수 노춘(盧偆)이 소식을 듣고 관료와 하인들을 거느리고 그곳에 달려가니, 다만 머물던 곳에 종적만이 진흙에 완연히 새겨져 있었다.

또 초목의 가지가 이 산을 향해 쓰러져 있었다. 곧 크게 기이하게 여기고 이 산을 바라보며 30여리 나아가니 반석에 풀을 깔아 종을 두고 잠시 쉬어간 자취를 보았는데, 지금은 이곳을 게방(憩房)을 말한다. 혹은 소방(消房)이라는 것이 이것이다. 지금도 길 가에 종이 쉬었던 바위에 종의 흔적이 완연하게 있다.

또 천 걸음쯤 가니 문수보살이 비구(比丘) 모습으로 나타나 불상이 돌아간 곳을 가리켰는데, 지금의 문수촌(文殊村)이 이것이다. 또 천여 걸음 앞으로 가니 험준한 봉우리가 우뚝 솟았는데 봉우리에 아직 못가서 바라보니 한 비구니가 바위에 걸터앉아 있어 불상이 있는 곳을 물으니, 곧장 서쪽을 가리키며 말하기를 "쏜살같이 그쪽으로 지나갔다." 하였다. 이 역시 문수보살의 화신이다. 지금의 이유암(尼遊巖) 혹은 이대(尼臺)라고 하는 것이 이것이다. 또 다시 앞으로 가니 만길 봉우리에 좁은 길을 돌아가는데 문득 흰 개가 꼬리를 흔들며 앞에서 인도하였는데 지금의 구령(狗嶺)이 이곳이다.

재를 넘자 갈증이 심하여 땅을 파서 샘을 얻었는데 지금의 노춘정(盧偆井)이 이것이다. 또 6백 보쯤 가는데 개는 사라지고 노루가 나타났다. 또 4백 보쯤 가는데 노루 역시 보이지 않고 사람들 역시 피곤하여 바위가 많은 곳에 둘러앉아 잠깐 쉬는데 문득 종소리가 들려 기뻐 날뛰며 다시 나아갔다. 그러므로 노루가 나타난 곳을 장항(獐項)이라 하고 종소리를 들었던 곳을 환희령(歡喜嶺)이라고 한다.

종소리 나는 곳을 찾아 작은 재를 넘고 계곡을 따라 골짜기에 들어서니 소나무, 잣나무가 삼엄하고 가운데 큰 연못이 있으며 연못의 북쪽 가에 느릅나무(楡樹) 한 그루가 있었다. 즉, 종은 느릅나무 가지에 걸려 있고 불상은 연못의 언덕에 열 지어 있었다. 이때 이상한 향기가 강렬히 풍기고 상서로운 구름이 날아올라 하늘을 채색하였다. 노춘과 관속들은 기쁨을 이기지 못하고 우러러보며 무수히 예배하였다. 마침내 돌아가 그 일을 국왕께 상주하니 남해왕이 수레를 타고 그곳에 가서 귀의(歸依)하여 곧 그곳에 절을 창건하여 불상을 봉안하였는데 느릅나무로 인하여 그 절의 이름을 유점사(楡岾寺)라고 하였다.[895]

또 그 지역에는 본래 우물물이 없어 재일(齋日)에 주방에서 매일 쓰는 물을 계곡에서 길어와 어려움을 겪었는데, 하루는 문득 까마귀 떼가 절의 동북쪽 모퉁이 땅을 부리로 쪼더니 신령한 샘물이 넘쳐흘렀다. 지금의 오탁정(烏啄井)이 이것이다.

후에 한 중(僧)이 오랜 향 연기에 존상이 검게 그을린 것을 보고

895 유점사는 신라 제2대 남해왕이 창건한 절이니, 당시 금강산은 신라 강역이다.

씻어서 금빛 모습을 드러내려고 물을 끓여 뜨거운 물에 재를 풀어 씻으니 갑자기 뇌성과 함께 폭우가 내려 오색구름이 자욱하고 그 53불상이 모두 대들보위에 날아올라 열 지어 있었다. 그 중에 세 불상은 허공을 날아가서 있는 곳을 알지 못했다. 그 중은 갑자기 발광 병이 나서 죽었다.

후에 주지 연충(淵冲)이 불상의 수가 모자라는 것을 탄식하여 특별히 세 불상을 주조하여 보충하였다. 그러자 옛 불상 모두 배척하여 용납하지 않았다. 그날 밤 연충대사의 꿈에 고하여 이르기를 "다른 불상을 우리 자리 사이에 두지 말라." 하였다. 후에 잃어버린 세 불상이 있는 곳을 알게 되었는데 그 둘은 구연동(九淵洞) 만길 바위 벼랑 위에 있어 사람의 힘이 미칠 수 있는 곳이어서 내려오지 못하고 지금도 그곳에 있다. 나머지 하나는 수정사(水精寺) 북쪽 절벽 위에 있었는데 절의 중이 사다리를 이어 내려와 그 절에 봉안하였다. 후에 또 선암(船岩)으로 옮겨 두었다가 24년이 지나 정해년에 양주(襄州) 수령 배유(裵裕)가 예전대로 봉안하였다.

무릇 이 사실을 들은 자는 비록 초동목수라도 또한 모두 송연(竦然)해지는데 하물며 유식한 자들이겠는가? 각설하고, 또 종의 신령하고 기이함은 매양 큰 가뭄이 들 때 종을 물로 씻으면 비가 내렸다.

국가의 재앙이나 상서가 있을 때 감응하여 땀을 내기도 하고 근처에 산불이 나서 불길이 장차 미쳐오면 때에 절의 승려들이 크게 놀라 다만 종에 물을 뿌리면 갑자기 비가 내려 불을 꺼버린다

…(중략)…

아! 이 산은 본래 큰 성인이신 법기보살이 사는 곳이라 하여 이름이

화엄경에 실려 있으니 실로 천하의 명산이다. 이 불상 역시 문수보살이 주조한 것으로 멀리 천축으로부터 이 산에 와서 머물러 신령스럽고 기이한 자취를 나타냈다. 저와 같이 곧 그 유래한 바가 뚜렷하니 후세에 전하지 않으면 안 될 것이다.

대덕(大德) 원년(1297) 11월 日에 묵헌(默軒) 법희거사(法喜居士)가 쓰다.[896]

金剛山 楡岾寺 事蹟記

高麗國 平章事 驪興府院君 謚文仁公 閔漬 撰

金剛山者 其名有五 一曰皆骨 二曰楓岳 三曰涅槃 四曰金剛 五曰枳怛 前三 出此方古記 後二 出華嚴晉本 於周本則云 海中有菩薩住處名金剛山 有菩薩名法起 與其眷屬 常住而演說 於晉本則云 海中有菩薩住處 名枳怛 有菩薩名曇無竭 與其萬二千菩薩眷屬 常爲說法 清涼疏云 金剛言其體 枳怛言其狀 言金剛者 其山之體 如洗削立白金成一體故云 言枳怛者 梵語 此云湧出 其山之狀 屹然湧出故云 至於所住菩薩之名 一云法起 一云曇無竭 疏云 曇無竭 梵語 此云法起 又山實在陸 經云海中者 可以理知耳 何也 山本出於白頭山 白頭山者 在肅愼舊界女眞之地 其山一脉 來入海中 初莖微細 苽藤盤結

896 韓國佛教全書 楡岾寺本末寺誌

而成三韓之地 故 非獨天竺 爲然耳 中夏諸國 亦指我以爲海中則亦無疑矣 國初 道詵國師 神通道眼 明其地理 言中蓍龜而百無一差 題此山云 聳雲沿海黃龍勢 谷裡三區特地平 頷下一區爲佛國 腹中雙堰是人城 今之摩訶衍 正謂頷下一區也 新羅古記云 義湘法師 初入五臺山 次入是山 曇無竭菩薩 現身而告曰 五臺山 有行有數人出世之地 此山 無行無數人出世之地也 世傳云 義湘 是金山寶蓋如來後身也 若然則 必不忘傳斯語矣 果今山下 有正陽長淵兩寺之藏穫 與夫近地黔蒼 不論老小男女勤怠賢愚 臨終率然蕭然坐脫 豈非目前之驗也 山之東谷 有寺 曰楡岾 有五十三佛尊像 按古記云 昔周昭王二十六年甲寅四月八日 我佛釋迦如來 誕降于中天竺迦毗羅國淨飯王宮 年至十九 踰城出家 往入雪山 苦行六年 而成正覺 住世七十九年而周穆王壬申二月十五日夜入涅槃 佛住世時 舍衛城中有九億家 三億家見佛聞法 三億家聞而不見 三億家不聞不見 我佛滅度後 有文殊大聖 受佛遺囑 與諸大士 行化城中 見如上不見佛三億家 哀歎不已 文殊因教之曰 汝等誠慕我佛 莫若鑄像供養 於是勸三億家 各鑄一像及乎聚金 金之入火騰躍者受之 否者還之 各隨所出多少而成 金旣不等 像有短長 或有盈尺 或不能尺 旣鑄像已 復鑄一鐘 擇諸像中相好全備者 五十有三 合安于鐘內 又爲文以記其事 鑄盖以覆其鐘 泛于海而祝之曰 唯我本師釋迦五十三像 往住有緣國土 我亦隨所住處說法度脫末世衆生耳 泛訖 卽有神龍 戴之而行 至月氏國 其國王名赫熾 旣得佛鐘 發見尊像 躬其誌文 相生敬重 卽營一殿以奉安 殿忽成灰 王又欲營 佛卽王夢曰 我不住此 王莫留我 王驚悟 復安舊鐘將泛于海 因立誓言 唯我佛鐘 當向有緣國土 予與眷屬數千人 當爲

護法善神 常隨擁護 於是 以白金 別作一蓋 銘其願而置于鐘內 復以舊盖覆之 躬臨泛海而送之 由是 今於是寺 有月氏王祠 鐘旣泛海歷盡諸國 來至于是山東面安昌縣浦口 時則新羅第二主南解王元年卽前漢平帝元始四年甲子也 縣人 見而異之 馳告縣官 其夕 佛 舁鐘下陸 縣宰盧偆 聞之率官隷而馳之其所 但見所留蹤迹 宛然印泥 又是草樹之枝條 皆向是山而靡 卽大異之 望是山而行三十里許 乃見盤跡藉草 置鐘憩息之所 今云憩房 或云消房者是也 至今路傍 有歇鐘之石 鐘痕宛存 又行一千步許 文殊大聖 現比丘身 指佛歸處 今之文殊村是也 又行千餘步 前有一嶺 嵯峨突兀 未及嶺 望見一尼 踞石而坐 問佛所在 則指西云 驀良去 亦是文殊化身也 今之尼遊巖 或云尼臺者 是也 又復前行 萬仞峰頭 線路盤廻 忽有白狗搖尾前引 今之狗嶺 是也 過嶺而渴甚 撥地得泉 今之盧偆井 是也 又行六百步許 狗失而獐出 又行四百步許 獐亦不見 人亦困於犖确 環坐小息 忽聞鐘聲喜躍復進故 見獐之地曰獐項 聽鐘之地曰歡喜嶺 旣尋鐘聲 踰小嶺緣溪而入洞門 松柏森嚴 中有一大池 池之北邊 有一楡樹 卽掛鐘于樹枝 佛則列於池岸 于時 異香芬馥 瑞雲飛彩 偆與官屬 喜不自勝 瞻禮無量 遂以其事 歸奏國王 王乃驚異 駕行歸依 卽於其地 刱寺安之因楡樹 以名其寺焉 又於其地 本無井泉 齋廚日用之水 艱於汲澗忽一日 群烏集于寺之東北隅 噪而啄地 靈泉流溢 今之烏啄井 是也後有一僧 見其尊像 久爲香火所熏而黑 庶乎洗路金容 沸灰湯而洗之忽雷雨暴作 五雲籠塞 其五十三尊 皆飛騰樑上而列焉 於中三佛 騰空而去 莫知所之 其僧忽發狂病而終 厥後 主社者淵冲 歎佛數之欠缺 特鑄三像而補焉 舊佛皆斥而不容 其夕 告于冲師之夢曰 莫以他

像 間于此坐 後乃知向之所失 三佛所在之處 其二 在九淵洞萬仞石壁上 人力可及者 下以還之 其不可及者 至今存焉 其一 在水精寺北絶壁上 寺僧連梯而下之 奉安于其寺 後于移在船岩 越二十四年丁亥 襄州守裵裕 奉安于舊列焉 凡聞是事者 雖樵童牧竪 亦皆竦然 况有識者哉 抑又鐘之靈異則每遇大旱 洗而得雨 或生津液 應國家災祥 近有山火 風燄將及 于時 寺僧大驚 但以水灌鐘 俄而急雨滅火 -중략- 噫 是山 本爲大聖曇無竭眞身住處 名載大經 實天下之名山也 是佛亦爲文殊大聖所鑄之像也 遠自天竺 來住此山 靈奇之跡 章章如彼則其所來由 不可不傳於後世者也

大德元年丁酉 十一月日 默軒 法喜居士 記

2. 조선 세조가 일본국왕에게 보낸 친서

조선 세조대왕 12년(1466) 윤 3월 28일 임금이 일본국왕에게 서신을 보내니 그 내용은 다음과 같다.

우리나라에는 금강산(金剛山)이라는 명산이 있는데, 동쪽으로 큰 바다에 임하여 우뚝우뚝 솟은 흰 바위가 구름 밖에서 번쩍거리는데 그 높이와 너비가 얼마나 되는지 알 수 없습니다.

『60화엄경』에서 말한 담무갈(曇無竭) 보살이 1만 2천 보살의 권속과 더불어 살면서 항상 설법한다는 곳이 바로 이 산입니다.

요즘 내가 지방을 순행하던 차에 이 산에 가서 우러러 삼보(三寶)에 예를 올렸는데 산기슭에 채 이르기도 전에 땅이 진동하였고 골짜기

어귀에 들어서자 서기(瑞氣)가 뻗치고 상서로운 구름이 에워쌌습니다. 하늘에서는 네 가지 하늘 꽃이 내렸는데 그 크기가 오동잎만 하였고 감로(甘露)가 흠뻑 내려 풀과 나무가 목욕한 듯하였습니다. 햇빛이 누래서 눈에 보이는 것마다 모두 금빛으로 변했는데 이상한 향기가 퍼지고 큰 광명을 놓아 산과 골짜기가 빛났으며 선학(仙鶴)이 쌍쌍이 날아 구름 가를 맴돌았습니다.

산 속에 있는 여러 절에 사리가 분신하여 오색 빛이 다 갖추었습니다. 명양승회(明揚勝會)를 열자 위에서와 같은 여러 가지 특이한 상서가 거듭 나타났습니다. 또 담무갈(曇無竭, 법기) 보살이 무수한 작은 모습으로 나타났다가 다시 큰 모습으로 나타나 그 높이가 하늘에 닿았습니다. 돌아오는 길에 낙산사(洛山寺)·오대산(五臺山) 상원사(上院寺)·월정사(月精寺)·서수정사(西水精寺)·미지산(彌智山) 용문사(龍門寺)를 거쳐 왔는데, 상원사 총림에서는 사리 꽃비 감로 특이한 향기 등의 상서로운 현상이 전과 똑 같았으며 서울에 이르자 또 사리 감로 수타미(須陀味)의 상서로운 현상이 한꺼번에 나타나 앞뒤로 나타난 것이 모두 7천8백17건이었습니다.

아! 우리 부처님의 변화와 신통력의 절묘함이 직접 눈으로 보고 징험한 것이 이와 같았으므로 신하와 백성들과 더불어 뛰고 기뻐하였으며 크게 사면령을 내려 큰 사랑을 널리 베풀었습니다.

옛날에 부처님께서 멸도(열반)하신 뒤로 왕사성(王舍城)의 사람들이 금을 모아 불상 53구를 만들고 문수보살이 쇠 종에 간직하여 바다에 띄우고 바다를 바라보며 맹세하여 말하기를 "마땅히 인연 있는 국토에 가서 많은 중생을 제도하면 내가 꼭 그곳에 가서 영원히 옹호하겠노라."

고 하였는데, 이에 종이 우리나라로 떠내려 와서 저절로 금강산 동쪽에 닿았습니다. 신라 남해왕이 그곳에 절을 짓고 불상을 봉안하여 유점사(楡岾寺)라 이름 했습니다. 산 안팎에 가람이 얼마나 되는지는 알지 못하나 그 중에 유점사가 가장 수승한 곳입니다.

금강산은 이미 큰 성인(법기보살)께서 늘 사시는 곳이요, 또한 절은 금불상이 저절로 머문 곳이니 복전을 닦고 선근을 기르는 자가 이곳을 버리고 어디를 가겠습니까? 돌아보건대 절을 창건한 것이 이미 오래되어 점차 퇴락하여 유사(有司)에게 중수할 것을 명하여 가까이는 여러 신하들과 백성들을 위하고, 멀리는 이웃나라를 위하여 착한 인연을 심어서 다 같이 태평을 누리고자 합니다.

우리 부처님이 세상에 나오셔서 큰 자비를 베풀어 널리 구제하려고 생각하므로 시방세계가 한 국토이고 삼천대천세계가 한 몸입니다. 귀국은 옛날부터 현묘한 교화를 존경하고 숭배하니 상상하건대 즐겁게 듣고 따라서 기뻐하리라고 생각합니다.

이제 돌아가는 상선 편에 나의 서원을 고하니 내가 재물을 요구함이 아니라 국왕과 더불어 좋은 인연을 맺어서 함께 묘과(妙果)를 거두며 이웃 간의 우호를 더욱 공고히 하고 두 나라의 신민(臣民)으로 하여금 다 같이 수역(壽域)[897]에 오르기를 바라노니 밝게 살피기를 원합니다.[898]

我國有名山 曰金剛 東臨大海 亭亭削白金湧雲表 高廣不知幾由旬 華嚴經所謂曇無竭菩薩 與其萬二千菩薩眷屬 常住說法者 卽此山也

897 수역(壽域): 사람마다 천수를 다하는 태평성대를 가리킨다.

898 조선왕조실록 세조 12년(1466) 윤3월 28일

頃予省方 因詣玆山 瞻禮三寶 未至山麓 地爲震動 行入洞門 瑞氣彌亘 祥雲繚繞 天雨四花 大如桐葉 甘露普灑 草木如沐 日色黃薄 眼界皆成金色 異香薰暢 放大光明 焜耀山谷 仙鶴雙飛 盤旋雲際 山中諸刹 舍利分身 五色悉備 及設明揚勝會 如上種種奇瑞重現 又有曇無竭菩薩 現無數小相 復現大相 其長參天 曁還歷洛山 五臺 上院 月精 西水精 彌智山 龍門 上院寺叢林 舍利 雨花 甘露 異香等瑞 復如前 及至京都 又有舍利 甘露 須陁味之瑞 幷臻 前後所得 摠七千八百一十七枚 噫! 我佛變化神通之妙 驗於目擊者如是 益增感動 與諸臣庶踴躍懽忭 遂大赦 廣布洪慈 昔佛滅度後 王舍城人 募金鑄像 文殊以五十三軀 藏于金鍾 望海誓曰 當至有緣國土 度濟衆生 我應須至其處 永爲擁護 於是 金鍾漂至我國 自住山東 新羅王 因創寺安像 名曰楡岾 山之表裏 伽藍不知其幾 而楡岾最勝 山旣大聖常住之所 寺又金像自住之處 則修福田植善根者 舍此奚之 顧寺之創建旣久 漸就頹敗 命有司重修 近爲群臣百姓 遠爲隣國 種食善因 同享大平 我佛出世 運大慈悲普濟爲心 十方一刹 三界一體也 貴邦自來尊尙玄化 想亦樂聞而隨喜也 玆因商舶之還 告予誓願 予非有求財施 願與國王共結良緣 齊收妙果 益固隣好 使兩國臣民 同躋壽域 冀亮察

글을 마치며

지난 1985년 쌀쌀한 늦가을, 필자는 당시 화엄사에서 생활하면서 처음으로 대웅전에 들어가 부처님 전에 108배를 올렸다. 그리고 법당에서 나와 보제루(普濟樓) 마루턱에 앉아 있으니 홀연히 허공에 영화 화면과도 같은 수려한 풍광이 선명하게 나타났다. 처음 보는 현상이라 탄식을 거듭하며 바라보고 있노라니 언뜻 어디에선가 보았던 산봉우리 같았다. 짐작이 가는 곳이 있어 단숨에 화엄사 금정암(金井庵)에 올라가 경내를 바라보니 산기슭 중턱에 화엄사 사리탑이 세워져 있고, 대법당인 각황전(覺皇殿) 뒤 봉우리와 흡사하였다.

지리산 산신은 석가모니의 어머니 마야부인이고, 허공에 나타났던 그 신비스런 봉우리는 생명을 잉태하고 탄생시키는 성모의 음부형상이었다. 그 입구에 불모(佛母) 마야부인이 낳은 과거 현재 미래 즉 삼세(三世)의 부처님을 봉안한 것이다. 이로써 화엄사의 가람배치와 지리산과 구례군 일대의 가지가지 특이한 산천의 형상을 헤아려보니 옛 문헌을 상고하지 않더라도 그동안 베일에 가려진 지리산과 화엄사에 감춰진 비밀을 이미 문자를 초월한 경지에서 터득하게 되었다.

석가모니 부처님은 49년간의 교화를 마치면서 마지막으로 어머니 마야부인이 계시는 도리천에 올라가 어머니를 위하여 3달 동안 설법하여 만대에 모범을 보이고 이듬해 열반에 들었다.

돌이켜 생각하면, 세상의 부모가 다 그렇겠지만, 생전에 어머니는 여러 자식 중에서도 유독 필자를 총애하셨다. 유년시절 그런 지극한 사랑이 있었기에 오직 신념 하나로 감당하기 어려운 일에 뛰어들어 어언 30여 년 동안 온갖 거친 세파에 부딪히면서도 굽히지 않고 의연한 자세로 연구에 전념할 수 있었으리라.

대략이나마 이로써 조선 상고사 연구의 골격은 갖추어졌다.

이 공덕을 회향하여 작고하신 부모님의 명복과 왜곡된 동방의 역사를 바로 세우는데 일조하여 위대한 동이족의 기상이 되살아나기를 염원하면서 글을 맺는다.

비구 정암(淨巖, 조용호)

전남 구례 출생.
1985년 지리산 화엄사에서 우연한 일로 깨달은 바 있어 고대사 연구에 전념, 지리산 관련 고대사 자료집인 『東方』(1989), 『경주는 신라 도읍지가 아니다』(1995), 화엄사에 소장된 판본 대화엄사 사적(事蹟)을 최초로 번역한 『화엄불국사 사적』(1997), 『에덴동산에 신라 궁궐이 있었다』(2015) 등을 펴냈다.
2002년 화엄사에서 종권(宗權) 스님을 은사로 출가하여, 쌍계사 승가대학 통광화상 문하에서 대장경을 연구하였으며, 2011년에는 『역주 삼국유사』(2011)를 펴냈다.

주요 논문으로 「지리산 산신제 연구」, 「삼국유사 번역의 문제점」, 「고조선 도읍지 아사달 연구」, 「에덴동산에 신라 궁궐이 있었다」, 「신라 황룡사의 위치와 화엄사 출토 진신사리 연구」, 「삼황오제의 국적과 한국 상고사의 체계」 등을 국내 저명한 학술지 『東洋禮學』에 발표하였다. 본서는 학계의 검증을 마치고 학술지에 발표된 논문을 중심으로 엮은 것이다.

이메일 yongbang@daum.net

삼황오제는 조선의 황제

초판 1쇄 인쇄 2018년 9월 3일 | **초판 1쇄 발행** 2018년 9월 11일

지은이 정암

펴낸이 김시열

펴낸곳 도서출판 자유문고

서울시 성북구·동소문로 67-1 성심빌딩 3층

전화 (02) 2637-8988 | **팩스** (02) 2676-9759

ISBN 978-89-7030-129-7 93910 값 33,000원

http://cafe.daum.net/jayumungo